高等学校经济与管理类核心课程教材

现代政治经济学研究

XIANDAI ZHENGZHI JINGJIXUE YANJIU

主　编　程恩富　段学慧
副主编　孙绍勇　伍山林
　　　　张　杨　高建昆

中国教育出版传媒集团
高等教育出版社·北京

内容提要

本书是高等学校经济与管理类核心课程教材之一。

本书主要内容包括：导论、新的活劳动创造价值一元论、资源和需要双约束论、利己利他经济人论、公平效率同向变动论、公有制高绩效论、五种分配方式论、市场国家功能性结合论、自力主导型对等开放论、国民生产福利总值论与幸福指数论、自主知识产权优势论、分工深化论、大文化经济论、持续富强论、中国经济"准中心"论、新帝国主义论、综合创新方法论、五过程与五观论。

本书适合作为高等学校经济与管理类专业相关课程教材，也可作为相关从业人员参考用书。

图书在版编目（CIP）数据

现代政治经济学研究 / 程恩富，段学慧主编．

北京 ： 高等教育出版社，2024．8． -- ISBN 978-7-04-062879-1

Ⅰ．F0

中国国家版本馆 CIP 数据核字第 2024MT5824 号

策划编辑 刘自挥 **责任编辑** 熊柏根 **封面设计** 张文豪 **责任印制** 高忠富

出版发行	高等教育出版社	**网 址**	http://www.hep.edu.cn
社 址	北京市西城区德外大街 4 号		http://www.hep.com.cn
邮政编码	100120	**网上订购**	http://www.hepmall.com.cn
印 刷	浙江天地海印刷有限公司		http://www.hepmall.com
开 本	787 mm×1092 mm 1/16		http://www.hepmall.cn
印 张	22.75		
字 数	554 千字	**版 次**	2024 年 8 月第 1 版
购书热线	010 - 58581118	**印 次**	2024 年 8 月第 1 次印刷
咨询电话	400 - 810 - 0598	**定 价**	49.00 元

序

党的十八大以来,以习近平同志为核心的党中央高度重视马克思主义政治经济学。习近平总书记就坚持和发展马克思主义政治经济学、构建中国特色社会主义政治经济学发表了系列重要讲话,提出了一系列新思想、新论断。

2015年11月23日,习近平主持十八届中共中央政治局第二十八次集体学习,学习内容是马克思主义政治经济学基本原理和方法论,他强调:"我们要立足我国国情和我们的发展实践,深入研究世界经济和我国经济面临的新情况新问题,揭示新特点新规律,提炼和总结我国经济发展实践的规律性成果,把实践经验上升为系统化的经济学说,不断开拓当代中国马克思主义政治经济学新境界,为马克思主义政治经济学创新发展贡献中国智慧。"[①]2015年12月,习近平在中央经济工作会议上指出:"要坚持中国特色社会主义政治经济学的重大原则"[②]。这是"中国特色社会主义政治经济学"首次出现在中央工作会议上。以习近平同志为核心的党中央,将我国的改革发展实践和思想理念,不仅上升到理论层面,同时也上升到学科高度。2016年5月17日,习近平在哲学社会科学工作座谈会上的讲话中强调,构建中国特色哲学社会科学要"在指导思想、学科体系、学术体系、话语体系等方面充分体现中国特色、中国风格、中国气派。"[③]

习近平总书记关于坚持和发展马克思主义政治经济学,构建中国特色社会主义政治经济学的重要讲话,是坚持和发展马克思主义政治经济学,指导我国经济研究、构建中国特色社会主义政治经济学的纲领性文献。加快构建中国特色社会主义政治经济学,开创当代中国马克思主义新境界,是习近平总书记提出的一项战略任务。

马克思主义政治经济学不仅为科学社会主义的创立,为开展社会主义革命,最终战胜资本主义提供了最锐利的思想武器,而且为社会主义建设提供了最管用的指南,为共产党人及工人阶级和广大劳动人民认识世界、改造旧世界、建设新世界提供了基本的立场、观点和方法。马克思主义政治经济学自形成以来,先后与各国社会主义实践相结合,特别是在指导社会主义国家革命、建设,中国革命、建设、改革的过程中,持续实现创新性发展。列宁依据马克思主义政治经济学的立场、观点和方法,全面分析了垄断资本主义的经济基础及其特征,深刻论证了帝国主义经济政治发展不平衡的客观规律,成功地领导了十月革命,推进了马克

---

① 习近平:《论把握新发展阶段、贯彻新发展理念、构建新发展格局》,中央文献出版社2021年版,第65—66页。

② 《中央经济工作会议在北京举行》,《人民日报》2015年12月22日。

③ 《习近平谈治国理政》第2卷,外文出版社2017年版,第338页。

思主义发展,创立了列宁主义,丰富发展了马克思主义政治经济学。十月革命成功以后,列宁开始考虑在落后国家建设社会主义,要搞商品经济,讲价值规律,不搞纯之又纯的公有制,要引进外资,要发展多种所有制经济,要允许国家资本主义的发展……列宁提出诸多新经济政策思想,用以指导在俄国这样落后的国家建设社会主义。斯大林在实际地领导苏联社会主义建设的实践中,在一定程度上肯定商品经济和价值规律,论证了社会主义条件下存在商品生产、商品交换和价值规律的客观必然性,强调了社会主义商品经济与资本主义商品经济的根本区别。这些认识对于认识社会主义经济规律的客观性,自觉按经济规律办事,充分认识社会主义市场经济的必然性具有指导借鉴意义。社会主义在苏俄的实践和发展,使得马克思主义政治经济学在苏俄实现了传承与发展,进一步发展了马克思主义政治经济学。苏联社会主义建设的经验和教训,特别是最终失败的惨痛教训,为马克思主义政治经济学在中国的进一步发展提供了珍贵的参考经验。

毛泽东、邓小平提出了中国特色社会主义政治经济学。在新民主主义革命和社会主义革命时期,毛泽东特别重视学习运用马克思主义政治经济学分析中国国情,指导中国实践。新民主主义革命时期,毛泽东领导中国共产党人运用马克思主义政治经济学原理领导了土地革命,实行了土地改革,成功地领导了根据地的经济建设,创造性地提出了新民主主义经济纲领。新中国成立后,他又成功地领导了以"一化三改"为主要内容的社会主义革命,胜利完成了社会主义所有制改造,实现了社会主义生产资料的公有化,成功地把马克思主义政治经济学原理与中国的实际相结合,为创立中国特色社会主义政治经济学做了实践和理论上的准备。

新中国成立初期,毛泽东就主张要搞一部社会主义的政治经济学。他指出既要坚持马克思主义政治经济学的基本原理,又要立足中国国情,总结中国经验,不断推进马克思主义理论创新,产生自己的理论家,创造自己的经济学理论,形成具有中国特色的政治经济学理论。他在读苏联《政治经济学教科书》时强调:"马克思这些老祖宗的书,必须读,他们的基本原理必须遵守,这是第一。但是,任何国家的共产党,任何国家的思想界,都要创造新的理论,写出新的著作,产生自己的理论家,来为当前的政治服务,单靠老祖宗是不行的"①。在社会主义建设时期,毛泽东总结苏联社会主义建设的经验教训,对社会主义政治经济学进行创造性的理论探索,在商品经济、经济体制、对外开放等方面提出了一系列重要理论论断,率先提出社会主义要大力发展商品生产和商品交换,指引中国社会主义建设取得了伟大成就。这些认识构成了社会主义市场经济和中国特色社会主义政治经济学理论的重要前提,丰富和发展了马克思主义政治经济学,打下了构建中国特色社会主义政治经济学的基础。

在改革开放和社会主义现代化建设新时期,我们党把马克思主义政治经济学基本原理同改革开放新的实践结合起来,初步提出了中国特色社会主义政治经济学的大致框架和重要观点。在建设社会主义市场经济,建设中国特色社会主义的伟大实践中,我们党提出了一系列发展马克思主义政治经济学的基本观点:关于中国特色社会主义建设道路的理论、关于社会主义本质的理论、关于社会主义初级阶段基本经济制度的理论、关于社会主义市场经济的理论、关于生产要素参与收入分配的理论、关于国有企业改革和股份制改造的理论、关于经济全球化与对外开放理论、关于自主创新和建立创新型国家的理论……这些理论观点深

---

① 《毛泽东文集》第8卷,人民出版社1999年版,第109页。

化了我们对社会主义经济发展规律的认识,有力地指导了我国经济发展实践。

党的十八大以来,习近平把马克思主义政治经济学基本原理同当代中国特色社会主义建设实际有机结合,在一些重大社会主义经济问题上,提出了很多新思想、新观点,升华了我们党对社会主义经济建设规律的认识,开拓了当代中国马克思主义政治经济学新境界,形成了习近平经济思想,回答了"建设什么样的社会主义现代化强国,怎样建设社会主义现代化强国",创立了中国特色社会主义政治经济学,发展了 21 世纪当代中国马克思主义政治经济学,为丰富发展马克思主义政治经济学作出了原创性的理论贡献。习近平创造性地提出了要坚持以人民为中心的经济发展思想,是马克思主义人民立场在中国特色社会主义政治经济学上的体现;创造性地指出了中国特色社会主义政治经济学的重大原则,确立了中国特色社会主义政治经济学的三个方面的基本点:坚持解放和发展社会生产力,坚持社会主义市场经济改革方向,使市场在资源配置中起决定性作用,是深化经济体制改革的主线;创造性地提出了我国经济进入由高速增长转向高质量发展的新常态阶段的战略论断,科学把握了新时代我国经济发展的历史方位,丰富发展了马克思主义政治经济学关于经济发展阶段的理论;创造性地提出了要树立和坚持创新、协调、绿色、开放、共享的新发展理念,深刻阐明了经济社会发展中关于发展的政治立场、价值导向、发展模式、发展道路等重大政治问题,丰富发展了马克思主义政治经济学关于经济发展方针原则的理论;创造性地提出了构建新发展格局的重大战略,明确提出要以扩大内需为基点,实现经济和科技发展高水平自立自强,培育国际经济合作竞争新优势等重大论断,深刻阐明了独立自主和对外开放、经济发展和国家安全、国内经济循环和国际经济循环的辩证关系,丰富发展了马克思主义政治经济学关于社会再生产的理论;创造性地提出了推进经济全球化健康发展的重要思想,以推动构建人类命运共同体的宽广胸怀,相互尊重、坦诚相待的平等之心,开放、包容、普惠、平衡、共赢的公正之理,伸出援手、积极合作的道义之举,解答了经济全球化向何处去的时代问题,回答了世界之问、时代之问,为引导经济全球化健康发展提供了中国方案,贡献了中国智慧,深化了我们党对经济全球化规律的认识,丰富发展了马克思主义政治经济学关于世界经济的理论;创造性地提出了中国特色社会主义政治经济学的方法论,指出"我们要运用马克思主义政治经济学的方法论,深化对我国经济发展规律的认识,提高领导我国经济发展能力和水平"[①],提出了辩证思维、系统思维、战略思维、历史思维、创新思维、底线思维六大思维方法,丰富和发展了中国特色社会主义政治经济学方法论体系。习近平经济思想的形成标志着中国特色社会主义政治经济学进入了新时代。

构建中国特色社会主义政治经济学,开拓当代中国马克思主义政治经济学新境界,在"两个结合"中实现马克思主义中国化时代化,归根到底是要学好用好马克思主义政治经济学,掌握马克思主义政治经济学的立场、观点、方法。2014 年 7 月 8 日,习近平在主持经济形势专家座谈会时强调:"各级党委和政府要学好用好政治经济学,自觉认识和更好遵循经济发展规律,不断提高推进改革开放、领导经济社会发展、提高经济社会发展质量和效益的能力和水平。"[②]2015 年 11 月 23 日,习近平在主持十八届中共中央政治局第二十八次集体学习时强调:"马克思主义政治经济学是马克思主义的重要组成部分,也是我们坚持和发展马克

---

① 《习近平著作选读》第 2 卷,人民出版社 2023 年版,第 332—333 页。
② 《更好认识和遵循经济发展规律　推动我国经济持续健康发展》,《人民日报》2014 年 7 月 9 日。

思主义的必修课"①。

构建中国特色社会主义政治经济学,在研究马克思主义政治经济学的过程中,必须彻底摒弃传统的教条主义,不能食洋不化,不能让马克思主义政治经济学边缘化,也不能从马克思主义经典著作中寻章摘句,搞僵化那一套。不能把马克思主义政治经济学作为幌子,不断地塞进那些不符合马克思主义政治经济学的所谓学说和观点。要真正地从立场、观点、方法上来研究马克思主义政治经济学,创新中国特色社会主义政治经济学。一是要坚持马克思主义的基本立场。什么立场?就是站在工人阶级和劳动人民群众的立场上。今天,在社会主义条件下,哲学社会科学研究必须首先解决为什么人的问题,也就是为什么要研究问题,站在什么立场上为谁说话,这是个根本立场问题、根本政治问题。马克思主义政治经济学为我们提供了研究问题所必然解决的基本立场。二是要坚持马克思主义的基本观点。马克思主义政治经济学,为我们提供了认识问题的基本原理和重要观点。马克思主义政治经济学最基本的原理一个是劳动价值论,一个是剩余价值论。从劳动价值论和剩余价值论出发,马克思创造了一系列范畴、观点和原理,如商品的二重性、劳动的二重性、价值规律、资本与劳动、生产与再生产、周期性经济危机等,从而揭示了资本主义内在矛盾、经济运行规律以及必然灭亡的历史趋势。三是要坚持马克思主义基本方法。马克思运用唯物辩证法、唯物史观,精辟地揭示了资本主义的经济发展规律及其内在矛盾。从基本经济事实出发认识资本主义,这就是唯物论的分析方法。从商品的二重性分析入手引出了劳动的二重性决定商品的二重性,从商品与劳动的二重性分析入手引出了资本主义不可克服的内在矛盾,引出了资本主义阵发性的经济危机,揭示出资本主义在周期性的经济危机中,不断地走向坟墓的历史必然性。同时指出在资本主义发展进程中,造就了它的对立面,造就了它的掘墓人,必然孕育出新的社会因素,最终要为新的社会形态所替代,这就是历史的必然逻辑。这就是辩证法、矛盾分析法的运用。在《资本论》的唯物辩证分析下,资本主义就是这么一个历史发展的必然进程,当然这个过程会有一个很长的历史时期,正是对历史必然性的科学分析,马克思得出一个结论,资本主义作为一种社会形态是一定要灭亡的,共产主义作为一种新的社会形态,是必然要取代资本主义的,这是不可避免的历史必然趋势。我们共产党人要有最高理想,那就是共产主义。当然也要有最低纲领,那就是实现中国特色社会主义的共同理想。这是有科学依据的,是符合历史发展规律的,而这个科学依据恰恰是马克思主义政治经济学得出来的。

马克思主义政治经济学不是温室里的花朵,而是在汲取各种思想养分并同各种错误思想斗争中创立起来并不断发展的。2016年5月17日,习近平在哲学社会科学座谈会上的讲话强调:"要坚持和发扬学术民主,尊重差异,包容多样,提倡不同学术观点、不同风格学派相互切磋、平等讨论"②。2022年4月25日,在中国人民大学考察时,习近平进一步强调:"加快构建中国特色哲学社会科学,归根结底是建构中国自主的知识体系。……自觉以回答中国之问、世界之问、人民之问、时代之问为学术己任,以彰显中国之路、中国之治、中国之理为思想追求"③。习近平在二十届中央政治局第六次集体学习时指出:"我们要拓宽理论视野,以

---

① 习近平:《论把握新发展阶段、贯彻新发展理念、构建新发展格局》,中央文献出版社2021年版,第58页。
② 习近平:《在哲学社会科学工作座谈会上的讲话》,人民出版社2016年版,第28页。
③ 《习近平在中国人民大学考察时强调:坚持党的领导 传承红色基因扎根中国大地 走出一条建设中国特色世界一流大学新路》,《人民日报》2022年4月26日。

海纳百川的开放胸襟学习和借鉴人类社会一切优秀文明成果,在'人类知识的总和'中汲取优秀思想文化资源来创新和发展党的理论,形成兼容并蓄、博采众长的理论大格局大气象"①。《现代政治经济学研究》这部教材以马克思主义及其中国化理论和习近平新时代中国特色社会主义思想为指导,以"马学为体、西学为用、国学为根、国情为据、党情为要、世情为鉴、综合创新"为学术创新方法论,以当代中外市场经济实践为源泉,积极吸纳古今中外各种经济思想的合理成分,广泛借鉴中外社会科学和自然科学的方法,构建既超越苏联经济学范式又超越西方经济学范式的新范式,是建构中国自主的现代政治经济学知识体系的重要尝试,值得充分肯定。

是为序。

王伟光②

2024 年 6 月

---

① 习近平:《开辟马克思主义中国化时代化新境界》,《求是》2023 年第 20 期。

② 王伟光:著名马克思主义理论家,中国社会科学院原院长,现为南开大学—中国社会科学院大学 21 世纪当代马克思主义高等研究院院长,南开大学终身教授。

目　　录

导　论 ………………………………………………………………………………… 001

第一篇　理论基础研究

第一章　新的活劳动创造价值一元论 …………………………………………… 007

　学习目标 / 007

　第一节　马克思主义经典作家和领袖的基本思想 / 007

　第二节　中外学者关于劳动价值论的主要观点 / 011

　第三节　评析与创新 / 014

　复习思考题 / 022

　案例分析 / 022

第二章　资源和需要双约束论 …………………………………………………… 024

　学习目标 / 024

　第一节　马克思主义经典作家和领袖的基本思想 / 024

　第二节　中外学者关于资源和需要的主要观点 / 028

　第三节　评析与创新 / 032

　复习思考题 / 044

　案例分析 / 044

第三章　利己利他经济人论 ……………………………………………………… 046

　学习目标 / 046

　第一节　马克思主义经典作家和领袖的基本思想 / 046

　第二节　中外学者关于人性的主要观点 / 052

　第三节　评析与创新 / 055

　复习思考题 / 064

　案例分析 / 064

第四章　公平效率同向变动论 …………………………………………………… 066

　学习目标 / 066

　第一节　马克思主义经典作家和领袖的基本思想 / 066

　第二节　中外学者关于公平效率的主要观点 / 071

第三节 评析与创新 / 075

复习思考题 / 083

案例分析 / 083

第二篇 经济制度研究

第五章 公有制高绩效论 ·········· 087

学习目标 / 087

第一节 马克思主义经典作家和领袖的基本思想 / 087

第二节 中外学者关于公有制绩效的主要观点 / 094

第三节 评析与创新 / 096

复习思考题 / 105

案例分析 / 106

第六章 五种分配方式论 ·········· 107

学习目标 / 107

第一节 马克思主义经典作家和领袖的基本思想 / 107

第二节 中外学者关于收入分配的主要观点 / 112

第三节 评析与创新 / 116

复习思考题 / 127

案例分析 / 127

第七章 市场国家功能性结合论 ·········· 129

学习目标 / 129

第一节 马克思主义经典作家和领袖的基本思想 / 130

第二节 中外学者关于经济调节的主要观点 / 134

第三节 评析与创新 / 139

复习思考题 / 146

案例分析 / 147

第八章 自力主导型对等开放论 ·········· 148

学习目标 / 148

第一节 马克思主义经典作家和领袖的基本思想 / 148

第二节 中外学者关于对外开放的主要观点 / 152

第三节 评析与创新 / 155

复习思考题 / 163

案例分析 / 163

第三篇　经济发展问题研究

第九章　国民生产福利总值论与幸福指数论 …………………………………… 167

学习目标 / 167

第一节　马克思主义经典作家和领袖的基本思想 / 167

第二节　中外学者关于幸福与发展的主要观点 / 172

第三节　评析与创新 / 176

复习思考题 / 185

案例分析 / 186

第十章　自主知识产权优势论 ………………………………………………… 189

学习目标 / 189

第一节　马克思主义经典作家和领袖的基本思想 / 189

第二节　中外学者关于经济优势的主要观点 / 196

第三节　评析与创新 / 199

复习思考题 / 206

案例分析 / 207

第十一章　分工深化论 ………………………………………………………… 209

学习目标 / 209

第一节　马克思主义经典作家和领袖的基本思想 / 209

第二节　中外学者关于分工的主要观点 / 214

第三节　评析与创新 / 217

复习思考题 / 225

案例分析 / 225

第十二章　大文化经济论 ……………………………………………………… 227

学习目标 / 227

第一节　马克思主义经典作家和领袖的基本思想 / 228

第二节　中外学者关于文化的主要观点 / 233

第三节　评析与创新 / 236

复习思考题 / 246

案例分析 / 247

第十三章　持续富强论 ………………………………………………………… 249

学习目标 / 249

第一节　马克思主义经典作家和领袖的基本思想 / 249

第二节　中外学者关于新中国富强的主要观点 / 254

第三节　评析与创新 / 255

复习思考题 / 264

案例分析 / 264

第四篇　马克思主义国际经济理论研究

第十四章　中国经济"准中心"论 ·············· 269

学习目标 / 269

第一节　马克思主义经典作家和领袖的基本思想 / 269

第二节　中外学者关于世界经济体系的主要观点 / 274

第三节　评析与创新 / 277

复习思考题 / 286

案例分析 / 286

第十五章　新帝国主义论 ··············· 288

学习目标 / 288

第一节　马克思主义经典作家和领袖的基本思想 / 288

第二节　中外学者关于新帝国主义的主要观点 / 293

第三节　评析与创新 / 297

复习思考题 / 305

案例分析 / 305

第五篇　现代政治经济学方法和体系研究

第十六章　综合创新方法论 ··············· 309

学习目标 / 309

第一节　马克思主义经典作家和领袖的基本思想 / 309

第二节　中外学者关于政治经济学方法的主要观点 / 321

第三节　评析与创新 / 323

复习思考题 / 330

案例分析 / 331

第十七章　五过程与五观论 ··············· 332

学习目标 / 332

第一节　马克思主义经典作家和领袖的基本思想 / 332

第二节　中外学者关于政治经济学体系的主要观点 / 336

第三节　评析与创新 / 338

复习思考题 / 347

案例分析 / 348

后　记 ·· 349

导　　论

改革开放以来,社会主义市场经济体制改革实践给中国经济学提出了新的挑战,原有的社会主义经济理论跟不上经济体制改革的需要,创新和发展马克思主义经济学显得尤为迫切。同时,随着西方经济学的引入及其地位的日趋上升,也出现了各种各样的所谓创新。1994 年年初,程恩富在《21 世纪:重建中国经济学》一文中对中国经济学的发展阶段和前景作了总体判断,引起了连锁反响。关于"中国经济学向何处去",一直是经济理论界的热门话题。后来,这个话题又由一些学者以如何推进中国经济学的"国际化"、如何推进"现代经济学的本土化"等值得商榷的形式提了出来。问题是创新的起点,也是创新的动力源①,问题和解决问题的手段同时产生②。中国特色社会主义的性质决定了中国经济学的发展趋势绝不是如何与现代西方经济学的接轨、使现代西方经济学"本土化"的问题,而应当是如何在唯物史观的指导下,推进中国经济学在科学轨道上实现现代化的问题。进一步说,也就是我国的经济学教学和研究如何适应现代社会主义市场经济和趋向社会主义经济全球化发展的需要,实现马克思主义经济学在中国的现代化和具体化的问题。正是在这一背景下,"创新马克思主义政治经济学"学术体系应运而生。

"创新马克思主义政治经济学"发起于上海,1995 年 11 月成立"海派经济论坛";2001 年上海财经大学海派经济学研究中心正式成立,并作为校级重点研究基地。最近几年,在上海外国语大学、西北工业大学、延安大学、上海海事大学等高校先后成立了"创新马克思主义研究中心"。创新马克思主义政治经济学派即"新马学派"自成立以来,不仅研究基地不断扩大、研究队伍不断壮大,而且不断在学术研究、理论宣传和政策建议上进行守正创新,在经济学理论和方法上形成了自己独特的、成熟的、理论化和系统化的学说体系,提出了一系列原创性的理论观点和政策主张,成为中国经济学的一支具有较大影响力的学术派别。其理论特征是坚持马克思主义政治经济学的基本立场、观点和方法,综合古今中外优秀思想,包括综合、借鉴、运用各种社会科学和自然科学的方法,在此基础上综合创新,构建既坚持和发展马克思经济学又超越西方经济学,体现"中国特色、中国风格、中国气派"的政治经济学新范式;其学术风格是海纳百川、推陈出新、探求真理;其基本宗旨是"马学为体、西学为用、国学为根、国情为据、党情为要、世情为鉴、综合创新"的 28 字方针。这符合中国社会科学院提倡"学派研究"的精神。

---

① 习近平:《在哲学社会科学工作座谈会上的讲话》,人民出版社 2016 年版,第 14 页。
② 《马克思恩格斯文集》第 5 卷,人民出版社 2009 年版,第 107 页。

党的十八大以来,习近平总书记反复强调"要学好用好政治经济学"。为了贯彻习近平总书记关于加强政治经济学教学和研究的系列重要讲话精神,贯彻2022年5月17日中共中央宣传部和教育部联合印发的《面向2035高校哲学社会科学高质量发展行动计划》,把体现"中国特色、中国风格、中国气派"的自主知识体系和学术研究成果展示给大家,我们把"新马学派"多年来坚持和发展马克思主义政治经济学过程中的主要创新性研究成果概括和凝练为17章内容,并组织学术团队编写了这部《现代政治经济学研究》教材。本书集创新性、学术性和系统性于一体,不管是在形式上还是内容上都是独具匠心的。

《现代政治经济学研究》以"马学为体、西学为用、国学为根、国情为据、党情为要、世情为鉴、综合创新"为学术创新方法论。其典型特征是"综合创新",在国内外政治经济学领域独树一帜。以马克思主义政治经济学为根本指导,以当代中外市场经济实践为源泉,积极吸纳古今中外各种经济思想的合理成分,广泛借鉴中外社会科学和自然科学的方法,构建既超越苏联经济学范式又超越西方经济学范式的新范式,即新建在世界经济大环境中反映经济全球化和中国初级社会主义市场经济独特性的经济学范式,充分体现民族主体性的中国特色。本书每一章都系统梳理了马克思主义经典作家和领袖的思想,从经典作家马克思、恩格斯的经典论述,到马克思主义俄国化和苏联化的列宁主义和斯大林思想的相关观点,再到马克思主义中国化过程中的毛泽东思想、邓小平理论、江泽民"三个代表"重要思想、胡锦涛科学发展观和习近平新时代中国特色社会主义思想中的相关论述,既体现了马克思主义政治经济学一脉相承,又体现了马克思主义中国化的最新成就。同时,还梳理了中外学者的观点。在此基础上,结合社会主义市场经济体制改革的国情、党情和世情,对当今有影响力的理论学说进行反思,提出新颖独到的观点和论据,同时体现了学术的传承与超越。

《现代政治经济学研究》坚持马克思主义政治经济学的基本原则。本书每一章内容不管是对中国传统经济思想的吸收,还是对西方经济学的借鉴和批判,抑或对当代学者观点的评析,其中都贯穿着马克思主义的基本立场、观点和方法,贯穿着马克思主义政治经济学的基本原则,对古今中外学术观点用马克思主义政治经济学去粗取精,去伪存真,吸收到现代政治经济学的理论构建中,充分体现了理论自信和理论定力。只是各章节侧重点有所不同,比如:新的活劳动创造价值一元论是对马克思劳动价值论的发展,新帝国主义论是对列宁帝国主义论的发展,分工深化论是对马克思分工理论的发展;资源和需要双约束论、利己利他经济人论、公平效率同向变动论和国民生产福利总值论与幸福指数论,是对西方经济学的批判和超越;公有制高绩效论、五种分配方式论、市场国家功能性结合论和持续富强论,是对中国特色社会主义实践经验的理论升华;自力主导型对等开放论、自主知识产权优势论和中国经济"准中心"论,是以国情为据、世情为鉴对中国在全球科学定位和对外开放方略的研究;大文化经济论则是大文化的背景下的文化经济学理论;综合创新方法论、五过程与五观论,是系统总结了现代政治经济学的创新范式。

《现代政治经济学研究》坚持问题意识和问题导向。理论创新的过程就是发现问题、筛选问题、研究问题、解决问题的过程。马克思早在1842年就指出:"一个时代所提出的问题,和任何在内容上是正当的因而也是合理的问题,有着共同的命运:主要的困难不是答案,而是问题。因此,真正的批判要分析的不是答案,而是问题。"①毛泽东也说过,"要有目的地去

---

①　《马克思恩格斯全集》第40卷,人民出版社1982年版,第289页。

研究马克思列宁主义的理论,要使马克思列宁主义的理论和中国革命的实际运动结合起来,是为着解决中国革命的理论问题和策略问题而去从它找立场、找观点、找方法的。"[1]习近平总书记强调:"坚持问题导向是马克思主义的鲜明特点。问题是创新的起点,也是创新的动力源。只有聆听时代的声音,回应时代的呼唤,认真研究解决重大而紧迫的问题,才能真正把握住历史脉络、找到发展规律,推动理论创新。"[2]改革开放取得了巨大成就的同时也产生了许多新问题,需要我们去发现、去解决。学者就是要用自己的专业眼光及时发现问题,运用专业知识给出解决思路,学以致用。《现代政治经济学研究》以鲜明的"问题导向",直面改革开放以来重大经济理论和现实问题,科学回答中国之问、世界之问、人民之问、时代之问。比如,"新的活劳动价值一元论",既是劳动分工不断细化对发展马克思劳动价值论所提出的时代问题,也是澄清"要素价值论"等错误观点的需要;针对西方经济学的资源稀缺和经济人两个基本假设的唯心史观和形而上学方法,提出了资源和需要双约束假设和利己利他经济人假设;针对西方"公平与效率高低反向变动论",提出公平效率同向变动论;针对一些对公有制效率的诋毁和市场经济条件下分配方式和经济调节方式问题,从基本经济制度层面提出了公有制高绩效论、五种分配方式论、市场国家功能性结合论;针对对外开放过程中所存在的某些行业对外依赖度高和不对等开放等问题,提出自力主导型对等开放论;针对唯 GDP论,围绕经济社会发展目标,提出了国民生产福利总值论与幸福指数论;针对流行的比较优势和综合竞争优势理论,提出自主知识产权优势论;针对劳动方式和分工体系越来越发达的现状,及时发展马克思的分工理论,提出分工深化论;立足于中国特色社会主义文化,在文化与经济辩证关系的基础上提出大文化经济论;针对历史虚无主义对改革开放前后两个时期关系的割裂,提出持续富强论;基于我国综合国力的不断增强,借鉴国外"中心—外围"理论,准确定位中国在世界经济体系中的地位,提出中国经济"准中心"论;基于帝国主义在当代的新变化,提出新帝国主义论。强烈的问题意识,不仅具体体现了学术思维的独立性和创造性品格,而且鲜活地体现了马克思主义世界观和方法论。

本书共 17 章,主要由五篇组成,第一章至第四章是研究理论基础,分别阐述"新马学派"贴近现实的四大理论假设(西方经济学的许多理论假设是脱离现实或片面的),即"新的活劳动价值一元论""资源和需要双约束论""利己利他经济人论""公平效率同向变动论";第五章至第八章主要研究经济制度,阐述对中国特色社会主义基本经济制度的学术升华,包括"公有制高绩效论""五种分配方式论""市场国家功能性结合论""自力主导型对等开放论";第九章至第十三章是关于经济发展问题的思考,围绕中国特色社会主义经济发展中的经济发展指标体系、现代化建设的核心、分工的深化、文化与经济的关系和持续富强等问题,分别阐述了"国民生产福利总值论与幸福指数论""自主知识产权优势论""分工深化论""大文化经济论""持续富强论";第十四章和第十五章是以全球视野发展了马克思主义国际经济理论,分别阐述了"中国经济'准中心'论"和经济全球化新阶段帝国主义的新特征即"新帝国主义论";第十六章和第十七章是方法和体系,"综合创新方法论"和"五过程与五观论"。

本书与传统政治经济学教材相比,凸显三大特征:一是创新性,二是学术性,三是系统性。创新是永恒的主题,对于政治经济学这样一门最基础、最根本的理论经济学来说,更是

①　《毛泽东选集》第 3 卷,人民出版社 1991 年版,第 801 页。
②　习近平:《在哲学社会科学工作座谈会上的讲话》,人民出版社 2016 年版,第 14 页。

如此,其创新更应走在经济学科最前列,才能为马克思主义的其他理论经济学和应用经济学奠定基础。在编写本书的过程中,为了体现学术创新原则,我们对每一章内容都做了统一安排:首先阐述马克思主义经典作家和领袖的思想,然后梳理中外学界的观点,最后阐述"新马学派"的评析与创新。这样安排内容,充分体现了其观点既是在坚持马克思主义基本立场、观点和方法基础上的创新,又是对中外学界观点进行吸收和反思基础上的创新;既有对马克思政治经济学理论的发展和创新,也有对西方经济学理论和当前错误观点的批判。其次,常用的政治经济学教材以基础知识为主,而本书是在基础知识上的提升。不管是马克思主义经典作家和领袖的思想,还是中外学界的观点,都是对已有思想和学术观点的梳理。而最后一部分反思与创新,内容体现为学术观点的推陈出新。再次,本书对每一个问题的学术观点的阐述,都力争做到系统,即系统梳理了马克思主义经典作家和领袖以及中外学界的观点,在此基础上阐述创新观点,使每一个问题所涉及的学术观点都尽可能全面地展示给读者,为广大读者系统把握某一问题的研究现状并作进一步研究,奠定了学术基础。

为了使抽象的政治经济学理论形象化、通俗化,我们在每一章的末尾撰写了与本章内容相关的影视、文艺作品作为延伸阅读材料,还选取了典型案例并运用每一章的理论进行分析解读。这样,有利于加深对政治经济学原理的理解,增强学习政治经济学的兴趣,培养政治经济学理论思维能力。

实践没有止境,理论创新没有止境,推进马克思主义中国化时代化也永无止境。加快构建中国特色社会主义政治经济学,不断开拓当代中国马克思主义政治经济学新境界,是习近平总书记提出的一项战略任务。我们将继续坚持以马克思主义政治经济学为指导,深刻领会习近平总书记关于坚持和发展马克思主义政治经济学、构建中国特色社会主义政治经济学的重要讲话精神,立足我国国情和我国发展实践,揭示新特点新规律,提炼和总结我国经济发展实践的规律性成果,把实践经验上升为系统化的经济学说,为推进马克思主义政治经济学的创新与发展贡献智慧与力量。

第一篇

理论基础研究

第一章 新的活劳动创造价值一元论

 学习目标

1. 掌握马克思主义劳动价值论
2. 理解新的活劳动创造价值一元论的主要观点及其对马克思劳动价值论的坚持和发展
3. 掌握活劳动创造价值的马克思主义观点

劳动价值论是古典政治经济学首先提出的,后经马克思确立而不断发展成为科学的理论体系。自马克思科学劳动价值论诞生以来,它一方面遭到国内外以效用价值论为代表的各种价值理论的诘难,另一方面在中国特色社会主义建设过程中得以坚持和发展。新的活劳动创造价值一元论在坚持马克思主义劳动价值论基本原理和观点的基础上,通过对国内外各种价值理论的批判和对社会主义市场经济实践的理论概括,发展了马克思主义劳动价值论。

第一节 马克思主义经典作家和领袖的基本思想

马克思劳动价值论是在对古典政治经济学的劳动价值论继承和批判的基础上发展起来的科学理论。马克思确立了科学的劳动价值论,恩格斯也为马克思主义劳动价值论的发展进行了科学阐释。

一、马克思科学劳动价值论的确立及其主要内容

马克思是在批判地继承和发展古典劳动价值论的基础上,创立了科学的劳动价值论。其理论来源主要是英国的古典经济学,其代表人物如威廉·配第、亚当·斯密和大卫·李嘉图等。

威廉·配第认识到商品的价值来源于劳动,马克思评价他是"现代政治经济学的创始人"。他把商品的价值分为"自然价格"和"政治价格"两种,其中政治价格以自然价格为中心而发生涨落。马克思认为,配第一方面把劳动看作价值源泉,把货币看作价值的表现形式,另一方面又把交换价值与使用价值混淆起来,把作为交换价值源泉的劳动与作为使用价值

源泉的土地混为一谈。

亚当·斯密承认劳动是价值的源泉,商品交换的实质是物化劳动的交换并且把劳动作为价值的尺度,但同时又把土地、资本与劳动并列,提出"工资、利润和地租,是一切收入和一切可交换价值的三个根本源泉",从而陷入了二元价值论。马克思认为斯密的劳动价值论,一方面揭示了劳动是价值的源泉,另一方面没能区分出具体劳动与抽象劳动,因此,斯密的劳动价值论尚未达到真正科学的程度。

大卫·李嘉图批判了斯密价值理论的二元论倾向,坚持劳动价值一元论,初步提出了使用价值是交换价值的物质承担者。李嘉图还区分了"相对价值"和"绝对价值"的概念,但这种区分并没有完整地把价值与交换价值区分开来。马克思批评他说:"他经常忘记了这种'实际价值',或者说,'绝对价值',而只是念念不忘'相对价值',或者说,'比较价值'。"[①]因而他的理论的"第一个困难"是"资本和劳动的交换如何同'价值规律'相符合"的问题,这成为李嘉图学派解体的根本原因之一。

英国古典政治经济学尽管提出了劳动价值论,但由于缺乏历史的视野,把资本主义的生产方式看作"永恒的自然形式",忽略了价值形式的历史变迁,没能十分清晰地区分劳动的二重性,特别是劳动与劳动力的区别,并且没能真正使劳动价值论逻辑自洽,因而没有达到科学的程度。马克思在劳动二重性基础上明确了抽象劳动是创造商品价值的唯一源泉,使劳动价值论达到了科学的程度。

第一,马克思区分了商品的二因素:使用价值和价值。使用价值是商品的客观属性。价值是指"在商品的交换关系或交换价值中表现出来的共同东西"[②]。这种共同的东西就是指无差别的人类劳动的单纯凝结,即抽象劳动。马克思认为使用价值是价值的物质承担者。使用价值可以脱离价值而独立存在,但价值不能脱离使用价值而独立存在。这说明使用价值是价值的物质承担者,而价值则只是生产使用价值的劳动的凝结和物化。

第二,马克思创立了劳动二重性学说。马克思区分具体劳动与抽象劳动,具体劳动是指"具体的有用的劳动",抽象劳动是指商品中"无差别的人类劳动"或"相同的人类劳动"。劳动二重性学说明确了使用价值与价值的来源,使商品的两因素得以成立,瓦解了多要素创造价值的理论根基,把土地或生产资料排除在了创造价值的要素之外,从而明确了只有抽象劳动才创造价值的一元论学说,这是确立科学的劳动价值论的关键。正如马克思所说:"商品中包含的劳动的这种二重性,是首先由我批判地证明的。这一点是理解政治经济学的枢纽"[③]。

第三,马克思明确了活劳动是创造价值的唯一源泉。在马克思看来,活劳动本身不是价值,但它的物化、对象化形成商品价值:"使用价值或财物具有价值,只是因为有抽象人类劳动对象化或物化在里面"[④]。活劳动具有较为明确的含义:其一,生产商品的活劳动具有二重性,即具体劳动和抽象劳动。如果离开了商品生产这一基本条件,活劳动的二重性不可分离。其二,活劳动是使用价值得以保存和实现的条件,劳动产品"投入劳动过程,从而与活劳动相接触,则是使这些过去劳动的产品当做使用价值来保存和实现的唯一手段"[⑤]。其三,活

---

① 《马克思恩格斯全集》第34卷,人民出版社2008年版,第191页。

②④ 《马克思恩格斯文集》第5卷,人民出版社2009年版,第51页。

③ 《马克思恩格斯文集》第5卷,人民出版社2009年版,第54—55页。

⑤ 《马克思恩格斯文集》第5卷,人民出版社2009年版,第214页。

劳动是价值的保存和转移的手段:"加进价值而保存价值,这是发挥作用的劳动力即活劳动的自然恩惠"①。

第四,马克思明确用社会必要劳动时间计量价值量。马克思指出商品的价值量"是用它所包含的'形成价值的实体'即劳动的量来计量。劳动本身的量是用劳动的持续时间来计量"②。社会必要劳动时间是指"在现有的社会正常的生产条件下,在社会平均的劳动熟练程度和劳动强度下制造某种使用价值所需要的劳动时间"③。马克思还提出过社会必要劳动时间的第二种含义,即价值实现时的社会必要劳动时间。商品的价值实现与它的价值决定的社会必要劳动时间往往并不相等。

第五,马克思提出复杂劳动可以还原为简单劳动的思想。简单劳动是指:"每个没有任何专长的普通人的有机体平均具有的简单劳动力的耗费"④,"比较复杂的劳动只是自乘的或不如说多倍的简单劳动,因此,少量的复杂劳动等于多量的简单劳动"⑤。简单劳动与复杂劳动的关系如下:其一,简单劳动"在不同的国家和不同的文化时代具有不同的性质,但在一定的社会里是一定的"⑥;其二,简单劳动是衡量各种劳动的计量标准;其三,在一定条件下,复杂劳动可以表示为一定量的简单劳动。

第六,马克思阐述了价值规律。马克思认为在商品经济中最基本的规律是价值规律,它的主要内容是:商品的价值量由生产该商品的社会必要劳动量或社会必要劳动时间决定,商品交换按照等价交换的原则进行,商品的价格由于受供求关系的影响,时而高于价值,时而低于价值,围绕着价值这个中心而波动。价值规律有三个方面内容,分别是价值决定规律,即价值由社会必要劳动量或社会必要劳动时间决定的规律;等价交换规律,即商品交换按照各自代表的价值量的大小进行等价交换;价格围绕价值波动的规律,即商品的价格由于受到供求关系等方面的影响,其价格总是围绕着商品价值而波动。

第七,马克思区分了生产劳动和非生产劳动。马克思对生产劳动进行了定性分析,一方面,在马克思看来,生产劳动一般来说就是指创造财富的活动。由于财富就是指使用价值或财物,所以,创造使用价值的劳动就是生产劳动。另一方面,马克思指出,在资本主义社会,"只有生产资本的雇佣劳动才是生产劳动","只有创造的价值大于本身价值的劳动能力才是生产的"⑦。可见,在生产劳动问题上,马克思采用了历史分析的方法,在不同的历史阶段,生产劳动的内涵和外延是随着生产方式的不同而不同的。从根本的意义上讲,生产劳动就是生产使用价值的劳动,它贯穿于人类社会始终;从现实意义上讲,现代社会的生产劳动就是指能够创造价值和提供剩余价值的劳动。

马克思还区分了物质生产劳动与非物质生产劳动。他认为在演员、教师等非物质生产领域中,"资本主义生产在这个领域中的所有这些表现,同整个生产比起来是微不足道的,因此可以完全置之不理"⑧。所以,马克思承认非物质生产领域的劳动仍然是生产劳动,但它们在量上的占比较低。

---

① 《马克思恩格斯文集》第5卷,人民出版社2009年版,第240页。
② 《马克思恩格斯文集》第5卷,人民出版社2009年版,第51页。
③ 《马克思恩格斯文集》第5卷,人民出版社2009年版,第52页。
④⑤⑥ 《马克思恩格斯文集》第5卷,人民出版社2009年版,第58页。
⑦ 《马克思恩格斯文集》第8卷,人民出版社2009年版,第213页。
⑧ 《马克思恩格斯文集》第8卷,人民出版社2009年版,第417页。

二、恩格斯对劳动价值论的贡献

恩格斯作为伟大的革命导师、马克思的亲密战友和马克思主义的"第二小提琴手",他对劳动创造价值也有许多真知灼见,对马克思主义政治经济学的创立和发展作出了重大贡献。

恩格斯对劳动创造价值的贡献主要有:其一,指出"商业形成的第一个范畴是价值",指出"价值是交换的唯一正确的基础",并区分了"抽象价值(实际价值)和交换价值";其二,资本和劳动最初是"同一个东西",私有制导致了"资本和劳动的分裂",使利润成为可能;其三,批判杜林的思想,恩格斯认为杜林用的所谓价值理论是混乱的和矛盾百出的东西[①];其四,创造性地提出了"生产本身又有两种"的理论,一方面是生活资料即食物、衣服、住房及为此所必需的工具的生产,另一方面是人自身的生产,即繁衍。恩格斯为整理、编辑出版《资本论》第2卷、第3卷也作出了伟大的理论贡献,使《资本论》以整体的面貌呈现出来。这是对马克思主义政治经济学的重要贡献。

三、列宁、斯大林对劳动价值论的发展

十月革命以后,社会主义从理论变为现实,列宁在世界上建立了第一个社会主义国家。列宁和斯大林的劳动价值论具有鲜明的时代特征和理论特色。

列宁在社会主义建设实践中,从战时共产主义政策到新经济政策的调整,就是通过商品经济的方法来实现的。这是马克思主义劳动价值论在社会主义社会的首次实践。列宁还批判了民粹派的"市场缩小论",论证了马克思主义市场实现论,阐明了国内、国外两个市场之间的关系问题。除此之外,列宁在对资本主义经济的分析、帝国主义论、新经济政策、俄国发展道路等方面对马克思主义经济学有着重大贡献,但由于这些贡献主要在马克思主义政治经济学的其他方面,在此不再展开介绍。

斯大林的劳动价值论主要集中在商品生产和价值规律方面。他认为社会主义社会仍然存在着商品生产和商品流通的客观必然性,而公有制两种形式并存是社会主义商品生产的直接原因和客观依据。他认为生产资料不是特殊商品,而生活资料是商品。虽然斯大林承认社会主义阶段存在商品经济,但是商品生产和商品交换只是在非常小的范围内存在,因而他主张建立的是高度集中的计划经济体制。

四、中国共产党领袖对劳动价值论的丰富

新中国成立后,毛泽东特别重视价值规律或价值法则对社会主义经济建设的作用。他认为价值法则是"一个伟大的学校"。其基本观点主要有:其一,社会主义也可以存在商品。其二,"斯大林认为在苏联生产资料不是商品。在我们国家就不同,生产资料又是商品又不是商品,有一部分生产资料是商品"[②]。其三,价值法则是经济核算的工具。例如,在合作社问题上,"合作社的积累和社员收入的比例,也要注意。合作社要利用价值法则搞经济核算,要勤俭办社,逐步增加一点积累"[③]。

---

① 程恩富、朱炳元:《恩格斯对马克思主义政治经济学的重大贡献》,《马克思主义研究》2020年第10期。
② 《毛泽东文集》第7卷,人民出版社1999年版,第435页。
③ 《毛泽东文集》第7卷,人民出版社1999年版,第200页。

改革开放以来,邓小平作为改革开放的"总设计师",从实行有计划的商品经济,到实行社会主义市场经济,逐步确立了劳动价值论在社会主义初级阶段的经济理论地位。他关于以公有制为主体,允许个体经济、私营经济和外资经济等多种所有制经济共同发展的思想、关于社会主义本质的论断、关于按劳分配为主体多种分配方式并存的思想等,都是建立在马克思劳动价值论基础上的。邓小平关于"知识分子是工人阶级的一部分"的论断,是对马克思关于"总体工人"创造价值的观点的继承和发展。江泽民提出要深化对社会主义劳动和劳动价值论的研究,他提出:"马克思主义经典作家关于资本主义社会的劳动和劳动价值的理论,揭示了当时资本主义生产方式的运行特点和基本矛盾。现在,我们发展社会主义市场经济,与马克思主义创始人当时所面对和研究的情况有很大不同。我们应该结合新的实际,深化对社会主义社会劳动和劳动价值理论的研究和认识。"[1]在党的十六大报告中,江泽民又提出了关于"有益劳动"的观点。他指出:"要尊重和保护一切有益于人民和社会的劳动。不论是体力劳动还是脑力劳动,不论是简单劳动还是复杂劳动,一切为我国社会主义现代化建设作出贡献的劳动,都是光荣的,都应该得到承认和尊重。"[2]"有益劳动"的论点深化了劳动的内涵,拓展了劳动的外延,是对劳动价值论的发展。

胡锦涛认为,社会主义市场经济条件下的劳动关系不同于资本主义市场经济条件下雇佣和被雇佣的劳动关系,而是"和谐劳动关系"。针对社会主义市场经济体制建立过程中劳动关系所出现的问题,胡锦涛强调"要切实发展和谐劳动关系,建立健全劳动关系协调机制,完善劳动保护机制,让广大劳动群众实现体面劳动。"[3]发展社会主义市场经济,就要使劳动者在创造价值的过程中"体面劳动",维护劳动者权益,从而构建劳资双方的和谐关系。

党的十八大以来,习近平首先确立了人民群众作为劳动主体的地位。他指出"必须坚持人民主体地位,……依靠人民创造历史伟业"[4]。其次,他确立了劳动价值论在新时代的重要作用,提出"劳动是财富的源泉,也是幸福的源泉"[5]。再次,提出"发展成果由人民共享"和"两个同步"即"在经济增长的同时实现居民收入同步增长、在劳动生产率提高的同时实现劳动报酬同步提高"[6]。习近平关于劳动主体、劳动创造和劳动共享的观点,充分体现了社会主义市场经济条件下劳动创造价值与劳动分享价值的有机统一。

第二节　中外学者关于劳动价值论的主要观点

以《资本论》为代表的马克思主义政治经济学出现以来,无产阶级学者对劳动价值论进行了许多阐发并与反对劳动价值论的资产阶级学者进行了论战。

---

[1] 《江泽民文选》第 3 卷,人民出版社 2006 年版,第 286—287 页。
[2] 《江泽民文选》第 3 卷,人民出版社 2006 年版,第 540 页。
[3] 《胡锦涛文选》第 3 卷,人民出版社 2016 年版,第 370 页。
[4] 《习近平谈治国理政》第 3 卷,外文出版社 2020 年版,第 16—17 页。
[5] 《习近平谈治国理政》第 1 卷,外文出版社 2020 年版,第 46 页。
[6] 《习近平谈治国理政》第 3 卷,外文出版社 2020 年版,第 36—37 页。

一、关于价值决定问题的观点

(一) 劳动价值论与效用价值论

与劳动价值论针锋相对的是效用价值论。效用就是使用价值,但是在马克思主义政治经济学中,使用价值是客观的,而在西方经济学中,效用是一种主观感受和评价。西方经济学的效用价值论,实质上是用主观效用决定价值的大小。

效用价值论与劳动价值论的争论早在马克思之前的 17、18 世纪就已经开始,现代的效用价值论主要有两种形式。一是基数效用论。基数效用论认为商品的价值来源于效用,而商品的价格则是由最后一单位商品的边际效用来决定。其问题在于无法解释不同种类的效用是如何比较和叠加的。二是序数效用论。序数效用论则承认不同种类的效用之间由于量上的差别,无法直接比较和叠加,因此只能排序。无论是基数效用论,还是序数效用论,它们的问题在于从消费而不是从生产来解释价值的来源,然而商品既然都是生产在先而消费在后,它的价值又怎么能由消费者来决定呢? 因此,效用价值论本质上是从交换先于生产的角度来理解商品价值来源问题的。

也有从其他方面理解价值决定问题的。比较典型的有"知识价值论"(奈斯比德)、"知识、技术价值论"(丹尼尔·贝尔)、"信息价值论""机器人价值论"或"人工智能价值论"等介乎劳动价值论与效用价值论之间的理论。要廓清这些似是而非的理论迷雾,一是要"分清使用价值和价值",二是要"分清简单劳动和复杂劳动",三是要"分清现场工人和总体工人",否则就容易倒向效用价值论。

除此之外,森岛通夫(Michio Morishima)等认为存在两种价值定义,还有以萨缪尔森为代表的西方经济学者,只承认作为现象的价格而不承认作为本质的价值,主张否认价值的社会存在等观点。

(二) 关于价值决定条件的观点

国内外学者关于价值决定的条件的争论,主要有两个方面。

一是对价值决定的技术选用条件进行了探讨和争鸣。森岛通夫认为,商品的生产方法、技术条件不同,对应的价值也不同。霍华德(Howard)和金(King)认为,在价值转化为生产价格时及在国际经济领域中,同一商品具有多个价值的情况还会进一步被掩盖起来。谢赫(Shaikh)对斯蒂德曼等新李嘉图主义者认为利润率的决定先于价值决定的观点提出了两点反批评。谢赫认为,一方面实际的个别的利润率与理论上分析的全社会统一的利润率之间也存在差异;另一方面不仅在实际中,甚至在观念中剩余价值也在支配着利润。

二是关于联合生产对价值量影响的争论。斯蒂德曼提出在联合生产的条件下存在负价值的可能性。森岛通夫和凯特福特(Catephores)批评了斯蒂德曼的负价值概念和马克思的价值概念毫无相同之处。他们认为价值应被定义为最少劳动量的耗费,因而不能用联立方程组去解,而应该用线性规划去解。金认为价值加总是马克思理论体系的重要支柱,但他也放弃了马克思平均劳动耗费对价值量的决定,改用最坏生产条件下最多劳动耗费作为社会必要劳动时间,坚持了价值加总的计算方法,但未对整个社会超出实际劳动耗费的"虚假的社会价值"作出任何解释。伊藤诚认为斯蒂德曼如马克思所批评的古典学派一样,忽略了价值形式的分析。

（三）关于社会必要劳动时间的观点

关于社会必要劳动时间的争论，主要存在以下两个方面的问题。

一是对马克思两种社会必要劳动时间之间关系如何理解的问题。有学者认为第一种社会必要劳动时间是第二种社会必要劳动时间的前提条件，而第二种社会必要劳动时间则是第一种社会必要劳动时间的价值实现界限；也有学者反对这种观点，认为两种社会必要劳动时间之间是"递进关系、侧重关系或并列关系"。

二是认为马克思的社会必要劳动时间不只两种含义，而是多种含义，如有学者认为还存在第三种含义的社会必要劳动时间，也有学者认为社会必要劳动时间有四种含义。

二、关于生产劳动的观点

关于生产劳动，比较典型的代表是管理劳动是否属于生产劳动的争论。迪梅尼尔（Dumenil）、赖维（Levy）认为马克思说明了管理劳动的二重性，分别是管理的一般职能和资本的特殊职能。前者属于生产性劳动，而后者不属于生产性劳动。他们没有理解马克思关于生产劳动是创造使用价值的基本含义，所以在他们看来，被马克思放到非生产性劳动中的资本家的管理劳动被忽略了。

除此以外，科技人员、第三产业工作者等的劳动是否属于生产性劳动的争论。这些劳动一部分作为生产使用价值（物质财富或精神财富）的劳动，当然属于生产劳动，而另一部分与管理劳动一样，与其说是关于生产劳动的争论，不如说是关于资本主义生产性劳动的争论。从创造价值和剩余价值的角度来看待劳动，这种劳动当然属于资本主义性质的生产劳动，"只有生产资本的劳动才是生产劳动"[①]。

三、关于复杂劳动还原为简单劳动的观点

复杂劳动还原为简单劳动的问题是西方学者认为马克思主义劳动价值论首先要解决却未能解决好的问题。马克思主义的批评者提出了以下三个问题：第一，如何确切计量这个还原或折算时的倍加系数？第二，即使有可行的折算，但这种还原或折算，也无法计算工人因天赋才能的不同而创造出来的不同的价值；第三，直接求出利润率而绕过复杂劳动向简单劳动还原问题，从而证明还原问题是一个多余的问题，还有一些马克思主义者把复杂劳动所收到的较高工资还原为较大数量的简单劳动，实际上陷入了循环论证。米克认为，马克思对复杂劳动向简单劳动还原的问题的处理是零碎的、不完整的。

罗松指出，马克思主义者对庞巴维克及其追随者所作批评的回答，可以分为两派，一派主张"生产成本法"，另一派则提倡"间接劳动还原法"。对于前者，罗松认为：它没有恰当地对庞巴维克按工资折算的提议作出回答；它没有重视教育部门在劳动力再生产中的作用。对于后者，罗松认为这种方法可以摆脱对工资水平的依赖和庞巴维克所批评的循环论证。罗松认为教育虽然是一个非生产性行业，不创造价值，但教育能通过所培养出来的熟练劳动工人而创造出更大的价值。美国的艾尔斯特（Elster）认为罗松的还原方法具有摆脱工资变

[①]　《马克思恩格斯文集》第8卷，人民出版社2009年版，第217页。

动影响的优点,但还存在两个问题:一是布劳格和罗默等强调的无法培训的技术的问题,如天赋等,罗松的还原方法无法解决;二是源自工作性质所导致的异质劳动,罗松的还原方法同样无法解决。霍华德和金认为马克思的还原理论无法解决工人的天赋才能这种垄断因素所造成的劳动力价值与工资不相符合的问题,并把这一点列为还原问题所无法解决的三个问题之一。斯蒂德曼则认为,异质劳动的存在不会给理论的决定带来实质性的问题,在任何场合下,"还原"过程都是一个多余的过程。

我国学者在复杂劳动还原为简单劳动问题上也有诸多论述。如早在 1962 年就有学者探讨这一问题。改革开放以来,关于这一问题的阐释和争论,主要有以下几个方面:一是关于复杂劳动与简单劳动之间是否是"异质劳动"的争论;二是关于劳动的复杂程度如何计算或度量的问题;三是运用数理方法形成不同的关于复杂劳动还原为简单劳动的模型。

四、关于价值转形问题的观点

价值转形问题的争论由来已久。马克思的转形过程只谈到了生产过程产出的商品的价值转化成了生产价格。他曾多次提到这个问题,但是并没有作进一步处理,由此产生了所谓的"转形问题"。1907 年鲍特凯维茨对转形问题进行了详细的逻辑论证。20 世纪 80 年代以来,国内外学者对转形问题的研究日益增多,国外如森岛通夫、迪梅尼尔、沃尔夫(Wolff)、凯勒利(Callari)、罗伯茨(Roberts)等构建的 WRC 模型,TSS 学派的转形理论等,国内如丁堡骏、冯金华、张忠任、孟捷、余斌等许多学者对此有过不少论述。价值转形问题的实质是指在《资本论》第 3 卷中,在资本主义经济发展到一定阶段,生产价格规律取代价值规律成为基本经济规律。

由于转形问题涉及从价值到生产价格的转化,涉及利润与剩余价值,以及由此形成的两个相同的问题。在此,不予以展开论述。

第三节　评析与创新

马克思的劳动价值论告诉我们,凡是直接从事物质生产的劳动者的劳动,都是可以创造商品新价值的劳动,而一切生产资料都是过去劳动或死劳动的产品,不会创造新价值,其原有价值会通过具体劳动和活劳动转移到新生产的商品中去。新的活劳动创造价值一元论是在坚持马克思的劳动价值论的基础上,在批判各种错误价值观点的过程中,结合劳动分工的发展而创立的。

一、对各种错误价值理论的批判

新的活劳动创造价值一元论对各种错误价值理论的批判主要是对价值源泉错误观点的总体批判,对死劳动创造价值观点的批判,对离开了活劳动的科学技术创造价值观点的批判,以及对商品价值量与劳动生产率呈正比、呈反比思想的误解的批判。

（一）对价值源泉错误观点的总体批判

学术界现对于价值的源泉问题有不同的看法。有学者认为，商品价值的源泉问题也就是商品使用价值的源泉问题，认为人的劳动与大自然、各种生产资料、科学技术和管理经验的结合，乃是商品价值的源泉和创造者，其实就是认为商品价值是由各种生产要素创造的。也有的学者主张，只要承认劳动生产力或生产函数是多元的，最终也会得出非劳动要素参与价值决定的结论。还有的学者把创造价值和增加价值两个概念加以区别，认为从单个企业来看物化劳动是创造价值的，是创造剩余价值的主要源泉。甚至有的学者把由资本的使用所决定的生产力称为劳动的资本生产力，把由土地的使用所决定的生产力称为劳动的土地生产力，这种生产力也创造价值。此外，还有诸如广义价值论、资源贡献价值论等。虽然看起来各种价值理论竞相争艳，但实质上只有两类，即各种宽窄范围不同的活劳动价值论与要素价值论。除了活劳动价值论以外，其他价值论都是生产要素价值论或折中主义价值论的不同概括。

这里，各种要素价值论和折中主义价值论在理论上是不能成立的。第一，它们并不区别抽象劳动和具体劳动，而是将二者混同，因而混淆价值和使用价值，把劳动过程与价值形成过程和价值增殖过程混为一谈。因为要素是针对劳动过程而言的，资本（不变资本、可变资本）是针对价值增殖过程而言的。价值增殖过程是特殊的价值形成过程。第二，它们还混淆了价值形成和价值增殖的区别。前者是关于价值是如何形成的理论。在资本主义生产过程中通过劳动，一方面将生产资料的价值转移到新商品价值中去，另一方面劳动力的使用形成新价值，一起形成商品的价值 $c+v+m$。后者是关于价值是如何增殖的理论。价值增殖过程是除转移旧价值（c）和生产劳动力价值（v）后，还要取得一个余额——剩余价值（m）。至于这个剩余价值由哪个主体占有，是表现为私人剩余价值，还是集体剩余价值或国家剩余价值，那是由产权制度决定的另一个问题。

（二）对死劳动创造价值观点的批判

死劳动即物化劳动不创造价值，实质是说生产资料不创造价值。因为物化劳动的存在形式就是生产资料。二者只是对同一个事物的不同表述。

第一，物化劳动是一个物，不具有与劳动力相同的性质。物化劳动的存在形式是生产资料，是生产过程中物的因素。劳动力是存在于活的人体之中，以劳动者为存在形式，是生产过程中人的因素。这两种要素的差别是显而易见的。劳动力这一要素的特殊性在于它的使用过程就是劳动过程，正是这一劳动过程，才使劳动力具有创造价值的能力。如果得出物化劳动也创造价值，实际上就是说生产资料也具有劳动的功能。显然，这样的结论是错误的。

第二，劳动者的一次劳动不能多次创造价值。价值是由劳动者的劳动创造的，它是指价值的创造必须与劳动者的活劳动相联系，即劳动者每进行一次劳动创造一次价值，一次劳动过程结束，创造价值的过程也就终止。但按照物化劳动也能创造价值的观点来分析，必须得出一次劳动能够重复多次创造价值的错误结论。物化劳动是劳动者在上一次生产过程中已经付出了的活劳动在物质资料中的凝结。这部分以生产资料形式存在的物化劳动到了下一个生产过程就不能再还原为活劳动重新创造价值，而只能转移价值。如果因为物化劳动的来源是活劳动,就认为物化劳动也能创造价值;那么按此逻辑进行推论,劳动者进行了一次活劳动以后,尽管活劳动过程结束了,但创造价值的过程却可以连续不断地进行下去,这样的结论显然是错误的。所以,物化劳动也能创造价值的观点缺乏理论依据。

第三,物化劳动也能创造价值的观点,不能从数量上说明物化劳动与价值量之间的关系。这是因为物化劳动的种类多种多样,在生产过程中存在的形式各不相同,它们所起的作用、耗费的方式千差万别,在他们之间不可能建立对价值创造的统一的计量标准。因而对于不同种类的物化劳动各自究竟创造了多少价值,这是一个根本无法确定的问题。所以,这一观点只能停留在抽象的理论分析上,而不能进入对这一问题实质性的数量发现。或者说,物化劳动创造价值的观点是不能进行科学的实证分析的。如果本身涉及数量分析的经济学问题却不能进行准确的数量分析,那么,这样的观点也就谈不上什么科学性了。

(三) 对离开活劳动的科学技术创造价值观点的批判

科学技术是第一生产力。那么,科学技术这一要素是否创造价值,这是实践发展对马克思劳动价值理论提出的需要解决的问题。马克思的劳动价值论认为,新价值只能来源于劳动者的活劳动,生产过程中的其他要素都不能创造新价值。现在要说明的是,为什么科技离开了活劳动仍然不创造新价值。

一方面,科学技术的运用使人类的劳动不断地起着自乘的作用,可能导致人们把复杂劳动创造的价值归结为科技创造的价值。科学技术在生产过程中的运用之所以能够生产出更多的使用价值和价值,是因为科学技术的运用提高了劳动者的劳动生产率,提高了活劳动的复杂性,从而使人类的劳动不断地起着自乘的作用。实际上,直接创造价值的是人类的活劳动,而不是科学技术本身。先进的科学技术与更多的使用价值和价值之间的中间环节是劳动者活劳动效率的提高。因此,对问题的分析不能跳过劳动者活劳动效率提高这一环节。如果把人的活劳动抽象掉,就看不到劳动与价值创造之间的关系,剩下的只是科学技术与价值之间的关系,这样,也很容易陷入科学技术自身也创造价值的误区。

另一方面,说科学技术本身不创造价值,并不等于否认科学技术对价值创造的重要作用。因为,科学技术在生产过程中的运用不仅是创造出更多的使用价值的前提,而且也是创造出更多的价值的必要条件。没有科学技术的运用,就不会有日益发达的社会生产力和不断提高劳动生产率,因而也就不可能创造出日益丰富的使用价值。同样,没有科学技术的运用,也不可能创造出日益增多的价值。在现代化生产过程中,科学技术对使用价值和价值创造的作用,比以往任何时候都要更加突出、更加重要。但是,在这同时也必须看到,科学技术在生产过程中作为一个生产要素的自身性质并没有改变,因而它本身也不能成为价值创造的源泉和主体。如果说科学技术能够创造价值,那么,由此推论的逻辑结论必须是先进的机器设备也能够创造价值。所以,实际上主张科学技术创造价值的观点与机器设备创造价值的观点是有着内在联系的。

(四) 对一些关于马克思商品价值量与劳动生产率变动规律的错误理解的批判

关于商品价值量与劳动生产率变动规律的认识,目前大致有两类观点:第一类观点是坚持马克思的商品价值量与劳动量呈正比,与劳动生产率呈反比的规律。持这类观点的经济学者在解释当代经济实践问题时的理由又都不同。一些学者认为,目前国内外关于国民生产总值或国内生产总值的统计,是以不变价格计算的。劳动生产率提高,与单位商品价值呈反比,但与同一劳动时间创造的使用价值呈正比,在价格不变情况下与价格的增加也呈正比。这种解释忽略了价值规律,因为无论如何含有新价值的商品价格都是它的价值的表现形式,从一个较长的时间来观察,其基础仍是价值。另一些学者认为,价值并不是计量社会财富的尺度,而是商品交换的基础,因此计量国内生产总值的标准不是价值。这种解释是将使用价值和价值相分离。商品是使用价值和价值的统一体,两者不可分离,商品的使用价值是价值的物质承担者。两种商品在交换时,即一种使用价值与另一种使用价值交换时,唯一能够计量两者在量上差异的东西就是价值。可见,将使用价值或社会财富与价值割裂开来,把价值视为与使用价值无关的东西也违背了马克思劳动价值论的基本前提。

第二类观点认为,马克思的商品价值量与劳动量呈正比,与劳动生产率呈反比的规律不成立,而实际上劳动生产率与商品价值量是呈正比例变动的。由于这种观点是将活劳动以外的物化劳动(生产资料等)加入到创造价值的劳动之中,并进而提出,"劳动自身的生产力与劳动的资本生产力以及劳动的土地生产力共同创造价值",从而就完全偏离了马克思劳动价值理论的基本观点。

二、坚持马克思活劳动创造价值一元论

新的活劳动创造价值一元论毫不动摇地坚持马克思主义基本原理。然而在社会主义市场经济中出现的新问题,如管理劳动是否属于生产劳动的问题,商品价值量与劳动生产率之间关系问题,都需要辩证地坚持和维护劳动价值论。

(一)坚持马克思主义劳动价值论的基本原则

第一,把是否坚持劳动价值论作为判断各种经济学派的终极分水岭。科学的劳动价值论是马克思主义经济学体系的基础,也是人类经济学说史上的里程碑和思想精华。它为分析社会生产关系、经济运行机制和财富增长规律提供了正确的思路,揭示了私有制市场经济条件下雇佣劳动、资本与剩余价值三大主要范畴及其体系的内在关联,适合于观察一切商品生产的经济制度。由于劳动价值论是批判资本主义私有制的理论基础,因而成为各种资产阶级经济学的抨击目标。从这个意义上说,马克思经济学是不可能与形形色色的资产阶级经济学"接轨"或"混合"的。反过来说,各派私有制经济学也极力与马克思经济学划清界限。只有不懂得物质利益和阶级立场的幼稚者,才会在这一基本理论问题上搞缺乏逻辑性的折中与调和。

第二,应当坚持劳动价值论是社会主义市场经济的理论基石。市场经济通行的原则是按生产要素的所有权分配劳动成果。劳动力所有者获得工资,资本所有者获得利润,土地所有者获得地租。相对于按资分配或按生产要素分配来说,按劳分配是最公平和最合理的。这就是现阶段之所以要强调按劳分配为主体的缘由。总体上看,中国的市场经济是社会主义性质的,公有制实行按劳分配(为主)的思想渊源在于劳动创造价值的公理。那种认为中国要搞经济现代化和市场经济,一定要抛弃劳动价值论的观点毫无依据。发展社会主义市场经济(重建中国经济学)的理论基石是劳动价值论。

第三,应当坚持劳动价值论在新一轮科技革命和产业变革中的普适性和科学性。科学的劳动价值论不是产生于手工技术的小生产时代,而是产生于第一次科技革命后的机器和

大生产时代,具有很高的理论含金量和广阔的思维空间,足以解释包括新一轮的科技革命和产业变革在内的历次科技革命和产业变革。在人工智能快速发展的今天,应该理解"机器人"不是人,而是生产资料。无论何种先进的生产资料,都只是新价值创造活动的物质技术基础,而不是新价值创造活动的人类劳动本身。而所谓知识、技术、信息等创造价值,归根结底都是劳动创造价值。应该理解总体工人创造价值的观点。随着现场工人日渐减少,从事各种生产经营管理和科技工作的人员日渐增多。但是,这只是表明,在总体工人中,脑力劳动者在价值创造过程中作用越来越大。

(二) 坚持马克思关于管理劳动的二重性思想

马克思对资本主义生产方式中的管理劳动进行了细致的分析,提出管理劳动既有资本主义监督的剥削性质,又有协调生产劳动性质的二重性。

马克思首先分析了资本家自身从事管理活动的情况。他认为,由于所有者和生产者之间对抗性矛盾产生的纯粹监督劳动具有占有剩余价值的本性,具有剥削的性质。但事实上,纯粹的监督劳动和其他管理劳动是难以分离的,当马克思将资本家的纯粹监督劳动与其他管理劳动,以及因管理劳动而应得的工资与因所有者的缘故而得到的利润合在一起分析时,结果就使后来的马克思主义学者忽视了两者的区别。

马克思又进一步分析了管理劳动由专门经营者代理的情况。第一,所有者和经营者职能的分离是企业制度变迁的必然趋势。第二,经营者也是雇员,经营者劳动和生产者劳动是由于企业面临不确定性带来的人事选择和职能专业化:有更好管理才能的人被授予对团体的控制权,其他人则在他的指挥下工作(Knight)。这种劳动一般也是生产性的劳动,它也创造价值,经营者也必然应该取得工资,"经理的薪金只是,或者应该只是某种熟练劳动的工资,这种劳动的价格,同任何别种劳动的价格一样,是在劳动市场上调节的"[1]。第三,经营者管理活动中的监督劳动仅是代替资本家的监督劳动,因而也带有剥削的性质。因此,"资本主义的管理就其内容来说是二重的,——因为它所管理的生产过程本身具有二重性:一方面是制造产品的社会劳动过程,另一方面是资本的价值增殖过程"[2]。

马克思还特别区分了管理活动的不同劳动性质。一方面,就所有权和经营权分离后所有者的管理活动来说,如果所有者还从事一定的生产性管理劳动,则这种劳动创造价值;但如果董事长、董事和监事仅是挂名的,实际上并没有参与公司重大经营决策和监督,而只是行使单纯财产所有权的分配,如分股息和红利等,则不创造新价值。另一方面,就经营者的管理活动来说,也可分为两个方面:一是纯粹的监督劳动,这仅是迫使生产者创造更大的剩余价值,而本身并不能创造剩余价值;二是协调生产的劳动,这种劳动是生产性的,也就创造价值。因此资本主义企业中的管理活动是不同于以往社会的。例如,种植园主的管理是纯粹的监督劳动,只是迫使单个的农奴支出更多的劳动,从而创造更多的剩余价值,而本身并不创造价值;但在资本主义企业的经营者管理活动主要是协调生产的劳动,协调劳动不仅"提高了个人生产力,而且是创造了一种生产力"[3],因而是生产性劳动。

---

① 《马克思恩格斯文集》第 7 卷,人民出版社 2009 年版,第 495 页。
② 《马克思恩格斯文集》第 5 卷,人民出版社 2009 年版,第 385 页。
③ 《马克思恩格斯文集》第 5 卷,人民出版社 2009 年版,第 378 页。

（三）辩证看待马克思关于商品价值量与劳动生产率反向运动规律

马克思主义的真理观要求注意真理的条件及其适用性。前文关于商品价值量与劳动生产率关系的解释充分说明应该辩证地看待马克思关于商品价值量与劳动生产率反向运动规律。主要体现在如下几个方面：

第一，马克思关于劳动生产率与商品价值量反向运动的表述只是一种实际状态，而非全部状态。从学术上看，我们认为马克思关于劳动生产率与商品价值量反向运动规律暗含一个重要假定前提，即撇开了劳动主观条件，只考虑劳动客观因素对劳动生产率的影响。在这样前提条件下，马克思才能确定使用价值的变动是具体劳动生产率作用的结果，两者依同方向变动。但是，在分析影响劳动生产率变化的因素时，马克思又承认劳动生产率是由劳动的主观条件、劳动的客观条件、劳动的自然条件等多种因素决定的。他认为，"劳动生产力是由多种情况决定的，其中包括：工人的平均熟练程度，科学的发展水平和它在工艺上应用的程度，生产过程的社会结合，生产资料的规模和效能，以及自然条件"①。显然，这里的劳动复杂程度、熟练程度以及劳动强度等劳动条件是劳动的主观条件，而生产资料、技术等劳动条件则是劳动的客观条件。这样，在马克思的这一理论中，就出现了影响劳动生产率变动的因素，包含劳动复杂化和劳动强度这类主观因素，同考察劳动生产率变动的结果舍弃劳动复杂化和劳动强度的不一致的论述，因而需要进行逻辑补充和全面阐述。

第二，马克思商品价值量与劳动生产率反向变动规律不完全适用纵向分析。劳动生产率是一个动态的变化过程，社会必要劳动时间也是一个动态的变化过程。在动态中随着劳动生产率的变化，社会必要劳动时间外延会变化，它可能增加也可能缩小。因为生产力特别高的个别劳动强度和复杂程度的提高会改变行业社会平均劳动的加权平均值，从而使社会必要劳动时间发生变化。这样就动态或纵向比较的结果看，马克思所讲的"同样劳动时间"就是存在的，其内涵也会发生变化。也就是说，就静态来看，劳动量由自然劳动时间计量没有矛盾，但是，进行动态分析，劳动量是无法由自然劳动时间计量的。从学术上说，我们认为这正是马克思商品价值量与劳动生产率变动规律中的又一个需要完善的逻辑。

事实上，在其他场合，如马克思在分析相对剩余价值生产时就意识到了用劳动自然时间计量价值量的缺憾，已经意识到了劳动时间尺度的外延尺度和内涵尺度的存在与区别。随着由劳动密度和劳动强度所引起的劳动生产率提高，单位劳动时间内创造的价值量不相等。但是，围于马克思自己关于"反比"的特定假设，客观上否定了劳动生产率与价值量可能存在的正向变动关系。这样，在逻辑上又导致生产力特别高的复杂劳动获得的价值只能是其他企业转移来的结论，这就否定了生产力特别高的复杂劳动直接创造价值的理论，导致了价值创造与价值转移问题的长期争议。

三、对马克思主义劳动价值论的发展

（一）对生产精神财富的劳动是否属于生产劳动的辨析

关于生产精神商品的劳动分类问题，马克思有过较为明确的论述："在非物质生产中，其

---

① 《马克思恩格斯文集》第 5 卷，人民出版社 2009 年版，第 53 页。

至当这种生产纯粹为交换而进行,因而纯粹生产商品的时候,也可能有两种情况:(1)生产的结果是商品,是使用价值,它们具有离开生产者和消费者而独立的形态,因而能在生产和消费之间的一段时间内存在,能在这段时间内作为可以出卖的商品而流通,如书、画,总之,所有与艺术家所进行的艺术活动相分离的艺术品。……(2)产品同生产行为不可分离,如一切表演艺术家、演说家、演员、教师、医生、牧师等等的情况"①。新的活劳动创造价值一元论辨析并确定了三种情况下的生产精神财富的劳动属于生产劳动:

第一,凡是能够提供文化商品(精神商品)的劳动都是创造价值的。文化商品包括物质性的商品和非物质性的精神商品。物质性的文化商品,如书籍、报纸等。这些文化商品具有一定的物质载体,文化劳动的结果是以物质形态出现。另一类文化商品是没有物质载体,完全是以精神形态出现的,如音乐、戏剧、舞蹈、唱歌等。这些文化商品虽然没有一定的物质形态,并且生产过程是与消费过程同一的,但它们同样具有满足消费者需要的功能,同样是构成精神财富的一种形式,因而生产这些商品的劳动也同样创造价值。

第二,凡是直接为生产性企业提供生产性服务的劳动都创造价值。这一部分非物质生产劳动可以看作是从生产性企业的总体劳动中分离出来的,它是社会分工日益发达的结果。这些劳动最终是直接服务于生产性企业的,因而可以看作生产经营活动在企业外的扩展,是"总体工人"的劳动在企业外的延伸。它们作为企业生产经营劳动的组成部分,都属于创造价值的劳动。

第三,凡是与劳动力这一特殊商品的生产和再生产直接有关的非物质生产劳动都创造价值。这部分劳动主要是以非物质生产劳动的形式出现的,包括为提高劳动力的文化素质、身体素质,以及实现劳动者全面发展所需的各种非物质生产领域的劳动,如教育、卫生、体育、旅游等部门。这些部门中的劳动从形式上看与生产活动没有直接的联系,但从生产和再生产劳动力这一社会生产最重要的商品性要素来看,又与社会生产有着不可分割的关系,而且这些非物质生产劳动在很大程度上也是创造了精神产品,同样可以把这些部门的劳动归入创造价值的劳动。

根据上述对三个方面的非物质生产劳动能够创造价值的分析,实际上也就确立了判断非物质生产劳动是否创造价值的三条标准。那种单纯商品买卖,单纯金融中介和技术中介,以及从事会计、律师、党、政、军、公、检、法之类的服务活动,尽管是社会必要和重要的劳动,但不宜视为创造价值的生产性劳动。否则,把全社会的劳动或整个第三产业都说成是生产劳动,也就否定了商品生产、商品流通与商品分配等不同性质的劳动分工。不能潜意识地认为,只有创造价值的劳动,才是重要的或必要的劳动。

(二) 对商品价值量与劳动生产率变动规律的新界定

第一,要完善商品价值量与劳动生产率变动规律这一理论研究的前提条件,需要将劳动的主观条件引入马克思的商品价值量与劳动生产率运动规律之中。劳动生产率的提高是劳动的客观因素作用的结果仅是一种理论推测,就现实而言,劳动客观条件的任何变化都不可避免地引起劳动的主观条件的变化。这时工人的概念可能不是一个单体,而是一个总体。如果认为劳动客观条件变化可以引起劳动生产率变化,而主观条件变化不能引起劳动生产

---

① 《马克思恩格斯文集》第 8 卷,人民出版社 2009 年版,第 416—417 页。

率变化,这与现实并不吻合。在现实经济社会中,劳动的客观条件单方面变动的情况只是一种可能性,更多的情况是两者的同步(可能是不同比例)变动。就一般意义而言,引起劳动生产率变化的重要因素是科技的进步。科技进步对劳动生产率的影响主要是通过渗透到劳动的主观和客观条件之中而对劳动生产率起作用,其中劳动的主观因素——劳动者是决定因素,没有劳动者就没有人类劳动,也就不能创造出任何使用价值和价值。所以,劳动的主观和客观条件的变化在许多场合是不可割裂的。当我们将劳动的主观条件引入到马克思分析的逻辑前提中,商品价值量与劳动生产率的运动方向就会发生变化,可能出现正向变动的趋向。

第二,将计量价值量的时间尺度区分为社会必要劳动意义上的劳动自然时间(外延尺度)和劳动密度时间(内涵尺度)。如果我们考虑到由于劳动的复杂程度、熟练程度和强度提升所引起的劳动生产率提高,并将社会必要劳动时间区别为自然劳动时间和密度劳动时间(个别劳动时间也一样),那么,同样 1 小时里包含的劳动复杂化和强化的程度是可以有差别的。这样,劳动生产率与商品价值总量就存在正方向变动的关系。

基于上述认识,无论从个别企业,还是从部门和全社会来观察,商品价值量与劳动生产率变动规律可以包括如下几个方面:

(1) 如果劳动生产率变动是由劳动的客观条件变动而引起的,劳动的主观条件没有发生变化,那么劳动生产率与商品价值量是反方向的变动关系。数量关系:

$$单位商品价值量(v)=\frac{一定劳动时间(T)}{使用价值量(Q)}=\frac{1}{劳动生产率(P)}$$

(2) 如果劳动生产率变动是由劳动的主观条件变动引起的,劳动客观条件没有变动,那么,劳动生产率与价值量变动是正方向变动。这里有两种情况:一种是自然社会必要劳动时间发生了变化(外延增加或减少),一种情况是自然社会必要劳动时间不变,但是,密度社会必要劳动时间增加了,即在同样社会必要劳动时间里,劳动复杂程度和强度提高,可以创造更多的价值。

(3) 如果劳动生产率变动是由劳动的主观和客观条件共同变动引起的,劳动生产率与价值量变动方向不确定,可能是正方向变动,也可能是反方向变动。一般而言,个别企业、同一部门或行业和全社会的劳动生产率提高,会使商品价值总量呈现出增长的趋势。这是因为,在现实经济活动中劳动生产率提高或多或少都会伴随着劳动的复杂化和熟练程度的提高。

(三) 提出"全要素财富说"和"按贡分配形质说"

在分配领域与"活劳动创造价值"新假设相关的是"全要素财富说"和"按贡分配形质说"。必须指出,活劳动是价值的唯一源泉,但就劳动过程而言,显然,仅有活劳动是远远不够的。同一些人随意批评马克思经济学忽视财富及其生产要素的观点相反,马克思是一贯高度重视财富及其各种生产要素作用的。

"全要素财富说"是指活劳动和物化劳动,劳动和生产资料等生产的主客观条件都是创造财富的要素。"按贡分配形质说"是指,按生产要素所有者在自身创造财富和价值过程中的具体贡献来分配的。其经济实质是按生产要素所有者在要素创造财富和活劳动创造价值过程中所贡献或提供的要素数量及其产权关系来分配的。这就是按生产要素贡献分配的形式与实质,用哲学上的形质来表达,可简称为"按贡分配形质说"。

从学理表述的完整性来分析,"全要素财富说"和"按贡分配形质说"与"活劳动价值说"新假设不仅不矛盾,而且是相辅相成的,共同构成了关于创造商品和财富的完整理论。前者说明的是作为具体劳动过程的生产要素与社会财富(商品使用价值或效用)之间的关系,其目的主要是揭示在创造使用价值的具体劳动过程中人与物之间的关系和物与物之间的关系,在这个层面上,财富的源泉必然是多元的。后者说明的是作为抽象劳动的活劳动与商品价值之间的关系,其目的主要是揭示在特定的社会生产方式下新价值创造过程中人与人之间的关系,在这个层面上,价值的源泉又必然是一元的。同时,二者的内在联系又表明:作为劳动主体的活劳动,既是价值的源泉,也是财富的源泉;作为劳动客体的有形或无形生产资料,既是财富的源泉,也是价值创造的必要经济条件或基础。

延伸阅读

复习思考题

1. 新的活劳动创造价值一元论的主要观点是什么?它在哪些方面发展了马克思的劳动价值论?

2. 有人说随着科学技术的发展,机器人和自动化的出现,马克思的劳动价值论就过时了。你认为这种说法正确吗?

3. 西方经济学中的要素价值论、效用价值论错在哪里?

案 例 分 析

中国无人仓引领全球智慧物流

上海市郊,在一个名为"亚洲一号"的无人仓分拣车间里,300个"小红人"(分拣机器人)日夜不停地以每秒3米的速度往来穿梭,分拣数十万个包裹。每天,这个无人仓能处理超过20万个订单,整体运营效率较传统仓储提升10倍。速度这么快,它们也不会相互碰撞,反而会及时靠墙避让同伴。如果没电了,它们还会自动移动到充电桩上"恢复体力",充电10分钟就能持续工作4小时。据介绍,京东昆山无人分拣中心作业效率为9 000件/小时,在同等场地规模和分拣货量的前提下,可以节省180人。

"亚洲一号"是全球首座全流程无人仓库,属于京东集团。在那里,无论是"脑力活"还是"体力活",都由机器人唱主角。这个智能无人仓是如何运行的?京东物流上海"亚洲一号"负责人蒲浦江表示,京东自主研发的"智能大脑"起到了关键作用,它能在 0.2 秒内计算出 300 多个"小红人"运行的 680 亿条可行路径,并帮助它们做出最佳选择。智能控制系统反应速度 0.017 秒,运营效率提升 3 倍,均处于世界领先水平。中国仓储与配送协会副会长王继祥表示,中国无人仓技术已经从自动化阶段进化到智慧化阶段,通过运营数字化、决策智能化和作业无人化,实现物流系统的状态感知、实时分析、自主决策、精准执行,正在开启全球智慧物流的未来。

分析认为,目前区块链技术在全球物流供应链上游——处理订单和分发方面提升了效率,无人仓位于物流中游,在新零售的推动下,海内外多数电商巨头已经开始在物流供应链下游添加前置仓功能。业内人士表示,随着无人驾驶技术日渐成熟,物流业将进入由互联网、人工智能、大数据、云计算所组成的高科技自动化的全新领域,这将给物流管理模式带来根本性变革。

京东物流无人仓项目负责人章根云表示,在作业无人化方面,无人仓无论是单项核心指标还是设备稳定性、分工协作方面都要达到极致化水平。在运营数字化方面,无人仓需要具备自感知、自适应、自决策、自诊断、自修复的能力。在决策智能化方面,无人仓要实现成本、效率、体验的最优,大幅度减轻工人的劳动强度。值得注意的是,无人仓盈利能力尚存隐忧。有分析认为,虽然各大电商巨头和快递公司从智能系统、智能机器人等硬件终端和大数据系统入手,实现物流体系的改造升级,但这种只讲速度、不计成本的做法未来如何实现盈利还有待探索。

思考题:

请用政治经济学原理评析"智能机器也能创造价值"的观点。

思路点拨

第二章 资源和需要双约束论

 学习目标

1. 熟悉马克思主义需要理论的主要内容
2. 熟悉西方经济学资源稀缺性和欲望无限性假设的局限性
3. 掌握资源和需要双约束论的主要内容和意义

资源有限与需要无限的理论假设作为西方经济学的理论前提,是整个西方经济学理论大厦的基础。在该经济假设前提指导下的社会经济活动,一边是对自然资源的过度开发和对自然环境的严重破坏,另一边是少数拥有大量财富的群体不合理需要的过度满足和普通劳动者的真正合理需要得不到满足,贫富差距持续扩大。正是基于西方经济学"资源有限与需要无限单约束假设"前提在指导人类经济活动出现的问题,我们提出了具有创新马克思主义政治经济学意义的资源和需要双约束论,要求人类的经济行为应建立在考虑有限资源和有限需要的基础上,为实现资源合理开发及高效利用和合理需要的最大满足提供科学理论指导,为人类的正确经济行为找到科学依据,为实现人与自然和谐共存和建设人类美好家园贡献力量。由于特定时点上的资源约束,这是经济学界的一般前提,在这里不做重点研究。我们的双约束假设创新重点在于研究特定时点上资源和需要的双约束和动态发展过程中的双约束以及它们的互动机制。

第一节 马克思主义经典作家和领袖的基本思想

一、人的需要是人类社会发展的内在驱动

马克思认为,人的需要是人类从事劳动和生产活动的动因,是人的全部活动,包括生产、分配、交换、消费等的动力和源泉。劳动创造了人,在人类从猿到人的漫长转化过程中,劳动发挥着极其重要的作用。是什么力量驱使人类进行劳动呢? 是需要。马克思在《德意志意识形态》中,阐述了需要对人类历史和现存关系的意义。他把需要看作人的本性,正是人们的需要以及满足需要的方式,使人们之间发生相互关系,而人们之间的交往关系(生产关系)正是在一定的生产力和需要的一定发展阶段上发生的。马克思指出,人类的"第一个历史活

动"就是生产满足需要的物质资料,"已经得到满足的第一个需要本身、满足需要的活动和已经获得的为满足需要而用的工具又引起新的需要"①。正是在需要的促动下,人们从事着生产实践活动,包括物质资料的生产活动和精神文化的生产活动。在生产实践的过程中,人的需要得到满足,但同时在实践的过程中孕育着人类新的需要,这种新的需要催生新的实践。在这里,马克思是把需要作为人类从事生产活动的原始驱动,体现了生产实践活动是以人为出发点和归宿的思想。马克思论述的需要不是抽象的需要,而是"现实的人"的需要,是一种基于生产力发展水平基础之上的合理性的生存和发展方面的要求,指出了人所从事的生产活动应该是基于满足人的合理需要。在此基础上,马克思研究了作为阶级社会的"现实的人"的需要的矛盾,即被剥削阶级创造了剥削阶级的需要而自身的需要却不能得到满足的矛盾,分析了这一矛盾的根源在于生产资料私有制,揭示了阶级矛盾是阶级社会发展的直接动力。

二、人的需要是以物质为基础的

马克思认为"一切人类生存的第一个前提,也就是一切历史的第一个前提,这个前提是:人们为了能够'创造历史',必须能够生活。但是为了生活,首先就需要吃喝住穿以及其他一些东西。因此第一个历史活动就是生产满足这些需要的资料,即生产物质生活本身"②,"人们必须吃、喝、住、穿,就是说首先必须劳动,然后才能争取统治,从事政治、宗教和哲学等等"③。这正是基于马克思的唯物论思想,即人类的一切需要的满足是建立在物质基础之上的,是现实的。它既不是一种虚无缥缈的幻想,也不是从一种欲望出发。也就是说,马克思并没有认为人的需要是无限的,是可以脱离生产力发展水平的无限满足,而是一种无限和有限的辩证统一。随着生产力发展水平的变化,人的需要是会变化的,但是这种变化是由当时生产力发展水平所决定,是有限的。这种辩证统一思想一直贯穿马克思对经济问题研究的始终。

三、人的需要的多样性和层次性

马克思在《1844年经济学哲学手稿》中就提出了人的多种多样的需要,如"自然的需要""交往的需要""文明的需要"等。马克思认为,人的需要随着生产力的发展,会产生多样化的需要。马克思从哲学的视角对人的多样化的需要进行了概括,把人的需要分为生存需要、享受需要和发展需要,提出了独具特色的需要层次理论,奠定了马克思整个需要理论的历史地位。

生存需要指的是人作为一个有机的生命存在体,为了维持其基本的生命存在方面的要求,是一般动物或者是人类这种高等生物维持其生命的基本要求。生存需要是最为基本的需要,是其他需要产生和进一步发展的基础。如果人的生存需要得不到满足,人的生命就无以为继,而没有了人的存在,则人类社会、历史活动、生产实践等所有关于人的一切都失去了所赖以存在的基础,也失去了人作为生命体存在的意义。

享受需要是人追求舒适、惬意生活环境的改善和生活质量的提高,优化自己生存环境的

---

① ② 《马克思恩格斯文集》第 1 卷,人民出版社 2009 年版,第 531 页。
③ 《马克思恩格斯文集》第 3 卷,人民出版社 2009 年版,第 459 页。

层次较高的需要,是在基本的生存需要得到持续稳定满足基础上逐渐产生的,是一种随生产力发展水平相对高一级发展的需要。马克思认为,人的生活包括物质生活和精神文化生活,充分满足人民群众日益增长的物质和文化需要,这是社会主义生产的目的,但是它必须是基于生产力发展水平的实际才是合理的。

发展需要指的是人能充分和全面地发挥和展现自己创造潜能及全面性发展的要求,是人类区别于动物的一大标志,是人在实践过程中发展自我、实现自我、完善自我,使自身的能力得到愈益成熟和延伸,是一种全面的高层次的需要,是人类精神和灵魂发展的较高境界。

生存需要、享受需要和发展需要是基于生产力发展水平基础之上,反映了人类需要由低级到高级、由物质到精神发展的一般过程。同时三种需要又是紧密相联、循序渐进的,并且物质必然性是它们的共同源泉。前一种需要的满足是后一种需要产生和发展的基础,后一种需要是前一种需要满足和发展的必然结果,三种需要的发展趋势是人类发展的真正历史演进过程。

四、资本主义浪费资源和满足需要的缺失

马克思把需要理论应用于对资本主义生产方式的研究中,具体化到劳动人民的需求上,这是马克思主义作为无产阶级解放理论的体现。一方面,马克思批判在资本主义生产方式下,劳动者的需求不能得到满足。马克思通过资本主义生产能力的不断扩大与劳动者购买力之间矛盾分析,表明资本主义生产是相对过剩的生产。这种生产过剩表面上看是生产过程受到了来自需求方面的约束,实质上并不是劳动人民的真实合理需要已得到满足,而是资本家对剩余价值的无限追求所导致的对劳动人民合理需要的漠视,最终的后果不仅仅是劳动人民的合理需要得不到有效满足,而且造成了对环境的极大破坏和对资源的极大浪费。另一方面,马克思在批判资本主义生产方式本身造成劳动者需求不足的同时,指出:资本家"寻求一切办法刺激工人的消费,使自己的商品具有新的诱惑力,强使工人有新的需求等等。"[1]资本主义刺激需求,使劳动者过度消费、提前消费,是对自然资源、生态环境和财富的进一步浪费和破坏,尽管满足了劳动者短时期需要,但不利于劳动者消费水平的持续提高,进一步拉大了资产阶级和广大劳动者之间的贫富差距。

马克思从制度层面对资本主义生产方式进行批判,揭示了人与自然关系的实质是人与人的关系的基本原理,提出了"要想得到与各种不同的需要量相适应的产品量,就要付出各种不同的和一定量的社会总劳动量"[2]这一任何社会都必须遵循的按比例发展规律,其中就隐含着对资本主义条件下"资源和需要双约束"的分析。马克思正是把人的需要的满足建立在生产实践基础之上,才使得需要和人类对资源的利用联系在一起,从而产生了人类对资源的合理利用的问题。资产阶级经济学撇开资本主义的制度缺陷,从表面上研究资源配置,但永远都不能解决人与自然、人与人的和谐发展问题。

五、社会主义节约资源和满足需要的探索

马克思正是在批判资本主义生产方式的基础上,提出了要在不断发展生产力的基础上,

---

① 《马克思恩格斯全集》第30卷,人民出版社1995年版,第247页。
② 《马克思恩格斯文集》第10卷,人民出版社2009年版,第289页。

消灭私有制,建立生产资料公有制,"劳动时间的社会的有计划的分配,调节着各种劳动职能同各种需要的适当的比例"①。在共产主义低级阶段,"劳动时间又是计量生产者在共同劳动中个人所占份额的尺度"②,即实行按劳分配;到了共产主义高级阶段,科技和生产力高度发达,社会将更加合理地利用资源,产品极大丰富,生产将满足所有人的需要,实行按需分配。

社会主义成为现实是在生产力不发达的国家首先建立的,如何充分利用资源,发展生产力,满足人民日益增长的物质文化需要,是社会主义国家领袖思考的首要问题。列宁认为先进的技术和发达的生产力能够解决资源和需要的矛盾,他批判那种认为"原始人获得的必需品是自然界无偿的赐物",进而指出"工人生活日益困难是由于自然界减少了它的赐物"的错误观点,认为"这就是充当资产阶级的辩护士"。③列宁认为,只有社会主义才能满足工人和农民的需要。在《苏维埃政权的当前任务》中,列宁指出,俄罗斯苏维埃联邦社会主义共和国有极丰富的自然资源,只要用最新技术来开采这些资源,就能造成生产力的空前发展,就"可以满足全体人民的需要"。斯大林把自然资源作为"社会物质生活必要的和经常的条件之一"而影响社会的发展,并把需要与社会主义生产目的联系起来,指出"社会主义生产的目的不是利润,而是人及其需要,即满足人的物质和文化的需要。"④

毛泽东将人的需要分为两种:物质需要和精神需要,而且认为需要是有阶级性的,社会主义的需要是人民的需要。在此基础上,提出了社会主义建设时期的主要矛盾是"人民对于经济文化迅速发展的需要同当前经济文化不能满足人民需要的状况之间的矛盾"。毛泽东提出利用资源要注重计划性、长期性。

改革开放以来,以邓小平为核心的党的第二代中央领导集体,坚持把满足人民日益增长的物质文化需要作为社会主义生产目的。邓小平批评一些同志:"考虑问题常常忽略了群众的需要";提出在满足人民物质需要的同时,要"满足人民精神生活多方面的需要";把发展生产力作为满足人民群众需要的根本途径。邓小平针对我国人口多,对资源的需要和消耗大的国情,强调要控制人口增长,协调人口、资源环境和经济社会的发展,做到人口增长与环境资源相协调。江泽民在《正确处理社会主义现代化建设中的若干重大关系》的讲话中强调:"在现代化建设中,必须把可持续发展作为一个重大战略",提出不仅要节约各种资源,而且"消费结构要合理,消费方式要有利于环境和资源保护,决不能搞脱离生产力发展水平、浪费资源的高消费"。⑤胡锦涛则创造性地提出建立资源节约型和环境友好型社会的思想,"着力推进绿色发展、循环发展、低碳发展,形成节约资源和保护环境的空间格局、产业结构、生产方式、生活方式"⑥。

党的十八大以来,习近平反复强调"以人民为中心的发展思想",党的十九大报告提出把"人民对美好生活的向往"作为中国共产党人的奋斗目标,并贯穿于实现"两个一百年"奋斗目标和实现中华民族伟大复兴的中国梦之中。习近平把满足人民日益增长的美好生活需要与节约资源、保护环境统一起来。针对资源环境约束,习近平就建设资源节约型和环境友好型社会提出了多方面的举措。他提出要坚持节约资源和保护环境的基本国策,强调推动形

---

①②　《马克思恩格斯文集》第5卷,人民出版社2009年版,第96页。

③　《列宁全集》第5卷,人民出版社2013年版,第90页。

④　《斯大林文集(1934—1952年)》,人民出版社1985年版,第659页。

⑤　《江泽民文选》第1卷,人民出版社2006年版,第533页。

⑥　《胡锦涛文选》第3卷,人民出版社2016年版,第644页。

成绿色发展方式和生活方式,把节约资源和保护环境作为基本国策,坚持节约优先、保护优先、自然恢复为主的方针,努力实现经济社会发展和生态环境保护协同推进,为人民群众创造良好生产生活环境。提出通过"双控"降低资源消耗水平,加快推进污染治理和生态修复,强化供给侧结构性改革的生态功效,优化国土空间开发管理,完善自然资源管理制度体系。

总之,苏联和中国的社会主义制度建立以后,从列宁到斯大林,从毛泽东到习近平,共产党及其领袖既看到了本国资源的丰富,也看到了资源约束,把对资源的利用作为满足人民日益增长的物质文化需要的手段,其中蕴含着"资源和需要双约束"和如何突破"资源和需要双约束"的思想。本书提出的资源和需要双约束论也是基于这个理论渊源,从注重经济发展和构建以人民为中心社会角度提出的。

第二节　中外学者关于资源和需要的主要观点

一、西方学者的资源和需要理论

(一) 马斯洛的需要层次理论

马斯洛的需要层次理论是西方一种比较有代表性的理论。他认为,有两种不同类型的需要存在于人类价值体系中:一种类型是可以沿着人的生物谱系方向不断变弱的人的本能或者是冲动,可以称为生理需要或低级需要;另外一种类型是伴随着生物进化发展而不断显现的潜能或需要,可以称为高级需要。这一理论实际上反映了一种生物进化论的思想。

马斯洛的需要层次理论有两个基本论点。第一,人是有需要的动物,其需要取决于他已经得到了什么,还缺少什么,只有尚未满足的需要才能影响行为。第二,需要都有高低层次,某一层次需要得到满足之后,另一层次需要才出现。在特定时刻,人的一切需要如果都未能得到满足,那么满足最主要的需要相对于满足其他需要更迫切。在此基础上,马斯洛将需要划分为从低到高五个等级:生理的需要、安全的需要、感情的需要、尊重的需要、自我实现的需要。所谓生理的需要,是人类能维持自身生存的最为基本的要求,包括饥、渴、衣、住等方面的需要,是人的第一个层次的需要。所谓安全的需要,是指人作为一个有机体,本身就会有一种保护自身安全、避免受到来自外界威胁和自己财产受到损失的要求。所谓感情的需要,主要包括友爱互助的需要和有归属感的需要,是一种比生理需要更为高级的精神需要。所谓尊重的需要,是指每个人希望自己的能力可被社会认可和承认,从而体会到自身在社会中的价值。所谓自我实现的需要,是指人的理想和抱负能得到实现,完成自己想要完成的事业才会感到最大的满足和自己存在的意义,这是最高层次的需要。

马斯洛的需要层次理论虽然有一定道理,但是它主要是从心理因素来探讨人的需要,并没有把人的需要放在社会历史发展的过程中来分析,特别是没能从生产实践的角度对需要理论进行本质性的分析。这种纯主观性的分析必然会割裂人的需要与社会生产实践的联系,当然也就不可能对资源配置问题起到联动性。马斯洛的需要层次理论只是基于我们研究问题的某一个方面展开的。因为它作为一种较为流行的需要理论,特别是它对西方经济学理论假设前提中人的需要(欲望)无限满足有较大影响,所以我们应该对它有所了解,并从深层次探究西方经济学把需要的无限性作为理论前提的原因。

(二)西方经济学的资源稀缺性和欲望无限性假设

17、18世纪,霍布斯、洛克、休谟等从人类无止境的欲望和资源的稀缺性矛盾出发,引出私有产权和雇佣劳动的合法性。亚当·斯密则把这一思想运用到经济学中,论证了人的永无止境的需要及对其追逐的合理性,使稀缺性假设才得以基本形成。19世纪70年代稀缺性假设就由经济学上掀起"边际革命"的三位经济学家门格尔、杰文斯和瓦尔拉斯正式提出,并成为当今西方主流经济学的基本假设之一。从此以后,"研究人们如何在稀缺的资源约束下最大限度地满足自己的欲望"成为西方经济学的研究对象。

以马歇尔、庇古为代表的新古典经济学派将研究重心从注重研究资源的稀缺程度与经济增长的关系,转向关注资源稀缺条件下实现帕累托最优状态的途径。相对于资源的稀缺性而言,新古典经济学派更加注重资源利用的边际成本和边际收益。他们认为,各种资源具有不同的特点和市场属性,因而不能一概简单化为一般性的稀缺问题来处理,他们主张分别对环境污染、不可再生资源、可再生资源等问题进行研究,并且提出了相应的市场资源配置原理。

1932年,罗宾斯在《经济科学的性质和意义》一书中把在稀缺资源约束下人类行为方式作为研究的主题。他认为人类活动目标和手段之间的关系有如下四方面的内容:目标或者需要的多样性;手段的稀缺性;手段在目的之间转换可能性;不同目的在重要性上的差别性。据此他把经济学定义为"系统研究各种目的与具有多种用途的稀缺手段之间关系的人类行为的科学"[1],萨缪尔森和诺德豪斯的《经济学》直接表明"经济学研究的是社会如何利用稀缺的资源以生产有价值的商品并将它们分配给不同的个人","鉴于欲望的无限性,就一项经济活动而言,最重要的事情就是最好地利用其有限的资源。"[2]

可见,西方经济学从资源稀缺性和欲望无限性假设出发构建的经济学体系,更强调私有产权、市场经济、经济增长的合法性,直至发展为全盘私有化、"市场原教旨主义"。尤其是新古典经济学以来,西方经济学为了研究如何最有效地利用资源和资源配置的组织及过程,走上了模仿自然科学、把经济活动当作一个纯粹的物质技术过程来研究的道路。虽然产品分配或收入分配问题也在西方经济学的视野之内,但是由于经济过程已被作为一个纯粹的物质技术过程来处理(人也是一种有着特殊性质的配置对象),所以分配问题也是一个物质技术过程的自然结果。

(三)凯恩斯的有效需求理论

凯恩斯的有效需求理论重点是从需求角度来阐述有效需求的重要性,进而探讨国家宏观调控的重要性。凯恩斯认为,就业量决定于总需求函数与总供给函数的交点,因为,在这一点,企业家的预期利润会达到最大化。总需求函数和总供给函数相交时的数值,称为有效需求。他进而认为,在一个封闭的经济体系中有效需求包含了消费需求和投资需求,而消费需求是由投资需求所决定的,原因在于消费是收入的函数,并不像一般古典理论中所谈的消

---

[1]　莱昂内尔·罗宾斯著,朱泱译:《经济科学的性质和意义》,商务印书馆2000年版,第1页。

[2]　保罗·萨缪尔森、威廉·诺德豪斯著,萧琛等译:《经济学》,商务印书馆1999年版,第2页。

费是利率的函数,最终影响国民收入和消费的是通过投资乘数起作用。他认为,消费是由收入来决定,而人的边际消费倾向是递减的,富人比穷人有更低的消费倾向和更高的储蓄倾向。通过消费也可反映收入分配的变动情况,进而强调了稳定的消费倾向对于经济的至关重要性。他认为,一般来说人的消费倾向是稳定的,它可以通过投资乘数来影响消费和国民收入。可见,在凯恩斯的有效需求构成中,起决定作用的是投资需求,有效需求不足和国民收入波动主要是由于投资波动引起的。

凯恩斯认为,投资需求取决于资本边际效率与利率的对比关系。对应于既定的利息率,只有当资本边际效率高于这一利息率时才会有投资。由于资本边际效率在长期中是递减的,除非利息率可以足够低,否则会导致经济社会中投资需求不足。他把资本边际效率定义为"一种贴现率,而根据这种贴现率,在资本资产的寿命期间所提供的预期收益的现值能等于该资本资产的供给价格。"[1]他特别强调,资本边际效率是指"在单位时间里由于增加一个价值单位的资本所引起的物质产品的增量"[2]。而且认为资本的边际效率不是一个绝对量,而是一个相对值,或者说是一个比例,即预期收益和资本供给价格的比例。同时,凯恩斯强调预期对资本边际效率的影响,认为资本的边际效率取决于资本的预期收益,而不仅仅取决于其现行的收益。对于预期的重要性而言,"它通过它对资本边际效率的作用而影响生产新资产的积极性"[3]。

凯恩斯虽然提出了有效需求的概念,并且强调从需求方面进行国家宏观调控的重要性,但它必须是要建立在有大量的闲置资源可以利用、没有达到潜在的生产能力、经济有可释放潜力的前提下。如果经济处于充分就业的饱和条件下再从需求的角度来调控,收效也许就会很小。由此,我们就可以发现,它的理论实际上就是一种需求约束理论,但还没能探讨我们后面要谈的"需要约束"问题,也没有深入人与自然和谐发展的资源配置问题和社会分配问题,仅仅是一种纯宏观政策的问题。

二、中国学者关于资源和需要的观点

关于资源和需要的研究,国内大多数研究的还是西方经济学的资源单约束理论,系统研究资源和需要双约束理论的较少,少数学者坚持从马克思主义政治经济学的视角来分析研究关于资源和需要的问题。

陈乐一的《双重约束:中国商品市场的波动分析》一书沿用西方理论,以科尔内的"资源约束型体制与需求约束型体制"为切入点,重点从需求约束和供给约束的角度来分析经济波动的原因。他认为需求约束波动存在于资本主义国家,供给约束型波动存在于传统社会主义国家。这种从资源和需求视角来分析经济波动的研究,实际上是延续科尔内划分的资本主义的企业和社会主义的企业所具有的需求约束和供给约束的思路所展开,但并没有分析需求约束和供给约束的内在机理和它们的互动机制。

周肇光认为,要理性看待西方经济学的资源有限与需求无限理论。他从辩证角度和事物运动的角度分析了资源单约束假设的不足,并提出了科技在解决该假设不足中的重要作

---

① 凯恩斯:《就业、利息和货币通论》,商务印书馆1999年版,第139页。

② 凯恩斯:《就业、利息和货币通论》,商务印书馆1999年版,第141页。

③ 凯恩斯:《就业、利息和货币通论》,商务印书馆1999年版,第147页。

用。并且指出,如果不从理论根源来深层次分析西方经济学无限需求的危害性,及其为了满足不合理需要和资本追逐利润的无限生产活动,就可能会出现资源环境的不断破坏;如果将之作为现代经济政策决策的依据,就会使得经济发展偏离长期可持续的轨道。因而,应该从发展技术的视角来扩大资源的范围。同时,应当对西方经济学所谓需要无限满足前提假设进行修正。[①]

程恩富在《现代马克思主义政治经济学的四大假设》一文中,从历史唯物主义和辩证思维角度全面分析了资源单一约束和需要无限假设的片面性和由此带来人们经济行为的不良后果,提出了全新的"资源和需要双约束假设",指出了资源的动态变化和合理区分三种不同类型的需要(即欲望、合理需要和需求),同时分析了后两种需要的有限性。全面阐述了资源和需要双约束假设的内涵和要求,指出资源和需要双约束假设的要求就是:一是考虑科技因素在内实现资源的最优利用和最佳配置;二是通过调节有效需求和合理需要的总量和结构来实现各种需要的最大满足;三是通过资源最佳配置来满足有效需求和合理需要。从而为该假设的全面论证提供了框架性思路。在此基础上,一些经济学家开始在这个前提下研究它的内涵并开始逐步丰富这一思想。

程言君对程恩富教授提出的"资源和需要双约束假设"做了评析,进一步分析了双约束假设的内涵和对经济学发展的指导意义。他认为经济学的研究应该是把人作为出发点和终结点,应该从人、劳动者的角度来探讨资源配置,批判"资源有限需要无限"的假设忽视了人与自然的和谐发展,是只见物不见人的经济学。他指出程恩富教授提出的"资源和需要双约束假设"是解决人与自然和谐发展、实现社会公平分配的合理假设。[②]方兴起认为程恩富教授以理论假设的形式进行探讨,不仅符合马克思主义的研究方法,而且赋予了马克思主义经济学鲜明的实践特色、民族特色和时代特色,从而推进了学科体系、学术观点和科研方法的创新。[③]韦镇坤从以人为本的理念出发,系统阐发了程恩富教授的资源需要双约束论。他认为"资源和需要双约束假设",站在历史高度,指出了资源和需要双约束假设的内在要求,重新阐释了马克思主义经济学对资源配置研究的内涵,实现了资源配置理论的重大创新。[④]

张俊山的《对经济学中"资源稀缺性"假设的思考——兼论资源配置问题与政治经济学研究对象的关系》一文,针对理论界关于"政治经济学是研究生产关系,西方经济学是研究资源配置"这种流行说法,指出资源配置的一定方式本质上也是由相应的生产关系所决定的。同时,他深入探讨了西方经济学以"资源的稀缺性"和"人的欲望无穷"为基本假设、以"效率"为选择依据的资源合理配置理论的逻辑含混、错误及虚构性,指出马克思主义政治经济学以生产关系为研究对象的意义,在于生产关系是直接决定社会经济的运行、组织、结构的因素,只有依据马克思主义理论,从生产关系分析入手,才能科学地认识当今环境破坏、资源枯竭、

①　周肇光:《关于资源有限与需求无限假设的理性分析》,《经济问题》2004年第2期。

②　程言君:《"四大理论假设"对经济学传承和超越的人本视角——〈现代马克思主义政治经济学的四大理论假设〉评述》,《山东社会科学》2007年第6期。

③　方兴起:《马克思主义经济学中的理论假设——对程恩富教授"四大理论假设"的思考》,《中国社会科学》2008年第2期。

④　韦镇坤:《资源和需要双约束假设的经济学分析——阐发程恩富教授的资源需要双约束理论》,《海派经济学》2013年第2期。

生态危机的社会根源。

朱富强指出,现代经济学基于演绎逻辑来构建学说体系,相应的命题和定理等都依赖于逻辑前提,因而认识和发展现代经济理论的关键就在于对其所依据的逻辑前提进行审视和完善。他通过对消费理论的三大基本假设——劳动负效用、资源稀缺性及时间偏好的剖析,表明现代主流经济学那些"不言自明"的假设实质上只是短期内所呈现出的事物假象,是静态分析的自然结果,以此为基础所推导出的其他知识和论断往往存在明显的偏误,也不利于对社会实践的合理引导。①

第三节　评析与创新

针对西方经济学关于资源与需要(或需求)单方面假设的片面性和肤浅性,我们提出和论证的资源和需要双约束论,是基于现有社会生产力水平和现有需要状况并互相作用和约束的假设,因而,是符合社会实际发展和唯物辩证法精神的。

一、资源和需要双约束论的概念分析

我们在此讨论的需要约束主要是从全社会角度出发的,不讨论某一种具体商品对某一个人来说是否属于合理需要的商品。因而对合理需要和需求的理解也应从基于某一特定生产力水平条件下的全社会的角度来思考,从宏观角度来把握这个合理需要和需求的内涵,而不应把它对应到某一个具体的商品上来分析。

(一)必须厘清的概念

1. 需要和欲望的区别

在本书的论述中,我们着重从经济学和生态学角度来探讨需要,它不完全是一种心理的主观因素,它的主体是客观的,是见之于客观事物基础上人对基本生存和发展要求的合理反映,而不是虚无缥缈的幻想。并且我们这里的需要还特指人的合理需要和需求。

2. 需要和需求的区别

本书所讲的需要是在客观事物基础上人对基本要求的反映。需求(图 2-1B 椭圆区域)包括在这个需要的里面,在市场经济条件下,有货币购买力的需要才能构成需求,因此需求只是需要的一个组成部分,在这里的需求和西方经济学理论中所讲的需求是基本一致的;合理需要(图 2-1A 椭圆区域)也包括在这个需要里面,是指在现有生产力发展水平条件下,人与自然生态能和谐共处,同时保持社会公平公正条件下人的一种生存和发展的要求。因此我们要研究的需要包括两个部分:一是合理需要,二是需求。

3. 合理需要和需求的区别

合理需要(图 2-1A 椭圆区域)是指在现有生产力发展水平条件下,人与自然生态能和谐

---

① 朱富强:《现代消费理论三大基本假设缺陷——兼评现代主流经济学的逻辑前提》,《东北财经大学学报》2018 年第 4 期。

共处,同时保持社会公平公正条件下人的一种生存和发展的要求,是一种建立在客观基础上的主观能动活动,在这里的合理需要包括已实现的合理需要(A∩B区域)和未实现的合理需要(C区域)。需求(图 2-1B椭圆区域)是指有货币购买力的需要,即通过货币来满足的需要,在这里的需求包括合理需求(A∩B区域)和不合理需求(D区域)两个部分。

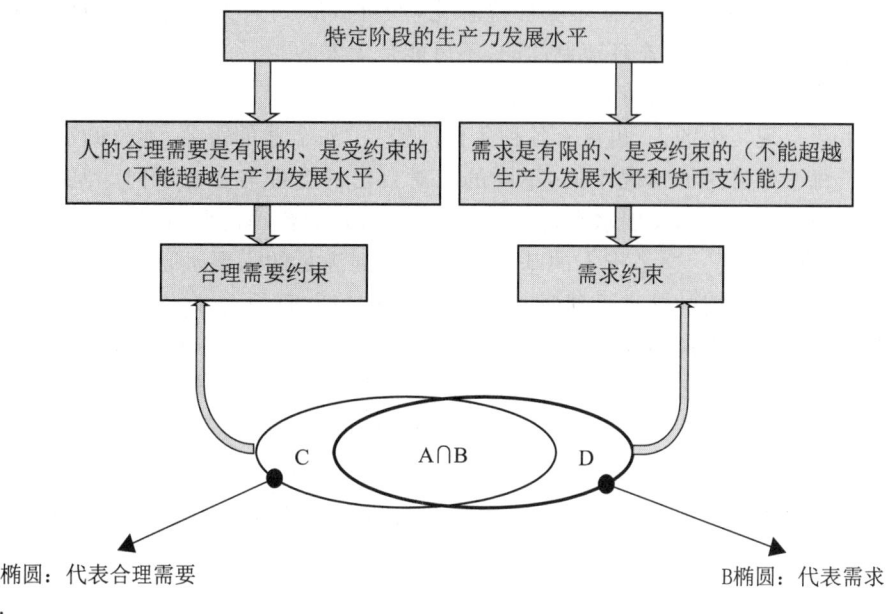

A椭圆:代表合理需要   B椭圆:代表需求

说明:

A∩B区域:既是合理需要,又是需求。(即有货币支付能力的合理需要,现阶段可实现的合理需要)

C区域:是合理需要,但不是需求。(由于市场机制不完善,没有实现的合理需要。通过政策手段,如补贴低收入者,可使得这部分合理需要实现,从而转化为需求)

D区域:是需求,但不是合理需要。(可能是少数富有者奢侈性的不合理需求,通过政策手段调节,如税收,使这部分不合理需求转变为低收入者的合理需要)

目标:通过政策调节使得需求尽可能和合理需要一致

图 2-1 需要约束示意图

(二)合理需要约束

合理需要约束指的是人的合理需要是有限度的,是受到人类发展客观条件制约的,它是受到客观规律支配和制约的。

1. 人的合理需要受生产力发展水平的制约

合理需要是客观的,不同的历史发展阶段,在不同的生产力发展水平下,人有不同的合理需要。例如,原始社会生产力发展水平低下,可能人的合理需要就是每天狩猎野生动物,能有食物充饥和用火取暖即可;到了工业社会,人的合理需要也许就不仅仅是食物上的问题了,人们也许会要求蒸汽机车或轮船作为长途交通工具;到了近代,在前面需要的基础上,也许会把乘坐火车或飞机作为一种合理的需要。由此可见,人的合理需要是动态变化的,总的趋势是不断向前发展的,但它并非无限的,每个阶段的合理需要又是有限的,是受到当时社会生产力发展水平制约的。

2. 人的合理需要受生态环境的制约

人是生存在大自然中的,人类的生存与发展必然要依赖大自然的资源。由于大自然中的资源是有限的,并且大自然的良性循环也需要特定的再生环境。人类为了满足自身各种各样的需要从大自然获取资源,再把资源加工成自己需要的产品。这就涉及人类是否可以无限度地获取自然资源的问题。实践证明,正是由于人类为了满足过度的需要来开发自然资源而导致资源面临枯竭,生态环境日益恶化,严重威胁到人类生存发展的空间。由此说明,人的合理需要是受到生态环境制约的,不可能是无限的。

3. 人的合理需要受人自身条件的制约

人是生活在现实中的人,也许有各种各样的需要,如金钱的需要,地位的需要,名誉的需要等。由于每个人自身的情况不同,不同的人对自己的合理需要也不同。但我们在这指的是对于符合现阶段生产力发展水平,占人口大多数的人的合理需要,包括以下三种情况。第一,可实现的合理需要。这是指人的基本的可以得到满足的需要,即可以实现的、能够形成需求的需要。这种需要的满足受到两个方面的约束:一方面是大多数人的合理需要约束,另一方面是自身收入水平的约束。这两者的约束是基本一致的,所以在收入水平约束下,同时可达到最大化的合理需要。第二,是合理的需要但是很难实现。现阶段生产力发展水平条件下,衣、食、住、行是每个人生存和发展的基本要求,但是很多人受到自身收入条件的制约,也许很难实现。第三,能构成需求但不一定是合理需要。在现阶段生产力发展水平下,由于市场机制的不完善而导致的少数人占有大量社会财富并进行奢侈性消费,造成社会资源的大量浪费。

(三) 需求约束

需求是指有货币支付能力的需要,这意味着需求受到货币支付能力的制约。这里的需求约束包括两层含义:第一,个人的需求是受到自身收入水平的约束,收入水平的高低限制了人的需求;第二,社会需求是受到社会需求能力的约束,即社会需求是受到社会有效购买能力的制约。

1. 个人的收入水平制约着个人的需求

在这里我们借鉴西方经济学理论中的收入预算约束。合理需要的满足可以用类似西方经济理论的无差异曲线来刻画,但有一点是不同的,这个合理需要是在一定范围内的、有界限的,而不是西方经济理论中所讲的无限需要的满足,是指大多数人的受生产力发展水平制约的一种合理需要。大多数人的合理需要并不是一个抽象的概念,这是一个可量化的指标。例如,国家可根据现阶段生产力发展水平,对于大多数居民的基本食品满足、住房满足、医疗满足、养老满足等建立一个系列,再根据不同成分在这个系列中的重要程度给出一个权重,之后可用货币量化每一个部分,根据各个部分的权重可求出一个期望值,这就给出了合理需要的界限。在此基础上,求解收入预算条件下合理需要的最大满足问题,就是个人的需求。由此可以看出,个人的需求其实是受到两个方面的约束,一方面是受到自身收入的约束,另一方面,是受到合理需要的约束,把两者结合在一起才是真正的个人的需求约束。

2. 社会购买力水平制约着社会需求

社会需求约束问题可追溯到马克思《资本论》中所谈的生产相对过剩的问题,当社会的生产超过了劳动人民的可支付的购买力时,必然会产生商品积压、社会需求不足的问题。其外在表现是商品供过于求,生产无法继续进行,放在马克思再生产理论中就是两大部类生产比例的失调,从而会导致社会需求受到约束的问题。结合我国现阶段市场经济中出现的问题,我们就可以发现,在很大程度上受到了社会需求约束。例如,现阶段我们的消费需求不足,投资需求不旺,出口需求受阻,归结到一点都是受到了来自社会需求方面的约束。在这种情况下,国家有必要通过宏观调控,调节社会需求,尽可能使得消费需求扩大,投资需求增加,出口需求保持稳定;同时,要积极调整产业结构,根据各种需求的形成机理制定相关政策,从供给角度来研究解决社会需求约束的问题。

二、资源和需要双约束论的科学内涵[①]

在现代马克思主义政治经济学的视域中,资源的有限性与无限性、稀缺性与丰裕性、基于深思熟虑的选择性与任意随机的无选择性,均呈现复杂的辩证关系。变革中的现代政治经济学须解析资源的稀缺与丰裕、需要的限制与满足、机会成本的确定与选择、效益的结构与提高、节约的实质与途径、环境的利用与保护等的一般含义和社会约束条件,更加科学地给出学理分析和政策意义。诚然,现代马克思主义政治经济学有关资源与需要这一假设不同于现代西方主流经济学,并不涉及社会根本经济制度和阶级利益,而属于思维方法和表述技术层面的歧见。

三、资源和需要双约束论的理论分析

(一)在特定时点上资源和需要的有限性

在特定阶段的特定时点上,资源和需要都是有限度的。资源开发利用受到当时的科技水平和资源储量的限制,特别是应看到过度开采、过度利用导致的资源枯竭、生产无以为继,这是人类生产活动所面临的资源制约;同时人的需要的满足,包括合理需要和需求,也同样受到生产力发展水平的制约,不可能有超越生产力水平的需要凭空出现。在特定时点,有限资源的利用应按照合理需要的满足来进行,资源的开发与利用应以人的合理需要为出发点和落脚点,同时合理需要也要按照当时的生产力发展水平和资源的可承受度来进行,在两者相互作用的平衡中来优化资源的配置和合理需要的满足,具体的配置过程可以按照在一定预算约束下合理需要最大满足来进行。

(二)在历史长河中资源和需要的无限性

从长期的历史发展过程来看,一切事物都处在不断发展变化的过程中,静止只是相对的。我们研究的资源和需要双约束论也是符合这个规律的,相对静止只是动态长期发展过程的一个瞬间。如果把双约束放在这个动态的过程中来研究,我们就会发现,资源和需要的双约束在每个时点上要受到该时点生产方式的制约,每个时点上不论资源还是需要仍旧是有限的。但是,从长期来看,资源和需要的双约束也是动态变化的,随着生产力和生产关系所决定的生产方式向高级化发展,这个双约束的范围也是在逐步扩大的,资源的可利用范围在扩大,需要的层次也逐步提高,资源和需要双约束的范围也在逐步扩大,是一种高级化

① 程恩富:《现代马克思主义政治经济学的四大理论假设》,《中国社会科学》2007年第1期。

动态发展的趋势和过程。

（三）资源和需要有限与无限的辩证统一

研究资源和需要的双约束假设，我们必须要把短期相对静态的双约束与长期不断扩展变化的双约束结合起来，看到短期资源和需要是受到约束的，我们就会有节约有限资源，满足有限需要，促进人与自然和谐发展的理念，促进在既定条件下资源的优化利用和人的合理需要的最大满足。看到资源和需要双约束的动态性，我们就会积极采用最新技术来扩大资源的利用范围，促进资源的新陈代谢，不断认识我们未曾发现的资源更好服务于人类，并通过更先进的技术和管理手段来优化合理需要向更高层次发展，把需要的满足立足于不断扩大的可利用的资源范畴内，使得人类的生存发展能基于动态扩展的可利用的资源范畴上进一步地高级化。基于长期发展过程的有限和无限的辩证统一，我们就会把生产力向高级化方向发展作为促进资源有效化利用和人的高层次合理需要满足的最有效手段，促进科技在既定资源和需要双约束条件下的应用，使这个双约束向进一步的广度和深度迈进。

（四）从静态角度来探索资源和需要的双约束假设

在经济发展的某个阶段，既存在资源约束，同时又存在需要约束。究竟是哪种约束对经济发展的影响比较大呢，还是两者一样大呢？这是值得研究的问题，因为它关系到政策制定时可运行区间的选择问题。例如，在传统计划经济时代，资源约束是占主导的，其外在表现就是短缺经济，这时应更注重研究资源的如何高效配置的问题。在自由市场经济条件下，往往是一种需求约束，其外在表现就是资本主义发展过程中的过剩经济，大量产品卖不出去，这就是需求约束占主导，我们就不难理解为什么那时的经济学研究更侧重于如何解决需求的问题。现阶段我国经济发展过程中既存在资源不足，同时又存在产品积压的问题，这其实是一种资源约束和需要约束的双约束状态。寻找两种约束同时存在的解决办法，特别是研究如何寻找在资源和需要双约束条件下共同的运行区间，并且在该区间内资源高效配置和人的合理需要最大满足的问题，是现阶段理论和实际结合的契合点。

（五）从动态角度来探索资源和需要的双约束假设

研究长期的经济发展问题，就要从动态的角度来考察资源和需要的双约束问题。长期中，可能某个发展阶段会以资源约束为主导，另一个发展阶段又以需要约束为主导，也可能是以两种约束并存。我们在静态研究特定阶段问题的基础上，可以从一个长期发展的过程来考察这个双约束假设。分析某个特定阶段的静态条件下的双约束假设的特点，可以为后面研究动态过程中的双约束假设奠定基础。例如，我们现阶段要研究的双约束就是在理解过去短缺经济条件下资源约束为主，自由资本主义市场经济条件下需求约束为主基础上，就能更好地理解现在的社会主义市场经济，既遗留了传统计划经济转型过程中的资源约束问题，同时又产生了市场经济条件下具有的需求约束问题，这也就更容易理解我国现阶段经济发展中受到双重约束的问题。把这个双约束理论放在一根时间轴上动态地考察，我们就能发现每个阶段应该重点研究的问题，每个阶段要解决的可运行区间问题。只有清晰了每个阶段的资源和需要的可运行区间，我们的生产发展、生态环境和人的合理需要的满足才会走向协调，才不会导致资源的过度开发和不合理需要的过度满足，走向人与自然和谐发展的适度范围。

（六）从静态和动态相结合的视角来理解资源和需要的双约束假设

因为动态的长期过程是由无限个静态过程组成的,所以研究的过程也不可能把两者割裂开来。既要研究特定阶段资源与需要约束下资源高效配置、人的合理需要最大满足的问题,使得经济理论有一定的现实针对性;也要考察长期的发展过程,把握资源和需要双约束条件下的长期发展趋势,对经济的发展作出预测。在这种情况下,我们有必要首先研究资源如何高效配置同时最大满足人的合理需要的过程和机制,即在静态可运行区间内找到资源配置和需要满足的最佳结合点。同时要关注这个最佳结合点随生产力发展变化又是如何动态变化的。动态变化之后就是下一个相对静态的过程,静态中孕育着动态变化,动态变化过程中又包含了静态的发展过程,这是一个连续发展的过程。所以我们谈的资源和需要的双约束不是一个孤立而又封闭的过程,而是长期的动态发展的,也是一个长期的资源最优配置和长期的人的合理需要最大满足结合在一起的理论假设。

四、资源和需要双约束假设下合理需要的最大满足

（一）个体合理需要满足可运行区间的说明

个体合理需要满足可运行区间是指:国家根据生产力发展水平,人与生态和谐发展,社会公平公正条件下通过科学方法分析制订的,通过税收和补贴等手段可实现的,调节社会个体可支配收入,使得社会大多数的个体可支配收入能用来满足基本生存和发展需要。通过法律政策来调节与生产力、国情不相符合的个体过高收入,使得这些个体的需求能逐步趋近到与生产力发展水平,人与生态和谐发展,社会公平公正相符合的收入水平,使得高收入群体的收入向合理区间趋近,使得避免出现过度的奢侈性需求造成有限资源浪费;同时通过法律政策来补贴低收入群体,使得他们的收入也符合生产力发展水平,在人与生态和谐发展、社会公平公正前提下满足基本生存和发展的需要,使得低收入群体的需求也能向合理区间趋近,从经济角度来构建一个和谐社会。

同时,我们必须细化用来满足基本生存和发展需要的可支配收入。在这里合理需要的可支配收入包括两个部分。一是生存需要,是指在现有生产力水平和生态环境可承载条件下,满足大多数个体的合理需要,包括个体基本的衣、食、住、行方面的需要。政府可根据当时物价水平用货币来量化每一项指标,设定每一项权重后求平均值可计算出。二是发展需要,是指在现有生产力发展水平和生态环境可承载条件下,大多数个体在基本需要满足条件下的一种更高层次的合理需要,包括子女接受教育、正常娱乐、休闲度假等方面的需要。政府可以有一个测算的标准来量化每一项指标,设定每一项权重后求平均值也可计算出。通过把生存和发展两项用货币量化的合理需要加总,给出一个大致的范围,就得出合理需要的可运行区间。由于不同国家或地区发展程度和基本物价水平不一致,可以在国家制订的合理区间基础上根据本地区情况因地制宜地实施,适当浮动。

（二）合理需要最大满足的理论分析

在国家把个体合理需要的可支配预算收入调节到合理运行区间之后,就可以通过个体

的最优选择,来寻找可支配预算约束下合理需要最大满足的最优组合。假定把一个经济抽象为两个消费者、两种商品,我们就可以参考微观经济学中的艾奇沃斯方框图的分析思路,来分析如何使两个消费者都能达到合理需要的最大满足。与传统微观经济学理论中的艾奇沃斯方框图不同的是,通过宏观调控后使得个体的合理需要进入可运行的区间后的合理需要最大满足,同时解决了社会公平等问题。即是在社会基本公平前提下合理需要的最大满足,而不是少数人占有很多社会财富,大多数人占有很少社会资源的不合理状况。

通过宏观经济政策调节之后,我们看到个体的可支配收入进入到合理的可运行区间。假定现在市场上有两个消费者分别为 1 和 2,消费两种商品面包和甜酒,在预算可支配收入约束下都想使自己的效用水平达到最大。例如,用 X 表示面包,用 Y 表示甜酒,P_X 和 P_Y 分别表示面包和甜酒的价格,用 U 来表示个体消费者消费面包和甜酒所获得的合理需要满足的效用水平,M 表示个体的可支配收入。用数学方法可表述为 Max $U = U(X, Y)$,s.t. $P_X \cdot X + P_Y \cdot Y = M$。首先分析消费者 1 在可支配收入预算约束条件下获得最大效用水平的数学模型。

$$\text{Max}\quad U^1 = U^1(X, Y)$$
$$\text{s.t. } P_X \cdot X + P_Y \cdot Y = M$$

建立拉格朗日函数并求解,可得:$\dfrac{MU_X^1}{MU_Y^1} = \dfrac{P_X}{P_Y}$

MU_X^1、MU_Y^1 分别表示第 1 个人消费两种商品 X、Y 所获得的边际合理需要效用水平。由此可知在可支配预算收入约束条件下,个体要获得最大效用满足时必须满足两种商品边际效用的比要等于两种商品价格的比。用坐标图表示就是个体 1 需要效用曲线均衡点的斜率要与两种商品价格的比相等。同样道理,我们可以求解消费者 2 在可支配收入预算约束条件下获得最大效用水平的数学模型。

$$\text{Max}\quad U^2 = U^2(X, Y)$$
$$\text{s.t. } P_X \cdot X + P_Y \cdot Y = M$$

建立拉格朗日函数并求解,可得:$\dfrac{MU_X^2}{MU_Y^2} = \dfrac{P_X}{P_Y}$

MU_X^2、MU_Y^2 分别表示第 2 个人消费两种商品 X、Y 所获得的边际效用水平。同理,用坐标图表示就是个体 2 需要效用曲线均衡点的斜率要与两种商品价格的比相等。

现在我们来看如何能用图示的方法找到一个既可表示消费者 1 和 2,也能在各自可支配预算收入约束条件下达到需要效用最大的均衡点,同时在该点又能满足 1 和 2 各自边际效用水平的比等于两种商品价格的比,即

$$\frac{MU_X^1}{MU_Y^1} = \frac{MU_X^2}{MU_Y^2} = \frac{P_X}{P_Y}$$

我们可以借助艾奇沃斯方框图来说明这个问题,如后面的图 2-2 所示。要注意的是,由于每个个体在宏观调节后有一个可支配预算收入可运行区间,例如,个体 1 的运行预算约束区间是 $ABCD$,个体 2 的运行预算约束区间是 $A'BCD'$。所以对于个体 1 的需要效用曲线就应该在 $ABCD$ 区域范围内,对于个体 2 的需要效用曲线就应该在 $A'BCD'$ 区域范围内。把

两者同时放在艾奇沃斯方框图中,我们就可以发现同时满足上面条件的契约线是 E_1E_2 之间的这段曲线,与一般微观经济学所谈的消费者均衡的契约线不同的是,我们在资源和需要双约束条件下消费者均衡的契约线排除了 O^1E_1 和 O^2E_2 这两段曲线。为什么这样呢?原因就在于我们这里表达的是合理需要的效用曲线,既考虑了生产力发展水平、人与自然生态和谐相处,同时又要考虑社会公平的合理需要。由于考虑了以上三点,所以人的需要的满足是在受到可支配预算约束条件下实现的。正是通过科学的宏观调控把个体的合理可支配收入调节到了可运行的区间后,个体消费者的初始禀赋是在一个社会公平、公正合理的范围内,就不会造成一部分人占有很多社会财富,而另一个部分人占有很少社会财富的不合理、不和谐的状态。例如,在 P 点就是一种社会不公的状态,消费者1拥有的是很少的面包和甜酒,而消费者2所拥有的是很多的面包和甜酒,由于我们宏观调控下通过调节个体的可支配收入已经解决了这个问题,把 P 已经排除到双约束条件下的契约线之外了。我们这里的契约线指的就是在个体可支配收入的合理运行区间内的社会产品最优配置点,如图 2-2 所示,即是 $DABA'D'CD$ 这个范围内,最优配置点仅仅是 E_1E_2 这段曲线上的点。因此 E_1E_2 这段曲线上的点就是我们要寻找的在资源和需要双约束条件下消费者需要能最大满足的均衡点,这就是资源和需要双约束条件下消费者均衡的契约曲线。E_1E_2 的契约曲线包括了以下三层含义:第一,它实现了社会公平意义上的消费者个体所拥有的社会初始禀赋;第二,可以实现消费者个体合理需要的最大满足;第三,它满足了两个消费者同时最优的选择。

(三)合理需要最大满足的艾奇沃斯方框图

我们构建的资源和需要双约束条件下的艾奇沃斯方框图,与西方微观经济学中的艾奇沃斯方框图有本质区别。在这里的方框图所描述的是在资源和需要双约束条件下的方框图,是一个满足大多数人合理需要下的艾奇沃斯方框图,选取假定在双约束条件下只有两个人的经济来分析的。在前面的分析中谈到合理需要是有限的,是受到生产力发展水平和自然生态环境约束的,国家可以通过对不同收入群体的可支配收入采取税收和补贴政策,使得大多数人的收入能进入合理区间。在资源和需要双约束条件下,消费者的契约曲线仅仅是在可运行区间内的一部分,之外并不存在消费者的契约曲线,这也是我们与一般微观经济学中谈的消费契约曲线的最大不同点。因为在双约束条件下,人的合理需要受到生产力发展水平和生态环境的制约,所以,合理需要必然是在一个范围之内,并非无限的,在市场经济条件下又是受到可支配的货币收入约束的。其次,我们谈的既然是合理需要,就必然涉及社会公平公正分配的问题。正是国家通过税收和补贴的调节政策,可以使得大多数人的可支配收入进入合理区间,通过可支配的货币收入来满足合理需要。

在图 2-2 这个艾奇沃斯方框图中,$ABA'D'CD$ 就是这两个人的可支配收入的运行区间,E_1E_2 这一段曲线是在双约束条件下,合理需要满足的契约曲线。在这段契约曲线上,第1个人和第2个人在可支配收入约束下同时得到了最大的需要满足 U^1 和 U^2。在这可以分三种情况,因为我们设定的可运行区间不是绝对的平均主义,而是一个收入分配的大致范围,所以存在收入高的群体、收入相对低的群体和收入接近平均值的群体三种情况。假定第1个人是税收和补贴政策调整后收入相对低点的个体,那么他的预算约束可以用 AD 线来定义,是从坐标 O^1 来看的,第2个人是税收和补贴政策调整后收入相对高点的个体,那么他的预算

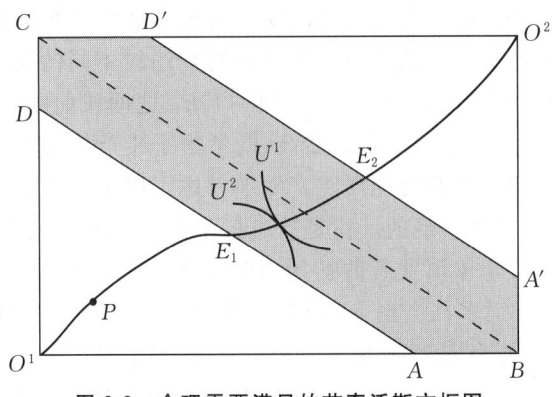

图 2-2　合理需要满足的艾奇沃斯方框图

约束也可以定义为 AD 线,是从坐标 O^2 来看的;假定第 1 个人收入符合平均值,那么他的预算约束可以用 BC 线来定义,是从坐标 O^1 来看的。第 2 个人收入符合平均值,那么他的预算约束也可以定义为 BC 线,是从坐标 O^2 来看的;假定第 1 个人收入是相对高点的个体,那么他的预算约束用 $A'D'$ 来定义,是从坐标 O^1 来看的,假定第 2 个人收入是相对低点的个体,那么他的预算约束也可以定义为 $A'D'$ 线,是从坐标 O^2 来看的:实际存在的主要是这三种情况。也许有人会想到如果个体 1 和 2 都是收入低的或收入高的个体呢? 其实组成社会的个体是相当多的,在这个范围内既有收入高的,又有收入低的。我们总是能找到两个互补的个体来研究这个艾奇沃斯方框图,所以我们是按照前面分的三种情况为基础来分析的,合理需要的消费契约曲线就是 E_1E_2 这一段。在这段契约曲线上两个个体在各自的可支配预算约束范围内同时达到了最大满足,即在双约束前提下实现了消费者的局部均衡。

(四) 合理需要最大满足的意义

个体需要的满足不仅是消费者的个体行为,同时也关系到社会能否可持续发展的问题。因为在现阶段生产力发展水平条件下,还没有达到社会产品的极大丰富,即使是人的合理需要是有限的,但是在有限资源条件下满足这些有限需要还是显得不足,所以就必须研究如何用这些有限的资源来满足这些有限的需要。如果我们的分配机制措施得当,就能使有限资源尽可能最优地满足这些需要,达到社会的最优配置,实现真正的和谐社会;如果没有好的分配机制,就会造成一些人除了合理需要的满足外,还会有超越生产力发展水平的不合理需求,同时也会有一些个体基本的合理需要反而得不到满足的情况。在这种情况下,就不是真正意义上合理需要的满足,是一部分人的不合理需求挤占了另一部分人的合理需要,这种情形对构建和谐社会将造成极大的制约,也不利于推进现代化建设和可持续发展。如果个体满足的不是合理需要,例如,少数人的一些高档型的奢侈性需要,就会导致有限资源的浪费;如果个体的合理需要得不到满足,由于受制于可支配货币的约束,无法形成需求,又会制约社会生产的发展。所以我们必须要进行宏观调节,调节到一个比较理想的状态。在宏观调节进入合理区间后,个体能够自由地进行微观行为的选择,这样才能实现合理需要的最大满足。

个体合理需要的满足涉及两个方面的问题:一个是国家宏观调控,另一个是理性消费。为了人与自然的和谐发展,为了人的合理需要的满足,国家有必要根据生产力发展现状制定个人可支配收入的运行区间,并通过政策手段来促使个人进入这个区间。因为如果不从可支配收入角度来调控,就无法真正调节和约束个体对社会的非理性行为。一些需要对个体而言,只要有货币购买能力就可以形成需求,但是如果这种需求对自然社会资源的利用、对社会的和谐有不利影响时,其实质就是不合理的,就是需要在宏观层面进行调节和引导。另外,在个体受到调节之后有了收入约束,其需求才不会导致生态环境的污染和破坏,个体的需求才能在人与生态和谐发展的前提下达到最优理性选择和最大合理需要满足。在此基础上,把个人合理需要的满足与资源配置联动在一起,才是我们所要研究的资源与需要双约束条件下最优行为,以达到人的需要的满足兼顾自然生态与社会公正的目的。还应当看到,如果放纵部分个体的不合理需求的满足,不在可支配收入上加以约束,对社会的危害不仅仅是挤占当时一部分人的合理需要,还会挤占后代人的合理需要,这样会把前一阶段没有解决的矛盾后移,会加剧下一代人的社会问题。一种比较理想的解决办法就是根据当时生产力发展水平、生态环境的承载力,在社会公平公正条件下,制订一个合理需要的运行区间,通过可支配收入来约束个体的合理需要。因为单纯依靠教育或道德因素无法对需要形成一个有效的硬约束。在通过可支配收入约束形成一种硬约束之后,再通过教育及其他相关机制的配合使需要的满足更趋于合理化,才能使得社会在良性的轨道上发展。在这个基础已经建立的情况下,可以根据社会的动态发展以及向高级化发展的要求,在下一个发展阶段制订新的合理需要满足的可运行区间,使整个社会在一种和谐的动态中前进。

五、资源和需要双约束假设下的一般均衡

(一)资源和需要双约束假设下一般均衡的条件

如何使得在资源和需要双约束假设下既能达到资源的最优配置,同时又能使得合理需要能最大满足?这就需要我们考虑两者同时满足所要具备的条件。通过前面几节的分析,我们知道要使双约束条件下资源能最优配置,必须要满足两种或多种产品的边际技术替代率相等 $MRTS_{AB}^{X}=MRTS_{AB}^{Y}=\cdots$;要使双约束条件下合理需要能最大满足,必须要满足两个或多个消费者对所消费商品的边际合理需要效用的替代率相等 $MRS_{XY}^{1}=MRS_{XY}^{2}=\cdots$。

最大生产可能性曲线是生产者在给定资源条件下生产两种或多种产品满足 $MRTS_{AB}^{X}=MRTS_{AB}^{Y}=\cdots$ 的情形下刻画出的两种产品最大可能生产量的曲线,并且我们分析了其上的边际转换率 MRT_{XY},我们知道当边际转换率与边际替代率相等时,即 $MRT_{XY}=MRS_{XY}$,我们就实现了双约束条件下的资源最优配置和合理需要最大满足的一般均衡。为什么说在这个条件下实现了一般均衡?假定社会生产的两种产品的边际转换率为1,即 $MRT_{XY}=1$,而消费者对这两种商品的边际替代率为2,即 $MRS_{XY}=2$。那么在生产者看来,社会如果放弃1单位第二种商品就可以生产出1单位的第一种商品;但在消费者看来,保持原有的合理需要效用水平不变,1单位的第一种商品可以替代2单位的第二种商品,这样由于两种商品的转换率不等于两种商品的边际替代率,即 $MRT_{XY}<MRS_{XY}$,在其他条件不变时,通过增加第一种产品生产,减少第二种产品生产可以使得社会成员的合理需要满足水平进一步得到提高,这说明社会的生产和消费的配合并不是一种最优,如果是最优了就不会再有改进的余地了;同样的分析思路我们可以理解 $MRT_{XY}>MRS_{XY}$ 时,社会的生产和消费的配合也不是一种最优。说明只有当两种商品的边际转换率与边际替代率相等时,即 $MRT_{XY}=MRS_{XY}$ 时社会的生产和消费才不会再有改进的余地,才是一种最优。

当边际转换率与边际替代率相等时,即 $MRT_{XY}=MRS^1_{XY}=MRS^2_{XY}=\cdots$ 时实现了一般均衡,实现了真正意义上的一般均衡,即是在资源和需要双约束条件下有限资源的最优配置和合理需要的最大满足。同样我们可以从下面图示分析中发现,当生产可能性曲线上某点的斜率与在框图中消费契约线上某点的斜率两者相等时,实现了生产和消费的同时均衡,就是我们上面所谈的 $MRT_{XY}=MRS^1_{XY}=MRS^2_{XY}=\cdots$ 条件下的生产与消费的同时均衡,即我们这里所谈的一般均衡。

(二) 资源和需要双约束假设下一般均衡的图示

在图 2-3 中,基于初始时刻 $t=t_0$ 时,在 $MRT_{XY}=MRS_{XY}$ 条件下,如图所示就是过消费者契约曲线上的 e 点,消费者 1 和 2 的合理需要效用曲线的公共切线 PP 的斜率与过生产可能性曲线上的点 O^2 并和生产可能性曲线的切线 $m_{t_0}m_{t_0}$ 平行时,既可以使有限的资源得到最优配置,也可以实现消费者合理需要的最大满足。同时我们分析了随时间推移技术不断变化的一个动态过程,所以我们也必须要考虑双约束条件下在时刻 $t=t_1$,$t=t_2$,$\cdots$ 时,有限资源最优配置和合理需要最大同时满足所需要具备的条件。因此,我们可以根据刻画在前面分析中随着时间推移技术不断变化的在不同时刻的动态生产可能性曲线,即在 $t=t_0$ 时,动态生产可能性曲线是 MN,在 $t=t_1$ 时,动态生产可能性曲线是 $M'N'$,在 $t=t_2$ 时,动态生产可能性曲线是 $M''N''$,$\cdots$,并在每一个时刻 t 对应技术水平条件的生产可能性曲线上寻找点(如 $o^2_{t_0}$,$o^2_{t_1}$,$o^2_{t_2}$,$\cdots$),建立一个关于两个人(即 1 和 2)消费两种商品 X 和 Y(即面包和甜酒)的消费者艾奇沃斯方框图,从而我们可以在该图中找到每个时点随着两种商品数量变化的消费高效率契约曲线。例如,$t=t_0$ 时,消费者的契约线为 $E_{1t_0}E_{2t_0}$ 曲线,$t=t_1$ 时,消费者的契约线为 $E_{1t_1}E_{2t_1}$ 曲线,$t=t_2$ 时,消费者的契约线为 $E_{1t_2}E_{2t_2}$ 曲线,等等。接下来我们就是要寻找在合理需要可运行区间内的点,使得该点在消费者契约曲线上并且过该点作合理需要效用曲线的切线,使得这个切线的斜率与在相同时刻动态生产可能性曲线上选取的点并过该点与动态生产可能性曲线切线斜率相等,即两条切线要平行。在图中可表示为在合理需要可运行区间范围内,过不同时刻过 e_{t_0}、e_{t_1},$e_{t_2}\cdots$ 点的切线 $P_{t_0}P_{t_0}$,$P_{t_1}P_{t_1}$,$P_{t_2}P_{t_2}\cdots$ 与不同时刻动态生产可能性曲线 MN,$M'N'$,$M''N''\cdots$ 上过选取的点 $o^2_{t_0}$,$o^2_{t_1}$,$o^2_{t_2}$,$\cdots$ 的切线

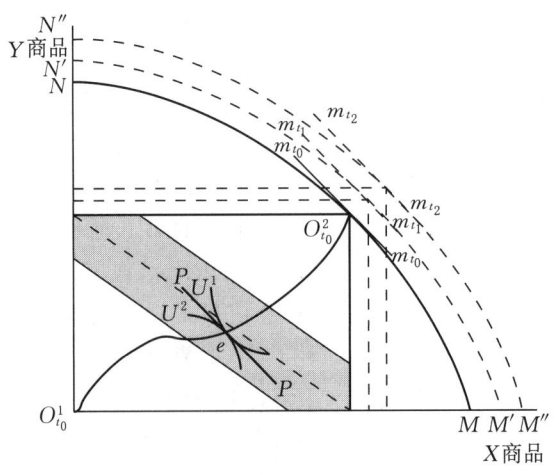

图 2-3　资源和需要双约束条件下的一般均衡

$m_{t_0}m_{t_0}$，$m_{t_1}m_{t_1}$，$m_{t_2}m_{t_2}$…要平行。当两者平行时,我们就找到了在双约束条件下满足资源最优配置和合理需要最大满足的动态均衡点。也即是在每一个时刻点,当时条件下过某点的边际转换率要与当时的合理需要可运行区间内消费者契约曲线上点的边际替代率要相等,即每个时刻点的 $MRT_{XY} = MRS_{XY}$。也即是如图所示的在生产可能性曲线上的两种产品边际转换线(即 $m_{t_0}m_{t_0}$，$m_{t_1}m_{t_1}$，…)斜率与消费高效率轨迹线上某点两条无差异曲线公共切线(如 $P_{t_0}P_{t_0}$，$P_{t_1}P_{t_1}$，…)平行时,生产的供给与消费同时达到最优,从而实现了双约束条件下的资源动态最优配置与合理需要最大满足的一般均衡。

六、资源和需要双约束的意义

(一) 从人与生态和谐发展的角度实现资源的最优配置

从前面的分析我们可以发现,只有在科学的宏观调控前提下利用有限的资源来组织生产活动,才不会导致资源的过度利用和生态环境的破坏。同时,还必须考虑现有资源的高效利用,即资源的最优配置。正是在这种科学的宏观调控和企业自主组织生产活动两者的有机结合下,才能实现生产和消费的均衡,即有限资源的最优配置与合理需要的最大满足。因为如果不把两者有机结合在一起,就可能会导致自然生态的严重恶化和有限资源的枯竭,最终会导致人类毁灭自己。所以我们必须寻求解决的办法,来构建人的活动与自然生态的和谐发展。当然在这里我们仅仅是从经济学角度来分析有效配置资源的问题,实际上如何来满足科学的宏观调控和企业对有限资源的高效配置,还需要健全的、能顺利实施的法治环境,特别是科学的宏观调控就需要根据国民经济发展情况制订中长期的资源规划,同时也需要对企业生产制订立法规范,既保证企业可以独立自主地生产活动,给企业有自由活动的空间,同时又必须从法律角度来规范企业的活动。只有如此,企业才能把自身的经济活动与宏观的生态环境保护结合起来,才能真正实现人与自然生态和谐发展基础上的资源最优配置。

(二) 从大多数人合理需要的角度来满足人的需要

从前面的分析可以看出,资源和需要双约束条件考虑的是大多数人合理需要的满足。我们不断强调大多数人的合理需要的满足,是由于这是我们立论的基础和前提条件。同时,它有极强的现实意义,只有把这个问题放在中心位置来考虑,才能从根本上理解马克思所批判的资本主义生产异化,就是没有从大多数人的合理需要前提出发来组织生产活动,才有必要否定资本主义不合理的生产方式,建立理想的共产主义生产方式。由于不同人有不同的合理需要的满足方式,这是个体的一种自我选择行为,应该充分发挥个体的自由合理选择。但是这个选择不能脱离现有生产力发展水平的实际和多数人共同都能满足需要的前提,如果超越生产力的发展过度追求享受性满足就会偏离生产力发展的正常运行轨道,导致生产力发展对资源环境的破坏和人类发展的无以为继;如果我们的生产活动不是满足大多数人的合理需要,或者满足了仅仅是少部分人的不符合生产力发展阶段的不合理需求,我们就不能构建一个真正意义上的和谐社会。不仅我们从资源和需要双约束的经济学视角研究应该满足的是大多数人的合理需要,而且从构建和谐社会的角度出发也理应是如此,所以这两者是一致的,是符合人类社会发展一般规律的。

（三）从大多数人合理需要的满足出发实现了生态性的资源最优配置

资源和需要双约束条件下的一般均衡,就是把大多数人的合理需要满足与企业的生产活动中的有限资源最优配置结合在一起,因为在这个一般均衡条件下,既能满足大多数人的合理需要的最大满足,同时又可实现有限资源的最优配置,克服了资本主义生产方式中单纯追求利润最大化,不去考虑消费者购买力和人的合理需要满足的异化生产。这是一种理想的经济运行状态,我们人类的经济活动就应当向这个目标靠拢。通过一般均衡条件下的艾奇沃斯方框图的分析,我们可以看出,要想使经济活动能实现我们理论推导的最优条件,必须把科学的宏观调控和微观的个体自由活动有机结合在一起。如果能按照这个理想的条件去实现,才能从真正意义上实现人类的经济活动是为了满足大多数人合理需要的经济活动,才会有人类利用有限资源组织生产活动,真正实现人类合理需要满足的共同远景目标。只有在这个一般均衡条件下,企业的生产活动才能和大多数人合理需要满足结合在一起,才能达到上述目标,才不会走向马克思所批判的资本主义生产异化。这个一般均衡的实现首先根据生产力发展水平,人与生态和谐发展,社会公平公正来制订资源利用的可运行区间和大多数人的合理需要满足的可运行区间,在这个大的前提下,企业可以自由地组织生产活动,个体消费者可以根据自身需要自由选择自己需要的商品。良好的宏观环境为个体的自由选择创造了条件,同时充分发挥个体自由选择的个性又会为生产的发展和个人的满足提供活力。只有这样,才能使人与自然生态良性互动和发展,才可以从人、自然、生态良性互动发展的角度构建一个真正以人民为中心的社会。

延伸阅读

复习思考题

1. 马克思主义关于资源和需要的理论有哪些主要内容?
2. 西方资源稀缺性和欲望无限性假设有哪些局限性?
3. 资源和需要双约束假设是怎样既坚持马克思主义又扬弃西方经济学的理论假设的?

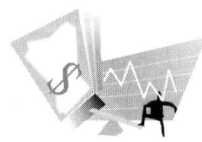

案 例 分 析

我国面临的资源约束

2022年,我国水资源总量为27 088.1亿立方米,相较多年平均值偏少1.9%。我国人均水资源只有世界平均水平的 1/3,有 400 多个城市面临不同程度的水资源短缺问题,其中 110 个城市严重缺水,使中国成为全球 13 个人均水资源极贫乏的国家之一。水资源分布不均,南方水多、人多、地少,北方地多、人多、水少。南方四片水资源总量占全国的 81%,人均占有水量约为全国均值的 1.6 倍。北方片中黄河、淮河、海河三大流域的水资源总量仅占全国的 7.5%,而人口和耕地却分别占到全国的 34% 和 39%。

我国人均占有的土地资源只相当于澳大利亚的 1/58,加拿大的 1/48,俄罗斯的 1/15,巴西的 1/7,美国的 1/5。根据第三次全国国土调查结果,截至 2019 年年底,我国耕地面积为 19.18 亿亩,人均耕地面积仅为 1.36 亩,不足世界平均水平的 40%。同时,耕地资源分布不均衡,有超过一半的耕地依赖自然降水。尽管我国占有全球 9% 的耕地,却供养了全球近 1/5 的人口,从 4 亿人无法充饥到今天的 14 亿多人吃得饱,这实际上是回答了"谁来养活中国"的重大问题。

在过去十年中,我国的矿产资源供应量同比增加了 0.5 到 1 倍,超过了同期全球平均增速 0.5 到 1 倍,因此我国对外依存度不断提高。石油、铁矿石、铜、铝、钾盐等大宗矿产资源在国内的保障程度不足 50%。能源消耗和污染排放还处在高位,我国成品钢材、精炼铜、精炼铝消费量占全球比重分别为 51.7%、55.4%、55.8%,单位 GDP 氮氧化物、二氧化碳排放仍是美欧等发达国家的 2 倍以上。大量能源消耗和污染物排放给生态环境保护和污染治理带来较大压力。2022 年我国 PM2.5 浓度(29 微克/立方米)以及臭氧浓度(145 微克/立方米)与以健康为导向的 WHO 目标值(5 微克/立方米、60 微克/立方米)仍然存在较大差距,超过 1/3 的城市空气质量不达标,PM2.5 浓度是欧美平均水平的 3 倍左右。

思考题:

基于资源和需要双约束假设的理论分析,结合本案例谈谈如何突破资源约束的瓶颈,并分析资源约束对经济高质量发展有哪些影响?

思路点拨

第三章　利己利他经济人论

 学习目标

1. 理解马克思主义关于人的本质的基本立场和观点
2. 了解国内外关于人的本质的不同观点
3. 掌握利己利他经济人论的主要内容和意义，以及"经济人"假设的局限性

中国古代就有关于人性善、恶的争论，并以此为基础构建了不同的治国理论。儒家在人性本恶论、性习相异论、以义克利论、以义和利论基础上，构建了修身齐家治国平天下等一套治国理论体系。法家和墨家在趋利避害人性论基础上构建了以《管子》为代表的轻重治国理论体系。西方资产阶级经济学以个人主义"经济人"假设（又称完全自私"经济人"假设或完全自私人性论）为立论基础，构建了资产阶级经济学理论体系。马克思主义经典作家和领袖主张人性有自然性和社会性二重性，而社会性是人的本质属性（在阶级社会中人性主要表现为阶级性），并在对资本主义社会人性异化批判的基础上，提出了人性的复归和解放，从而构建了马克思主义经济学。我们在批判完全自私经济人假设基础上，将马克思的人性思想和中国优秀传统文化相结合，提出了"新经济人"假设（又称利己利他经济人论、利己利他经济人假设、己他双性经济人假设）。其方法论和哲学基础是整体主义、唯物主义和现实主义，以此代替了完全自私"经济人"假设。

第一节　马克思主义经典作家和领袖的基本思想

一、马克思和恩格斯阐述人性和人的本质

"经济人"假设是西方资产阶级经济学的立论基础和逻辑起点，"经济人"分析范式似乎是对人的本性的揭示，但其实质是在"去人化"，是被商品、货币、资本等物质形态遮蔽的商品拜物教、货币拜物教和资本拜物教。马克思主义政治经济学以唯物史观为指导，以"现实的人"为逻辑前提，揭示了物的关系掩盖下的人与人之间的关系，彻底改变了"经济人"假设"见物不见人"的研究范式，彰显了"实现人的自由而全面的发展和全人类解放"的价值旨归。

（一）人性的二重性——自然性和社会性

马克思认为，人首先是有生命的自然存在物。在《1844 年经济学哲学手稿》中，马克思指出："人直接地是自然存在物。……而且作为有生命的自然存在物"，[①]"人是类存在物……人把自身当做现有的、有生命的类来对待，因为人把自身当做普遍的因而也是自由的存在物来对待。"[②]在承认人的自然属性的基础上，马克思认为人是社会的人，社会性是人的本质属性。因而人既有自然性，更具有社会性。

（二）劳动是人的类本质

马克思和恩格斯认为，人不同于自然界的一般动物，而是会劳动的动物，因而劳动是人的类本质。马克思和恩格斯在《德意志意识形态》中指出："一当人开始生产自己的生活资料，即迈出由他们的肉体组织所决定的这一步的时候，人本身就开始把自己和动物区别开来。"[③]马克思在《1844 年经济学哲学手稿》中指出，劳动"一个种的整体特性、种的类特性就在于生命活动的性质，而自由的有意识的活动恰恰就是人的类特性。"[④]他充分肯定了黑格尔关于劳动是人的本质的观点，同时批判了黑格尔把劳动当作自我外化的产物。指出："黑格尔把人的自我产生看做一个过程，把对象化看做非对象化，看做外化和这种外化的扬弃；可见，他抓住了劳动的本质，把对象性的人、现实的因而是真正的人理解为人自己的劳动的结果"[⑤]。而马克思所揭示的人的类本质的劳动，不同于黑格尔的"绝对精神"活动，而是通过人类特有的对象化活动，把人的有意识有计划的生命活动与动物的本能活动区别开来，把人之为人的"类"与其他动物区别开来。

（三）人的现实本质是社会关系的总和

在把劳动作为人的类本质的基础上，马克思赋予劳动以历史规定性，并基于人的客观实践生活去理解和把握人的本质，第一次从人的社会属性上来理解人的本质，即人的现实本质是一切社会关系的总和。马克思在《关于费尔巴哈的提纲》中指出："人的本质不是单个人所固有的抽象物，在其现实性上，它是一切社会关系的总和"[⑥]。马克思把这一原理运用到《资本论》的研究之中，指出："不过这里涉及的人，只是经济范畴的人格化，是一定的阶级关系和利益的承担者。我的观点是把经济的社会形态的发展理解为一种自然史的过程。不管个人在主观上怎样超脱各种关系，他在社会意义上总是这些关系的产物。"[⑦]

（四）人性的异化根源于私有制

正是因为人的现实本质是一切社会关系的总和，所以在马克思和恩格斯看来，人性是会

---

① 《马克思恩格斯文集》第 1 卷，人民出版社 2009 年版，第 209 页。
② 《马克思恩格斯文集》第 1 卷，人民出版社 2009 年版，第 161 页。
③ 《马克思恩格斯文集》第 1 卷，人民出版社 2009 年版，第 519 页。
④ 《马克思恩格斯文集》第 1 卷，人民出版社 2009 年版，第 162 页。
⑤ 《马克思恩格斯文集》第 1 卷，人民出版社 2009 年版，第 205 页。
⑥ 《马克思恩格斯文集》第 1 卷，人民出版社 2009 年版，第 501 页。
⑦ 《马克思恩格斯文集》第 5 卷，人民出版社 2009 年版，第 10 页。

随着社会关系的变化而变化的。马克思特别分析了资本主义社会人性异化的表现和根源。在《1844年经济学哲学手稿》中,马克思通过对异化劳动的分析阐述了人性的异化。马克思首先指出劳动产品与劳动者相异化:"工人生产的财富越多,他的生产的影响和规模越大,他就越贫穷。工人创造的商品越多,他就越变成廉价的商品。物的世界的增值同人的世界的贬值成正比。"①接着,马克思进一步指出劳动者与劳动活动本身相异化:"在自己的劳动中不是肯定自己,而是否定自己,不是感到幸福,而是感到不幸,不是自由地发挥自己的体力和智力,而是使自己的肉体受折磨、精神遭摧残。"②工人劳动及其产品与工人相异化,使得人同人的类本质相异化和人与人之间相异化:"当人同自身相对立的时候,他也同他人相对立。凡是适用于人对自己的劳动、对自己的劳动产品和对自身的关系的东西,也都适用于人对他人、对他人的劳动和劳动对象的关系。"③

在谈到异化主体的时候,马克思在《德意志意识形态》中进一步赋予了人自身的实践品格。指出,异化的主体应该是"现实中的个人,也就是说,这些个人是从事活动的,进行物质生产的,因而是在一定的物质的、不受他们任意支配的界限、前提和条件下活动着的"。④

（五）人性的解放与复归——人的自由全面发展观

马克思在《1844年经济学哲学手稿》中指出:"共产主义是对私有财产即人的自我异化的积极的扬弃,因而是通过人并且为了人而对人的本质的真正占有,因此,它是人向自身、也就是向社会的即合乎人性的人的复归,这种复归是完全的复归,是自觉实现并在以往发展的全部财富的范围内实现的复归。"⑤此时的马克思仍以异化劳动的扬弃作为人解放的前提,在《德意志意识形态》中他进一步分析了人的解放和扬弃异化的现实途径,就是要不断发展生产力、消灭分工和私有制、进行共产主义革命。只有这样,才能够消除人的异化,实现人的自由全面发展。

二、毛泽东阐述人性

中国化的马克思主义继承和发展了马克思主义的人性观,尤其是中国特色社会主义实践实现了对"经济人"追求成本最小化、利润最大化的理性扬弃。

（一）自觉能动性是人的独特性

毛泽东是从人能够制造工具论述这一点的。他认为作为能够"制造工具的动物"的人,与动物相区别的根本点在于,人通过能动地改造客观世界、创造出生存和发展所必需的生活资料和生产资料,并逐步降低人对自然的依赖性,让人在自然面前体现出自主性。正是在这个意义上,"原始人与猴子的区别只在能否制造工具一点上。自从人能制造石枪、木棒以从事生产,人才第一次与猴子及其他动物区别开来,不是因有较猴子高明的思想才与它们区别

---

① 《马克思恩格斯文集》第1卷,人民出版社2009年版,第156页。
② 《马克思恩格斯文集》第1卷,人民出版社2009年版,第159页。
③ 《马克思恩格斯文集》第1卷,人民出版社2009年版,第163—164页。
④ 《马克思恩格斯文集》第1卷,人民出版社2009年版,第524页。
⑤ 《马克思恩格斯文集》第1卷,人民出版社2009年版,第185页。

开来,这是唯物史观与唯心史观的分水岭。"①因而,"'自觉的能动性',是人之所以区别于物的特点"。②

(二)人的基本特性是社会性

毛泽东首先坚持唯物主义传统,认为人是一种物质存在。他说:"人是物质发展的一个高级形态,不是最终形态,它将来还要发展,不是什么万物之灵。"③毛泽东承认人是自然物之一。他说:"人是动物,不是植物、矿物,这是无疑的、无问题的。"④但毛泽东反对动物性是人性的观点。他说:"当作人的特点、特性、特征,只是一个人的社会性——人是社会的动物,自然性、动物性等等不是人的特性。……即说人,它只有一种基本特性——社会性,不应说它有两种基本特性:一是动物性,一是社会性,这样说就不好了,就是二元论,实际就是唯心论。"⑤

(三)阶级社会没有超阶级的人性

1942年,毛泽东在延安文艺座谈会上谈到:"有没有人性这种东西?当然有的。但是只有具体的人性,没有抽象的人性。在阶级社会里就是只有带着阶级性的人性,而没有什么超阶级的人性。我们主张无产阶级的人性,人民大众的人性,而地主阶级资产阶级则主张地主阶级资产阶级的人性,不过他们口头上不这样说,却说成为唯一的人性。有些小资产阶级知识分子所鼓吹的人性,也是脱离人民大众或者反对人民大众的,他们的所谓人性实质上不过是资产阶级的个人主义,因此在他们眼中,无产阶级的人性就不合于人性。"⑥正是在人的阶级性理论基础上,毛泽东于1944年提出"全心全意为人民服务",随后1945年党的七大把"全心全意为人民服务"写进党的宗旨。这为实现人性在社会主义社会中的解放和升华,奠定了理论基础。

(四)人性的改造观

毛泽东坚持马克思主义关于人性的具体性、历史性,认为:"长期劳动过程中一面变革自然,一面变革自己(生理与性质)"。⑦也就是说,要改变一个人的社会性意义上的人性,需要在社会劳动中去改造;只有通过革命和建设推进生产力的发展,"到了全人类都自觉地改造自己和改造世界的时候,那就是世界的共产主义时代"。⑧

三、中国特色社会主义对马克思主义人性观的坚持和发展

(一)从"为人民服务"到"以人民为中心"的人民观

继承毛泽东"为人民服务"思想,邓小平把它发展为"人民标准",即把人民拥护不拥护、

① 《毛泽东文集》第3卷,人民出版社1996年版,第81—82页。
② 《毛泽东选集》第2卷,人民出版社1991年版,第477页。
③ 《毛泽东文集》第3卷,人民出版社1996年版,第82页。
④⑤ 《毛泽东文集》第3卷,人民出版社1996年版,第83页。
⑥ 《毛泽东选集》第3卷,人民出版社1991年版,第870页。
⑦ 《毛泽东哲学批注集》,中央文献出版社1988年版,第211页。
⑧ 《毛泽东选集》第1卷,人民出版社1991年版,第296页。

人民赞成不赞成、人民高兴不高兴、人民答应不答应作为制定方针政策和作出决断的出发点和归宿。江泽民把它上升为党的建设的原则和目标,指出:"我们党所以赢得人民的拥护,是因为我们党在革命、建设、改革的各个历史时期,总是代表着中国先进生产力的发展要求,代表着中国先进文化的前进方向,代表着中国最广大人民的根本利益,并通过制定正确的路线方针政策,为实现国家和人民的根本利益而不懈奋斗。"①胡锦涛把它与发展观相结合,形成"以人为本,全面协调可持续"的科学发展观。他强调:"必须坚持以人为本。全心全意为人民服务是党的根本宗旨,党的一切奋斗和工作都是为了造福人民。要始终把实现好、维护好、发展好最广大人民的根本利益作为党和国家一切工作的出发点和落脚点,尊重人民主体地位,发挥人民首创精神,保障人民各项权益,走共同富裕道路,促进人的全面发展,做到发展为了人民、发展依靠人民、发展成果由人民共享。"②

党的十八大以来,习近平提出"以人民为中心的发展思想"。他指出:"人民是我们党执政的最深厚基础和最大底气。为人民谋幸福、为民族谋复兴,这既是我们党领导现代化建设的出发点和落脚点,也是新发展理念的'根'和'魂'。只有坚持以人民为中心的发展思想,坚持发展为了人民、发展依靠人民、发展成果由人民共享,才会有正确的发展观、现代化观。"③"新的征程上,我们必须紧紧依靠人民创造历史,坚持全心全意为人民服务的根本宗旨,站稳人民立场,贯彻党的群众路线,尊重人民首创精神,践行以人民为中心的发展思想,发展全过程人民民主,维护社会公平正义"④。习近平不仅确立了"以人民为中心的发展思想",而且把人民对美好生活的向往作为我党的奋斗目标。他指出:"人民对美好生活的向往,就是我们的奋斗目标"⑤,体现了"以人民为中心的发展思想"是具体的、而不是抽象的发展理念,使人民与马克思主义"现实的人"的思想相契合。

(二) 把实现"人的全面发展、共同富裕"作为发展目标

资产阶级经济学名义上是促进社会福利最大化,而实际上是贫富差距不断拉大,这是西方资本主义几百年的发展所证明了的事实。而中国共产党始终把人的全面发展和共同富裕作为发展目标。邓小平指出:"社会主义的特点不是穷,而是富,但这种富是人民共同富裕。"⑥在明确"实现什么样的富裕"的基础上,邓小平对"如何实现共同富裕"进行了科学解答。他从我国处于社会主义初级阶段的具体实际出发,提出了"先富带动后富"的策略。江泽民也十分强调共同富裕。他指出:"实现共同富裕是社会主义的根本原则和本质特征,绝不能动摇。"⑦胡锦涛也指出:"必须坚持走共同富裕道路。共同富裕是中国特色社会主义的根本原则。"⑧

党的十八大以来,习近平指出:"必须坚持以人民为中心的发展思想,不断促进人的全面

---

① 《江泽民文选》第3卷,人民出版社2006年版,第2页。
② 《胡锦涛文选》第2卷,人民出版社2016年版,第624页。
③ 《习近平谈治国理政》第4卷,外文出版社2022年版,第171页。
④ 《习近平谈治国理政》第4卷,外文出版社2022年版,第9页。
⑤ 《习近平谈治国理政》第1卷,外文出版社2018年版,第4页。
⑥ 《邓小平文选》第3卷,人民出版社1993年版,第265页。
⑦ 《江泽民文选》第1卷,人民出版社2006年版,第466页。
⑧ 《胡锦涛文选》第3卷,人民出版社2016年版,第624页。

发展、全体人民共同富裕。"①并在共同富裕的基础上提出了共享发展理念。习近平指出："共享是中国特色社会主义的本质要求,必须坚持发展为了人民、发展依靠人民、发展成果由人民共享,作出更有效的制度安排,使全体人民在共建共享发展中有更多获得感,增强发展动力,增进人民团结,朝着共同富裕方向稳步前进。"②

社会主义初级阶段在公有制为主体的基础上实现全体人民共同富裕,是对马克思主义理论的创新和发展,也是对生产资料资本主义私有制条件下导致贫富两极分化以及个人主义行为的摒弃。

（三）统一个人利益与集体利益

在改革开放和社会主义现代化建设新时期,我们党在强调国家、集体和个人利益根本一致时明确要求,一旦不同方面利益发生矛盾,要坚持集体利益优先的大局观。邓小平指出:"为了国家和集体的利益,为了人民大众的利益,一切有革命觉悟的先进分子必要时都应当牺牲自己的利益"③。但是,邓小平没有忽视社会主义条件下人们追求正当个人利益的合理性,他指出:"我们提倡和实行这些原则,决不是说可以不注意个人利益,不注意局部利益,不注意暂时利益"④。江泽民强调"把个人利益与集体利益、局部利益与整体利益、当前利益与长远利益正确地统一和结合起来,把最广大人民群众的切身利益实现好、维护好、发展好,把他们的积极性引导好、保护好、发挥好。"⑤胡锦涛进一步指出在社会主义市场经济条件下,我们仍然要大力提倡奉献精神,但并不意味着要否定个人利益,"而是要求正确处理国家、集体、个人的利益关系,把个人利益的实现建立在维护国家、集体利益的基础上。"⑥

党的十八大以来,习近平强调:"在国家、人民和社会、个人的多层次利益格局中,党员和党的干部当然也有个人的正当利益,实现自身价值应该受到尊重。但是,我们共产党人的最高利益和核心价值是全心全意为人民服务、诚心诚意为人民谋利益。"⑦相较于对党员个人利益的重视,我们党更加强调维护和保障广大人民群众的利益,肯定人们追求个人正当利益的合理性,注重倡导集体利益优先与重视个人利益相结合。中国共产党把个人利益与集体利益相统一的思想,是对马克思主义人与社会关系思想的发展,更是对完全自私经济人假设或完全自私人性论的超越。

（四）构建人类命运共同体

在马克思主义的人性论、人的本质论基础之上,习近平将社会主义思想和中国传统文化中的"和为贵"思想有机结合起来,形成了人类命运共同体的世界观和发展理念。党的十八大以来,习近平反复强调"构建人类命运共同体"。党的十九届六中全会进一步强调:"推动构建人类命运共同体,弘扬和平、发展、公平、正义、民主、自由的全人类共同价值,引领人类

---

① 《习近平谈治国理政》第 3 卷,外文出版社 2020 年版,第 15 页。
② 习近平:《论把握新发展阶段、贯彻新发展理念、构建新发展格局》,中央文献出版社 2021 年版,第 502 页。
③ 《邓小平文选》第 2 卷,人民出版社 1994 年版,第 337 页。
④ 《邓小平文选》第 2 卷,人民出版社 1994 年版,第 175 页。
⑤ 《江泽民文选》第 2 卷,人民出版社 2006 年版,第 262 页。
⑥ 《胡锦涛文选》第 1 卷,人民出版社 2016 年版,第 58 页。
⑦ 习近平:《扎实做好保持党的纯洁性各项工作》,《求是》2012 年第 6 期。

进步潮流。"①构建人类命运共同体能够实现个体和共同体的有机统一,是马克思"现实的人"的具体存在形态,是中国共产党探索每个人自由而全面发展的"自由人联合体"的重大理论创新。这一理念是与西方个人主义世界观和价值观、单边主义乃至霸权主义发展理念是针锋相对的,是世界各国人民的共同价值愿景和最大价值共识。

第二节　中外学者关于人性的主要观点

一、中国古人的人性善恶之辩

(一) 老子人性本善与人性异化论

老子持人性本善的观点:"为天下谿,常德不离,复归于婴儿";"我无欲,而民自朴"。老子认为童心是善的,但人性会异化:"天之道,损有余而补不足。人之道,则不然,损不足以奉有余"。老子因此宣扬能奉行天道的"圣贤人"。老子的人性异化论与马克思对资本主义社会的人性异化论,相似之处在于都看到了人性在私有制社会中的矛盾性,不同之处在于老子看到的是人的善性异化为恶性,而马克思看到的是资本主义生产关系下工人的劳动及其产品对人的异化以及资本主义生产关系导致的人与人之间的异化。

(二) 孔子的"性习相异论"和孟子的性本善论

孔子强调"性相近也,习相远也",这一观点与老子相近,我们称之为"性习相异论"。但是孔子没有回答"人的本性是什么"的问题。孟子主张人性本善,并对孔子的观点进行了补充完善,认为:"无恻隐之心,非人也;无羞恶之心,非人也;无辞让之心,非人也;无是非之心,非人也。恻隐之心,仁之端也;羞恶之心,义之端也;辞让之心,礼之端也;是非之心,智之端也。"表明孟子已经开始从人与人之间的关系上去探讨人的本性了。孔孟二人的上述思想,被王应麟在《三字经》中总结为"人之初,性本善;性相近,习相远;苟不教,性乃迁"。所以,儒家强调教育"诚意正心"以"修身齐家治国平天下"。

(三) 荀子的人性本恶论和"以义克利论""以义和利论"

荀子主张人性本恶:"人之性恶,其善者伪(人为)也"。但荀子又认为人有好义和好利两种行为倾向:"义与利者,人之所两有也。"只不过,好利是与生俱来的,好义是后天教育的结果:"人之生固小人,无师无法则唯利之见耳。"虽然好利是人的本性,但无节制的话会导致冲突,必须有"义"来进行调节,才能实现"集体的力量":"饥而欲食,寒而欲暖,劳而欲息,好利而恶害,是人之所生而有也,是无待而然者也,是禹、桀之所同也。"荀子立足其人性本恶论,在个人层面主张要以"好义"来克制"好利"(我们称之为"以义克利论");在国家和社会层面,主张要以"义"来调和"人之好利",以期实现群体优势(我们称之为"以义和利论"),这与儒家推崇修身齐家治国平天下的王道思想是一贯的。

---

① 习近平:《中共中央关于党的百年奋斗重大成就和历史经验的决议》,《人民日报》2021年11月17日。

二、西方经济学的经济人假设及其发展

(一)"经济人"假设

"经济人"是西方经济学对人性的基本假设和逻辑前提。作为经济学鼻祖的亚当·斯密,在《国富论》中把人的利己性作为经济分析的前提,为西方经济学的发展奠定了基本范式。他说:"我们每天所需要的食物和饮料,不是出自屠户、酿酒家和面包师的恩惠,而是出于他们自利的打算。我们不说唤起他们利他心的话,而说唤起他们利己心的话。我们不说自己有需要,而说对他们有利"①,"他追求自己的利益,往往使他能比在真正出于本意的情况下更有效地促进社会的利益"②。亚当·斯密之后,英国经济学家约翰·穆勒依据斯密的论述和西尼尔提出的个人经济利益最大化公理,提出"经济人"假设(或理性经济人假设),并逐渐演变成了西方新古典主义经济学的第一公理性假设:人们在各类经济活动中都具备完全理性,总是在既定约束条件下追求自身的利益最大化,即理性假设和利己假设是其核心。当然,亚当·斯密在承认人的利己本性的同时又指出人的"利他"本性。他在《道德情操论》中提出,人的本性中总是倾向于把别人的幸福看成是自己的事情,即人性本身是蕴含着"利他"维度的。所以,人性本身是"利己"与"利他"的统一体。"利己的经济人"和"利他的道德人",这一悖论也被称为"斯密难题"。

(二)历史学派对"经济人"假设的批判

德国历史学派批评斯密的经济学只重视作为经济生活主体的个人,而不关注具体历史实践中的社会问题;只注重人的爱心,而忽视了伦理关系。德国历史学派的先驱李斯特认为,人性具有利己利他的双重特性,将人抽象成纯粹的唯利是图的利己主义者显然会成为一种"历史怪论","经济人"假设是"使最冷酷的自私自利成为一种法则",是"以店老板的观点来考虑一切问题"的学说,是一种"将国家与政权一笔抹杀,将个人利己性抬高到一切效力的创造者的论调"。

(三)"新经济人"假设和"管理人"假设

"经济人"假设存在很多与现实经济生活不相符的地方,于是招致了西方经济学的批评和修正。新制度经济学在继承传统"经济人"假设的功利主义原则基础上,提出了"新经济人假设":第一,人具有双重动机。个人的效用函数是多元化的,追求经济利益和非经济利益最大化,非经济利益包括利他主义、意识形态和自愿负担约束等。第二,不完全信息和机会主义。由于人不能掌握完全信息,导致信息不对称,人在交易中就可以采取机会主义手段来为自己谋取最大利益。第三,人是有限理性的。"经济人"只能在认识能力和计算能力的有限性、环境的不确定性、信息的不完全性,以及伦理道德、风俗习惯和意识形态等多种约束条件下实现自己的效用最大化。

赫伯特·西蒙还针锋相对性地提出了"有限理性的管理人假设"。这一假设仅仅是认为人在知识上和智力上是有限的,经常是在决策时寻求满意解而不是寻求最优解。西蒙的观

---

① 亚当·斯密著,郭大力、王亚楠译:《国民财富的性质和原因的研究》(上卷),商务印书馆1972年版,第14页。
② 亚当·斯密著,郭大力、王亚楠译:《国民财富的性质和原因的研究》(下卷),商务印书馆1974年版,第27页。

点与"理性经济人假设"并没有本质的不同,仍然是个人主义的世界观价值观,仍然认同人在动物层面的利己行为倾向。

三、社会主义市场经济下"经济人"假设的争论

"经济人"假设是西方主流经济学的理论之基,但其是否适用于社会主义市场经济,国内学者的分歧之大,同西方学者相比有过之而无不及。

(一) 社会主义市场经济中没有"经济人"

这类观点认为,"经济人"假设由于自身的局限性,已经成为站不住脚的命题,是"违背科学"和崇尚"个人主义"的。因而,在社会主义市场经济中并没有"经济人"的位置。刘瑞认为,任何行为命题或假设一旦脱离了当事人所处的具体社会历史条件的制约,就会丧失其科学性。在私有经济条件下,"经济人"命题或假设或许是对有关主体行为的一种真实写照,但在取消了私有经济前提后,"经济人"命题就靠不住了。在社会主义制度条件下,用基于完全个人主义的"经济人"假设来推测当事人的行为显然是失之偏颇的,而且他们往往表现出另一种规律性趋向。传统的个人主义"经济人"假设由于缺乏社会主义市场经济条件下关于人的行为动力的基础,终将与集体主义背向而行。[1]

(二) 社会主义市场经济中存在"经济人"

这类观点认为,社会主义市场经济中"经济人"的位置仍然存在。叶露中认为,社会主义经济发展过程中,不自觉的"用私为公""公私相成"的思路耦合了"经济人"特性,具体体现在"联产承包制"的实施与发展,为社会主义经济的发展注入了动力。[2]贺家红认为,"经济人"在社会主义经济中依旧是一块理论基石,因为股份制企业组织形式的保留为社会主义市场经济下融入西方"经济人"分析提供了一定余地;现实社会仍处于马克思所说的以"物的依赖性"为基础的时代,表明"经济人"的现实基础依然存在。[3]王新新认为,如果将"经济人"假设正式引入社会主义经济学,人们解决经济利益矛盾的思路将发生彻底改变,经济主体之间的利益就会从"谁服从谁"的模式转变为各主体之间的公平交易,"经济人"假设将真正成为解决实际经济问题和促进经济发展的工具,并且还将促进我国的制度建设、推动国有企业改革。[4]徐传谌认为,利己经济人是现实社会普遍存在的,是我国深化改革和制度创新的一个基本前提。[5]孟捷认为,在中国当前的学术语境中,要想驳倒新古典经济人假设还存在很大困难,其中"最后的困难"是中国人被观察到崇尚"个体原则"和"理性主义"。[6]

(三) 经过修正的"经济人"假设适用于社会主义市场经济

这类观点认为,"经济人"假设的基本内核是合理的,只是需要对其进行改造和补充,在

---

①　刘瑞:《社会主义经济分析中没有"经济"的位置》,《中国人民大学学报》1997 年第 1 期。

②　叶露中:《经济人假设及其对社会主义经济的适应性——对市场经济的哲学思考》,《财贸研究》1995 年第 6 期。

③　贺家红:《在社会主义经济分析中有没有"经济人"的位置? ——与刘瑞同志商榷》,《中国人民大学学报》1998 年第 2 期。

④　王新新:《"经济人"假设的合理性及其现实意义》,《甘肃社会科学》1995 年第 3 期。

⑤　徐传谌、张万成:《"经济人"假设的发展》,《当代经济研究》2004 年第 2 期。

⑥　孟捷:《经济人假设与马克思主义经济学》,《中国社会科学》2007 年第 1 期。

承认其合理成分的基础上赋予其中国化解释,从而使"经济人"假设适合我国基本国情。杨云鹏认为:"社会主义市场经济体制同样可以引入西方的经济研究方法,但由于社会性质、文化背景等差异,必须具体环境具体分析。我们不能因为社会性质不同,就否认了原本科学的分析方法,而是应该在此基础上进行微调,使之更加适合社会主义的土壤。"[①]

(四)社会主义市场经济应建立中国式的"经济人"假设

这类观点认为,社会主义市场经济条件下应该构建超越"经济人"内在局限性的、符合社会化大生产客观需要的"经济人"概念。贺家红提出了"公有人"的设想,引导"经济人"走向更高的形态亦即"公有人"。[②]李炳炎、江皓认为,要通过"五位统一"即"经济人"与"利他人"的统一、"经济人"与"非理性人"的统一、"经济人"与"社会人"的统一、"经济人"与"道德人"的统一、"经济人"与"生态人"的统一来构建"科学经济人"的概念。[③]黄福宁提出了"泛经济人"假设,认为社会上不存在纯粹的利他行为,"泛经济人"的目的不是利益最大化,而是经济利益及由此带来的效用享受和心理效用之间的均衡考虑的最大化。社会环境的最优化能够实现"泛经济人"的目标,建立适当的制度进行协调和约束有利于实现"泛经济人"的目标。[④]

第三节 评析与创新

我们在分析批判西方经济学利己经济人假设的基础上,运用马克思主义的基本立场、观点和方法,提出了利己利他经济人论,也称为利己利他经济人假设、己他双性经济人假设,旨在全面反映人类从事各种经济活动的利己和利他双重动因及其关系,合理解释人类经济行为的理性和非理性两种状态,统筹考虑社会利益最大化和个人利益最大化。

一、完全自私经济人假设的误点

完全自私经济人假设的内容包含三个基本命题:①经济活动中的人是自私的,即追求自身利益是决策人的经济行为的根本动机。②经济活动中的人在行为上是理性的,具有完备或较完备的知识和计算能力,能视市场和自身状况而使所追求的个人利益最大化。③只要有良好的制度保证,个人追求自身利益最大化的自由行动会无意而有效地增进社会公共利益。

自英国近代的亚当·斯密、西尼尔和约翰·穆勒以来,一直到当代美国的哈耶克、弗里德曼和布坎南,西方资产阶级经济学只把"自私人"即"经济人"作为探究人类经济行为和市场经济的始点、基点和定点,并由此推演出整个经济学体系和经济进化史。即使现今某些新自由主义经济学家对传统"经济人"内涵进行修补,把分析范围扩展到非经济领域,增添机会

---

① 杨云鹏:《社会主义市场经济下"经济人"假设微调的假想》,《经济体制改革》2010 年第 6 期。

② 贺家红:《在社会主义经济分析中有没有"经济人"的位置?——与刘瑞同志商榷》,《中国人民大学学报》1998 年第 2 期。

③ 李炳炎、江皓:《社会主义市场经济中"经济人假设"的完善》,《经济学家》2005 年第 6 期。

④ 黄福宁:《泛经济人假设与激励制度设计、应用》,《福建论坛(人文社会科学版)》2005 年第 9 期。

主义行为描述和信息成本约束,或者把含义扩展界定为可用货币衡量的经济利益与不可用货币衡量的精神利益两个层面,也没有根本摆脱作为"最大化利益"的"自私人"的思维模式。

从方法论上来说,自私的"经济人"公理或假设不过是工具理性、功利主义、个人主义、实证主义哲学思想的经济学用语。在这种假设下,经济人在手段和目的之间做出理性的最大化计算,而价值、信仰、道德和情感则被排除在经济分析的框架之外。从经济哲学的角度看,自私经济人公理或假设将丰富的人性概括为自利的精明算计等,虽然在特定意义上有利于经济学家进行逻辑分析,但同时也使经济理论日益脱离现实经济生活,并且缺少应有的人文内涵,所以即使是在经济学圈内也常常受到不同学派的指责。

利己主义是自私的经济人公理或假设所包含的一种哲学意蕴。亚当·斯密在《国富论》中主张"自私人",而在《道德情操论》中主张人性既不是完全利他,也不是完全利己,利己心和利他心都是人性中自然存在的不同侧面。某些当代经济学家认为人是天生的自私、完全的自私,将"自私人"绝对化和永恒化,陷入历史唯心主义的泥潭。马克思从历史唯物主义的观点出发,将利己主义看成特定历史条件下的产物,是人本身的发展在"物的依赖性"的社会背景下所表现出来的人的行为特征。马克思认为,在社会历史发展中,人的自我实现表现为三种历史形式:一是前资本主义社会,由于个人从属于集体,人的自我实现表现为个人的自我牺牲;二是在资本主义商品经济条件下,个人追求自身利益最大化,人的自我实现表现为利己主义;三是在共产主义社会,由于"人的依赖性"和"物的依赖性"消除,生产力高度发展,个人的自我实现表现为个人本身的发展和社会发展的和谐一致。马克思的分析表明,人的本性是不断变化的,是一定的经济关系和经济环境决定了经济活动中人的本性和本质。可见,自私的经济人公理或假设并没有把人性的全部内涵概括进去,也没有将人性看成是一个不断发展和丰富的东西。它堵塞了科学分析社会经济系统演进规律的途径,是必须扬弃的一种理论。实际上,经济活动中的人不仅具有利己性,而且具有利他性。经济哲学从有别于纯经济学分析的新视角出发,更容易发现资本主义和社会主义条件下经济人行为的多面特性。正如当代法国经济心理学学会创始人阿尔布在批判西方"经济人的神话"时所说的,各门人文科学的进步,尤其是心理学、社会学和社会心理学的进步,使我们不难证明有关"经济人"的这些论点是不确切的。我们认为,完全自私经济人假设或完全利己经济人假设理念存在八个方面的误点。

其一,理念源于功利主义。19世纪,边沁将大小私有者在经济活动中自发产生的功利标准泛推到伦理领域,把最大限度地追求个人利益的自私精神说成是最大多数人的最大幸福的途径。这是亚当·斯密经济学及其后继者的主要哲学方法。其实,休谟早就批判过类似观念,他写道:"自私这个性质被渲染得太过火了,而且有些哲学家们所乐于尽情描写的人类的自私,就像我们在童话和小说中所遇到的任何有关妖怪的记载一样荒诞不经,与自然离得太远了。"①

其二,理念同预设主义相吻合。现代科学哲学的预设主义认为,在科学发展中,存在着某种预设的、超历史的、不变的、不可违背的方法、基本假设、推理原则和"元科学"概念。而"完全自私经济人"理论恰恰强调,不管人在历史上和现实中是不是完全自私的,经济学必须以理性的"自私人"为不变的假设或预设,这是不可违背的分析方法和推理原则。奥地利的

---

① 休谟:《人性论》下册,商务印书馆1997年版,第527页。

经济哲学家米塞斯在《经济学的认识论问题》一书中,就完全排斥经验的方法和历史的方法及实证主义方法,反对新康德主义者文德尔班和李凯尔特关于经济学是说明个别性的历史科学这一观点,而宣称经济学是以原子式个人主义为基础的规律化的先验理论,"先验的理论并不是来自经验"。显然,这又沿袭了康德先验论的思维方法。

其三,理念的历史唯心论意蕴。"旧经济人"理念视利己心为与生俱来和一成不变的东西,不分历史时点地把"自私人"抽象化、永恒化和绝对化,无视特定的经济关系和经济制度对人的经济行为与经济心理的作用,这就有意无意地陷入了历史唯心主义的泥潭。这连杜威也不赞同,他说:"事实上,经济制度与关系乃是人性中最易改变的表现方式。历史便是其变化幅度的活生生的证据。……如果人性是不可改变的,那么就不存在教育这类事情,我们从事教育的全部努力就注定会失败。"[①]

其四,理念渗透着形而上学的偏见。博兰在 1997 年出版的《批判的经济学方法论》中这样评论:"新古典经济学醉心于下述形而上学观点,即每一位个别决策者都是理性的(至少在个人的行为能用理性的论据加以解释的程度上)。令人遗憾的是,当理性和个人主义联系在一起时,就会产生一种颇为机械的关于决策行为的观点——也就是个人被视为一台机器。"[②]

其五,理念存有"经济—道德"二元悖论。斯密在《国富论》中只确认经济领域的自私自利行为,而在《道德情操论》中又确认道德领域的人可能有某些同情心和利他行为,这似乎形成一个"经济—道德"二元悖论。难道经济活动过程中没有道德和利他问题?完全和永恒的"自私人"与"道德人"或"利他人"行为如何协调?与西方经济学家一般因谈不清而不敢谈经济行为的道德问题不同,贝克尔撇开这一难题,承认在家庭和亲戚范围内有程度不一的利他行为,即主张"血亲利他主义"。但不管怎样,只要在经验或实践中存在利他行为(含家庭经济活动),完全的"天性利己主义"假说就被证伪了。诚然,"血亲利他主义"也解不开"经济—道德"二元悖论的矛盾死结,因为它只是放宽了家庭这一领域的分析,非家庭的广大领域依然笼罩着"自私人"思维。

其六,理念奉行唯理论的教条。西方主流经济学所说的理性,是指个人谋求自身私利的合理行为,因而"理性人"也就是"自私人",其至合称"理性经济人"。在他们的视野里,人若不自私,那就属于非理性。这可称"自私拜物教",是极端片面和夸大理性作用的观点。经验表明,自私不等于理性;某些自私行为属于非理性,如因故一时冲动而签订不利己的经济合同;某些理性行为属于利他,如有些匿名捐款。事实上,弗洛伊德主义及其心理实验也可印证,西蒙的"有限理性"假说比"完全理性"或"充分理性"假说要贴近现实。不过,"有限理性"假说仍是在旧"自私人"理论框架内的改良,没有本质上的创新,因为这一理论改良也无法阐明"抢银行是不是理性的"(博兰的问题)等逻辑怪题。

其七,理念崇尚人类低级本能的意识。个人的本能或人类的本能是一切动物所共有的,是由生理决定的。而人类的本性则是由特定的社会环境决定的。旧"经济人"理论却用个人的低级本能及其经济行为与经济心理替代人的多样化社会本性,形成思维的单一性和呆板性。美国的凯里曾愤怒地指责:穆勒的"政治经济学的对象实际上不是人,而是受最盲目的情绪驱策的想象的动物","他们的理论,讨论人性的最低级本能,却把人的最高尚利益看作

---

① 杜威:《新旧个人主义——杜威文选》,上海社会科学院出版社 1997 年版,第 124—125 页。
② 劳伦斯·A.博兰:《批判的经济学方法论》,经济科学出版社 2000 年版,第 229—230 页。

纯属干扰其理论体系的东西",因而亵渎了大写的"人"字。弗洛姆甚至把接纳倾向型、剥削倾向型、贮藏倾向型和市场倾向型的人格归于病态,而只把充分发挥自己的潜力,且不以损人利己来达到自己目的的生产倾向型人格,称作真正健康的人格。即使参照弗洛伊德关于"本我""自我"与"超我"的划分,也不能将天生的、原始的、本能的"本我"等同于道德的、高级的、超个人的"超我",旧"自私人"理念只相当于"本我"层次和根据一般现实原则行事的理性"自我"层次。

其八,理念局限于"店老板"的狭隘思维和人性异化心理。在近代,过分强调个人主义的经济和哲学思想具有反封建和反禁欲的积极效应,但属于资产阶级缺乏学术严谨性的意识之一。德国历史学派的李斯特在抨击斯密"看不见的手"的人性假设及其理论体系时就尖锐地指出:"这个学说是以店老板的观点来考虑一切问题的","完全否认了国家和国家利益的存在,一切都要听任个人安排","利己性格抬高到一切效力的创造者的地位"。①该学派认为,客观存在着三种现实人的行为:一是在私人的经济中,一切以个人利益为转移;二是在强制的公有经济中,以社会全体利益为行动准则;三是在以慈善福利为目的的经济中,主要以伦理道德为行动规范。历史学派的这一经济哲学的思维逻辑有着深邃的意义。在马尔库塞和弗洛姆的理念里,人性异化是自有人类社会以来就存在的现象,只是在当代资本主义社会中变得更加突出和严重,并充分表现在生产和消费等各个方面。实际上,"店老板"的心理就是人性异化心理的重要反映,而不管西方"自私人"理论披上多么豪华的数学理性的外衣,都掩饰不了其经济哲学思想的某种阶级和社会的印记。

二、利己利他经济人假设的基本内容

利己利他经济人假设是依据人类实践和问题导向,并受马克思的思想启迪,其方法论是整体主义、唯物主义和现实主义的。作为创新的现代马克思主义政治经济学基本假设之一,它对应完全自私经济人假设,也包含三个基本命题:①经济活动中的人有利己和利他两种倾向或性质。②经济活动中的人具有理性与非理性两种状态。③良好的制度会使经济活动中的人在增进集体利益或社会利益最大化的过程中实现合理的个人利益最大化。

(一) 第一个命题:经济活动主体有利己和利他两种倾向或性质

1. 利己和利他的内涵及其判断依据

一般来说,利己和利他是对人的行为动机、过程和结果而言,两者之间具有相对性,包含一定的价值判断。一个人对别人或公众而言指向自我为己,别人或公众作为自我以外的主体而言为他。利己相对于利他而言,指某个社会群体中的个人优先考虑和追求自身利益,当自身利益和他人利益或社会利益(以下统称他人利益)发生冲突时,倾向于排斥他人利益来实现个人利益;利他相对于利己而言,指某个社会群体中的个人自觉为增进他人利益或减少他人损失而做出努力和贡献。

判断一个人的行为是否具有利他性,主要看他是否自觉为增进他人利益做出努力并产生一定的实际效果。在生物学中,利他就是对生物行为结果而言,通常不考虑主观意图。与此不同,正常人的自觉行为受意识支配,在利他过程中可能考虑也可能没有考虑个人得失,

---

① 程恩富:《西方产权理论评析:兼论中国企业改革》,当代中国出版社1997年版,第158页。

这种主观心理活动多少会影响实际行为,但是心理过程的具体内容较少留下可靠记录,很难成为判断行为是否利他的独立依据。一般经济主体都会提出某些行为目标,这些目标中是否具有明确的利他取向或含有利他成分,对其实际行动是否产生利他结果可以产生明显影响。人的行为目标一旦提出,就会表达可以观察和记录的信息,从而成为判断其行为利己和利他倾向的一种依据。因此,判断经济主体行为是否具有利他性,除了主要看行为结果之外,必要时还应当考察其行为目标,把目标和结果结合起来分析判断,但是,不应过于强调和纠缠主观意念。

2. 经济主体利他行为方式的多样性

在生物进化论中,利他是指一个生物减少自身生存和繁衍可能性的同时,使一个以上同类增加生存和繁衍可能性的行为。这一定义对人的行为来说明显过窄,仅指一个人牺牲或减少自身利益而增加他人利益的行为。在现实中,人的行为动机、过程和结果是非常复杂的,各种群体中的个人行为往往同时产生多种结果,相互联系的多个主体行为会互相影响。在某些生死存亡关头,只有牺牲个别人或少数人才能换来多数人的生存;对达到所谓帕累托状态的财富分配结果而言,不减少一个人的收入,就不能增加另一个人的收入。在这两种极端情况下,一个人的利他行为以减少或牺牲自身利益为前提。但是在经济活动中,有些利他行为在增进他人利益时并不减少甚至还能增进自身利益,不能因为一个人的利他行为给自己带来某些利益就否认其利他性质。根据一个人的利他行为结果在增进他人利益的同时是否增进自身利益,可以区分为纯粹利他和己他双利。一个人的行为只是增进他人利益,没有给自己带来任何利益,甚至给自己造成一定的损失,称为纯粹利他;在增进他人利益的同时也增进自身利益,称为己他双利。有时两个主体的行为互相增进对方的利益,一个人的行为结果让对方受益,而不是自己受益,也带有一定的利他性质,可称为互相利他或互利。纯粹利他、己他双利和互利具有不同程度的利他性质,都是利他行为的具体方式。利己利他经济人假设认为有三种利他主义:①愿意花费自己的时间、精力和财富,来换取某种即刻可见的他人利益;②愿意花费自己的时间、精力和财富,来换取某种未来的他人利益;③愿意花费自己的时间、精力和财富,来换取某种实际无效的他人利益,即愿为他人利益而不讲究实际效果。这三种利他方式的划分是结果显现的时间先后以及有效与无效差异。根据利他行为的主观动机和结果是否一致,还可以对利他方式做出其他划分,下面再具体分析。总之,经济人的利他行为具有多种方式,没有理由根据如上所述的生物进化论的利他定义来极其狭隘地理解人的利他行为。

3. 利己与利他的多种关系

利己和利他作为两种行为动机在一定条件下可以兼容,即可以同时存在于一个人的观念中,并通过他的行为表现出来。前面讲过,有些人从事某种经济活动既是为了自己获得利益,同时希望给他人带来好处,这就是利己和利他目标的兼容。一般经济活动可以同时给行为人和其他人带来利益。当然,利己和利他在特定条件下会相互排斥。特别是在物质利益分配中,当总收入一定时,在两个人之间分配,一个人多得就意味着另一个人少得,利己和利他不能兼容。利己利他经济人假设充分肯定个人的合理利益,充分肯定个人在一定条件下追求自身利益会产生行为动力;同时,这一假设强调一个人不能忽略他人利益、集体利益和整体利益,强调个人在一定条件下追求他人利益和集体利益也会产生行为动力。在不同历史条件下,人的这两个方面的强度不等;在同一时期的不同人之间,这两个方面也有差异。

从发展趋势来看,在经济落后和不发达条件下,人的利己性较强;在经济充分发展,人的物质需要得到满足的条件下,利己性会减弱,利他性会增强。

4. 单纯经济学含义的利己和利他

上面的分析综合考虑了行为动机、过程和结果,含有某些心理学、社会学分析成分。利己利他经济人假设主要是从经济学角度提出来的,也是为了便于进行经济学分析。为此,有必要尽可能剔除利己和利他定义中的非经济学因素。我们从经济主体的行为结果和收入分配角度来界定这两个概念。利己是指经济主体在不增加他人收入前提下增加自我收入的行为,特别当增加自我收入以减少他人收入为代价时,称为损人利己。利他是指经济主体创造的收入大于自身获得的收入并自觉为他人或社会提供剩余的行为,包括在增加或不增加乃至减少自我收入前提下增加他人收入的行为。

(二) 第二个命题:经济活动中的人具有理性与非理性两种状态

1. 理性和非理性的内涵

从认识论、心理学角度可以对理性和非理性做出比较宽泛的解释,但是经济学中的理性和非理性有特定含义。如前所述,西方经济学中的理性是指经济主体了解资源配置和利用的各种选择方案以及相关信息,能够做出效率最大化或收益最大化选择。新古典经济学非常强调经济人理性特征,把它看得比利己特征更为重要。现实中的经济主体通常难以达到新古典经济学的理论分析和结论所要求的理性,因此这一假设和相关理论分析受到质疑。现代西方经济学虽然承认理性的有限性,但是其理论体系依然高度依赖理性假设。

实际上,经济主体的行为存在理性和非理性两种状态,由此形成利己利他经济人假设的上述第二个命题。与一般自然界的动物相比,人是有理性的动物。人的正常行为是从一定的理性出发,并反映人们对于个人与他人、与社会、与自然的相互关系的思考,决定着行为的形式和内容。广义地说,理性具有纯洁与肮脏、合理与荒唐、正义与邪恶、完善与欠缺、不变与可变、单一与多样、简单与复杂等特性。哲学家尼布尔正是在宽泛的意义上声称,理性归根结底是一种工具,既能服务于善,也能服务于恶。不过,狭义地说,理性是指认识的纯洁、合理、正义和完善,是认识能力强和认识的高级阶段,而认识的不纯洁甚至肮脏、不合理甚至荒唐、不正义甚至邪恶以及不完善甚至欠缺,便相对地算作非理性。这就是有很多哲学家和经济学家歌颂真正理性的缘由。可见,理性与非理性一般呈现出相对性、程度性和历史性。马克思说:"人类的理性最不纯洁,它只具有不完备的见解,每走一步都要遇到新的待解决的问题"[1]。

2. 理性和非理性两种状态的具体性、历史性

从狭义角度分析,经济活动中的人具有理性与非理性两种状态。循着上述确立的新观点,就可以合乎逻辑地解答中外学术界争论不休的难题。例如,抢银行是不是理性的? 盗窃是不是理性的? 卖淫是不是理性的(波斯纳曾分析过)? 造假货是不是理性的? 从新"经济人"理论来辨析,此类涉及经济的活动均属非理性,尽管他们在行动前一般经过"构成其行为动机的目的"和"限制其达到目标的约束条件"等"理性"的思考(旧"经济人"理论所强调)。其实,西蒙以企业家只能寻求"满意的利润"和"足够好"为例,来用"有限理性"否定"最大化

---

[1] 《马克思恩格斯文集》第1卷,人民出版社2009年版,第610页。

的理性",是难以驳倒旧"经济人"理性的,因为谁又会主张"无限理性"和百分之百的"完全理性"呢? 理性上追求约束条件下的最大化,不等于实际经济生活中能实现,但无法因此而否定"最大化的理性"。况且,在约束条件下寻求"满意的利润"和"足够好",实质上就是理性所寻求的利益相对最大化。

其中理性是指经济人能够正确认识经济规律和现象,妥善处理人与人、人与社会、人与自然的关系,统筹兼顾利己与利他,通过合理有效的方式实现社会利益和个人利益最大化。这种要求显然非常高,甚至超过了西方经济学的理性经济人假设的要求。但是,己他双性经济人假设明确承认经济主体具有非理性状态,即在一定历史条件下,对经济规律和现象的认识难免存在局限。在处理人与人、人与社会、人与自然的关系时难免发生冲突或不协调,个人利益与社会利益、利己与利他难免出现矛盾,以致在某个时点或时段未必能够实现社会利益和个人利益的最大化。从文字表述上看,理性和非理性之间似乎存在矛盾,但这是在不同历史阶段上和社会条件下经济人表现出来的两种状态。从特定条件来说,经济人的某些行为是理性的,但是另一些行为可能是非理性的;某些行为的理性程度高,另一些行为的非理性程度高。

用马克思主义立场、观点和方法来分析,理性和非理性含有一定的价值判断意义。各种旨在增进社会利益乃至全人类利益的努力和奉献行为是理性的;相反,各种牺牲或危害他人利益来追求个人利益的行为是非理性的。

从社会发展趋势和人自身进步来看,经济人行为的理性和非理性两种状态会发生变化,具有提高理性水平,减少非理性的趋势。这是因为,自然科学和社会科学不断发展,对自然、社会和人自身行为规律的认识不断深化,人自身逐步得到全面发展,会促进经济人理性水平逐步提高;社会制度包括企业制度的完善,也会为提高经济人理性水平创造有利条件。但是在一定发展阶段上,理性水平总是有限的,因此存在非理性。正因为如此,合理的制度安排对提高经济人的理性水平是非常必要的。

(三)第三个命题:良好的制度会使经济活动中的人在增进集体利益或社会利益最大化的过程中实现合理的个人利益最大化

在私有经济范围内,个人追求自身利益最大化的自由行动会无意而程度不同地增减社会公共利益,并非如旧"经济人"理论所说的,只要有良好的制度保证,个人追求自身利益最大化的自由行动肯定会无意而有效地增进社会公共利益。这是因为:根本经济制度与具体经济制度(确切地说是具体经济体制)有紧密的关联,私有制必然从根本上限制良好经济制度或体制的建立和健全;个人一味地优先追求自身利益最大化,经常会同各类群体利益和社会利益发生矛盾与冲突,个人利益的总和不一定等于群体利益或社会利益的总和与潜在的最大化。

在社会公有经济范围内,良好的制度会使经济活动中的人在增进集体利益和社会利益最大化的过程中实现合理的个人利益最大化。这是因为:在良好的制度下,公有经济的基点是为集体或社会谋利益,作为在其中活动的个人及其理性首先要服从集体理性或社会理性,即首先寻求集体利益最大化(类似戴维·米勒等所说的"社群",但这里不谈社会理性与集体理性的矛盾)或社会利益最大化,否则,就会因个人主义而受到利益制约和利益损失;在良好的制度下,已经取得相对最大化的集体利益或社会利益,必然较公平地分配给每个人(如按劳分配等），从而最终实现个人利益的最大化。

现在，直观的流行思维可能会以某些公有企业不景气为理由来非议上述理念，这肯定不能成立。诚然，以上理论探析尽管已有文献作出过详细的逻辑证明，但公有制能否实际达到高绩效，须以高水平管理的操作为前提。迄今为止的公有制实践，已经部分地有力证实了新"经济人"理论。哲学上的证伪主义有些绝对化。理论不是不能被证实，而是可能一直被不断地或间歇地部分证实。所谓实践是检验真理的标准，也并非单指某一时点上的具体经验或实践。

有学者一方面辩解说假定人自私，绝非倡导人们自私，另一方面又赞同"人为财死，鸟为食亡"的"完全利己经济人假设"，并只承认人的自私可以导致社会协作与公共福利的增加。其实，西方已有日渐增多的文献探讨利他经济人假设和理论模型，利他经济人假设对制度安排、诚信建设和荣辱观教育等都具有积极的作用，更可以导致社会协作与公共福利的增加。

利己利他经济人假设的第三个命题强调个人利益和社会利益的统一，设想在良好或合理制度条件下，通过经济主体追求社会利益最大化来实现个人合理利益最大化。如果说前两个命题基本上反映实际情况，那么第三个命题就是一种理想状态，是最能体现假设特征的一个命题。

"最大化"不是一个无可挑剔的概念。西蒙提出管理人和满意利润率概念，用来取代经济人和最大利润率概念，虽然有一定的道理，但是最大化概念还是有其特定的意义。只要定义适当，最大化和满意并不矛盾。如果比较两种行为结果，只能做出优劣、较好和较差两种评价，不存在最优、次优和最差三种评价；如果比较三种以上行为结果，就可以做出最优、次优和最差评价。因此，最大化不要求穷尽全部选择项，只要求有三个以上的选择项目就可以成立。经济活动中存在三种选择的情况十分常见，最大化作为反映最好结果的概念是不可取代的。正因为如此，利己利他经济人假设保留了最大化概念。

应当承认，现实世界的多数经济组织和个人都抱有追求自身利益的动机，在追求自身利益过程中自觉或者不自觉地增进社会利益。同时也应当看到，的确有一些经济组织和个人把社会利益看得高于个人利益，他们自觉为增进社会利益而努力和奉献。虽然这些人也存在个人利益，但是个人利益在他们为社会而奉献的过程中得到实现，激励他们更好地为社会而工作。在他们看来，人生的真正目的和意义在于为社会奉献，个人利益不过是保证为社会奉献的一种条件。可见，追求个人利益和社会利益有两种基本方式：一是通过追求个人利益最大化来自发和消极被动地增进社会利益；二是通过自觉追求社会利益来实现个人利益。目前许多经济主体行为还是遵循前一种方式，其种种不足或弊病已经显现，有的相当严重，各种环境问题就是前一种行为方式的结果。在这种背景下，利己利他经济人假设提出通过追求社会利益最大化来实现个人利益最大化的行为方式，不仅具有一定的理论依据和现实依据，而且很可能得到未来实践的证明。

三、利己利他经济人假设的理论依据

任何科学假设都有一定的理论依据，利己利他经济人假设也不例外。它的理论依据来自马克思主义理论、生物学、生态学、伦理学、行为科学和可持续发展理论等。这些理论的研究成果和方法以及它们所收集的大量事实材料，为提出利己利他经济人假设奠定了可靠的基础，提供了有力的支持。

第一,马克思主义理论依据。马克思主义哲学揭示了自然、社会和人类思维的最一般规律,提供了科学的世界观和方法论,这对提出和论证利己利他经济人假设,在此前提下探讨马克思主义经济学问题具有指导意义。在马克思主义政治经济学、科学社会主义中,也有一些重要思想可以作为利己利他经济人假设的理论依据。第二,生物学和生态学依据。地球生态系统中的各种生物行为总体上具有利己和利他两种结果,这同利己利他经济人假设的第一个基本命题是吻合的,可以视为这一假设的证据。第三,伦理学和行为科学依据。伦理学的主流意见对人的行为存在利己和利他两种倾向的认识没有什么争议。西方行为科学和实验经济学的某些研究成果证明,经济人的行为的确具有利己和利他两种倾向,存在理性和非理性两种状态。虽然目前一般人行为的利他倾向弱于利己倾向,但是不能否认利他倾向的独立存在意义。[1]第四,可持续发展理论依据。任何时空范围内的人通过发展社会生产来满足某些需要,不危害满足自身另一些需要的条件,不危害其他时空范围内的人满足其需要的能力。对每个人来说,满足某种需要不危害满足自身其他正常需要的条件,是个人各种需要之间的内在约束;满足某种需要不危害别人满足其需要的能力,是人与人之间的利益约束。这恰好是利己利他经济人假设所提出的目标取向和行为方式。

四、利己利他经济人假设的现实依据

提出利己利他经济人假设主要是为了在此基础上进行马克思主义经济学创新研究,同时也是因为现实存在对利己利他经济人的客观需要。如果现实中不存在这种需要,提出该假设就失去了现实依据。诚然,目前多数经济主体还不完全具备利己利他经济人特征,否则它就不是假设,而是现实了。但是提出这一假设的现实依据是存在的。具体来说,利己利他经济人假设的现实依据由两方面事实构成。

第一,现实经济社会发展要求经济主体具备利己和利他性质,提高利他和理性水平,统筹兼顾个人利益和社会利益,力求实现两个最大化。许多成功企业的实践表明,员工既追求个人收入,又关心企业整体利益,对企业长远发展至关重要。如果企业员工只关心个人利益,只存在利己动机,对企业整体利益漠不关心,毫无利他行为,这个企业将很难实现持续发展。

第二,现实中已经出现具备或部分具备利己利他经济人特征的经济主体,也就是说,现实经济主体正在逐步形成和增强利己利他经济人特征。比如,现代社会科教文卫体和各种公益事业对利他行为的需要,人类追求高层次需要的满足必然发生利他行为,国内外企业经营理念,行为中的利己和利他倾向。

在此基础上,国内学者进一步阐释和发展了这一理论。朱富强认为,基于行为的目的—手段这一角度,可以更好地对人类行为中的利己主义和利他主义进行区分。正是基于这一视角,我们可以从真实世界中抽象出"为己利他"行为机理。它不仅可以将利他和利己统一起来,而且有助于理解社会秩序的扩展。[2]李增福和袁溥认为,人类社会和经济活动中,利他行为时有发生。从利他的角度,通过重新审视经济人假设中过度强调经济主体自利的一面,

①　参见亚历山大·J.菲尔德:《利他主义倾向:行为科学、进化理论与互惠的起源》,长春出版社 2005 年版。
②　朱富强:《一个有关行为的利己性和利他性之划界标准——基于"为己利他"行为机理的分析》,《改革与战略》2010年第 11 期。

可以看出纯粹利他经济人假设存在一定的理论局限。在这个意义上，利己利他经济人假设，不仅是对传统马克思主义政治经济学的创新，也是对西方经济理论的超越。[1]刘明国和韩晓璇将利己利他经济人假设，定义为"社会主义经济人假设"——即通过利他来实现利己（也就是墨子所主张的"兼爱非攻"），以与西方经济学的"个人主义经济人假设"相对应。并以"共产的钻石"自然秩序来说明"社会主义经济人假设"的合理性；还通过人类的社会主义实践和个人主义经济人的存在来证明"社会主义经济人假设"的客观性。社会主义经济人不仅是中国传统文化的核心理念，更是、也应该是当代中国的共同意识，同时，还是人类命运共同体理念的应有之义。也正是因为人有利他之心，所以公有制高效率才有可能，进而在公有制下才能实现人的自由全面发展。[2]

综上所述，利己利他经济人假论不仅有科学的理论依据，又有深刻的现实依据。把它作为中国特色社会主义政治经济学的基本假设前提，有利于我们科学分析社会主义市场经济条件下的利益调节机制，为研究微观经济主体的经济行为和国家宏观调控提供了理论基础。

延伸阅读

复习思考题

1. 马克思主义关于人的本质的主要观点有哪些？
2. 利己利他经济人假设的三个基本命题是什么？
3. 利己利他经济人假设对促进经济增长方式的转变有什么作用？
4. "经济人"假设对中国特色社会主义建设和构建中国特色社会主义政治经济学有什么危害？

案 例 分 析

私利非公益：美国阿片类药物滥用夺走了数十万人的生命

2017年10月，为应对阿片危机，时任美国总统特朗普宣布美国进入全国公共卫生紧急状态，但未能扭转美国滥用阿片类药物的趋势。只占世界人口5％的美国，却使用了全球

---

[1]　李增福、袁溥：《论现代马克思主义政治经济学利己和利他经济人假设》，《华南师范大学学报（社会科学版）》2011年第2期。

[2]　刘明国、韩晓璇：《利他利己"新经济人论"再探——中国特色社会主义政治经济学的一块基石》，《海派经济学》2017年第4期。

80％的阿片类药物。从1999年到2018年,阿片类药物夺走了美国50多万人的生命,老年人的阿片类药物处方数量在1995年至2010年间增加了九倍。根据美国疾控中心2023年的数据,近一年平均每天有300人死于药物过量。美国国会联合经济委员会2022年报告指出,滥用阿片类药物给美国造成近1.5万亿美元损失,约占当年美国GDP的7％。俄亥俄州罗伯戒毒中心负责人希尔认为,美国人更倾向于选择通过药物来缓解疼痛,释放压力。促成这一社会文化形成的重要原因是20世纪90年代美国大型医药公司普渡制药投入重金展开的"制药史上最慷慨的营销活动"。

1995年,萨克勒家族控制的普渡制药为了推广其研发的奥施康定(OxyContin,其主要成分为盐酸羟考酮,和鸦片同源),率先打响了"阿片类药物无害论"的宣传攻势,在全美赞助了约2万个宣传教育项目,花费重金劝说医生开出更多处方,并组织顾客拍摄奥施康定使其生活更"美好"的视频用于大众媒体宣传,组织专家在医学论坛和期刊上宣传,相关花费比美国的枪支游说集团还要高8倍。为了将奥施康定的使用范围从癌症止痛患者扩大到各种常规止痛需要的患者,普渡制药在1995年12月成功游说美国食品和药物管理局FDA相关审核人,使其认可该药物上瘾比例不足1％的欺诈性描述。有了FDA的官方认证,普渡制药的市场营销"如虎添翼"。奥施康定的产品说明书上还指出"压碎的奥施康定释放药效更迅速",很多人将其当成毒品吸食,部分地区的致死案例已经超过了海洛因和可卡因,导致各种暴力犯罪。普渡制药还花费重金收买医生、警察和法官,为议员提供政治献金,控制媒体舆论。在2002年面对联邦调查时,普渡制药坚持认为是瘾君子利用了奥施康定,而不是奥施康定造成了瘾君子,利用两者因果关系很难证明清楚等漏洞,将官司打了很多年,在2007年仅缴纳6亿美元罚款后继续大肆销售,2017年的销售额仍有310亿美元,而萨克勒家族也以140亿美元身家登上了2015年美国最富有家族排行榜。亚瑟·萨克勒被称为"现代药品广告业的教父",使医药代表成为一股风潮,"药品营销的时代"来临。萨克勒家族还创办医学杂志,并资助世界顶级艺术博物馆,将自己的姓氏印在了这些博物馆的墙面和指示路牌上,树立其"良好公关形象"。

随着公众的觉醒和舆论压力的不断增大,最终普渡制药面临数十亿美元的高额罚款和来自49个州的2600多起赔偿诉讼。由于不能继续销售奥施康定,遂于2019年申请破产,并申请转型为一家生产防止阿片类药物过量和治疗成瘾的新公司。但在此之前,萨克勒家族已经成功转移大量财产,并逃脱了法律制裁。大量受害人没有得到普渡的赔偿,而美国的阿片类药物仍在改头换面地生产和销售,美国仍然是阿片类药物第一大消费国。

思考题:

如何从"利己利他"的视角来理解美国阿片类药物危机的成因?

思路点拨

第四章 公平效率同向变动论

 学习目标

1. 掌握马克思主义公平效率观

2. 了解中国特色社会主义在公平与效率关系问题上的探索,明辨以西方经济学为基础的效率与公平观点的错误所在

3. 掌握公平效率同向变动论的主要内容,牢固树立马克思主义的公平效率观

公平与效率是社会经济生活中的一对基本矛盾,对这一矛盾的解析被称作经济学说史上的"哥德巴赫猜想"。关于公平和效率的内涵及其关系,是自古以来经济学始终争论的主题。尤其是在公平与效率这两大目标间的内在关联和制度安排,成为自古至今各类经济学说的两难选择。我们继承马克思主义基本原理,在对西方公平效率理论批判的基础上,创新地提出了马克思主义政治经济学关于公平效率的具体理论——公平效率同向变动论。

第一节 马克思主义经典作家和领袖的基本思想

一、马克思、恩格斯阐述公平与效率

(一) 对公平和效率的整体认识

马克思和恩格斯认为公平是一个具体的、历史的范畴,是现存经济关系的观念化表现,是随着社会经济关系的发展变化而发展变化的。不同的时代,不同的阶级,不同的学派各有不同的公平观,抽象的、超时代的永恒公平是不存在的。马克思指出:"公正不是某个自身存在的东西,而是存在于人们的互相交往中。"[1]恩格斯指出:"希腊人和罗马人的公平认为奴隶制度是公平的;1789 年资产者的公平要求废除封建制度,因为据说它不公平。在普鲁士的容克看来,甚至可怜的专区法也是对永恒公平的破坏。所以,关于永恒公平的观念不仅因时因

---

① 《马克思恩格斯全集》第 40 卷,人民出版社 1982 年版,第 267 页。

地而变,甚至也因人而异"①。他进而指出,如果人们认识到现存社会制度是不公平的,则"表示在生产方法和交换形式中已经不知不觉地发生了变化,适合于早先的经济条件的社会制度已经不再同这些变化相适应了。"②对于以生产剩余价值为目的的资本主义企业来说,资本家无偿占有剩余价值是公平的,但对社会主义公有制来说,这就是不合理的,社会主义公有制经济中的平等是以按劳分配为基础的。

由于人们在经济关系中所处的地位和利益不同以及政治主张和思想认识不同,公平观的内容、性质和追求的目标也不相同,公平观就有革命的公平观和保守的公平观之分。革命公平观的社会作用是积极的、进步的,保守公平观的社会作用是消极的、落后的。因而,革命的公平观是与消灭剥削制度相联系的。马克思主义的理想就是要消灭资本主义这种不公平的剥削社会,建立一个和谐的人的全面发展的公平社会。他指出:"应当摒弃'做一天公平的工作,得一天公平的工资!'这种保守的格言,要在自己的旗帜上写上革命的口号:'消灭雇佣劳动制度!'"③

马克思和恩格斯的效率评价标准是劳动生产力(劳动生产率)。马克思指出:"劳动生产力的提高,我们在这里一般是指劳动过程中的这样一种变化,这种变化能缩短生产某种商品的社会必需的劳动时间,从而使较小量的劳动获得生产较大量使用价值的能力"④,"劳动生产率等于用最低限度的劳动取得最大限度的产品"⑤。关于劳动生产力的影响因素,马克思指出:"劳动生产力是由多种情况决定的,其中包括:工人的平均熟练程度,科学的发展水平和它在工艺上应用的程度,生产过程的社会结合,生产资料的规模和效能,以及自然条件。"⑥马克思和恩格斯都认为只有大力发展社会生产力,创造出足够多的物质财富和精神财富,才能不断满足人们的生活需求。可见,效率在马克思和恩格斯看来,是一个生产力范畴。

(二)对资本主义公平和效率的批判

马克思认为,在资本主义社会中所有制的不平等是最根本的不平等。马克思以极其辛辣的语气揭露了资本主义公平、民主的虚伪性:"劳动力的买和卖是在流通领域或商品交换领域的界限以内进行的,这个领域确实是天赋人权的真正伊甸园。那里占统治地位的只是自由、平等、所有权和边沁。"⑦这种在流通领域貌似公平的交换,一旦进入生产过程,其剥削性、虚伪性就暴露无遗:"一离开这个简单流通领域或商品交换领域,……就会看到,我们的剧中人的面貌已经起了某些变化。原来的货币占有者作为资本家,昂首前行;劳动力占有者作为他的工人,尾随于后。一个笑容满面,雄心勃勃;一个战战兢兢,畏缩不前,像在市场上出卖了自己的皮一样,只有一个前途——让人家来鞣。"⑧马克思认为,造成资本主义民主平等假象的根源在于资本主义私有制。不公平和无效率在资本主义经济制度下具有同一性,

---

① 《马克思恩格斯文集》第3卷,人民出版社2009年版,第323页。
② 《马克思恩格斯文集》第3卷,人民出版社2009年版,第547页。
③ 《马克思恩格斯文集》第3卷,人民出版社2009年版,第77—78页。
④ 《马克思恩格斯文集》第5卷,人民出版社2009年版,第366页。
⑤ 《马克思恩格斯文集》第8卷,人民出版社2009年版,第519页。
⑥ 《马克思恩格斯文集》第5卷,人民出版社2009年版,第53页。
⑦ 《马克思恩格斯文集》第5卷,人民出版社2009年版,第204页。
⑧ 《马克思恩格斯文集》第5卷,人民出版社2009年版,第205页。

生产资料所有制不仅带来了资本家对工人剩余价值的无偿占有,还带来了社会再生产的无效率,而社会再生产的无效率又会进一步加剧工人阶级与资本家阶级之间的不公平。

(三) 对未来社会公平效率有机统一的制度构建

马克思认为,公有制是未来社会公平与效率相统一的基础。在公有制基础上,未来社会个人消费品的分配方式应该是等量劳动领取等量产品。马克思认为,按劳分配原则的公平是有差别的平等、相对的平等。这是因为,按劳分配的公平权利是以社会必要劳动时间为尺度的,即人人都公平地以同一的劳动为尺度来分配个人消费品;由于每个劳动者的劳动能力和劳动态度不相同,因而劳动者的实际收入也是不同的;按劳分配原则兼顾了公平与效率,"多劳多得、少劳少得"既激发了劳动者的工作热情,也实践了劳动创造价值这一马克思主义公平的准则。马克思进而以劳动强度、简单劳动和复杂劳动等概念对此进行了系统解释。不难看出,马克思对未来社会设想的等量劳动领取等量产品并不是平均主义,而是兼具公平和效率的科学的社会分配制度。恩格斯据此还对蒲鲁东的平均主义进行了深入的批判。

二、列宁和斯大林阐述公平与效率

列宁继承了马克思和恩格斯关于公平与效率的思想。一方面,列宁秉承马克思和恩格斯关于资本主义历史演化的唯物论,提出了当资本主义发展到帝国主义阶段,其不公平将以另一种形式表现出来,即金融寡头借助其庞大资本规模通过操控市场(特别是金融市场)无偿占有他国、他人社会财富,在加剧社会不公的同时更加剧了金融危机对社会效率的整体破坏。金融寡头的剥削超越了资本主义自由竞争阶段的雇佣剥削,他们对社会效率的破坏也不再仅仅是限于失业人口的增加和自发的经济危机,他们会通过主动制造危机去满足疯狂的"致富欲",甚至不惜让全社会陷入萧条乃至战争。另一方面,关于社会主义社会的公平与效率,列宁认为,社会主义消灭了生产资料私有制,消灭了资本对人的统治,消灭了剥削阶级和剥削制度,实现了人类历史上公平的巨大进步。同时,社会主义国家的"根本任务就是:提高劳动生产率"[①]。对于提高劳动生产力的实践方式,列宁强调科学计划的作用,指出"只有社会主义才可能广泛推行和真正支配根据科学原则进行的产品的社会生产和分配"[②]。

在苏联社会主义建设中,斯大林对马克思主义公平和效率理论进行了发展,在马克思主义经济学说史上第一次将"各尽所能"和"按劳分配"联系起来。斯大林认为,社会主义按劳分配是公平的分配原则,也是有效率的分配原则。他指出,"马克思主义是平均主义的敌人"[③]"所有的人都领取同样的工资……这种社会主义是马克思主义所不知道的"[④]"人们将按自己的劳动来领取工作报酬。'各尽所能,按劳分配',——这就是马克思主义的社会主义公式。"[⑤]这对于激发劳动者工作热情、调动劳动者积极性进而提高劳动生产率具有重要作用。

---

① 《列宁全集》第34卷,人民出版社2017年版,第168页。
② 《列宁全集》第34卷,人民出版社2017年版,第356页。
③ 《斯大林选集》(下卷),人民出版社1979年版,第335页。
④⑤ 《斯大林选集》(下卷),人民出版社1979年版,第308页。

三、中国化马克思主义阐述公平与效率

毛泽东的公平、效率观表现为一种重视公平、以公平促效率的思想。在新民主主义革命时期,这一思想主要表现为对土地的平均分配。解放战争时期,以毛泽东为首的党中央制定了《中国土地法大纲》,提出"不分男女老幼,统一平均分配土地"。"耕者有其田"的公平思想和政策使农民阶级从为别人劳动变为为自己劳动,大大激发和调动了农民的劳动积极性,最终提高了农业生产效率。新中国成立后,毛泽东认为,只有消灭私有制、实行公有制,才能在真正意义上保障社会公平,也只有在这种公平制度上,人民群众才具有积极的劳动热情,才能保持较高的生产效率和迅速地提高社会生产力,才能实现共同富裕。1952 年下半年至1956 年,新中国仅仅用了 4 年时间,就完成了对农业、手工业和资本主义工商业的社会主义改造,实现了生产资料私有制到社会主义公有制的转变,使中国从新民主主义社会跨入了社会主义社会,我国初步建立起社会主义的基本制度。

20 世纪 70 年代后期,以邓小平为核心的中国共产党第二代领导集体开创了改革开放和现代化建设的新局面。邓小平一方面强调效率——劳动生产力(率)的重要性,指出:"社会主义优越性最终要体现在生产力能够更好地发展上"[①];另一方面强调应以历史发展的眼光看待社会主义共同富裕这一公平目标。他把社会主义本质概括为"解放生产力,发展生产力,消灭剥削,消除两极分化,最终达到共同富裕"[②]。邓小平的社会主义本质理论是社会主义公平与效率的集中体现。对于如何实现共同富裕,他指出:"让一部分人、一部分地区先富起来,大原则是共同富裕。一部分地区发展快一点,带动大部分地区,这是加速发展、达到共同富裕的捷径"[③]。对于先富带动后富过程中出现的收入差距,邓小平明确反对两极分化。他指出:"如果我们的政策导致两极分化,我们就失败了;如果产生了什么新的资产阶级,那我们就真是走了邪路了"[④]。关于什么是按劳分配,邓小平指出:"按劳分配就是按劳动的数量和质量进行分配。根据这个原则,评定职工工资级别时,主要是看他的劳动好坏、技术高低、贡献大小"[⑤]。同时他强调"实行按劳分配,必须把国家、集体和个人利益结合起来,才能调动积极性,才能发展社会主义的生产。"[⑥]

江泽民关于公平效率的思想集中体现为"效率优先、兼顾公平"原则,这与他的"三个代表"重要思想紧密相连,"先进生产力的发展要求"和"最广大人民的根本利益"体现了他对公平与效率问题的整体认识。在党的十四届三中全会上,他指出"在收入分配中,必须坚持按劳分配为主体、多种分配方式并存的原则,体现效率优先、兼顾公平"[⑦]。在党的十五大和十六大报告中都反复强调"效率优先、兼顾公平"。在党的十六大报告中,他进一步对这一原则做了更为详细的说明:"坚持效率优先、兼顾公平,既要提倡奉献精神,又要落实分配政策,既要反对平均主义,又要防止收入悬殊。初次分配注重效率……再分配注重公平"[⑧]。针对可

---

① 《邓小平文选》第 3 卷,人民出版社 1993 年版,第 149 页。
② 《邓小平文选》第 3 卷,人民出版社 1993 年版,第 373 页。
③ 《邓小平文选》第 3 卷,人民出版社 1993 年版,第 166 页。
④ 《邓小平文选》第 3 卷,人民出版社 1993 年版,第 111 页。
⑤ 《邓小平文选》第 2 卷,人民出版社 1994 年版,第 101 页。
⑥ 《邓小平文选》第 2 卷,人民出版社 1994 年版,第 351 页。
⑦ 《江泽民文选》第 1 卷,人民出版社 2006 年版,第 469 页。
⑧ 《江泽民文选》第 3 卷,人民出版社 2006 年版,第 550 页。

能的收入差距拉大乃至两极分化问题,他明确指出:"平均主义不是社会主义,两极分化也不是社会主义"①。

胡锦涛关于公平效率的思想贯穿于他的"科学发展观"中,主张以"发展"统筹公平与效率。对于效率,他提出"要牢牢扭住经济建设这个中心,坚持聚精会神搞建设、一心一意谋发展"②。对于公平,他指出:"维护和实现社会公平正义,涉及最广大人民根本利益,是我们党坚持立党为公、执政为民的必然要求,也是我国社会主义制度的本质要求"③,"依法逐步建立以权利公平、机会公平、规则公平、分配公平为主要内容的社会公平保障体系,使全体人民共享改革发展成果,使全体人民朝着共同富裕的方向稳步前进"④。根据社会主义市场经济改革中出现的新问题和新变化,他更加关注公平,对公平与效率的关系有了新的表述。2006年党的十六届六中全会报告指出:"在经济发展的基础上,更加注重社会公平"⑤。2007年党的十七大报告指出:"初次分配和再分配都要处理好效率和公平的关系,再分配更加注重公平"⑥。2012年党的十八大报告中指出:"初次分配和再分配都要兼顾效率和公平,再分配更加注重公平。"⑦

党的十八大以来,习近平总书记把以人民为中心作为治国理政的核心理念,人民幸福作为判定公平效率的根本标准。他多次强调,正确处理效率和公平的关系,促进社会公平正义,促进人的全面发展。他认为,公平正义是中国特色社会主义的内在要求,在社会保障、教育、医疗卫生、就业、司法、收入分配等方面,"加紧建设对保障社会公平正义具有重大作用的制度,逐步建立社会公平保障体系。共同富裕是中国特色社会主义的根本原则,所以必须使发展成果更多更公平惠及全体人民"⑧。他同时强调,要"坚决防止落入'福利主义'养懒汉的陷阱"⑨。

习近平不仅致力于构建国家的公平秩序,而且在国际上倡导构建公平的国际秩序。在中华人民共和国恢复联合国合法席位50周年纪念会议上的讲话中,习近平指出:"公平正义是我们的共同理想"⑩,"中国人民热爱和平,深知和平安宁的珍贵,始终奉行独立自主的和平外交政策,主持公道,伸张正义,坚决反对霸权主义和强权政治。"⑪2021年4月22日,习近平在出席领导人气候峰会时的讲话中指出:"坚持多边主义。要坚持以国际法为基础、以公平正义为要旨、以有效行动为导向,维护以联合国为核心的国际体系"⑫。

习近平关于效率的思想主要体现在高质量发展上。党的十八大以来,他始终强调要高质量、高效率、高效益发展。在党的十九届五中全会上,他指出:"我们必须把发展质量问题

---

① 《江泽民文选》第2卷,人民出版社2006年版,第256页。
② 《胡锦涛文选》第2卷,人民出版社2016年版,第624页。
③ 《胡锦涛文选》第2卷,人民出版社2016年版,第291页。
④ 《胡锦涛文选》第2卷,人民出版社2016年版,第291页。
⑤ 《胡锦涛文选》第2卷,人民出版社2016年版,第483页。
⑥ 《胡锦涛文选》第2卷,人民出版社2016年版,第643页。
⑦ 《胡锦涛文选》第3卷,人民出版社2016年版,第642页。
⑧ 《习近平谈治国理政》第1卷,外文出版社2018年版,第13页。
⑨ 《习近平谈治国理政》第4卷,外文出版社2022年版,第143页。
⑩ 《习近平谈治国理政》第4卷,外文出版社2022年版,第475页。
⑪ 《习近平谈治国理政》第4卷,外文出版社2022年版,第473页。
⑫ 《习近平外交思想学习纲要》,人民出版社2021年版,第158页。

摆在更为突出的位置,着力提升发展质量和效益","以推动高质量发展为主题,……推动质量变革、效率变革、动力变革,使发展成果更好惠及全体人民,不断实现人民对美好生活的向往。"①2021 年,他强调高质量发展是"十四五"乃至更长时期我国经济社会发展的主题,关系我国社会主义现代化建设全局。高质量发展体现了党关于经济效率认识在新时代的重大变化,经济效率从一维的数量增长转变为包含数量与质量两个维度,强调"创新、协调、绿色、开放、共享"五个主要方面的全面发展。

习近平关于公平和效率的思想,其目标指向是共同富裕。共同富裕既是以公平为价值旨归,又是以高效率为前提。习近平指出,"共同富裕是中国特色社会主义的根本原则"②。党的十八大以来,党中央把握发展阶段新变化,把逐步实现全体人民共同富裕摆在更加重要的位置上,推动区域协调发展,采取有力措施保障和改善民生,打赢脱贫攻坚战,全面建成小康社会,为促进共同富裕创造了良好条件。"十四五"开局之年,是我们进入扎实推动共同富裕的开始之年。习近平关于共同富裕和高质量发展的论述,在方法论上完全一致,它们统一于生产力变革为新时代中国特色社会主义建设带来的机遇和挑战,也形成了习近平关于公平和效率辩证统一的基本思想。他指出:推进共同富裕"总的思路是,坚持以人民为中心的发展思想,在高质量发展中促进共同富裕,正确处理效率和公平的关系,……促进社会公平正义,促进人的全面发展,使全体人民朝着共同富裕目标扎实迈进。"③

第二节　中外学者关于公平效率的主要观点

一、西方学者分析公平效率

西方对公平效率的研究自古希腊就已开始,并表现出了强调客观标准与主观判断两种截然不同的态度。对于公平,他们的含义有两个,一是正义,二是平等或均等;对于效率他们的含义同样有两个,一是生产效率,二是个人感受到的苦乐或者叫效用。亚里士多德将公平分为"数量相等"和"比值相等",前者表示一人所得应与他人所得在相同事物的数目和容量上相等(平等),后者表示个人所得应根据其对社会贡献之比例(正义),并认为社会应当在"数量平等"和"比值平等"之间做到平衡。伊壁鸠鲁认为,正义就在于你的行为不至于害怕引起别人的愤恨,一切善的根源都是口腹的快乐,无碍于他人追求自己的快乐是善(效率)与正义(公平)的统一。

近代以来,西方关于公平效率的研究大体可分为四个阶段。

第一阶段是古典经济学时期,其主流思想是:基于个体的规则正义(公平)即可达到集体的社会效率。斯密认为当每个人以无碍他人的行为追求个人的安乐时会有一双"看不见的手"引导他达到对社会效益的最大促进。边沁认为,效率首先必须是基于个人对快乐的追求和对痛苦的回避这些纯粹个人的主观感受(自利性选择原理和功利原理),其次社会效率要

① 《习近平谈治国理政》第 4 卷,外文出版社 2022 年版,第 114 页。
② 《习近平谈治国理政》第 1 卷,外文出版社 2018 年版,第 13 页。
③ 《习近平谈治国理政》第 4 卷,外文出版社 2022 年版,第 144 页。

求的是最大多数人的最大幸福(最大幸福原理)。萨伊则以"三位一体"理论试图讲述资本和土地作为生产要素同劳动一样获取收益的正义性,"供给创造自己的需求"则旨在说明斯密"看不见的手"的论述在市场机制中也完全有效。李嘉图的低工资、低地租和高利润的资本积累和经济增长理论,认为收入差距拉大有利于社会资本积累和社会效率提升。以李斯特为代表的历史学派认为社会效率的标准并不来自个体主观效用加总,而应是客观的生产力,主张国家干预市场、保护幼稚工业、推进国家科技投资从而实现整体社会效率(生产力)的提升。

边沁的继承者,有着"自由主义之圣"之称的约翰·穆勒一面以《论自由》重复着古典经济学关于个人"自由秩序"公平正义的论述,一面以"总体功利"的概念背离着古典经济学关于个体效率的认识。约翰·穆勒思想的转变标志着古典经济学的终结。

第二阶段是新古典经济学时期,其基本观点是交换的公平和供求的均衡会带来最优的市场效率。杰文斯的交换方程式不仅解除了古典经济学交换标准中对于主观和客观的争论,更为自由主义理论体系在经济领域公平规则的设定奠定了基础。瓦尔拉斯通过对市场竞争的严格逻辑假设,计算出所有出于个人自由意愿的交换最终都能得以实现,供求不平衡不会出现,在自由市场交换中的个人效用提升会自发转化为社会整体效率增进。马歇尔以局部均衡方法系统论述并用科学形式不仅论证了经济领域"看不见的手",还以消费者剩余、生产者剩余和总剩余等概念对"最大多数人的最大幸福原则""总体功利"等功利主义社会效率目标进行了更加具体的阐释。帕累托不满意基于约翰·穆勒"总体功利"概念的经济理论,他在"私有权神圣"这一正义规则基础上,提出了帕累托最优和帕累托改进,这两个对后来公平效率研究具有深远影响的个体主观主义效率标准。

这个时期,也有不同意新古典思想的观点。凡勃仑指出,即使采用马歇尔的局部供求方法和消费者剩余概念,炫耀性商品的特殊供求曲线也说明了交换中的公平并不能带来总剩余最大,个人主观效用与客观社会效率无关。康芒斯则把制度解释为"集体行动控制个体行动",清晰地指出了效率和公平是社会整体问题而非个体加总问题。而马歇尔的学生庇古在理论上对自由主义的背离和帕累托研究方向的社会精英转向标志着新古典经济学的衰落。

第三阶段是凯恩斯主义经济学时期。凯恩斯主义经济学并不否认市场的微观效率,但对自发市场运行中失业、通货膨胀乃至经济危机所导致的宏观社会效率损失,则认为必须通过政府干预予以消除。凯恩斯基于边际消费倾向递减规律得出收入差距缩小,可以增加有效需求进而提升社会整体效率。卡尔多和希克斯的效率改进标准是:一种对有些人有利、有些人有损的政策,是否改善了社会的福利,在于如果所有遭受这种政策损害的人都充分得到补偿,社会上其他人的境况依然要比以前好。萨缪尔森提出了评价社会效率的社会福利函数,其社会福利函数不是个人主义的,而是全社会整体的效率标准。1953 年联合国公布的以GDP 为代表的 SNA 核算体系,正是凯恩斯主义经济学对社会效率理论认识的成果。

这个时期不乏对凯恩斯主义的批评声音。哈耶克坚决反对凯恩斯主义干预的经济政策和以社会为整体的公平效率思想。他认为判断一个社会正义(公平)的标准只有人的自由程度,理想社会(效率)只有在私人财产制度和自由市场交换基础上才能实现。阿罗直接批判了萨缪尔森的社会福利函数思想,认为民主制度根本无法形成普遍公认的社会效率标准。熊彼特认为经济周期所带来的失业、失衡和效率损失是人类社会创新发展的必然,它只是暂时的,长期看自由的市场机制具有对创新的充分激励,是高效和公平的。库兹涅茨的倒 U 形曲线旨在说明自由市场中人们之间收入差距拉大只是暂时的,未来的收入分配会趋向于平等。

第四阶段是自由主义经济学的复兴时期,出现了新古典宏观经济学和新制度经济学等主要经济学流派。其基本思想是:经济干预既会破坏社会公平,也会破坏社会效率,只有维持私有权神圣和市场自由放任,公平和效率才能同时实现。科斯反对庇古提倡的政府干预解决市场外部性,主张明确产权是解决市场外部性问题的关键。斯蒂格勒更明确地指出,自由市场的真谛不是价格,而是产权,只要有了产权,人们自然会"议出"合理的价格。以弗里德曼为代表的新古典宏观经济学认为自由正义推进社会效率。他说:"凡是容许自由市场起作用的地方,凡是存在着机会均等的地方,老百姓的生活都能达到过去做梦也不曾想到的水平。相反,正是那些不允许自由市场发挥作用的社会里,贫与富之间的鸿沟不断加宽,富人越来越富,穷人越来越穷""一个社会把平等——即所谓结果均等——放在自由之上,其结果是既得不到平等,也得不到自由"[①]。

同时期,也存在着反对经济自由主义公平效率的观点。制度学派的传承者加尔布雷斯反对新古典经济学以个人效用定义效率、以资源配置研究效率的基本观点,指出"如果生产是创造欲望的话,一个人就无法辩护说生产是用来满足欲望的"[②]。米德认为私有制自发市场中并不存在公平效率的统一,相反公平效率存在天然的矛盾——工人按照效率最优标准(边际生产力)所得的工资会与资本收益差距拉大,而提高工资、降低资本收入又会破坏生产效率。奥肯认为,从政治制度看,社会把平等置于第一位;从经济制度看,社会又给经济效率以优先权,民主的政治原则和资本主义经济原则之间的紧张关系由此形成;在双方发生冲突的情况下,为了效率就要牺牲某些平等,为了平等就要牺牲某些效率。罗尔斯反对休谟以来西方主流自由主义经济学以个人自由交换定义公平正义、以个人主观经济效率定义效率的基本逻辑,认为基于社会契约的天赋人权和民主制度(即自由优先原则)才是实践社会公平正义的基本方式[③]。阿玛蒂亚森反对纯粹自由主义的机会平等和功利主义效率观,强调社会福利的社会伦理意识,强调起点公平和贫富差距对社会福利的影响,认为政府对工具性自由(积极性自由)的维护对推进发展(实现效率)意义重大。

不难看出,西方关于公平与效率研究的主线是规则正义的机会公平和主观效用评价的个体效率,而机会公平的前提是排他性产权,这一研究越来越接近"所有制"这一公平效率关系问题的关键,但却始终无法实现根本突破,其原因就在于它无法跨过排他性产权——"私有制"这一鸿沟。而排他性产权就必然意味着这些理论并不能揭示公平效率的真谛,必然意味着阶级权力的不公和社会整体效率无法达成。马克思主义对西方公平效率思想的颠覆也正在于此,建立社会主义公有制毫无疑问是所有马克思主义公平效率研究的基石。西方关于公平效率的主流研究尽管有其先天缺陷和严重错误,但其对市场经济的社会效率的系统化研究仍存在值得我们借鉴之处,如价格信号对资源配置信息的有效传导机制、市场化分配对个人劳动潜力的激励机制等。

---

① 米尔顿·弗里德曼、罗斯·弗里德曼:《自由选择》,商务印书馆 1999 年版,第 149—151 页。

② 加尔布雷斯:《丰裕社会》,上海人民出版社 1965 年版,第 142 页。

③ 一些人基于罗尔斯的效率原则认为他主张消灭收入差距、强调公平优先,这种观点有断章取义之嫌,自由优先原则高于补偿原则说明了罗尔斯基本的思考逻辑是社会契约论,他的补偿原则只是自由优先原则的补充,是处于从属地位的。

二、中国学者阐述公平效率

随着社会主义新中国的建立,以马克思主义基本原理结合我国社会主义建设实践的公平效率研究逐步展开。改革开放之前此方面的文献较少,李任之的研究较为典型,他认为提高劳动生产率的主要经验是加强党的领导、充分发动群众、推进技术革命和技术革新,以及改进企业管理和改进领导作风。[1]

大量相关学术研究产生于改革开放之后。周为民和卢中原首先提出了"效率优先、兼顾公平"的理念。他们认为,公平和效率是两类不同目标,在现实中存在矛盾需要协调,与效率相联系的市场机制是经济发展的动力,"效率优先"由发展生产力的历史任务所决定;与公平联系的稳定机制主要依靠国家的调节手段实现,"机会公平"应作为社会主义的平等观[2]。周天勇提出公平效率问题必须结合生产力水平、经济发展阶段和商品经济要求,分配应以按劳为主、辅以按资、才、智等,但只能采取与商品经济相适应的方式,国家和社会负担公平,企业承担效率和效益[3]。厉以宁通过对计划体制有效率两个前提假设的逐一分析,指出明确国有企业产权、政企分开和市场化才是实现我国公有制下公平效率协调的关键,并指出不仅效率是通过竞争而实现的,收入的真正公平和就业机会的真正公平也需要通过竞争来实现[4]。赵磊指出公平与效率的矛盾在本质上是公平对效率的"滞后",公平与效率之间的关系并不是此消彼长截然对立的,从根本上讲二者的发展趋势是一致的[5]。翁华建认为按财产所有权占有社会产品的原则和按劳动贡献分享生产成果共同构成社会主义分配的两大规则,其中前一规则缘于公有制可以实现社会公平,后一规则缘于调动劳动者积极性可以实现社会效率[6]。简新华认为公平效率是对立统一的辩证关系,效率是公平的基础,公平也会影响效率;中国要提高经济效率,必须以市场为主配置资源;中国要消除两极分化,必须以公有制为基础[7]。李铁映将邓小平理论中关于公平效率的收入分配思想系统概括为:允许一部分地区、一部分人先富起来,鼓励先富帮后富,最终实现共同富裕;实行效率优先、兼顾公平的政策;坚持按劳分配为主,允许生产要素参与分配;坚持建立多层次、社会化的社会保障体系[8]。

进入 21 世纪,社会主义市场经济体制基本形成,公平效率问题更加凸显。郭志鹏认为社会主义是对资本主义公平效率观的革命,以牺牲公平为代价的资本主义高效率不能持久,市场经济是社会主义对自身的超越[9]。洪银兴指出构建和谐社会的关键是统筹协调好公平和效率的关系,实现社会公平需要国有经济对国民经济命脉部门的全面进入和控制,实现社会效率需要国有经济从一般性竞争行业逐步退出[10]。刘国光认为分配中的不公平问题主要出

① 李任之:《整顿劳动组织 提高劳动效率》,《劳动》1959 年第 8 期。
② 周为民、卢中原:《效率优先、兼顾公平——通向繁荣的权衡》,《经济研究》1986 年第 2 期。
③ 周天勇:《也谈公平、效率与分配制度的改革》,《经济体制改革》1987 年第 6 期。
④ 厉以宁:《我对公有制与公平效率之间关系的认识》,《改革》1989 年第 6 期。
⑤ 赵磊:《公平与效率关系新探》,《社会科学》1990 年第 7 期。
⑥ 翁华建:《艰难的妥协:社会主义公平与效率的抉择》,《学术月刊》1992 年第 4 期。
⑦ 简新华:《论社会主义市场经济的效率与公平》,《经济评论》1997 年第 3 期。
⑧ 李铁映:《社会主义市场经济理论的形成和重大突破——纪念中国共产党第十一届三中全会 20 周年》,《经济研究》1999 年第 3 期。
⑨ 郭志鹏:《社会主义代替资本主义:公平效率观的革命》,《马克思主义研究》2001 年第 5 期。
⑩ 洪银兴:《构建和谐社会要坚持统筹公平与效率的改革观》,《中国党政干部论坛》2005 年第 3 期。

在初次分配领域,初次分配也要讲公平,而效率优先应当放在发展生产领域。"效率优先、兼顾公平"只适于社会主义初级阶段的某一个时期,随着我国社会经济的发展和严重分配不公问题的出现,该方针应逐渐向"效率与公平并重"或"效率与公平优化组合"过渡[①]。林毅夫认为收入不公的真正原因更多的不是市场因素而是由非市场因素,如特权、垄断、寻租、腐败等官商勾结、权力与资本合谋的行为,社会经济效率优先的目标远没有实现,市场化仍应该是我们发展的重点[②]。吴宣恭认为"效率优先、兼顾公平"的方针虽然对扭转平均主义观念、加快国民经济的发展起到一定的积极作用,但它在实践中也产生了负面效应,推进和谐社会建设应当更加注重社会公平,实现公平与效率互相促进、同向发展[③]。蒋学模认为"效率优先、兼顾公平"的原则可以不必再提,但绝不可以倒过来用"公平优先、兼顾效率"来代替,把社会公平放到更加重要的地位仍然应在"效率优先"的前提下来实现[④]。卫兴华和侯为民认为效率和公平的关系从根本上是统一的,更加注重社会公平有利于扩大内需、缓解收入分配差距和促进经济结构调整,促进社会公平的重点是落实初次分配公平,采取多种措施提高低收入群体的劳动报酬和劳动报酬在初次分配中的比重[⑤]。

党的十八大以来,我国社会生产力进步所推进的社会主要矛盾转变开始由量变走向质变,中国特色社会主义走进新时代,社会公平效率矛盾研究也开始出现了新的方向。卫兴华和胡若痴认为党的十八大之后有学者提出的"公平优先,兼顾效率"主张和个别学者坚守"效率优先、兼顾公平"的观点都有悖科学理论和实际情况,仅靠市场化改革并不能解决公平分配问题[⑥]。何应期和张衍在坚持公平决定效率的基础上,主张用公平体系替代公平概念以解决公平效率矛盾,并构建了公平与效率的间断性动态分析框架[⑦]。洪银兴认为,新时代面对人民收入普遍提高同时收入差距扩大和收入分配秩序不规范问题,需要根据社会主义共同富裕的要求偏重公平正义,推进改革应集中在两个方面:一是坚持按劳分配原则,完善按要素分配;二是缩小收入差距,使人民共享发展成果[⑧]。

我国学者关于公平效率的研究,直面经济生活中的矛盾,提出了很多真知灼见,但关于马克思主义公平效率理论的系统化创新仍然存在不足,未能实现马克思主义公平效率的理论体系构建,未能对西方公平效率思想进行整体性批判和吸收,未能提出中国特色社会主义建设中公平效率的系统化政策方案。

第三节　评析与创新

公平效率同向变动论[⑨]认为,经济公平与经济效率是同方向变动的,越是公平越有效率。

①　刘国光:《把"效率优先"放到该讲的地方去》,《经济学动态》2005年第11期。
②　林毅夫:《经济发展战略与公平和效率》,《宏观经济研究》2005年第10期。
③　吴宣恭:《实现公平与效率互相促进》,《经济纵横》2007年第1期。
④　蒋学模:《"效率优先、兼顾公平"的原则是否需要修改》,《学术月刊》2007年第5期。
⑤　卫兴华、侯为民:《在科学发展观下坚持效率和公平的统一》,《经济学家》2008年第3期。
⑥　卫兴华、胡若痴:《近年来关于效率与公平关系的不同解读和观点评析》,《教学与研究》2013年第7期。
⑦　何应期、张衍:《公平与效率:间断性动态分析框架》,《学术论坛》2015年第12期。
⑧　洪银兴:《兼顾公平与效率的收入分配制度改革40年》,《经济学动态》2018年第4期。
⑨　程恩富:《公平与效率交互同向论》,《经济纵横》2005年第12期。

问题在于要准确辩证认知公平与效率的内涵和相互关系。

一、公平的含义

人类的任何活动均涉及公平问题,而经济学意义上的公平是指有关经济活动的制度、权利、机会和结果等方面的平等和合理,经济公平具有客观性、历史性和相对性。

(一)对错误公平含义的批判

中外有的论著把经济公平纯粹视为心理现象,否认其客观属性和客观标准,这是含有唯心主义分析方法的思维表现。在人类的所有现实操作性活动和行为中,都会产生感觉、认知、审美等心理活动,并在一定程度上都受各种心理因素和伦理观的支配;但无论是财富或收入分配、财产占有,还是就业、税收、投资等,人们在客观经济活动和经济调控过程中,总是具有一种最客观的经济公平标准;至于在一定时点上所推行的经济法律、经济政策和经济规则是否完全合乎经济公平内生的客观标准,则是另一回事。

也有的论著把经济公平视为一般的永恒范畴,否认在不同的经济制度和历史发展阶段有特定的内涵。这是含有历史唯心论分析方法的思维表现。经济公平具有历史性,在阶级社会里是可以表现为阶级性的。

还有的论著把经济公平视为无需前提的绝对概念,否认公平与否的辩证关系和转化条件。这是形而上学分析方法的思想表现。以按资分配为例,在无私有制和市场经济的传统体制条件下,它是不可能存在的,也是不公平的;而在社会主义市场经济体制的条件下,从合法性和市场等价交换的意义上看,它是公平或合理的;但从只有活劳动才能创造新价值的经济本质上说,它又是不公平的,或者说形式上或表面上公平,实质上则不公平。

再有论著混淆了公平与均等这两个概念,将公平等于了均等。公平或平等当然不等于收入均等或收入平均。经济公平的内涵大大超过收入平均的概念。从经济活动的结果来界定收入分配是否公平,只是经济公平的含义之一。结果公平至少也有财富分配和收入分配两个观察角度,财富分配的角度更为重要。况且,收入分配平均与收入分配公平属于不同层面的问题,不应混淆。包括阿瑟·奥肯和勒纳在内的国际学术界流行思潮把经济公平和结果平等视为收入均等化或收入平均化,进而认为它们同效率间的关系是一种此消彼长的交替关系,"鱼与熊掌不可兼得",这是概念上的严重混淆,是形而上学的,是有明显严重逻辑错误的。

资本主义的不公平,主要表现在私有财产制和按资分配及其派生现象上,这是经济异化的核心和不完全人道主义的基点,与真正自由、平等和博爱以及真善美的哲学理念是有差别的。与此相异,传统社会主义的不公平,表现在体制较为僵化和带有平均主义色彩的分配及其派生现象上。这是另一类经济异化(计划异化)。

(二)我国社会主义初级阶段公平的内涵和外延

社会公平是历史的范畴,分析公平问题,需要在明确的历史阶段上从宏观和微观整体上加以考虑,只有这样,才能正确理解特定历史时期公平的完整含义。我国经济体制转轨时期的公平指制度、规则、机会、权利的公平和收入分配的平等,即在宏观上国家要力争使参与社会活动的每个人处于平等的地位,国家要制定规则,以保障参加循环的每个人具有同等的权利和机会。具体讲这一时期的公平应主要体现在以下几个方面。

一是制度公平。由于我国目前实行社会主义市场经济制度,因此在制度上首先要坚持以公有制为主体、多种所有制形式并存的经济制度,要坚持以按劳分配为主体、多种分配形式并存的分配制度。只有这样,才能保证劳动者在就业、收入分配等方面有均等机会,也才能保证人们以同等的权利和机会参与社会活动。

二是规则公平。根据社会发展的需要,以法律法规和政府政策的形式,保证每个人在同等机会条件下去展示自己的才能,国家制定的规则要与目前的社会经济结构、政治结构、文化结构相适应,使人们在法律及政府政策的范围内,人人拥有就职、就业、学习等权利及谋求个人的生存和发展、获取物质和精神满足的同等机会。同时,人们还必须无条件遵守法律及政府政策对人们的约束,平等地承担经济的、政治的及其他方面的社会义务。

三是权利公平。这里的权利公平不仅包括经济上的权利,还包括政治上及其他方面的权利。

四是机会公平。其指在制度、规则、权利等宏观层面的公平充分实现后,人们在社会竞争中都享有同等参与机会、获取机会和被选择机会,使每个人都能处在同一起跑线上公平竞争,不受贫富、民族、地位高低限制,使人们在制度规则允许的范围内充分展现自己的才能,以实现和满足每个人不同的需要。

公平所体现的经济平等不仅是分配上的平等,还包括进入市场的机会平等、在市场竞争中的地位平等及最后的分配结果平等。而在市场竞争中,实行公平竞争,不存在不公平、不合理的竞争以及来自市场以外的其他因素的影响,即市场活动最后的分配结果的平等,是由生产资料的平等分配决定的。这里的分配平等不是平均,而是指每个人或每个生产单位参与分配的权利是平等的。权利平等后分配的结果也应是平等的。从经济关系的实质上说,收入分配的平等是指在社会主义市场经济条件下,公有制企业内部实行按劳分配、多劳多得。而在其他经济形式如私营企业、外资企业中则按市场规则实行按资分配、按生产因素分配和按劳分配相结合的形式,并建立起行之有效的工会等组织制度,使企业内部权能制衡,使分配结果更加公平。

二、效率的含义

人类的任何活动也都涉及效率问题。经济学意义上的效率,是指经济资源的配置和产出状态。对一个企业或社会来说,最高效率意味着资源处于最优配置状态,从而使特定范围内的需要得到最大满足或福利得到最大增进或财富得到最大增加。

(一) 对错误效率含义的批判

西方自由主义经济学乃至整个自由主义理论体系把效率视为纯粹个人主观的快乐和满足,用个人的苦乐感受来定义社会财富,用最大的快乐和最小的痛苦来定义社会效率。这种个体主观主义抛掉了人的感受中对社会关系的认知,把感受仅仅定义为个人"口腹的快乐",并且这种"口腹的快乐"还只能产生在"没有窗户"的心灵(不受他人感官苦乐表达的影响)。这种效率论不仅在方法论上完全错误,彻底抛去了经济体制的历史范畴,把经济分析完全确立在静态、孤立和片面的形而上学方法之上,在现实中也极容易被证伪。市场中无处不在的明星广告,如果不是企业希望通过明星去引导公众,那岂不是我们每个人都可以去赚取巨额的广告费了吗？而明星广告的普遍效果也反过来说明了，公众实实在在地受着其他人偏好的影响。

还有的论著把效率视为市场交易额的加总。流行于全球的以GDP为代表的SNA评价体系体现的就是这种观点。GDP在衡量经济增长、反映经济效率上的片面性已经被社会各界普遍认同，不论世界银行所推出的绿色GDP、发展指数，还是党和国家提出的科学发展观和新发展理念，都说明了唯GDP评价的经济效率观存在缺陷。从理论上讲，GDP效率评价的缺陷源自其错误的方法论。将个人对商品效用的货币评价进行机械式的简单加总至少存在两方面的错误：其一是在经济领域机械式还原方法否定了社会交往之间的普遍联系，不仅人与人之间会有相互影响，每笔交易之间也有相互影响；其二是以市场雇佣劳动作为社会再生产唯一形式的形而上学观点否定了市场的有限性，否定了包括政府组织生产、家庭组织生产的可能，将已存的或可能存在的更加高效的生产关系排除在了经济效率之外。此外，这种交易额加总的经济效率分析也为个人主观效率评价观所不容，自由主义经济学者不认为主观的效用评价能进行简单的相加，GDP评价在他们眼中远不如幸福问卷来得更加真实。

再有些著作把效率视为局部最优投入产出效率。流行于欧美经济学管理学实证研究中的企业、行业或区域的全要素生产率分析，体现的就是这种经济效率认识。这种经济效率评价的根本错误在于把生产力三要素——劳动者、劳动工具和劳动对象——统一视作平行的生产要素，否定了社会生产关系对于经济效率的重要影响。

（二）我国社会主义初级阶段效率的内涵和外延

经济效率是实行公有制和体制改革的基本动因。改革的目的，就是让我国社会生产进入高效率的最佳状态。经济效率涉及生产、分配、交换和消费各个领域，包括宏观经济效率和微观经济效率两大问题。根据目前我国社会政治、经济的特点及所处的特定历史时期，要分析宏观经济效率就必须要从制度效率、政府政策执行效率和宏观调控效率等方面来衡量。

第一，关于制度效率，我们经常谈到或听到关于制度效率的解释及评价，即对计划经济体制和市场经济体制在经济发展过程中，对资源在全社会范围内的配置合理与否、交易费用的节省方面所起作用的评价问题。这里讲的制度，确切地说是一种体制，因为制度对经济的影响是通过经济体制发生作用的。社会制度相同，但采用的经济体制不同，制度效率也就不一样。对制度效率要下一个确切定义很难，但为说明问题，我们姑且把制度效率定义为经济体制运行对经济发展的影响程度、对资源在全社会范围内的配置所起的作用及交易费用的大小。如果经济体制运行有效地促进了经济发展，使资源在全社会范围内得到合理配置，物尽其用，人尽其才，最大限度地降低交易费用，我们就说其效率是高的，反之就是低的。

第二，关于政策效率，建立了社会主义市场经济体制，并不是万事大吉，其运行还要有赖于政府政策的正确制定和执行。考察政策效率，主要是考察政策的执行效果。由于市场调节有目标偏差、程度有限、速度缓慢和成本昂贵的弱点，因此还必须辅之以政府调节。政府调节主要是通过政策手段来进行，必须与现实经济发展相适应。政府调节适应了市场经济体制及经济发展的需要，弥补了市场调节的缺陷，则说明政策效果是明显的，反之则是低下的。

第三，关于宏观调控效率，由于政府调节主要是通过政策手段来进行，而市场调节主要是用看不见的手来完成的，因此在调节过程中，仍会出现偏离制度的可能性。宏观调控即国家调节可纠正这些偏差，与市场调节相适应。国家调节就是用经济、法律、行政等手段，自觉地按照经济发展总体目标分配社会总劳动,调节整个经济行为,使之与社会主义的本质要求相适应。同时国家调节有搞活经济、协调经济结构、保护市场竞争、提高整体效益、维护公平分配五个功能,从而可保证经济朝着健康有序的方向发展。如果国家调节同时存在的偏好主观、转换迟钝、政策内耗和动力匮乏等缺点,也会出现"调控失灵"的状况。一旦出现这一状况,则国家调节是效率低下的。根据我国目前情况看,国家调节基本上没有出现大的偏差,经济增长速度比较快,人民生活水平有了提高,可以说是有效率的。但也不可忽视收入分配差距的扩大、地区间差距的拉大及地区间结构发展不平衡等问题,这些都会影响国家调节的效率。

微观经济效率主要是分析企业内部的收入分配是否合理、一个企业生产要素的投入是否实现了最大产出,以及企业的管理是否科学所引发的效率问题。收入分配的合理与否是影响企业劳动者和经营者的积极性,从而导致是否有效率的关键问题。如果收入分配合理会激发劳动者和经营者的工作热情,促进企业的经济效益提高,反之则会因激励不足而损失效率。同时一个企业生产要素的投入与产出的关系,根据经济学的分析,只有实现了总成本既定、产量最大的生产要素组合或产量既定、总成本最小的生产要素组合的条件,才能带来高效率。也就是企业花在每一种生产要素上的最后增量都相等时,也就实现了投入与产出的高效率。近年来,企业界提出向管理要效益的口号,试图通过管理手段的科学化从而提高生产要素的利用率和经济效益。可见,管理的科学与否也是影响微观经济效率的一个重要因素。

需要强调,效率是社会经济活动的内在要求,社会生产力的发展是效率提高的源泉。对于效率的考察需要联系整个社会生产力的进步,从整体上予以考察。第一,从效率的内容来看,效率有经济效率、社会效率和生态效率等的划分,不应单纯地集中在经济效率方面,而应既关注其经济效率也要兼顾其社会效率、生态效率,既要关注其微观效率也要兼顾其宏观效率。第二,从研究运用数据指标来看,只选取反映企业微观经营效益的经济数据,仅仅从诸如销售收入、销售利润等指标出发,用效益替代效率进行研究,没有全面反映经济效率,没有将经济部门参与宏观调控、履行社会责任和生态环境重建等方面的因素考虑进来。

三、公平效率的同向变动关系

社会经济资源的配置效率是人类经济活动追求的目标,而经济主体在社会生产中的起点、机会、过程和结果的公平,也是人类经济活动追求的目标。这两大目标之间的内在关联和制度安排构成了经济学各流派间的根本差异。

(一)对错误公平效率观点的批判

中外有的论著认为,收入差距扩大是激励个人提高工作努力程度进而提高社会效率的必然路径。事实上,收入和财富的差距并不会都产生个人激励或者都带来效率提高,收入对个体效率的刺激效应达到一定程度后便具有递减的趋势,甚至出现社会效率层面乃至个人效率层面的负面效应。例如,"地下经济""寻租"活动、权钱交易等形成的巨大黑色收入和灰色收入,与社会效率的提高没有内在联系,有时反而是资源配置效率下降和损失的结果。再如,一部分高收入者的工作效率已达顶点,继续加大分配差距不会提高效率,也有一部分低收入者已不可能改变内外条件来增加收入,进而导致沮丧心态的产生和效率的降低。换句话说,"经济人"接受高收入刺激的效率有着生理和社会限制,不会轻易进行没有新增收益的效率改进活动,过大的收入和财富差距必然损及社会总效率。

有的论著认为收入差距扩大可以带来更多的储蓄和资本积累,从而提升经济效率带来更快速度的经济增长。李嘉图的"低工资、低地租、高利润"观点开启了这种认识的先河。这种观点最核心的问题在于把经济效率包裹在国家利益之中,把经济效率视为超阶级的概念,殊不知社会主义国家的经济效率是为人民服务的,而在资产阶级国家它只是在强化资产阶级统治和维护资产阶级利益。

有的论著认为收入差距缩小可以提高消费需求从而推动经济增长。凯恩斯的富人边际消费倾向小于穷人和庇古富人货币边际效用小于穷人的论述都持这一观点。这一观点看起来似乎与我们的公平效率同向变动论的观点有些相似,但这种相似只是表面的相似,而本质根本不同,我们的理论基于的是公有制,而这一观点的基础是私有制。这一观点是典型的折中主义,是对私有制下公平效率现实激烈冲突无可奈何的调和,本身并没有超越资本主义其他公平效率理论的框架。

有的论著认为机会公平会自发地提升社会效率。这是西方自由主义主流经济学的认识,也就是我们熟悉的所谓"看不见的手"。在理论推导上它设定了人的完全理性、市场信息完美、自由竞争等一系列不切实际的假设,在实际生活中它早已被经济史上无数史实所证伪。

还有的论著认为社会效率增进会自发地解决公平问题。库兹涅茨的倒 U 形曲线是这个方面的典型。"看不见的手"所提高的社会效率毕竟不是个人效率,面对资本主义社会当下阶级地位所造成的贫富差距拉大,向被统治者描述一个可以期望的前景对稳定的阶级统治十分重要。但随后很多的实证研究表明,库兹涅茨的倒 U 形曲线并不符合发展中国家的实际情况。

(二) 公平效率同向变动论的观点

公平效率同向变动论认为:在社会主义初级阶段的公有制和按劳分配体制下,效率本身意味着公平,而公平本身也体现着效率,公平和效率之间是一种交互同向的辩证关系;经济公平与经济效率是交互促进并发生同方向变动的,即越是公平、越有效率;越是不公平、越是无效率。这种关系具体表现在两个方面,即公平对效率的促进和效率对公平的促进。

公平对效率的促进作用可大致归纳为三个方面[①]。其一,公平对行为主体主观能动性的充分发挥具有重要的激励作用,越公平,人的付出和贡献与收益愈加对称,越能促发人的主观能动性,从而整个社会就更有效率;反之,则社会越不公平,社会就越低效。其二,行为主体的综合素质受制于身体健康、受教育程度和发展机会,构成社会效率的重要方面。特别是现代社会中,生产力发展程度已经具备了惠及社会全体成员健康、教育和发展机会的物质基础,但究竟能够使得社会中多大比例的成员能够享受到生产力水平提高所能带来的福利,关键取决于社会中分配模式是否有利于大多数人福利的提高,也就是是否公平。社会越公平,越多的人享受更加健康、更多教育和更多发展机会,因而也就越具有生产力,整个社会也就越加高效。反之,越不公平,也就把越多的人排除在健康、教育、发展之外,整个社会的劳动

---

① 张球:《公平与效率互促同向变动假设》,载程恩富、方兴起和郑志国主编《马克思主义经济学的五大理论假设》(人民出版社 2012 年版,第 192—193 页)。

者素质也必然下降,社会必然越低效。其三,社会越公平,人们对整个社会的制度体系和运行模式也就愈加认同,人们之间的关系将越加和谐,社会矛盾和冲突越少,整个社会的运行成本越低,社会越有效率。社会越不公平,人们对整个社会制度和运行模式越不认同,人与人之间、阶层与阶层之间、地域与地域之间的矛盾和冲突也就越多、越激烈,整个社会的内耗和社会运行成本就越高,社会秩序混乱,公共安全得不到保障,投资和生产环境恶化,非生产性的社会管理(公共安全等)占有的社会资源愈多,整个社会的效率也就愈低。

效率对公平的促进作用也可大致归纳为三个方面[1]。其一,从生产力决定生产关系的角度来讲,社会越有效率,意味着生产力水平的提高,也意味着民众认知能力和社会文明程度越高,政治经济体制愈加民主文明,民众在政治、经济和社会中也就具有越多的话语权和参与权,因而整个社会制度也就愈加公平。其二,从财富总量决定了分配总量的角度来讲,社会越有效率,创造的物质和精神财富越多,就具备了能给更多的人提供健康、教育和发展机会的物质前提,也就为实现更大程度的社会公平提供了物质基础。其三,从技术能力制约社会管理水平的角度来讲,社会越有效率,意味着人们在宏观管理和微观管理中的能力越强,特别是收集和处理信息能力越强,判断越准确,而促进公平的宏观和微观政策,也就越具有可操作性,越能准确到位,因而也就越能促进社会公平,特别是越能实现更高层次的公平。

社会主义初级阶段,公平效率同向变动关系具体包括三个层次。

其一,公平与效率宏观层次交互同向关系。在宏观意义上,公平与效率两者是统一的,不存在孰先孰后的问题。我国目前正处于社会主义初级阶段,在这个特定的历史阶段上,既要坚持社会主义道路,使社会主义制度优越性的公平得以实现,又要以较高的效率来大力发展社会生产力,这就需要兼顾公平与效率。因此,目前我国的主要任务不是在公平与效率的关系上做文章,而是考察如何制定规则体现宏观公平和如何采用正确的调节手段来提高经济效率。在公平的问题上,国家和政府应以规则的制定者身份出现,而不是以"游戏"的参加者身份出现。一是继续坚持以按劳分配为主体,多种分配形式并存的分配制度。二是制定和健全法律法规,加大执法力度,使人们有一个均等的机会参与社会经济活动,而不会因权钱交易等因素影响权利和机会平等。在效率问题上,一是要继续完善社会主义市场经济体制,建立和健全市场体系,保证市场经济体制的作用充分发挥。二是政府在制定政策时,要结合具体的经济发展状况和地区差异,针对不同的地区和部门制定不同的政策,以事实为依据,以经济发展和资源配置最优化为目标。三是加强国家宏观调节,针对经济运行过程中出现的市场失灵状况对症下药,提高国家宏观调控效率。

其二,公平与效率微观层次交互同向关系。微观经济效率考察的主要范围是企业内部公平及所引致的效率。我们认为,在微观上的公平与效率在公有制企业内部具有正反同向的交促互补关系。一方面收入分配公平和经济公平的实现有赖于企业效率的提高,另一方面,企业效率的提高也要以收入分配公平和经济平等的实现为条件。牺牲效率的公平不是我们所要求的公平,没有公平的效率也是十分低下的。新凯恩斯经济学者斯蒂格利茨、阿克洛夫等在微观企业层面基于行为实验发现,一定社会环境下,一定程度提升工人工资可以增进社会效率;诺奖得主卡尔德也通过自然实验证明了最低工资的提升并没有破坏社会效率。

---

[1] 张球:《公平与效率互促同向变动假设》,载程恩富、方兴起和郑志国主编《马克思主义经济学的五大理论假设》(人民出版社 2012 年版,第 192—193 页)。

在公有制企业内部,只要不把公平曲解为收入的平均或均等,通过有效的市场竞争和国家政策调节,按劳分配必然会促进效率的提高。

其三,公平与效率综合交互同向关系。就个人收入分配而言,我国当代公平与效率最优结合的载体是市场型按劳分配。按劳分配显示的经济公平,具体表现为含有差别性的"劳动的平等和产品分配的平等"。这种在起点、机会、过程和结果方面既有差别,又是平等的分配制度,相对按资分配来说,客观上是最公平的,并不存在公平与效率哪个优先的问题。按劳分配方式的经济公平具有客观性、阶级性和相对性。同时,只要不把这种公平曲解为收入和财富上的"平均"或"均等",通过有效的市场竞争和国家政策调节,按劳分配不论从微观或宏观角度看,都必然直接和间接地促进效率达到极大化。这是因为,市场竞争所形成的按劳取酬的合理收入差距,已经能最大限度地发挥人的潜力,使劳动资源在社会规模上得到优化配置。初级社会主义和"后市场社会"需要逐步建立一种公平与效率兼得的良性循环机制,来推进全社会的共同富裕和经济、政治、文化的可持续发展。已有的历史经验与中外资料不仅不能对此进行证伪,还会持续不断地将这一论断证实下去。

四、推动公平效率同向变动的路径

第一,高效率必须以公有制和公平分配为基础。从世界范围观察,可以将所有制、体制、公平和效率这四个相关因素的结合链归分四类:公有制→体制优越→公平→高效率(效率Ⅰ);私有制→体制较优→不公平→中效率(效率Ⅱ);公有制→体制次优→较公平→次中效率(效率Ⅲ);私有制→体制较劣→不公平→低效率(效率Ⅳ)。改革前,中国和苏联等社会主义国家属于"效率Ⅲ",已超过属于"效率Ⅳ"的多数资本主义国家,但尚未超过属于"效率Ⅱ"的少数较发达资本主义国家。在制度成本最低和相对最公平的状态中实现高效率(效率Ⅰ),是我们改革的终极目标。体制科学与否、合理与否,都是相对和动态的。传统社会主义的不公平主要表现在体制僵化和带有平均主义色彩的分配及其派生现象上,资本主义的不公平主要表现在私有财产制和按资分配及其派生现象上。如果盲目崇拜西方主流经济理论关于机会平等和结果平等的肤浅之说,那就看不到即使在号称机会最平等的美国,由于财产占有反差巨大、市场机制时而失灵、接受教育环境不同、生活质量高低悬殊、种族和性别歧视等缘故,人们进入市场之前和参与市场竞争的过程中,机会和权利也存在许许多多的不平等。那种认为西方属于不公平而高效率、东方属于公平而低效率的直观讲法,毫无正确性可言。

第二,实行市场竞争与按劳分配相结合可以达到共同富裕。国内外有些学者认为,发达国家贫富差别小,人民生活水平很高,已经实现了共同富裕。与计划经济相比,在市场经济条件下,等量劳动要求获得等量报酬这一按劳分配的基本内涵未变,所改变的只是实现按劳分配的形式和途径。具体地说,一是按劳分配市场化,即由劳动力市场形成的劳动力价格的转化形式——工资,是劳动者与企业在市场上通过双向选择签订劳动合同的基础,因而是实现按劳分配的前提条件和方式;二是按劳分配企业化,即等量劳动得到等量报酬的原则只能在一个公有企业的范围内实现,不同企业的劳动者消耗同量劳动,其报酬不一定相等。也就是说,按劳分配的平等与商品交换的平等结合后,市场竞争会影响按劳分配实现的方式和程度,但若不与私有制相结合,其本身无法带来两极分化,妨碍共同富裕。事实上,现阶段的共同富裕是脱离不了市场竞争与按劳分配这两个方面的。倘若我国不重蹈大多数资本主义国家所走过、又为美国库兹涅茨所描述的"倒 U 形道路",那么就能通过建立一种公平与效率兼得的良性循环机制来推进全社会的共同富裕。很明显,不了解市场型按劳分配的实质,便想不通社会主义市场竞争的结果可以达到共同富裕之道理。

总之,公平效率同向变动论可以总体概括为:社会主义初级阶段公有制经济体制和市场型按劳分配制度下,经济公平与经济效率具有正反同向变动的交促互补关系,即经济活动的制度、权利、机会和结果等方面越是公平,效率就越高;相反,越不公平,效率就越低;当代公平与效率最优结合的载体之一是市场型按劳分配,而公有制是按劳分配的基础。国内外日趋增多的正反实例均表明,公平与效率具有正相关联系,两者呈此长彼长、此消彼消的正反同向变动的交促关系和互补性。为此,我们基于"公平效率同向变动论"提出具有科学性的政策建议:其一,在初级社会主义分配制度上,应以按劳分配为主体,按资分配为补充或辅助;其二,在高度重视效率的同时应更加注重社会公平,建立和完善公平与效率的和谐互动机制;其三,当前特别要强调收入和财富分配上的"提低、扩中、控高、打非"。

复习思考题

延伸阅读

1. 马克思主义关于公平和效率的内涵及其相互关系?

2. 有人认为公平是一种主观价值判断,因人而异、因时而异,因此公平没有客观标准。你认为这种说法正确吗?

3. 美国约翰逊总统的经济顾问阿瑟·奥肯于 1975 年出版了《平等与效率:重大的抉择》一书,该书认为平等与效率是此消彼长的关系,请对之进行评析。

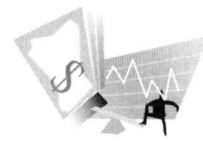

案 例 分 析

工资同企业利润挂钩与生产效率提升

工资与企业利润挂钩作为以往公有制企业特有的按劳分配收入分配制度(《关于改革国有企业工资决定机制的意见》,国发 2018 第 16 号),随着社会生产力的发展和劳动复杂程度的增加,越来越受到市场经济中各种所有制企业的欢迎。这种分配制度作用发挥的本质,就在于它的实施有效促进了市场经济体制下按劳分配的落实,实现了公平效率的同向互促。为了进行更为一般的说明,我们以新时代中国特色社会主义市场经济体制为背景进行了一个剥离其他干扰因素影响的经济行为实验①,以此作为案例对理论分析进行说明。

一、实验设计思路

选择劳动力市场研究普遍使用的礼物交换实验,模拟雇员和雇主围绕收入分配的博弈过程,接着通过设置有无工资与企业利润挂钩制度两个实验局,用以发现挂钩制度所带来的变化。基于研究背景和研究目标,实验同时做出了四个方面设定:其一,以雇主和雇员随机固定搭配,反映社会主义市场经济体制中普遍失业已经消失这一基本事实;其二,将本实验生产力水平参数设定为较高生产力水平参数,以反映新时代我国社会生产力的巨大进步和社会中已经存在了初次收入分配的激励空间;其三,只给予雇主和雇员较短的固定匹配轮数,以避免双方基于互惠效应的效率工资产生,将固定工资的内涵限定在生存工资之上,但匹配轮数还需保证实验结果不受雇主与雇员一次性投机的影响;其四,向实验组被试明确实验激励方式为自身具有主体归属意识的收入与企业利润挂钩,而非任何基于工作任务完成(如计件工资等)的激励,从而将此类型收入激励与绩效工资激励实现有效区分。

二、实验结果

第一,当社会生产力水平达到一定高度后,工资与企业利润挂钩这一具备按劳分配特征的收入分配制度会对雇员形成有效正向激励,雇员反馈给雇主的努力程度和总体社会效率相较没有这种制度时,都会呈现出显著提升,挂钩的薪酬制度能够推进社会"富裕"。劳动者的活劳动是社会再生产活动中最活跃的内容,用按劳分配的分配制度能提升劳动者的劳动积极性、增加其在劳动中的努力程度,对于企业产出增加和社会生产效率提升具有关键作用。第二,当社会生产力水平达到一定高度后,工资与企业利润挂钩的收入分配制度会导致雇员和雇主收益的同步提升,挂钩的薪酬制度能够推进社会"共同富裕"。在雇佣博弈中雇主具有收入分配制度的决定权,在没有其他企业目标或其他目标处于次要地位时,如果新制度会导致其收益减少,他可以停止这一制度的实施,但一旦制度确定,博弈的主动权就会转向雇员,他可以通过调整努力程度增进个人收益。如果双方的收益因制度实施都能有所提升,则说明这一制度不仅可行,而且能够推进"共同富裕"。实验结果证实了在工资与企业利润挂钩制度下,雇员和雇主双方收益均会显著高于没有这一制度时,有力地说明了体现按劳分配特征的利润挂钩分配制度与市场经济的匹配性。

思考题:

为什么实验中工资同企业利润挂钩这一促进按劳分配的收入分配制度能促进生产效率提升?

思路点拨

---

① 本案例主要引自姚宇、苗静云、刘振华:《工资与企业利润挂钩与新时代共同富裕的实现路径》,《管理学刊》2022年第5期。

第二篇

经济制度研究

第五章　公有制高绩效论

 学习目标

1. 掌握马克思主义关于社会主义公有制必然代替资本主义私有制的基本观点
2. 了解苏联和中国社会主义公有制建立和发展的历程
3. 熟悉中国共产党领导集体对马克思主义所有制理论的创新和贡献，明确公有制经济和国有经济在我国的重要地位及其对经济社会发展所做出的贡献
4. 掌握公有制高绩效论的基本观点

关于公有制绩效高低的评价，涉及的是经济制度的效率问题。关于这一点，马克思和恩格斯从唯物史观出发，在肯定资本主义私有制代替封建私有制极大地促进了生产力的基础上，批判地论证了资本主义私有制最终必然成为生产力发展的障碍；要解放生产力，必须建立公有制，才能在更适合生产力发展的经济制度基础上提高劳动生产率。公有制效率的高低，不仅关系到社会主义性质和中国共产党执政的根基，也关系到广大劳动人民能否实现共同富裕。我们运用马克思主义基本立场、观点和方法，提出了公有制高绩效论。

第一节　马克思主义经典作家和领袖的基本思想

一、马克思、恩格斯阐述公有制

马克思和恩格斯站在唯物史观的高度，在批判资本主义私有制的基础上阐述了未来社会生产资料公有制的必然性和优越性。

（一）资本主义私有制必然被生产资料公有制所代替

马克思和恩格斯从唯物史观出发，把人类社会的发展看作自然历史过程，通过对资本主义生产方式的研究，首先肯定资本主义私有制代替封建私有制极大地促进了生产力的发展。在此基础上，进一步揭示了资本主义基本矛盾即生产的社会化与资本主义私有制的矛盾，是无产阶级受压迫、受剥削的根源，是无产阶级与资产阶级对立的根源，是资本主义经济危机这一不治之症的根源。周期性的经济危机表明资本主义私有制已经成为生产力发展的桎

梏，"社会所拥有的生产力已经不能再促进资产阶级文明和资产阶级所有制关系的发展；相反，生产力已经强大到这种关系所不能适应的地步，它已经受到这种关系的阻碍；而它一着手克服这种障碍，就使整个资产阶级社会陷入混乱，就使资产阶级所有制的存在受到威胁"①。因此，"剥夺剥夺者"，用生产资料公有制代替资本主义私有制就成为历史的必然。无产阶级只有推翻资本主义私有制，建立公有制，才能实现自身的解放，进而实现全人类的解放。

（二）只有在公有制基础上才能对全部生产进行有计划的组织和管理，才能极大地促进生产力的发展

马克思和恩格斯在批判资本主义私有制的基础上，科学推论了未来社会的基本特征："设想有一个自由人联合体，他们用公共的生产资料进行劳动，并且自觉地把他们许多个人劳动力当做一个社会劳动力来使用。……这个联合体的总产品是一个社会产品。"②也就是说，未来社会的公有制可以从以下几个方面理解。其一，自由人联合体实行的是单一的公有制，即全体社会成员共同占有生产资料，并且是唯一的占有方式，"人们在其社会生产中的关系就不表现为'物'的'价值'"③，商品生产消失，劳动者的劳动不再是创造价值的劳动，而是直接的社会劳动，生产的产品也直接成为社会产品归全体劳动者共同占有，从而消灭了剥削。其二，生产资料公有制，是以"自由的联合的劳动条件"代替了"劳动受奴役的经济条件"，劳动者不再被雇佣，他们不仅是生产资料的主人，而且是自己的主人，劳动成为第一需要，从而最大程度地调动劳动者的积极性，极大地解放生产力。其三，生产资料公有制基础上的自由联合劳动，才能使全部生产在有计划、有组织的条件下进行，避免生产力的浪费，节约劳动时间，从而最大限度地提高劳动生产率。

生产资料公有制代替资本主义私有制，是人类历史发展的必然，是生产关系一定要适应生产力发展的基本经济规律所决定的，是生产力发展到一定阶段必须冲破私有制的桎梏、使生产力进一步得到解放的客观要求。

二、列宁和斯大林阐述公有制

十月革命以后，列宁对社会主义所有制的探索主要分为两个阶段：一是 1918 年为应对国内外战争，实行国家对经济的集中统一领导，实施战时共产主义政策，即"纯而又纯"的公有制经济，保证了国家把有限的人力、物力、财力最大限度地集中起来，从而取得战争的胜利；二是新经济政策时期改变战时共产主义时期所实行的单一公有制，恢复和发展符合俄国当时生产力水平的多种所有制。

新经济政策时期，俄国存在着社会主义经济、国家资本主义、资本主义经济、小商品经济和宗法式经济五种不同的经济成分。列宁强调苏维埃政权要积极发展公有制经济，这是保证商品经济沿着社会主义方向发展的前提，并运用国家资本主义发展生产。列宁认为"既然我们掌握着工厂、运输业和对外贸易，那么这种资本主义对于我们可怕不可怕呢？……这种资本主义对于我们是没有什么可怕的"④。在工业方面，一切涉及国家经济命脉的重要厂矿企业

---

① 《马克思恩格斯文集》第 2 卷，人民出版社 2009 年版，第 37 页。
② 《马克思恩格斯文集》第 5 卷，人民出版社 2009 年版，第 96 页。
③ 《马克思恩格斯全集》第 35 卷，人民出版社 2013 年版，第 139 页。
④ 《列宁全集》第 41 卷，人民出版社 2017 年版，第 149 页。

仍归国家所有、由国家经营,对于中小企业和国家暂时无力兴办的企业则允许外国资本家或本国的合作社以及个人租赁经营。在农业方面,通过合作制将小农经济引导到集体经济道路上,同时允许农民自由使用土地和在苏维埃监督下出租土地和雇佣工人。在流通方面,国家通过合作社组织工业品同农民手中余粮直接交换,允许私人自由贸易。在金融方面,政府重建国家银行,实行货币和财政改革,稳定卢布价值,规定工商业税额,统一管理货币流通事务。

列宁的公有制思想对马克思主义的贡献在于:一是他的国家所有制理论,二是肯定合作社的社会主义性质。列宁认为,在向共产主义过渡的第一阶段,国家将存在,因而广义社会主义公有制的实现形式为国家所有制,即由国家代表社会来掌握生产资料并按照计划来组织生产和实施管理;关于合作社,列宁起初认为合作社是向社会主义过渡的中间环节,经过新经济政策后,列宁高度评价合作社的发展对于社会主义制度胜利的意义:"现在我们有理由说,对我们来说,合作社的发展也就等于(只有上述一点'小小的'例外)社会主义的发展,与此同时我们不得不承认我们对社会主义的整个看法根本改变了。"[①]"要是完全实现了合作化,我们也就在社会主义基地上站稳了脚跟。"[②]

列宁认为战时共产主义是"最彻底、最根本地摧毁旧事物"的"革命办法",而新经济政策是一种建立社会主义经济制度、从而实现向社会主义过渡的"改良主义的办法"。由于列宁离世,没有对社会主义所有制作进一步的探索。尽管如此,列宁在新经济政策时期,围绕苏维埃政权如何运用商品经济发展社会主义所进行的所有制结构调整,对于我国社会主义初级阶段的经济体制改革具有重要的启示。

1924年列宁逝世后,以斯大林为首的苏联党和政府开启了"新经济政策的第二个时期"。斯大林认为,成熟的苏维埃制度下的公有制,其本质不再是策略性的国家资本主义,而是社会主义生产方式。

他继承了列宁的国家所有制和合作化思想,认为社会主义公有制有两种形式,"一种是国家的即全民的形式,一种是不能叫作全民形式的集体农庄形式。"[③]据苏联1936年的统计,在全国生产基金中国家所有制占90%,合作社—集体农庄所有制占8.7%;在工业产值中国家所有制占97.3%,合作社—集体农庄所有制占2.6%;在农业产值中国家所有制占76%,合作社—集体农庄所有制占20.3%。[④]这标志着斯大林公有制经济和计划经济体制模式在苏联的建成。到1937年第二个五年计划完成,苏联的工业总产值跃居欧洲第一,在世界上仅次于美国,最终使苏联实现了国家工业化、农业集体化、国民经济高度计划化。

斯大林时期,奠定了苏联社会主义公有制的经济基础,并在此基础上实行高度集中的计划经济模式。斯大林经济模式虽然取得了巨大成就,但是忽视了公有制实现形式的多样化,也由于高度集中统得过死而使经济缺乏活力。毛泽东在《论十大关系》一文中,就明确指出要吸取苏联高度集中计划经济的经验教训,"把什么东西统统都集中在中央或省市,不给工厂一点权力,一点机动的余地,一点利益,恐怕不妥。"[⑤]

---

① 《列宁全集》第43卷,人民出版社2017年版,第371页。
② 《列宁全集》第43卷,人民出版社2017年版,第371—372页。
③ 《斯大林选集》下卷,人民出版社1979年版,第550页。
④ 曹胜:《马克思主义理论专题研究》,甘肃人民出版社2011年版,第96页。
⑤ 《毛泽东文集》第7卷,人民出版社1999年版,第29页。

三、毛泽东阐述公有制

　　毛泽东在领导中国革命和建设过程中,把马克思主义所有制理论与中国实际相结合,致力于消灭剥削制度的私有制经济基础,建立社会主义公有制,形成了不同历史时期的制度和政策。

　　在新民主主义革命时期,毛泽东认为,农民问题是国民革命的中心问题,而农民问题的核心是土地问题。他根据不同阶段的主要矛盾和任务,主持并制定了不同的土地制度和政策。国内革命战争时期,实行没收地主土地;抗日战争时期,实行减租减息;解放战争时期,没收地主土地分配给农民,最终废除封建的土地制度,实现耕者有其田的土地制度,极大地激发了广大农民参与革命斗争的积极性,为最终取得新民主主义革命胜利奠定了坚实的经济基础。抗日战争时期,革命根据地为了克服经济困难,实行"公私兼顾"或叫"军民兼顾"。毛泽东说:"只有实事求是地发展公营和民营的经济,才能保障财政的供给。"[①]"但是我们渡过了困难。这不但是由于边区人民给了我们粮食吃,尤其是由于我们下决心自己动手,建立了自己的公营经济。"[②]调动了各种经济主体的积极性,为革命战争的胜利奠定了物质基础。

　　新中国成立后,在1949—1952年国民经济恢复时期,国家在发展多种所有制经济的同时,实行"公私兼顾、劳资两利"的方针,不断扩大公有制经济的比重。到1952年年底,国民经济结构发生了深刻变化,国营经济比重上升,私人资本主义经济比重逐年下降,现代工业的比重有所上升,为我国由农业国逐步转变为工业国打下了基础,确保了新民主主义向社会主义的过渡。随后,毛泽东和党中央经过近一年的酝酿,于1953年12月正式提出了"一化三改"的过渡时期总路线。通过合作化使个体农业和小手工业走上了集体化道路,通过公私合营等多种国家资本主义形式完成了对资本主义工商业的改造,通过"和平赎买"政策改造民族资产阶级,建立了全民所有制。到1956年年底,基本完成了社会主义改造,形成了全民所有制和集体所有制两种公有制形式。

　　社会主义改造完成后的农村集体所有制经济的经营体制,还经历了几年的探索。针对"大跃进"时期普遍存在的混淆社会主义与共产主义、集体所有制与全民所有制的情况,毛泽东在1958年11月第一次郑州会议上明确指出要划清这两种所有制的界限,由社会主义集体所有制向社会主义全民所有制的过渡和由社会主义到共产主义的过渡,是互相联系而又互相区别的过程。针对当时"三级所有、队为基础"的管理体制在实际操作中所出现的生产基本单位是生产小队、而统一分配单位却是生产大队所导致的分配同生产不相适应的突出矛盾,毛泽东明确提出改变基本核算单位为生产小队的建议,直接促成了1962年2月中央发布《关于改变农村人民公社基本核算单位问题的指示》。从此以后一直到农村家庭承包制实施以前,人民公社基本实行三级所有、三级核算、队(生产小队)为基础的经营管理体制。

　　总的来说,从新民主主义革命到社会主义革命和建设,毛泽东和中国共产党人在大胆探索中建立并巩固了社会主义公有制的经济基础。尤其是对社会主义公有制经济建设道路的探索,对公有制实现形式的探索,给我们留下了宝贵的财富。

　　当然,在这一过程中也经历了严重曲折,先后出现了"大跃进"、人民公社化运动等,但党在社会主义革命和建设中取得的独创性理论成果和巨大成就,为在新的历史时期开创中国

---

①　《毛泽东选集》第3卷,人民出版社1991年版,第895页。
②　《毛泽东选集》第3卷,人民出版社1991年版,第892页。

090

特色社会主义提供了宝贵经验、理论准备、物质基础。①

四、中国特色社会主义理论体系阐述所有制

党的十一届三中全会以来,邓小平致力于通过改革解放和发展生产力,首先从生产关系的改革入手,改革生产关系中不适应生产力发展的方面。后经以江泽民、胡锦涛等为首的党的领导集体不断深化和完善,形成了以公有制为主体、多种所有制经济共同发展的所有制结构,并将其确立为社会主义初级阶段的基本经济制度。

（一）形成以公有制为主体、多种所有制经济共同发展的所有制结构

基于对"我们的社会主义制度还是处于初级的阶段"②的论断,邓小平认为,社会主义的中心任务是发展生产力,一切有利于发展生产力的方法都可以采用。党的十一届三中全会以后,个体经济就开始蓬勃发展。党的十二大报告在明确国营经济的主导地位、农村集体所有制和城镇集体经济的基础上,首次把个体经济作为公有制经济的必要的、有益的补充。1987 年,党的十三大报告第一次明确私营经济是社会主义公有制经济的必要的和有益的补充,并提出对私营经济"鼓励、保护、引导、监督和管理"的基本政策。1992 年邓小平"南方谈话"提出了"三个有利于"标准,为非公有制经济发展扫除了思想上的障碍。1992 年,党的十四大报告提出了"以公有制包括全民所有制和集体所有制经济为主体,个体经济、私营经济、外资经济为补充,多种经济成分长期共同发展"的所有制结构。1997 年,党的十五大不再把非公经济作为"补充",而是直接赋予其与公有制经济"共同发展"的地位,并把"公有制为主体、多种所有制经济共同发展"确立为我国社会主义初级阶段的一项基本经济制度。

（二）在发展多种所有制的同时,始终把公有制主体地位作为根本原则

邓小平在改革开放初期就指出:"一个公有制占主体,一个共同富裕,这是我们所必须坚持的社会主义的根本原则"③。江泽民在党的十四届五中全会上指出:"坚持公有制的主体地位,是社会主义的一项根本原则,也是我国社会主义市场经济的基本标志。在整个改革开放和现代化建设的过程中,我们都要坚持这项原则。"④"动摇了生产资料公有制,就动摇了社会主义的经济基础,必将损害全体人民的根本利益,也就谈不上社会主义了。"⑤胡锦涛也始终强调"坚持公有制主体地位,发挥国有经济主导作用"⑥。

（三）"两个毫不动摇"是对我国基本经济制度内涵的丰富和发展

针对改革过程中所出现的把公有制经济和非公有制经济对立起来的错误现象,江泽民在党的十六大报告中第一次提出"两个毫不动摇"的重要论断,即"必须毫不动摇地巩固和发

① 《中共中央关于党的百年奋斗重大成就和历史经验的决议》,人民出版社 2021 年版,第 13—14 页。
② 中共中央文献研究室:《十一届三中全会以来重要文献选读(上册)》,人民出版社 1987 年版,第 344 页。
③ 《邓小平文选》第 3 卷,人民出版社 1993 年版,第 111 页。
④ 《江泽民文选》第 1 卷,人民出版社 2006 年版,第 468 页。
⑤ 《江泽民文选》第 1 卷,人民出版社 2006 年版,第 153 页。
⑥ 《胡锦涛文选》第 1 卷,人民出版社 2016 年版,第 237 页。

展公有制经济""必须毫不动摇地鼓励、支持和引导非公有制经济发展"。[①]并指出,要把坚持公有制为主体和促进非公有制经济发展统一于社会主义现代化建设的进程中,不能把这两者对立起来。胡锦涛在党的十七大报告中进一步强调了"两个毫不动摇",后续他还提出"形成各种所有制经济平等竞争、相互促进新格局"[②]。"两个毫不动摇"进一步丰富了我国基本经济制度的内涵。

（四）公有制实现形式可以而且应当多样化

江泽民在党的十五大报告中指出:"公有制实现形式可以而且应当多样化。一切反映社会化生产规律的经营方式和组织形式都可以大胆利用。"[③]公有制实现形式多样化,是对社会主义所有制理论的又一大创新。其理论基础是马克思关于所有权、占有权、使用权和处置权等权能的统一和分解的理论。也就是说,公有产权既可以把各项权能统一起来采取国有国营方式,可以把各项权能分解,通过股份制实行国有国控,或国有产权与私有产权相互参股的混合所有制经济形式等。其现实依据是我国社会主义初级阶段生产力发展不平衡,公有制企业分布在不同的行业和地区,数量众多,规模类型存在差异,经营目的也各不相同。只有根据公有制企业自身的经营特点来选择符合该企业实际的公有制组织形式,才能符合生产关系一定要适应生产力发展状况规律的客观要求,才能促进生产力的发展。

（五）股份制的性质关键看控股权在谁手里

股份制是资本主义生产方式中产生的一种资本联合方式,马克思在《资本论》中将股份制看作是由资本主义向共产主义转化的过渡形式,称为"消极的扬弃"。资本主义条件下,股份制使私人资本取得了社会资本的形式,但没有改变资本主义私有制性质。在社会主义初级阶段公有制与非公有制经济并存的条件下,股份制的性质就不能一概而论。江泽民在党的十五大报告中指出,"股份制是现代企业的一种资本组织形式,有利于所有权和经营权的分离,有利于提高企业和资本的运作效率,资本主义可以用,社会主义也可以用。不能笼统地说股份制是公有还是私有,关键看控股权掌握在谁手中。国家和集体控股,具有明显的公有性,有利于扩大公有资本的支配范围,增强公有制的主体作用。"[④]党的十五大关于股份制性质的论断和把股份制作为公有制实现形式的举措,是对马克思主义股份制理论的创新和贡献。党的十五大还提出鼓励城乡集体经济采取股份合作制形式,即劳动联合与资本联合相统一的形式。党的十六大提出要进一步探索公有制特别是国有制的多种有效实现形式,除极少数必须由国家独资经营的企业外,积极推行股份制,发展混合所有制经济。胡锦涛在如何进一步提高公有制经济的竞争力、保持公有制经济的主体地位的方法和手段方面做出了许多新的、有效的探索。他提出"要加快调整国有经济布局和结构,积极实施股份制,大力发展混合所有制经济,深化国有企业改革,完善公司法人治理结构,推动国有资本向优势产业、优质企业集中,不断发展壮大国有经济。"[⑤]

① 《江泽民文选》第 3 卷,人民出版社 2006 年版,第 547—548 页。
② 《胡锦涛文选》第 3 卷,人民出版社 2016 年版,第 278 页。
③ 《江泽民文选》第 2 卷,人民出版社 2006 年版,第 20 页。
④ 《中国共产党第十五次全国代表大会文件汇编》,人民出版社 1997 年版,第 22 页。
⑤ 《胡锦涛文选》第 2 卷,人民出版社 2016 年版,第 179—180 页。

五、习近平新时代中国特色社会主义思想阐述公有制

党的十八大以来,习近平在扩展社会主义基本经济制度内涵的基础上,再次凸显公有制主体地位的重要性。党的十九届四中全会确立了公有制为主体、多种所有制经济共同发展,按劳分配为主体、多种分配方式并存,社会主义市场经济体制等社会主义基本经济制度。这一新概括表明,不仅公有制在现阶段的所有制结构中居于主体地位,而且决定着在分配结构中按劳分配的主体地位,还体现社会主义市场经济是建立在公有制为主体的所有制结构上的市场经济。

(一)坚持"两个毫不动摇",强调"两个不能动摇"

习近平充分肯定公有制经济和国有经济所作出的贡献。2016 年 3 月,习近平在参加全国政协十二届四次会议民建、工商联界委员联组会时的讲话中指出:"我国是中国共产党领导的社会主义国家,公有制经济是长期以来在国家发展历程中形成的,为国家建设、国防安全、人民生活改善作出了突出贡献,是全体人民的宝贵财富,当然要让它发展好,继续为改革开放和现代化建设作出贡献。"①2016 年 10 月,习近平在全国国有企业党的建设工作会议上的讲话中指出:"我国国有企业为我国经济社会发展、科技进步、国防建设、民生改善作出了历史性贡献,功勋卓著,功不可没"②。在肯定公有制经济和国有经济贡献的基础上,在坚持"两个毫不动摇"的前提下,习近平进而强调"两个不能动摇",即"公有制主体地位不能动摇,国有经济主导作用不能动摇"③。把公有制主体地位和国有经济主导作用看作是"保证我国各族人民共享发展成果的制度性保证,也是巩固党的执政地位、坚持我国社会主义制度的重要保证"④;强调"国有企业是中国特色社会主义的重要物质基础和政治基础,是我们党执政兴国的重要支柱和依靠力量"⑤;强调"公有制经济是全体人民的宝贵财富,是保障人民共同利益的重要力量,是全体人民共同富裕的重要保障"⑥。

(二)做强做优做大国有企业和国有资本

习近平对公有制主体和国有经济主导作用的重视,不仅体现在理论上强调它们的重要性,而且强调要把公有制主体地位落到实处。早在他担任上海市委书记期间,就强调"我们讲'公有制为主体',这个'公有制'不是抽象的,是要有具体量化的,如果没有量化,那就是'玩'概念"⑦。为此,党的十八大以来,习近平反复强调"理直气壮做强做优做大国有企业"。与此同时,党的十八届三中全会提出放大国有资本功能,"以管资本为主加强国有资产监管",服务于国家战略目标,组建"国有资本运营公司"和"国有资本投资公司"。党的十九大报告明确提出"推动国有资本做强做优做大"。党的十九届五中全会提出"深化国资国企改革,做强做优做大国有资本和国有企业"。这一系列论断,扩大了国有经济的内涵,也就是说,社会主义市场经济条件下,国有经济不仅包含国有企业,而且包含国有资本,在做强做优

---

①　《习近平谈治国理政》第 2 卷,外文出版社 2017 年版,第 259 页。

②⑤　《习近平谈治国理政》第 2 卷,外文出版社 2017 年版,第 175—176 页。

③④　中共中央党史和文献研究院编:《十八大以来重要文献选编(下)》,中央文献出版社 2018 年版,第 5 页。

⑥　2017 年 3 月 7 日习近平参加十二届全国人大五次会议辽宁代表团的审议时的讲话。

⑦　田玉珏、路也:《"习书记让我们重新认识上海国资国企改革在全国的特殊意义"——习近平在上海(八)》,《学习时报》2021 年 9 月 13 日 A3 版。

做大国有企业的基础上，也要做强做优做大国有资本。关于如何做强做优做大国有企业和国有资本，习近平提出了要坚持"三个有利于"方针，即"要坚持有利于国有资产保值增值、有利于提高国有经济竞争力、有利于放大国有资本功能的方针"①。

（三）壮大农村集体经济

习近平对于公有制经济的阐述不仅体现在国有经济上，还体现在壮大农村集体经济上。基于对农村"统分结合，双层经营"的现状分析，习近平认为"分"的模式探索很完善，但是"统"的问题始终没有得到很好的解决。强调要壮大农村集体经济，发展新型农村集体经济，把壮大集体经济作为乡村振兴和农民富裕的基础。"要把好乡村振兴战略的政治方向，坚持农村土地集体所有制性质，发展新型集体经济，走共同富裕道路。"②他提出了农村改革的四条底线："不能把农村土地集体所有制改垮了、把耕地改少了、把粮食生产能力改弱了、把农民利益损害了"③。

总之，习近平在坚持社会主义基本经济制度和"两个毫不动摇"的前提下，强调公有制的主体地位和国有经济的主导作用，强调发展新型农村集体经济，并把它们作为社会主义市场经济姓"社"的基本特征。正如他所指出的"我们是在中国共产党领导和社会主义制度的大前提下发展市场经济，什么时候都不能忘了'社会主义'这个定语。"④

第二节 中外学者关于公有制绩效的主要观点

一、国外学者分析公有制效率

早在 20 世纪二三十年代关于社会主义经济的辩论中，米塞斯就认为社会主义公有制条件下不可能有经济核算。米塞斯于 1920 年发表的《社会主义经济制度下的经济计算》一文中就认为建立在私有制基础上的自由市场竞争形成的市场价格才能显示产品的稀缺程度，从而合理地分配、运用和控制资源，进行经济计算，对资源的投入作出评价。而建立在公有制基础上的社会主义计划经济不可能发挥市场和价格的功能，不可能有经济核算，因而社会主义公有制根本就不是经济，从而在根本上否认了社会主义经济的合理性和可行性。而奥斯卡·兰格则认为社会主义联合的意义是"可以消除由于追逐只是从微观经济的角度看才合理的目标而引起的宏观范围的无效率"⑤。

阿尔钦和德姆塞茨从产权和市场交易费用理论出发，认为公有制条件下的劳动是"团队生产"的共同劳动过程，存在激励和产出难以计量的矛盾，而人的机会主义行为极易使团队成员滋生偷懒和"搭便车"行为。因此，公有制要实现高效率就必须有监督，并给予监督者获

---

① 《习近平谈治国理政》第 2 卷，外文出版社 2017 年版，第 175 页。
② 《习近平谈治国理政》第 3 卷，外文出版社 2017 年版，第 261 页。
③ 《习近平谈治国理政》第 3 卷，外文出版社 2017 年版，第 262 页。
④ 习近平：《论把握新发展阶段、贯彻新发展理念、构建新发展格局》，中央文献出版社 2021 年版，第 64 页。
⑤ W.布鲁斯、K.拉斯基：《从马克思到市场：社会主义对经济体制的求索》，上海三联书店、上海人民出版社 1998 年版，第 5—6 页。

取剩余的权利,使其有额外的补偿从而进行高效的监督和管理。但是,在公有制经济条件下,每个人都是总产出的主人,每个人都有获取剩余的权利。因此,公有制经济在这种条件下就会缺乏管理和监督,最终导致效率低下。一些研究表明,在控制了一系列其他相关变量的情况下,中国国有经济的经济效益相对弱于私有经济。

不同的是,Fama 指出任何大型现代公司都没有真正意义上的所有者。Stepher 等证明经济效率不是来自产权,而是依赖于市场竞争机制。因此,即使一些公有制企业目前存在低效率现象,其原因也不能仅仅归结为所有权。而美国著名经济学家斯蒂格利茨通过实验研究表明无论统计数据还是具体事例,都不能证明政府部门效率比私营部门更低。Lo 认为公有制企业具有较高的微观效率。还有研究认为,中国国有经济的技术效率增长超过了混合所有制企业,国有经济的绩效明显改善,已经成为中国经济发展的重要推动力量。

二、中国学者关于公有制绩效的研究

国内关于公有制绩效的讨论主要是针对国有企业效率高低的讨论,大体有三种观点。

一种观点认为公有制是低绩效的,代表性研究有:姚洋通过 1995 年工业普查数据,对影响企业技术效率的各个因素进行了检验,得出非国有企业比国有企业的技术效率更高的结论。[1]刘小玄通过分析改制形成的不同股权类型对于产业效率的影响,得出国有企业(包括传统国有、国有独资企业)对于产业效率具有明显的负作用。[2]刘瑞明认为国有企业不仅本身存在效率损失,而且由于软预算约束的存在,拖累了民营企业的发展进度,从而对整个经济体构成“增长拖累”。[3]吴延兵基于企业剩余索取权和剩余控制权理论,提出国有企业的创新效率损失大于生产效率损失的理论假说。[4]而刘浩认为,这些实证研究样本的选取往往集中在由于各种原因陷入困境的国有企业最为集中的制造业,将众所周知的国有企业高效益的部门排除掉。有的研究将样本选定在纺织、机械、电子、化工这几个因历史原因效益较低的行业,由此得出公有制效率低下的结论,是不科学的。[5]

另一种观点认为公有制是高绩效的。刘元春认为,在实行赶超战略的社会主义市场经济中,国有企业可以作为克服“市场失灵”和“政府失灵”的制度安排,可以成为“宏观经济的稳定者”“社会福利和公共品的提供者”,因而在宏观上是有效率的。[6]李济广认为公有制企业的微观效率是高于非公有制企业的,以经济效益和某些效率指标判断公有制的效率是错误的,国有企业效益和效率方面的问题是因为社会负担重、体制未理顺、改革失误、政府作用不力以及其他原因。[7]卫兴华认为我国建立了社会主义国有经济以后显示出了远超私有制经济的优越性,尽管改革开放前有“左”的失误,但经济建设事业和经济发展的成就超过旧中国的一两百年,年均 6% 以上的发展速度也超过了许多私有制的资本主义国家,新中国的经济建

---

① 姚洋、章奇:《中国工业企业技术效率分析》,《经济研究》2001 年第 10 期。

② 刘小玄:《民营化改制对中国产业效率的效果分析——2001 年全国普查工业数据的分析》,《经济研究》2004 年第 8 期。

③ 刘瑞明、石磊:《国有企业的双重效率损失与经济增长》,《经济研究》2010 年第 1 期。

④ 吴延兵:《国有企业双重效率损失研究》,《经济研究》2012 年第 3 期。

⑤ 刘浩:《论公有制经济效率的认识误区》,《财经研究》2004 年第 3 期。

⑥ 刘元春:《国有企业宏观效率论——理论及其验证》,《中国社会科学》2001 年第 5 期。

⑦ 李济广:《公有制经济的高效率研究述评》,《马克思主义研究》2006 年第 2 期。

设成就主要是靠国有经济的贡献,国有经济也显示了它的效率。①

还有一种观点认为公有制本身具有高效率的内在属性,但是目前公有制的运行机制需要完善,高效率才能发挥出来。荣兆梓从公有制的本质特征与内在矛盾出发,认为公有制的劳动平等关系具有强大激励效应和创新效率,与资源配置效率具有内在的一致性,但是传统的大规模公有制组织的多层代理制不可能有效率,提出有别于由委托人自觉推动、代理人被动受命的典型代理机制的新型"主动代理"理论,以说明公产代理制有效运转的机理,及进一步提高效率的途径。②

综上所述,中外学界关于公有制绩效的争论,既包含着不同的立场,也有分析方法的不同,从而得出了不同的结论。公有制高绩效论认为,在公有制和私有制外部条件相同的情况下,公有制比私有制具有更高的绩效。社会主义市场经济在坚持公有制主体地位的前提下,已经在现实中展现强大的生命力,在克服市场经济生产目的上唯利是图弊端方面展现出了不可比拟的优越性③。

第三节　评析与创新

一、公有制高绩效论的基本观点

与西方理论宣扬的"私有制高效率论""公地悲剧论"等错误观点不同,我们基于研究中外马克思主义理论和现实而形成的学术定力始终认为,无论从全社会的宏观视域,还是从企业的微观视域分析,总体上公有制肯定比私有制效率要高。从马克思经济学中概括出来的公有制高绩效论,是指在计划经济条件下生产资料归全社会成员共同所有的公有制体系能达到社会绩效最大化;而从中国特色社会主义经济理论中概括出来的公有制高绩效论,是指在市场经济条件下生产资料全民所有制和集体所有制能达到社会绩效最大化。但其中均存在多种复杂的前提条件,如不存在严重的社会腐败,委托代理双方权责是合理的,国企承担额外社会义务需另行核算,政府的管理、政策和操作没出现大失误,选聘的经营者有较高素质,等等④。只有大体同时具备这些前提条件,社会主义公有制与计划经济或市场经济的结合才能呈现高绩效。倘若过去或现实生活中搞好社会主义公有制的前提条件缺失而导致某些低绩效现象,并不能证明计划经济或市场经济的条件下公有制经济不可行。

基于这一理论,社会主义社会初级阶段的所有制结构必须坚持公有制为主体、国有制为主导、多种所有制经济共同发展。一旦私有经济的比重在国民经济中超过必要的限度,在私有资本积累规律的作用下,必然引起失业率增加、财富和收入两极分化、经济增长和发展缓慢等一连串不良经济现象和由此派生的社会不和谐。须知当今世界经济的基本矛盾是经济不断社会化和全球化,与生产要素的私人所有、集体所有和国家所有的矛盾,与国民经济和

---

① 卫兴华:《评析当前关于国有经济的混淆认识》,《毛泽东邓小平理论研究》2016 年第 8 期。
② 荣兆梓:《论公有制经济的微观效率》,《政治经济学报》2017 年第 2 期。
③ 邹磊、何玉长:《中国模式:马克思主义中国化与市场经济中国化》,《海派经济学》2012 年第 1 期。
④ 程恩富、方兴起、郑志国:《马克思主义经济学的五大理论假设》,人民出版社 2012 年版,第 28 页。

全球经济的弱政府状态或无秩序状态的矛盾。这个基本经济矛盾通过各种具体矛盾和中间环节,导致资本主义国家的次贷危机、金融危机、财政危机和经济危机。可见,社会主义基本经济制度和市场经济能有机结合的理论基础是公有制高绩效论。

二、廓清有关公有制经济绩效问题的错误观点

(一)评析"国有企业垄断论"

有论著和舆论指责国企的垄断挤占了民营经济的发展空间,阻碍了我国现代化进程,是导致我国收入分配差距拉大的主因,因而必须压缩国企规模,打破国企垄断。针对这种错误观点,我们给予了有力回应。

第一,要区分两类不同性质的垄断。社会主义国家国有企业的垄断与私人资本的垄断、资本主义国家金融资本的垄断有着本质的差别,对其性质、后果不能一概而论,更不能相互混淆。其一,我国国有经济中处于垄断地位的企业,从根本上是服务于经济社会发展的总体需要,国家对其有直接的控制能力,而私人资本垄断则主要服务于垄断资本家,难以服务于全体人民利益和国家长远利益;其二,国有企业的利润是属于全体人民和国家,可以用以充实国有资本金、上缴财政或补充社会保障资金,总体上有利于缩小贫富差距和促进共同富裕,而私有制的跨国公司和私人经济的垄断则完全不同,其垄断利润属于私人资本家。

第二,要正确区分垄断行业和国有企业占优势行业。有些人将国有经济占据绝对优势地位的行业"定义"为"国有垄断行业",而对处于这些行业的国有企业"定义"为"国有垄断企业"。这种片面的解读,不仅割断了我国各类企业的发展历史,而且混淆了"垄断"的基本概念。从历史发展进程来看,国有企业的布局和结构相对集中于一些重要的行业和领域,既有历史的原因,也同国有企业的属性及自身素质有关。在铁路、航空、电子通信、石油、国防科技、银行等战略性部门,由于私营企业起步晚、规模相对小、技术水平不足,其在这些领域不占主导地位,是情理之中的事。如果一味推动对民营经济放开,只能使这些领域沦落外资企业之手。另外,从垄断本身的市场特征看,必须具备市场垄断和控制价格两个前提条件。垄断现象之所以会受人诟病并被各国政府所关注,主要原因在于会形成垄断价格并产生暴利。如果是自然原因导致的垄断,政府一般通过价格管制来解决,而不是通过分拆企业来防范,更不可能通过强行规定企业的所有制性质来根除。按照这个标准来看,尽管我国国有企业在部分行业中占主导地位,但它们并没有形成价格垄断。相反,相互间还因各自利益(上市公司中的情况更是如此)而产生激烈的竞争。因此,不能盲目地将国有企业占优势的现象混淆为国有企业垄断。

第三,要明确国有企业的发展加快了我国现代化进程。从新中国成立后的实践来看,公有制经济的内部竞争,在推动现代化进程中起了重要作用。这种作用是由公有制内在性质决定的,而不是垄断的结果。特别是在我国市场化改革取得巨大成就的今天,将相互竞争的国有企业都划归"国有垄断",既没有理论上的依据,更与现实不符。新中国成立以来,我国集中力量兴办了大量的国有企业,尤其是国有企业在重要行业和关键领域发挥支撑作用,通过大量的而且是私人资本所不能完成的科技研发投入,不断推进技术创新,为我国工业、国防和科技现代化奠定了坚实基础。

(二)评析"国有企业退出论"

国有经济战略性结构调整是国有企业改革的重要内容。但是如何认识国有经济战略性

调整的实质,人们一直存在着分歧。有一种比较流行的观点认为,国有经济进行战略性结构调整的实质就是要使国有企业全面退出竞争性领域,专门从事中外私有企业不愿意或无法经营的公共产品,而竞争性部门则只应当由中外私有或民营企业来经营。这种观点在理论和事实上都是站不住脚的,是一种误导。

第一,"国有企业退出论"不利于社会主义经济制度基础的巩固和加强。我国是处于社会主义初级阶段的生产资料公有制为主体的国家,生产力尚不够发达,经济基础薄弱,公有制生产关系还不够巩固,国有经济和国有企业的存在和发展,既是公有制生产关系的客观要求,也是公有制的基本形式之一。巩固和发展公有制经济,使公有制经济占主体地位,不仅是劳动者当家作主的客观要求和我国《宪法》的规定,也是国家进行宏观调控的重要基础。只有公有制经济为主体才可以消除个人收入的两极分化,有效缓解社会生产和社会消费间的矛盾;才可以使企业从国家的整体利益和人民群众共同的长远利益出发,自觉服从国家计划指导。对私有和公有经济不加区分,将创业的标准绝对化,从而要求国有企业全面退出的观点,在实践中只能危害社会主义基本经济制度。

第二,"国有企业退出论"不利于发展和完善社会主义市场经济。我国实行的社会主义市场经济是以市场机制作为资源配置的基础性手段、计划调节和市场调节相结合的经济制度。在社会主义市场经济体系中,国有企业和其他性质的企业一样都是社会主义市场经济的微观基础。一方面,社会主义市场经济需要国有经济和民营经济相互竞争、共同发展,另一方面,当市场经济出现不稳定时,就需要依靠国有经济进行快速有效调节。在市场经济中,民营经济追求的主要是本位经济效率和经济效益。在所谓竞争性领域,国有经济按照市场法则与民营经济公平竞争,既能与民营经济相互促进,提高市场效率,还能维护市场供需均衡,维护消费者利益,同时还可以在一定程度上消除外资经济对民营经济的"挤出效应",维护民族产业的发展。

第三,"国有企业退出论"有悖于中央关于国有经济布局和战略调整的方向。党的十五大以来,历次代表大会都提出要增强国有企业的控制力。从党中央有关文件看,强调的是国有经济要控制关系国民经济命脉的重要行业和关键领域,要完善国有资本有进有退、合理流动的机制,但并没有说国有企业必须退出其他行业和领域(自然包括所谓竞争性行业和领域)。需要强调的是,我国经济改革的目标是建立社会主义市场经济体制,把市场经济与社会主义基本制度相结合,其中心环节就是使国有企业形成适应市场经济要求的管理体制和经营机制。如果说国有企业都要退出竞争性领域,只能存在于所谓非竞争性领域和亏损领域,那就等于说国有经济不能参与市场竞争。

第四,"国有企业退出论"不利于民营企业参与国际竞争和自身发展。当前,随着经济全球化的发展,国际经济竞争日趋激烈,经济风险不断加大。我国民营经济发展起步晚、规模小、管理水平低、生产设备陈旧、技术研发投入经费少、创新能力和竞争力弱、产品技术含量低,难以应对西方跨国企业的竞争和经济危机的冲击。竞争性领域中的国有企业除了与民营企业展开竞争外,还与民营企业存在一定的相互依存、相互支持关系。一个大型国企往往能带动数百家民营企业,很多民营企业已经与国有企业形成了产品配套协作关系,国有企业和民营企业相互持股的现象也逐渐增加。我国加入WTO以后,很多重要行业和领域(包括大部分制造业、金融保险业、电力能源等)都逐渐向外国资本开放,行业微观主体多元化格局已经逐渐形成。如果国有企业(尤其是生产加工制造业国有企业)完全退出竞争性领域,为数众多的中小民营企业在外国资本的强力冲击下必将哀鸿遍野。因此,只有"国民共进",才能相得益彰,共同应对西方经济危机和国际高端竞争。

第五,国有经济比重的调整不能以西方国家的比重为依据。在"国有企业完全退出竞争性领域"的主张者看来,国有经济所占比重过大,不符合国际惯例,因而需要进一步退出。其实质是主张以西方资本主义国家的国有经济比重为依据,来调整我国的国有经济所占比重。这种观点显然是荒谬的。众所周知,国有经济是国家所有的经济,因此它的性质只能取决于国家政权的性质。即使在发达资本主义国家的发展史上,国有经济分布的领域也并不限于提供公共物品和自然垄断等"市场失灵"的领域。在某些发达资本主义国家,国有经济不仅在邮政、电力、电信、煤气等带有公共物品和自然垄断属性的行业中占有非常高的比重,而且在煤炭、石油、航空、钢铁、汽车、造船等关键性的竞争性市场中也占有非常重要的地位。而在发展中国家,国有经济的分布则更为广泛,不仅分布于电力、煤气、自来水等自然垄断和公共物品行业中,而且广泛存在于商业、服务业、建筑业、制造业等一般性行业。

(三)关于贬损集体经济的若干错误观点

改革开放以来,一些人认为,传统的集体所有制经济已经不适应市场经济发展的需要,应该趋于消亡;有的学者认为集体经济制度的内在缺陷在于劳动与资本的矛盾,即根据什么来分配劳动成果的矛盾,传统意义的集体经济将由于内在缺陷而必然趋于消亡;有的学者从产权的角度进行分析,认为集体企业的产权不明确,产权不明确就无法进行交换,没法进入最佳配置的交易过程,所以集体经济制度必然在市场经济过程中被淘汰。

这些观点实际上并没有认清集体经济的性质及作用。集体经济是我国社会主义基本经济制度的重要组成部分,是社会主义公有制经济的基本实现形式之一。根据我国《宪法》确立的基本原则,遵照马克思主义经典作家的相关论述,总结中国几十年集体经济发展的经验,借鉴国际通用原则,集体经济的特征可作如下概括:其一,集体经济是社会主义公有制的基本形式;其二,集体经济是以劳动者的劳动联合和劳动者的资本联合为主的经济形式,劳动者共同劳动、共同出资、共享收益、共担风险;其三,集体经济组织的多数成员既是劳动者又是所有者,成员出资入股,享有所有者权益;其四,集体经济组织实行多种财产组织形式、多种联合方式、多种经营方式;其五,集体经济组织实行按劳分配与按生产要素分配相结合;其六,集体经济组织是自愿组合、自负盈亏、自主经营、自主管理的自治经济组织,是独立的市场竞争主体;其七,集体经济组织坚持自愿、互助、民主、平等的合作制原则;其八,国家提倡、鼓励、帮助集体经济发展,保护集体所有财产,维护劳动者及所有者合法权益。在新中国发展历史上,集体经济在保障市场供给、满足人民生活需要和解决劳动就业等方面作出了特殊贡献。

(四)充分认识做强做优做大国有企业的重要性

国有企业是我国经济社会发展的重要推动力,它不是属于要削弱和消除的垄断企业。中国特色社会主义的企业组织结构,不应都是一般的大中小企业,而是应由特大型国有企业与众多大中小微企业(绝大多数是集体或合作或私有的企业)并存的现代企业组织框架。另外,国有企业的混合所有制改革不是引入非公资本越多越好和放弃国家绝对控股。混合所有制改革的目的是实现"三个有利于",即要有利于国有资本保值增值,有利于提高国有经济竞争力,有利于扩大国有资本;国有企业改革的总目标不是削弱而是加强,因而必须理直气壮、坚定不移地做强做优做大国有企业。

习近平总书记多次强调要做强做优做大国有企业,是出于经济和政治大局的考虑。首先,国有企业是国民经济和我们党执政的经济基础中的支柱。在集体企业、合作企业、个体企业、私营企业、外资企业等多种所有制企业中,并非其经济和政治的地位和作用都一样,唯有国有企业属于顶梁柱,必须"发挥国有经济主导作用"。其次,国有企业是强大的国家实体经济。在大中小微的实体经济发展中,只有贯彻"并举和重点"相结合的思路,重点把带有全局性的国有企业这一实体经济搞好,才能把整个实体经济抓上去。第三,国有企业是保障人民共同利益的重要力量。可实行"壮国企、多分红"的体制机制,即每年在国有企业的盈利中拿出一定的份额,平均分给每个公民或选民。这可以成为新时代中国特色社会主义贯彻"以人民为中心的发展思想"和保障人民共同利益,成为区别于西方资本主义市场经济和发展国有企业的新举措。第四,国有企业是壮大国家综合实力和参与国际竞争的重要力量。2016年10月,在全国国企党建工作会议上,习近平总书记提出要使国有企业成为党和国家最可信赖的"依靠力量",成为坚决贯彻执行党中央决策部署的重要力量,成为贯彻新发展理念、全面深化改革的重要力量,成为实施"走出去"战略、"一带一路"倡议等重大战略的重要力量,成为壮大综合国力、促进经济社会发展、保障和改善民生的重要力量,成为我们党赢得具有许多新的历史特点的伟大斗争胜利的重要力量等"五个重要力量"。

三、正确认识国有经济的效率及其基本功能

(一)国有经济高效率体现在我国经济建设的历史长河之中

我国国有经济建立以来,历经多年的发展和改革,虽经历了诸多坎坷,但其在维护国家、社会和广大劳动人民利益方面表现出来的效率是不容抹杀的。

国有经济高效率的一个重要体现,就是在较短的时期内形成了独立的、比较完整的工业体系和国民经济体系,为建立现代化的工业、农业和国防事业奠定了坚实的基础,巩固了人民民主专政的国家政权。国有经济的高效率还体现在其发展速度上,新中国成立以来,我国国有经济产值平均增长速度高于10%。2020年,全国国有企业资产总额为591.7万亿元,占全国企业资产总额的60%以上。从衡量效率的重要指标即技术进步方面看,当前我国经济中技术要求较高的生产资料、技术产品和重要消费品的生产领域,如石油、电力、钢铁、煤炭、大型专用机械设备等,80%以上都是由国有企业提供。纺织品、化肥、农药、大型农业机械,也主要是由国有及国有控股企业提供,国有企业承担了现代化建设中绝大多数重大的先进工程和技术项目。

(二)重视绩效不能限于局部效率和经济效益

对于效率问题的考察需要联系整个社会生产力的进步,从整体上予以考察。对于国有经济(部门)的效率,不能简单地从现象出发,或者是片面地运用一些数据进行计量分析,便就此认为国有经济(部门)缺乏效率或低效率,这样的结论是片面而不符合实际的。首先,从效率的内容来看,效率有经济效率、社会效率和生态效率等的划分。只侧重研究国有经济的经济效率或利润率,而忽视了对国有经济的社会效率和生态效率等进行全面、系统的研究,

由此而得出的结论必然失之偏颇。其次,从研究的层面来看,认为国有经济(部门)无效率或低效率的结论基本上都是从微观层面出发,运用个别案例或某一个阶段数据分析得出的。这些研究几乎都从国有企业自身经营活动的表象着手,挑选有利于预设结论的其中几个变量的微观经营数据进行所谓的实证分析,得出国有经济缺乏效率的结论,并不足以代表国有企业的整体情况。最后,从研究运用数据指标来看,现有对国有经济效率的质疑往往只选取了反映企业微观经营效益的经济数据,不能全面反映国有经济的整体经济效率。

(三)对国有经济的局部低效和阶段性亏损应作具体分析

国有经济整体效率较高的事实,并不意味着国有经济不会存在局部低效率和阶段性亏损的情况。正如任何一个企业的发展都会经历由亏损、到盈亏平衡、再向盈利转化的过程一样,作为局部的国有企业是否高效,也需要从历史发展的具体条件出发来评判。

其一,从职能看,由于提供公共产品导致的经济效率低下。对于以从事公用事业和公共服务为主要职责的国有经济成分,由于其独特职能,决定了其社会效益要大于企业微观经营效益,或者短期经济效益低于长期经济效益。对于具有战略意义的高科技部门来说,一般来说投资风险大、见效慢,但由于事关国家经济安全和主权独立,其在较长一段时间内的亏损或者低效是必须忍受的,因为它是保障国民经济整体利益值得付出的代价。

其二,从空间来看,为协调平衡区域经济发展和保持社会稳定,局部的国有经济低效率情况也是存在的。这不仅是优化利用经济资源、节约运输成本的需要,更是促进地区就业和缩小地区差距的重要举措。

其三,从时间维度看,由于历史原因造成的低效或亏损。在我国经济发展过程中,曾经有一段时间,国有企业因承担着大量的战略性和社会性政策负担,导致其预算软约束基础上的亏损。目前国有企业则更多地承担了社会责任而导致短期或局部亏损,这是我国为维持社会稳定和保持国民经济平稳增长采取的制度性措施。客观地说,在承担社会责任的领域中,国有经济的亏损并不说明其本身效率低下。

其四,国有企业在经营过程中正常的亏损。一般来说,市场经济中企业的效率高低总是相对的,在激烈的竞争中,无论国有企业还是私营企业,其中总会有部分企业存在效率低下的现象。局部的正常经营中的亏损并不能成为抹黑国有企业形象的理由。

当然,对于国有经济发展中确实存在的因投资失误或经营不善导致的效率低下,我国一方面应通过市场竞争中的淘汰机制来解决,另一方面要通过完善立法、加强监管和建立责任体系来化解。这样才能真正将"坚持公有制为主体"落在实处。

(四)国有经济的六项基本功能

从以上论述可知,"国有企业低效论"是片面和不准确的。新时期推动国有经济进一步高质量发展,要注重发挥以下六个基本功能:一是基础服务功能,在交通、邮电、供水、供电、供煤等基础设施和公用设施领域发展国有独资公司和国有控股公司等,可以为整个国民经济的初始启动和良性发展奠定产业关联的基础。二是支柱构筑功能。我国在钢铁、重化工业、汽车制造和军工等部门积极发展和壮大股份制国有经济系统,可以巩固整个国民经济的支柱地位,大幅度提高国际竞争力。三是流通调节功能。货币流通是经济运行的总枢纽。国家要保持对国民经济整体的快速而有效的灵活调节,需要掌握由中央银行、商业银行和政策性银行构成的银行系统及其他重要金融机构,以免被小团体或私人操纵而损害社会和公众的利益。四是技术示范功能。重大科学技术的研究与开发,需要大量的超前投入和联合攻关。由拥有较强的研制实力和信息网络的国有经济组织和国有科研单位承担主要科技项目的基础研究和应用开发,可以较快推动社会科技的进步、产业素质的提高、经济结构的改造和国际竞争力的增强,从而在高新技术和重要技术的普及上起示范作用。五是社会创利功能。私人经济的基点是为个人盈利,集体经济的基点是为群体盈利,国有经济的基点是为社会盈利。各种股份制国有经济有必要在商业、日用工业品、耐用消费品、旅游等某些竞争性领域适度发展,以便直接为社会整体和劳动者整体谋利益,真正实现共同富裕。六是产权导向功能。国家利用全民所有制性质的国有经济,支持集体经济的不断壮大,并与集体所有制一起巩固社会主义的生产关系,确保市场经济的社会主义性质和公有制性质。同时,国有经济也能利用自身的优势影响和制约非公有制经济,扬利抑弊,使其为社会主义服务并成为有益的补充。

四、集体经济在推进公有制高绩效进程中的作用

(一) 土地集体所有制是社会主义发展的基石

恩格斯强调"社会主义总的纲领的基本原则"的核心要旨应该是"把生产资料转交给生产者公共占有",无论在工业领域还是在农业领域,"生产资料的公共占有"是无产阶级及其政党"应当争取的唯一的主要目标"。对于农民来说,他们所占有的生产资料中最根本的是土地。农民要想实现自我超越成为土地的主人,唯一的途径是恩格斯所指出的,需要"以公有的或者说社会所有的形式——占有大地产",以此才能够避免"国库、高利贷者、新生的大地主"的"三位一体的侵害"。

新中国成立后,我国以乡村社区为载体的农村土地集体所有制得以建立,奠定了农村社会主义制度的根基,是农村社会主义的基本经济制度。改革开放以后,农业家庭承包经营制成为中国农业的基本经营形式,体现了恩格斯关于"土地公有或社会所有"的原则性要求,有利于改变小农无法适应现代化农业发展需要的现状,确保农民集体是土地的所有者。

新时代,习近平提出坚持农村基本经营制度有三方面的要求,其中第一位是坚持农村土地农民集体所有,他指出"这是坚持农村基本经营制度的'魂'。农村土地属于农民集体所有,这是农村最大的制度。"①土地集体所有,便于对关系村发展的重大问题做出统一决策,便于对土地的发包和承包进行统一的规划,便于与政府、家庭承包主体、企业等层面进行沟通和协调,便于促进合作经济组织发展以及与市场经济、规模经营、现代农业实现有机衔接。在土地"三权"分置和土地流转中,只有把土地所有权归集体所有作为基础、把村集体经济组织作为村共同体、把承包权和经营权作为放活经济形式的手段,才可以防范土地流转后出现的私有化风险。

(二) 农业合作化和集体化是社会主义农业发展的方向

恩格斯在 1894 年《法德农民问题》中阐述了农民公社对于提高农业合作经营水平,以及

---

① 中共中央文献研究室编:《十八大以来重要文献选编(上)》,中央文献出版社 2014 年版,第 668 页。

农民收入和生活水平的积极意义。他认为法国的小农虽然摆脱了封建的徭役和赋税,但更为悲哀的是他们失去了马尔克公地的使用权以及马尔克公社的保护,以致小农越来越难于占有劳动资料。而合作社不仅可以为小农户的农业生产提供"一定数量的农具、收成、种子、肥料、耕畜"等生产资料,而且可以帮助小农户提高其农业生产率和科学技术水平(如"建立农业试验站"),还可以增强劳动者的专业技术水平(如"提供免费的农业进修教育")。恩格斯所主张建立的农业合作社是一个逐渐发展与完善的过程,也是一个从简单的农户联合向全国大生产合作的过程,以便真正消灭剥削、消除城乡两极分化,实现与社会大生产相匹配的大农业的发展。

改革开放后,邓小平关于发展集体经济所提出的"第二次飞跃"与恩格斯关于社会主义农业需要向合作化、集体化转变的理论深度契合。习近平关于壮大集体经济的论述也蕴含着稳中求进的总基调。新时代壮大集体经济也应继续沿着恩格斯的"逐渐转变"的方法、列宁和毛泽东的合作化思想、邓小平的"第二次飞跃"论和习近平关于壮大集体经济的论述等总基调展开,走以共富共享为目标、以合作化为先导、以集体化为方向的新型农业现代化道路。

(三)统分结合的集体层经营的适时性和优越性

"统分结合,双层经营"的核心是土地所有权和使用权的分离,集体以所有权为基础,发展各类集体层生产经营,尤其是公共服务型经济,使一家一户的分散经营同大市场实现对接,即农户分户耕作,集体统一服务,"统"与"分"有机结合于社会主义市场经济条件下的农业生产经营之中。集体不仅保持了土地等基本生产资料的所有权,而且还具有生产服务、协调管理、资源开发、兴办企业、资产积累等统一经营职能;农户对集体是承包关系,家庭承包经营是集体经济内部的一个经营层次,是集体经济的组成部分。

在实施乡村振兴战略的过程中,切实发展统分结合的集体层经营的适时性和优越性已充分显示。一是可改善农业发展缺乏集体服务和某些萎缩状况。如可改进农民对农业生产的长期投入降低,甚至在许多地区出现不同程度的"撂荒"现象,以便逐步消除农业用地的浪费和农业生产的某些萎缩,也有利于提高农民收入,克服消费需求的不足。二是改变农民弱势地位,提高农民的市场交易地位和状况。三是可改善农村精神文明建设状况。在集体经济力量雄厚的乡村,农民群众的物质和精神文明程度都提高较快,体现了社会主义新农村的面貌。

五、提升公有制高绩效的多维度路径

(一)建立"一府两系、三层分立、分类管理"的国有资产管理新体制

遵照党的十八大以来关于国有资产管理体制改革的精神,新型的国有资产产权管理体制应当建立在"新四化"的基础上,应当构建三层分立的国有资产产权管理机构,应当构建"一府两系"的体制。

首先,新型的国有资产产权管理体制应当建立在国家主导型的市场经济基础之上,其理论前提是要确立由国家调节的市场经济观念,并据此形成新的"四化":一是强调经济化,即政企分开、政资分开,以经济手段为主进行资产管理;二是强调系统化,即以"一级所

有、一府两系①、分层分类管理"的系统管理资产;三是强调价值化,即以价值形态为主实行商品化的资产管理;四是强调复合化,即以开放、复合的产权结构管理资产。

其次,现阶段我国国有资产管理机构可设置三大层次。第一层次是国有资产产权的立法管理和最终监管机构。由于国有资产的终极所有权属于"国家统一所有",因而国有资产所有权的立法管理只能归全国人大,由全国人大代表全体人民实行全民资产的立法管理。同时,各级人大又是国有资产最终的监督管理机构。现有的各级人大财经委员会可适当扩充人员,以便加强这方面的工作(从长远来看,国有资产改为各级政府分级所有也是可行的,但目前没有达成共识)。第二层次是国有资产产权的行政管理机构。在中央、省(自治区和直辖市)、市(或县或区)三级政府中分别设置国有资产管理部和国有资产管理局,专司国有资产所有权的行政管理(非行业行政管理性质)。国有资产管理部只属于国务院直接领导,而非同属全国人大"双重领导";地方国有资产管理局只属同级政府直接领导,同时接受上级国有资产管理部门的业务指导,而非"垂直领导"。除了这三级,其他层次的地方政府和行政层次(如非直辖市一级的区、省建制的专区),均不设国有资产管理机构。另外,国有资产管理部也不向中央政府各专业部委派出机构和人员。"政府分级监管",主要通过三级国有资产管理组织系统来进行。第三层次是国有资产产权的经营管理机构。在介于国有资产产权行政管理组织与企业之间,应建立大量跨行业和跨地区的国有资产产权经营机构。这种专司国有资产经营管理机构的主要形式是国有控股公司,也可从不同角度进行分类:若按经营国有资产存在形态的差异性,拟分为:实物性资产的中介经营机构(投资公司、建设开发公司等);价值性资产的中介经营机构(银行、信托公司等);无形资产的中介经营机构(技术开发公司、产权交易公司等)。若按中介经营机构的组织形式,拟分为:各种专业性的投资公司和信托投资公司;股份经营公司;集团公司,即企业集团。这些中介经营机构,可由现有的专业经济厅局和主管公司、企业集团的核心公司、大型联合企业的总公司、各专业银行以及某些国家垄断经营企业的主管部门等转型组成,也可由国有资产管理部门按需要新办。

最后,国有资产管理部门主要应同下列部门搞好分类管理和全面协调的关系:一是与财政部门的关系。通过建立复式预算,把生产建设预算与国家日常经费开支(非生产建设性支出)分开,分别由国有资产管理部门和财政部门充当执行主体;二是与税务部门的关系。推行"利税分流",税务部门凭借行政权向经营国有资产的经济组织征税,国有资产管理部门凭借资产所有权对经营国有资产的经济组织实行税后利润管理;三是与计划部门的关系。国有资产的投资主体和最终决策主体应是国有资产管理系统中的各类经济组织,计划部门负责所辖地区的投资计划的综合规划,并对关系到国计民生的较大投资项目实行参与管理或协商管理;四是与银行部门的关系。银行系统依据国家投资规划、产业政策和效益原则,自主地作出投资贷款决策,与国有资产投资主体保持独立自主和互惠互利的关系;五是与特殊产业部门的关系。对于具有自然垄断技术经济特征的行业或特殊行业的国有企业,如铁路、航空、邮电、电力、烟草、银行和军工等,国有资产管理部门通过授权方式,将资产所有者大部分行政管理职能直接委托给相应的政府主管部门行使,并明确责任,加强监督管理。这些部

---

① "一府两系":一个政府(从中央政府,省、自治区和直辖市政府,到市和县政府)均有两个系统:一是国有资产管理系统,主要与所有权相联系;二是社会经济调控系统,主要与行政权相联系。两者构成广义的国家宏观经济管理和调控系统。

门的行政权、行业管理职能与所有者管理是基本合一的;六是与其他政府经济管理部门的关系。经贸、内贸、外贸、劳动、经委、统计、审计、监察、司法、工商行政等政府部门,是从不同的侧面对包括国有资产经营在内的全社会经济活动进行行政管理和政策协调,但无权直接干涉和指挥国有企业。国有资产管理部门应与这些机构保持全面协作的关系,并取得它们的支持;七是与现存某些行业竞争性较强的政府经济管理部门的关系。这些部门在逐步适应市场经济和精减政府机构过程中要向单纯行业管理转型,甚至变为行业协会组织。在这之前,国有资产管理部门要采取过渡措施,并积极促进这类经济主管部门的职能转换。

(二)采用多种途径大力发展新型农村集体经济

一是提高对发展集体经济重要性的认识。集体经济是国家引导、推动、调控农村非公经济和社会发展的主要依靠,是实现广大农民群众根本利益和共同富裕的基本保证,是中国共产党在农村执政的经济基础,是解决"三农"问题的根本途径,要加强集体经济理论研究。二是加强对集体经济的领导,齐抓共管。加强对集体经济的领导,成立全国发展集体经济领导小组,改变目前对集体经济发展存在的放任自流状态。地方应成立由组织部门和农业行政部门组成的集体经济领导小组。党的农村基层组织应该成为发展集体经济的主体,加强对发展村级集体经济的领导。三是加大发展集体经济的法律政策扶持。国家应该制定发展集体经济的一系列具体可操作的法律政策。完善农村集体经济组织法律体系,明确农村集体经济组织"合作社法人"定位。国家应该在银行贷款、税收、技术、项目、人才、干部、舆论等方面支持各种形式集体经济发展,为集体经济发展营造良好的舆论与制度环境。四是采用多种途径发展壮大集体经济。充分肯定和壮大"完全集体所有制";切实发展统分结合的集体层经营;适度推动农业的"集体化和集约化"进程,实现社会主义农业的"第二次飞跃";规范、引导农民专业合作社发展;提倡和发展集体经济联合体;专业合作和社区合作要在基层横向联合的基础上发展纵向的联合。五是加强集体经济内部民主管理。强化集体经济内部民主管理是发展集体经济的关键所在。集体经济搞得比较好的村庄一般实行了党、村、企一体化的管理体制。这种体制的优点是效率高,容易整合全村的资源。但也存在职能不清、职责不明、权力过分集中的问题。对于这种集体经济模式,应该实行党、村、企适当分开。在企业内部建立现代企业制度,在村庄内部建立现代治理机制。

 **复习思考题**

延伸阅读

1.有人认为,国有企业绩效的改善主要不是来源于自身改革,而是更多来源于对各类资源的垄断,反垄断的关键在于私有化。你怎么看待这一观点?

2.怎么全面评价国有企业效率高低?

3.怎样在"三权"分置条件下壮大农村集体经济?

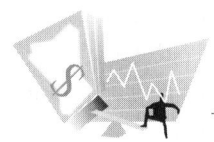

案例分析

新时代国资央企工作的重大成就

新时代国资央企取得重大发展成果,充分发挥了稳定经济社会大局的顶梁柱、压舱石作用。中央企业综合实力和经营效益迈上新台阶。2012—2022 年资产总额从 31 万亿元增长到 81 万亿元,利润总额从 1.3 万亿元增长到 2.6 万亿元。2022 年营业收入利润率为 6.8%,比 2012 年提高 1.8 个百分点,全员劳动生产率为 76.3 万元/人,比 2012 年增长 84.2%。高质量发展动能显著增强,深入实施创新驱动发展战略,持续完善企业科技创新体制机制,推动产学研深度融合,加快攻克关键核心技术"卡脖子"难题,取得了以载人航天、北斗导航、5G 应用、国产航母、港珠澳大桥、白鹤滩水电站等为代表的一批具有世界先进水平的重大成果和标志性工程。高质量发展基础更加坚实,积极推进国有经济布局优化和结构调整,党的十八大以来累计有 27 组 49 家中央企业实施战略性重组和专业化整合,落后产能加快淘汰,非主业非优势业务和低效无效资产有序退出,中央企业在涉及国家安全、国计民生等领域的布局比重超过 70%,主业投资占比和从事主业的子企业数量占比均超过 90%,近 5 年战略性新兴产业年均投资增速超过 20%。

新时代国资央企积极发挥在经济社会发展上的保障作用。坚决助力打赢脱贫攻坚战,累计投入和引进帮扶资金近千亿元,定点帮扶的 248 个国家扶贫开发工作重点县全部脱贫摘帽。克服困难、集中资源做好煤电油气等产品保供稳价,有力维护人民群众供电、供气、供暖安全。2013 年以来,累计上缴税费 18.2 万亿元、约占全国税收收入的 1/7,上交国有资本收益 1.3 万亿元,向社保基金划转国有资本 1.2 万亿元。国资央企积极发挥在落实国家重大战略上的支撑作用,聚焦服务国家区域重大战略,积极推进央地合作,累计签署战略合作项目协议 4 478 个;积极参与共建"一带一路",目前中央企业境外机构和项目超过 8 000 个,资产总额近 8 万亿元,中老铁路、希腊比雷埃夫斯港等一批标志性工程成功落地,高铁、核电等一批高质量产品走出国门。国资央企积极发挥在应对重大风险挑战中的骨干作用,在应对重大自然灾害中挺身而出、逆行出征,在建党百年、北京冬奥等重大活动中全力提供高质量服务,关键时刻充分彰显大国重器的责任担当。

思考题:

有人坚持"国企低效论",认为国有企业不但天生低效率,不能与市场经济相容,而且还挤占非公有制经济的生存空间,不利于资源优化配置,严重拖累国民经济发展。对此,应该如何看待?

思路点拨

第六章　五种分配方式论

 学习目标

1. 掌握马克思主义分配理论
2. 了解马克思主义分配理论中国化的理论和实践
3. 理解按劳分配和按要素分配的实质以及社会主义初级阶段以按劳分配为主体多种分配方式并存的必要性
4. 理解五种分配方式论以及五种分配方式的地位、作用和实现机制

分配制度是古今中外经济学都无法回避的关系人们直接利益的核心问题,不同学派对分配制度在经济活动中的地位和作用、应当采取的分配方式等问题持有不同观点。我国自改革开放以来,收入差距逐步扩大。党的十八大以来,党中央把逐步实现全体人民共同富裕摆在了更加重要的位置上,为促进共同富裕创造了良好条件。现在,已经到了扎实推动共同富裕的历史阶段。如何在坚持按劳分配为主体、多种分配方式并存的基本经济制度前提下,创新分配方式,逐步实现共同富裕,是我们面临的重大课题。我们着眼于社会主义市场经济条件下的共同富裕,在汲取古今中外分配理论的基础上,依据马克思主义分配理论和社会主义初级阶段的具体实际,提出了五种分配方式论。

第一节　马克思主义经典作家和领袖的基本思想

一、马克思、恩格斯的分配理论

马克思和恩格斯在研究资本主义生产方式的基础上,批判地分析了资本主义分配制度,阐述了分配与社会再生产过程各个环节的内在联系和一般规律,对未来社会的分配制度和分配方式作了科学的预见。

（一）马克思、恩格斯关于分配的一般理论——生产方式决定分配方式

在社会生产过程中,生产是起决定性作用的环节,决定着分配的对象、方式、数量和性质。从内容上来说,分配包括生产要素的分配和产品的分配。生产过程本身包含了生产资

料的分配以及劳动者在各种劳动之间的分配,因而作为生产要素的分配,它本身就是生产的一个部分。从分配对象来看,分配是劳动产品的分配。产品的分配实际上是从属于生产的,分配关系和分配方式是生产要素分配的结果。一个社会按照什么形式占有生产资料、取得劳动产品,就会相应地形成与之相匹配的分配关系和分配方式。马克思在《〈政治经济学批判〉导言》中指出:"分配的结构完全决定于生产的结构。分配本身是生产的产物,不仅就对象说是如此,而且就形式说也是如此。"①马克思在《资本论》中指出:"所谓的分配关系,是同生产过程的历史地规定的特殊社会形式,以及人们在他们的人类生活的再生产过程中相互所处的关系相适应的,并且是由这些形式和关系产生的。这些分配关系的历史性质就是生产关系的历史性质,分配关系不过表现生产关系的一个方面。"②"分配关系本质上和这些生产关系是同一的,是生产关系的反面"。③

（二）马克思、恩格斯对资本主义分配方式的批判

马克思认为,"资本主义的分配不同于各种由其他生产方式产生的分配形式"。④资本主义的分配是按要素分配,确切地说是按要素的产权分配。马克思批判了资产阶级经济学按生产要素分配的三位一体公式"劳动—工资,资本—利润,土地—地租",指出资本主义私有制条件下,雇佣工人获得的只是他们劳动创造的价值中用于补偿劳动力价值的部分,而资本家和土地所有者所获得的利润和地租是工人在剩余劳动时间里创造的剩余价值,指出这一公式掩盖了资本主义的剥削关系。资本作为一种生产关系,同时又是一种分配关系。正因为资本家是资本的"人格化",才获得了索取剩余为私有的经济权力。工资之所以是劳动力的价值而不是劳动的报酬,是因为资本主义私有制条件下工人一无所有,只能出卖自己的劳动力。

关于资本主义分配方式的历史趋势。马克思说,"每一种分配形式,都会随着它由以产生并且与之相适应的一定的生产形式的消失而消失。"⑤"如果工人和资本家的社会关系发生改变,如果支配资本主义生产的关系发生革命,这种情况就会立即发生变化。"⑥显然,随着"剥夺者被剥夺",资本主义私有制也就退出历史舞台,资本主义的剥削式分配关系就会被未来社会主义和共产主义分配方式所代替,这是不依人的主观意志为转移的经济规律。

（三）马克思、恩格斯关于未来社会分配方式的思想

马克思恩格斯认为未来社会"社会生产力的发展将如此迅速,……生产将以所有的人富裕为目的"⑦,"通过社会化生产,不仅可能保证一切社会成员有富足的和一天比一天充裕的物质生活,而且还可能保证他们的体力和智力获得充分的自由的发展和运用"。⑧可见,未来社会是共同富裕的社会。同时,他们认为未来社会的分配方式不是一成不变的。在《资本

---

① 《马克思恩格斯文集》第 8 卷,人民出版社 2009 年版,第 19 页。
② 《马克思恩格斯文集》第 7 卷,人民出版社 2009 年版,第 999—1000 页。
③ 《马克思恩格斯文集》第 7 卷,人民出版社 2009 年版,第 994 页。
④⑤ 《马克思恩格斯文集》第 7 卷,人民出版社 2009 年版,第 1000 页。
⑥ 《马克思恩格斯全集》第 34 卷,人民出版社 2008 年版,第 654 页。
⑦ 《马克思恩格斯文集》第 8 卷,人民出版社 2009 年版,第 200 页。
⑧ 《马克思恩格斯文集》第 3 卷,人民出版社 2009 年版,第 563—564 页。

论》中,马克思指出,在自由人联合体中,"这种分配的方式会随着社会生产有机体本身的特殊方式和随着生产者的相应的历史发展程度而改变"。[1]在《哥达纲领批判》中,马克思根据生产力的不同性质把共产主义社会区分为低级和高级阶段,在共产主义低级阶段,生产力还不是高度发达,劳动还是谋生的手段,不可能使物质极大富有,所以只能实行按劳分配,只有在共产主义的高级阶段才能实行按需分配。

二、列宁和斯大林的分配理论

列宁和斯大林在领导苏维埃俄国社会主义革命和建设实践中,在批判当时各种非马克思主义观点的过程中,继承并发展了马克思主义分配理论,尤其是对社会主义建立初级形式按劳分配实现形式的探索,对中国特色社会主义分配理论和实践具有重要意义。

列宁认为共产主义第一个阶段的按劳分配是"资产阶级权利",存在着形式上的平等和事实上的不平等,还不是真正的公平,因为国家还没有完全消亡,所以还要保卫这个事实上的不平等的。只有到了共产主义高级阶段,实行"各尽所能,按需分配",才能"从形式上的平等进到事实上的平等"。[2]

列宁对分配制度的探索是依据不同时期的经济需要实施不同的办法。在战时共产主义时期,基本实行实物配给制,并采取一定的计件和奖励,同时强调此时工农群众的政治觉悟是起决定作用的因素,满腔热情地支持和倡导共产主义星期六义务劳动。1921 年,国民经济进入恢复时期,开始实行新经济政策。列宁首先提出反对平均主义,指出在规定工资标准时,必须抛弃一切平均主义的想法,应当把工人对生产和提高劳动生产率的直接关心程度,作为工资政策的根据。同时,明确提出了多种分配形式:对农业,用粮食税代替余粮收集制,农民通过自由贸易出售自己的产品来获取利益;对工商企业,允许在一定范围内资本、技术、管理等参与财富分配。列宁提出:"必须把国民经济的一切大部门建立在同个人利益的结合上面"[3]。这样,劳动者的收入就同时取决于个人劳动的质量、数量和企业的经营状况,有助于个人在追求合理利益的同时,实现公共利益。

斯大林同样坚持按劳动分配,反对平均主义。1928 年苏联开始实施第一个五年计划期间,针对当时工资分配中存在的几乎抹煞熟练劳动和非熟练劳动之间、繁重劳动和轻松劳动之间的差别的平均主义现象,斯大林指出:"马克思和列宁说过:熟练劳动和非熟练劳动之间的差别,即使在社会主义制度下,即使在阶级消灭以后,也还会存在;这种差别只有在共产主义制度下才会消失;因此,即使在社会主义制度下,'工资'也应该按劳动来发给,而不应该按需要来发给",强调"必须取消平均主义,打破旧的工资等级制"。[4]于是苏联在 1931—1933 年进行了一次全面的工资改革,经过改革,除个别产业外,普遍实行八级工资制,扩大了各工业部门之间、各工种之间和工种内部的工资差别,对国家机关工作人员、工程技术人员普遍实行职务工资制,进一步推广计件工资和广泛实行奖金制。这种工资制度在苏联一直沿用到1956 年。

① 《马克思恩格斯文集》第 5 卷,人民出版社 2009 年版,第 96 页。
② 《列宁全集》第 31 卷,人民出版社 2017 年版,第 95 页。
③ 《列宁全集》第 42 卷,人民出版社 2017 年版,第 201 页。
④ 《斯大林选集》下卷,人民出版社 1979 年版,第 280 页。

三、毛泽东阐述分配

毛泽东关于分配的思想主要源于马克思和恩格斯的分配理论、中华优秀传统文化思想和苏联社会主义建设理论和实践的经验教训,并把它们与中国革命和建设实践相结合,从而发展了马克思主义的分配理论。

毛泽东关于分配的思想,首先是从生产条件的分配着手的。在新民主主义革命时期,毛泽东明确指出农民问题是国民革命的中心问题,而农民问题的核心是土地问题。在革命根据地实行耕者有其田,结束了上千年的封建土地所有制和封建剥削。新中国成立以后,通过土改运动、农业合作化和人民公社化运动,建立了农村集体所有制;通过工商业的社会主义改造,建立了全民所有制。社会主义公有制的确立,奠定了按劳分配的经济基础。在农村集体所有制的基础上实行各尽所能,按劳取酬,同工同酬的原则,不分男女老少,均以"评工计分"的方式计算劳动量;在国家机关和国营企业建立了承认差别的统一货币工资制度。

在坚持按劳分配原则的同时,毛泽东既反对平均主义,也反对过分悬殊。在 1929 年的古田会议上,他指出:"在社会主义时期,物质的分配也要按照'各尽所能按劳取酬'的原则和工作的需要,决无所谓绝对的平均。"[1]在《读苏联〈政治经济学教科书〉的谈话》中指出:"反对平均主义,是正确的;反过头了,会发生个人主义。过分悬殊也是不对的。我们的提法是既反对平均主义,也反对过分悬殊。"[2]

关于如何处理集体利益和个人利益的关系,毛泽东强调"要讲兼顾国家、集体和个人,把国家利益、集体利益放在第一位,不能把个人利益放在第一位。"[3]因为"个人是集体的一分子,集体利益增加了,个人利益也随着改善了。"[4]

毛泽东的按劳分配的思想适应了我国当时生产力的发展要求,在发展社会主义生产力、巩固社会主义制度方面发挥了重要作用。

四、中国特色社会主义阐述分配

邓小平关于分配的思想可以概括为既坚持按劳分配,又反对平均主义和"大锅饭"。他关于分配的思想的前提是通过改革,把单一的公有制改为公有制为主体多种所有制并存,从而为按劳分配为主体多种分配方式并存的分配制度奠定了基础。在农村推行家庭承包责任制,对国有企业进行所有权和经营权分离的改革,允许个体、私营、三资等非公有制经济的发展。随着所有制和经营方式的改革,经济实践中产生了按资分配、按劳动力价值分配、按经营收益分配、按劳动所得分配、按社会保障原则分配等多种分配方式,形成了以按劳分配为主体,多种分配方式并存的分配制度。他主张让一部分人先富起来,先富带动后富,最后实现共同富裕,即有步骤地实现共同富裕。江泽民坚持了邓小平关于分配的思想,进一步把改革开放以来的分配实践制度化。他在党的十四届三中全会上提出"坚持以按劳分配为主体、多种分配方式并存的制度,体现效率优先、兼顾公平的原则。"在此基础上,党的十五大的报告

---

① 《毛泽东文集》第 1 卷,人民出版社 1993 年版,第 84 页。
② 《毛泽东文集》第 8 卷,人民出版社 1999 年版,第 130 页。
③ 《毛泽东文集》第 8 卷,人民出版社 1999 年版,第 136 页。
④ 《毛泽东文集》第 8 卷,人民出版社 1999 年版,第 134 页。

进一步提出"把按劳分配和按要素分配结合起来"。至此,有中国特色的收入分配制度基本确立。胡锦涛针对收入分配差距过大的情况,在党的十七大报告中对"效率优先、兼顾公平"进行了完善,指出:"初次分配和再分配都要兼顾效率和公平,再分配更加注重公平。"①充分体现了我党的分配思想随着实践的发展而不断完善。

五、习近平新时代中国特色社会主义思想关于收入分配的理论

习近平关于收入分配的思想在坚持社会主义基本分配制度的基础上,把"以人民为中心"作为价值取向,以共享发展为基本理念,以共同富裕为主要目标,并把三者有机统一起来。他说:"共同富裕是中国特色社会主义的本质要求,我国现代化坚持以人民为中心的发展思想,自觉主动解决地区差距、城乡差距、收入分配差距,促进社会公平正义,逐步实现全体人民共同富裕,坚决防止两极分化。"②党的十八大以来,以习近平同志为核心的党中央把逐步实现共同富裕摆在了更加重要的位置上,推动区域协调发展,采取有力措施保障和改善民生,打赢脱贫攻坚战,全面建成小康社会,为促进共同富裕创造了良好的条件。党的十九届五中全会提出"扎实推动共同富裕,不断增强人民群众获得感、幸福感、安全感,促进人的全面发展和社会全面进步"。2021年8月,习近平在中央财经委员会第十次会议上强调,"现在,已经到了扎实推动共同富裕的历史阶段"③。党的二十大报告开启了全面建设社会主义现代化国家新征程。习近平指出,我们搞的现代化是中国式现代化,"是全体人民共同富裕的现代化"。

关于共同富裕的内涵和本质,习近平指出:"共同富裕是社会主义的本质要求,是中国式现代化的重要特征。我们说的共同富裕是全体人民共同富裕,是人民群众物质生活和精神生活都富裕,不是少数人的富裕,也不是整齐划一的平均主义。"④

习近平把实现共同富裕看作是一个漫长的历史过程。他说:"实现这个目标需要一个漫长的历史过程。我国正处于并将长期处于社会主义初级阶段,我们不能做超越阶段的事情,但也不是说在逐步实现共同富裕方面就无所作为,而是要根据现有条件把能做的事情尽量做起来,积小胜为大胜,不断朝着全体人民共同富裕的目标前进。"⑤

习近平关于收入分配的思想更加注重公平。他指出:"公平正义是中国特色社会主义的内在要求"⑥。习近平把收入分配放在整个经济发展的全局来考虑,提出"两个同步":"坚持在经济增长的同时实现居民收入同步增长、在劳动生产率提高的同时实现劳动报酬同步提高"⑦。为了实现公平分配,他把缩小收入分配差距、优化分配格局作为深化收入分配制度改革的重要任务之一,指出要"推动城乡劳动者平等就业、同工同酬"⑧。为了缩小贫富差距,习近平提出了"精准扶贫"方略,把脱贫攻坚作为全面建成小康社会的底线任务。明确在2020年年底消灭绝对贫困后,还要"建立解决相对贫困的长效机制",从而形成了中国特色反贫困

① 《胡锦涛文选》第3卷,人民出版社2016年版,第642页。
② 《习近平谈治国理政》第4卷,外文出版社2022年版,第123页。
③ 《习近平谈治国理政》第4卷,外文出版社2022年版,第141页。
④ 《习近平谈治国理政》第4卷,外文出版社2022年版,第142页。
⑤ 《习近平谈治国理政》第2卷,外文出版社2017年版,第214—215页。
⑥ 《习近平谈治国理政》第1卷,外文出版社2018年版,第13页。
⑦ 《习近平谈治国理政》第3卷,外文出版社2020年版,第36—37页。
⑧ 中共中央文献研究室:《习近平关于社会主义经济建设论述摘编》,中央文献出版社2017年版,第202页。

理论。党的二十大报告再次强调：要完善分配制度。坚持按劳分配为主体、多种分配方式并存，坚持多劳多得，鼓励勤劳致富，促进机会公平，增加低收入者收入，扩大中等收入群体，规范收入分配秩序，规范财富积累机制。

第二节　中外学者关于收入分配的主要观点

一、西方学者分析收入分配

西方经济学对分配问题的研究，重点关注分配与经济增长的关系、分配公平等，而对分配方式的研究主要体现在初次分配和再分配两个层面，分配方式主要是市场按生产要素分配、政府转移支付分配和慈善分配方式。

（一）按生产要素分配理论——市场的初次分配

按要素分配理论源于"斯密教条"。以亚当·斯密为代表的古典经济学派的收入分配理论，其研究的重点在于工资、地租和利润在工人、土地所有者和资本家之间的分配关系对经济增长的影响，认为工资只能维持工人的最低生活消费，地租用于土地所有者的消费，只有资本家的收入用于积累，因而强调资本积累对经济增长的决定性作用，主张最大限度地提高利润率。

按要素分配理论是法国经济学家萨伊以"三位一体"公式提出来的。其观点是劳动、资本、土地这三种生产要素在生产过程中都创造了效用，因而各自应获得相应的收入，即资本—利润、劳动—工资、土地—地租。萨伊的"三位一体"公式是以边际效用价值论为基础的。同时期的李嘉图也承认"资本—利润、劳动—工资、土地—地租"这种分配方式，但不同于萨伊的效用价值论，李嘉图的收入分配理论是建立在劳动价值论基础上的。李嘉图认为价值是劳动创造的，劳动者凭借劳动付出参与分配而获得工资，资本家和土地所有者凭借着对资本和土地的所有权而参与分配，分别获得利润和地租。约翰·穆勒在按要素分配理论上基本遵循了古典经济学的思路，他认为工资取决于劳动的需求与供给，它和其他生产要素一样，由竞争和习惯确定；他把利润分解为利息（资本家节余的报酬）、保险费（资本家投资经营所冒风险的报酬）和管理工资（资本家在管理中所付出劳动和技能的报酬）。

按要素分配理论后经不断发展，经济学家对可参与分配的生产要素的认识也在不断拓展。

19 世纪末 20 世纪初，新古典经济学家 J. B. 克拉克、阿尔弗雷德·马歇尔等人在继承萨伊效用价值论的基础上，吸收了边际分析方法，从而提出边际效用价值论和边际生产力分配理论。提出在国民收入中工资和利润的份额取决于劳动力和资本的边际生产率，市场能够自动出清并达到均衡状态，要素收入由市场决定，坚持经济自由主义，反对政府过度干预。马歇尔在萨伊的三要素理论基础上，增加了"企业家才能"这一要素，提出了"四要素说"，即劳动、资本、土地、企业家才能四种要素参与分配。技术创新的新古典学派索洛（Solow），于 1957 年发现"索洛残差"，认为美国 1909—1949 年制造业总产出中约有 88％应归功于技术进步，随后技术成为按要素分配的要素之一。

为了证明按要素分配的合理性,美国经济学家西蒙·史密斯·库兹涅茨于1955年提出了分配的倒U形曲线。其观点是,在经济未充分发展的阶段,收入分配随着经济发展而趋于不平等;其后,经历收入分配暂时没有大的变化时期;达到经济充分发展的阶段,收入分配将趋于平等。库兹涅茨的倒U形曲线表明,市场按要素分配会随着经济发展自动解决分配不平等问题。

20世纪六七十年代,美国等西方国家实行雇员持股计划。美国经济学教授马丁·L.威茨曼在总结了"职工持股计划"后,于1984年提出"分享制经济",其核心是将劳动者的报酬与资本家的收益直接挂钩,促使劳资双方在利益分享的基础上由敌对变成合作共赢,打破了长期以来新古典经济学派的在要素报酬分配上不存在剩余的神话,为按要素分配理论的发展作出了贡献。

(二)关于政府的二次分配

西方资本主义国家在1929—1933年经济危机以后,凯恩斯的需求管理理论应运而生。凯恩斯的收入分配理论是他的"需求管理"理论的一部分。他认为市场不能解决总需求不足问题,必须通过政府干预特别是财税政策干预增加投资需求和消费需求。在收入分配上则体现为政府通过累进税把富人的一部分收入集中到政府手中,再通过政府转移支付分配给穷人,以解决收入分配悬殊对消费倾向的抑制问题。

以庇古为代表的福利经济学认为国民收入分配越是均等化,社会经济福利就越大。以琼·罗宾逊和尼古拉斯·卡尔多为代表的新剑桥学派,分析了经济增长中劳动收入和财产收入在国民收入中份额的变化,认为从长期发展看,经济增长会加剧收入分配比例失调,工人工资收入在国民收入中的份额趋于下降,收入分配比例失调又会反过来制约经济增长,要实现经济持续稳定增长,必须靠国家政策对分配比例失调进行干预,实现收入的均等化。

2014年法国学者托马斯·皮凯蒂,通过对西方历史上近三百年大数据的分析,揭示了资本主义经济在分配上贫富分化问题长期存在,在新世纪以来还有加剧的趋势,市场机制并不会自动解决要素分配的不平等问题,解决分配问题需要政府出台。同时皮凯蒂认为"库兹涅茨曲线"反映的是冷战时期的分配,并没有完全反映资本主义分配的规律。因而,他提出对富人征收财产税并课以高税率等,以缩小贫富差距。

(三)慈善分配方式

现代西方慈善事业是产业革命的产物。产业革命导致贫富差距不断扩大,引发了人们对慈善事业的关注。1889年卡耐基发表的《财富的福音》,认为富人对社会进步负有不可推卸的责任,在满足了家庭成员必要的生活所需外,对剩余财富最好的处理方式是用于社会公共事业。

随着垄断资本主义的发展,企业规模越来越大,产生了企业要不要做慈善的问题。自由主义经济学家弗里德曼的《资本主义与自由》认为,慈善捐赠是股东或职员个人的事情,不是企业的责任,企业的责任是尽可能地为股东创造价值。Carroll则认为,企业除了承担经济责任、法律责任、伦理责任之外,还应当承担"慈善责任"。Porter & Kramer认为,可以把纯粹的慈善行为与纯粹的企业行为结合起来,以此协调企业的社会责任和经济目标,实现社会和经济效益的统一。

西方慈善事业典型特征是慈善基金会模式。马修·比索普、迈克尔·格林所著的《慈善资本主义——富人在如何拯救世界》，全面回顾了慈善资本主义的历史，可以使人们重新审视已近神化的西方慈善基金会模式。该书描述了不同历史时期资本家、富人、投机商表面上对慈善事业慷慨解囊，实际上是一边贪婪地摄取公众财富，一边从事慈善捐赠，而且还参与甚至过度参与国家政治、干预国际问题，成为不良企业树立社会形象和避税的手段，其所提供的慈善资源，总量少，分布不均衡，不能从根本上缓解资本主义的贫困、疾病及由此造成的各种复杂社会问题，更不能解决尖锐的阶级矛盾。

二、中国学者研究社会主义初级阶段收入分配

改革开放以来，伴随经济体制改革，收入分配一直是研究的热点话题。在实践中探索，在理论研究推进中形成了以按劳分配为主体，多种分配方式并存的基本分配制度。基本分配制度确立后，收入分配方式就属于技术层面的问题。关于收入分配方式的研究，主要有以下几个方面。

（一）按劳分配和按要素分配的关系

党的十五大提出按劳分配与按生产要素分配相结合以后，关于它们的内涵和关系成为热点话题。有人认为按要素分配本身并不必然包含剥削，非劳动生产要素参与了价值创造，所以按生产要素贡献分配理论和原则的确立，对于重新认识剥削和私有制的关系，对于保护私人财产和发展非公有制经济，都具有极其重要的意义；也有人认为在劳动者重新成为有产者、自主拥有财产所有权的社会主义条件下，按劳分配与按要素分配的关系是本质与现象的关系，按劳分配必然转化为、表现为按要素分配；还有人认为，按生产要素分配就是根据各生产要素在商品和劳务生产过程中投入的比例和贡献大小给予相应的报酬，因而按生产要素分配是更高一层次的分配原则，按劳分配则是其中的一个重要组成部分。

针对以上观点，吴宣恭认为，"按生产要素贡献分配"是西方经济学很早以前就提出的理论，至今仍然作为西方主流经济学的重要支撑点。我国以公有制为主体，多种所有制共同发展的基本经济制度，必然要求交换关系和分配关系与之相适应，必然出现多种的分配形式，不能将"按要素贡献分配"作为唯一分配方式。[①] 卫兴华认为，按劳分配不等于按劳动这个生产要素分配，按劳分配作为社会主义的分配原则，是以社会主义所有制及其与劳动者的结合方式为前提条件的。按生产要素分配要以私有经济的存在为前提条件。在非公有制经济的私营和外资企业中实行按生产要素分配；在完全的公有制经济中实行按劳分配。在混合经济中公有制与私有制相结合，如果公有成分为主体或控股决定了按劳分配与按生产要素分配相结合；如果私有成分占主体，就基本上实行按生产要素分配了。[②] 张作云认为，生产要素所有者获得收入，是其所有权在经济上的实现形式，能够作为生产要素参与收入分配的依据，只能是生产要素所有权或生产要素产权。[③]

① 吴宣恭：《关于"生产要素按贡献分配"的理论》，《当代经济研究》2003 年第 12 期。
② 卫兴华：《经济理论是非三探》，《理论参考》2003 年第 5 期。
③ 张作云：《关于生产要素参与收入分配问题研究的理论分歧》，《胜利油田党校学报》2004 年第 2 期。

（二）关于二次分配的研究

冉昊通过对西方福利国家二次分配的研究，认为福利国家政府二次分配的加强，既无力扭转贫富差距的持续扩大，也无法满足民众日益增长的福利需求，导致意识形态的改弦更张，对我国二次分配有一定的借鉴意义。[①]汪进贤基于 CFPS 居民微观调查数据的研究表明，第二次分配和第三次分配显著降低了居民收入极化程度，且在城镇地区再分配效应更明显。其中 80% 以上的再分配是通过公共转移收入来实现的，第三次分配降低市场收入极化的贡献不到 20%。[②]宋颜群等通过对财政二次分配减贫效应的研究表明，养老金的再分配效应和减贫效应最大，其次是政府转移支付，第三是公共服务；所得税体系、间接税体系以及医保报销系统，不仅不能缓解贫困反而加重了贫困；公共服务对收入再分配正向效应的标准化相对贡献最大，其次是政府转移支付，第三是医保报销，最后是养老金，所得税与间接税的标准化相对贡献为负，其中间接税对收入再分配的影响巨大。中国政府应当不断完善财政体系，以提高各项财政工具的再分配效应与减贫效应[③]。

（三）对第三次分配的研究

三次分配理论是厉以宁于 1994 年提出来的："把市场进行的收入分配称作第一次分配，把政府主持下的收入分配称作第二次分配。在这两次收入分配之外，还存在着第三次分配——基于道德信念而进行的收入分配。"[④]

徐麟在《中国慈善事业发展研究》一书中，把慈善事业的功能概括为财富或资源的分配功能、社会稳定功能、社会整体受益功能、思想教化功能、弥补政府与市场失灵功能等五个方面，因而要加强第三次分配以促进分配公平。

自从 2021 年中央财经委员会提到三次分配并将其作为实现共同富裕的手段之一以来，学界围绕第三次分配的地位和作用展开了研究。周绍东等认为，第三次分配作为共同富裕实践的重要组成部分，呈现鲜明的中国特色，其中蕴含着中华优秀传统文化的互助观念、适应了商品经济发展的分配要求、指向未来社会形态的分配目标。要构建初次分配、再分配、三次分配协调配合的制度安排，发挥市场、政府、社会三方力量的协同作用，才能为实现共同富裕创造更为完善的主体和客体条件。[⑤]韩文龙认为第三次分配是促进共同富裕的重要手段，但它在收入分配体系中处于补充性地位。[⑥]蓝煜昕关注慈善资源的有效分配和慈善事业高质量发展，提出了"衔接慈善（第三次分配不能与第一和第二次分配隔离开来考虑）——协调慈善（慈善行业内的组织之间在资源与行动上是协调的）——精准慈善（慈善资源供给与社会需求是有效匹配的，慈善资源精准到达最有需要的对象或领域）——效果慈善（微观慈善项目的效果，强调活动与目标的一致性，避免慈善项目以活动替代目标，不能带来真正的、

---

① 冉昊：《福利国家贫富分化的原因与二次分配调节的局限性》，《教学与研究》2019 年第 12 期。
② 汪进贤、汪晨：《中国的二次分配与三次分配对收入极化的影响》，《产业经济评论》2022 年第 2 期。
③ 宋颜群、胡浩然：《中国财政体系的再分配效应、再分配相对贡献及减贫效应》，《经济问题探索》2021 年第 9 期。
④ 厉以宁：《股份制与现代市场经济》，江苏人民出版社 1994 年版，第 77—79 页。
⑤ 周绍东、陈艺丹、张毓颖：《共同富裕道路上的中国特色第三次分配》，《经济纵横》2022 年第 4 期。
⑥ 韩文龙、唐湘：《三次分配促进共同富裕的重要作用与实践进路》，《经济纵横》2022 年第 4 期。

可持续的影响)"的慈善资源分配有效性四维目标框架。[1]

第三节 评析与创新

我们在坚持马克思主义分配理论和中国特色社会主义基本分配制度的前提下,吸收借鉴中外学界观点,形成了有特色的分配理论——五种分配方式论,以此来扎实推动共同富裕的观点,即"劳主资辅"分配方式、"国家法策"分配方式、"物价变动"分配方式、"资本市场"分配方式和"捐赠穷弱"分配方式。[2]这里阐述的分配方式,是分配性质、特点和途径的总称,有益于综合说明分配问题。

一、"劳主资辅"的分配方式

(一)"劳主资辅"分配方式的内涵

社会主义初级阶段与马克思设想的"完全社会所有制+完全社会按劳分配+完全计划经济"还有很大差距[3],生产力不发达,公有制的形式不成熟,公有制与私有制还将长期并存。所以,现阶段的分配方式就不能全部实行按劳分配,而是按劳分配为主体多种分配方式并存。改革开放实践表明,我国收入分配制度已发生三个转变:一是分配的主体由单一向多元转变,即由国家向国家和企业等多种主体转变;二是分配的方式由单一向多元转变[4],即由按劳分配向包括按劳分配在内的多种分配方式转变;三是分配机制由计划向市场的转变。也就是说,市场型按劳分配为主体的分配制度是中国特色社会主义经济制度的分配特征。我们将市场型按劳分配为主体的分配制度概括为"劳主资辅"分配方式。

"劳主资辅"分配方式,其含义是按劳分配为主体,以资本等生产要素参与分配为辅体,且按劳分配方式还不是计划经济条件下的按劳分配,而是市场经济条件下的市场型按劳分配。"劳主资辅"分配方式,是社会主义市场经济条件下"按劳分配为主体多种分配方式并存"的基本分配制度的精练概括。这种分配方式在五种分配方式中是居于首位的、起决定作用的分配方式。

(二)"劳主资辅"分配方式的内在逻辑

"劳主资辅"分配方式是社会主义市场经济条件下,公有制为主体、多种所有制共同发展和按劳分配为主体、多种分配方式并存的基本经济制度的内在要求。公有制为主体决定了按劳分配为主体,非公有制为辅体决定了其他分配方式是辅体。

只有实行"劳主资辅"分配方式,才能实现效率与公平的统一。当代公平与效率最优结合的载体之一是市场型按劳分配。社会主义市场经济条件下的按劳分配,使按劳分配体现

---

① 蓝煜昕、何立晗:《第三次分配背景下慈善资源的分配有效性:框架与机制》,《行政管理改革》2022 年第 5 期。
② 吴文新、程恩富:《新时代的共同富裕:实现的前提与四维逻辑》,《上海经济研究》2021 年第 11 期。
③ 徐惠平、程恩富:《不断加深关于社会主义初级阶段的认识》,《中共云南省委党校学报》2008 年第 6 期。
④ 顾钰民:《社会主义市场经济论》,复旦大学出版社 2004 年版,第 177—178 页。

为市场型按劳分配。市场型按劳分配已在实践中体现出与计划型按劳分配明显不同的特点。其一,按劳分配的"劳"还不是直接的社会劳动,而只是以企业为单位的局部劳动的组成部分,劳动者提供的劳动能否获取报酬、获取多少报酬,则要看劳动者的劳动能否转化为社会劳动,能折合为多少社会劳动。其二,按劳分配还不能在全社会范围内实行,而只能在局部的范围内实行。也就是说,按劳分配的主体不是社会而是某一个独立核算的企业,只能以企业为单位,按照劳动者提供的劳动数量和质量进行按劳分配。其三,按劳分配还不能直接按照劳动者提供的劳动量来计算,而只能以劳动者在劳动交换中还原的社会劳动量来计算。劳动者向不同企业提供了相同的劳动量,但由于企业经营效果不同,劳动者获得的收入便会不同。其四,按劳分配还不能用标注劳动时间的"劳动券"直接换取个人消费品,还需要通过商品货币的形式来实现。因而,劳动者通过按劳分配所获得的劳动报酬,会受到市场价格波动的影响。

多种分配方式并存,广义上包括初次分配领域的按要素分配,还包括财政的二次分配、资本市场分配方式、物价变动分配方式和以慈善捐赠为主要形式的三次分配;狭义上来说,多种分配方式在初次分配领域主要是指资本、土地、技术等生产要素参与分配,即按要素分配。由于社会主义市场经济条件下生产要素占有的排他性,不管是公有的生产资料还是私有的生产资料,其产权界限是明确的。劳动、资本、土地、技术、管理等生产要素都是生产社会财富和创造价值不可或缺的,因而按要素分配必然成为社会主义市场经济的一种分配方式。"劳主资辅"分配方式,要求在按劳分配为主体的前提下,健全劳动、资本、土地、知识、技术、管理、数据等生产要素由市场评价贡献、按贡献决定报酬的机制。然而,按要素贡献分配是表象,其实质是按照这些要素的产权关系进行分配,是表象与实质的对立统一。

有观点认为,在市场经济条件下已"确立劳动、资本、技术和管理等生产要素按贡献参与分配的原则",劳动也属于生产要素范畴,因此不必再提"按劳分配"了,用"生产要素按贡献参与分配"来表述就可以了。这种主张把分配问题完全交给市场,混淆按劳分配和按生产要素分配的错误观点,实际上是主张按资分配为主体,有意否定以按劳分配为主体多种分配方式并存的基本分配制度。社会主义条件下,按生产要素分配不能替代按劳分配。按劳分配中的"劳"是指劳动贡献,即劳动的数量和质量;按要素分配中的"劳"是指劳动力产权。按劳分配是与公有制经济联系在一起的,强调按劳分配为主体,是要求在全社会范围内,按劳分配在所有的分配方式中所占的比重最大。这个"比重"意味着,一方面,在公有制企业劳动者的收入中,劳动者获取的按劳分配收入占有的比重较大;另一方面,公有制企业劳动者获取的按劳分配收入,是其他所有制形式下劳动者收入标准确定的重要参考,同时也是非生产部门劳动者收入标准制定的参考标准。因而,"劳主资辅"分配方式,首先要着重保护劳动所得,提高劳动报酬在初次分配中的比重。劳动收入在国民收入分配中占有较高比重,这是按劳主体型分配方式的一个重要标志。

(三)完善"劳主资辅"分配方式

从实际历程来看,改革开放以来群众得到了许多实惠,但国民收入分配中劳动收入比重大大下降,加剧了劳资关系紧张。那么,怎样实现"着重保护劳动所得"和提高劳动报酬在初次分配中的比重呢? 党的十八大以来,以习近平同志为核心的党中央提出了更为具体的政策主张,主要包括:一是提出要健全工资决定和正常增长机制;二是提出要完善最低工资和工资支付保障制度;三是适当减少国有企业管理层的薪水;四是继续推进和完善企业工资集体协商制度;五是改革机关事业单位工资和津贴补贴制度,完善艰苦边远地区津贴增长机制,使非物质生产部门的劳动收入增长与社会经济增长同步,优化收入分配的区域格局,促进全社会共享发展成果。

党的二十大报告指出:"完善分配制度","坚持按劳分配为主体、多种分配方式并存","坚持多劳多得,鼓励勤劳致富,促进机会公平,增加低收入者收入,扩大中等收入群体","规范收入分配秩序,规范财富积累机制"。[①]进一步明确了今后实现"劳主资辅"型分配方式的努力方向。

二、"国家法策"的分配方式[②]

(一)"国家法策"分配方式的内涵与成因

在市场经济条件下,面向全体人民的社会性公平只能在超越市场层面的意义上实现。因此,国家介入分配过程具有历史的合理性和理论上的正当性。我们把依托国家法规和政策所进行的分配调节,称为"国家法策"分配方式。它是指国家依托法律法规和政策对经济活动主体进行调控,从而影响其分配行为,并最终调节分配结果的国家干预方式。"国家法策"分配方式在社会主义市场经济条件下,对宏观分配格局起决定性作用,但对个人收入起间接影响。

国家利用法规政策来干预和调节分配结果,是由多方面因素共同决定的。(1)初次分配即直接生产过程中的分配不足以维持现代社会的正常运行,大量非生产性劳动的存在需要从社会新生产的价值中得到补偿,社会用来应对不幸事故、自然灾害等的后备基金或保险基金,维持政务管理、军警开支、医疗卫生、文化教育及环境治理等各方面的费用支出。(2)在私有制经济存在的情形下,市场经济所固有的劳资间矛盾和冲突需要通过国家来加以调解和干预。(3)市场初次分配导致贫富分化的程度超出必要的限度就威胁到社会稳定。社会主义市场经济条件下,非公有制经济成分所带来的收入差距过分扩大也需要通过政府加以遏制。(4)固然市场经济的竞争可以带来效率,但完全的自由竞争在现代市场经济中并不存在。退而言之,"即便本身是稳定的和有效率的,市场也经常会造成高度的不平等,从而给人以不公平的感觉"[③]。在社会主义市场机制下,这种不公平性依然存在,需要通过社会主义国家的政府干预来修正和化解。(5)尽管政府干预也有其不足,但它在现代社会必不可少,是唯一可以弥补市场失灵的手段。特别是对社会主义国家来说,人民政府更有义务调节不同行业、地区、群体的社会成员之间的收入差距,维护社会公平。

(二)"国家法策"分配方式的性质与特点

现代社会中,无论是资本主义国家还是社会主义国家,政府对分配领域的干预和调控都不可或缺。资本主义国家的"法策"分配方式是为资本家整体特别是垄断资本财团服务的。社会主义条件下,"国家法策"分配方式除了可以借鉴西方国家福利制度的益处之外,还具有

---

① 《中国共产党第二十次全国代表大会文件汇编》,人民出版社 2022 年版,第 39 页。
② 侯为民、杨坤睿:《运用"国家法策"分配方式促进共同富裕》,《管理学刊》2022 年第 4 期。
③ 约瑟夫·E.斯蒂格利茨:《不平等的代价》,机械工业出版社 2013 年版,第 IX 页。

中国特色社会主义的优点。社会主义制度确立了劳动者在社会中的主体和主人翁地位,社会主义国家政权不仅有义务使全体劳动者在国民收入再分配中获得一个相对平等的地位,并且通过公有制主体地位和按劳分配原则的贯彻来促进初次分配的公平。

在传统的观点中,国民收入再分配通过国家预算的渠道进行,税收和财政转移支付在其中发挥着基础性作用,这种关于再分配的观点其实是一种狭义上的解读。实际上,随着经济体系的日益复杂化和国家干预经济活动能力的增强,现代社会中国家介入分配过程已经不仅仅局限于传统的财政预算制度和相应的财政工具,而是包含多种性质分配的多层次过程。既包括通过国家行政手段实现的再分配即狭义上的再分配,也包括基于价格手段作用的再分配,还包括基于不同经济活动相互关系和其他社会关系的再分配①。而关于后两者的再分配,更多的是通过国家法规和政策来实现的。

(三)国家"法策"调节收入分配的作用形式

国家"法策"调节收入分配的功能是多层次、多领域和多方面的,它渗透到了国民经济的各个层面。当前,社会主义共同富裕的物质内容,已经从传统的衣食住行等方面,逐步拓展到社会保障、医疗保健、教育培训、生态环境等领域②。相应地,我国关于收入分配调节的法律法规也从单纯的社会保障法律法规,逐步发展到涉及劳动、就业、财税、安保、教育培训、生态补偿等各领域,构成了较全面的调节国民收入分配的法律体系。就调节层次来看,可以通过初次分配和再分配两个层面影响收入分配;就调节对象而言,可以对个人和企业的工资性收入和财产性收入进行调节。

"国家法策"在初次分配领域,可以通过出台企业初次分配方面的政策,调节收入分配。一是制定工资增长指数化的政策,引导企业正确处理盈利、扩大生产和员工收入增长的关系,使工资增长合理化和制度化。不管是什么性质的企业,在最低工资标准基础上,建立工资与企业盈利相挂钩的机制。二是确立企业分红制度。对于公有制企业尤其是国有企业,在增强盈利能力基础上制定全民分红方案,通过国有资本分红带动全体人民共同富裕③。对于非公有制企业,国家应适时出台关于利润分享的制度规范。严格企业的资本保全限制,防止企业利用股本和资本公积金支付股利,限制企业过度积累,避免其在股利支付方面的随意性。

"国家法策"还可以通过国民收入再分配,调节收入分配。一是国家通过产业政策来影响不同行业间企业增效和员工增收的关系。二是国家通过财政税收政策调节收入分配。财政预算发挥中央财政转移支付作用促进不发达地区和农村地区发展,完善惠农财政政策和惠农金融体系,缩小城乡差距;通过税收调节资本收入和劳动收入的相对水平以及相对增长率;通过信贷政策、财政补贴、税收优惠政策等调节不同地区和部门生产要素的收入平衡。三是通过基本公共服务供给的均等化,为社会成员提供普惠性的医疗、教育、科学、社会福利和保障等社会公共品,促进起点公平和机会公平。

---

① 张俊山:《关于收入分配的几个概念的讨论》,《教学与研究》2012年第4期。
② 侯为民:《共同富裕取得实质性进展的若干理论问题》,《当代经济研究》2021年第12期。
③ 程恩富、伍山林:《以国资收益全民分红的方式促进共享共富》,《海派经济学》2021年第4期。

三、"物价变动"的分配方式[①]

价格既是政府宏观经济治理的重要目标,也是调节宏观经济运行的重要手段。价格变动本身虽然不能创造商品价值和真实的社会财富,但是能够自发调节社会资源与国民收入分配和再分配。在社会生产和再生产的各个环节中,价格起着指挥、支配、指导和调节等作用。[②]任何价格变动都会引起不同地区、部门、单位、个人之间经济利益的重新分配[③]。因而,"物价变动"分配方式是社会分配体系的重要组成部分,在整个分配体系中起调节作用。

(一) 价格变动的分配效应

对于普通商品来说,其价格变动引起的分配效应主要体现为四个方面。一是价值规律的优胜劣汰效应。同一部门中,生产条件较好的生产者,由于个别价值(个别生产价格)低于社会价值(社会生产价格),可以获得超额剩余价值或超额利润。从而对商品生产者产生分化分解作用[④]。二是通货膨胀的再分配效应。价格是直接表明单位商品交换价值的货币量。商品价格水平与货币价值呈反比例变化。在纸币流通条件下,如果纸币发行量超过市场流通所需的金属货币量,就会造成纸币贬值和通货膨胀,进而产生财富再分配效应。三是垄断价格的掠夺效应。垄断价格是垄断组织凭借其垄断地位所规定的、旨在保证最大限度利润的市场价格,它是对非垄断者和最终消费者所获的剩余价值和商品价值进行转移性掠夺[⑤]。四是价格剪刀差效应。拿价格低于自身价值的商品与价格高于自身价值的商品相交换,一部分国民收入就由价格偏低的商品生产者向价格偏高的商品生产者转移[⑥]。

资产价格的变动,也会引起分配效应。像土地、股票、债券等,不是劳动产品,本身没有价值,但是在市场经济条件下却像商品一样买卖,其价格为收入的资本化,交易行为也主要由投资或投机动机所驱动,价格涨落依赖于购买者/投资(机)者对未来价格的预期和利息率变动等因素,交易过程存在巨大的投资价值和投机空间,具有更大的不确定性和波动性。除此之外,采取资本化定价方式的还包括无形资产、某些高技术产品和信息产品以及其他可能长期或短期进入这种特殊运行方式的有形产品和劳务[⑦],类似小宗农产品和具有贮藏功能和收藏价值的中药材、茶叶和玉石产品等也可以进入投机炒作行列[⑧]。实际上,炒作虚拟资产是一种零和博弈,客观上会导致财富的再分配[⑨]。

① 鲁保林、曾冠豪:《运用"物价变动"分配方式促进共同富裕》,《管理学刊》2022年第4期。
② 温桂芳:《新市场价格学》,经济科学出版社1999年版,第22—23、134—135、150—159页。
③ 杨继瑞:《价格理论与实践》,四川大学出版社2006年版,第89页。
④ 杨圣明:《论收入分配中的两极分化问题》,《贵州财经学院学报》2005年第6期。
⑤ 王晓东、谢莉娟:《社会再生产中的流通职能与劳动价值论》,《中国社会科学》2020年第6期。
⑥ 左中海:《价格的分配职能与社会资源的合理分配》,《价格月刊》1987年第11期。
⑦ 刘骏民:《虚拟经济的理论框架及其命题》,《南开学报》2003年第2期。
⑧ 刘晓欣、刘骏民:《虚拟经济的运行方式、本质及其理论的政策含义——马克思逻辑的历史延伸》,《学术月刊》2020年第12期。
⑨ 肖磊:《信用创造、虚拟资本与现代经济运行——兼论我国实体经济与虚拟经济的关系》,《当代经济研究》2019年第12期。

（二）价格失序对收入和财富分配的逆向调节

价值是价格形成的基础,价格运动本质是价格对价值的偏离,它除了受价值变动的因素制约外,还受市场因素、货币价值量、经济政策、社会环境、法律等经济或非经济因素的影响[①]。价格运动具有连续性、差异性、相对稳定性和不确定性等特性。马克思在《资本论》第1卷中指出:"价格形式不仅可能引起价值量和价格之间即价值量和它自身的货币表现之间的量的不一致,而且能够包藏一个质的矛盾,以致货币虽然只是商品的价值形式,但价格可以完全不是价值的表现。有些东西本身并不是商品,例如良心、名誉等等,但是也可以被它们的占有者出卖以换取金钱,并通过它们的价格,取得商品形式。"[②]也就是说,价格运动不仅包含着价格与价值在量上的不一致,还包含着价格与价值在质上的背离。价格围绕价值在一定范围内的量上的波动,是价值规律的表现形式。价格波动太大或价格在质上严重偏离价值的情况,我们称为价格失序。在现实经济生活中,垄断、投机、通货膨胀等因素引发的价格失序现象往往会恶化收入分配格局,导致社会资源错配。近些年来,住房、教育、医疗、农副产品等领域价格失序所引起的财富和收入效应成为贫富分化的一个重要因素。伴随数字技术发展,平台企业垄断化、恶性竞争、无序扩张等乱象日益严重,不仅严重扰乱了公平竞争的市场秩序,而且损害普通经营者和广大消费者的利益,成为收入分配不平等的主要推手。

（三）运用价格机制调节收入分配

运用价格机制调节收入分配,要秉持市场国家功能性结合论。既要公正合理地发挥价格在分配中的调节作用,又要加强全过程监管,用国家调节的高效功能来纠正"市场调节失灵"。[③]

运用价格机制调节收入分配,必须遵循价格运动规律。虽然说价格运动规律具有客观性,不以人们的意志为转移,但是我们可以发挥主观能动性,认识、利用和驾驭物价变动规律,因势利导做出决策。在社会主义市场经济条件下,绝大多数商品的价格是建立在自由竞争基础上,以企业自主定价为主。为发挥价格机制的积极作用,抑制其消极作用,我们应当在认识和把握价值规律、货币流通规律、供求规律、价格运动变化规律的基础上,对市场价格进行合理调节,保证物价总水平基本稳定。

运用价格机制调节收入分配,要坚持系统观念。物价的变动涉及生产、流通和消费各环节,也与税收、利率、工资的变化密切相关。这就要求我们在运用物价变动调节收入分配时,一定要树立系统观念,不仅要对商品(和服务)的价格进行定量分析,也要从关联与协同上评估某些价格变动对整个价格体系可能产生的影响,还要运用财政政策、货币政策、法律等各类政策工具对价格进行直接或间接影响,系统治理、统筹兼顾,协同发力。同时,要加强事前、事中、事后全过程监管,完善价格监测与预警机制,提升价格治理能力,使市场交易主体及时准确获得相关信息。

运用价格机制调节收入分配,要坚持民生导向。价格失序不仅影响国民经济的正常运

---

① 杨继瑞:《价格理论与实践》,四川大学出版社 2006 年版,第 164 页。
② 《马克思恩格斯文集》第 5 卷,人民出版社 2009 年版,第 123 页。
③ 程恩富:《中国模式的经济体制特征和内涵》,《经济学动态》2009 年第 12 期。

行,而且影响民生。习近平总书记反复强调,"民生是最大的政治"。因此,运用价格调节收入分配,要以民生为导向,以保障和改善民生作为出发点和落脚点,要构建以人民为中心的价格政策体系,重点向普通老百姓延伸、向农村覆盖、向弱势群体倾斜,不断促进社会公平正义、增进人民福祉。一要切实保障粮油肉菜蛋果奶等基本生活消费品供给,防止价格大起大落,稳定居民支出水平;二要坚持教育公益属性;三是加快建立科学确定、动态调整的医疗服务价格形成机制,持续优化医疗服务价格结构;四是加快开征房产税,遏制房价过快上涨,让住房回归居住属性。

运用价格机制调节收入分配,要防止资本无序扩张,促进平台经济规范健康发展。针对平台资本无序扩张、野蛮生长等行为,要设置"红绿灯",依法加强对平台企业特别是超级网络平台的有效监管,督促平台企业切实履行社会责任。考虑到平台企业具有自然垄断特征,从长远看,要按照公共产品和公共权力的定位,调整资本平台监管政策,体现和强化网络平台及数据的公共性质①。

四、"资本市场"的分配方式②

资本市场通常是指进行中长期(一年以上)资金(或资产)借贷融通活动的市场,是一年以上长期资金交易关系的总和,主要包括中长期债务市场和权益证券市场。债务工具根据主体的不同又可以分为:政府债券、企业债券以及银行贷款。权益工具主要指股票以及衍生工具如期货合约等。资本市场除了具有融资、分散风险、资源配置功能外,还有一个重要功能就是再分配功能。

(一)"资本市场"分配方式的理论基础

党的十九届四中全会确立了公有制为主体、多种所有制经济共同发展,按劳分配为主体、多种分配方式并存,社会主义市场经济体制等社会主义基本经济制度,这是资本市场分配方式的制度基础。在公有制为主体的前提下,鼓励、支持、引导非公有制经济的发展,所有制的多元化也必然形成分配方式的多样化。劳动(准确表述应为劳动力)、技术、资本、土地等生产要素共同参与国民财富及其货币表现即收入的创造,其中非劳动生产要素拥有者凭借其产权及其份额获得财富和收入。党的十九大报告指出:"完善按要素分配的体制机制,促进收入分配更合理、更有序……拓宽居民劳动收入和财产性收入渠道"③。因此,社会主义基本经济制度允许存在按要素产权分配,并不排斥依靠资本获得财产性收入,这是资本市场分配方式确立的前提条件。

(二)"资本市场"分配方式是通过资本市场对财富的胀缩作用来实现的

资本市场对财富的胀缩作用是通过金融工具来实现的。首先是债券市场。一是政府债券,主要包括国债和地方政府债券,都是依靠财政收入和财政盈余支付利息和偿还本金,风险小、收益比较稳定。二是企业债券。依据债券的流动性,分为可转让债券和不可转让债

---

① 江宇:《防止资本无序扩张　引导各类资本健康发展》,《中国党政干部论坛》2021 年第 11 期。
② 潘越、程恩富:《运用"资本市场"分配方式促进共同富裕》,《管理学刊》2022 年第 4 期。
③ 《习近平谈治国理政》第 3 卷,外文出版社 2020 年版,第 36—37 页。

券。企业以其利润还本付息,受企业经营状况影响,收益具有不确定性。不可转让债券的收益是固定的,而可转让债券在到期之前可以在二级市场上进行交易,对转让人和持有人的可支配收入起到调节作用。其次是股票市场。股票是股份公司发行的权益工具,其流动性、风险和收益较高。股票持有者依据其持有数量对企业享有所有权并获得股息,股票可以转让买卖,但无法要求企业返还本金。股份公司根据自身经营状况选择是否分红,并以其利润支付股息。最后是银行贷款市场,包括企业贷款和个人贷款。企业贷款与企业债券类似,利息和本金的支付依赖于企业的生产经营状况。个人贷款主要分为住房贷款和消费贷款。贷款并不会给贷款人直接带来收益,仅仅暂时增加了其可支配的资金额,且需要支付利息。贷款人利用住房贷款购买房产,因房价变动而可能产生的收益或损失兼具"物价变动"和"资本市场"两种分配方式。

总体上来说,资本市场对财富的胀缩作用关键在于实体经济的运行状况,利率是其重要影响因素,资本市场的单纯波动也会发挥作用。第一,实体经济的运行状况是资本市场对财富和收入起胀缩作用的基础。良好的国民经济运行状况和国家财政收入是政府债券还本付息的重要保障,对国民财富和收入的膨胀作用凸显;反之则使国民财富缩水。第二,利率是影响资本市场对财富和收入作用的重要因素。利率的影响直接表现在有价证券的交易价格变动和贷款利息的支付上。利率下降通常导致有价证券价格上升,反之就会下降。第三,资本市场中的证券市场,对财富的胀缩作用明显。有价证券属于虚拟资本,是"现实资本的纸制复本"[①],其价格是有价证券预期收入的资本化,不随现实资本价值变动而变动,同它所代表的现实资本的价值无关。比如,上市公司经营状况未发生明显变化的情况下,其股票价格依旧可以在短时间内急剧变化,直接造成证券持有者的财富增长或损失。

(三)完善"资本市场"分配方式

我国资本市场起步较晚,但发展迅速,其对国民财富和收入分配的影响逐渐增强。"从功能演变来看,中国资本市场从早期为经济发展服务的融资为主向财富管理功能凸显的投融资并重发展"。[②]2020年中国人均净金融资产达92 643元,相较于2009年增长超过300%。资本市场不仅加大了有金融资产和无金融资产家庭之间的贫富差距,也加剧了有金融资产家庭之间的收入差距,小部分人财富暴涨的同时却是另外一大部分人财富缩水。只有控制和缩小资本市场扩大贫富差距的负面效应,才能促进社会主义共同富裕。

第一,要发挥国家调节的主导作用。其一,要发挥政府债券等资本产品的市场引导作用。政府应当严格把关、提高债券质量,充分发挥其对整个债券市场的引导作用,尤其是发挥公有制企业在资本市场中的主体作用。在资本市场中积极发展国有资本绝对控股的金融混合所有制企业,发挥国有上市公司股票对股票市场、国有银行贷款产品对贷款市场的引导作用,并在引导非公企业发行优质产品、合法进行交易、保证规范分配等方面发挥其示范作用。其二,发挥资本市场服务实体经济的作用。资本市场的根本职能是服务实体经济的发展[③],必须防止金融和经济脱实向虚,实现金融虚化到实化的转变。

---

① 《马克思恩格斯文集》第7卷,人民出版社2009年版,第540页。
② 吴晓求、方明浩:《中国资本市场30年:探索与变革》,《财贸经济》2021年第4期。
③ 裴卫旗:《金融资本异化若干理论问题刍议》,《海派经济学》2018年第4期。

第二,要完善市场分配机制。其一,优化资本市场的供给机制。从量上看,要保证资本市场供给主体多元化、产品多样化,满足经济实体多样的金融需求。[1]从质上看,要保证供给主体和产品的优质化。对于信用评级高的地方政府和企业,应当鼓励其参与资本市场中;否则,应逐渐淘汰出资本市场。其二,完善资本市场交易机制。要增强资本品的流动性、透明度、高效性和规范性,坚决遏制炒作、虚假欺骗以及做空卖空等不良交易行为,防止资产价格过度膨胀。[2]在借贷市场上,要严格审核贷款主体的风险,尽可能减少交易坏账的发生。其三,完善资本市场分配机制。证券类资本市场要保证收益,贷款市场要减少交易成本,即债券利息按时分配、股息分红规范发放、贷款利息合理收取,避免因经营不善、风险评估不到位、信息不对称给投资者造成损失。

五、"捐赠穷弱"的分配方式[3]

"捐赠穷弱"也叫慈善,它的内涵和作用随着历史的发展而不断丰富,但最终会随着财富和收入的转移而产生分配效应。

(一)慈善的内涵及其发展

在自然经济条件下,主要通过血缘、亲缘、地缘建立起"三缘"式联系,形成了以家庭、亲友、邻里等为基础的慈善捐赠行为。随着生产社会化的发展,逐步打破了以"三缘"为基础的慈善捐赠模式。随着互联网技术的发展和应用,传统以衣服、食物为主的单一捐赠方式也借助于网络技术逐渐演变为线上线下相结合、捐钱和捐物相结合的多样化的捐赠模式;由以社会团体、机构和企业提供捐赠救济为主,扩展到以个人为主体;捐赠的对象也逐步突破了地缘和亲缘的限制,逐渐向四面八方求助的人群提供捐赠。

与早期慈善行为的自发性、随意性和就近性的特点相比,"慈善事业"是慈善行为规范化、社会化、组织化和职业化的结果。其典型标志就是慈善组织以及监管慈善组织运作的管理机构的出现。因而,慈善的内涵也不断扩大。传统意义上认为富人向穷人捐赠叫慈善,而今慈善捐赠不再是富人的专利,而是人人都可以参与的形式。2016年《中华人民共和国慈善法》在法律上对慈善作了更为广义的阐释,把传统意义上少数富人参与的"小慈善"拓展为人人参与的"大慈善";把社会领域的慈善事业扩展到促进经济、科技、教育、文化、卫生、体育和生态文明事业发展的广泛的公益活动。

(二)"捐赠穷弱"分配方式的中西比较

西方资产阶级的慈善,恩格斯早在《英国工人阶级状况》中就辛辣地讽刺和揭露了其实质:"怎么,难道英国的富人不关心穷人?他们不是已经创办了其他任何国家都没有的慈善机关吗?是的,慈善机关!你们吸干了无产者最后一滴血,然后再对他们虚伪地施以小恩小惠,以使自己感到满足,并在世人面前摆出一副人类大慈善家的姿态,而你们归还给被剥削者的只是他们应得的百分之一,似乎这样做就是造福于无产者!这种善行使施者比受者更

---

① 曹和平、唐丽莎:《从银行类金融机构成长看我国金融体系的改革方向》,《海派经济学》2018年第1期。
② 鲁保林、冯鑫晨、邹嘉晟:《新自由主义与经济金融化的逻辑》,《海派经济学》2021年第3期。
③ 宋周、唐小晓、何燕:《运用"捐赠穷弱"分配方式促进共同富裕》,《管理学刊》2022年第4期。

加人格扫地;这种善行使得被蹂躏的人受到更大的欺凌,它要求那些失去人的尊严、受到社会排挤的贱民放弃他最后的一点东西,放弃对人的尊严的要求;这种善行在大发慈悲用施舍物给不幸的人打上被唾弃的烙印以前,还要不幸的人去乞求它的恩赐!"[①]可见,资产阶级用于慈善捐赠的财物,是来自对无产阶级的剥削;这种慈善貌似是对穷人施舍恩惠,实质上是对穷人人格尊严的践踏。资产阶级的慈善捐赠在一定程度上有利于缓和阶级矛盾,但也掩盖了资产阶级剥削无产阶级的本质,带有很强的欺骗性和虚伪性。

在当代,西方的慈善越来越演变为资本家逃税的一种手段。一些富人热衷于成立各种基金会,表面看是致力于公益慈善事业,其实是资本逃税避税的一种手段。通过慈善捐赠,一是可以为企业避税,二是通过捐赠把遗产转入基金会来逃避遗产税,三是假慈善真投资。许多富豪把捐款捐至家庭名下的基金会,并让子女担任基金会股东,以逃避子女继承遗产时支付高昂遗产税。按照美国法律规定,只要慈善基金会每年的捐款超过其捐款资本的5%,剩下的95%就可以用来投资,并享受减免税收优惠。这就意味着慈善基金会每年只需要固定支出5%,就能用剩下的钱去赢得更大的投资收益。所以,西方慈善捐赠表面上很活跃,不仅没有因此而缩小贫富差距,反而助长了贫富两极分化。

西方的公益慈善行为和我们提倡的"捐赠穷弱"是有本质区别的。"捐赠穷弱"是社会主义本质要求的题中之义,其目的是构建社会主义和谐社会,最终实现共同富裕。既要让穷弱者享受到社会发展带来的红利,也要让公益慈善行为成为"人人公益、时时公益、随手公益"一种普遍行为,而不只是"富人行为"的标签。"捐赠穷弱"的分配方式不仅可以在一定程度上缓解社会矛盾,也给个人和单位提供了实现其社会价值的途径。

(三)"捐赠穷弱"分配方式的特征和地位

虽然捐赠穷弱在实现共同富裕的过程中是一种不可忽视的力量,但是它只能是"作为初次分配和再分配的有益补充"[②],不能过分夸大其作用。"捐赠穷弱"分配方式在促进社会公平正义、实现共同富裕方面的作用相较于初次分配、再次分配的作用来说是比较微小的,它作为多种分配方式中的一种方式,只能起到微补作用。

首先,公益慈善是一种自觉自愿的行为,不是"杀富济贫",更不是"杀富治贫"。慈善捐赠是植根于内心的善良,是不计得失的自觉自愿行为,是在自己能力范围内向穷弱困难群体伸出援手,是一种社会的慈善自觉以及在中华优秀传统文化感召下形成的大爱精神,是社会主义核心价值观的体现。其次,慈善捐赠不能成为贫弱群体赖以致富的途径,而是通过慈善捐赠解决其基本生活需求,帮其渡过难关,在此基础上解决贫弱的根源。最后,慈善捐赠不是富人通过慈善捐赠逃税或博取名声、获取好处的手段,而是国家所提倡的实现社会财富"第三次分配"的一种途径。

可见,作为第三次分配主要方式的"捐赠穷弱",它是一种非正式制度,具有不确定性。它的作用只能是微补贫富差距。解决贫富差距的根本措施是坚持社会主义基本经济制度,大力发展生产力,解决贫富差距的制度根源,为实现共同富裕奠定雄厚的物质基础。

---

① 《马克思恩格斯文集》第1卷,人民出版社2009年版,第478页。
② 唐任伍、李楚翘:《共同富裕的实现逻辑——基于市场、政府与社会"三轮驱动"的考察》,《新疆师范大学学报》(哲学社会科学版)2021年第1期。

（四）"捐赠穷弱"分配方式的实现机制

"捐赠穷弱"的"慈善事业"，需要良好的运行条件和健全的机制。捐赠信息收集与发布、捐赠物资筹备与送达、过程监督与结果反馈等需要规范化操作。否则，有可能出现捐赠信息虚假不实、平台信息发布滞后、捐赠物资不对口、捐赠过程缺乏监督、后续反馈不到位等情况，导致捐赠达不到预期的效果而引发社会矛盾。因此，公益慈善需要国家强有力的支持、引导和规范。

首先要制定健全的法律法规，使慈善捐赠有法可依，有法必依，违法必究。国家对捐赠信息、捐赠平台、捐赠过程等应进行强有力的监督，对于可能会出现的钻政策空子的情况，必须有配套的惩罚措施。国家还应当制定优惠政策，对慷慨回馈社会的企业给予减免税收的优惠或者更便利的营商条件等，鼓励更多的企业参与到公益慈善事业中来。其次要培养慈善意识。公益慈善事业不是某个人或者某个群体的事，不能把公益慈善仅仅当成"有钱人的事"，相反它是整个社会群体的事。要通过宣传和教育，深入挖掘和吸收中华传统文化中蕴含的以"仁爱"为核心的慈善思想以及社会主义核心价值观的精神要义，从而在全社会养成"慈善自觉"。最后要宏观布局、分层引导。引导高收入群体成为公益慈善事业的领军人，中等收入群体成为公益慈善事业的主力军，让低收入群体成为公益慈善事业的受益人。

总之，"捐赠穷弱"作为一种分配方式，在收入分配中起微补作用。其发挥的作用虽然微小，但却是不可或缺的。倡导捐赠穷弱不仅可以坚定文化自信，汲取中华优秀传统文化中助人为乐、美美与共的思想精髓，营造友爱、和谐的社会氛围，还可以在富与穷之间搭建起一座爱心的桥梁，让有条件的组织和个人自觉自愿地去帮助穷弱，从而实现社会资源在小范围内的调节和共享。

针对当前分配领域的一些观点，我们有必要强调以下几点。第一，国民收入初次分配是在提供国民收入的单位进行的，其分配原则和性质是由单位的所有制或产权关系决定的，而不是由单位外部的市场决定的。撇开所有制和分配原则对初次分配的决定性力量和主要调节作用，而只讲"市场力量""市场机制力量的作用"，属于背离基本事实的西方经济学的有误观点。第二，按照马克思主义政治经济学理论和最近十几年党中央文件的多次表述，初次分配不是"效率优先"或主要讲效率，而是"初次分配和再分配都要处理好效率和公平的关系，再分配更加注重公平。"[①]"坚持以人民为中心的发展思想，在高质量发展中促进共同富裕，正确处理效率和公平的关系，构建初次分配、再分配、三次分配协调配套的基础性制度安排"。[②]第三，夸大中外基金会和捐赠作用是片面的。因为公益的概念比捐赠的慈善概念要大得多，许多基金会并非主要从事捐赠财物给穷人、弱者和遭灾难者的。即使一个社会有不少个人和单位进行捐赠，那对于缩小该社会各阶层等贫富差别也只起扬汤止沸的极小或个别作用（国家行政性规定的单位和地区扶贫捐赠另当别论）。其道德和宣传的正效应很大，必须鼓励和赞扬，而对于全社会及其各阶层的共同富裕效应小到难以真正成为一次分配。

---

① 《胡锦涛文选》第 3 卷，人民出版社 2016 年版，第 507 页。
② 《习近平谈治国理政》第 4 卷，外文出版社 2022 年版，第 144 页。

复习思考题

延伸阅读

1. 马克思说："分配关系本质上和生产关系是同一的,是生产关系的反面"。如何理解这句话?

2. 习近平以人民为中心分配理论的主要内容是什么?

3. 举例说明五种分配方式论的主要内容,以及每一种分配方式的地位和作用是什么?

4. 联系外卖小哥的分包情况,说明平台经济对收入分配的影响。

案 例 分 析

美国富人慈善

美国施惠基金会发布的《2020 美国慈善捐赠报告》显示,2019 年,美国个人、遗产捐赠、基金会和企业向慈善机构捐赠了约 4 496.4 亿美元,慈善捐赠总额占 GDP 的比重为 2.09%,远高于其他国家。美国慈善组织可分为两大类:公共慈善机构和私人基金会。其中私人基金会是美国令人瞩目的慈善力量,很多富豪都成立了以自己名字命名的基金会,并将全部或者大部分财产捐入私人基金会。美国有史以来最富裕的家族,不管是洛克菲勒、罗斯柴尔德、卡耐基,还是扎克伯格、盖茨,其都是非常有名的慈善家。慈善让这些富豪不仅拥有极高的社会地位,而且获得了"乐善好施""仗义疏财""扶危济困"的美誉。然而,富豪们表面上的乐善好施,往往打破你的想象。

制度安排方便富人慈善。按照美国法律规定,只要慈善基金会每年的捐款超过其捐款资本的 5%,剩下的 95% 就可以用来投资,并享受减免税收优惠。美国形形色色的慈善基金会,都有专业人士投资和管理。捐赠所带来的种种减税好处,使得不少富人热衷于慈善。

此外,高昂的财富继承成本,也在推动美国富人投身慈善。美国遗产税实行从 18% 提高到 40% 的累进税率,富豪们为了避税,往往把遗产转移到自己家庭注册的慈善基金会,这样就可以逃掉巨额遗产税。

可见,美国富豪的"裸捐"之道,其实是一种"赚钱方式",越捐越富有。而且美国的富人慈善,并没有缩小贫富分化。

　　资本收益是美国收入差距的关键因素。与普通工薪阶层相比,美国的富人收入大多来源于非工资收入,如股票等投资所得。在美国家庭金融资产总额中,最富有的5%家庭的金融资产占72%,接下来15%的家庭占21%,余下80%的家庭仅占7%。美国国会预算局的统计显示,美国收入不平等程度的增加中,有80%以上是资本收益在家庭收入中份额增加的结果。

　　与此同时,近年来美国的税制偏袒富有的投资人士,股息等投资性收入和劳动性工资收入遭到区别对待。尽管20年来美国富人个人收入所得税最高税率从35%增至39.6%,但是资本利得税依旧维持在15%的低位,由此造成靠钱生钱的人财富迅速膨胀,而靠劳动换取收入的工薪阶层财富积累的速度相对变慢。

　　贫富悬殊还影响到美国的阶层流动性。根据皮尤中心的研究数据,底层出身的人向上攀爬的难度增加。阶层流动性的弱化,反过来导致美国社会结构日益固化,经济发展的果实更多被富人所占有。1970年,美国1%的富人掌握了9%的财富;2011年,1%的富人已经掌握19.8%的财富。难怪美国白宫经济顾问委员会主席阿兰·克鲁格说,二战结束后的30年,美国是在聚合地增长,而过去30年,美国则是在分裂地增长,财富以惊人的速度向占人口1%的富豪阶层转移。

　　但是在美国,普通人才是慈善事业主力军。根据美国《大西洋月刊》的文章,美国收入前20%的富人的慈善捐款约占其收入的1.3%,而穷人的慈善捐款占其总收入的3.2%。从收入占比来说,美国底层收入者比富人更加慷慨。

　　(资料来源:[1]樊宇:《富人慈善在美国》,《决策探索》(上半月),2013年第8期。[2]朱睿、赵冠军、李梦军:《美国富豪为什么喜欢做慈善?》,《公益时报》2021年6月16日。)

思考题:

　　如何看待慈善在缩小贫富差距中的作用?造成美国贫富差距的根本原因是什么?我们应从中吸取哪些教训?

思路点拨

第七章　市场国家功能性结合论

 学习目标

1. 掌握马克思主义经典作家关于按比例发展规律的基本内容
2. 熟悉市场国家功能性结合论的基本观点
3. 理解按比例发展规律在不同条件下的实现形式,明确社会主义市场经济条件下市场调节和国家调节相结合的必要性

改革开放以来,受西方经济学的影响,在经济理论研究和经济活动实践中广泛采用了"资源配置"这一概念之后,就不再提按比例发展规律了。只谈资源配置,不谈资源的合理配置;只谈资源配置的手段(市场),不谈资源配置的结果(是否合理)[①],片面夸大价值规律的作用,甚至以价值规律取代按比例发展规律,致使经济发展主要以 GDP 为导向,产业结构、就业结构、区域经济结构、收入分配结构等不合理,经济发展与资源环境的矛盾突出。[②]在新时代推动我国经济高质量发展的过程中,提出和阐明市场调节规律、国家调节规律和按比例发展规律及其相互关系的市场国家功能性结合论,具有极其重要的学术价值和政策内涵。按比例发展规律是人类社会生产和国民经济发展的普遍规律。市场调节规律(或价值规律)是商品经济中按比例发展规律的重要实现方式,并在简单商品经济转化为资本主义商品经济以来,在按比例发展规律实现中发挥决定性作用。国家调节不是可有可无或随心所欲的,而是在调节的目标、范围、方式和机制方面有规律可循的。国家调节规律是按比例发展规律在受国家调节的社会化大生产和国民经济中的一种实现方式。在我国社会主义市场经济中,国家调节规律与市场调节规律(或价值规律)结合成在功能上良性互补、效应上协同的有机整体来实现按比例发展规律。

---

① 张薰华:《价值规律与宏观调控》,《财经研究》1990 年第 2 期。
② 段学慧:《按比例发展规律及其实现机制》,《当代经济研究》2016 年第 9 期。

第一节　马克思主义经典作家和领袖的基本思想

一、按比例发展规律的理论

（一）按比例发展规律的一般内涵

马克思指出："要想得到与各种不同的需要量相适应的产品量，就要付出各种不同的和一定量的社会总劳动量。"[1]按比例分配社会劳动的规律（简称按比例规律或按比例发展规律）是社会生产与社会需要之间矛盾运动以及整个国民经济协调发展的规律。

按比例发展规律的内在要求是：表现为人、财、物的社会总劳动要依据需要按比例地分配在社会生产和国民经济中。也就是说，在社会生产与需要的矛盾运动中，各种产出与需要应保持动态的综合平衡，以实现在既定条件下靠最小的劳动消耗来取得最大的生产成果；在整个国民经济中，要保持各种产业和经济领域的结构平衡。

（二）按比例发展规律实现形式的演变

随着社会分工和经济体制的不同，按比例发展规律的表现形式会相应发生变化。

在以自给自足为基本特征的自然经济中，由于没有以社会分工为条件的商品交换，按比例发展规律主要表现为家庭或氏族等社会单位内部以性别和年龄等纯生理差别，以及随季节而改变的劳动的自然条件为基础的自然分工。在这一阶段，"社会是由许许多多同类的经济单位（父权制的农民家庭、原始村社、封建领地）组成的"[2]。而"经营条件的全部或绝大部分，还是在经济自身中生产的，并直接从经济自身的总产品中得到补偿和再生产"[3]。这种经济形式被称为自然经济。尽管这一阶段的需要由于生产力水平低而处于很低水平，但需要本身迫使社会组织将总劳动时间按比例地分配到各种职能的生产上。

在简单商品经济中，按比例发展规律表现为社会单位内部的分工与社会分工相结合。在这一阶段，由于生产力水平低，社会单位内部的自然分工仍然占支配地位。在商品交换和商品生产中，按比例发展规律靠市场调节规律（或价值规律）的自发作用来实现。但是，在简单商品经济中，由于交换价值还仅仅表现为生产者为自身生存而创造的使用价值的剩余部分，商品交换和商品生产在社会生产体系中还没有占支配地位。

在资本主义市场经济中，按比例发展规律表现为整个社会内部无组织的社会分工与生产单位内部有组织的分工相结合。在这一阶段，作为按比例分配劳动的实现形式，交换价值获得统治地位，"因此生产者把自己的产品当作使用价值的一切直接关系都消失了；一切产品都是交易品"[4]。与此相适应，由于社会分工高度发展，商品交换和商品生产在社会生产体系中占支配地位。

---

① 《马克思恩格斯文集》第 10 卷，人民出版社 2009 年版，第 289 页。
② 《列宁全集》第 3 卷，人民出版社 2013 年版，第 17 页。
③ 《马克思恩格斯文集》第 7 卷，人民出版社 2009 年版，第 899 页。
④ 《马克思恩格斯全集》第 31 卷，人民出版社 1998 年版，第 352—353 页。

在社会主义国家的计划经济中,按比例发展规律主要表现为整个社会内有组织的分工与生产单位内部有组织的分工相结合。按比例发展规律靠占支配和主体地位的国家调节(或计划手段)作用和占辅助地位的市场调节(或价值规律)相结合来实现。

在社会主义市场经济中,按比例发展规律表现为有组织的生产单位内部分工与有规划、有管理的社会分工相结合。按比例发展规律靠市场调节(或价值规律)和国家调节(或计划手段)的有机融合来实现。

由此可见,按比例发展规律是贯穿于人类社会各种经济形式的普遍规律。正如马克思所指出的,"整个社会内的分工,不论是否以商品交换为中介,是各种经济的社会形态所共有的"①。

二、全社会计划调节制度的理论

马克思恩格斯在指出资本主义生产无政府状态的弊端的基础上,系统论证了共产主义全社会自觉有计划地生产和分配的重要意义,阐明了有计划地调节经济活动的核心要义。

马克思恩格斯在指出资本主义生产无政府状态的弊端的基础上,系统论证了共产主义社会全社会自觉有计划地调节经济活动的客观必然性。一是指出只有全社会自觉有计划地调节经济活动才能克服资本主义生产方式的弊端。在《在爱北斐特的演说》中,恩格斯以北美产的棉花的流通环节为例说明,投机商、代理人、出口商、经纪人、转运商、批发商和零售商等中间人都没有参加生产,却都从中获取利润,从而造成劳动力的巨大浪费;"在合理地组织起来的社会中,就不会有这样繁杂的运输方法",而且通过适时地预先确定消费需要而"大大节省了劳动力,而且不必付给投机商、大小商人以利润"。在《资本论》中,马克思指出:"只有在生产受到社会实际的预定的控制的地方,社会才会在用来生产某种物品的社会劳动时间的数量和要由这种物品来满足的社会需要的规模之间,建立起联系。"②在《反杜林论》中,恩格斯举例说明,要消灭具有污染性的资本主义大工业不断地从城市迁往农村而引发的进一步城市化,"只有消灭现代工业的资本主义性质才有可能";"只有按照一个统一的大的计划协调地配置自己的生产力的社会,才能使工业在全国分布得最适合于它自身的发展和其他生产要素的保持或发展。"③二是指出只有全社会自觉有计划地调节经济活动才能推进经济社会的巨大进步。在《德意志意识形态》中,马克思恩格斯指出,"随着基础即随着私有制的消灭,随着对生产实行共产主义的调节以及这种调节所带来的人们对于自己产品的异己关系的消灭,供求关系的威力也将消失,人们将使交换、生产及他们发生相互关系的方式重新受自己的支配。"④在《自然辩证法(节选)》中,恩格斯指出,只有全社会自觉有计划地调节经济活动才能在社会方面把人从其余的动物中提升出来,从而使生产力突飞猛进地发展。恩格斯赞同达尔文的观点,即"经济学家们当做最高的历史成就加以颂扬的自由竞争、生存斗争是动物界的正常状态",提出"只有一种有计划地生产和分配的自觉的社会生产组织,才能在社会方面把人从其余的动物中提升出来",从而使"人自身以及人的活动的一切方面,尤其

---

①　《马克思恩格斯文集》第5卷,人民出版社2009年版,第415—416页。
②　《马克思恩格斯文集》第7卷,人民出版社2009年版,第208页。
③　《马克思恩格斯文集》第9卷,人民出版社2009年版,第313页。
④　《马克思恩格斯文集》第1卷,人民出版社2009年版,第539页。

是自然科学,都将突飞猛进,使以往的一切都黯然失色"。①

马克思恩格斯指出了全社会自觉有计划地调节经济活动的实现方式。一是指出全社会自觉有计划地调节经济活动的基础是社会占有全部生产资料。在《反杜林论》中,恩格斯提出,"当社会成为全部生产资料的主人,可以在社会范围内有计划地利用这些生产资料的时候,社会就消灭了迄今为止的人自己的生产资料对人的奴役。"②二是指出全社会自觉有计划地调节经济活动的基本内容。在《政治经济学批判大纲》中,恩格斯提出,在合理的社会中,"社会应当考虑,靠它所支配的资料能够生产些什么,并根据生产力和广大消费者之间的这种关系来确定,应该把生产提高多少或缩减多少,应该允许生产或限制生产多少奢侈品"③。在《资本论》中,马克思提出,"如果我们设想一个社会不是资本主义社会,而是共产主义社会,那么首先,货币资本会完全消失,因而,货币资本所引起的交易上的伪装也会消失。问题就简单地归结为:社会必须预先计算好,能把多少劳动、生产资料和生活资料用在这样一些产业部门而不致受任何损害,这些部门,如铁路建设,在一年或一年以上的较长时间内不提供任何生产资料和生活资料,不提供任何有用效果,但会从全年总生产中取走劳动、生产资料和生活资料。"④在《反杜林论》中,恩格斯提出,社会占有生产资料从而使个人劳动直接成为社会劳动的条件下,"社会也必须知道,每一种消费品的生产需要多少劳动";社会必须按照生产资料和劳动力安排生产计划;"各种消费品的效用(它们被相互衡量并和制造它们所必需的劳动量相比较)最后决定这一计划"⑤。三是提出货币的消亡是全社会自觉有计划地调节经济活动的必然结果。在《共产主义原理》中,恩格斯提出,"当全部资本、全部生产和全部交换都集中在国家手里的时候,私有制将自行灭亡,金钱将变成无用之物"⑥。

三、社会主义阶段经济调节方式的理论

在《资本论》中,马克思指出,在资本主义生产方式消灭后的新阶段,价值规律和簿记都是重要的经济调节方式,即"在资本主义生产方式消灭以后,但社会生产依然存在的情况下,价值决定仍会在下述意义上起支配作用:劳动时间的调节和社会劳动在不同的生产类别之间的分配,最后,与此有关的簿记,将比以前任何时候都更重要。"⑦

列宁认为,在从资本主义向共产主义过渡的阶段,商品经济的存在具有客观必然性,但整个社会生产的有计划发展是社会主义经济的最根本特点之一。在论述以实物税代替余粮收集制时,列宁提出,"掌握国家政权的无产阶级,如果它手里有什么物资的话,它完全可以把这些物资投入流转,在一定程度上满足中农的要求,通过地方经济流转来满足他们的要求。"⑧但列宁强调,"没有一个长期的旨在取得重大成就的计划,就不能进行工作"⑨。列宁认为,"社会主义国家只能在以下情况下产生:它已经成为一个生产消费公社网,这些公社诚

---

① 《马克思恩格斯文集》第9卷,人民出版社2009年版,第422页。
② 《马克思恩格斯文集》第9卷,人民出版社2009年版,第310页。
③ 《马克思恩格斯文集》第1卷,人民出版社2009年版,第76页。
④ 《马克思恩格斯文集》第6卷,人民出版社2009年版,第349页。
⑤ 《马克思恩格斯文集》第9卷,人民出版社2009年版,第327页。
⑥ 《马克思恩格斯文集》第1卷,人民出版社2009年版,第687页。
⑦ 《马克思恩格斯文集》第7卷,人民出版社2009年版,第965页。
⑧ 《列宁全集》第41卷,人民出版社2017年版,第56页。
⑨ 《列宁全集》第40卷,人民出版社2017年版,第154页。

实地计算自己的生产和消费,节省劳动,不断提高劳动生产率,因而能够把工作日缩短到每天 7 小时或 6 小时以至更少。"①

斯大林在强调经济计划调节的同时,也分析了社会主义商品生产的重要性。一方面,斯大林指出,"国民经济有计划发展的规律,使我们的计划机关有可能去正确地计划社会生产。"②另一方面,他提出,社会主义经济中商品经济的存在具有客观必然性,但主要适用于消费资料,而不适用于生产资料。斯大林指出,"将来在两种基本生产成分即国营成分和集体农庄成分由一个包罗一切而有权支配全国一切消费品的生产成分来代替的时候,商品流通及其'货币经济'就会作为国民经济的不必要的因素而趋于消失。但是,只要这个条件还不具备,只要还存在着两种基本生产成分,商品生产和商品流通便应当作为我国国民经济体系中必要的和极其有用的因素而仍然保存着。"③斯大林强调了苏联社会主义经济中商品生产与资本主义商品生产的区别,即指出"我国的商品生产并不是通常的商品生产,而是特种的商品生产,是没有资本家参加的商品生产,它所涉及的基本上都是联合起来的社会主义生产者(国家、集体农庄、合作社)所生产的商品。它的活动范围只限于个人消费品。"④

毛泽东认为,我国社会主义经济既要发展计划经济,也要发展商品生产。一方面,毛泽东强调国家计划调节经济的重要性。他指出,"在客观上将会长期存在的社会生产和社会需要之间的矛盾,就需要人们时常经过国家计划去调节。我国每年作一次经济计划,安排积累和消费的适当比例,求得生产和需要之间的平衡。所谓平衡,就是矛盾的暂时的相对的统一。过了一年,就整个说来,这种平衡就被矛盾的斗争所打破了,这种统一就变化了,平衡成为不平衡,统一成为不统一,又需要作第二年的平衡和统一。这就是我们计划经济的优越性。"⑤另一方面,毛泽东肯定价值规律在社会主义经济中的作用,指出我国社会主义经济中的商品生产适用范围应该包括消费资料和一部分生产资料,即认为"斯大林认为在苏联生产资料不是商品。在我们国家就不同,生产资料又是商品又不是商品,有一部分生产资料是商品,我们把农业机械卖给合作社。"⑥强调"必须肯定社会主义的商品生产和商品交换还有积极作用。调拨的产品只是一部分,多数产品是通过买卖进行商品交换。"⑦毛泽东指出了商品生产在不同社会制度下的性质,即"商品生产,要看它是同什么经济制度相联系,同资本主义制度相联系就是资本主义的商品生产,同社会主义制度相联系就是社会主义的商品生产。"⑧毛泽东指出,只要商品生产具有社会主义的经济基础,就可以为社会主义服务,即"不要怕,不会引导到资本主义,因为已经没有了资本主义的经济基础。商品生产可以乖乖地为社会主义服务,把五亿农民引导到全民所有制。"⑨

邓小平认为,计划和市场都是发展生产力的方法,计划和市场的性质取决于其服务方向。他指出:"为什么一谈市场就说是资本主义,只有计划才是社会主义呢?计划和市场都

---

① 《列宁全集》第 34 卷,人民出版社 2017 年版,第 167 页。
② 斯大林:《苏联社会主义经济问题》,人民出版社 1971 年版,第 6 页。
③ 斯大林:《苏联社会主义经济问题》,人民出版社 1971 年版,第 12 页。
④ 斯大林:《苏联社会主义经济问题》,人民出版社 1971 年版,第 13 页。
⑤ 《毛泽东文集》第 7 卷,人民出版社 1999 年版,第 215—216 页。
⑥ 《毛泽东文集》第 7 卷,人民出版社 1999 年版,第 435 页。
⑦ 《毛泽东文集》第 7 卷,人民出版社 1999 年版,第 436 页。
⑧ 《毛泽东文集》第 7 卷,人民出版社 1999 年版,第 439 页。
⑨ 《毛泽东文集》第 7 卷,人民出版社 1999 年版,第 440 页。

是方法嘛。只要对发展生产力有好处,就可以利用。它为社会主义服务,就是社会主义的;为资本主义服务,就是资本主义的。"①邓小平强调,计划和市场是社会主义和资本主义都用的经济手段,即"计划多一点还是市场多一点,不是社会主义与资本主义的本质区别。计划经济不等于社会主义,资本主义也有计划;市场经济不等于资本主义,社会主义也有市场。计划和市场都是经济手段。"②

江泽民认为,建立社会主义市场经济体制的关键问题是正确认识计划和市场问题及其相互关系,即"建立新经济体制的一个关键问题,是要正确认识计划和市场问题及其相互关系,就是要在国家宏观调控下,更加重视和发挥市场在资源配置中的作用。"③江泽民指出,市场经济和计划经济的长处有机结合是社会主义市场经济在经济运行机制方面的主要特征,即"在经济运行机制上,把市场经济和计划经济的长处有机结合起来,充分发挥各自的优势作用,促进资源优化配置,合理调节社会分配。"④

胡锦涛强调要注重处理好政府和市场的关系,努力提高全社会资源配置效率。胡锦涛指出,"我们实行社会主义市场经济体制,就是因为我们深刻认识到,市场是配置资源的有效形式,有利于发挥微观主体的内在动力和活力,从而创造更多社会财富。同时,我们也深刻认识到,市场从来都不是万能的,特别是在经济发展面临重大挑战的情况下,必须发挥政府应有的宏观调控作用,克服市场缺陷。总的看,市场作用和政府调控相辅相成、缺一不可,市场作用多一些还是政府作用多一些,需要根据宏观经济运行状况相机抉择。"⑤胡锦涛提出,要坚持社会主义市场经济的改革方向,进一步完善体制机制,"从制度上更好发挥市场在资源配置中的基础性作用;同时,又要发挥政府维护市场有序运转职能,不断加强和改善宏观调控,增强基本公共服务能力,实现社会资源优化配置。"⑥

习近平指出,要使市场在资源配置中起决定性作用和更好发挥政府作用。一方面,习近平指出,"市场决定资源配置是市场经济的一般规律,市场经济本质上就是市场决定资源配置的经济。健全社会主义市场经济体制必须遵循这条规律,着力解决市场体系不完善、政府干预过多和监管不到位问题。"⑦另一方面,习近平强调,"我国实行的是社会主义市场经济体制,我们仍然要坚持发挥我国社会主义制度的优越性、发挥党和政府的积极作用。市场在资源配置中起决定性作用,并不是起全部作用。"⑧

第二节　中外学者关于经济调节的主要观点

一、西方经济学界的观点

西方经济理论界对市场调节功能的认识也是不断变化的。斯密面对自由竞争资本主义

---

①　《邓小平文选》第3卷,人民出版社1993年版,第203页。

②　《邓小平文选》第3卷,人民出版社1993年版,第373页。

③　《江泽民文选》第1卷,人民出版社2006年版,第198页。

④　《江泽民文选》第1卷,人民出版社2006年版,第203页。

⑤⑥　《胡锦涛文选》第3卷,人民出版社2016年版,第453页。

⑦⑧　《习近平谈治国理政》第1卷,外文出版社2018年版,第77页。

的现实,主张让市场这只"无形的手"配置资源,其自由放任思想以个人利益与社会利益的内在一致为前提,却又囿于巩固资本利益的眼界,难以为全社会整体利益的实现提供有效的解决方案。萨伊从物物交换的商品经济出发,宣称"供给能够创造自己的需求",主张市场调节万能论。针对垄断资本导致社会生产无序和失控的状态,新老凯恩斯主义主张政府对市场失灵领域的干预和弥补,确认市场功能的多种缺陷。而适应经济全球化背景下国际垄断资本扩张的需要,新自由主义则摒弃政府干预,主张"市场万能论""市场原教旨主义"和"唯市场化改革"(当代凯恩斯主义代表人物斯蒂格利茨和克鲁格曼等批评性用语)。总体而言,对于市场配置资源的功能缺陷,西方学者提出了诸如市场结构理论、公共产品论、外溢性或外部效应、信息不对称、市场不完全、分配不公等观点,值得重视。在实践中,从自由资本主义阶段到私人的或国家的垄断资本主义阶段,乃至资本主义全球化体系,市场配置资源的作用范围、程度并不相同,结果更是迥然有别。市场配置资源的作用在现实生活中并非没有约束条件,也不完全是自发地实现。19世纪以来,西方资本主义市场经济的众多大大小小经济危机、金融危机和财政危机,以及贫富对立等事实,均证实上述理论分析的客观性,证实市场功能的利弊需要有扬有弃。

对资本主义国家经济管理实践产生重要影响的主要有两大理论流派,即以凯恩斯为代表的凯恩斯主义、以哈耶克和弗里德曼为代表的新自由主义。[①]

(一)凯恩斯主义的思想、政策主张和实践

凯恩斯主义的核心观点是:由于市场的自发调节无法实现充分就业,政府可运用财政政策和货币政策(主要是财政政策)来弥补私人投资的不足,以实现充分就业的宏观经济目标。这一理论的实质是:在不改变生产资料资本主义私有制的前提下,通过政府对"市场决定性作用"的干预和调节来实现社会资源的有效配置,即充分就业。以萨缪尔森为代表的新古典综合派和以曼昆为代表的新凯恩斯主义在论证方法上不断加以修改和补充,但其核心观点与传统凯恩斯主义是一致的。例如,萨缪尔森提出,由于对经济完全的自由放任会导致个人之间不平等的扩大以及宏观经济的不稳定,有必要在个人的创造性与最优社会规则之间寻找一条中庸之道。[②]这条中间道路的实质是将"市场决定性作用"与政府对经济的干预相结合。

在1929—1933年大危机时,一些开明的政治家就开始采取政策措施来摆脱经济危机。例如,1929年英国首相劳合·乔治提出以公共工程解决失业问题的方案,1933年美国总统罗斯福上台后推行包括公共工程在内的一系列增加购买力的政策。这些政策对于经济的复苏发挥了重要作用。第二次世界大战以后,在不涉及资本主义私有制的条件下,主要资本主义国家的政府对经济加以干预,从而在一定程度上实现对"市场决定性作用"缺陷的矫正。其政策措施主要有以下几方面:

第一,各国政府对经济进行宏观调节。一是需求管理,即根据经济周期而综合运用财政政策和货币政策调节总需求,以期熨平经济波动。但在实际政策操作上,为了刺激经济增长,各国主要采取了扩张的经济政策。二是产业促进政策,即通过产业政策来优化产业结

[①] 本讲所提到的新自由主义仅指以哈耶克和弗里德曼为代表的狭义新自由主义。

[②] 保罗·萨缪尔森主编《中间道路经济学》中译本序言,何宝玉译,首都经济贸易大学出版社2000年版。

构,使产业结构不断高级化。三是经济计划化,即通过经济计划来引导企业的投资和经营。四是福利政策,即通过在再分配领域改善低收入者的收入状况来增加总需求。[①]

第二,各国政府对经济实施一定程度的微观调节或规制。一是通过制定和执行法律和制度来维持经济秩序的正常运行。二是对私人垄断企业(特别是自然垄断企业)等加以规制。其途径主要有反垄断法、限制垄断价格等。[②]

第三,各国政府通过直接参与社会生产过程来影响市场的供给和需求。一方面,政府通过向私人企业订货、采购等活动来影响总需求;另一方面,政府通过国家独资或与私人合营的企业来生产和提供公共产品。国有化现象在战后西欧各国较为突出。例如,1968年,法国、意大利、联邦德国、荷兰、英国和比利时的国有企业资产占全国资产总额的百分比分别为33.5%、28%、22.7%、21%、17%和13.5%,这些国家的国有资产主要集中于一些重要的生产部门。

作为改良资本主义的凯恩斯主义具有进步性,但其改良资本主义的局限性又导致政策主张在具体实施过程中形成了滞胀现象。在第二次世界大战后的20多年中,主要资本主义国家的政府都在不同程度上采用了凯恩斯主义的政策主张,这使得主要资本主义国家的经济获得了20多年较为稳定的增长。而在具体的政策实践中,这些国家长期实施的主要是扩张性的财政政策和货币政策,以刺激私人投资的增长,这既导致国家财政长期赤字,又导致货币供给量增长速度超过国内生产总值,从而形成越来越严重的通货膨胀。例如,1946—1975年,美、日、法、英、意分别有24、23、27、26和30个赤字年份。联邦德国在1950—1975年有22个赤字年份。而1961—1970年,美、日、联邦德国、法、英的货币供给量M1增长率与国内生产总值增长率之比分别为1.13、1.89、1.74、1.66和2。到了20世纪70年代,长期的固定资产投资已形成严重过剩的生产能力,而这一时期的石油危机造成生产成本上升。扩张性政策已无法进一步刺激私人投资增加,经济增长陷入停滞之中,形成经济停滞与通货膨胀并存的"滞胀"现象。

(二) 新自由主义的思想、政策和实践

新自由主义的核心观点是:在长期,市场的自发调节会使一国实际就业率趋向于与由该国技术水平、文化风俗和自然资源等因素决定的自然就业率相等,而政府干预经济的政策对于实现自然就业率是无效的。[③]弗里德曼提出,以控制货币供给量为目标的货币政策是熨平资本主义短期经济波动的唯一有效的政策。[④]新自由主义理论的本质是宣扬"市场万能论"的"市场原教旨主义",其政策主张集中体现在1989年为解决拉美国家经济衰退而形成的华盛顿共识中。华盛顿共识既包含加强财经纪律、政府支出重点转向经济效益好的领域和促进收入分配改善的文教卫生和基础设施建设领域、降低边际税率和扩大税基等合理的政策主张,又包含很多脱离拉美国家实际的政策主张,如较快实施利率自由化、更具竞争性的汇率制度、贸易自由化和放松外国直接投资限制等市场开放原则,以及国有企业私有化、放松进入与退出的政府管制等减少或取消政府干预的主张。

---

① 熊性美、陈漓高:《战后资本主义国家干预与再生产周期》,《南开经济研究》1989年第2期。
② 高鸿业:《西方经济学》(第4版),中国人民大学出版社2007年版,第376—378页。
③ 高鸿业:《20世纪西方微观和宏观经济学的发展》,《中国人民大学学报》2000年第1期。
④ 高鸿业、吴易风:《第四讲 货币主义和供应学派》,《教学与研究》1986年第4期。

新自由主义的政策主张在具体实践中为金融和经济危机的频繁发生埋下了祸根。20世纪70年代中期以后,凯恩斯主义对滞胀问题的束手无策使新自由主义的政策主张在主要发达资本主义国家得到不同程度的实施。例如,英国前首相玛格丽特·撒切尔和美国前总统罗纳德·里根在执政期间都采纳了新自由主义的政策主张。弗里德曼关于控制货币供给量的货币政策主张对于抑制通货膨胀,从而使经济摆脱滞胀,确实发挥了一定的作用。但是,新自由主义对"市场决定作用"的自由放任,也造成了严重的消极后果。其一,私有化政策是经济危机的根源,即生产社会化与资本主义私人占有之间的矛盾更加突出。例如,英国前首相撒切尔在三个任期内将国有企业私有化进程逐步推向深入,逐渐发展成为一个系统战略。①私有化过程使社会财富分配向少数私人垄断资本所有者倾斜,加剧了贫富两极分化,导致社会生产的无限扩大与有支付能力的需求不断缩小之间的矛盾日益加深。其二,金融市场的管制放松导致金融风险不断积累,从而金融危机频繁发生。由于缺乏对金融市场的有效监管,金融机构可以不受约束地从事各种高风险业务以获取高额利润。金融机构的金融创新活动过度扩张,导致虚拟经济严重脱离实体经济,从而使经济运行风险不断积累。金融市场的风险积累使金融危机频繁发生,成为经济危机的引爆器。其三,对收入分配调节的缺乏使贫富分化现象加剧。在初次分配领域,垄断资本主义条件下的资本积累必然导致社会收入分配的两极分化。而在再分配领域,新自由主义的政策导向使政府对收入分配没有进行有效的调节,从而使贫富分化日益扩大。例如,里根等执政期间对收入分配监管的缺失,为社会冲突的加深埋下了隐患。

近年一些西方著名经济学家关于市场与政府的观点也值得重视。《21世纪资本论》的作者托马斯·皮凯蒂用西方主要国家的长时期数据印证,摒弃政府调节的新自由主义大大加重了资本主义世界财富和收入分配的巨大不平等,反倒是重视政府干预的凯恩斯主义盛行时期有关国家的收入不平等才没有扩大。诺贝尔经济学奖得主斯蒂格利茨认为,由于市场和政府干预在信息和激励方面各具长处与局限,有的市场失灵可以通过减少政府干预来解决,而有的市场失灵则需要政府干预来解决。2014年他又告诫说,中国当前很多问题都是由于市场管得过多而政府管得过少,中国不能重走美国的老路,中国领导者的挑战在于设计一套符合自己发展阶段的有效的监管体系。另一位诺贝尔经济学奖得主萨缪尔森确认,完全的自由放任与社会不平等的扩大有着必然的联系。他建议中国在市场与政府的关系上不宜过分偏向某一方,而应走中间道路。

二、我国经济理论界研究经济调节

我国经济理论界以按比例发展规律为基点,对市场与国家的经济调节功能进行了探讨。这些探讨主要围绕以下几个方面进行。

一是按比例发展规律的内涵。绝大多数学者根据马克思"按比例分配社会劳动"的论断,把按比例发展规律的内涵仅仅理解为劳动时间的按比例分配。有代表性的是蒋学模,他认为按比例分配社会劳动规律就是按照社会生产力特定发展阶段所形成的分工协作关系,根据社会需要的构成及其变化,将社会总劳动时间(包括物化劳动和活劳动)按比例地配置

---

① 毛锐:《从货币主义到私有化——论撒切尔政府私有化政策的提出》,《山东师范大学学报(人文社会科学版)》2004年第6期。

到不同产品和服务的生产和流通中去,使社会再生产协调发展,以便在实现经济总量平衡和结构平衡的前提下提高经济效益。[①]而赵华荃从更广的范围提出按比例分配社会劳动规律实质上就是"按比例协调发展规律",包括按比例分配经济、社会资源以及保持经济、社会和人口、自然资源、环境的协调发展。[②]郭飞认为要区分按比例分配社会劳动规律与按比例分配生产要素规律,认为按比例分配社会劳动规律的含义是按比例地分配活劳动和物化劳动(或者说按比例地分配劳动力和凝结着人类劳动的生产资料),而按比例分配生产要素规律的含义则是按比例地分配劳动力和全部生产资料。前者不包括按比例地分配未凝结人类劳动的生产资料(如原始森林、未开垦的土地和地下蕴藏的矿物资源等),后者则包括;前者作用的范围小,后者作用的范围大。两者是局部和整体的关系。

二是按比例发展规律的适用范围。大多数学者根据马恩的著作的相关论述,认为按比例规律是一切社会共有的经济规律;在私有制商品经济条件下按比例规律是通过价值规律来实现的,在社会主义公有制条件下是通过计划规律来实现的,比价值规律的调节更有效。杨坚白则认为,在社会主义社会,社会产品的价值关系(C、V、M 的关系)也要以按比例发展规律的客观要求为依据,在社会主义经济革命和经济建设过程中,价值规律的作用越来越小;而按比例发展规律的作用,则随着计划经济的发展越来越大;到商品经济不复存在的时候,价值规律将完全退出历史舞台而为按比例发展的规律所代替。[③]张连城认为,在不同的社会经济条件下,按比例发展规律的表现形式是不同的。在自然经济中,社会劳动在各种不同职能上的分配是直接以劳动时间为尺度的,而社会需要则直接表现为社会对各种使用价值的需要,因而劳动和产品以及社会需要"也就用不着采取与它们的实际存在不同的虚幻形式"[④];在商品经济中,社会劳动与社会需要之间的比例关系只能通过市场的供求矛盾运动表现出来,社会劳动与社会需要之间的最优比例以及最佳生产结构只能表现为在社会经济正常运转状态下的市场供求平衡[⑤]。段丽玲认为,两种调节方式的方向和目的是一致的,只不过有计划发展规律起着宏观平衡的调节作用,而价值规律起着调节微观平衡的动力作用[⑥]。段学慧认为,按比例发展规律是一切以分工为基础的社会化生产的共同规律,贯穿于社会再生产的各个环节,既适用于宏观经济领域,也适用于微观经济领域。[⑦]

三是按比例发展规律的实现方式。魏杰认为,社会主义商品经济条件下,按比例规律要借助于有计划规律和价值规律来实现[⑧]。王珏认为,节约和按比例分配社会劳动的一般规律,在社会主义经济条件下,是通过在全社会范围内自觉地有计划地利用价值规律来实现的[⑨]。张连城认为,计划和市场调节都是按比例规律的实现形式,而价值规律是按比例规律在以私有制为基础的商品经济中实现自己要求的唯一可能的形式;有计划的市场调节是按

①　蒋学模:《高级政治经济学》,复旦大学出版社 2001 年版,第 86 页。

②　赵华荃:《论社会主义的基本经济规律》,北京:当代中国出版社 2015 年版,第 73 页。

③　杨坚白:《按比例发展规律与价值规律》,《经济研究》1959 年第 2 期。

④　《马克思恩格斯全集》第 43 卷,人民出版社 2016 年版,第 71 页。

⑤　张连城:《论社会劳动的分配与调节——兼论按比例分配社会劳动规律的内涵、表现形式和实现形式》,《云南社会科学》1987 年第 1 期。

⑥　段丽玲:《有计划发展规律与价值规律的关系》,《江苏商业管理干部学院学报》1986 年第 1 期。

⑦　段学慧:《按比例发展规律及其实现机制》,《当代经济研究》2016 年第 9 期。

⑧　魏杰:《试谈按比例规律在社会主义条件下的实现形式》,《西北大学学报(哲学社会科学版)》1980 年第 3 期。

⑨　王珏:《关于计划市场问题》,《中州学刊》1986 年第 2 期。

比例规律以生产资料公有制为基础的商品经济的特定实现形式。刘桂斌认为,在社会主义商品经济中的计划调节和市场调节相结合中,计划调节应该居于主导。杨洛认为,计划经济为主、市场调节为辅相结合的按比例分配社会劳动时间的方式,是一切真正的科学的社会主义经济所共有的根本特征。余斌在研究生产资料优先增长与按比例配置资源问题时指出,马克思和列宁所举的公式中生产资料的优先增长都是按比例配置资源的结果,因而在按比例配置资源平衡生产的问题上,必须研究如何"更好发挥政府作用"。[①]李成勋在具体地分析国民经济中的主要比例关系的基础上,提出按比例平衡发展就是计划性,中国特色社会主义市场经济应是有计划的市场经济,要"更好发挥政府作用"。[②]

第三节 评析与创新

我们在《构建"以市场调节为基础、以国家调节为主导"的新型调节机制》《论市场在资源配置中的决定性作用——兼论中国特色社会主义的双重调节论》《论按比例规律与市场调节规律、国家调节规律之间的关系》等不少论著中,不断探索和完善市场调节和国家调节功能性相结合的新理论。

一、市场调节规律与按比例发展规律的关系

(一)市场调节规律的内涵

市场调节规律是商品经济的基本矛盾即私人劳动或局部劳动和社会劳动之间矛盾运动的规律。

价值规律的内涵是:商品的价值量由生产商品的社会必要劳动时间所决定;生产某种商品所耗费的劳动时间在社会总劳动时间中所占比例须符合社会需要,即同社会分配给这种商品的劳动时间比例相适应;商品交换按照价值量相等的原则进行。供求关系、竞争和价格波动在资源配置中的作用以市场价值为基础,是价值规律的具体实现形式。

在商品经济中,每个商品生产者的劳动首先表现为私人劳动,私人劳动只有通过商品交换才能转化为社会劳动。因此,为实现商品的价值,商品生产者需要将私人的个别劳动时间转化为社会必要劳动时间。商品生产者的个别劳动时间首先转化为同一生产部门内部生产同种商品的社会必要劳动时间(即在现有的社会正常的生产条件下,在社会平均的劳动熟练程度和劳动强度下生产某种使用价值所需要的劳动时间),然后进一步转化为不同生产部门之间生产不同商品的社会必要劳动时间(即"由当时社会平均生产条件下生产市场上这种商品的社会必需总量所必要的劳动时间"[③])。商品按照社会价值进行交换,就必须使社会生产这种商品所耗费的劳动总量时间符合社会总劳动时间按比例分配给这种商品的必要劳动时间,即生产某种商品所耗费的劳动时间在社会总劳动时间中所占比例符合社会需要,同社会

---

① 余斌:《生产资料优先增长与按比例配置资源》,《马克思主义研究》2014 年第 6 期。

② 李成勋:《不可漠视国民经济按比例发展规律》,《毛泽东邓小平理论研究》2016 年第 3 期。

③ 《马克思恩格斯文集》第 7 卷,人民出版社 2009 年版,第 722 页。

分配给这种商品的劳动时间比例相适应。马克思强调:"商品的价值规律决定社会在它所支配的全部劳动时间中能够用多少时间去生产每一种特殊商品。但是不同生产领域的这种保持平衡的经常趋势,只不过是对这种平衡经常遭到破坏的一种反作用。"①

从《资本论》的阐述中,撇开国际生产和交换,可以得出价值规律对一国资源配置的作用分为两个层面:一是在企业或微观层面上,通过同一种商品的价值由社会必要劳动时间(即第一种含义的社会必要劳动时间)决定的要求,形成社会价值与个别价值的差额,推动同一部门不同企业优胜劣汰,资源向优势企业集中,促进资源配置效率的提高和社会生产力的发展;二是在社会或宏观层面上,通过第二种含义的社会必要劳动时间(即按社会需要合比例地分配于各个生产部门的必要劳动时间)的作用,使资源配置建立在社会劳动按比例分配规律的基础上,在资本为争夺高利润率的竞争中,通过资本和劳动力等生产要素在社会生产各部门的自由流动,推动资源向生产效率高的部门转移,促进产业结构的合理化和高级化。②

(二) 市场调节规律与按比例发展规律的关系

市场调节规律(或价值规律)是按比例发展规律在商品经济中的一种基本实现形式。马克思说过,"在社会劳动的联系体现为个人劳动产品的私人交换的社会制度下,这种按比例分配劳动所借以实现的形式,正是这些产品的交换价值。"③在商品经济中,价值规律通过竞争引起的交换价值即价值形式的自发波动来实现按比例发展规律。商品经济中的竞争通过引发商品交换价值的自发波动为商品生产者提供商品供求平衡状况的信号,从而自发地引导生产。恩格斯指出:"只有通过竞争的波动从而通过商品价格的波动,商品生产的价值规律才能实现,社会必要劳动时间决定商品价值这一点才能成为现实。""单个的商品生产者只有通过产品的跌价或涨价才能明白社会需要什么、需要多少和不需要什么。"④价值规律实现按比例发展规律的作用随着交换价值即价值形式和经济体制的变化而不断变化。

1. 在简单商品经济中的作用

在简单商品经济中,市场调节规律(或价值规律)实现按比例发展规律的作用总体上较小。

在直接为交换而生产的商品经济产生之前,虽然商品交换已经出现,但是市场调节规律(或价值规律)还处于萌芽阶段,在实现按比例发展规律方面发挥的作用极小。在原始社会后期,由于生产力水平低下,剩余产品的交换只是非常偶然地发生在部落内部。这些偶然的交换中的价值形式表现为简单的、个别的或偶然的价值形式。这种价值形式对商品价值的表现并不充分,只是以另一种商品的使用价值来表现商品的价值,而没有充分表现出价值的本质,即一般人类劳动的凝结。在原始社会末期,以游牧部落同其余的野蛮人群的分离为主要内容的第一次社会大分工,使商品交换逐渐由偶然的交换变成经常的交换,由氏族酋长之间进行的交换逐渐转变为个人交换。相应地,简单商品经济中的价值形式从简单的、个别的或偶然的价值形式缓慢过渡到总和的或扩大的价值形式,并逐渐发展为一般价值形式。总和的或扩大的价值形式第一次使商品价值真正表现为无差别的人类劳动的凝结,但还没有获得统一的表现形式,仍然是一种不充分的价值表现形式。而一般价值形式在商品世界中

---

①　《马克思恩格斯文集》第 5 卷,人民出版社 2009 年版,第 412 页。

②　王天义:《论价值规律在资源配置中的决定作用》,《当代经济研究》2015 年第 8 期。

③　《马克思恩格斯文集》第 10 卷,人民出版社 2009 年版,第 289 页。

④　《马克思恩格斯文集》第 4 卷,人民出版社 2009 年版,第 209—210 页。

充当一般等价物,但在时间上并不固定,在空间上局限在较小地区内。因此,在商品经济产生之前的最初交换中,真正意义上的竞争还未形成,从而不能通过交换价值的经常性波动来有力地调节社会劳动的分配。

简单商品经济产生以后,价值规律就开始通过自发调节商品生产和商品交换来实现按比例发展规律,但调节作用仍然较为有限。以手工业和农业的分离为主要内容的第二次社会大分工逐渐形成和发展,便促成直接以交换为目的的商品生产的发展。随着社会分工的发展和商品生产的出现,市场也随之形成,因而列宁说得好:“哪里有社会分工和商品生产,那里就有‘市场’。”①相应地,价值形式逐渐从一般价值形式过渡到货币形式。一种商品的价格形式即这种商品以货币表现出来的价值形式。竞争通过商品价格的自发波动来贯彻价值规律。在这一过程中,市场调节规律(或价值规律)作为一种盲目力量自发调节社会劳动,从而维持着生产的社会平衡,以实现按比例发展规律。价值规律的这种盲目性调节作用具有两面性。价值规律调节(或市场调节)使市场具有资源短期配置、微观均衡、信号传递、技术创新和利益驱动等功能优势,但同时又存在调节目标偏差、调节速度缓慢、调节成本昂贵、调节程度有限、阻碍技术进步等功能弱点。这些功能弱点,反映了货币作为流通手段和职能所包含的经济危机可能性。但在转化为资本主义市场经济之前,简单商品经济在整个社会经济中没有占支配地位。因此,这种经济危机的可能性在这一阶段并没有变成现实。

2. 在资本主义市场经济中的作用

资本主义市场经济的发展历程包括两大阶段,即自由放任的自由资本主义市场经济和有国家干预的垄断资本主义经济。但不管在哪个发展阶段,市场调节规律(或价值规律)在实现按比例发展规律中均发挥决定性作用,只是有量变和部分质变的区别。

在自由竞争阶段的资本主义市场经济中,市场调节规律(或价值规律)与私人剩余价值规律的共同作用使得市场调节规律(或价值规律)的自发作用所产生的功能弱点得到强化和放大。私人剩余价值规律是资本主义基本矛盾(即生产的社会化与生产资料的资本主义私人所有制之间的矛盾)的运动规律。在生产力方面,资本主义商品生产的社会化,不仅要求个别企业内部生产具有组织性和计划性,而且全社会的商品生产形成有组织的社会分工,从而实现按比例发展规律。在生产关系方面,生产资料的资本主义私人所有制,决定私人资本所有者唯一的生产目的是追求私人剩余价值或私人利润,而劳动力所有者只能靠出卖劳动力为生。因此,在资本主义市场经济中,生产力与生产关系之间的矛盾就具体化为资本主义的基本矛盾。这一基本矛盾主要表现在两个矛盾。

一是个别企业内部生产的有组织性与整个社会生产的无政府或无秩序状态之间的矛盾。这一矛盾是私人劳动与社会劳动之间的矛盾在资本主义市场经济中的具体体现。由于生产资料的资本主义私人占有,私人资本所有者的个别企业内部具有较高程度的计划性和组织性:生产资料由一批劳动者共同使用;生产过程由一系列的分工协作来共同完成;劳动产品成为劳动者的共同产品。但是由于生产资料的资本主义私人占有,在整个社会经济中,各行业各企业之间的商品生产则缺乏协作和调节而处于无效组织状态。这不利于实现按比例发展规律的良性发展,容易导致生产相对过剩。

二是生产无限扩大的趋势与劳动人民有支付能力的需求相对缩小之间的矛盾。在资本

----

① 《列宁全集》第1卷,人民出版社2013年版,第79页。

主义市场经济中,追求剩余价值的内在动力和竞争的外在压力,促使私人资本所有者不断把赚取的剩余价值转化为资本,从而使资本积累规模和生产规模不断扩大,以至形成垄断并逐步向世界扩张。但是,生产资料的资本主义所有制决定了私人资本所有者为获取尽可能多的剩余价值而尽可能地加强对劳动者的剥削,造成社会的贫富两极分化:占社会人口少数的私人资本所有者阶层占有大部分社会财富,而占社会人口绝大多数的劳动者及其家庭成员所拥有的财富只占极少部分社会财富。马克思指出:"工人为自己生产的不是他织成的绸缎,不是他从金矿里开采出的黄金,也不是他盖起的高楼大厦。他为自己生产的是工资,而绸缎、黄金、高楼大厦对于他都变成一定数量的生活资料,也许是变成棉布上衣,变成铜币,变成某处地窖的住所了。"①因此,社会多数人口由于财富和收入水平相对低下而对社会商品有支付能力的需求相对不足,即使大搞寅吃卯粮的消费信贷也不能根本缓解。这也不利于实现按比例发展规律。比如,美国由于劳动者买不起商品房而导致为缓解商品房相对过剩所采用的"次贷"及其引爆的各种危机,便是明证。

在自由竞争阶段的资本主义市场经济中,市场调节规律(或价值规律)与剩余价值规律的共同作用,是部分通过破坏性的资本主义经济危机来实现按比例发展规律的。资本主义基本矛盾及其决定的具体矛盾,必然引起生产相对过剩的经济危机周期性爆发。马克思指出:"一切现实的危机的最终原因,总是群众的贫困和他们的消费受到限制,而与此相对比的是,资本主义生产竭力发展生产力,好像只有社会的绝对的消费能力才是生产力发展的界限。"②恩格斯也指出:"自从商品生产具有世界市场的规模以来,按私人打算进行生产的单个生产者同他们为之生产、却对其需求的数量和质量或多或少不了解的市场之间的平衡,是靠世界市场的风暴、靠商业危机来实现的。"③可见,经济危机客观上成为按比例发展规律在自由竞争阶段资本主义市场经济中的实现方式。

在国家垄断资本主义经济中,市场调节规律(或价值规律)仍然在实现按比例发展规律中发挥决定性作用,但一定程度上和一定范围内受到了国家调节规律的制约。由于资本主义经济危机的巨大破坏性,国家垄断资本主义在日渐增多的资本主义国家的国民经济中产生,并逐渐发挥重要功能。在现代资本主义国家,如果市场调节规律(或价值规律)自发作用的消极影响受到国家的有效控制,则各种经济危机的破坏性就有所减弱,从而按比例发展规律的实现代价就有所减轻;反之则相反。西方国家在 20 世纪 30 年代的大萧条、70 年代的严重滞胀、90 年代金融危机和当前的金融和经济危机等,均表明倘若市场调节的基础性决定作用与国家调节的主导性决定作用不能有效结合,则国民经济不仅会遭到严重破坏,而且往往波及范围更加广泛、影响更加深刻,从而按比例发展规律的实现代价仍然很大。

3. 在传统的社会主义计划经济中的作用

在传统的计划经济实践中,除了苏联战时共产主义经济等个别时期几乎取消了商品经济以外,商品生产和商品交换在各社会主义国家的大多数时期得到了不同程度的发展。因此,市场调节规律(或价值规律)仍在一定程度上发挥分配社会劳动、进行经济核算、促进商品生产和交换的作用,但不起基础性或决定性作用。

---

① 《马克思恩格斯文集》第 1 卷,人民出版社 2009 年版,第 716 页。
② 《马克思恩格斯文集》第 7 卷,人民出版社 2009 年版,第 548 页。
③ 《马克思恩格斯文集》第 4 卷,人民出版社 2009 年版,第 210—211 页。

4. 在社会主义市场经济中的作用

在我国社会主义市场经济中,市场调节规律(或价值规律)主要是在一般资源的配置领域发挥决定性作用,但发挥作用的条件与资本主义市场经济不同。

第一,我国社会主义市场经济具有与资本主义市场经济性质不同的经济基础,即中国特色社会主义基本经济制度。其核心是:公有制为主体、多种所有制共同发展。公有制为主体的基本经济制度,从根本上消除了经济危机产生的根源,即生产社会化与生产资料资本主义私人占有之间的矛盾,从而使按比例发展规律较平稳地在国民经济的许多领域通过市场调节规律(或价值规律)的作用得以实现。

第二,国家调节规律(或计划规律)通过与市场调节规律(或价值规律)的有机结合来实现按比例发展规律。两者在社会主义市场经济中形成一个有机整体,在功能上能够实现良性互补,在效应上能够达到协同,即市场调节规律(或价值规律)自发调节与配置资源而实现短期利益和局部利益;而国家调节规律(或计划规律)通过专业职能机构来主动规划与配置重要资源,以实现社会和企业的长远利益和整体利益。

因此,在以公有制为主体的社会主义市场经济中,市场调节规律(或价值规律)容易充分发挥其积极引导作用,避免其可能导致的消极后果。

二、国家调节规律与按比例发展规律的关系

(一)国家调节规律的内涵

国家调节规律(或计划规律)是商品经济的基本矛盾即私人劳动或局部劳动同社会劳动之间矛盾运动在受国家调节的社会化大生产中表现出的客观经济规律。

国家调节规律(或计划规律)的内涵是:国家运用经济、法律、行政、劝导等国家政权手段,自觉利用社会大生产发展的客观规律,根据社会生产和国民经济的实际运行状况和发展态势,预先制定社会生产和国民经济的总体规划,并科学合理地调节社会总劳动在各生产部门和整个国民经济中的分配。可见,国家调节规律(或计划规律)的内涵包含如下要点。

第一,国家对社会生产和国民经济的规划和调节是社会化大生产的必然要求。在垄断资本主义初期的社会化生产中,生产相对过剩的经济危机的猛烈爆发所造成社会资源的巨大浪费,使人们意识到,只有国家从整体上调节社会生产和国民经济,才能矫正价值规律的盲目自发作用,从而实现按比例发展规律。正如马克思所科学预言的:"只有在生产受到社会实际的预定的控制的地方,社会才会在用来生产某种物品的社会劳动时间的数量和要由这种物品来满足的社会需要的规模之间,建立起联系。"[1]

第二,国家对社会生产和国民经济的规划和调节,建立在科学认识和准确把握社会化大生产和国民经济发展的相关客观规律的基础之上。国家规划与调节社会生产和国民经济需要以对经济规律系统、自然发展规律系统、社会发展规律系统、科技发展规律系统等的科学认知为指导。凡是有人参与的活动,均具有主观性和客观性的双重性。不能因为国家规划、计划和调节是有人参与的,就否认其中包含客观性,进而认为"国家调节规律""计划规律"等概念不成立。照此逻辑推论,市场活动也是有人参与的,其主体就是人,那也就不存在"市场

---

① 《马克思恩格斯文集》第7卷,人民出版社2009年版,第208页。

调节规律""价值规律"等相似的概念。市场调节说到底,是经济活动的自然人和法人的行为变动,也可以说就是企业的行为或调节,如产品、价格和竞争等方面的所作所为。因此,市场调节规律和国家调节规律都是在形式上具有人的活动主观性,在内容上具有人的活动客观性;良性而有效的微观和宏观经济活动,要求在企业和政府工作的所有人,均应努力使人的主观能动性符合经济活动的客观规律性,以便实现主客观的有效统一。

第三,国家对社会生产和国民经济的规划和调节是由调节目标、调节手段和调节机制这三部分构成的有机系统。国家规划和调节社会生产,首先需要规划和制定科学的调节目标,并以合理的调节机制为依据,综合运用有效的调节手段来实现调节目标。因此,调节目标、调节手段和调节机制构成相互联系、不可分割的有机整体。

(二)国家调节规律与按比例发展规律的关系

我国著名经济学家刘国光近年重新倡导和阐述"有计划按比例发展规律"[1],这是十分必要和重要的。不过,按比例发展规律与计划规律是有密切关联的两个规律,国家调节规律(或计划规律)是按比例发展规律在受国家调节的社会化大生产和国民经济中的一种实现方式。马克思认为,在以共同生产为基础的社会中,"社会必须合乎目的地分配自己的时间,才能实现符合社会全部需要的生产。因此,时间的节约,以及劳动时间在不同的生产部门之间有计划的分配,在共同生产的基础上仍然是首要的经济规律。"[2]但是,在国家垄断资本主义阶段和社会主义初级阶段,由于国家的存在,对社会生产和国民经济的总体规划和综合调节只能由国家来承担。

通过国家调节规律(或计划规律)实现按比例发展规律的作用,在不同社会和同一社会的不同发展阶段差别很大。

1. 在国家垄断资本主义经济中的作用

国家垄断资本主义产生于第一次世界大战期间主要参战国的战时国民经济管理,1929—1933 年经济危机后逐渐在主要资本主义国家的经济中占主导地位。为实现按比例发展规律,国家垄断资本主义对市场调节规律(或价值规律)的消极作用加以矫正和调节。

国家垄断资本主义调节经济的指导思想主要有两大理论流派,即各种凯恩斯主义思想和各种新自由主义思想。

凯恩斯主义思想于实践中的运用在一定程度上有利于按比例发展规律的实现,但具有很大的局限性。凯恩斯主义的核心内容是:为实现充分就业(其实质是按比例发展规律),政府主要可运用财政政策以及货币政策来弥补私人投资的不足。这一思想流派的各种理论在社会化大生产实践中的运用,的确在一定程度上减轻了市场调节规律(或价值规律)的消极作用,缓解了经济危机的破坏性,使得主要资本主义国家的经济在第二次世界大战后的 20 多年中保持了相对稳定的增长。但是,由于仍然坚持生产资料资本主义私有制的主体地位,凯恩斯主义思想指导下国家对社会生产的规划和调节在调节范围、调节程度和调节效果上都具有很大的局限性。此外,凯恩斯主义思想的政策主张在具体实施过程中的扩张性,导致了

---

①　刘国光:《关于政府和市场在资源配置中的作用》,《当代经济研究》2014 年第 3 期;刘国光:《有计划,是社会主义市场经济的强板》,《光明日报》2009 年 3 月 17 日第 10 版。

②　《马克思恩格斯文集》第 8 卷,人民出版社 2009 年版,第 67 页。

20世纪70年代的滞胀现象。

新自由主义思想在实践中的运用为金融危机和经济危机的频繁发生埋下了祸根。新自由主义的核心是:在长期,市场调节规律(或价值规律)的自发作用可使一国实际就业率趋向于与由该国技术水平、文化风俗和自然资源等因素决定的自然就业率相等(即实现按比例发展规律),而国家对社会经济的规划和调节对于实现自然就业率是无效的。①20世纪70年代中期以后,由于凯恩斯主义对滞胀问题的束手无策,新自由主义思想流派的政策主张在主要发达资本主义国家得到不同程度的实施。新自由主义流派代表人物弗里德曼关于控制货币供给量的货币政策主张在实践中的运用,对于抑制通货膨胀,从而使经济摆脱滞胀,确实发挥了一定的积极作用。但是,新自由主义对市场调节规律(或价值规律)总体上的自由放任,必然造成资本主义基本矛盾更加突出、贫富两极分化、金融危机和经济危机频繁发生等严重的消极后果。

2. 在传统的社会主义计划经济中的作用

各社会主义国家在成立初期,在生产资料公有制的基础上都建立了高度集中的传统计划经济体制。尽管社会生产组织形式在不同历史时期存在一定差异,但各社会主义国家都对整个社会生产进行了统一、集中的组织和管理,从而使国家调节规律(或计划规律)在按比例发展规律实现中取得了支配地位,而市场调节规律(或价值规律)处于辅助和从属地位。传统计划经济体制由于以生产资料公有制为基础,从根本上消除了经济危机产生的根源(即生产社会化与生产资料资本主义私人占有之间的矛盾),对于按比例发展规律的实现发挥着重要作用,从而促进了生产力的大发展。但是,这种经济体制暴露出国家调节偏好主观、国家调节动力匮乏、经济活力不足等弊端。为了克服这些弊端,包括中国在内的一些社会主义国家开始市场取向的经济改革。

3. 在社会主义市场经济中的作用

在我国社会主义市场经济中,国家规划和调节社会生产的指导思想或核心观点是:国家调节规律(或计划规律)通过与市场调节规律(或价值规律)的有机结合来实现按比例发展规律。

国家调节规律(或计划规律)在实现按比例发展规律中的作用主要有以下几个方面。

一是通过宏观调控和微观规制共同矫正市场调节规律(或价值规律)的消极作用,即弥补市场失灵。宏观调控主要是根据经济运行状况,通过财政、货币、产业、分配等经济手段和政策,以及法律和必要的行政手段,对投资、消费、外贸、就业和科技等市场活动进行调节,从而保持宏观经济稳定,实现就业充分、物价基本稳定、产业结构合理、国际收支平衡、分配公平等宏观经济目标。微观规制主要是综合运用经济、法律、行政等手段对微观经济主体的行为进行监管,以及加强和优化公共服务,以维护公平的市场竞争秩序、推动科技创新、促进社会和谐以及保持生态良好,从而实现经济、政治、社会、文化和生态全面协调与可持续发展。

二是对一般资源的长期配置和对地藏资源等特殊资源起决定性作用或直接配置。在一般资源的长期配置中,政府通过统筹短期利益与长远利益来实现规划配置。而由于地藏资源等特殊资源的不可再生性,政府则通过统筹短期利益与长远利益、局部利益与整体利益来实现这些资源的直接配置。航空、江河、铁路、公路和管道及邮电等交通运输方面的物质资源配置,基本上都是由国家决定,然后才进行部分市场化操作,而非直接由市场(企业)决定这些重要物质资源的配置。

---

① 高鸿业:《20世纪西方微观和宏观经济学的发展》,《中国人民大学学报》2000年第1期。

三是在教育、医疗、文化等非物质资源配置中发挥决定性或主导性作用。教育、医疗和文化中的许多项目对经济社会发展具有全局性、长期性、公益性和民生性的特点。如果这些服务领域搞唯市场化和市场决定，那么，社会公平正义和价值导向就无法圆满实现。这些领域只能由国家调节规律（或计划规律）发挥主导性作用，结合市场机制，以实现作为非物质资源的高效而又公平的合理配置。

四是通过在财富和收入分配领域的较大调节作用来促进共同富裕。第一，国家调节规律（或计划规律）在初次分配环节调节收入和财富的分配。一方面，政府通过相关法律法规的制定和执行，对收入和财富的分配发挥较大的调节作用；另一方面，国家通过公有制企业来确定积累与消费的适当比例和按劳分配，确保劳动报酬在初次分配中的合理比重，促进劳动报酬增长与劳动生产率提高同步。第二，在再分配环节，国家调节规律（或计划规律）对初次分配造成的贫富过度分化的趋势进行矫正和调节，促使居民收入增长和经济发展同步，从而实现居民收入在国民收入分配中的较高比重。一方面，政府通过不断完善基础设施、基本公共服务、社会保障、资源要素和户籍等方面的制度来构建社会公平保障体系；另一方面，政府通过税收等制度来调节高收入群体的过高收入，通过转移支付手段来提高低收入群体的收入，并通过法律手段来取缔非法收入。[①]

综上所述，在新发展阶段推动我国经济高质量发展的过程中，提出市场调节规律、国家调节规律和按比例发展规律及其相互关系，具有极其重要的学术价值和政策内涵。按比例发展规律是人类社会生产和国民经济的普遍规律。市场调节规律（或价值规律）是商品经济中按比例发展规律的重要实现方式，并在简单商品经济转化为资本主义商品经济以来，在按比例发展规律实现中发挥决定性作用。国家调节规律（或计划规律）是按比例发展规律在受国家调节的社会化大生产和国民经济中的一种实现方式。在我国社会主义市场经济中，国家调节规律（或计划规律）与市场调节规律（或价值规律）结合成在功能上良性互补、效应上协同的有机整体来实现按比例发展规律，消除各种比例失调的经济问题，从而"以尽可能少的资源投入生产尽可能多的产品、获得尽可能大的效益。"[②]

延伸阅读

复习思考题

1. 简述马克思按比例发展规律的基本观点。
2. 简述市场调节规律与按比例发展规律的关系。
3. 简述国家调节规律与按比例发展规律的关系。
4. 为什么要把市场调节规律与国家调节规律结合起来？

---

① 程恩富、高建昆：《论市场在资源配置中的决定性作用——兼论中国特色社会主义的双重调节论》，《中国特色社会主义研究》2014 年第 1 期。
② 《习近平谈治国理政》第 1 卷，外文出版社 2014 年版，第 77 页。

案 例 分 析

中国高铁跑出"加速度"

全面加强基础设施建设,是推动高质量发展的题中之义。作为大规模基础设施投资项目,高铁给中国经济社会注入更多活力与动力。从建设上看,中国高速铁路网(简称高铁网)规模持续扩大,"八纵八横"高铁网不断扩容提质,全国重要经济节点城市之间基本都有高铁线路连接。近期,改建后的北京丰台站成为亚洲最大铁路枢纽客站,也是国内首座采用高速、普速客运双层车场设计的大型车站;郑渝高铁全线贯通运营,三峡库区迎来首条高铁,河南省在全国率先实现17个省辖市"市市通高铁"。这都是高铁建设上的最新成就,进一步提升了中国高铁网的密度和完整性。

从技术上看,中国高铁技术保持稳定提升状态。"十一五"期间落地实施的《中国高速列车自主创新联合行动计划》,推动中国成功研制出新一代时速350公里及以上的高速列车,形成了完全自主的中国高速列车技术、装备、产业化能力和运行服务能力。"十三五"时期,在国家科技计划引领和布局支持下,中国高铁技术亮点颇多。一是成功研制出时速400公里、可变轨高速动车组。该动车组能够在不同气候条件、不同轨距、不同供电制式标准的国际铁路间运行,为中国高铁"走出去"、推动"一带一路"互联互通提供更大助力。二是成功研制出时速350公里的高速货运动车组,尚属全球首次。这对支撑和引领中国快捷货物运输装备发展、畅通现代流通体系意义重大。三是继续推进其他技术体系下的高速列车研究,如时速600公里的高速磁悬浮列车等,为高铁技术的进一步发展奠定了基础。此外,在安全技术、基础设施状态检测、运营维护智能化等方面,中国高铁也取得了显著的技术进步。

从世界范围来看,与发达国家相比,中国高铁发展起步较晚。从引进技术到不断创新,中国高铁以前所未有的发展规模、运营时速和技术水平,创造了从"追赶者"到"引领者"的发展成就,成为代表中国形象的亮丽名片。近日,印尼雅万高铁全线13座隧道全部贯通,为2023年6月建成通车奠定了坚实基础。这是中国高铁首次全系统、全要素、全产业链在海外建设项目。在国际市场上,中国高铁具有较强的竞争优势——不仅有完整的技术及产业体系、丰富的大规模路网建设运营经验,还具有高度的可靠性和适应性,能够适应各种复杂的地质环境和气候条件,满足多样化的运输需求。

思考题:

如何理解我国高铁的"加速度"发展更好地发挥了国家调节功能的重要性?

思路点拨

第八章 自力主导型对等开放论

 学习目标

1. 掌握马克思恩格斯世界市场理论
2. 了解社会主义国家对外开放的实践和理论,明确经济全球化的实质
3. 了解自力主导型对等开放论形成的背景,并掌握其基本理论观点和政策主张

改革开放以来中国的经济实力和国际竞争力虽然有了显著提升,但是国家经济自主发展的能力并没有随着国家经济总量的增长同步提升,甚至在某些领域还存在被削弱的危险。根据世界知识产权组织数据,中国在全球国家和地区创新能力排名中,2013 年处于第 35 位,2019 年排名第 14 位,尽管自主能力在不断提升,但与我国 GDP 总量位居全球第二形成鲜明对比,巨大的经济总量并不意味着必然拥有强大的竞争力和创新能力。经济总量与国际竞争力不相协调的发展趋势,是实践过程中忽略民族经济自主发展的结果。另外,在对外开放过程中,由于实践过程中我国给予西方发达国家投资和贸易的超国民待遇,西方发达国家却对我国实行技术封锁、产业链控制等保护主义政策,形成我国对外开放度大于西方对我国的开放度的不对称局面。根据国家统计局数据,自 2002 年以来我国对外贸易的依存度长期处于 40%～65%(近两年因受中美贸易战等影响降为 33%),高于日本、美国等一倍以上。通过对世界经济体系的本质、马克思主义的全球化观、社会主义国家的民族经济处境的系统研究,我们提出了"自力主导型对等开放论",主张通过自力主导型经济发展方式、实施对等开放政策、对内对外开放相互促进充分自主发展。这意味着我国要适当控制对外经济的各种依存度、依赖性和风险性,不断完善自力更生与对外开放有机结合的工业体系和国民经济体系,加强自主知识产权体系和自主发展,其科学发展成果让中国人民共享,同时对世界经济作出更大的贡献。①

第一节 马克思主义经典作家和领袖的基本思想

社会主义国家应该如何处理对外经济关系? 马克思主义经典作家主要揭示了国际分工

---

① 程恩富:《研究国家经济自主发展能力的力作——评舒展教授〈双重维度下的国家经济自主性研究〉》,《学术评论》2020 年第 1 期。

和经济全球化是由资本主义国家主导的遵循资本主义剩余价值剥削逻辑的实质。苏联作为世界上的第一个社会主义国家,在对外经济交往的实践中开始提出了一些社会主义对外经济关系的初步理论。坚持独立自主、实行对外开放是中国共产党在社会主义国家面对西方国家的遏制打压和封锁禁运、经济全球化的条件下,从中国是一个发展中大国的国情出发,提出的正确处理中外经济关系、更快更好更稳地发展社会主义经济的两条重要战略方针,是对马克思主义关于对外经济关系理论的重大发展。

一、马克思、恩格斯阐述世界市场

马克思最早从制度逻辑的层面揭示了资本主义世界经济体系的不合理性,其对亚非拉国家的殖民贸易开发过程,正是亚非拉国家丧失经济自主发展的过程。马克思、恩格斯在考察资本主义发展史和剖析资本的本质时,指出资本主义在逐利本性和竞争压力下,通过技术革新、提高生产力、进行资本扩张,客观上促使生产力发展跨越国界,形成国际生产力。"不断扩大产品销路的需要,驱使资产阶级奔走于全球各地。它必须到处落户,到处开发,到处建立联系","资产阶级,由于开拓了世界市场,使一切国家的生产和消费都成为世界性的了"①。随着各国间经济往来的日益密切,必然形成世界市场。这也正从资本逻辑诠释了国家主权和国家经济自主发展能力的削弱乃至解体。同时,马克思指出,这种不合理性的国际经济格局,造成了各国在贸易利益分配上的不平等和国际上的剥削。马克思在《1859—1861年经济学著作和手稿》中曾经具体说明,这种剥削贯穿于发达国家与亚非拉原殖民地的发展中国家的整个经济交往过程,使发展中国家被迫接受发达国家主导的全球经济格局,畸形的国民经济体系极大地影响经济自主发展能力,因而严重影响国家经济的未来发展。

二、列宁阐述对外开放

列宁在创建人类第一个社会主义国家的伟大实践中,继承和发展了马克思、恩格斯的关于国际分工和国际贸易的思想。在俄国十月革命胜利后国内战争基本结束之际,随着国内政权的日益巩固和国际上相对和平局面的出现,为了争取较为持久的和平,为国内经济建设创造有利条件。列宁在深刻分析帝国主义本质与各大帝国主义之间矛盾的基础上,深刻揭示了社会主义国家与资本主义国家发生经济联系、互相依存的历史必然性,提出了实现从战争到和平转变的战略决策,制定了独立自主的和平外交政策和以租让制、对外贸易为主要内容的向资本主义国家经济开放政策,开创了社会主义对外开放的理论先河。为打破帝国主义的外交孤立和经济封锁,实行社会主义的对外开放,提供了强大的思想武器。

列宁清醒地认识到帝国主义的本质是在垄断基础上的对外扩张与侵略,为了尽可能争取较为持久的和平局面,为国内的经济建设创造有利条件,就必须善于利用各帝国主义之间由于垄断和竞争所必然产生的各种矛盾:"正是竞争和垄断这两个互相矛盾的'原则'的结合才是帝国主义的本质。"②因此,一方面主张在发展经济的基础上大力加强国防建设,随时做好反侵略战争的一切准备,同时为社会主义国家在国际舞台上开展和平外交活动提供坚实的基础和强大后盾;另一方面制定新的和平外交政策,集中精力把国内的经济建设搞上去,

---

① 《马克思恩格斯文集》第 2 卷,人民出版社 2009 年版,第 35 页。
② 《列宁全集》第 29 卷,人民出版社 2017 年版,第 480 页。

为社会主义奠定不可战胜的强大物质基础。列宁提出实行租让制是学习资本主义先进技术与现代化企业管理的最好办法，"要在资本主义包围中利用资本家对利润的贪婪和托拉斯与托拉斯之间的敌对关系，为社会主义共和国的生存创造条件。"①共同的经济利益可以打破帝国主义的经济封锁。

在实行向帝国主义国家经济开放政策的同时，列宁提出独立自主和"两种所有制的实际平等"的思想，即社会主义国家与资本主义各国之间在经济关系上的实际平等。列宁多次强调，绝不屈服于帝国主义的压力，"我们不做有损我国权利的事"②，面对帝国主义的恫吓，以谈判破裂相威胁，列宁坚定地指出："我们丝毫不怕破裂……孤立、封锁现在吓不倒我们，武装干涉也如此。"③体现了国家主权不容侵犯、国家利益不容损害的坚定原则性。

三、中国化马克思主义阐述对外开放

新中国成立以来，我国始终强调国家主权，努力维护社会主义国家主权利益，确保国家经济和政治安全，将独立自主作为社会主义对外关系的基本原则。

毛泽东历来就主张各国之间进行平等互利、互通有无的合作交往，在毛泽东提出的"自力更生为主，争取外援为辅"④原则的指导下，我国在资本主义制度的封锁下依靠自己的力量奠定了社会主义的制度基础。1936年毛泽东同斯诺谈话中，强调中国共产党的立场：如果中国真正赢得了独立，外国人在中国的合法贸易利益不仅不会受到影响，而且"将会有比过去更多的机会"；不仅始终会同友好国家进行互助互利的贸易，而且"欢迎国外资本的投资"。新中国成立之初，受到美国等西方国家的政治经济封锁，针对对外交往开放，毛泽东同志将重点放在了苏联和东欧国家。毛泽东在1954年8月会见英国工党代表团时说道："我们这类国家，如中国和苏联，主张依靠国内市场，而不是国外市场。这并不是说我们不要国外联系，不做生意"⑤，倡议中英两国之间坚持"一要和平，二要通商"，这是毛泽东高度概括出的与不同社会制度的国家关系的一条重要原则。毛泽东1956年在《论十大关系》中明确指出："我们的方针是，一切民族、一切国家的长处都要学，政治、经济、科学、技术、文学、艺术的一切真正好的东西都要学。但是，必须有分析有批判地学，不能盲目地学，不能一切照抄，机械搬用。"⑥当年经毛泽东、周恩来批准，从国外引进一批技术比较先进的成套设备和装备，为我国1978年改革开放奠定了物质基础。早期与美国、日本等发达国家建交为改革开放奠定了良好的基础。

进入20世纪70年代后期，随着国际形势的变化和党的十一届三中全会以来党和国家工作重心的转移，我国开启了对外开放的历程。1982年12月，改革开放作为一项长期的基本国策写入中国宪法，指出要正确处理对外开放与独立自主的关系。改革开放四十多年来，坚持独立自主和参与经济全球化相结合，在保持独立自主的前提下，参与全球经济合作，是中

---

① 《列宁全集》第41卷，人民出版社2017年版，第167页。
② 《列宁全集》第42卷，人民出版社2017年版，第449页。
③ 《列宁全集》第42卷，人民出版社2017年版，第423页。
④ 《毛泽东文集》第7卷，人民出版社1999年版，第380页。
⑤ 《毛泽东文集》第6卷，人民出版社1999年版，第340页。
⑥ 《毛泽东文集》第7卷，人民出版社1999年版，第41页。

国实现高速发展的重要路径①。邓小平在论述我国的对外开放政策时,强调"一方面实行开放政策,另一方面仍坚持建国以来毛泽东主席一贯倡导的自力更生为主的方针"②,"对外开放具有重要意义,任何一个国家要发展,孤立起来,闭关自守是不可能的,不加强国际交往,不引进发达国家的先进经验、先进科学技术和资金,是不可能的。"③只有增强自身发展经济的能力才能保证经济建设顺利进行。对外开放要高度珍惜并坚决维护中国人民经过长期奋斗得来的独立自主权利。20世纪90年代初国际形势发生急剧变化,邓小平强调要坚持对外开放,大胆试验,大胆创新,在国际形势前途未卜的情况下要坚持走自己的路,保证国家利益不被损害。邓小平指出:"中国的事情要按照中国的情况来办,要依靠中国人自己的力量来办。独立自主,自力更生,无论过去、现在和将来,都是我们的立足点。……任何外国不要指望中国做他们的附庸,不要指望中国会吞下损害我国利益的苦果。"④

党的十八大以来,随着中国成为全球第二大经济体,面对国内经济高质量发展、全面建设社会主义现代化的发展需要,以及国际新一轮科技革命、西方发达国家对中国的技术打压、贸易封锁、意识形态遏制等百年未有之大变局,以习近平同志为核心的党中央提出构建立足于国内大循环、国内国际双循环相互促进的新发展格局,主要依靠科技自立自强,实现高水平对外开放,成为新时代的主要开放策略,提出合作共赢为核心的新型经济全球化方案和新的世界经济复苏方案,"一带一路"倡议、"人类命运共同体"理念、共商共建共享原则等一系列具有原创性的新思想新观点新论断。

一方面,针对逆全球化趋势,习近平积极倡导世界各国互利共赢、和平发展的新型全球化秩序,强调把本国利益同各国共同利益结合起来,努力扩大各方共同利益的汇合点,积极树立双赢、多赢、共赢的新理念,摒弃赢者通吃的旧思维。2015年9月,习近平在纽约联合国总部发表重要讲话指出:"当今世界,各国相互依存、休戚与共。我们要继承和弘扬联合国宪章的宗旨和原则,构建以合作共赢为核心的新型国际关系,打造人类命运共同体。"⑤"我们坚决反对任何形式的保护主义,愿通过协商妥善解决同有关国家的经贸分歧,积极推动建立均衡、共赢、关注发展的多边经贸体制。"⑥2020年7月21日,习近平在企业家座谈会上讲道,"以国内大循环为主体,绝不是关起门来封闭运行,而是通过发挥内需潜力,使国内市场和国际市场更好联通,以国内大循环吸引全球资源要素,更好利用国内国际两个市场两种资源,提高在全球配置资源能力,更好争取开放发展中的战略主动。"⑦另一方面,为了应对百年变局下贸易保护主义、单边主义、民粹主义等可能带来的国家安全问题,重申独立自主的道路,把国家主权和安全放在第一位,坚定地维护我国的国家利益,反对任何国家损害我国的独立、主权、安全和尊严。党的十八届三中全会决定成立国家安全委员会,坚持总体国家安全观,统筹国家安全与发展。习近平指出,"当前我国国家安全内涵和外延比历史上任何时候

① 王伟光:《中国改革开放和中国发展道路》,《马克思主义研究》2008年第5期。
② 《邓小平文选》第2卷,人民出版社1993年版,第406页。
③ 《邓小平文选》第3卷,人民出版社1993年版,第117页。
④ 《邓小平文选》第3卷,人民出版社1993年版,第3页。
⑤ 《习近平谈治国理政》第2卷,外文出版社2017年版,第522页。
⑥ 《习近平谈治国理政》第1卷,外文出版社2018年版,第114页。
⑦ 《习近平谈治国理政》第4卷,外文出版社2022年版,第156页。

都要丰富",必须"既重视发展问题,又重视安全问题"。①2020 年,他在经济社会领域专家座谈会上的讲话中强调,要深刻认识错综复杂的国际环境带来的新矛盾新挑战,"努力实现更高质量、更有效率、更加公平、更可持续、更为安全的发展","越开放越要重视安全"。②

第二节 中外学者关于对外开放的主要观点

一、国外学者分析对外开放

国外学者关于如何看待经济全球化、保护国家经济自主发展和国家安全的理论,主要有:关于国家自主性理论(托马斯·里斯-卡彭、罗伯特·萨缪尔森等)、依附理论(卡多索、多斯·桑托斯等)、中心—外围理论(劳尔·普雷维什、萨米尔·阿明等)、后发优势理论(亚历山大·格申克龙、保罗·克鲁格曼等)、新帝国主义论(大卫·哈维等)、全球资本主义论(威廉·罗宾逊等)。他们的核心观点是:经济全球化是生产力发展的客观趋势,但资本主义主导下的经济全球化秩序是遵循资本逻辑、对发展中国家实行双重标准的世界经济体系,民族国家在经济全球化过程中,可以利用全球化引进国际规制和技术,但必须保持国家自主性,增强对外经济关系中的自主决策权,避免对国外市场和技术的依赖,保护国家利益和国家安全,实现国家经济的自主发展。

关于经济全球化对国家经济利益和经济主权的影响研究,罗伯特·萨缪尔森把经济全球化与国家自主发展能力的关系描述为:经济全球化是一个有争议的过程,虽然是加快经济增长、传播新技术和提高生活水平的有效途径,但会侵蚀国家主权、淹没当地的文化传统、严重影响经济和社会的稳定。克鲁格曼的"三元悖论"原则,描述了政府对货币政策独立性、汇率稳定和资本自由流动三个宏观经济目标的选择和放弃,对于新兴经济体在经济全球化背景下推进金融开放实现国家政策目标,对于促进国家经济自主发展能力,也是可供参考的一个分析工具。

依附理论是一种激进地揭露发展中国家不发达原因的"反对国际依赖理论",揭示了在现代化进程中发达国家与发展中国家依附与发展的关系,唤起人们关注自身发展维护国家经济独立性。20 世纪上半叶,早期的依附理论认为既定的、以发达国家为主的、不合理的国际体系是不发达国家建设现代化的根本阻力,这种背景下只有截断这种依附与被支配的链条,才能阻止经济强国对不发达国家的经济侵略,走一条独立自主的经济发展道路。而后来的新"依附理论"认为,处于依附条件下的落后国家,仍有可能实现相当的经济发展,通过努力可以摆脱依附,逐渐走上经济自主的道路。埃文斯认为,在全球经济相互联系、渗透的趋势下,不发达国家也是可以通过发挥其独特优势,获得赶上并超过发达国家的可能;也就是说,落后国家付出代价,然后依附性地获得一定的发展。这似乎说明了依附存在的合理性,并使得广大发展中国家看到了希望。依附理论目前仍是影响拉美等不发达国家经济发展的主要理论,其强调依附弊端的同时,又客观理性地认识到不发达国家对发达国家的这种依

---

① 《习近平谈治国理政》第 1 卷,外文出版社 2014 年版,第 200—201 页。

② 习近平:《在经济社会领域专家座谈会上的讲话》,人民出版社 2020 年版,第 4、8 页。

附,并期望从中找到一条摆脱依附走上自主发展的道路。

以劳尔·普雷维什、保罗巴兰、萨米尔·阿明等为代表的"中心—外围"理论认为,世界经济分为两极,一极是以"大的工业中心"为特征的发达国家,另一极是"为大的工业中心生产粮食和原材料"的外围国家。发达国家凭借资金、技术、创新等优势处于中心地位,而不发达国家由于经济的落后处于外围地位,中心与外围的关系是前者对后者的榨取,是不对等的。同时,该理论又指出"中心"与"外围"又是一个相互联系的、动态统一的整体,尽管两者之间存在结构差异和严重的不平等,但并不是完全孤立,而是整个资本主义体系中相互联系、互为条件的两极。然而,发展中国家追求经济自主的发展并不因为"中心—外围"理论强调两者统一而被忽略,相反正是这种不可分离互为条件的关系,发展中国家更需要在对外经济中保持一定的独立性,才能在国际经济互动中摆脱被动的边缘地位,维护国家利益。

此外,后发优势理论也为落后的国家如何发展经济追赶先进发达国家提出了自己的看法。后发优势理论是20世纪美国著名经济学家亚历山大·格申克龙提出的,他认为后进国家经济的相对落后具有某种积极作用,可以系统地发展代替性工业,并且可以享用先进国家已开发出来的技术。落后国家要利用"落后的有利性"实现经济赶超,主要是利用资本型后发展优势、技术型后发展优势、制度型后发展优势、劳动型后发展优势、自然资源型后发展优势等五个方面优势来推动经济发展。此后,美国社会学家 M·列维从现代化的角度将后发优势理论具体化等,都推动了后发优势理论的发展。

二、中国学者研究对外开放

新中国成立以来,在处理对外开放与自力更生的关系上,主要经历了三个时期。

从新中国成立开始,面对西方在政治上孤立、经济上封锁,中国共产党奉行独立自主的和平外交政策,在国际关系上坚持和平共处五项原则,在经济上实行自力更生为主、争取外援为辅的方针,积极发展与社会主义国家的互助合作的关系,大力支持和援助发展中国家,尽可能改善与西欧国家的关系,以争取进行社会主义建设的和平环境和有利外部条件,建立了比较完整的工业体系和国民经济体系。

改革开放以来,进一步认识到和平与发展是当今世界的两大主题,在经济全球化的条件下要更快更好地发展社会主义经济,必须善于充分利用国内国外两种资源、两个市场,实行了对外开放的国策,改善了中美关系,抓住世界产业转移和新的科技革命的机遇,发挥了中国的比较优势和后发优势,加强了国际经济联系,积极参与国际分工合作、国际贸易、国际投资,扩大各方面的国际交流,引进来,走出去,极大地促进了中国经济的发展。

党的十八大以来,针对新出现的单边主义、保护主义和霸凌主义,习近平总书记提出了构建人类命运共同体的理念和"一带一路"倡议,强调坚持多边主义、平等协商、互利合作,认为应该推动经济全球化朝着更加开放、包容、普惠、平衡、共赢的方向发展,主张"共建持久和平、普遍安全、共同繁荣、开放包容、清洁美丽的世界"。面对国内外发展环境发生的深刻复杂变化,习近平总书记指出"自力更生是中华民族自立于世界民族之林的奋斗基点,自主创新是我们攀登世界科技高峰的必由之路"[①],提出要走更高水平的自力更生之路等。党的十九届五中全会提出我国已经开启全面建设社会主义现代化的新发展阶段,走高质量发展道

---

① 《习近平谈治国理政》第3卷,外文出版社2020年版,第248页。

路,加快构建以国内大循环为主、国内国际双循环相互促进的新发展格局,进一步处理好对外开放与自力更生的关系,要实施更高水平的改革开放,走自主创新、自立自强的道路。可以看出,随着我国在社会主义建设的不同时期的主要矛盾变化,处理自力更生与对外开放关系的侧重点有所不同。

从改革开放初期至今,融入经济全球化、推进对外开放是我国学者持续关注的热点,涉及如何正确处理对内对外经济关系、增强本国经济自主发展能力的研究有三次聚焦:第一次聚焦是改革开放初期,争论焦点主要是中国融入经济全球化的利弊分析;第二次聚焦是1997年亚洲金融危机至2008年国际金融危机,讨论焦点在于我国更深层次参与经济全球化过程中,如何确保国家经济安全,抵御和防范世界性危机的外部冲击;第三次聚焦是2018年以来随着国内新发展阶段经济高质量发展的需要,以及国际不确定性和不稳定性增加,尤其是十九届五中全会提出立足国内大循环构建新发展格局之后,为何要立足国内大循环和以国内大循环为主体、如何实现国内国际双循环相互促进、怎样实行高水平对外开放、真正做到自主创新和创新驱动、实现"更高水平自力更生"等问题,成为当下学术界最热门的话题。

虽然国内学者对于经济全球化有利有弊这一观点,基本上是一致的,但在对外开放的目标和方式上,却参差有别。一些学者受西方新自由主义经济学的影响,在我国对外开放政策上主张自由化、私有化、市场化。比如主张完全按照西方的比较优势理论,只生产和出口我国资源禀赋丰裕的劳动密集型等低端技术产品,放弃对芯片等高端技术的研发和生产,实施"以市场换技术"的对外开放策略;比如主张给予外国投资者在中国的超国民待遇,认为只要制定合适的利用外资政策和正确引导外资投向,完全可以实现利用外资促进经济发展与保持经济自主发展能力的双重目标;主张市场在一切经济领域的决定性作用,而限制政府的宏观决定作用,包括限制政府为了民族经济立场而对本国市场适当的保护措施。

有些学者则是悲观论调,片面夸大经济全球化的消极因素,而怀疑落后国家可以通过自立自强实现强国目标的能力。认为经济全球化要求跨越地域性边界在全球范围内进行资源配置,必然在多个层面冲击国家及其自主发展能力,造成排他性权力分流困境、政治认同削弱危机和民主赤字难题等现实挑战[①];经济和社会发展失衡带来的社会不公和利益集团,成为国家能否为经济发展持续提供动力而必须应对的难题和挑战[②]等。

2018年中美贸易战发生以来,西方国家对待中国采取贸易霸凌、技术封锁、意识形态遏制等一系列赤裸裸的行径,终于使更多中国人看清了资本主义主导的经济全球化的伪善面目。罗皓文认为由资本逻辑驱动的经济全球化使得资本与劳动之间的矛盾不断加深并激化,从而内生出了与其相伴相生的"逆全球化"现象,从自身内部不断地"否定"自己。当前逆全球化现象的本质是对由资本逻辑驱动的经济全球化的否定,这恰恰证明了经济全球化的历史必然性[③]。中国倡导和维护经济全球化的理念与实践,是强调自身发展转型与世界联动发展相统一,强调自身提供更多全球治理公共产品与推动完善国际经济治理体系相统一[④]。对等原则主要是一种多边全面的扩散对等。违反最惠国待遇原则、以对等为理由实施单边

---

①　陈霞:《经济全球化进程中的国家自主性》,《中州学刊》2017年第12期。

②　王彩波、陈霞:《中国经济发展道路中的国家自主性》,《吉林大学社会科学学报》2015年第2期。

③　罗皓文、赵晓磊、王煜:《当代经济全球化:崩溃抑或重生?——一个马克思主义的分析》,《世界经济研究》2021年第10期。

④　郝身永、胡宇曦:《中国维护经济全球化理念与实践的内在逻辑与思维方法》,《当代经济管理》2021年第11期。

贸易与投资限制措施不仅损害双边经贸关系,而且不利于多边贸易体制与国际投资体制的健康发展①。

第三节 评析与创新

随着社会生产力的不断进步,经济全球化进程客观上要求世界各国在尊重文化多样性基础上互利共赢、和平发展。然而,资本主义主导的经济全球化,因其奉行的单边主义、霸权主义和西方文化中心主义的不平等的全球治理理念,加剧了国家之间经济社会发展的不平衡及其矛盾。面对百年未有之大变局,我们既不能闭关锁国,也不能成为发达资本主义国家的附庸;既要对外开放,又要坚持独立自主。如何在坚持独立自主的开放政策下,提升国家经济自主发展的能力?迫切需要学术上正本清源,发展和创新马克思主义全球化思想,坚持独立自主增强社会主义国家的经济发展能力。为此,我们提出了以振兴民族经济为基础、通过自主型经济发展方式、对内对外开放相互促进、对外经济政策上对等开放的思想。

一、自力主导型对等开放论的理论观点

自力主导型对等开放论的理论品质,一是传承马克思主义的经济全球化理论,二是以独立自主为根本原则的社会主义对外开放策略。

对于世界经济体系不合理性的清醒认识,是马克思主义经济学者应有的觉悟。

(一) 全球化是发达国家发动和主导的,是西方单线论的体现②

经济全球化既是社会经济发展的客观趋势,同时也是国际垄断资本主义占主导地位,代表垄断资产阶级金融寡头利益的国际经济体系,其实质是资本主义霸权的全球扩张,对于社会主义国家的经济自主发展能力,必然是削弱与限制。这种主要由发达国家引导和控制的全球化进程,其目的是在全球范围内实施资源和市场的不公平分配和竞争,并用西方强国资本主义的经济、政治和文化制度与模式来统一全世界,最具竞争力的西方强国在国际事务中具有垄断地位和霸权,力图将自身的生产方式扩展到所有国家③。

(二) 全球化制度充满了不平等,其利益分配也是不公平的④

由于在全球化进程中的地位和影响力不同,因而经济全球化使世界贫富差距加速拉大,世界新的"中心—边缘"格局,也使各国内部阶层又重新分化。发达国家凭借它们的经济实力、产业结构、国际分工体系和国际经济事务中的优势地位,依靠它们主导的资本主义剥削性质的国际生产关系,攫取经济全球化的最大"红利",通过经济全球化使它们的资本运动的

① 崔凡、洪朝伟:《论对等开放原则》,《国际贸易问题》2018 年第 5 期。

② 程恩富、朱富强:《经济全球化与中国的对策思路——兼论"三控型民族经济"与对半式双赢》,《财经研究》2000 年第 10 期。

③ 程恩富、朱富强:《经济全球化:若干问题的马克思主义解析》,《上海经济研究》2000 年第 7 期。

④ 程恩富:《反思和超越新自由主义主导的经济全球化》,《河北学刊》2008 年第 1 期。

空间得以大大扩展,实现了在全世界范围内大规模的跨国运动。因此,全球化这个词不单是一种对客观实际的描述,而且是一种掠夺性的资本主义意识形态。

(三) 经济全球化与资本主义狭隘利益的矛盾是世界财富分配失衡的根源①

全球化条件下的全球基本矛盾,是经济的不断社会化和全球化与生产要素或生产资料的私人所有之间有冲突,甚至与集体所有、合作所有、国家所有也都有矛盾,即经济全球化要求突破国家的界限,以使生产要素在全球统一自觉配置。但是,由于美国等发达资本主义国家作为全球化规则的制定者和既得利益者,凭借它们的经济实力、产业结构、国际分工体系和国际经济事务中的优势地位,通过知识产权垄断、美元霸权、文化霸权等手段,维护本国的狭隘利益,攫取经济全球化的最大"红利",导致南北发展严重不平衡。

(四) 以对等开放的国家战略应对经贸战②

在金融和战略产业等核心领域对外开放战略中,对等开放原则至关重要。作为对外开放底线的经济安全原则、高线的国民福利原则,均与对等开放原则密不可分。在当前美国发动的经贸摩擦过程中,要坚决维护我国人民和国家的正当利益,防止发生系统性金融风险而使中方权益显性或隐性受损,从而提升国家经济自主发展的能力和效益。中国逐步摆脱在世界经济体系中"外围"或"依附"国家的地位,不断走近世界舞台的中央。但中国所迈向的"中心",不再是复制通过经济掠夺强制建立"中心—外围"的依附关系,而是在建立健全社会主义现代化经济体系的基础上,通过多个双向开放型载体,加强与发达国家和发展中国家进行包容普惠、互利共赢、公平有效的经贸合作,争取世界各国都在国际平台上共商共建共享。

(五) 西方的"中心—外围"理论的分析模式已不适用于研判中国的发展地位③

"中心—外围"理论由劳尔·普雷维什在20世纪40年代末提出,它对不同国家的二元划分,其分析工具在于"比较优势",目的是指出中心国家和外围国家之间存在极大不平等和不平衡,中心国家对外围国家存在剥削和占有的普遍情况。外围国家要想摆脱这种剥削和占有,只有大力自主发展经济和科技,实现国民经济的高度工业化和现代化,逐步改变经济发展依附于中心国家的态势,实现独立自主与国际合作有效结合的科学发展,并积极促进世界体系的公正化和合理化治理。随着中国逐渐走向富强,在世界经济舞台上扮演的角色越来越重要。中国取得的长足进步,明显区别于外围或半外围国家经济发展依附于中心国家的态势,必须更加客观描述和界定当今中国在世界经济体系中的地位和作用。我国在持续走向繁荣富强的基础上应继续谦虚谨慎,稳中有进地巩固和扩大在世界经济体系中的影响力。

二、自力主导型对等开放论的政策主张

我们不仅要重视理论创新,同时也要积极主张政策创新,为社会主义现代化建设事业谋

---

① 程恩富:《世界财富分配失衡与未来全球民主治理》,《绿叶》2010年第1期。
② 张扬、程恩富:《构建双向开放型世界经济》,《辽宁日报》2019年8月20日。
③ 丁晓钦、马津润、阎新奇:《全球经济政策反思:政治经济学的考量——世界政治经济学学会第15届论坛综述》,《政治经济学研究》2022年第1期。

篇献策。我们主张建立"三控型"(控资本、控品牌、控技术)民族企业集团,确保经济全球化进程中的民族产业安全,在参与发达国家主导的全球化进程中谋求国家利益的对半式双赢[1];构建知识产权优势理论和策略,实现民族经济在全球国际竞争中的自主发展[2];转变对外经济发展方式必须实现"五个控制和提升",统筹国内经济发展与对外开放的关系[3];适当控制对外经济的各种依存度、依赖性和风险性,不断完善独立与开放有机结合的工业体系和国民经济体系,加大自主知识产权体系和自主发展,加快向充分自主发展能力发展方式的转变[4]等,提出系统的自力主导型对等开放思想。"确立开放的自主发展能力,关系到我国的正当利益,也决定着我国参与国际竞争的前途和命运……为改善民生而改革开放,即民生导向和共同富裕的改革开放,这是广大人民群众利益和实惠所在,也是改革开放的出发点和归宿点。"[5]特别是 2018 年以来,随着美国为首的西方国家遏制中国发展的势头加剧,我国需要积极反制外国遏制和追求高质量开放,坚持对等开放政策,实行外资和内资一视同仁的政策,并且落实习近平总书记再三强调"金融安全是国家安全的重要组成部分,要守住不发生系统性金融风险底线"的重要讲话[6]。

(一)确立知识产权优势理论和战略,加快提升创新型国家建设的科技体系

创新发展理念是中国共产党在新的历史时期领导发展的重要指导思想,是居国家发展全局核心位置的重要理念。创新是引领经济社会发展的第一动力。坚持和践行创新理念,就是要以科技创新为动力引领经济社会发展,以体制、机制创新为动力推进国家治理体系现代化,以思维方式、思想观念创新为动力推动思想解放[7]。我国需要秉承以自主创新为精神的自力更生理念,要有自主创新的骨气和实力,加快增强自主创新能力和实力[8]。

中国是知识产权的生产国,作为第一大国际专利申请来源,中国在全球品牌和文化内容方面正在崛起。经过新中国成立 70 多年,尤其是改革开放 40 多年以来的快速发展,我国科技落后的面貌得到了根本改观,科技创新实力在世界的影响和地位,已步入以跟踪为主转向跟踪和并跑、领跑并存的新阶段。跟踪主要靠学习借鉴与模仿,并跑领跑则要靠创新,要有原创、首创。党的十九大提出了中国特色社会主义进入新时代的新判断和加快建设创新型国家的战略任务。新时代创新型国家建设,必须从加强各领域科技创新、完善与优化国家创新体系、建设高端科技创新人才队伍、深化科技体制改革、培育创新文化等方面全面协调推进[9]。我国民族产业要以知识产权优势理论作为应对经济全球化和发展对外贸易的战略思

---

[1] 程恩富、朱富强:《经济全球化与中国的对策思路——兼论"三控型民族经济"与对半式双赢》,《财经研究》2000 年第 10 期。

[2] 程恩富、丁晓钦:《构建知识产权优势理论与战略——兼论比较优势和竞争优势理论》,《当代经济研究》2003 年第 9 期。

[3] 程恩富、尹栾玉:《加快转变对外经济发展方式须实现"五个控制和提升"》,《经济学动态》2009 年第 4 期。

[4] 曹雷、程恩富:《加快向充分自主型经济发展方式转变——基于经济全球化视野的审思》,《毛泽东邓小平理论研究》2013 年第 8 期。

[5] 程恩富:《当代中国发展进步的活力之源》,《人民日报》2013 年 9 月 4 日。

[6] 程恩富:《改革开放以来新马克思经济学综合学派的十大政策创新》,《河北经贸大学学报》2021 年第 3 期。

[7] 程恩富、谭劲松:《创新是引领发展的第一动力》,《马克思主义与现实》2016 年第 1 期。

[8] 程恩富、吴文新:《论自主创新的若干问题》,《红旗文稿》2019 年第 18 期。

[9] 杨程程:《论新时代创新型国家建设:意义、内涵与路径——学习习近平总书记关于创新型国家建设的重要论述》,《社会主义研究》2021 年第 1 期。

想,在结合比较优势与竞争优势的基础上,大力发展控股、控技(尤其是核心技术)和控牌(尤其是名牌)的"三控型"民族企业集团,突出培育和发挥知识产权优势,要切实从提高企业研发能力和专利保护意识着手,研制、开发、拥有自主知识产权的核心技术。

(二)确立金融"脱虚向实"的理论和战略,加快提升人民币国际化的金融体系

金融"脱虚向实"是针对近年来我国实体经济"脱实向虚"现象提出的解决办法。所谓实体经济"脱实向虚"从表面现象看,指的是产业结构随着生产力发展的客观趋势,在产业升级过程中,以制造业为主的实体经济部门的物质生产和资本迅速转移至以金融业为主的虚拟经济部门,实体经济在国民经济体系中地位逐步下降,虚拟经济地位逐步上升,社会主要投资由实体经济部门转向虚拟经济部门。实质指向是,在产业升级过程中,实体经济与虚拟经济发展的比例失衡,削弱了实体经济在整体国民经济中的基础地位,从而可能影响整体国民经济的持续健康稳定发展。因此,当前非常有必要基于历史经验和未来使命,以"金融实化论"为原则,促进金融"脱虚向实",疏通金融流向实体经济的脉络,真正地做到金融支持实体经济、让利实体经济、活跃实体经济、稳定实体经济,从四个方面促进金融"脱虚向实"。①

金融实化政策,其内涵就是让金融回归服务实体经济的本源,金融活动存在的意义以是否有利于实体经济发展和科技进步为衡量标准,我国金融发展的最终目标是建立杜绝投机且具有强大国际竞争力的金融体系。应加强对进入中国市场的外国金融资本的监管,不允许其垄断国内市场,影响国家金融安全,攫取不合理的暴利。应加大基于互联网和大数据的信贷公司与金融创新的监管力度,尤其是要防止互联网巨头利用其掌握的海量用户数据损害公众利益和社会稳定。第一,谨慎对待并充分论证资本项目开放的问题。资本项目管制是防止国外资本严重冲击国内经济发展的有效手段。目前,我国的金融市场还远没有完善到可以与资本项目自由化相匹配,资本跨境自由流动也不能改善我国资源配置。一旦资本项目自由化,短期的资本流动就会进入流动性较强及有投机性质的股票市场和房地产市场等,引发严重的资产泡沫。当下,呼吁资本项目自由化的一个重要理由是其有利于人民币国际化。对此,我们应该清醒地认识到一国货币国际化与资本项目自由化并无必然联系。当今世界上实行资本项目自由化的国家,多数都没有实现本国货币的国际化。第二,适当减持外汇储备中的美元资产。在中美战略竞争的大幕已经拉开之时,中国应逐步减持美元资产,同时优化外汇储备结构,加快外汇储备多元化进程,使外汇储备中的美元资产数量达到日常贸易交往的最低安全限度,以维护中国经济、金融安全,预防美国的制裁。第三,人民币国际化政策充分考虑中国的实际情况和国际环境的影响,走不完全国际化道路,即让人民币在国际事务中充分发挥计价和结算职能。短期内,进一步完善人民币计价和结算手段,保持汇率稳定。以石油期货和黄金期货为商品锚,实行人民币与世界其他国际货币挂钩,人民币与石油期货和黄金期货挂钩的双挂钩机制。长期内,人民币随着国际货币体系改革,以非主权国际中心货币"世元"重要组成部分的身份国际化。②

(三)确立公有制为主体的科学理论和战略,加快提升多种所有制协同发展的产权体系

在产权层面,以现代化经济体系建设推进高质量发展,需要坚持和完善公有制主体、国

---

① 程恩富、罗玉辉:《金融"脱虚向实"发展的四个维度》,《贵州日报》2021年9月1日第7版。
② 程恩富:《改革开放以来新马克思经济学综合学派的十大政策创新》,《河北经贸大学学报》2021年第3期。

有制主导、多种所有制共同发展的产权体系,正确处理公有经济主体与非公经济辅体的关系,为提升我国经济体系的综合竞争力奠定坚实的基本经济制度[①]。

在我国社会主义市场经济中,公有经济主体与非公经济辅体的关系,是既对立又统一的辩证关系。公有经济主体与非公经济辅体之间的统一性体现在,两者在我国社会主义初级阶段能够共同发展和合作共赢。在我国社会主义性质和类型的经济体系中,公有制经济与非公有制经济是相辅相成、相得益彰的发展共同体。习近平指出,公有制经济、非公有制经济应该相辅相成、相得益彰,而不是相互排斥、相互抵消。公有经济和非公经济都是与我国社会主义初级阶段的生产力状况相适应的所有制形式,两者能够在科学制定的市场准入负面清单以外的领域进行公平竞争,也可以重点发展公有资本控股的多形式混合所有制经济。在现代化产权体系建设中,正确处理公有经济主体与非公经济辅体的关系,就是要坚持和完善公有制为主体、国有制主导、多种所有制共同发展的产权体系,以实现公有经济主体与非公经济辅体的有机统一。既要加强以掌控核心技术和名牌为目标的自主知识产权竞争优势,侧重将国有企业培育成具有全球竞争力的世界一流企业,又要在合作共赢的基础上重点发展公有资本控股的混合所有制经济,构建民族企业发展共同体和创新共同体,还要鼓励、支持、引导民营企业,尤其是中小企业的发展与创新,推动建立民营企业职工持股的利益共享机制和诚信经营的奖惩机制,以规范和激发非公有制经济的有序活力和创造力[②]。

(四)确立高质量发展的理念和战略,加快提升全面对等开放和国内外经济高度协调的产业体系

尽管经济、社会、文化、生态等各领域都要体现高质量发展的要求,但国民经济高质量发展是基础和重点。为此,首先,要发展高质量科技。应牢固确立自主知识产权优势理论和战略,积极构建关键核心技术的新型举国体制,组织攻克经济社会各领域"卡脖子"的核心技术和技术标准难关,如高品质的芯片、科研仪器、工业软件、飞机发动机、仪器仪表、农业种业等。其次,要发展高质量名牌。应消除主要依赖外国品牌的惰性思维、以贱卖中国原有名牌和贴牌经营为荣的经营模式,在国民经济各行业掀起自主创造中外名牌的热潮,谋划参与国内外的高端竞争。最后,要发展高质量公司。在大中小企业并举发展的同时,重点培育以国有大企业为主的高质量企业集团和跨国公司。民营企业要借鉴华为经营体制机制模式,不仅其主动创新科技和名牌的精神值得提倡,而且其不搞传统个别私人控股的股份制(华为内部有大约一半职工持股只具有分配意义,其企业性质不属于一般的集体所有制和股份合作制)、不搞与其他资本的混合所有制和不上市的现代企业制度,更是值得提倡。只有在科技、品牌和企业三方面实现高质量发展,才能真正推动整个国民经济的高质量发展,落实质量第一、效益优先,切实转变发展方式,推动质量变革、效率变革、动力变革[③]。

我国也需不断坚持自力主导开放原则,提升经济全球化公正发展状态。第一,推动更高水平、更深层次、更大力度的对外开放。虽然目前出现了逆全球化的现象,但是正如明清时期中国的海禁政策无法阻挡全球化的趋势,反而使自己越来越落后一样,美国一国同样无法阻止全球化的进程。要推动建立更高水平更深层次的对外开放,以自由贸易区、自由贸易港

---

①② 高建昆、程恩富:《建设现代化经济体系 实现高质量发展》,《学术研究》2018年第12期。

③ 程恩富:《全面开启建设社会主义现代化国家的若干重点解析》,《当代经济研究》2021年第1期。

等高水平开放平台为抓手,推动贸易便利化、投资自由化、金融国际化、管理现代化、监管法治化,推动全球化向纵深发展。第二,推动国际大循环。充分利用联合国、世界银行、国际货币基金组织等国际组织,联合发展中国家,在全球经济治理中发挥更大更积极的作用,推动构建更加公正合理的国际秩序。要缩小贸易顺差,促进国际收支平衡。要加大国际进口力度,更好满足群众生活。要进一步推动中国企业走出去,更好利用国外市场、国外资源。促进国际贸易更加公平公正,打破国际贸易壁垒,推动世界市场健康发展,畅通国际大循环。第三,推动国内国际双循环相互促进。要按照共商共建共享的原则推动"一带一路"建设,更好利用国际国内两个市场、两种资源,发扬自力、自主、自立、自强的精气神,正确处理自力更生和对外开放的关系,在反对单边主义和霸权主义中推动构建人类命运共同体[①]。第四,我国需要积极反制外国遏制和追求高质量开放。一是坚持对等开放政策,凡是中国投资和金融领域对某西方国家开放的,那么该国也应该对等开放这些领域,否则中国不宜单方面开放。二是实行外资和内资一视同仁的政策,让外资的投资利润回报恢复到国际平均水平,大部分针对外资和外企的减税让利优惠政策应该取消。三是落实习近平总书记再三强调"金融要服务实体经济"的重要讲话。

当前,随着美国及其盟国不断加大对我国的科技和经贸打压和脱钩,而国内又必须高质量发展国计民生,因而构建以国内大循环为主体、国内国际双循环相互促进的新发展格局,便显得更为必要和迫切。为此,要更加注重对外开放综合效益,更加注重扩大内需为主战略。应高效处理好供给与需求的关系,畅通企业资本的循环和周转,提升产业链、供应链和价值链的完整性,使国内市场成为最终需求的主要来源,形成需求牵引供给、供给创造需求的更高水平动态平衡[②]。

(五) 确立引导公正经济全球化的理论和战略,加快构建国际经济新秩序和共同经济安全的制度体系

经济全球化既是社会生产力发展的客观趋势,同时也是西方强国主导下的资本主义生产方式的全球控制与扩张[③],对于发展中国家的经济自主发展能力,必然是削弱与限制。发展中国家如果不清醒地认识到这一点,在未来的全球化世界,就很有可能强化这样的结果——发达国家占据全球资产阶级的主导,而发展中国家成为全球劳动阶级的中下层。发展和强大民族产业,尽快实现强国富民,必须转变对外经济发展方式实现"六个控制和提升",还需要对内对外经济发展方式和管理方式相结合,完善对内对外开放相互促进的充分自主发展的经济开放制度和政策。中国倡导的"一带一路"也对世界体系产生了重要影响。这一新合作制度框架,既起到增强中国经济影响力和向心力的作用,也起到引导"一带一路"合作伙伴开展更深层次、更高水平的多方位合作,进而推动全球经济体系改革的支点作用。其国际合作框架已经成为众多国家和地区开展平等互利的经济合作典范,具有重塑世界经济体系的作用[④]。

在全球化的背景下,各国经济相互影响相互依赖,经济危机、金融风险也相互传导,进而

---

①　程恩富、张峰:《"双循环"新发展格局的政治经济学分析》,《求索》2021年第1期。
②　程恩富:《深刻领悟全面建设社会主义现代化国家的重点问题》,《贵州日报》2021年2月25日。
③　程恩富、王中保:《经济全球化与新自由主义的范式危机》,《社会科学研究》2005年第2期。
④　程恩富、李静:《"一带一路"建设海上合作的国际政治经济学分析》,《管理学刊》2021年第1期。

影响整个经济体系的安全。第一,把经济发展的着力点放在自身上面,能够更好地维护国家经济安全。全球化促进了经济交往,为商品带来了更大的市场,推动了经济发展。美国、欧洲、日本等国家和地区经济降速,给世界经济带来更多的不确定性。如果不加防范,世界经济的不确定性会传导到中国,给中国经济带来巨大风险。第二,畅通国内国际循环有利于不断提升国际经济话语权。西方国家依靠经济实力、军事实力,把持着国际经济规则制定权,以及在国际货币基金组织、世界银行等国际组织中的话语权。要推动建立更加公正合理的国际经济新秩序,需要不断提高包括中国在内的发展中国家的话语权、规则制定权[①]。

我国应大力实行发展经济与维护经济安全并重方针。经济实力是一个国家应对各种挑战不可或缺的物质保障,为我国应对西方国家的"凉战"提供了坚实的经济支撑。自十八大以来,我国经济进入新常态,国民经济已逐步由高速增长阶段转向高质量发展的新阶段,要坚决维护我国经济安全,加强经济反制,确保经济发展成果真正发挥实效,以免在美国发起的贸易战、科技战、金融战和资源战中遭受不必要的经济损失。中国已表明不想打经济战,但也不怕打经济战的决心,任何经济战都不能阻挡中国经济发展的势头。[②]

三、自力主导型对等开放论的价值评鉴

自力主导型对等开放论,通过对世界经济体系的本质、马克思主义的全球化观、社会主义国家的民族经济处境的系统研究,构建了一个完整的以振兴民族经济为基础、以提高民族产业知识产权竞争优势为核心,通过自力主导型对等开放,促进民族振兴和全人类进步的完整的理论体系。自力主导型对等开放论的主要学术贡献在于,在强调对外开放的重要性的基础上,始终坚持呼吁要正确处理独立自主与对外开放的关系,始终坚持呼吁要充分发展社会主义国家的自主发展能力,始终坚持呼吁要与西方国家对等开放,为"立足国内大循环、国内国际双循环互相促进"的新发展格局的提出,提供了决策的学理支撑。自力主导型对等开放论既认识到由于资本主义的包围、打压遏制、封锁禁运,社会主义国家也不能对外侵略掠夺,要实现社会主义经济的持续稳定发展,必须主要依靠自己的力量和积累,实行独立自主、自力更生、自立自强的战略方针,加快建立自主知识产权优势;又看到在存在国际分工协作、国际贸易和投资、经济全球化、国内外两个市场和两种资源、自身相对落后的条件下,应该发挥后发优势和动态比较优势,高效利用外资和国外先进技术、管理,实现社会主义经济的更快更好发展。

(一)对马克思主义经济全球化理论的发展与创新

对于世界经济体系不合理性的清醒认识,是马克思主义经济学者应有的觉悟。即使国内外学术界纷纷热议经济全球化的客观趋势和进步性,依然保持着对经济全球化实质的高度警觉,以马克思主义学者的批判态度、维护民族经济的立场,着重阐述经济全球化中被忽视和淡化的重要理论和现实问题。

当今经济全球化是美国等资本主义强国主导下的资本主义生产方式控制和扩张的趋

① 程恩富、张峰:《"双循环"新发展格局的政治经济学分析》,《求索》2021年第1期。
② 程恩富、杨培祥:《凉战与冷战的异同以及中国的对策》,《云梦学刊》2021年第3期。

势。轻易地全盘否定或全盘肯定经济全球化并由此来制定社会经济战略和策略,都是不可取的。对于违反国际规则而故意遏制特定国家和地区的逆全球化和经济霸凌主义政策,各国均须为促进人类命运共同体构建而加以坚决反制。[①]作为后起国家,尤其是作为社会主义的后起国家,我们在参与发达国家的全球化进程的同时,不能仅仅强调与国际"接轨",不能只是跟着发达国家制定的模式和规则走,而是要参与制定全球化运作的规则,积极谋求本国的利益,揭露经济全球化的垄断资本主义实质和新自由主义意识形态的企图,揭示"国家并未消失,国家利益仍然是各国交往的最后语言"的真相。

(二) 坚持社会主义公有制经济立场,强调国家的控制力

我们呼吁自立主导型的多方位开放改革观,主张处理好多方位开放并引进国外技术和资本同自力更生地发展自主知识产权和高效利用本国资本的关系[②]。面对世界跨国公司和垄断资本的激烈竞争,国有企业、集体企业、民营企业除了互相竞争之外,还应采取各种联合、合作的态度。例如,在总量上,国有经济与私有经济不是此长彼消、此消彼长的关系,而应该是共同发展、"国进民也进"的关系,双方都做大做优做强。"只有坚持充分自主发展的开放观,才能维护和发展中国的民族产业、推动整个中华民族公共财产和私人财产的增量上升,保护好国家的公共利益,使改革开放能让全体人民群众受益。这是改革的初衷,也是改革开放最终的目标。"[③]

(三) 对民族产业创新能力的微观设计和宏观布局的民族情怀

在全球化飞速发展的今天,对于发展中国家而言,国家经济安全的核心在于民族产业的安全。所谓民族产业安全,是指在国际交往和竞争中由该国国民所有和控制的产业,其地位和权益可能受到外国产业影响和危害的状态[④]。在我国社会主义初级阶段,民族产业既包括国有经济和集体经济在内的公有制产业,也包括本国民族资本控股的非公有制经济——民营产业。在对外开放过程中,民族产业安全考量的指标包括民族产业在国内重要产业拥有的控制力和发展权、在国际经济生活中拥有一定的竞争力和自主权,不会因为国内外的重大冲击而发生行业范围、国家层面的利益损失。

在理论层面对资本主义主导的全球化实质进行剖析的基础上,我们应着重从增强国家经济的发展自主能力入手,拥有自主知识产权的核心技术和打造自主知识产权的国际品牌,以知识产权优势理论作为应对经济全球化和发展对外贸易的战略思想,并在结合比较优势与竞争优势的基础上,大力发展控股、控技(尤其是核心技术)和控牌(尤其是名牌)的"三控型"民族企业集团,突出培育和发挥知识产权优势,早日真正打造出中国的世界工厂而非世界加工厂,尽快完成从贸易大国向贸易强国和经济大国向经济强国的转型。[⑤]引导民族企业

---

① 程恩富:《新马克思经济学综合学派关于中外经济关系的理论与政策》,《武汉科技大学学报(社会科学版)》2021年第1期。
② 程恩富:《中国经济学的重建与改革流派——程恩富教授在日本经济理论学会和国立横滨大学的讲演》,《文汇报》2004年4月11日。
③ 程恩富:《国进民也进》,《光明日报》2012年7月12日。
④ 程恩富:《外商直接投资与民族产业安全》,《财经研究》1998年第8期。
⑤ 程恩富:《改革开放以来新马克思经济学综合学派的十大政策创新》,《河北经贸大学学报》2021年第3期。

走自主创新的道路,需要以知识产权理论为指导,从企业、产业,特别是从国家战略层面,为推动知识产权创新保驾护航,形成民族经济的竞争优势。

复习思考题

延伸阅读

1. 2014 年 5 月 23 日,习近平总书记在视察中国商飞设计研发中心时说:"我们要做一个强国,就一定要把装备制造业搞上去,把大飞机搞上去,起带动作用、标志性作用。中国是最大的飞机市场,过去有人说造不如买、买不如租,这个逻辑要倒过来,要花更多资金来研发、制造自己的大飞机。"谈谈你对"造不如买、买不如租,这个逻辑要倒过来"这句话的理解。

2. 自力主导型对等开放论的理论创新和政策主张有哪些?

案 例 分 析

支持非洲国家自主发展联合自强

2013 年 2 月 17 日,习近平总书记在人民大会堂会见非洲联盟委员会主席祖马。习近平表示,中国支持非洲国家自主发展和联合自强,支持非洲国家积极探索符合自身国情的发展道路,中国对非洲发展前景始终抱有信心。

2019 年 6 月 24 日,国务委员兼外交部长王毅在北京分别会见赞比亚外长马兰吉、佛得角外长塔瓦雷斯和利比里亚外长芬德利。王毅表示,中方秉持真实亲诚理念和正确义利观,与非方携手走出一条特色鲜明的合作共赢之路。中方同非洲国家的合作真诚无私,没有地缘政治目的。非洲国家历史上形成的债务同中非合作没有关系。相反,中非合作有利于促进非洲基础设施建设,实现良好的经济和社会效益,增强非洲国家自主发展能力,实现可持续发展。

2023 年 8 月 22—24 日,金砖国家领导人第十五次会晤,并通过了增加 6 个成员国的决议。扩员后,世界十大产油国有 6 个金砖国家(俄罗斯、沙特、中国、巴西、阿联酋、伊朗)。意味着全球最主要的能源生产国与发展中国家最大的消费国聚集在一起,赋予了其巨大的经济影响力、能源体系影响力,并可能通过能源贸易结算推动多元化货币体系,更为全球治理机制变革带来发展机遇。从经济体量来看,根据世界银行 2022 年数据,金砖

5 国 GDP 占全球总值的 25.77%,金砖 11 国的 GDP 将占全球总值的 28.99%。国际货币基金组织预估,2023 年金砖 5 国将贡献全球 32% 的增长,金砖 11 国增长预期将进一步加大。当前,世界进入新的动荡变革期,正在经历大调整、大分化、大重组。金砖国家是塑造国际格局的重要力量。我们自主选择发展道路,共同捍卫发展权利,共同走向现代化,代表着人类社会前进方向,必将深刻影响世界发展进程。

思考题:

怎样理解中国支持非洲国家自主发展联合自强的行为,它与历史上资本主义国家对非洲的殖民掠夺有何区别?

思路点拨

第三篇

经济发展问题研究

第九章　国民生产福利总值论与幸福指数论

学习目标

1. 掌握马克思主义发展观和幸福观

2. 了解以 GDP 核算方法以及以 GDP 为导向的发展观的弊端,从而懂得国民生产福利总值指数和幸福指数的重要意义

3. 掌握国民生产福利总值指数和幸福指数的基本原理和计算方法

追求幸福是人类永恒的主题,自古以来经济学家都把人的幸福与国家经济发展联系在一起。古典政治经济学从斯密开始就把"促进国民财富的增长"作为研究目的,而古典政治经济学的终结者西斯蒙第却批判地认为,斯密和李嘉图的学说不管应用在什么地方都可以增加物质财富,但是这种学说会使富者更富,使穷者更加贫困、更加处于依附地位、更加被剥削得一干二净。[①]他反问:"英国所积累的如此巨大的财富究竟带来什么结果呢? 除了给各个阶级带来忧虑、困苦和完全破产的危险以外,另外还有什么呢?"[②]马克思的资本积累理论明确指出,在资本主义市场经济条件下,一边是财富的积累,一边是贫困的积累。当代美国经济学家伊斯特林通过对发达国家经济增长与人们快乐关系的研究,也表明 GDP 的增长与人的快乐没有显著的关系。要解决"财富悖论",就必须运用马克思主义基本立场、观点和方法,对将 GDP 作为唯一的经济社会评价指标进行反思。为此,我们构建了能够反映经济增长中国民福利水平提高的国民收入核算体系和幸福指数,从而在理论上引导经济社会的科学发展,进而实现人民幸福。

第一节　马克思主义经典作家和领袖的基本思想

马克思主义理论就其研究目标和内容而言,是关于实现人民幸福进而实现人的自由全

---

① 段学慧、程恩富:《以人民为中心:中国特色社会主义政治经济学的根本立场》,《福建论坛(人文社会科学版)》2017 年第 12 期。

② 西斯蒙第:《政治经济学原理》,何钦译,商务印书馆 1964 年版,第 9 页。

面发展的思想体系,其最终理想是指向人的自由全面发展的共产主义社会,经济社会发展的最终目标则是人的自由全面发展,而从人的主观感受上看就是实现人的幸福。这些目标不是 GDP 一个指标能够衡量和满足的,涉及创业就业、收入分配、住房居家、社保福利、婚姻家庭等民生和福祉问题。事实上,所有的马克思主义经典作家、共产党领袖以及马克思主义学者都高度重视经济社会发展与民生和福祉的关系,并有前后继承、与时俱进的大量理论性和方针政策性的论述。①

一、马克思恩格斯阐述幸福与经济社会发展

虽然马克思、恩格斯没有论述幸福的专著,但是他们的理论都渗透着对人类幸福的关切,对人的自由全面发展理想社会的追求,他们对人类社会发展规律和根本动力的探究、对资产阶级意识形态和现实资本主义社会的无情批判、对未来共产主义社会的科学推论,以及在颠沛流离的艰难处境中领导国际工人运动的斗争实践,都是为着实现人类解放和人类幸福所作的不懈努力。在一定意义上说,马克思主义就是关于什么是幸福,以及如何实现幸福的科学理论。

(一) 资本主义私有制是劳动者幸福的制度障碍

马克思从唯物史观出发,一方面肯定"资产阶级在它的不到一百年的阶级统治中所创造的生产力,比过去一切世代创造的全部生产力还要多,还要大"②;另一方面批判了资本主义生产力的巨大发展,并没有改变劳动者受剥削、受奴役的地位。马克思指出,资本主义劳动对于劳动者来说"是一种痛苦,更正确地说,只是活动的假象"③,"不是感到幸福,而是感到不幸"④。而这种不幸的根源在于,资本主义私有制造成了富有和贫穷的对立,资本主义生产方式下资本家对剩余价值贪得无厌的追求使其蔑视劳苦大众的生命和尊严。只有推翻资本主义私有制,人民真正拥有了生产资料的所有权,才是实现幸福的制度保证。马克思在《哥达纲领批判》中提出"集体财富的一切源泉都充分涌流"⑤是共产主义的条件。因此,所有制问题的解决是实现社会公平、缩小贫富差距的,实现人民幸福的重要途径。

(二) 人民立场是幸福观与发展观的首要前提

在马克思、恩格斯生活的资本主义社会,人民群众是受剥削的底层劳苦大众。马克思曾经说过:"真正的人民即无产者、小农和城市贫民"⑥。他认为无产阶级是人民群众的中坚力量,是"现实的个人"的主体,是"社会成员中的大多数。"因此,马克思、恩格斯研究的是具体的、历史的人,是处在一定生产关系和阶级关系中的人。人民立场是马克思主义的阶级立场与首要前提。马克思、恩格斯为了改变人剥削人的制度,为了寻求无产阶级和广大劳动人民的解放与幸福,对无产阶级和广大劳动人民受剥削、受压迫的根源及其实质进行深入研究。

---

① 王艺、程恩富:《马克思主义视野中的"幸福指数"探究》,《学术月刊》2013 年第 4 期。
② 《马克思恩格斯文集》第 2 卷,人民出版社 2009 年版,第 36 页。
③ 《马克思恩格斯全集》第 42 卷,人民出版社 1979 年版,第 38 页。
④ 《马克思恩格斯文集》第 1 卷,人民出版社 2009 年版,第 159 页。
⑤ 《马克思恩格斯文集》第 3 卷,人民出版社 2009 年版,第 436 页。
⑥ 《马克思恩格斯全集》第 4 卷,人民出版社 1958 年版,第 220 页。

在揭示了人类社会,特别是资本主义社会的发展规律基础上,发现了唯物史观,并将其应用于经济学研究,创立了以劳动价值论为基础、以剩余价值论为核心的无产阶级政治经济学体系,并宣称他们的研究目的不再是少数人的富裕,而是"以所有的人富裕为目的"①。实现人类幸福和人的自由全面发展的幸福观与发展观,体现了马克思主义经济学立场、观点、方法和价值取向的无产阶级本色。

(三)劳动是实现人的幸福与发展的主要途径

在幸福的具体实现路径上,马克思认为,作为人的本质力量的全面反映的劳动,一定是在制度保障的前提下,实现人民幸福的具体途径。马克思认为劳动是人的本质力量的全面反映,与资本主义制度状态下的劳动不同,马克思认为,共产主义社会"通过人并且为了人而对人的本质的真正占有;因此,它是人向自身、也就是向社会的即合乎人性的人的复归"②。劳动不再是劳动者不幸的异化劳动,而是一种充实而自足的"自主活动"。"自主活动"是指人们能够按照自己的愿望,独立地创造自己的物质生活和精神生活。自由劳动恰恰是这种自主活动的内容,并且劳动也是人的本质在现实中的生成。在马克思看来,劳动人民的真正幸福只有在自由劳动中才能得以实现。

(四)人的自由全面发展是人民幸福的终极目标

"人的自由全面发展"的观点贯穿于马克思学说的始终。不管是《1844年经济学哲学手稿》,还是《共产党宣言》以及《资本论》等的论著中,人的自由全面发展既是研究的出发点又是研究的目标。马克思把人定位于现实的人,存在于一定社会关系中的人,使人的自然属性与社会属性完整地统一起来。恩格斯曾指出马克思的发展观是"关于现实的人及其历史发展的科学"③,表明马克思的发展观是现实的人的发展,人的发展的最终目标是实现人的自由而全面的发展。而人的自由全面发展是建立在资本主义制度消灭、阶级对立消失、生产力高度发达基础之上的,表现为和谐的自然关系和社会关系。

(五)物质需要、人际需要与精神需要全面满足是幸福的重要来源

马克思就曾严厉谴责在私有制和异化劳动条件下产生的工人需要的粗陋化、野蛮化和简单化的现象。他强调"只有在现实的世界中并使用现实的手段才能实现真正的解放"。④因此,人的自由而全面的发展必须有充分的现实基础。他还设想,当消灭了对抗性和僵化性的社会劳动分工之后,人的物质需要和精神需要将在真正的人身上重新统一起来,并提出要"培养社会的人的一切属性,并且把他作为具有尽可能丰富的属性和联系的人,因而具有尽可能广泛需要的人生产出来"⑤。可见,在马克思那里,摆脱私有制市场经济后的完全自由的人是具有丰富的全面的需要的人,相应地,完全自由的人所享有的幸福并不仅仅源于物质需要的满足,人际需要和精神需要的满足也是幸福的重要来源。换言之,完全自由的人所享有

---

①　《马克思恩格斯文集》第8卷,人民出版社2009年版,第200页。
②　《马克思恩格斯文集》第1卷,人民出版社2009年版,第185页。
③　《马克思恩格斯文集》第4卷,人民出版社2009年版,第295页。
④　《马克思恩格斯文集》第1卷,人民出版社2009年版,第527页。
⑤　《马克思恩格斯文集》第8卷,人民出版社2009年版,第90页。

的幸福并不是片面的、某一方面的幸福,而是系统的、整体的、全面的幸福。

二、列宁阐述幸福与经济社会发展

列宁关于幸福的论述是在社会主义革命与社会主义建设实践过程中,对马克思恩格斯思想的继承与发展。列宁把人民群众的实际利益同革命实践相结合,把人类的解放和幸福作为无产阶级革命的强大动力,强调通过无产阶级的社会革命实现人的自由解放,通过劳动实现人的幸福生活。列宁指出,"人类历史现在正经历着一个最伟大、最困难的转折,这个转折,可以毫不夸大地说,具有解放全世界的巨大意义,……转向共产主义社会、共同幸福和持久和平的光明未来。"①对于如何实现人民幸福,列宁指出:"要消灭人民的贫穷,唯一的办法就是彻底改变全国的现存制度,建立社会主义制度。"②此外,列宁主张通过劳动实现人民的幸福生活,并强调劳动所得的合理性。他指出,"在这个新的、更好的社会里不应该有穷有富……共同劳动的成果不应该归一小撮富人享受,应该归全体劳动者享受。"③同时,列宁还特别注重人民群众在精神层面的幸福,他指出"能够真正享受文化、文明和民主的福利,……坚定不移地把这项工作继续下去。"④

在革命取得成功后,列宁十分注重国民经济的恢复和发展,他的经济社会发展思想表现为重视人民生活水平的提高。"从事国家的经济建设,收获更多的粮食,……消除饥荒,这就是我们的政治。"⑤将将提高人民群众的生活水平上升到国家政治高度,并采取了一系列提高人民生活水平的措施,如新经济政策、粮食税制、允许自由贸易、租让政策等;为了社会建设、发展经济,还采取了一系列措施,如消灭贫困,增加人民在就业、住房、教育等方面的保障。另外,列宁提出了社会主义经济社会的发展一定要提高生产率、将建设社会主义民主政治和先进文化相统一。

三、毛泽东阐述幸福与经济社会发展

毛泽东的幸福观与马克思主义幸福观一致,是要实现中国人民的解放和幸福,其具体表述是"全心全意为人民服务"的幸福观。毛泽东将人民的概念置于社会历史变革中考察,认为人民是历史的创造者,中国共产党一切事业的出发点和归宿都是人民。新民主主义革命时期的中国,民族独立、人民解放是人民幸福的前提与保证。毛泽东指出:"为什么要革命?为了使中华民族得到解放,为了实现人民的统治,为了使人民得到经济的幸福。"⑥新中国成立后,经过三年战争恢复时期,紧接着进行社会主义改造,然后把党和国家工作重点转向社会主义建设,提出建设四个现代化目标。其目的就是满足人民物质生活需要以及在其他方面的需要,如文化、教育、医疗等,追求幸福新生活。毛泽东指出,"要把衣、食、住、用、行五个字安排好,这是六亿五千万人民安定不安定的问题。"⑦所有这一切,都是实现人民全面幸福

---

① 《列宁全集》第 34 卷,人民出版社 2017 年版,第 73 页。
② 《列宁全集》第 7 卷,人民出版社 2013 年版,第 122—123 页。
③ 《列宁全集》第 7 卷,人民出版社 2013 年版,第 112 页。
④ 《列宁全集》第 36 卷,人民出版社 2017 年版,第 86 页。
⑤ 《列宁全集》第 39 卷,人民出版社 2017 年版,第 449 页。
⑥ 《毛泽东文集》第 1 卷,人民出版社 1993 年版,第 21 页。
⑦ 《毛泽东文集》第 8 卷,人民出版社 1999 年版,第 78 页。

的实践,是全心全意为人民服务幸福观的体现,在具体的工作中表现为同人民保持血肉联系的群众路线。

四、中国特色社会主义阐述幸福与经济社会发展

邓小平关于幸福论述主要包括物质幸福、精神幸福与共同富裕等内容。他提出了"以提高人民生活水平为中心"等物质富裕为核心的共同富裕和幸福观。强调物质幸福和精神幸福的辩证统一关系,物质幸福是实现人的幸福的坚实基础和有力保障,精神幸福则是实现人们内心幸福的重要条件,两者缺一不可。他还提出了让一部分人先富起来、先富带后富从而实现共同富裕的经济路径,具体的做法包括政治保障、制度保证以及社会发展等。

"发展才是硬道理"则是邓小平发展观的核心理念。这一理念的前提是他所提出的社会主义初级阶段理论。邓小平指出:"社会主义本身是共产主义的初级阶段,而我们中国又处在社会主义的初级阶段,就是不发达的阶段。"①对于实现发展的途径,邓小平指出通过改革来实现,改革的目的是解放和发展生产力,进而实现更好的发展。

江泽民继承了马克思主义发展观,强调人的全面发展以及注重人民幸福的实现。指出"我们建设有中国特色社会主义的各项事业……要着眼于促进人民素质的提高,也就是要努力促进人的全面发展。"②强调人的重要性,为以后的发展思想奠定了基础。在具体的做法上,进行了政治、经济和文化全面协调发展的新布局,并且提出了加强物质文明建设、精神文明建设和政治文明建设的一系列新举措。

以胡锦涛为代表的中国共产党人从新阶段的国际形势和国内形势出发,在全面建设小康社会与建设和谐社会的基础上,提出了科学发展观。胡锦涛指出,坚持以人为本,"切实保障人民群众的经济、政治和文化权益,让发展的成果惠及全体人民。"③把人民幸福与经济社会的发展紧紧地联系在一起。科学发展观的基本要求是全面协调可持续,即政治、经济、文化等的全面发展,并保持人与自然的协调,走新型的可持续发展的工业化道路,进而实现可持续发展。科学发展观的根本方法是统筹兼顾。统筹兼顾就是要从社会各个阶层的利益出发,兼顾各方的利益,保持全面发展。科学发展观在继承马克思主义发展思想的基础上,使发展的定义更加明确,内容也更加科学,并且更接近人民幸福的具体实现。

五、习近平新时代中国特色社会主义思想阐述幸福与经济社会发展

党的十八大以来,习近平反复强调为人民"造福",切实改善人民群众的物质生活和精神生活。"中国梦归根到底是人民的梦,必须紧紧依靠人民来实现,必须不断为人民造福"④,"人民对美好生活的向往,就是我们的奋斗目标"⑤。在他看来,人民幸福、国家强盛与民族复兴是统一的,人民整体生活改善、幸福美满就是民族复兴的现实表现。习近平提出"以人民为中心的发展思想",人民幸福是经济社会发展的目标,人民也是发展所要依靠的对象。他

---

①　《邓小平文选》第3卷,人民出版社1993年版,第252页。
②　《江泽民文选》第3卷,人民出版社2006年版,第294页。
③　《十六大以来重要文献选编》(上),中央文献出版社2005年版,第850页。
④　《习近平谈治国理政》第1卷,外文出版社2018年版,第40页。
⑤　《习近平谈治国理政》第1卷,外文出版社2018年版,第4页。

提出了创新、协调、绿色、开放、共享的新发展理念，"以人民为中心的发展思想"为"新发展理念"的实施提供了基本原则，其中，创新发展的主体是人民，协调发展旨在维护人民的根本利益，绿色发展是保障人民生存的根本问题，开放发展是为了构建命运共同体，共享发展是为了发展惠及人民，增进人民福祉。

习近平认为，劳动创造幸福，劳动是实现幸福的根本途径。他坚持马克思主义劳动观，认为劳动是人的创造力的实现，是"人类的本质活动"。多次强调"劳动最光荣、劳动最崇高、劳动最伟大、劳动最美丽"，"劳动是财富的源泉，也是幸福的源泉"[1]，"人世间的一切幸福都需要靠辛勤的劳动来创造"[2]，号召全国人民"撸起袖子加油干"。

习近平还认为幸福是人类共同的美好情结，也是连接世界各国人民构建人类命运共同体的内在机制。他指出"中国梦既是中国人民追求幸福的梦，也同各国人民追求幸福的梦想相通。"[3]

第二节　中外学者关于幸福与发展的主要观点

一、国内外学者关于幸福问题的讨论

（一）关于幸福的哲学思考

关于幸福的考察，历史久远，论述颇丰。苏格拉底认为幸福与人的德性和智慧密切相关，只要灵魂完善就是幸福的；柏拉图认为幸福是灵魂对于身体的超越，是理智、激情与欲望的和谐；亚里士多德认为幸福是德性实践的心灵反映；伊壁鸠鲁认为幸福是内心的宁静和灵魂无纷扰；奥古斯丁认为幸福来源于圣爱，人人渴望幸福；爱尔维修将公共利益作为幸福的来源；亚当·斯密认为幸福是良好的物质生活和道德生活状态；康德认为幸福是对人的德性的配享，等等。以往的理论将幸福看作是"自足""自我"或"自主"状态的反映，从灵魂、品格、个性、生活等层面解释幸福，长期停留于个体幸福感体认的层面，纠葛于灵魂与身体的二元互动之中，找不到幸福的历史要素和普遍性。这些幸福观大多是从理念、心灵、类本质等角度研究的。[4]

费尔巴哈恢复了唯物主义哲学传统，敏锐地发现物质是精神生活潜在的根源。他明确指出："幸福仅仅是一个生物状况良好的基本状态，这种状态很健壮或安逸；在这样的状态之下，生物能够非常容易地满足，包括与它的本体和生存有关联性的特别所需和渴望"。[5]恩格斯肯定费尔巴哈"物质不是精神的产物，而精神本身只是物质的最高产物"[6]，批判费尔巴哈将精神归结于人类本质，看不到人的实践的重要作用。

---

①　《习近平谈治国理政》第 1 卷，外文出版社 2018 年版，第 46 页。
②　《习近平谈治国理政》第 1 卷，外文出版社 2018 年版，第 4 页。
③　《习近平谈治国理政》第 1 卷，外文出版社 2018 年版，第 64 页
④　张鲲：《马克思幸福观的精神特质与新时代延伸》，《思想政治教育研究》2021 年第 5 期。
⑤　《费尔巴哈哲学著作选集》（上卷），商务印书馆 1984 年版，第 535—569 页。
⑥　《马克思恩格斯文集》第 4 卷，人民出版社 2009 年版，第 281 页。

（二）关于幸福的经济学思考

"事实上,经济学起初作为哲学的一个分支体系,一直是以快乐、幸福为理论核心的。边沁、斯密、密尔、杰文斯、马歇尔等的经济学思想均不同程度地延伸了快乐思想的理论轨迹。"[①]在19世纪的经济学中,经济学家通常把幸福或满足程度等同于"效用"来看待。当时基于幸福体验的"效用"概念具有伦理学意义。但到了帕累托时,情感因素已经从经济理论中被驱逐出去。经济学家明显或隐含地接受了功利主义的观点,认为所有的欲望或幸福感觉都可以变成一个统一的效用函数,然后把这个函数最大化。这样,幸福的伦理学精神就被转化成了经济学精神,幸福就只有边沁意义上的量的差别,亚里士多德所定义的不同质的幸福是不存在的。经济学所关心的是效用即幸福与收入的关系,在经济学基本假设条件下所推导出的"显示偏好理论"一个主要观点便是:一个人可以通过增加收入来提高其幸福程度。

但是,德隆以1990年的不变价格计算结果表明,传统经济学所关注的收入和财富同人类真正的快乐和幸福并不等价。理查德·伊斯特林是最早对快乐进行理论研究的当代经济学家。他在1974年提出了著名的艾斯特林悖论,即收入和快乐之间不存在明显的正向关系。如果这一悖论成立,那么个人以及整个人类社会千方百计地追求经济增长就失去了其应有的目的。后来,他通过对"生命周期中不同阶段的快乐"的研究发现,相对于财富而言,快乐的婚姻和健康可以带来更加持久的快乐。黄有光最早在中文世界中倡导进行快乐经济学研究,曾对东亚地区"经济快速增长而人民快乐不足"现象进行了深入分析,并称之为"快乐鸿沟"。阿玛蒂亚·森从快乐的反面——贫困以及由此产生的不快乐,对快乐经济学作出了卓越的贡献。在《贫困与饥荒》一书中,他提出导致贫困的根本原因在于穷人获取粮食能力的不足,并提出了分析贫困问题的"能力的方法"(capacities approach)。在《以自由看待发展》一书中,他对传统经济学中快乐的哲学基础功利主义进行了深刻的批评,指出功利主义的三个缺陷:漠视分配、忽略权利以及其他非效用因素、适应性行为和心理调节。而现代主流经济学仍然主要以功利主义作为自己的哲学方法论基础,这一基础正是近年来经济学被批评为"一门冷冰冰的学科"的原因。

对于快乐主观感受的测度是具有挑战性与现实意义的问题。如柏拉图曾经计算得出王者的快乐是独裁者快乐的729倍。[②]后来,从边沁的功利主义幸福观,到杰文斯等边际学派的思想,再到黄有光、卡尼曼等福利经济学家关于快乐、福利的观点与测量,都是在尝试着测度幸福。到了21世纪,幸福的测量在许多国家进行。例如,法国总统萨科齐对"幸福测度经济进步"的研究;2010年英国首相卡梅伦要求制定的用于政策依据的"幸福指数"(因为当时的统计数据不足以反映民众的生活状况,而心理健康、教育水平、环境与卫生状况的改善可能比住房、财富等更能增加民众的幸福感)。至此,"GDP(国内生产总值)核算之外的一个新的核算概念——GNH(国民幸福总值)核算的时代正在毫无悬念地进入我们的生活。"[③]

在最近几年,国内越来越多的学者开始针对新时代背景下马克思主义幸福观以及幸福

---

①　陈惠雄、蒲德祥:《幸福经济学导论》,中国社会科学出版社2020年版,第6页。

②　柏拉图:《理想国》,人民出版社2021年版,第162—170页。

③　陈惠雄、蒲德祥:《幸福经济学导论》,中国社会科学出版社2020年版,第150页。

观的测度进行研究。陈惠雄认为,快乐指数、幸福感、满意度等调查定然可以大致准确有效地反映人们获得快乐的最有效状况,使各国进行的快乐指数调查与测量研究变得有效。在"最大化"理论原则下获得对于每个人来说都是最大化的快乐数值,从而使幸福指数的测度与比较成为可能与科学。①田国强通过建立一个规范的经济模型,在社会福利最大化和个人理性选择的条件下,试图在主流经济学框架内研究人们的主观幸福问题。②官皓认为我国居民的收入水平对幸福的正向影响很小。③赵奉军认为人们的欲望会随着时间和收入的变动而变动,把欲望集引入效用函数,并结合马斯洛的需求层次理论分析了收入与幸福的关系④。邢占军在《主观幸福感测量研究综述》一文中提出了包含几个层级指标的主观幸福感的测量体系,形成了中国民众主观幸福感测量表。⑤

二、国内外学者关于发展问题的讨论

(一) 发展观的演进

第二次世界大战以后,医治战争创伤、恢复国力成为世界各国的现实问题,以经济增长为核心的发展观在 20 世纪五六十年代盛行全球。这种发展观指导下的发展,是以 GNP (国民生产总值)的增长为目的,经济增长是国家实力和国民生活幸福的象征,是解决贫困、不平等和不民主的灵丹妙药,忽视社会其他领域的发展。这种发展观的理论可以追溯到古典经济学家亚当·斯密和大卫·李嘉图,他们提出的国民财富增长理论、国际分工和贸易理论等,开创了研究经济增长理论的先河。此后,刘易斯的《经济增长理论》、华尔特·惠特曼·罗斯托的"经济成长阶段论"、熊彼特的经济增长理论、罗森斯坦·罗丹等人提出的大推进平衡理论、缪达尔达提出的经济发展理论、库兹涅茨的经济发展理论、艾伯特·O.赫希曼提出的不平衡增长理论等,都是对这种发展观的演进和发展。在这种发展观的指导下,带来了资源耗竭、生态破坏、社会不公平、人的异化等一系列社会问题,造成了"没有发展的增长",甚至是"恶的增长",使经济难以持续发展。在国内,有些论著把发展是硬道理解释为增长是硬道理,进而主张唯 GDP 论的观点,过分强调经济增长特别是 GDP 增长对于社会发展的重要意义,从而忽略了社会、生态、文化等其他方面发展的重要作用,这是典型的以经济增长为中心的发展观。

在反思以经济增长为中心的发展观所带来的种种问题之后,人们逐渐认识到发展是各种社会因素的综合发展,除了经济增长之外,还包括教育、人的寿命、就业、社会公正、环境等,出现了以社会综合发展为中心的发展观。1972 年罗马俱乐部的《增长的极限》的报告,谴责经济发展给人类造成的灾难,警告了经济增长的极限。1981 年美国世界观察所所长莱斯特·R.布朗出版专著论证:建立一个"可持续发展的社会"是解决世界性难题的出路。1987 年世界环境与发展委员会发表了《我们共同的未来》,首次提出了"可持续发展"概念。随后通过了两个国际性文件,一个是《保护地球——可持续生存战略》,另一个是《21 世纪议程》,

---

① 陈惠雄:《"快乐"的概念演绎与度量理论》,《哲学研究》2005 年第 9 期。
② 田国强、杨立岩:《对"幸福—收入之谜"的一个解答》,《经济研究》2006 年第 11 期。
③ 官皓:《收入对幸福感的影响研究:绝对水平和相对地位》,《南开经济研究》2010 年第 5 期。
④ 赵奉军:《收入与幸福关系的经济学考察》,《财经研究》2004 年第 5 期。
⑤ 邢占军:《测量幸福——主观幸福感测量研究》,人民出版社 2005 年版,第 1—35 页。

对社会的可持续发展作了详细的说明。以社会综合发展为中心的发展观,把人们关注的视野引向经济领域以外的教育、医疗、社会公正、环境等领域,但是这种发展观忽视了人在发展中的中心地位,忽视了发展的最终目的应该是人的发展。

1983年法国学者弗朗索瓦·佩鲁的《新发展观》提出了以人为中心的、内生的、整体的、综合的新发展观,即"以人为中心"的新发展观,是战后发展理论演变的里程碑式的结果。这种发展观认为经济增长只不过是实现人的发展的手段,经济、政治、社会的各种制度的演变和改进是为了人的发展创造一个更好的社会环境。秉持这种发展观的还有阿玛蒂亚·森,他的《以自由看待发展》把自由定义为:人们享受有理由珍视的那种生活的可行能力,包括免受困苦——诸如饥饿、营养不良、可避免的疾病、过早死亡之类——基本的可行能力,以及能够识字算数、享受政治参与等的自由。他的自由观主要是服务于他的发展观,是对以人为本发展观的一种现代性解读。在这种人文理念的指导下,联合国在《1990年人类发展报告》中将人类发展的内涵界定如下:"人类发展是一个扩大人们选择的过程,在发展的各个层面上,有三个最基本的选择:人们过上长寿而健康的生活,获得知识和得到体面生活所必需的资源。如果这些最基本的选择不能得到,很多别的机会也就得不到。"同时指出,"人类发展还不止这些,还有一些受到人们高度珍视的选择,包括政治、经济、社会自由,创造和生产的机会,享有自尊和保障人权",并且制定了人类发展指数(human development index)。

(二)发展评价尺度的变化

与发展观的演变相对应,发展的评价尺度也经历了从以物为标准的评价尺度到社会综合评价尺度,再到以人为本的发展评价尺度。

古典经济学把经济在量上的增长或转化为资本和商品的物质资料的增加认定为社会的发展。这种"物"的评价尺度在一定程度上促进了资本主义经济的繁荣和发展,提高了人们的物质生活水平。但是,这种"物"的评价尺度一方面必然导致对物的崇拜,另一方面膨胀了人的物质欲求,刺激大规模的物质消费,享乐主义理所应当地充斥整个社会,最终导致"社会危机"和"生态危机"。按马克思的观点,生产无限扩大的趋势与消费有限性之间必然会出现矛盾,进而导致经济危机。

在批评"物"的评价尺度之后,是以社会综合发展为中心的发展观的确立,制定出了包括经济、政治、文化、社会、生态在内的社会综合评价体系,它不仅涉及人口、经济、社会、科技、环境、生态、资源等因素,而且涉及政治制度、经济体制、文化教育、宗教信仰等方面,包括环境、教育、卫生,消除贫困、失业、不平等一系列社会综合指标。在探索社会综合评价体系过程中,可持续发展动力的评估、监测理论体系和方法体系,是国内外关于发展研究的热点之一。如1995年世界银行公布了新的国家财富指标,即用"扩展的财富"来衡量全球或区域发展的新指标。"扩展的财富"包括"自然资本""人造资本""社会资本"和"人力资本"四组要素。"财富"的概念由此超越了传统的范式。另外,还有联合国的环境经济综合核算体系。这两个指标体系在试行过程中存在许多难点,所以,没有被广泛地应用。

联合国开发计划署根据阿玛蒂亚·森的思想,在1990年提出了人类发展的概念,指出:发展是为人们创造恰当的机会实现与他们的需要相吻合的有价值的和富于创造性的生活。人类发展指标包括预期寿命、教育水准和生活质量三个方面,它综合反映了卫生和健康水平、教育水平、经济和生活水平,能够全面地反映社会和经济的发展。但是,人类发展指数的缺憾也是毋庸置疑的,阿玛蒂亚·森自己也承认。其弊端在于:缺乏影响人类发展因素的多样性的考虑,评估实践简单化,忽视了不同地区人类发展的差异性、权重分配的主观性和指标阈值的缺憾等。

在国内,沈颢等[①]学者认识到经济成就最终要由人们的满意度来评价,因而使具有主观性特征的快乐、幸福、效用等概念成为经济学的核心范畴,国民幸福总值成为衡量经济成败的最高综合指标。

因此,我们需要更为全面的指数来衡量经济社会的发展。这样的指数一定是基于马克思主义及其中国化理论中关于幸福的观点与思想,在吸取国内外幸福观与发展基础上,并在评价指标涵盖的范围与内容等方面一定是优于以往的评价体系的。

第三节　评析与创新

从中国特色社会主义的实践看,我国在发展初期重视 GDP 目标的主导和追求较快的发展速度具有一定的合理性,但也具有局限性。在经济社会面临转型期,分配不公和贫富差距长期存在,地区之间、城乡之间存在发展不平衡,劳资关系时有冲突。随着经济社会文化等历史条件的根本性变化,中国经济发展正日益重视将国民持续幸福作为经济社会发展的新目标。[②]我们关注 GDP 的增长导致的我国发展评价指标单一化的弊端,在深入研究的基础上提出了"国内生产福利总值"(gross domestic product of welfare,以下简称 GDPW)指标和幸福指数两大经济社会发展评价指标。这对于弥补在追求经济增长过程中付出的代价,以及检验经济增长中的国民福利水平,具有重要的现实意义。

一、国内生产福利总值论

GDPW 是指一国(或地区)在一定时期内所有常住单位生产经营活动所创造的最终福利总值。长期以来,GDP 成为衡量我国国民经济的第一指标。在追求经济增长的过程中,我们付出了太多代价。因此,提出 GDPW 指标,并检验经济增长中的国民福利水平,具有重要的现实意义。

(一) 福利的概念

与其他任何研究框架相同,GDPW 框架也包含一个概念结构,包括反映基本范畴与辅助范畴,而首先要研究的就是福利的概念。

从国内外对福利的定义来看,福利有主观福利与客观福利两个不同质的概念。主观福利与客观福利具有不同的内在规定性。主观福利是从主观方面评估客体的效用,是主体偏好对客体效用的一种描述,表现为个人的主观评价。客观福利可以定义为能使个人获得幸

---

① 沈颢、卡玛·尤拉:《国民幸福——一个国家发展的指标体系》,北京大学出版社 2011 年版,第 120 页。
② 黄志亮:《从市场 GDP 主导转向国民幸福目标主导经济发展实践》,《海派经济学》2017 年第 1 期。

福感或满意感的客观事物,不受主观评价左右。①GDPW 核算是从宏观层面上对福利现象进行反映和描述的系统,考察的是客观福利而非主观福利,考察的对象也是由货物和服务组成的客观事物。

(二) GDPW 的核算内容

GDP 核算是从生产角度考察这些客观事物;而 GDPW 核算则从能否增进社会成员幸福感的角度来考察。因此,前者反映的是名义 GDPW,后者才是实际的 GDPW。更具体地,GDPW 指标不仅包括 GDP 内的国民经济生产过程中所创造的正、负效用(正、负福利),也容纳了排除在 GDP 核算之外的国民经济生产过程派生的正、负效用(正、负福利);GDPW 核算框架具有 GDP 核算框架原有的作为宏观调控工具的基本功能,还具有 GDP 核算框架不具有的功能。GDPW 核算不是一个纯粹的经济核算系统,它容纳了自然环境和社会环境的核算,有助于反映生产系统与环境系统、社会系统之间的各种数量关系。

GDPW 作为一种替代的现代化理念,是经济、自然和社会三个系统所产生的正效用与负效用的集合,本质上反映的是客观福利的问题。作为衡量人们生产活动所创造的福利的指数,可以有效补充和修正 GDP 存在的不足和缺陷,而又比可持续经济福利等名词更为具体。从现行 GDP 转化为 GDPW 必须经过三个步骤:一是基于福利的生产因素调整;二是基于福利的环境因素调整;三是基于福利的社会因素调整。

从研究思路看,GDPW 核算包括正负内部性生产福利价值核算与负外部性福利价值核算等内容。其中,负外部性福利价值核算包括自然资源环境成本与社会成本核算等内容。虽然自然资源环境成本与社会成本并不属于国民经济范畴,但这里的成本定义是根据马克思的再生产理论,使用的是损失恢复的概念,即补偿损失所必须耗费的生产成果,也即福利损失。这种计算方法的特征在于:这样使 GDPW 实现了 GDP 的内在功能与福利尺度功能的有机统一,即这一指标并不是对影响福利因素在 GDP 中进行简单的加减,而是体现影响因素与生产之间的内在联系;并且,对正负内部性生产福利价值核算,扩展了 GDP 核算的范围,使 GDP 能更加全面、真实地反映国民经济发展的现实状况。因此,GDPW 比国民经济福利、经济净福利等指标更具科学性和操作性。

第一,正、负内部性生产福利价值。正、负内部性生产福利价值是 GDP 核算框架转化为 GDPW 核算框架的重要中介变量,其产生是因为国家掌握的市场交易信息并不能涵盖所有通过市场交易的人类生产活动,这部分生产在政府的官方统计中没有它们的影子。一方面,一些由于具有明显的社会危害或影响国家正常经济秩序的活动,因政府禁止而转入地下,如,制贩毒品、制售黄色制品、非法军火生意、走私、卖淫、拐卖人口等,这类生产对社会福利产生负效应,故称为负内部性生产;另一方面,一些出于税务筹划而转入地下的社会经济活动在国民统计账户中也没有反映,而这类生产的最终产品福利价值对国民福利具有正效应,因此称为正内部性生产。

第二,负外部性福利价值。负外部性福利价值是根据外部性经济理论,界定与衡量经济、社会对国民福利产生的外部性影响价值。负外部性福利价值包括两部分:自然资源环境成本与社会成本。从本质上说,无论是自然环境成本还是社会成本都是对人们福利价值的

---

① 杨缅昆:《论国民福利核算框架下的福利概念》,《统计研究》2008 年第 6 期。

外部性影响,因而可将两者统称为负外部性福利价值。自然资源环境成本是国民经济外部性对资源环境的影响。资源环境作为国民财富,是国民福利在资源环境上的体现。自然资源环境成本主要包括资源耗减和环境退化。

社会成本是指社会活动以及社会因素给人们造成的损失,如社会管理、社会安全等,它反映的是社会对经济及人们福利的外部性影响。其中社会安全包括自然灾害、人为事故、违法犯罪等。严格地说,因社会活动主体多元,社会活动内容广泛,故社会成本也是多方面的,除了社会管理成本与社会安全成本,还可以包括社会和谐成本、社会改革成本、社会稳定成本等。

(三) GDPW 的核算

1. GDPW 的核算公式

第一,考虑外部性情况下 GDPW 的核算公式如下[①]:

$$GDPW = 现行 GDP + 正内部性生产福利价值$$
$$- 负内部性生产福利价值 - 负外部性福利价值 \qquad (公式 1)$$
$$负外部性福利价值 = 自然资源环境成本 + 社会成本 \qquad (公式 2)$$
$$社会成本 = 社会管理成本 + 社会安全成本 \qquad (公式 3)$$
$$社会管理成本 = 政府社会成本 \qquad (公式 4)$$
$$政府社会成本 = 政府决策失误成本 + 政府腐败成本$$
$$+ 政府行政失效成本 \qquad (公式 5)$$
$$社会安全成本 = 自然灾害损失成本 + 人为事故损失成本$$
$$+ 违法犯罪成本 \qquad (公式 6)$$

第二,在不考虑外部性情况下 GDPW 的核算公式如下:

GDPW 具体调整核算时,可使用生产法或支出法核算公式。为了便于分析这三种核算公式只做了粗略描述而非具体的核算公式。要说明的是虽然正负内部性生产都应纳入 GDPW 核算范围,但只有正内部性生产是创造福利的,故在生产法中加入;负内部性生产(非法生产)创造的是负福利产品,并且,从支出法角度看,正内部性生产价值实际上都已包括在 GDP 之中。因此,在按照支出法核算时,不能再将非正规性生产福利价值加入 GDPW 以避免重复计算,只是将非法生产价值从 GDP 中扣除。同时,这些处理方法与 SNA(1993)是不同的,SNA(1993)是将非正规性生产价值和非法生产价值均作为 GDP 的增项处理。

① 生产法分析:

$$GDPW = 现行 GDP + 正内部性生产福利价值 \qquad (公式 7)$$

② 支出法分析:

$$GDPW = 现行 GDP - 负内部性生产福利价值 \qquad (公式 8)$$

③ 综合角度分析:

$$GDPW = 现行 GDP + 正内部性生产福利价值 - 负内部性生产福利价值 \quad (公式 9)$$

---

①　程恩富:《改革开放以来新马克思经济学综合学派的十大政策创新》,《河北经贸大学学报》2021 年第 3 期。

其中：

$$正内部性生产福利价值＝非正规性生产价值＋非市场性生产价值 \quad （公式10）$$
$$负内部性生产福利价值＝非法生产价值 \quad （公式11）$$

2. GDPW 的核算原则

第一，客观福利原则。客观福利原则是首要关注的原则，这一原则表明只有那些有利于人们福利增进的、能用货币价值表现的客观价值成果才能被列入 GDPW 的核算范围。从福利角度分析 GDPW 核算必须有承载体，而这个承载体就是国民产品。一般而言，所谓国民产品通常是指社会最终产品。在开展 GDP 生产、分配和使用的核算时，人们普遍接受这个标准。然而，在 GDP 核算基础上开展国民经济福利核算研究时，西方学者又提出了强有用性和弱有用性两种不同的判断标准。强有用性标准是指只要某种产品能满足人们的需要，不论是道德的还是非道德的，不论是合法的还是非法的，都具有有用性。现行 SNA 就是按照强有用性标准对社会最终产品进行确定的。在 SNA 体系内，只要能满足社会成员需要的产品和劳务，无论是满足整体需要还是满足个人需要，都应纳入社会最终产品的核算范围。即使是不合法的地下经济生产，违背道德标准的毒品生产，也纳入国民生产核算范畴。正如 SNA(1993) 所指出："符合交易特征特别是交易双方有共同协议时的非法活动与合法活动按同样方式处理。某些货物和服务，如麻醉品其生产或消费，可能是非法的，但这样的货物和服务的市场交易在账户中必须记录。"GDPW 的内涵本质上与 GDP 是一致的，差别在于它是从福利的角度对 GDP 进行修正。生产与福利是两个联系紧密的概念，生产是前提，福利是结果，因此 GDP 核算和 GDPW 核算并非两个独立的系统，两者是有机统一的。GDPW 核算是在 GDP 核算的基础上，根据福利标准对 GDP 核算的修正。因此，将 GDP 转化为 GDPW，不仅要考虑 GDP 核算之外的外部性因素调整问题，而且要考虑 GDP 核算的内部性因素调整问题。基于此，本书的 GDPW 核算范围基本上坚持 SNA 的强有用性标准，即只要能满足社会成员需要的产品和劳务，无论是满足整体需要还是满足个人需要，都应纳入社会最终产品的核算范围。但不合法的、违背道德标准的生产以及对人们的福利没有贡献的生产，应从 GDP 中扣除作为 GDPW 中的负内部性生产福利价值部分。因为这些最终产品或服务是有损或无益于人们福利的，即 GDPW 核算范围界定标准是在合法、道德基础上的强有用性标准。本书将这一标准称为准强有用性标准，它介于强与弱两种有用性标准之间。

第二，主体性原则。GDPW 核算的主体，即一国经济领土上具有经济利益中心的常住单位。如果一个企业或一个人在该国的经济领土范围内有一个场所（住所、厂房或其他建筑物），并将之用以长期的经营活动，那么它就是一个经济利益主体。在"个人主义"的市场体系中，这类主体即经济学中所谓的"经济人"，他按照"最小最大化原则"组织自己的各种经济行为。其中最小化和最大化的对象——成本和收益，都是以该"利益主体"为边界计算得来的。在存在外部性的情况下，成本和收益并不能精确描述各主体经济行为的福利影响。在市场体系中，这些成本和收益都是用产品或服务的市场价格来表示的。因此，具体来说，各行为主体的生产结果——产品或服务的市场价格，无法准确描述它们带来的福利影响。这便解释了为什么用市场价值（价格）来表示人类生产活动价值会为 GDP 核算带来偏差。现在的问题是外部性有正有负，一人所得即另一人所失，那么为什么将所有主体的成本支出（支出法)或收益(收入法)简单加总起来,所得的核算结果还会出现偏差呢?原因就在于主体的选择上。有两个主体在现行 GDP 核算理念中显然被忽略了:其一是自然环境;其二是当代人类的后代。自然环境一方面作为人类生存空间的一部分,构成人类福利的重要因素;另一方面又在人类的生产活动中扮演着重要角色。自然环境在更多的情况下表现为公共品的特征,即消费上的非排他性和非竞争性,因而"公地悲剧"在它身上就表现得特别明显。没有哪个市场中的利益主体会为南极上空的臭氧黑洞带来的福利损失而采取行动,因为该类行动的成本巨大,而其行为后果却是纯粹的公共品,无法获得足够的收益补偿。对当代人类的后代,虽然经济学家在理论研究中可以将他们的福利折现,从而将其行为纳入当期的研究中,但在现实中却无法做到。由于未来人在现实的市场中没有发言权,因而当现代人的行为对他们有负的外部性时,他们也无法反对。所以,市场价格体系也不能准确地将这类由后代为当代人承担的成本反映出来。

第三,准市场性原则。这个原则要求构成 GDPW 的经济量具有商品或准商品的性质。有些观点认为,国民经济总量应有纯市场性,即经济总量必须能够实现市场交换。这种看法是不全面的,它往往会排斥一些市场化程度较低但仍有重大经济意义的经济量。之所以采取准市场标准,是因为以纯市场标准来衡量 GDPW 会受到市场化程度的影响,使经济发展程度不同的经济体的福利总量统计范围不一致;另外准市场化标准可描述的是较全面的生产福利流量,若不包括这些流量,就无法全面解释经济主体接下来的一系列消费行为。执行准市场化标准就是一方面反映市场化的经济福利总量,另一方面对不具市场性的经济活动进行一定的市场假设——虚拟一个市场,在这个"准市场"中生产福利流量得以流动,其流量应和相应的市场产品相对照。虚拟的方法一般有两种:一是用在市场上交易的该类产品的价格来虚拟没有在市场上交易的该类产品的价值;二是用该类生产活动的费用、成本来虚拟其产品的价值。按照准市场标准在 GDPW 统计中生产范围的活动可概括如下几种情况。(1)所有提供或准备提供给其他单位的货物和服务的生产,包括生产这些货物和服务过程所消耗的货物和服务的生产。(2)生产者用于自身最终消费和资本形成的一切货物的自给性生产。(3)自有住房服务和不付酬家庭雇员提供的家庭或个人服务的自给性生产。此外,GDPW 核算还遵循时间性原则、所有权原则等 GDP 核算基本原则。通过以上准则可知,GDPW 的统计范围以客观福利概念为基础,核算内容十分丰富。

二、幸福指数论

幸福指数的构建、测量,以及在此基础上形成的对策是实现以人民幸福为中心的经济社会全面发展目标的主要政策体系,即幸福指数体系。国内外各种幸福指数频繁发布,有些数据与排名还明显与民众的主观感受不相符合。为此,运用马克思主义的立场、观点和方法来研究幸福指数,分析国内外现有幸福指数的优势和不足,并建立科学的幸福指数指标体系,具有重大的理论和现实意义。

(一)幸福指数的理论基础

第一,对幸福的认识和理解在很大程度上影响甚至决定幸福指数研究的取向、路径和方法。马克思主义认为,幸福是人们在社会活动和个人生活实践中,由于需要得到满足(包括绝对满足和相对满足)而形成的客观状态,而幸福感则是客观幸福状态的主观感觉。其一,幸福是现实的。幸福是在社会各类实践活动中产生和实现的,相反,脱离现实生活实践的幸福只能是虚幻的而不是真实的。其二,幸福是一个主客观相统一的概念。幸福的主观形式,即幸福感,是一种心灵快乐;幸福的客观实质是主体生存发展的某种相对完满的理想状态,也就是说幸福的客观衡量标准是人生重大需要之满足。幸福的主观形式不能脱离幸福的客观实质而存在,而幸福的客观实质则在不断被主体感知体认的过程中得以确证和演变。根据幸福的主客观相统一原理,建立一个在特定时间范围和地域范围内普遍适用的幸福指数指标体系是可能的。幸福指数指标体系中应当包括主观和客观两类指标。单纯的主观取向或客观取向,即仅从主观方面去衡量,或仅从客观方面去衡量,都是有所偏颇的。同时,考虑到客观物质条件对于人类生存发展的基础性作用,客观指标所占数量比例应当大于主观指标所占数量比例,或者客观指标的权重大于主观指标的权重。

第二,幸福的层次与需要的层次相对应。马克思主义创始人把需要划分为生存需要、享受需要、发展需要三个层次。相应地,幸福也可以划分为三个层次:生存型幸福、享受型幸福和发展型幸福。它们分别反映人在不同时空上的生活状态,反映人的需要在不同广度、深度和不同水平上的满足。不过,就单类需要和单类幸福而言,也是有层次高低之分的。但在此处,当我们以生存、享受和发展为标签来表述需要层次及幸福层次时,需要和幸福都是被作为整体来看待的,每一层次的需要都包含着多种类型的需要,每一层次的幸福也包含着多种类型的幸福,各类需要的综合满足状况决定了由此享有的各类幸福的状况,进而决定幸福的大层次。无论就个体抑或人类总体而言,人的需要都是一个由低级到高级、由简单到复杂,从单一到多种的动态演化系统,同样,满足这些需要的手段和方法也是不断扩展和丰富的。这就要求我们在设计幸福指数指标体系时必须结合当前的经济社会发展实际,在确保涵盖各类重要基本需要的基础上,适当突出对现阶段主导性需要满足状况的考察,选取能够切实反映当前人民群众生活质量、贴近人民群众最为关心的问题的指标,从单纯关注量转为同时关注质和量两个方面。此外,选取的具体指标必须可量化、可比较,以能够反映出同一群体幸福状况在不同时期的发展变化,以及同一时期不同地域、群体之间的发展差异,根据研究的目的、对象、范围等因时因地制宜,选取最符合当地经济社会发展实际和人民生活实际的指标,并适时修改完善,确保该指标体系是一个动态的、开放的指标体系。

第三,幸福的客观基础。幸福的客观基础,即得到满足的人的客观需要是丰富多样的,与此相应,幸福也可以划分为不同的类型。综观马、恩的相关论著可以看出,人的需要可以依照其内容归为自然(物质)需要、社会(人际)需要和精神需要三类。其中,物质需要的满足是人类生存发展的基本前提,但人的需要绝不仅限于基本的物质需要,而是还有着更为丰富和本质的内容,即人的社会需要和精神需要。如果仅仅把人的需要看作物质需要,无异于把人的需要等同于动物的需要。一个科学的幸福指数指标体系应当涵盖人类生活的所有重大方面,全面反映人的各方面需要的满足状况。但同时必须严格控制指标数量,以使整个指标体系精简明了,便于操作。这便要求所选指标必须极有代表性,是能够充分反映各方面幸福状况的关键指标。

第四,需要的满足与否以及满足的程度和质量与主体对满足需要的对象和手段的占有程度高度相关。马克思、恩格斯在《德意志意识形态》中指出:"作为过去取得的一切自由的基础的是有限的生产力;受这种生产力所制约的、不能满足整个社会的生产,使得人们的发展只能具有这样的形式：一些人靠另一些人来满足自己的需要，因而一些人（少数）得到了发展的垄断权；而另一些人（多数）经常地为满足最迫切的需要而进行斗争，因而暂时（即在新的革命的生产力产生之前）失去了任何发展的可能性。"①可见，在生产力尚未得到极大发展的历史阶段上，生存、享受和发展资料在全社会的分配状况，直接决定了个体需要的满足状况及其发展和幸福状况。因此，一个科学的幸福指数指标体系应当能够在一定程度上反映个体或群体在生产资料和生活资料占有方面及其影响幸福程度方面的差别。具体而言，在针对微观个体的幸福指数指标体系中，必须包含能够反映个人或家庭经济状况的指标，因为个体或家庭经济指标直接反映个体或家庭对生产和生活资料的占有状况，决定个体或家庭的生活水平和发展状况。在中观和宏观层面的群体幸福指数指标体系中，既要有平均指标，以反映群体在某一方面的平均幸福水平，又要包括相对指标，尤其是关键领域的相对指标，以反映群体幸福状况在某些方面的社会差别。

第五，从幸福的实现范围来看，幸福可以分为个人幸福和社会幸福两类。个人幸福是指个体生活在某方面和某种程度上达到的满足状态，社会幸福是指社会成员的平均普遍达到的满足状态。这两种幸福不是无差别的、高度一致的。有些极端个人主义观点认为，个人幸福和社会幸福是截然对立的，要保证个人幸福就不能兼顾他人幸福、社会幸福，要实现社会大多数成员乃至全体成员的幸福，则必定在某种程度上有损个人幸福。但是，马克思主义观点认为，个人幸福与社会幸福是对立统一的。社会幸福是个人幸福存在的条件，离开了社会幸福，个人幸福就成了无源之水；社会幸福的实现和增长也离不开个人对幸福的努力追求，不仅个体对幸福的追求是推动社会繁荣和进步的动力，而且个人幸福的实现本身也统一于社会幸福实现的过程之中。尽管通过考察个人的幸福水平有助于了解社会成员整体的幸福状况，但是由于个人幸福在水平、质量、性质、类别等方面的差别，个人幸福的简单集合并不直接等于社会幸福。所以说，个体层面和社会层面，或者换言之，微观和宏观两个层面的考察都是有必要的。诚然，如果细分研究层次，还可以作城市幸福指数、区域幸福指数、群体幸福指数等中观层面的考察，在此暂不考虑。当前，在幸福指数研究中，有些宏观层面的幸福指数是通过对个体幸福指数的微观整合而得出的，这种做法虽有一定合理性，但也不乏局限性，比如，测量结果受样本容量、抽样方法、被试个体特征等主客观因素的影响较大，以及难以完全反映国家或社会总体特征对个体幸福的影响。相比之下，通过有针对性地选取与研究对象、范围和目的相适应的、不同层次的指标，构建宏观层面的幸福指数指标体系，便有一定的优越性。比如，一些已纳入统计部门常规统计范围的宏观指标数据更加稳定可靠，科学选用这类宏观指标不仅能够提高指数的可信度，也能使指数的计算更加便利。此外，作为描述国家或社会总体特征的宏观指标，能够反映国家或社会为个人幸福的实现提供的资源和环境条件。还有一些宏观社会性指标是综合指数形式，如"人均生态环境指数""性别平等与妇女发展指数"等，这些指标包含的信息量更大，能够多侧面反映社会幸福的整体情况。还需要指出的是，即使是微观层面的幸福指数指标体系，也应当包含若干相对宏观的指标。因为人作为一种社会存在，其追求幸福的实践活动必须在社会中才能得到实现。社会为个人发展提供怎样的环境和条件，在相当程度上影响个人幸福的实现。

---

① 《马克思恩格斯全集》第 3 卷，人民出版社 1960 年版，第 507 页。

（二）幸福指数

新设计的"幸福指数"（全称为"幸福和幸福感指数"）指标体系是以客观性指标为主,以主观性指标为辅,是幸福的客观状态与主观状态及幸福感的综合。同时对应"幸福指数"的研究层次,构建了微观和宏观两个层面的指标体系。其中,微观层面的指标体系称为"个人或家庭的'幸福指数'指标体系",宏观层面的指标体系称为"社会或国民的'幸福指数'指标体系"。[①]因而与中外已有的指标体系相比,更具科学性和可比较性。

拓展后的发展评价指标,将与福利相关的指数引入评价体系,构建以人的自由全面发展为最终目标的幸福指数,因而指标体系的指数包括预期寿命、入学率和收入水平等,更应该涵盖传统的健康、教育和收入标准、工作条件、休闲条件、平等程度、社会关系、社区福利、心理福利、政治安全、经济稳定、环境条件等。

正如马克思所点明的,社会主义的目的是促进"所有人的幸福",而"英国资产阶级将被迫在印度实行的一切,既不会使人民群众得到解放,也不会根本改善他们的社会状况,因为这两者不仅仅决定于生产力的发展,而且还决定于生产力是否归人民所有。"[②]这意味着资产阶级及其经济学研究财富、资源配置、生产力和经济制度等的立场和宗旨,并非以人民为中心来积极实现人民所有和人民共富共享共福。[③]

1. 个人或家庭的"幸福指数"指标体系

个人或家庭幸福可以分为 13 个主要领域来考察:健康、寿命、教育、资产、收入、住房、环境、安全、家和、人和、闲暇、文娱、自我实现。其中,健康、寿命、教育反映个体的素质;资产、收入反映主体的经济状况;住房、环境、安全反映主体生活区域范围内的自然环境和公共安全环境;家和、人和反映主体家庭关系和社会关系的和谐程度;闲暇、文娱、自我实现主要反映主体广义文化精神需要的满足状况。

健康。考察个人或家庭成员健康与疾病的现状,包括一项指标:含本人在内的家庭成员中患有严重影响日常工作和生活的疾病或生理有重要缺陷的人数。

寿命。个人或家庭成员的生命长短。

教育。考察个人或家庭成员的文化教育水平,包括两项指标:受国民教育的年限、受其他专门教育或培训的年限。

资产。考察个人或家庭的经济基础,包括一项指标:家庭净资产。家庭净资产即家庭所有财产减去负债额,具体统计包含现金、金融资产（包括银行储蓄、股票、基金、债券等）与实物资产（包括各类耐用消费品和高档消费品,私人住房、汽车、游艇、飞机等）,扣除尚未还贷或还债的部分。

收入。包括一项指标:个人或家庭人均可支配收入,即居民个人或家庭成员在支付个人所得税之后,所余下的全部实际现金收入（不包括借贷收入）。

住房。包括一项指标:人均住房建筑面积。

环境。主要从绿化、环境卫生、空气质量、饮水水质、嘈杂音状态的五个指标,来考察居

---

① 王艺、程恩富:《马克思主义视野中的"幸福指数"探究》,《学术月刊》2013 年第 4 期。
② 《马克思恩格斯文集》第 2 卷,人民出版社 2009 年版,第 689 页。
③ 程恩富:《以人民为中心的中国特色社会主义政治经济学》,《社会科学报》2017 年 9 月 21 日第 3 版。

住地和工作场所周边的自然环境,以相同权数的百分比来衡量。

安全。考察个人或家庭成员对各类社会安全的满意度,包括七项指标:个人或家庭成员日常活动地域范围内的治安状况满意度、食品安全满意度、药品安全满意度、医疗安全满意度、交通安全满意度、消防安全满意度、政府灾害预防与救助工作满意度。

家和。考察家庭的和谐程度,包括一项指标:自评家庭关系满意度。

人和。考察除家庭关系之外的社会关系(可视不同人群选择同事关系、亲戚关系、邻居关系、朋友关系、同学关系等)和谐,包括一项指标:自评人际关系满意度。

闲暇。可用个人或家庭每周闲暇小时数(扣除谋生时间、满足生理需要的时间、处理个人和家庭事务的时间)来衡量。

文娱。可用个人或家庭"文教娱乐支出占总消费支出比重"这项指标来衡量。

自我实现。考察个人或家庭成员高层次的精神需要,即符合社会规范的自我表现和自我价值实现的程度,用"自评自我价值实现程度"百分比指标来衡量。

2. 社会或国民的"幸福指数"指标体系

该指标体系从国民寿命、国民教育、国民资产、国民产值、可支收入、分配结构、国民住房、国民就业、生态环境、公共安全、社会保障、性别平等、社会和谐、国民闲暇、文娱消费等领域选取了 24 项指标,对社会或国民幸福进行考察。其中,既包括了平均指标,反映国民幸福某一方面的平均水平,又包括了相对指标,反映国民幸福某一方面的社会差别。

国民寿命。包括两项指标:人均预期寿命、人均无重病寿命。其中人均无重病寿命这一指标用以反映国民健康生活的年限。

国民教育。包括三项指标:人均受教育年限、公共教育支出占国内生产总值比重、具有高等教育学历者占总人口比例。

国民资产。可用人均国民财富总值指标来衡量。人均国民财富总值是国民人均享有的人力资源、自然资源、经济资产和对国外净金融债权价值的总和。

国民产值。包括两项指标:一是人均国民生产福利总值,二是按购买力平价计算的人均GNP。人均国民生产福利总值的计算公式为:

$$人均国民生产福利总值=(现行 GNP+正内部性生产福利价值$$
$$-负内部性生产福利价值-负外部性福利价值)/人口总数$$
$$=\{现行 GNP+(非正规性生产+非市场性生产)-非法生产$$
$$-[自然资源环境成本+(政府决策失误成本+政府腐败成本$$
$$+政府行政失效成本)+(自然灾害损失成本+人为事故损失成本$$
$$+违法犯罪成本)]\}/人口总数。$$

该两项指标可以在相当程度上反映生活在不同国家和地区的居民能够平均实际享受到的真实福利。

可支收入。可用国民人均可支配收入(城乡居民在支付个人所得税之后所余下的人均可支配收入,不包括借贷收入)来衡量。

分配结构。主要从家庭净资产和家庭收入两个方面来考察收入分配的社会差别,包括三项指标:10%最穷家庭与 10%最富家庭的家庭净资产之比、1%最富家庭占全国家庭净资产的比重、10%最低收入家庭与 10%最高收入家庭的年收入之比。

国民住房。全国城乡居民人均住房建筑面积。

国民就业。可用全社会劳动力人口就业率来衡量。劳动力人口泛指有劳动能力和就业要求的劳动适龄人口,未成年人、在校学生、退休和丧失劳动力的人不属于劳动力人口。此外,在就业率统计中,自愿性失业人口、隐蔽性失业人口以及因找工作无望而不得不放弃找工作的人口,均不能算作就业人口。

生态环境。可用生态环境状况指数。根据生态环境部"生态环境状况评价技术规范",生态环境状况指数＝0.25×生物丰度指数＋0.2×植被覆盖指数＋0.2×水网密度指数＋0.2×土地退化指数＋0.15×环境质量指数。

公共安全。包括三项指标:全国年均非正常死亡人数(各类事故、灾害、自杀、他杀、战争等所导致)、每万人口受理案件数、全国人均各类犯罪案件数。

社会保障。包括一项指标:社会保障发展总指数。该指数由中央财经大学中国社会保障中心设计,由养老保障指数、医疗保障指数、就业保障指数、贫困保障指数四项分指数加权计算得出,而每项分指数又由其下属的覆盖面指数、保障度指数、持续性指数、高效性指数加权计算得出。

性别平等。包括一项指标:性别平等与妇女发展指数。该指数由全国妇联妇女研究所、国务院妇女儿童工作委员会办公室、国家统计局社科司合作研究课题组发布,由生命健康(0.2)、教育(0.2)、经济(0.2)、政治和决策参与(0.2)、家庭(0.1)、环境(0.1)六个分领域指数加权生成。

社会和谐。包括两项指标:家和指数,即平均家庭和谐满意度指数,可以通过在全国范围内进行家庭关系满意度问卷调查来收集相关数据;人和指数,即平均人际和谐满意度指数,一般可选择工作单位的人际和谐度,通过在全国范围内进行人际关系满意度问卷调查来收集相关数据。

国民闲暇。可用全国人均每周闲暇小时数来衡量,即扣除谋生时间、满足生理需要的时间、处理个人和家庭事务的时间。

文娱消费。包括一项指标:城乡居民文教娱乐支出占家庭消费支出比重。

诚然,上述指标体系中某些指标数据的统计比较困难和复杂,但为了保证指标体系的科学性,仍有必要将这些重要指标列出,以便用今后的统计方法和统计制度去研究和实施。

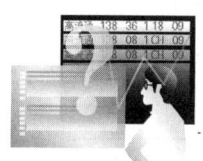 复习思考题

延伸阅读

1. 2013年4月28日习近平总书记在同全国劳动模范代表座谈时指出:"劳动是财富的源泉,也是幸福的源泉",谈谈这句话所蕴含的马克思主义幸福观。

2. 西方经济学的GDP核算方法有哪些弊端? GDPW核算方法有哪些改进?

3. 如何认识幸福指数的理论基础和核算方法?

案 例 分 析

国民幸福指数测算

根据幸福指数的科学性、可操作性、地域性等特征,以福建省"社会或国民的'幸福指数'指标体系"(简称国民幸福指数指标体系,如表 9-1 所示)为例,对福建省 2017—2021 年数据(国民幸福指数数据库,如表 9-2 所示)的幸福指数进行测算分析。

表 9-1 国民幸福指数指标体系

目标层	考核目的		指标层与分项指标层	
国民 幸福指数	国民健康 (0.15)	Ⅰ	人均预期寿命/岁	
		Ⅱ	每千人口拥有卫生机构床位数/张	
	教育文化 (0.2)	Ⅲ	每万名常住人口拥有大学在校学生数/人	
		Ⅳ	公共教育支出占国内生产总值比	
		Ⅴ	大专以上者占总人口比/%	
		Ⅵ	城镇居民文教娱乐支出占家庭消费支出比/%	
	国民资产 (0.15)	Ⅶ	地区生产总值指数(1952 年＝100)	
		Ⅷ	住户存款/亿元	
		Ⅸ	人均住房建筑面积/平方米	
		Ⅹ	居民人均可支配收入/元	
	国民产值 (0.15)	Ⅺ	人均 GDP/亿元	
		Ⅻ	劳动者报酬占地区生产总值比重/%	
	生态环境 (0.15)	ⅩⅢ	森林覆盖率/%	
		ⅩⅣ	市容环境卫生投资/亿元	
		ⅩⅤ	工业废气排放总量/亿立方米	
		ⅩⅥ	供水综合生产能力/(万立方米/日)	
		ⅩⅦ	工业固体废物综合利用量率/%	
	社会和谐 (0.2)	分配结构	ⅩⅧ	城乡居民可支配收入比
			ⅩⅨ	农村 20% 最低收入家庭 20% 最高收入家庭的年收入比
			ⅩⅩ	城镇 20% 最低收入家庭 20% 最高收入家庭的年收入比
		社会保障	ⅩⅪ	城乡居民基本养老保险支出/亿元
			ⅩⅫ	基本医疗保险参与率
			ⅩⅩⅢ	失业保险支出/亿元
			ⅩⅩⅣ	城市低保资金全年计划支出/万元
		公共安全	ⅩⅩⅤ	各类安全事故死亡人数/人
			ⅩⅩⅥ	民事诉讼/件
			ⅩⅩⅦ	非诉讼法律事务/件
		劳动休闲	ⅩⅩⅧ	城镇登记失业率/%
			ⅩⅩⅨ	人均每周闲暇小时数
		性别平等	ⅩⅩⅩ	女性就业人员占就业人口比重

表 9-2 国民幸福指数数据库

指标	2017 年	2018 年	2019 年	2020 年	2021 年
I	75.76	75.76	78.12	78.49	78.85
II	4.5	4.7	4.9	5.2	5.3
III	232.8	233.8	256.7	255	264
IV	0.024 9	0.023 9	0.022 9	0.023 7	0.022 2
V	10.9	11.2	11.4	14.1	16.2
VI	9.6	9.7	9.9	7.5	9.2
VII	41 137.3	44 571.8	47 892.5	49 401.1	53 329.8
VIII	16 583.08	18 278.38	20 954.92	24 052.6	26 248.19
IX	43.4	43.1	43.5	43.8	43.9
X	30 048	32 644	35 616	37 202	40 659
XI	33 842.44	38 687.77	42 326.58	43 608.55	48 810.36
XII	54.7	53	51	51.9	—
XIII	65.95	66.8	66.8	66.8	66.8
XIV	12.62	22.5	14.55	36.21	—
XV	17 139	19 854.87	20 948.13	32 955.82	—
XVI	766.16	781.26	830.99	889.99	—
XVII	0.623	0.631	0.697	0.665	—
XVIII	2.39	2.36	2.33	2.26	2.20
XIX	0.181	0.169	0.212	0.173	0.133
XX	0.204	0.159	0.166	0.160	0.178
XXI	65.81	81.97	90.2	95.30	102.34
XXII	0.963 4	0.956	0.949	0.906	0.900
XXIII	16.57	16.41	19.96	66.87	45.14
XXIV	40 578	40 578	3 688	42 484	45 134
XXV	1 021	939	850	684	472
XXVI	151 651	156 693	191 690	214 651	261 174
XXVII	17 653	22 966	32 829	44 482	44 456
XXVIII	3.87	3.71	3.5	3.82	3.33
XXIX	—	2.83	—	2.42	2.88
XXX	0.090	0.094	0.111	0.109	0.108

对数据库的无量纲化处理,通过线性加权和合成法进行指数合成。最终计算结果如表 9-3 所示。

表 9-3 国民幸福指数

指　数	2017 年	2018 年	2019 年	2020 年	2021 年
国民幸福指数	0.327 586	0.395 305	0.491 998	0.584 826	0.720 899
国民健康指数	0	0.125	0.631 877	0.879 248	1
教育文化指数	0.479 167	0.384 989	0.521 984	0.518 119	0.618 056
国民资产指数	0.110 294	0.162 938	0.505 597	0.757 1	1
国民产值指数	0.5	0.432 128	0.283 411	0.447 856	0.5
生态环境指数	0.384 615	0.664 388	0.446 99	0.716 528	0.623 077
社会和谐指数	0.396 072	0.481 97	0.482 746	0.430 312	0.635 135

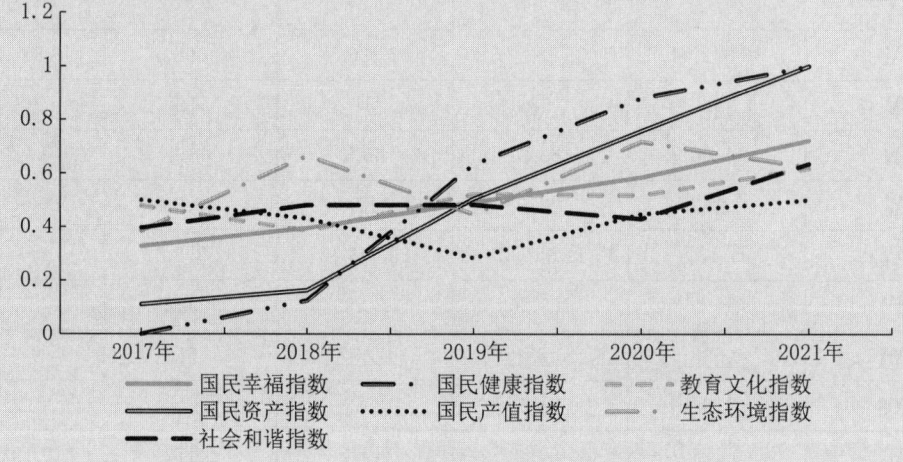

图 9-1 福建省国民幸福指数走势图

福建省国民幸福指数总体向好,其中,国民健康指数、国民资产指数等上升趋势明显。

思考题:

很多人认同柏拉图关于幸福的观点,即幸福是理智、激情与欲望的和谐。如何正确理解幸福的内涵?如何从"收入与幸福悖论"的内容来看人民生活幸福的评价标准?

思路点拨

第十章 自主知识产权优势论

 学习目标

1. 掌握马克思主义经典作家关于科学技术知识和科技劳动在创造财富和价值中的作用的思想

2. 掌握中国化马克思主义科技思想和创新思想

3. 了解中外学者关于国际经济往来中的优势理论

4. 理解自主知识产权优势论的科学性,以及在全面建设社会主义现代化国家新征程上如何打造自主知识产权

党的十八大报告提出实施创新驱动发展战略以来,党中央把创新提高到前所未有的高度。习近平总书记多次强调"创新是引领发展的第一动力",而完善自主知识产权是保护创新的重要手段。自主知识产权优势直接关系到统筹经济高质量发展和国家高水平安全。加强自主知识产权保护,是全面建设社会主义现代化国家、提高国家治理体系和治理能力现代化、提高国际竞争力的需要。只有严格保护自主知识产权,才能有效保护我国自主研发的关键核心技术、防范化解重大风险,为贯彻新发展理念、构建新发展格局、推动高质量发展提供有力保障。由此,我们在总结马克思主义经典作家论述自主科技创新的基础上,针对中外学界对于比较优势和竞争优势等理论的比较与分析,形成了一系列关于自主知识产权优势的理论。

第一节 马克思主义经典作家和领袖的基本思想

独立自主思想作为一根红线贯穿于中国共产党的历史进程,只有从马克思主义独立自主思想和中共党史的高度出发,才能为中国特色社会主义政治经济学研究及中国式现代化研究提供理论逻辑和历史逻辑,才能够更清楚地认识知识产权制度的本质属性,才能更好地构筑中国特色知识产权制度体系,为深入实施国家知识产权战略、助力创新型国家建设奠定基础。①

---

① 赵亮:《马克思主义与中国特色知识产权制度建设》,《人民论坛》2019 年第 33 期。

一、马克思、恩格斯阐述科学技术的作用以及科技劳动

虽然马克思、恩格斯生前并没有直接论述知识产权问题,但这并不妨碍运用马克思主义基本原理来辩证阐释知识产权理论。只有从马克思主义政治经济学出发,才能深刻揭示西方知识产权理论,以及科技和劳动、资本家和劳动者、发达国家和发展中国家相对立的实质,从而建立社会主义的自主知识产权制度。

(一) 科技知识及其应用在生产力与生产关系层面的辩证认识

马克思的唯物史观表明,生产力决定生产关系,经济基础决定上层建筑,生产关系和上层建筑又具有反作用。其中,生产力是人类社会发展的最终决定力量。马克思曾指出:"生产力中也包括科学"[①],"劳动生产力是随着科学和技术的不断进步而不断发展"[②]。

生产力的发展,主要涉及劳动力、劳动资料和劳动对象三大实体性要素,以及科技、管理和教育这三大渗透性要素,其中领先于各区域、各企业主体的高新科技日益成为经济体系中的关键要素,而人在科技创新中所发挥的主观能动性对于引领生产力发展具有决定性功效。正如马克思指出的,"科学、巨大的自然力、社会的群众性劳动都体现在机器体系中,并同机器体系一道构成'主人'的权力"[③]。可见,如果说专利知识属于生产力范畴,那么专利知识的应用,就直接属于生产关系的范畴。在资本主义制度下,专利知识与生产资料一样,是资本家占有剩余价值、剥削工人乃至全球性资源的手段。也就是说,谁掌握了能提高科技水平的知识产权,也就拥有了社会权力,进而可以对社会劳动进行支配。当今资本主义生产方式依然是通过垄断知识产权和科技创新成果来实现剩余价值的占有并对全球进行掠夺与支配。恩格斯在《自然辩证法》中指出:"一个新的历史时期将从这种社会生产组织开始,在这个时期中,人自身以及人的活动的一切方面,尤其是自然科学,都将突飞猛进,使以往的一切都黯然失色。"[④]在恩格斯看来,如果科学技术在无产阶级的引领下,就能够瓦解资本增殖逻辑的力量,从而开创自主发展的新样态。

(二) 科技的应用在创造价值和财富中的作用

马克思认为,科技在生产过程中的运用能够生产出更多的使用价值和价值。因为科技的运用提高了劳动生产率,增加了活劳动的复杂性,从而使人类的劳动不断发挥自乘的作用。科学技术对提高劳动生产率的决定性作用,正是通过把科学技术融进其他生产要素,劳动者才通过自乘劳动使劳动生产率得以提升,从而创造出更多社会财富。马克思说:"随着大工业的发展,现实财富的创造较少地取决于劳动时间和已耗费的劳动量,较多地取决于在劳动时间内所运用的作用物的力量,而这种作用物自身——它们的巨大效率——又和生产它们所花费的直接劳动时间不成比例,而是取决于科学的一般水平和技术进步,或者说取决于这种科学在生产上的应用。"[⑤]随着科技在创造社会财富中的巨大作用愈来愈突出,一个国

---

① 《马克思恩格斯文集》第8卷,人民出版社2009年版,第188页。
② 《马克思恩格斯文集》第5卷,人民出版社2009年版,第698页。
③ 《马克思恩格斯文集》第5卷,人民出版社2009年版,第487页。
④ 《马克思恩格斯文集》第9卷,人民出版社2009年版,第422页。
⑤ 《马克思恩格斯文集》第8卷,人民出版社2009年版,第195—196页。

家的富有程度和人民生活水平的提高程度,不再简单取决于劳动者和劳动时间的增加,而是取决于科技进步的程度,即同等的和较少的劳动耗费生产出日益增加的社会财富。这也意味着,科技越发展,直接劳动在创造社会财富中的作用便相对越小。①

需要注意的是:虽然科学技术的应用在创造价值和财富中的作用越来越大,但是直接创造价值的是人类的活劳动,而不是科技本身。也就是说,是科技劳动者的劳动创造价值,或掌握科学技术的劳动者的劳动创造更多的价值和财富,而不是科技本身创造价值和财富。如果把活劳动抽象掉以后,就看不到劳动与价值创造的关系,剩下的只是科学技术与价值之间的关系,就容易陷入科技自身也能创造价值的误区。从逻辑上分析,如果认为科技和知识自身就能创造价值,实际上也就否认了不同劳动生产率的活劳动对价值创造的一元论假设。

(三)劳动价值论与科技劳动、知识产权的保护

马克思的劳动价值论认为新价值来源于劳动者的活劳动,生产过程中的其他要素并不创造新价值。但是,马克思的劳动价值论并不特指体力劳动,那种认为马克思不重视脑力劳动、科技工作劳动在价值创造中的作用的观点,是毫无根据的。在总体劳动中,不仅直接加工于劳动对象的劳动属于生产劳动,凡与生产直接或间接有关的脑力劳动,包括科技、管理人员的劳动,都是"总体劳动"中必要的构成部分,都属于创造价值的范畴。马克思指出:"随着劳动过程的协作性质本身的发展,生产劳动和它的承担者即生产工人的概念也就必然扩大。为了从事生产劳动,现在不一定要亲自动手;只要成为总体工人的一个器官,完成他所属的某一种职能就够了。"②科技工作者的劳动作为"总体劳动"的一部分,科技工作者作为"总体工人"的一部分,他们运用科学知识和技术的创造性劳动,应当得到承认,对他们劳动的认可就是通过保护知识产权来实现的。

(四)资本与知识产权的辩证关系

马克思运用辩证法,既把科学技术作为促进生产力的最活跃的因素,又批判资本主义生产方式通过占有先进技术来维护剩余价值生产并限制社会生产力的发展。资本的逐利属性决定其既要"利用科学",又要"占有科学"③,其关键在于对新兴科技与知识产权的垄断。在社会主义条件下,保护知识产权与西方出于垄断目的的做法具有本质区别,应使科技成果和知识产权为全体劳动者所共享的福祉。

一方面,在资本主义生产方式下,科技常常被有意识地和广泛地加以应用于物质生产。马克思认为,"科学成为与劳动相对立的、服务于资本的独立力量,一般说来属于生产条件成为与劳动相对立的独立力量这一范畴"④。科技在推动资本运动中具有巨大的作用,但一般表现为与生产相分离、相对立的特征。另一方面,资本支配着生产过程中的知识产权。在马克思看来,物质生产过程中的知识与直接劳动相分离并成为资本家剥削工人的工具。而且,资本对科技的垄断方式直接导致工人在智力和技能创造层面主观能动性的退化。马克思认

---

① 卫兴华:《再论深化对劳动和劳动价值论的认识》,《宏观经济研究》2001 年第 3 期。
② 《马克思恩格斯文集》第 5 卷,人民出版社 2009 年版,第 582 页。
③ 《马克思恩格斯文集》第 8 卷,人民出版社 2009 年版,第 357 页。
④ 《马克思恩格斯文集》第 8 卷,人民出版社 2009 年版,第 366 页。

为,"科学对于劳动来说,表现为异己的、敌对的和统治的权力"①,"科学在生产中的应用……只是通过使劳动从属于资本,只是通过压制工人本身的智力和专业的发展来实现的。"②科技作为一种独立的生产能力与劳动相分离是资本主义生产方式所特有的现象。③

二、列宁对帝国主义通过金融资本掌控科技和知识产权的批判

在《帝国主义是资本主义的最高阶段》中,列宁指出:"帝国主义的特点,恰好不是工业资本而是金融资本。"④20世纪初,西方主要资本主义国家进入帝国主义阶段,金融资本开始主导经济和社会发展,其中发达国家通过操控国际金融从而输出知识产权并通过金融资本以高科技手段发动金融战争,是帝国主义重要的两大特征。

一方面,发达国家在控制国际金融、高科技、资源能源和海外市场的同时,对外转移中低端产业,输出知识产权,从而与发展中国家形成特殊的"二元经济结构"。自由竞争的资本主义阶段以商品输出为主要特征;到了垄断资本主义阶段,其特征是资本输出;20世纪90年代以来的经济全球化阶段的输出,其突出特征是知识产权输出,垄断也不是一般的垄断,而是知识产权垄断。知识产权垄断导致南北差距比过去更大。它是靠商标、专利,靠核心技术、技术标准、技术许可证转让手段来拉大发达国家和发展中国家之间的差距的。⑤另一方面,信息技术、网络技术等高科技的出现,强化了金融资本在全球范围内的流动能力。资金雄厚的西方金融资本垄断全球网络资源,可以制造和保持信息不对称,加之世界各国的股票、证券、期货、外汇、商品等各种市场都已经通过经济全球化、金融自由化、网络信息化相互融通。这意味着金融资本通过对信息网络技术的垄断获得了操纵市场的垄断力量,拥有了通过金融市场获取巨额收益的能力,以及在任何地方发动全球范围的金融战争的能力,轻则导致一国国民财富大规模流失,重则导致一国政权更迭和社会动荡。

因此,列宁在领导苏联进行社会主义建设的实践中,认识到社会主义国家发展生产力、赶超资本主义国家的必要性。在1917年《经济措施纲要草稿》中,列宁就提出了革命胜利后的措施:"银行国有化、货币回笼、大额票面的新币、采取革命措施使工厂转向有益的生产、用强迫参加消费合作社的办法使消费集中、国家垄断对外贸易、工业国有化、公债"⑥。1920年,他在对社会主义的特征进行概括时指出,"蒸汽时代是资产阶级的时代,电的时代是社会主义的时代"⑦。列宁把"提升社会生产力"作为突破发达国家控制国际金融、高科技、资源能源和海外市场的关键。列宁的构想把国有化经济作为国家经济命脉的主导,蕴含着牢牢掌握科技主导权、拥有自主知识产权是社会主义经济战胜资本主义的必要环节。

三、毛泽东阐述自主发展科学技术

在中国革命和建设的不同历史阶段,毛泽东从中国国情出发,高度重视独立自主地解

---

① 《马克思恩格斯文集》第8卷,人民出版社2009年版,第358页。
② 《马克思恩格斯文集》第8卷,人民出版社2009年版,第363页。
③ 李妍:《知识垄断是当代资本主义的重要特征——以美国科技霸权为例》,《马克思主义研究》2021年第6期。
④ 《列宁全集》第27卷,人民出版社2017年版,第403页。
⑤ 程恩富:《经济理论与政策创新》,中国社会科学出版社2013年版,第422页。
⑥ 《列宁全集》第33卷,人民出版社2017年版,第125页。
⑦ 《列宁全集》第38卷,人民出版社2017年版,第124页。

放、发展和保护生产力。早在 1940 年,毛泽东就论述了生产力与科学技术密不可分的关系:"中国自有人类生活以来都要吃饭,要吃饭就要进行生产,就有自然科学的萌芽,后来并逐渐发达""自然科学是人们争取自由的一种武装。"①面对外部封锁,1945 年他进一步强调:"我们的方针要放在什么基点上?放在自己力量的基点上,叫做自力更生。"②

新中国成立初期,党中央和毛泽东发出了"向科学进军"的号召。毛泽东崇尚洋为中用,学习外国的科学文化和先进经验。但是面对帝国主义对新中国政治上孤立、经济上封锁,毛泽东更强调科技自强自立,反对"循序渐进"式地走国外科技发展老路,强调"我们不能走世界各国技术发展的老路,跟在别人后面一步一步地爬行。我们必须打破常规,尽量采用先进技术,在一个不太长的历史时期内,把我国建设成为一个社会主义的现代化的强国"③。当我国处于经济困难时期,在国防尖端技术是上马还是下马的关键时刻,他一锤定音:"要下决心,搞尖端技术"④。1956 年年底,毛泽东指示国务院制定了新中国科技发展 12 年规划,即《1956—1967 年科学技术发展远景规划纲要(修正草案)》,提出包括原子弹和导弹两项绝密任务的 12 项重点任务,逐步建立起中国自己的现代科学技术体系,取得了以"两弹一星"为标志的重大科技成就。⑤1964 年,在毛泽东的提议下,周恩来在第三届全国人大一次会议上正式提出了"把我国建设成为一个具有现代农业、现代工业、现代国防和现代科学技术的社会主义强国"的奋斗目标,强调"四个现代化的关键在于科学技术现代化"⑥。1949 年新中国成立到 1978 年改革开放的短短 29 年间,我国在发展尖端科技方面取得了许多重大成果,培养了大批科技人才,创新性项目和重大工程实现了飞速突破。包括:1956 年首次试制的歼-5 喷气式飞机获得成功;1960 年第一枚地对地近程导弹试射成功;1961 年 1.5 万吨水压机研制成功;1964 年原子弹爆炸成功;1965 年人工结晶胰岛素成功合成;1967 年氢弹爆炸成功;1970 年人造卫星上天;1972 年成功提取青蒿素;1973 年百万次集成电路电子计算机研制成功;1975 年第一块大规模集成电路 1024 位 MOS 随机存储器(芯片)取得重大突破;1976 年杂交水稻在全国大面积推广;1980 年大飞机运-10 试飞成功(1970 年开始研制);1980 年洲际导弹成功发射(1970 年开始研制)等。这些重大的标志性项目并不是这个时期的全部,但其分量和速度都堪称奇迹。⑦

四、中国特色社会主义理论体系关于自主创新的理论

(一)科学技术是第一生产力

1988 年,邓小平在接见外宾时提出"科学技术是第一生产力"⑧的论断。这一论断是建立在他关于"社会主义阶段的最根本任务就是发展生产力"⑨基础上的,与马克思关于劳动生

---

① 《毛泽东文集》第 2 卷,人民出版社 1993 年版,第 269 页。
② 《毛泽东选集》第 4 卷,人民出版社 1991 年版,第 1132 页。
③ 《毛泽东文集》第 8 卷,人民出版社 1999 年版,第 341 页。
④ 《毛泽东思想年编:1921—1975》,中央文献出版社 2011 年版,第 901 页。
⑤ 尤国珍:《毛泽东:必须打好科学技术这一仗》,《前线》2019 年第 12 期。
⑥ 《周恩来文化文选》,中央文献出版社 1998 年版,第 593 页。
⑦ 于鸿君:《两种体制、两个奇迹与"两个时期互不否定"》,《北京大学学报(哲学社会科学版)》2021 年第 1 期。
⑧ 《邓小平文选》第 3 卷,人民出版社 1993 年版,第 274 页。
⑨ 《邓小平文选》第 3 卷,人民出版社 1993 年版,第 63 页。

产力中也包括科学的思想一脉相承。早在 1975 年,他就强调"搞社会主义建设,不能不搞生产,不能不搞科学技术"①。在邓小平看来,社会主义能否顶住霸权主义,在全球化竞争中站稳脚跟,根本是靠科技竞争,"过去也好,今天也好,将来也好,中国必须发展自己的高科技,在世界高科技领域占有一席之地"②。

1982 年,邓小平在谈及我国经济建设的历史经验时,充分认识到从发达国家获得先进技术并非易事,因为西方总是希望用"卡脖子"的办法来限制我国。他就此强调,"一方面实行开放政策,另一方面仍坚持建国以来毛泽东主席一贯倡导的自力更生为主的方针"③。他把科技同经济、科技同市场、科技同竞争联系起来,认为科学技术能够创造新的生产要素,提高资源的质量,重新组合各种要素形成新的系统,促进一系列产业的发展以及生产力的整体提高。而且科学技术在发展生产力、引领资源配置上的功能还集中表现在世界市场的竞争力上。④1992 年年初,他进一步指出:"我们应该有自己的拳头产品,创出中国自己的名牌,否则就要受人欺负。这就要靠我们的科学工作者出把力,这样才能摆脱被人欺负的局面。在科学技术方面,中国要有一席之地。"⑤

(二) 江泽民阐述自主创新

江泽民继承了邓小平关于科学技术是第一生产力的思想,指出:"科学技术是第一生产力。振兴经济首先要振兴科技。"⑥

江泽民把科技进步与创新提高到事关民族自强、现代化实现、科技发展和人才培养的高度,把科技创新的问题提高到"政治意识"层面。⑦他指出:"科技创新越来越成为当今社会生产力解放和发展的重要基础与标志,越来越决定着一个国家、一个民族的发展进程。如果不能创新,一个民族就难以兴盛,难以屹立于世界民族之林。对这个问题,不仅各级领导干部要有很强的政治意识,而且要使全社会都树立这样的意识。"⑧

江泽民把自主创新能力作为国家的核心竞争力,把自主知识产权作为获得竞争优势的关键要素。1999 年 8 月,他在全国技术创新大会上也明确指出:"我国是一个发展中的社会主义大国,在一些战略性、基础性的重大科技项目上,必须依靠自己,必须拥有自主创新能力和自主知识产权。不能靠别人,靠别人是靠不住的。"⑨

江泽民把企业的科技进步与创新能力作为科技进步的巨大推动力,指出要"加强国有企业的技术改造和技术创新,加快形成以企业为中心的技术创新机制"⑩,"切实形成以企业为中心的技术创新体系,不仅可以使企业获得持续发展的动力,而且可以为全社会的技术进步

---

① 《邓小平思想年编:1975—1997》,中央文献出版社 2011 年版,第 18 页。
② 《邓小平文选》第 3 卷,人民出版社 1993 年版,第 279 页。
③ 《邓小平文选》第 2 卷,人民出版社 1994 年版,第 406 页。
④ 杨承训:《以战略思维发挥科技引领配置功效——重温邓小平的科技思想》,《毛泽东邓小平理论研究》2014 年第 6 期。
⑤ 《邓小平思想年编:1975—1997》,中央文献出版社 2011 年版,第 708 页。
⑥ 《江泽民文选》第 1 卷,人民出版社 2006 年版,第 232 页。
⑦ 李桂花、肖爱民:《江泽民科技创新思想探析》,《长春市委党校学报》2011 年第 5 期。
⑧ 江泽民:《论科学技术》,中央文献出版社 2001 年版,第 147 页。
⑨ 《江泽民文选》第 2 卷,人民出版社 2006 年版,第 396 页。
⑩ 江泽民:《论科学技术》,中央文献出版社 2001 年版,第 130 页。

带来巨大的推动。"①

（三）胡锦涛阐述自主创新

胡锦涛提出用"科学发展观"统领经济社会发展全局，构建和谐社会。科学发展观里的"发展"包括三层含义，即全面发展、协调发展和可持续发展，其中亮点是强调提高自主创新能力。在全球市场激烈竞争的时代，科技立国成为当今世界各国的重大发展战略，核心技术和知识产权成为国际竞争的"杀手锏"。

胡锦涛强调要走中国特色的自主创新之路，"建设创新型国家"。他说："要坚持走中国特色自主创新道路，把增强自主创新能力贯彻到现代化建设各个方面。认真落实国家中长期科学和技术发展规划纲要，加大对自主创新投入，着力突破制约经济社会发展的关键技术。加快建设国家创新体系，支持基础研究、前沿技术研究、社会公益性技术研究。"②胡锦涛强调核心技术和关键技术必须走自主创新之路。他指出："一个国家只有拥有强大自主创新能力，才能在激烈的国际竞争中把握先机、赢得主动，特别是在关系国民经济命脉和国家安全的关键领域，真正的核心技术、关键技术是买不来的"。③

五、习近平新时代中国特色社会主义思想关于创新驱动发展战略的理论

（一）创新是引领发展的第一动力，加快以科技创新为核心的全面创新

自从党的十八大提出"实施创新驱动发展战略"以来，习近平高度重视创新发展，在多次讲话中反复强调创新的重要性，指出"创新是引领发展的第一动力，人才是第一资源"；核心技术是国之重器，市场换不来核心技术，有钱也买不来核心技术，要加快关键核心技术自主创新；实施创新驱动发展战略，必须坚持走中国特色自主创新道路，同时要坚持开放创新；要实现高水平科技自立自强。党的二十大进一步强调，"坚持创新在我国现代化建设全局中的核心地位"，"健全新型举国体制，强化国家战略科技力量"，"提升国家创新体系整体效能"，"形成具有全球竞争力的开放创新生态"，"以国家战略需求为导向，集聚力量进行原创性引领性科技攻关，坚决打赢关键核心技术攻坚战"。④

（二）科技创新要坚持问题导向和需求导向

针对当前高质量专利成果较少、评价体系与原始性创新能力不强以及西方对我国在基础研究和应用研究领域的"卡脖子"难题，习近平总书记强调要坚持需求导向和问题导向，既要重视基础研究，又要重视应用研究，通过重大科技问题带动基础研究，并提出了科技工作"面向世界科技前沿、面向经济主战场、面向国家重大需求、面向人民生命健康"⑤的"四个面向"要求。在习近平总书记的倡导下，国家相继出台了《加强"从 0 到 1"基础研究工作方案》《新形势下加

---

① 江泽民：《论科学技术》，中央文献出版社 2001 年版，第 139 页。
② 《胡锦涛文选》第 2 卷，人民出版社 2016 年版，第 629 页。
③ 《胡锦涛文选》第 2 卷，人民出版社 2016 年版，第 404 页。
④ 习近平：《高举中国特色社会主义伟大旗帜　为全面建设社会主义现代化国家而团结奋斗——在中国共产党第二十次代表大会上的报告》，人民出版社 2022 年版，第 35 页。
⑤ 习近平：《在科学家座谈会上的讲话》，人民出版社 2020 年版，第 4 页。

强基础研究若干重点举措》《关于加强教学科学研究工作方案》等政策,目的在于引导原创性成果的重大突破,将原始创新成果尽快转化成生产力,并通过应用创新来发挥创造力。[①]

(三)创新驱动发展战略要发挥社会主义制度优势

在科技创新中,习近平强调要把市场的决定作用与更好发挥政府作用结合起来:"要让市场在资源配置中起决定性作用,同时要更好发挥政府作用,加强统筹协调,大力开展协同创新,集中力量办大事,抓重大、抓尖端、抓基本,形成推进自主创新的强大合力"[②]。在重大科技创新中,强调要发挥社会主义制度优势:"我们最大的优势是我国社会主义制度能够集中力量办大事。这是我们成就事业的重要法宝。过去我们取得重大科技突破依靠这一法宝,今天我们推进科技创新跨越也要依靠这一法宝,形成社会主义市场经济条件下集中力量办大事的新机制。"[③]在此基础上,要深化科技体制及其相关体制改革,加快推进重大科技决策制度化,完善符合科技创新规律的资源配置方式,改革科技评价制度,发挥各地在创新发展中的积极性和主动性,形成国家科技创新合力。[④]

(四)全面加强知识产权保护

关于保护知识产权的重要性,习近平指出,"创新是引领发展的第一动力,而保护自主知识产权就是保护创新"[⑤]。关于保护知识产权的举措,习近平指出,要加强知识产权保护工作顶层设计,提高知识产权保护工作法治化水平,强化知识产权全链条保护,深化知识产权保护工作体制机制改革,统筹推进知识产权领域国际合作和竞争,维护知识产权领域国家安全。[⑥]党的十八大以来,我国知识产权事业发展取得显著成效,全社会知识产权保护意识大幅提高,一批知识产权竞争力较强的市场主体涌现,并逐渐形成中国特色知识产权发展之路。

第二节 中外学者关于经济优势的主要观点

一、西方学者分析经济优势

(一)斯密的绝对优势理论

亚当·斯密的国际贸易绝对优势理论是建立在他的国际分工理论和自由贸易理论基础上的。斯密认为,如果外国商品能比本国自己生产的商品还便宜并可以贸易交换,那么,最好就充分利用本国产业生产的一部分物品与之相交换。因为"向外国购买这种商品,所费比

---

① 胡啟斌、蔡敏:《习近平科技创新重要论述的逻辑蕴涵、内在特质与实践向度》,《中共福建省委党校(福建行政学院)学报》2022年第3期。
② 中共中央文献研究室编:《习近平关于科技创新论述摘编》,中央文献出版社2016年版,第48页。
③ 《习近平谈治国理政》第2卷,外文出版社2017年版,第273页。
④ 《习近平谈治国理政》第2卷,外文出版社2017年版,第273—275页。
⑤⑥ 《习近平在中央政治局第二十五次集体学习时强调 全面加强知识产权保护工作 激发创新活力推动构建新发展格局》,《人民日报》2020年12月2日第1版。

国内来得便宜"[1],"只要甲国有此优势,乙国无此优势,乙国向甲国购买,总是比自己制造有利"[2]。斯密举例假设:尽管苏格兰也可以通过建造玻璃房子等投资,栽种品种极好的葡萄,并酿造出可以通过对外贸易购买到的、与外国生产的一样好品质的葡萄酒,但其费用却大约是外国的 30 倍。如果为了奖励苏格兰酿造的本地葡萄酒,以法律手段禁止进口一切外国的葡萄酒,却花费相当于国外的 30 倍的成本和劳动,这显然是不合理的。即使不是多 30 倍,哪怕仅多 1/30,也同样是不合理的。[3]

（二）李嘉图的比较优势理论

李嘉图的比较优势理论正是建立在他的比较成本理论基础上的。比较成本理论是指,不同国家生产不同产品存在劳动生产率或成本的差异。各国应分工生产各自具有相对优势(劳动生产率较高或成本较低)的产品。一个国家(一般是落后国家)具有相对优势的产品的成本(劳动生产率)可能会高(低)于另一个国家(一般是发达国家)不具有相对优势的同一产品的成本(劳动生产率),它们之间的相互贸易将有利于各自社会福利的增进。比较优势的核心反映在一国产业的比较优势。如果各国按照李嘉图的比较优势原则进行国际贸易,所形成的世界产业结构格局必然是:发展中国家进口资本和技术密集型产品,出口劳动密集型和资源密集型产品;发达国家进口劳动密集型和资源密集型产品,出口资本和技术密集型产品。这是一种不平等的国际分工格局,必然使发展中国家长期受制于发达国家。

（三）赫克歇尔—俄林的要素禀赋理论

这一理论由赫克歇尔于 1919 年提出、俄林于 1933 年系统创立,简称 H-O 模型。要素禀赋理论可以概括如下:如果一个经济体的"资本—劳动比"大于另一个经济体的"资本—劳动比",该经济体在资本密集型产品的生产上具有比较优势,而另一个经济体则在劳动密集型产品的生产上具有比较优势。然而,许多经济学家观察到资源禀赋模型不能很好地解释国际贸易行为。比如,里昂惕夫在 20 世纪 50 年代初以美国为例向赫克歇尔、俄林等人的要素禀赋理论发起挑战。按照里昂惕夫的投入—产出模型,美国作为资本和技术资源丰富的国家,本应进口劳动密集型产品、出口资本密集型产品,而事实恰好相反。这就是国际经济学界著名的"里昂惕夫之谜"。而凡涅克通过研究贸易中的要素含量来确定每个要素的预测值,将 H-O 模型扩展为赫克歇尔—俄林—凡涅克(H-O-V)多要素模型。虽然不同经济学家对"里昂惕夫之谜"的阐释不同,但有一点十分明确,劳动密集型产品和资本密集型产品不是用产品本身来区分的,而是用投入要素来区分,同样一种产品在发展中国家可能是以劳动密集生产的,在发达国家却可能是以资本密集生产的。

（四）格申克龙和列维等学者的后发优势理论

美国经济学家亚历山大·格申克龙在《经济落后的历史透视》等代表性著作中,通过对 19 世纪的欧洲特别是较为落后的巴尔干地区和拉丁语系国家经济发展历程的分析,提出了

---

①　亚当·斯密:《国民财富的性质和原因的研究》下卷,商务印书馆 1997 年版,第 167 页。

②　亚当·斯密:《国民财富的性质和原因的研究》下卷,商务印书馆 1997 年版,第 28—29 页。

③　梁洪学、周伊伦:《优势学说滥觞的再认识——亚当·斯密国际贸易理论的启示》,《江汉论坛》2021 年第 3 期。

具有广泛影响力的后发优势理论。在格申克龙看来,相对的经济落后也可能变劣势为优势,因为落后国家的经济活动状态及发展障碍与这种发展本身所固有的高期望值之间存在着一种"紧张"关系,这种紧张关系成为推动工业化发展的力量。他认为这一转变的主要条件是落后国家政府的政策。如果落后国家政府未能结合本国社会经济环境适时地推行恰当的支出、税收、金融与外贸政策,那么落后国家就有可能"错过"其落后的优势。①美国社会学家列维也从现代化的角度出发,将后发优势理论具体展开。他认为,后发国家实现现代化的优势在于,借鉴先进国家的发展经验,并采借技术、设备、资金等发展资源。②此后,后发优势理论有了进一步发展,如伯利兹、克鲁格曼基于后发优势理论的技术发展提出了"蛙跳"模型,阿布拉莫维茨提出了"追赶假说",日本学者南亮进提出了后进利益说并通过实证研究验证了后发优势的客观性,等等。③

(五)西方竞争优势理论

20世纪80年代以来,迈克尔·波特相继发表了他的著名的三部曲:《竞争战略》《竞争优势》和《国家竞争优势》,从而提出并完善了竞争优势理论。波特认为,国家兴旺发达的根本原因在于其在国际市场上具有竞争优势。这种竞争优势源于这个国家的主导产业具有竞争优势。主导产业的竞争优势又源于企业具有创新机制。可见,波特所指的一个国家的竞争优势也是企业、行业的竞争优势,即生产力发展水平上的竞争优势。他认为,生产要素、国内需求、相关支撑产业、企业的战略结构和竞争、政府作用和发展机会这六方面的要素相互影响、相互作用,共同构成一个动态的激励创新的竞争环境,继而在国际市场中产生具有竞争力的产业。

20世纪90年代以来,波特进一步发展了竞争优势理论,创立了"新竞争经济学",提出了产业集聚概念,即经营同一产业的公司在地理上往往集中在一起。波特指出,在一个产业集聚集团中,既有主导产业、企业,又有为主导产业配套服务的其他产业、企业和机构,共同组成了一个立体网络,既竞争又合作,从而赢得了产业和企业的国际竞争优势。

波特的竞争优势理论也存在明显的缺陷,如其主导和关键方面不突出等问题。但是,由于竞争优势理论采用的是一种非均衡的动态分析和局部分析方法,以不完善竞争市场作为其分析的理论前提,从国家的角度出发考虑怎样才能使一国在对外贸易活动中得到的福利更多一些,生产效率提高得更快一些,在国际分工中占据更为有利的地位;竞争优势理论除考虑现实的利益外,还考虑潜在的利益对比,考虑怎样才能使一国取得或保持竞争优势,以便从对外贸易中获取更大的利益。因而,与比较优势相比,竞争优势理论更与当代对外贸易的实际状况相符而渐渐被一些国家接受。

二、国内学者研究经济优势

有学者认为,一个国家的比较优势是指它生产一种产品或服务的机会成本比竞争者低,

---

① 王秀中:《一部论述后发优势的经典之作——亚历山大·格申克龙的〈经济落后的历史透视〉中译本简评》,《财经问题研究》2010年第11期。

② 列维:《现代化的后来者与幸存者》,北京:知识出版社1988年版,第828—848页。

③ 李云智:《"后发优势":理论基础、现实困境与破解路径》,《学习与探索》2021年第2期。

而且这种比较优势是由其禀赋结构决定的。[1]要素禀赋结构决定比较优势也是新结构经济学的核心观点。要素禀赋结构是指该国拥有生产要素的相对丰裕程度,这一结构决定着该国要素的相对价格和最优的产业结构。[2]比较优势的具体衡量方式是"拥有充裕劳动力或者自然资源但资本稀缺的低收入国家在劳动或资源密集型产业具有比较优势和竞争力,类似地,拥有充裕资本要素和稀缺劳动力的高收入国家将会在资本密集型产业具有竞争力和比较优势。"[3]"如果一个国家在发展战略中遵循自身的比较优势,那么它的经济就会是对外开放的,生产那些与现有禀赋结构所决定的比较优势相一致的产品和服务并出口至国际市场,进口那些不符合自身比较优势的产品和服务。这个经济体的贸易依存度内生于自身的比较优势,并将会大于其他任何情况下的贸易依存度。这个经济体将达到最有竞争力的状态,它的禀赋结构和产业结构将以可能的最快速度升级。"[4]形成比较优势的因素在于该经济体要素禀赋,是比较优势理论的本质和内容。同时,比较优势理论潜藏资源禀赋保持不变的前提条件。比较优势理论极易使发展中国家在国际分工中落入"比较优势陷阱"。近几年,当美国对我国中兴公司、华为公司的技术政策以及对《2025 中国制造》进行指责和制裁的时候,党中央和人民群众要求加强对科技工作的集中统一领导、努力形成攻克关键技术的强大合力和攻坚体制。程恩富于 2018 年在《经济日报》发表了《在对外经济博弈发展中增强自信》一文。文章从市场调节和国家调节功能性结合的社会主义市场经济理论出发,强调新时代应构建自主创新的知识产权优势理论,主张通过改革教育、培育引进人才等方式,加快自主研发来突破发达国家占领的制高点,逐步主导国际产业链,变被动为主动,我们才能从根本上促进经济大国转型为经济强国,实现国民经济高质量发展。于祖尧也早就指出:"如果完全排斥国家在资源配置中的功能,单纯依靠市场自发导向,实现经济起飞的过程将是缓慢的,代价将是巨大的。"[5]科技部原党组成员张景安院士结合百年未有之大变局中新一轮科技革命和产业变革的深入,强调要把核心技术、关键技术牢牢掌握在自己手中,有自己的"撒手锏"。为此,要强化原始创新和颠覆性技术创新,加强前沿技术研发,加大关键核心技术攻关力度,构建自主安全、多元可控的产业链、供应链。

第三节 评析与创新

在西方资本主义国家,知识产权的架构变得越来越不合理,导致压制创新、扭曲创新方向、减少创新带来的福利。很多失败的案例都源于在现行知识产权制度下创新的社会收益和私人收益的关系不明晰,导致专利要挟和专利滥用的普遍现象。这些都有力证明发达国家知识产权制度设计的不合理性。而发展中国家的自主知识产权必然会受到西方国家通过

① 林毅夫:《新结构经济学与中国产业政策》,《决策探索(下半月)》2014 年第 10 期。
② 白让让:《"两轨六步法"式的产业政策:解读、疑惑与评述——与林毅夫教授商榷》,《清华大学学报(哲学社会科学版)》2022 年第 3 期。
③ 林毅夫:《新结构经济学与中国产业政策》,《决策探索(下半月)》2014 年第 10 期。
④ 林毅夫:《比较优势、竞争优势与区域一体化》,《河海大学学报(哲学社会科学版)》2021 年第 5 期。
⑤ 《于祖尧文集》,上海辞书出版社 2005 年版,第 50 页。

武力威胁、长臂管辖和文化侵略等方式的各种阻挠。由此,需要剖析西方知识产权制度的垄断性和虚假性,并且针对比较优势和竞争优势的理论和实践缺陷,大力培育和发展自主知识产权优势理论,即中国企业通过逐步拥有以自主核心技术和自主名牌为主要内容的自主知识产权优势论。

一、构建知识产权优势理论的战略抉择

比较优势是由一国资源禀赋和交易条件所决定的静态优势,是获取竞争优势的条件;竞争优势是一种将潜在优势转化为现实优势的综合能力的作用结果;比较优势作为一种潜在优势,只有最终转化为竞争优势才能形成真正的出口竞争力。相较于比较优势和竞争优势,自主知识产权理论包括三方面内容。

第一,知识产权优势不是同比较优势和竞争优势完全对立的,而是与它们既有区别又有联系的。知识产权优势是在既定的比较优势和竞争优势基础上的更核心层次的国家优势。它避免了笼统的竞争优势的理论缺陷,突出了以技术、领域、企业为核心的经济优势或竞争优势。自主知识产权不仅应体现在我国的高新技术产业部门及具有战略意义的产业部门,掌握自主研究、自主开发、具有自主知识产权的核心技术,建立以自主知识产权为基础的标准体系,而且还应体现在我国传统的民族产业或低端产品部门,包括劳动密集型产业部门,也必须塑造在国际上掌握关键核心技术、具有一定影响力的民族企业和品牌。要实现我国国内大循环为主的国内国际双循环,就必须以自主创新战略和国际经济综合竞争为导向,将现有的比较优势转化为竞争优势,关键在于创造和培育我国的自主知识产权优势。

第二,知识产权优势更恰当地反映了时代特点和经济发展要求。比较优势、竞争优势往往都是用进出口值或净出口值来衡量,但进出口值不一定能代表真正的国际竞争力,也不一定代表这一产业在国内的产业结构和产业升级中的地位及对 GDP 的贡献,因为它受到很多因素的影响,如国家的对外政策、经济波动等。同样,国内需求对提高 GDP 的重大贡献也不容忽视。新时代自主知识产权在保障国家经济高质量发展中越发具有决定性的作用,与实践相符的自主型技术发展路径才能打破外部的技术和贸易壁垒。

第三,知识产权优势的培育是一个综合而需要长期努力的过程。与发达国家相比,我国知识产权方面仍存在差距。这就要求认清趋势,加快发展,制定持久而全面的发展战略。这里要强调的是,知识产权优势并不等于高新技术,而是应针对不同时期、行业和不同的研究机构,有不同的含义和重点。就短期战略而言,制造业要注意"干中学",发展实用技术,提高企业的技术创新主体功能,完善国家技术标准;就中期战略而言,要认清世界产业发展的趋势,促进生化、电子、信息等技术的研发,以多体系科研机构为主体,促进国际合作协调和加强知识产权保护力度;就长期战略而言,要加强基础研究,以国家和高校的研究机构为主体,加大资本和人力投入,提高国民素质,创立和发展国家科技创新体系。

综上所述,面对这个既充满机遇又充满挑战的国际竞争,新时代越发需要以知识产权优势理论作为应对经济全球化和发展对外经济关系的战略思想,并在结合比较优势与竞争优势的基础上,突出培育和发挥知识产权优势,完善新型举国体制和国家创新体系,加快建设科技强国、教育强国,实现高水平双向对等开放和高质量发展。

二、"四主型"市场经济视域下自主知识产权理论

我们主张,必须完善社会主义性质或类型的市场经济体制,构建"四主型"初级社会主义经济公式,即:公有主体型的多种类产权、劳动主体型的多要素分配、新型举国体制主导型的多结构市场、自力主导型的多方位对等开放的改革观。自主知识产权理论是"四主型"市场经济的重要理论依托。其中,自立主导型的多方位对等开放改革观,依靠公有主体型、劳动主体型、新型举国体制主导型的制度优势,主张处理好多方位开放、引进国外技术和资本,同自力更生地发展自主知识产权、高效利用本国资本和经济超越等关系,实行扩大内需为主并与有效外需相结合的经济交往模式,促进追求引进数量的粗放型开放模式向追求引进效益的质量型开放模式转变。新时代更应利用新型举国体制优势,大力发展控股、控技(尤其是核心技术)和控牌(尤其是企业的核心名牌)的"三控型"民族企业集团和民族跨国公司,构建自主核心技术体系。那种只强调保护国内知识产权,不强调创造自主知识产权的理论;那种只强调民族企业应被外国跨国公司并购和整合,主要寄希望于不断引进外资、外技和外牌的战略与策略;那种看不到跨国公司在华研发机构的正负双面效应而片面迎合强国的思维逻辑,均不利于对等开放效能的提升和国内外经济的统筹发展。经济增长潜力的提升,在低级层次上表现为各种社会经济资源得到更加充分和有效的利用,在高级层次上表现为不断地创造出新的生产力,如通过新技术、新产品的自主研发能力的提高、新市场开拓能力的提升、新制度的人为创新能力的增强等方式,不断地创造出引领经济增长的新产业、新技术、新产品和新市场。新时代以来,我国知识产权事业不断发展,世界知识产权组织发布的2020年全球创新指数报告显示,在全球参与排名的131个经济体中中国位列14,是唯一进入前30位的中等收入经济体。①

三、创造和培育知识产权优势理论的内外部因素分析

(一) 从自主型发展的内涵看我国经济增长方式转变的关键因素

20世纪90年代以来的经济全球化阶段的输出,其特征就是知识产权输出和知识产权垄断。知识产权垄断依靠核心技术、技术标准、技术许可证转让及商标、专利等手段,加剧发达国家和发展中国家之间的差距。

中国也曾以较大的经济牺牲来补贴全球,出口低廉的产品,却得不到善待。主要是由于曾经的"中国制造"还不是"中国创造",多为无自主知识产权的产品,形成无核心技术、无自主品牌、无自主营销网络的"三无"产品,因而不少"中国制造"产品在国际市场上容易同"廉价"产品画等号,低价出口又成为诱发反倾销的导火线,给人以反倾销的口实。"止痛"的良药是变"三无"为"三有",变"中国制造"为"中国创造",加快自主创新步伐,取得自主知识产权战略和策略上的突破。然后才能用自主先进技术带动国内传统产业,推进产业结构升级,完成在品牌、产品、服务、营销、管理、人才等方面的升级。切实降低资源能源的消耗水平,解决生态环保问题,实现民生取向的全面、协调和可持续发展。当今,社会主义国家更应具备

---

① 《加强知识产权保护激发全社会创新活力》,《人民日报》,2020年12月5日。

保护自主知识产权的能力,并且防止创新成果被国际资本掠夺。[①]世界各国发展的历史经验证明:获得能力的唯一途径是自主自觉的科技研发,主要靠引进、合资或出让市场,是难以真正换来先进技术的,往往陷入"引进—落后—再引进—再落后"的开放式技术爬行主义。没有自主知识产权的核心技术,即使有自己的品牌,这样的企业也不会"长寿"。

（二）从自主创新的供给侧和需求侧出发解决经济增长动力不足的问题

靠要素投入、低劳动力成本竞争以及靠传统"三驾马车"的时代已经过去,当下亟须实施"科技创新、要素质量、结构优化"的供给侧和需求侧相结合而形成的"新三驾马车"。

从供给角度来讲,我国目前自主创新供给不足的成因之一就是外来技术的"挤出效应"。与一般技术领域形成对照的是,发达国家对我国科技"卡脖子"最严重的领域,尤其是高端光刻机以及相关技术、芯片制造以及相关设计工程软件、个人电脑和手机操作系统,以及相关工程软件、核心工业软件、数据库管理系统、机器人核心算法、航空发动机等25项重大领域,更有可能成为我国自主创新的突破点。这表明,作为国家创新体系的重要组成部分,国防科技工业体系、高端自动化体系、大数据领域的自主创新对统筹国家经济发展和国家安全具有举足轻重的作用。

从需求角度来讲,民品市场需求,不能自然而然地拉动高科技领域的原始创新。当代战场和贸易战都集中表现为对尖端科技产品的竞争。我们必须正视这样的现实:高科技产业既是经济产业,也是军事、政治的战略产业。高科技自主创新,只有在经济、政治、军事综合需求拉动下才能顺利发展。随着我国"军民深度融合和共享力度"的加大,以重大工程牵引军民融合发展,促进军事科技自主创新成果的转型升级,必将对我国转变经济发展方式产生根本性和全局性的影响。可见,自主知识产权的保护直接关系高水平的国家安全,只有严格保护知识产权,才能有效保护我国自主研发的关键核心技术、防范化解重大风险。

（三）从技术标准看技术性贸易壁垒中的知识产权问题

自改革开放以来,伴随国际经贸交流的不断加深,涉外知识产权纠纷和技术标准纠纷日益增多。国内实业界、各级政府和学术界对此都给予了极大关注,但如何从彼此互动的角度加以审视还不多见,特别在技术性贸易壁垒与摩擦日益频繁时出现更为重要。

研究技术性贸易壁垒与摩擦中自主知识产权保护有重要战略意义。其一,提高知识产权保护意识的需要。知识产权这一范畴能够折射出不同层面的利益,无论是消费者层面、企业层面和地区层面,还是国家层面、区域层面和国际层面。其二,提升我国企业核心竞争力的需要。如果对知识产权不重视,那么将可能遭受不应有的经济损失,进而影响到一国之经济和技术安全,特别在知识经济时代和经济全球化时代。因此,当由知识产权和技术标准所构成的技术性贸易壁垒日渐提高之时,企业应学会从技术标准角度提高知识产权保护意识。其三,应对与打破西方所制定的国家技术标准的需要。WTO的加入,关税壁垒的逐步取消,作为非关税壁垒主要组成部分的技术性贸易壁垒必然会凸显出来,大多数西方国家会继续以其独有的优势去谋取实质的经济利益和政治利益,出现一些涉外技术标准纠纷就在意料

---

① 彼得·德霍斯:《知识财产法哲学》,商务印书馆2008年版,第94—97页。

之中。国内企业要想在激烈的国际技术标准竞争中取胜,也只有从构建自身的核心自主知识产权入手并借助技术标准这个平台,而不管是单独拥有还是集体拥有,不管是法定标准还是事实标准。

技术标准与知识产权之间具有紧密的内在联系。其一,知识产权与技术标准具有共同的利益基础。虽然知识产权和技术标准设立的初衷有所不同,前者为创新技术的出现而设计,后者为社会公众利益的维护而产生;一个偏重私利,一个偏重公利,其都不可避免地与不同国家和地区的经济和政治利益相关,即使涌现了各种事实标准,也不过是对原有法定标准采用的方法和程序赶不上技术变化的事实所做的简单回应而已。其二,知识产权需要借助技术标准来加以强化保护。资本的逐利本性决定着它不仅要得到一定数量的垄断利益,而且还突破空间限制获取更大规模效应。如果说知识产权是为其创新技术的产生提供激励制度从而去获取其部分垄断利益的话,那么技术标准的出现就为其空间扩展提供新契机。其三,技术标准需要知识产权来加以建立、维护和实施。一般说来,为尽可能地获取最大经济利益,基于自身支配市场能力状况,在技术标准选择问题上,企业要么采用事实标准,要么采用法定标准,要么兼而有之,但不管是采用何种标准,都必须以相对独立的知识产权为基础。因为作为事实标准和法定标准组成部分的各种技术——公知技术与非公知技术、成熟技术与非成熟技术、兼容技术与非兼容技术等,都必须以知识产权的存在为既定前提,否则在该技术还没有达到一定程度时,竞争对手就会以复制和仿冒等手段去使用,以分割其利益,结果其标准也就无从确立,更别提其实施和维护了。在技术标准的实施和维护阶段,无论是在其载体采用、程序设计和过程管理及部分或整体技术体系调整过程中,还是在其政策运用和战略实施过程中,都必须依托知识产权去加以体现。其四,某项知识产权上升为技术标准需要特定条件。尽管技术标准都必须以知识产权为基础,但反过来则不能成立。无论是事实标准,还是法定标准,如果没有适合技术标准建立、实施和维护的技巧、技术上的充分实力、一定规模的市场支持和经济上的投入,某项知识产权很难上升为技术标准。

四、新时代实现自主知识产权优势的策论

(一)立足跨越式发展,抢先占领科技制高点

面对百年未有之大变局,新的产业革命兴起,使后进国家通过发展新的主导产业实现经济和技术跨越式发展成为可能。新时代只要紧紧抓住这一机遇,全力从事技术创新和产业革命,就完全有条件实现跨越式和自主式发展。

第一,统一思想为先,自主创新为主。在自主创新问题上,学界存在着两种不同思路或看法。要摒弃"造不如买、买不如租"错误观念,加强相关技术研发,实施以技术进步为核心的科技战略创新,依靠自主创新的力量去抢占科技革命的制高点。

第二,划分两类技术,建立两条发展路径。在关系国家安全的战略技术领域、关系国家核心竞争力的关键产业技术领域,我们必须不惜代价,立足于自主研发。因为对于这些技术即使出高价也是买不到、引不进的。对一般技术领域,只要有条件,则尽可能通过技术贸易,合资合作等多种形式加以引进。

第三,健全扶持政策,构筑良好"创新"环境。美国近百年来所以在科技创新上能一路领先,绝非偶然,在于它建立了一个良好的"创新"环境。如果没有对知识产权有效的法律保护,就不可能有巨大的科技投资,也就不可能有领先的科技产业;如果没有创新投资的融资渠道,就不可能出现像微软一类创新企业。因此,中国要在第六次产业革命中抢占科技革命的制高点,从中央政府到地方政府构建一整套保护和促进科技自主创新的扶持政策,包括"支持建设北京怀柔、上海张江、安徽合肥三个综合性国家科学中心,与已布局建设的483个国家重点实验室、346个国家工程技术研究中心形成冲击世界科技前沿、抢占未来竞争制高点的梯次布局。"①

(二)降低外技依存度,提升自主创新的能力

对外技术依存度是反映一个国家对技术引进依赖程度的指标。我国中长期科技发展规划战略研究,对国家对外技术依存度的计算采取的公式是:技术依存度(%)=技术引进经费/(R&D经费+技术引进经费)。一般而言,一个国家的对外技术依存度较高,表明该国对国外技术的依赖程度较强;反之,技术依存度较低则表明该国自主创新成分较大。我国对外技术依存度高达50%,而美日仅为5%。尤其是关键技术自给率低,占固定资产投资40%左右的设备投资中,有60%以上要靠进口来满足,高科技含量的关键装备基本上依赖进口。许多重点领域特别是国防领域的对外技术依赖,会对国家安全构成严峻挑战。②过度依赖发达国家的高科技产品,导致外贸结构畸形、贸易条件恶化、社会整体福利水平下降,并最终陷入"比较优势陷阱"。因此,我国的对外贸易战略虽然重视发挥比较优势,但不能以比较优势作为唯一的战略模式,需要解放思想,突破以比较优势理论为基础的传统国际分工模式的束缚,变其为"知识产权优势"。

(三)推动建立新发展格局、提升科技自主权的紧迫性

新科技革命和产业变革背景下,原有的发展模式不适应发展形势,需要不断提升科技水平,才能提升中国在国际产业链、供应链和价值链中的地位,促进经济高质量发展。构建和完善新发展格局需要树立新发展方略,重点发挥市场和政府的双重作用,"一方面需要着力推动科技创新与经济社会发展紧密结合,让市场真正成为配置创新资源的力量,让企业真正成为技术创新的主体。另一方面,政府在关系国计民生和产业命脉的领域要积极作为,加强支持和协调,总体确定技术方向和路线,用好国家科技重大专项和重大工程等抓手,集中力量抢占制高点。"③对于当下而言,应从以人民为中心立场出发,推动构建中国特色社会主义知识产权制度,既发挥自主创造的积极性,又体现全民共享的社会性。

(四)坚持推动产业升级原则,提升产业链现代化水平

第一,完善国内分工体系,构建完备的产业链。国内不同地区,要按照资源、人才等优势形成不同的国内分工,在国内形成完备的产业链。特别是一些关键行业,要形成从原材料、

---

① 程恩富、吴文新:《论自主创新的若干问题》,《红旗文稿》2019年第18期。
② 程恩富、尹栾玉:《加快转变对外经济发展方式须实现"五个控制和提升"》,《经济学动态》2009年第4期。
③ 程恩富、谭劲松:《创新是引领发展的第一动力》,《马克思主义与现实》2016年第1期。

能源资源到零配件、组装生产到制成品的完整的产业链,形成国内产业循环。要着力打造自主可控、安全可靠的产业链、供应链,力争重要产品和供应渠道都至少有一个替代来源,形成必要的产业备份系统。

第二,发挥大国优势,促进产业梯度升级。发挥中国人口多,经济发展情况差异大的优势,加快构建区域协调发展新格局。推动东部地区发展高新技术、资本密集型产业,把一些在东部没有竞争优势有可能转移到其他国家的企业优先往中西部地区转移,推动中西部地区工业化、城市化、现代化发展。

第三,深化供给侧结构性改革,提升产业链现代化水平。要从供给侧入手,解决结构性失衡问题,解决供给端所存在的低端产品生产过剩和中高端产品供不应求问题。要提升产业链的现代化水平,生产差异化的产品,并"从产品价值链的上游和下游两端同时进行分析,提炼出本土企业攀升的技术创新推动力和市场需求拉动力。分工的深化与广化是连接两大攀升动力的中间环节","促使本土企业不断向具有更高附加值的新价值链攀升"[1]。

(五)坚持科技领先原则,提升新型举国体制效能

第一,要发挥新型举国体制优势,尽快在关键核心技术领域实现突破。一是要加大自主创新的研发经费投入,完善创新载体和创新平台,为自主创新提供必要的物质基础;二是要充分发挥政府的主导作用,利用社会主义集中力量办大事的优势,组织好若干重大科研项目的攻关,努力在若干技术前沿领域和重要产业领域,掌握一批自主核心技术和技术标准,积极提高中方专利和品牌的档次和质量。[2]可以借鉴日本在近年获得数十个自然科学诺贝尔奖的经验,尽早在自然科学前沿基础理论方面进行战略谋划和实施。

第二,要完善科技人才成长和发展环境,加大创新人才的培养力度,建设一支适应时代和社会发展需要的民族创新人才队伍。人才是第一资源,要不断提高科研人才待遇,坚持引进国外人才特别是华人科学家与国内人才培养并举的原则,不断提升人才培养质量。要推动大科学装置建设,为科研人员创造良好的工作条件。加大知识产权保护力度,推动专利技术的市场化,构建产学研协同创新体系。

(六)实施品牌战略

品牌资产是指一种超越生产商品所有有形资产的价值形态,而这种品牌资产的好处在于可以预期未来的收益将超过推出具有竞争力的新品牌的扩充成本。因此,"品牌战略"即"名牌战略"是资本营运的一种形式。名牌多少是国家产品竞争力的象征,也是经济优势和综合实力的体现。现代市场经济从某种意义上是"品牌经济",就是以名牌产品去导向企业的自主生存与发展。名牌产品和企业集团的规模联动和对市场的辐射,不仅可以其自身的优势促进企业的优化组合,而且还能有效带动国家和地区经济的整体发展。由于品牌具有属性标示的重要作用和垄断性及高回报率等特征,我国民族工业要想加速发展就必须精心组织和实施品牌发展战略,即企业通过对品牌资产的营运来促进对其他资产(主要是有形资

---

① 钱书法、周绍东:《本土企业突出重围的路径研究——基于全球价值链理论和马克思分工理论比较研究的对策选择》,《马克思主义研究》2013 年第 8 期。

② 程恩富、侯为民:《转变对外经济发展方式的"新开放策论"(下)》,《当代经济研究》2011 年第 5 期。

产)的运用,以盘活资本存量,协调资本增量,降低企业成本,进而获取长期效益极大化。

在中国,华为集团所创出的世界品牌与知识产权战略的经验值得提倡。华为的知识产权战略部创立于 1995 年。从 2000 年起,华为国内专利申请量以每年翻倍的速度增长。2018 年年底,华为累计获得的授权专利 87 805 项,90％以上为发明专利,包括 4 337 项中国专利和 44 434 项外国专利,其中有 11 152 项核心专利,华为的专利合作协定申请数量也连续多年居世界前列。2018 年华为专利的总价值高达 42.68 亿元。原因就在于华为高度重视技术创新与研究,每年将不低于销售收入的 10％用于产品研发和技术创新,以保持参与市场竞争所必需的知识产权能力。2020 年,华为的研发资金投入也高达 1 418.93 亿,不仅创下了历史新高,甚至还超过了百度、腾讯、阿里、京东这四家互联网企业的研发投入总和。

(七)明晰大数据等知识要素的公共属性,实现知识产权财富共享发展

在数字经济背景下,培育知识产权优势,是一个重要的前沿问题。随着新兴数字科技平台经济规模急剧增长、行业领域深度渗透、线上线下要素高度集聚,运用数字技术的平台企业体现出传统企业所不具备的要素整合能力和资源配置效率。在大幅改善经济运行效率、增进社会福利、促进社会生产力发展的同时,平台经济资本积累金融化、新型数字技术垄断和市场经营垄断问题日益凸显。大数据不同于原始数据,是原始数据经过资产化和价值化,经过从数据到信息再到知识的价值加工后具有了新价值,大数据要素具有公共属性。按照这一规则,任何个人垄断性质的大数据,都会制约数字经济的发展,最终削弱整个行业群体整体竞争力。因此,大数据所有权和知识产权的科学界定,进一步明晰大数据等知识要素的公共属性,保障以数据和知识为依托的平台企业国有性质和知识收益全民共享,激发创新活力和最大化社会福利,有效防止平台私人垄断和平台资本无序扩张,尤其防范资本利用缺乏合理规制的垄断数据平台,"进一步扭曲人与技术的关系,使人的主体性缺失问题陷入表面上改善、实质上恶化的困境"的问题①。由此,大数据收益权主体除了平台企业经营收益外,也要按照社会公众福利最大化原则,兼顾各利益主体收益分享权,营造公平竞争秩序。

延伸阅读

复习思考题

1. 有人说,科学技术创造价值,你认为这句话严谨吗?

2. 党的二十大报告指出"加快实施创新驱动发展战略。……加快实现高水平科技自立自强",请结合自主知识产权优势论,谈谈新时代如何实现高水平科技自立自强。

---

① 刘伟杰、周绍东:《新科技革命背景下的人与技术关系——马克思主义政治经济学视角的解读》,《经济纵横》2020 年第 9 期。

案 例 分 析

让知识产权更好支撑创新发展

2022年，我国有效发明专利产业化率达36.7％，创近5年新高。国家知识产权局发布的《2022年中国专利调查报告》显示，我国有效发明专利产业化率呈持续上升态势，更多创新成果通过知识产权转化运用获得了实际价值。

专利产业化率，直观体现了将专利转化为现实生产力、支撑经济发展的能力。以专利为主要内容的知识产权转化成效越好，支撑实体经济创新发展的能力就越强。从各地实践来看，知识产权与经济发展互相支撑作用明显。比如，广东等10个省市，知识产权与经济发展高度融合，知识产权对区域经济发展促进作用显著；四川等6个省市，知识产权对区域经济发展具有较好引领作用，有力促进地区传统产业转型升级。

习近平总书记强调，"要依托我国超大规模市场和完备产业体系，创造有利于新技术快速大规模应用和迭代升级的独特优势，加速科技成果向现实生产力转化"。党的十八大以来，我国不断健全知识产权法规制度体系和保护体系、加大知识产权保护力度，走出了一条中国特色知识产权发展之路。一方面，不断强化企业的创新成果转移转化主体地位，发挥其带动作用。我国国内发明专利有效量中近七成由企业拥有，其专利产业化能力在不断提高。2022年，我国企业有效发明专利产业化率为48.1％，尤其是国家高新技术企业、专精特新"小巨人"企业，发明专利产业化率分别为56.1％和65.3％，远高于平均水平。另一方面，加强产学研协同，促进科学研究与市场应用有效衔接。调查显示，近两年，以高校为第一专利权人的产学研发明专利产业化率为17.8％，远高于高校一般专利的产业化平均水平。正是在领先方阵的推动下，我国专利产业化率实现了持续提升。也要看到，提升专利产业化率，促进科技成果转化，受技术成熟度、市场变化和资金回报等现实因素制约，难以一蹴而就。高校院所的科研人员欠缺产业化经验，我国科技中介服务市场还不够发达。解决好知识产权"多而不优、大而不强"的问题，仍需付出长期而艰苦的努力。

当前，我国已转向高质量发展阶段，必须进一步提升知识产权质量效益，以知识产权的高效流转促进创新资源要素的有序流动和优化配置，加速释放全社会的创新创造活力。首先，要提高知识产权质量，引导创新主体在关键领域、"卡脖子"技术上下更大功夫，形成更多高价值专利。其次，要盘活、用好知识产权资源，使其产生效益、推动发展。比如，高校院所仍有大量"沉睡"的科研成果，而大量中小微企业缺乏可用的知识产权，双方存在广阔合作空间。一些地方通过畅通供需对接、完善配套服务等措施，推动相关专利技术向中小企业转化实施，取得了良好成效。最后，应有效遏制专利侵权行为，持续优化知识产权保护环境。调查显示，2022年我国专利权人中遭遇过专利侵权的比例为7.7％，处于历史低位。但在这个问题上，我们不能有任何松懈。

创新是引领发展的第一动力,保护知识产权就是保护创新。经过长期发展,我国积累了丰富的知识产权资源,其市场价值和产业化水平不断提升。在全面建设社会主义现代化国家的新征程上,进一步推动知识产权的高效运用,加快科研成果向现实生产力转化,就能为经济社会高质量发展注入澎湃动能,在未来基于创新的国际竞争中赢得先机。

思考题:

在百年未有之大变局和新发展格局下,如何理解"保护知识产权就是保护创新"?

第十一章 分工深化论

 学习目标

1. 掌握马克思主义分工理论的基本原理
2. 把握社会分工的形成、分类和作用,马克思关于"消灭分工"的含义
3. 了解中外学者关于分工的研究动态
4. 理解"五次社会大分工"划分的客观依据和内容
5. 掌握信息化时代社会分工的规律,以及在国际分工不断深化的情况下我国如何参与国际分工与竞争

社会分工是一个伴随人类经济社会发展的历久弥新的话题。纵观人类社会经济的发展历程,我们不难看出,人类社会经济发展的过程,在某种程度上就是劳动不断分化的过程,即分工。马克思指出,"整个社会内的分工,不论是否以商品交换为中介,是各种经济的社会形态所共有的"①。人们在劳动过程中逐渐产生的分工,不仅促进了生产力的发展,而且导致了所有制的变化、阶级和城乡对立、社会分化与不平等。不同社会历史发展阶段对应的社会分工形式不同,各个国家和民族因科学技术水平、自然条件等因素不同,经历的具体社会分工形式也不尽一致,进而呈现出文明多样性特征。随着网络化、数字化和智能化技术的发展,人类社会已经处在了第四次工业革命的开端。在这次变革的过程中,新技术的发明和使用的范围将更为广泛,传播更为迅速,社会和部门分工也将更为深化。自从亚当·斯密在《国富论》中第一次完整地提出劳动分工的观点,一代代经济学者从不同角度对分工进行了探索。面对当前分工的不断深化,我们汲取了经济思想史上的优秀成果,提出了"分工深化论"。

第一节 马克思主义经典作家和领袖的基本思想

最早提出分工理论的是亚当·斯密。马克思是在批判地吸收斯密分工理论的基础上,在主要对资本主义生产方式进行解析的过程中,着眼于人类社会的进步和人的自由全面发

---

① 《马克思恩格斯文集》第 5 卷,人民出版社 2009 年版,第 415—416 页。

展,将分工理论置于社会再生产过程中生产力与生产关系的矛盾运动中展开,在对传统分工理论批判、扬弃的基础之上,形成与古典经济学以增长为核心的分工理论有着本质区别的系统的、科学的分工理论,创立了马克思主义的分工理论。

一、阐述分工的产生与深化

分工也叫劳动分工。人类社会起初只是行为方面的分工,后来由于性别、年龄、天赋、地域等而出现自发地或自然地产生的分工,即自然分工。自然分工依据的基础不是劳动本身的性质,因此不是马克思主义要研究的分工。马克思主义要研究的分工是一定社会生产方式中的分工,即社会分工。在自然分工的过程中,劳动者得以集中较多精力于少数几种劳动事务中,从而在一定程度上提高了劳动技能,增加了劳动剩余。随着自然分工的发展和社会生产力的进步,生产剩余产品逐渐增多,人们之间发生了交换,以商品交换为基础的社会分工便最终产生,"作为独立生产者的私事而各自独立进行的各种有用劳动的这种质的区别,发展成一个多支的体系,发展成社会分工。"①

分工的出现使交换成为必然,分工导致交换产生后,便与交换在历史互动中共同发展、不断深化。马克思指出,最初的交换活动发生在人类原始共同体(公社)之间,由于各个部落内部有了剩余的产品,各个部落之间会发生偶然的和不固定的产品交换,这就形成了市场的雏形。在第一次社会大分工出现以后,商品的交换变得经常和固定了,市场也在不断发展。在竞争机制和价格机制的作用下,生产者必须用更有效率的方法去生产市场需要的商品,而社会分工能够提高劳动者的熟练程度,改进生产的技术和提高劳动生产率,它是达到这个目的的有效途径,因而一次次的社会大分工相继出现,每一个生产部门内的社会分工也不断深化。恩格斯在《家庭、私有制和国家的起源》中认为,第一次社会大分工出现的标志是游牧部落从其余的野蛮人群中分离出来,第二次社会大分工出现的标志是手工业和农业分离,第三次社会大分工出现的标志是仅仅从事产品交换的商人阶级形成。随着社会分工的不断演进,社会分工系统形成,原始的市场形态也逐渐发展成现代市场经济,竞争机制与价格机制也都被赋予了现代内涵,并且日益发达。因此,社会分工与市场是经济发展历史中的交互活动。

在分工与市场的互动演进中,分工不断深化,出现了更多的产业、更多的行业,同时也使整个市场扩大了,形成了世界市场。机器的生产和革新,形成以生产力发达的资本主义国家为主导的国际分工和国际市场。"由于机器和蒸汽的应用,分工的规模已使脱离了本国基地的大工业完全依赖于世界市场、国际交换和国际分工。"②分工使生产效率得到很大提升,过剩的产品需要寻找商品销售地和原料供给地。"大工业造成的新的世界市场关系也引起产品的精致和多样化。不仅有更多的外国消费品同本国的产品相交换,而且还有更多的外国原料、材料、半成品等作为生产资料进入本国工业。"③大量产品的生产使国际分工呈现结构化特征,"一种与机器生产中心相适应的新的国际分工产生了,它使地球的一部分转变为主要从事农业的生产地区,以服务于另一部分主要从事工业的生产地区。"④列宁十分赞同马克思关于分工是商品生产的基础以及市场与分工互动演进的观点,并且从俄国的经济现实出

---

① 《马克思恩格斯文集》第 5 卷,人民出版社 2009 年版,第 56 页。
② 《马克思恩格斯文集》第 1 卷,人民出版社 2009 年版,第 627 页。
③ 《马克思恩格斯文集》第 5 卷,人民出版社 2009 年版,第 512 页。
④ 《马克思恩格斯文集》第 5 卷,人民出版社 2009 年版,第 519—520 页。

发,提出"这种商业性的(和资本主义的)农业的专业化,出现在所有的资本主义国家中,出现在国际分工中,也出现在改革后的俄国"①,充分肯定社会分工影响俄国经济发展的客观事实,极力批判俄国民粹派理论对俄国社会分工的抹杀。列宁认为,"'市场'这一概念和社会分工(即马克思所说的'任何商品生产〈我们加上一句,因而也是资本主义生产〉的共同基础')这一概念是完全分不开的。哪里有社会分工和商品生产,那里就有'市场';社会分工和商品生产发展到什么程度,'市场'就发展到什么程度。市场量和社会劳动专业化的程度有不可分割的联系。"②列宁把社会分工作为市场经济的基础,把生产社会化划分为社会联系和社会分工两个方面,认为市场经济与社会分工有着不可分割的内在联系,在市场经济与社会分工的互动演进中,双方进一步深化。

二、阐述分工的类别

马克思主义在批判与继承斯密分工理论的基础上,第一次提出社会分工论。社会分工既包括农业和工业等"一般的分工",也包括部门内部的"特殊的分工",而生产组织内部的分工属于"个别的分工"。马克思以资本主义生产方式为研究对象,主要分析的是社会分工与工场手工业的分工。与斯密认为社会分工和工场手工业分工的区别只是主观的,即只是对观察者才存在的观点不同,马克思认为社会分工与工场手工业分工既有区别又有联系。在马克思看来,劳动的社会分工是指各种专门的劳动分别生产互不相同的产品,它们之间只有通过商品交换才能发生联系;工场手工业分工则是在生产同一种商品的劳动过程内部实行的分工和专门化,它们之间的联系不需要通过商品交换。马克思称前者为第一类分工,后者为第二类分工,对于两者的联系,马克思说:"很清楚,(1)这种分工以社会分工为前提。只是由于在商品交换中发展起来的社会劳动的分化,不同的劳动部门才互相分离,使每个特殊部门从事专门劳动,在这种专门劳动内部又会发生分工,专门劳动的分解。(2)同样也很清楚,第二类分工又必然会发生反作用,扩大第一类分工。"③"分工导致了进一步的分工"④。马克思的分析表明:社会分工是工场手工业分工的前提,工场手工业分工的发展又会使某种特殊的劳动发展为独立的生产部门,使社会分工扩大。

马克思同时也指出,虽然在一定历史阶段上,社会分工与工场内部分工这两种分工常常同时存在、同时发展,相互之间可以转换,但这种转换是有条件的,不是主观和任意的。在新制度经济学中,主张"企业是市场的替代物",认为企业与市场间的相互替代只涉及交易成本问题,实际上是假定社会分工与工场内部分工可以无条件地互相转换,或者说混淆了这两种分工形式。对于两者之间的矛盾关系,马克思以资本主义生产方式为例,认为两者之间区别主要表现在下述方面。第一,媒介不同。社会内部的分工以不同劳动部门的产品的买卖为媒介;工场手工业内部各局部劳动之间的联系,以不同的劳动力出卖给同一个资本家,而这个资本家把它们作为一个结合劳动力来使用为媒介。社会分工的特征是劳动者的产品是商品,企业内部分工的特征是劳动者的产品不是商品,他们共同的产品才是商品。第二,前提不同。社会分工是以生产资料分散在许多互不依赖的生产者手里为前提的,而工场内部分

---

① 《列宁全集》第 3 卷,人民出版社 2013 年版,第 19 页。
② 《列宁全集》第 1 卷,人民出版社 2013 年版,第 78—79 页。
③ 《马克思恩格斯全集》第 32 卷,人民出版社 1998 年版,第 304 页。
④ 《马克思恩格斯全集》第 32 卷,人民出版社 1998 年版,第 308 页。

工是以生产资料集中在一个资本家手里为前提的。第三,支配分工的规律不同。社会分工是由价值规律来调节,工场内部的分工则是按照管理规律来调节的。第四,服从的权威不同。社会分工只承认竞争的权威,工场内部的分工则承认资本家的权威。因此,马克思认为这两类分工既有统一的一面,又有冲突的一面,而冲突的一面正是私有制市场经济中必然存在的根本矛盾在分工制度上的集中体现。

三、阐述分工的作用

马克思通过对分工理论的哲学分析和批判,赋予分工以经济学哲学内涵,开启了从分工的视角透视人的生存方式及命运的研究路径。如果说在《1844 年经济学哲学手稿》中,马克思更加偏重在人本主义异化哲学的解释框架中对分工进行剖析,那么在《德意志意识形态》中却稀释了"异化"这一哲学理论范式,更加注重运用唯物史观的方法论,从人的历史发展和人的本质力量出发审视分工,在经济学视角下及社会历史的发展演变中展开其分工思想。也就是说,马克思从不主张从分工一般来讨论经济发展和演变,而是更加注重分工在具体社会中所呈现出来的样态,因为分工不仅体现生产力的性质,还体现生产关系的性质,"这种种分工的相互关系取决于农业劳动、工业劳动和商业劳动的经营方式(父权制、奴隶制、等级、阶级)"①。马克思一直反对将社会分工的概念抽象化和永恒化,从这个意义上说来,关于历史唯物主义本身的问题,"从分工的观点来看问题最容易理解"②。

马克思认为,分工表现出生产力和生产关系的二重属性,发挥双重作用。一方面,从生产力的角度看,无论是社会分工还是工场内部分工,劳动分工作为生产组织方式,都充分发挥了协作优势,极大地促进了生产力的发展。马克思指出:"一个民族的生产力发展的水平,最明显地表现于该民族分工的发展程度。任何新的生产力,只要它不是迄今已知的生产力单纯的量的扩大(例如,开垦土地),都会引起分工的进一步发展。"③在工场手工业中,"构成工场手工业活机构的结合总体工人,完全是由这些片面的局部工人组成的。因此,与独立的手工业比较,在较短时间内能生产出较多的东西,或者说,劳动生产力提高了。在局部劳动独立化为一个人的专门职能之后,局部劳动的方法也就完善起来。经常重复做同一种有限的动作,并把注意力集中在这种有限的动作上,就能够从经验中学会消耗最少的力量达到预期的效果"。④马克思认为,分工所带来的劳动生产率的提高源于下述几方面。第一,仅仅是将更多的劳动者集合在一起的简单协作,就可以创造出一种集体力,"在劳动的作用范围扩大的同时劳动空间范围的这种缩小,会节约非生产费用(faux frais),这种缩小是由劳动者的集结、不同劳动过程的靠拢和生产资料的积聚造成的"⑤。而分工是一种特殊的协作,"它的许多优越性都是由协作的一般性质产生的"。⑥第二,由于分工协作的共同劳动所引起的竞争和精力振奋,可以提高个人工作效率。第三,分工协作可以节约生产资料。相对多的劳动者对厂房、仓储设施、工具、装备等的共同使用,降低了人均生产资料占用量。第四,分工所带来的专业化,也可以节省劳动者的非生产性耗费,比如学习时间和费用。一个在商品的生产

---

① ③　《马克思恩格斯文集》第 1 卷,人民出版社 2009 年版,第 520 页。

②　《马克思恩格斯文集》第 10 卷,人民出版社 2009 年版,第 596 页。

④　《马克思恩格斯文集》第 5 卷,人民出版社 2009 年版,第 393—394 页。

⑤　《马克思恩格斯文集》第 5 卷,人民出版社 2009 年版,第 381—382 页。

⑥　《马克思恩格斯文集》第 5 卷,人民出版社 2009 年版,第 393 页。

中依次完成各个局部过程的手工业者,必须经常变更位置,经常调换工具,而"由一种操作转到另一种操作会打断他的劳动流程,造成他的工作日中某种空隙。一旦手工业者整天不断地从事同一种操作,这些空隙就会缩小,或者说会随着他的操作变化的减少而趋于消失。在这里,劳动生产率的提高,或者是由于增加了一定时间内劳动力的支出,也就是提高了劳动强度,或者是由于减少了劳动力的非生产耗费。"①第五,相对简单的操作可以减少工作失误。

另一方面,从生产关系的角度看,马克思认为,分工在推动人类社会不断发展的同时,也造成了阻碍人类发展的一些桎梏。马克思恩格斯指出:"分工的各个不同发展阶段,同时也就是所有制的各种不同形式。这就是说,分工的每一个阶段还决定个人在劳动材料、劳动工具和劳动产品方面的相互关系。"②马克思主要阐释了资本主义条件下的分工演化结果,认为在资本主义私有制下,分工的积极效应所带来的生产力的提高,实际上提高的是资本的生产力,劳动者反而成为固化在资本主义分工链条中的局部工人,个人的自由全面发展和资本无限增殖之间出现不可调和的矛盾。在资本主义条件下,分工既是不平等的社会制度和生产关系形成的内在原因,同时社会分工也是不平等的社会制度和生产关系在生产领域内造成的结果,这种不平等分工的结果进一步巩固并加速了社会阶层的分化和固化。在资本主义分工形式下,局部工人的劳动被分解为一般的、不断重复的各种标准化动作,流水线生产的出现使手脑的分离、概念和执行的分离达到了极为严格的程度,管理部门取得了对装配速度的绝对控制,工人的劳动强度达到了非常高的程度,劳动者成为一个工具而已,从而产生了机器对工人的专制。因此,局部工人身上被打上了私有财产的烙印,变成生产资料所有者的私有财产,因此这种提高生产力的分工方式成为资本无限增殖的方式,成为生产剩余价值的手段。"由许多单个的局部工人组成的社会生产机构是属于资本家的。因此,由各种劳动的结合所产生的生产力也就表现为资本的生产力……工场手工业把工人变成畸形物,它压抑工人的多种多样的生产志趣和生产才能,人为地培植工人片面的技巧"③。局部工人是分工在资本逻辑推动下的结果,同时也是摧毁这种分工的力量源泉。马克思所设想的新型的分工是消灭分工中工人受生产资料支配的"自发分工",建立起工人自愿进行劳动的"自觉分工"。

四、对分工的未来设想

马克思通过分工范畴探索社会基本矛盾和人类社会发展的一般规律,进而考察资本主义生产方式,为唯物史观的构建奠定了基础。在马克思主义看来,作为生产的基本形式和劳动的社会性存在方式,分工是一个历史性的范畴,理解分工的发展必须结合分工所处的特殊历史时期,分析分工的时代特点和历史性质。

在资本主义条件下,尽管人们摆脱了人身依附关系,但分工和交换却使得人们创造的生产力转化成一种具有盲目性的、不依赖于人的意志而存在的、支配和压迫着人的力量,使人们成为自己所创造的物的奴隶,这种以个人的片面发展换得社会发展的分工必将限制或牺牲人的全面发展。列宁 1914 年在《泰罗制就是用机器奴役人》一文中就指出:"整个社会内部的分工"使"资本主义生产混乱、无秩序,不知道白白糟蹋掉多少劳动!"而泰罗制是专门用来

---

① 《马克思恩格斯文集》第 5 卷,人民出版社 2009 年版,第 395 页。
② 《马克思恩格斯文集》第 1 卷,人民出版社 2009 年版,第 521 页。
③ 《马克思恩格斯文集》第 5 卷,人民出版社 2009 年版,第 417 页。

对付工人的,它"用工厂内部恰当的、合理的分工来束缚他们"。①因此,马克思恩格斯认为,要使人们摆脱物的力量的控制和威慑,就只有使人们在自由联合的基础上结成共同体,消灭奴役性的分工,即消灭作为人的自由自主活动之桎梏的旧的分工。因此,马克思主义提出的"消灭分工","不是[一般]分工,而是以交换为基础的分工"②,即消灭因私有制关系而产生的自发性、固定性、奴役性的旧式分工,取而代之以自觉性、自由性、平等性的新式分工。

要消灭在各个人、各个民族之间筑起藩篱的旧式分工,使世界历史乃至共产主义真正得以实现,必须不断发展生产力,生产力的巨大增长和世界交往的普遍发展才是消灭旧式分工的基础。只有生产力获得了充分发展,人才能得到全面的发展,不仅仅是智力和体力的发展,而且是各方面能力的整体性发展。在共产主义新式分工中,生产力高度发展,每个人自由全面发展,消灭了被固定在某种专业上的分工,每个人都能自由、全面地从事个体想要从事的工作。另外,社会生产的东西能够满足个人的消费,每个人不但可以去从事自己想要去做的物质生产工作,还可以去享受历史文化遗产,可以去从事一切对人的发展有价值的工作。同时,人不再受社会权利和资本的支配,而是自由自觉地从事各种生产活动,积极利用各种生产工具展现自我的本质力量,并促进个人自主活动的充分发展。在这一阶段,人们从事活动的特征完全是自由的、自觉的,没有内在对人本身的压迫和外在对物的从属,完全是在充足的物质基础和高度的精神自觉的基础之上从事生产劳动。因此,在未来社会中,新式分工将摆脱旧式分工中存在的阶级剥削和阶级压迫,让人们在新的劳动分工中尽享和谐、公正和平等,劳动者分工将消亡。然而,劳动分工却将在科技进步中得到不断发展,呈现出细分化和专业化的特点。随着社会化大生产的发展,行业及其内部的分工合作会更加紧密,并且会涌现出更多新兴的行业和部门,生产的社会化与分工的专业化能够协调一致。

马克思主义的分工理论以分工演变为主要线索,通过对旧式分工的"扬弃"来探索个人成长、发展和寻求自由的新式分工的可能性,在历史的不断生成展开中探寻到了真正实现个人解放的现实道路。分工历史过程的辩证逻辑,是形成一切社会关系的基础,这种将分工内化于经济过程的现实批判思路,进一步丰富了其分工理论。

第二节　中外学者关于分工的主要观点

一、国外学者分析分工

在亚当·斯密之前,虽然也有学者注意到了分工的重要作用③,但第一次把分工放到经济研究首要位置的是亚当·斯密。他在 1776 年发表的《国民财富的性质和原因的研究》一书中,确立了分工在经济学研究中的首要地位。正如熊彼特所言,"无论在斯密以前还是在斯密以后,都没有人想到要如此重视分工。"④斯密提出了著名的"斯密定理",即"分工受市场范

---

① 《列宁全集》第 24 卷,人民出版社 2017 年版,第 402 页。
② 《马克思恩格斯全集》第 31 卷,人民出版社 1998 年版,第 21 页。
③ 公元前四世纪许多重要的希腊哲学家,特别是柏拉图(Plato)和色诺芬(Xenophon),在他们的著作中讨论了分工的不同方面。
④ 约瑟夫·熊彼特:《经济分析史》第 1 卷,商务印书馆 1996 年版,第 285 页。

围的限制"①。他在一开篇就写道,"劳动生产力上最大的增进,以及运用劳动时所表现的更大的熟练、技巧的判断力,似乎都是分工的结果。"②他认为分工提升了劳动者的技能,提高了劳动生产率,因而推动了生产力的发展,同时认为分工也有负面作用,会使人的发展受到影响。尽管斯密对分工给予了应有的关注,并进行了深刻的分析,然而斯密并没有对分工进行类别上的深入剖析。在斯密那里,分工就是分工,没有企业的分工和社会分工的区别,他认为,"这种社会分工和工场手工业分工的区别只是主观的,也就是说,只是对观察者才存在的,因为观察者在工场手工业分工的场合一眼就可以在空间上看到各种各样局部劳动,而在社会分工的场合,各种局部劳动分散在广大的面上,每个特殊部门都雇用大量的人,因而使这种联系模糊不清。"③可见,在斯密那里,两种分工是含混的。

承袭斯密"看不见的手"的思想,马歇尔的思想主要体现在两个方面:一方面是报酬递增与分工,另一方面是资源配置。马歇尔对分工经济思想的贡献主要体现在报酬递增与工业组织上。他在《经济学原理》中认为:"有机体——不论是社会的有机体还是自然的有机体——的发展,一方面使它的各部分之间的机能的再分部分增加,另一方面使各部分之间的关系更为紧密……这种机能的再分之增加,或称为'微分法',在工业上表现为分工、专门技能、知识和机械的发展等形式;而'积分法'——就是工业有机体的各部分之间的关系的密切性和稳固性的增加——表现为商业信用的保障之增大。"④但在马歇尔之后,分工逐渐从主流经济学中淡出,留下的只是资源配置问题了。原因据说是分工与收益递增不相容,分工是技术工程学、工业心理学或社会学的研究范畴,不属于经济学领域,分工难以进行动态化研究。⑤随着杨格、斯蒂格勒、罗森、贝克尔、杨小凯等人的努力以及内生经济增长理论的发展,分工在经济学中的地位在某种意义上正逐步回归。因此,关于分工与专业化的经济理论伴随着经济学科的发展,经历了由经济学研究的核心问题到逐渐从主流经济学研究框架中消失,再到重新引起重视和发展的过程。

杨格的分工理论是分工思想回归经济学的重要标志。他在经典论文《报酬递增与经济进步》中指出:"报酬递增取决于劳动分工的发展,现代形式劳动分工的主要经济是以迂回或间接生产方式使用劳动所取得的经济"⑥。他指出,报酬递增不是由工厂或产业部门的规模产生,而是由专业化和分工产生。无论是外部还是内部规模经济的概念,都是对分工经济的一个错误描述。在他看来,规模经济的概念抓住了分工经济的量的方面,但是却忽略了分工经济最本质的东西。他从分工与递增报酬、市场大小以及企业规模这三个角度,阐释了报酬递增与市场规模扩大、经济增长的自我演进机制。

与杨格的思想不同,熊彼特提出了劳动分工的扩大影响原有分工的一种途径:新的分工使旧的分工消亡。他从厂商之间的竞争需要出发,认为企业家不断寻找新技术的目的是使竞争对手的技术变得过时,从而获取竞争优势,确保企业的生存。这一自发、内在地追求技术进步的机制,使得厂商在一定时期内可以获得竞争优势,从而具有成本优势,因为市场结

---

① 亚当·斯密:《国民财富的性质和原因的研究》上卷,郭大力、王亚南译,商务印书馆 1983 年版,第 16 页。
② 亚当·斯密:《国民财富的性质和原因的研究》上卷,郭大力、王亚南译,商务印书馆 1983 年版,第 5 页。
③ 《马克思恩格斯文集》第 5 卷,人民出版社 2009 年版,第 410—411 页。
④ 阿尔弗雷德·马歇尔:《马歇尔文集》第 2 卷,商务印书馆 2019 年版,第 288 页。
⑤ 邹薇、庄子银:《分工、交易与经济增长》,《中国社会科学》1996 年第 3 期。
⑥ 阿林·杨格、贾根良:《报酬递增与经济进步》,《经济社会体制比较》1996 年第 2 期。

构就必然不可能再是完全竞争的了。因此,创造性毁灭思路也是一个在不完全市场条件下探索规模报酬递增来源的思路。如果说马克思、杨格的分工使技术进步的思想属于横向创新的话,那么熊彼特的创造性毁灭的思想就属于纵向创新。这儿的所谓纵向,意指新分工出现后,将旧分工淘汰,旧分工终将退出历史舞台。

在知识经济背景下,分工被赋予了更多的含义,也就是说互补意义上的协同型分工成为企业新的竞争优势的源泉。一般而言,人类知识的一个极其重要的特征是各个部分之间往往呈现出内在的互补性。一个知识传统是由许多个体的学习过程来保持的;同时,如果存在着交流并且允许新观念传播和引发均衡转移的话,这一知识传统就会通过这些个体的学习过程发生演化。而这一演化过程是具有互补性的,当这种互补性在知识运用中占据了主导地位时,生产过程就显现为收益递增,也即是有了不断发展的动力。

杨小凯等人开创的新兴古典经济学利用超边际分析方法,复苏了斯密关于劳动分工的重要思想。认为随着交易效率的不断改进,劳动分工演进会发生。[①]虽然新兴古典经济学企图在修正新古典边际分析方法的基础上,从一般均衡和比较静态角度将分工、经济组织和交易费用完全统一在一个理论体系中,但是,这种努力是失败的。因为"分工在其理论中仍是一个黑框"[②],他所谓的一般均衡角度只是一种假定供求均衡条件下的最优分析方法,无论是外生交易费用还是内生交易费用概念,都没有突破新古典经济学的局限。可见,新兴古典经济学没能真正地从历史的角度来把握分工、技术、经济组织诸多范畴之间的关系。而且,新兴古典经济学没有区分市场上的劳动分工和企业内部的劳动分工,从而忽略了企业作为递增报酬实现者的内部机制。

二、中国学者研究分工

多年来,中国学者对分工理论一直很关注,认为分工理论是理解社会生产方式的重要媒介,不断挖掘马克思主义的分工理论,并应用分工理论来阐释现实问题。中国学者对分工理论的阐释主要表现在两个方面。

一方面是对马克思主义分工理论的文本解读和逻辑梳理,围绕分工的历史生成及其结构性存在之间的内在关系与深层矛盾问题来展开研究,认为科学阐释马克思主义的分工理论是把握马克思主义理论要旨的关键,并从不同视角对马克思主义分工理论进行了挖掘和剖析。这方面的研究又分为三个层次。一是着重对马克思主义分工理论的文本研究。马克思主义分工理论的形成是一个不断发展完善的过程,这一视角是联系当时语境和马克思的思想脉络对不同时期马克思主义的文本进行梳理和理解,学者们从早期的《1844 年经济学哲学手稿》开始,到唯物史观确立的《德意志意识形态》以及论战性著作《哲学的贫困》、政治经济学巨著《资本论》中,梳理了马克思主义对分工的不断深化认识。二是着重对马克思主义分工理论的若干专题进行研究。马克思主义的分工理论非常丰富,这一视角的研究主要是侧重某一方面分专题进行深入挖掘。例如,关于分工的历史演进,学者们基于经济史和经济思想史演变视角,对分工的演进进行了系统梳理。关于分工的不同类型,学者们基于对马克思主义分工类型的认识,联系现实发展了马克思主义的分工形态理论。关于分工的本质,学

---

① 杨小凯、黄有光:《专业化与经济组织》,经济科学出版社 1999 年版。

② 刘元春:《交易费用分析框架的政治经济学批判》,经济科学出版社 2001 年版,第 150 页。

者们深刻揭示了社会分工的本质特征,认为社会分工具有历史的继承性、内在的不平等性、地理上的不均衡性以及人的自由和解放的可能性,这些构成了马克思主义分工理论的思想精髓。关于分工与异化的关系,学者们认为不应该将异化视为分工的充分和必然产物,异化的根源并不在于劳动分工而在于分工收益的分配不合理,这种不合理的收益分配又源于社会权力以及相应的财产关系和社会制度的不平等,开辟了一个从人们的生产劳动中认识生产关系、社会关系形成和发展的唯物史观思路。关于分工与人的发展,学者们也有很多深刻认识,主要围绕马克思主义分工理论的人学意蕴,对分工条件下人的存在方式进行深切思考。三是对马克思主义分工理论与其他分工理论的比较进行研究。这一视角的研究着重从横向比较方面来考察马克思与其他学者关于分工思想的异同,从而深化对马克思主义分工理论的理解。例如,马克思与斯密的分工思想比较,学者们认为斯密和马克思的分工理论虽然有联系,却存在很大的差异,分别从劳动分工的起因、类型、结果等方面进行比较,从而更好地理解马克思主义是如何跨越"斯密阶段"的发展逻辑和范式转换。另外还有学者展开关于马克思与杨小凯的分工思想比较、马克思与涂尔干的分工理论比较等。

另一方面是应用马克思主义分工理论对制度变迁、生产组织、国际贸易、产业集聚、城市发展、数字经济等各个方面的现实问题进行解释。例如,贾根良立足斯密、杨格等人的观点,进一步探讨了劳动分工和制度变迁的动态属性,也就是对迂回生产扩大过程中制度变迁的讨论。[1]谢富胜以马克思在《资本论》中所阐述的分工协作思想为基础,分析了资本主义经济组织的演变过程,从包买商制度到工厂制度,福特制的形成与发展,以及网络化生产组织的产生,从而概括了生产组织变迁的理论。[2]朱燕应用马克思主义的分工理论对经济全球化的不同模式进行分析,认为资本主义经济全球化通过国际分工使资本主义生产方式在世界范围内扩张,分工协作的生产力效应异化为资本主义中心国家的成果,利益分配不平衡。而在新型经济全球化模式中,以分工为基础的协作创造的生产力成果由各参与国分享,构建起以全人类共同富裕为目标的命运共同体。[3]李新瑜则应用分工理论对产业发展进行分析,认为中国制造业价值链升级需要重新审视国际化分工。[4]还有的学者认为社会分工体系是区域平衡充分发展系统的一个重要组成部分,需要研究平衡充分发展的社会分工体系在区域平衡充分发展战略研制中的作用。随着数字经济的发展,也有学者应用分工理论对数字经济平台进行分析。

第三节 评析与创新

我们基于辩证的历史唯物主义方法,在以往公认的三次社会大分工基础上,提出了五次社会分工理论,阐释了划分社会分工的基本标准和第四次、第五次社会大分工发生的现实逻

---

① 贾根良:《劳动分工、制度变迁与经济发展》,南开大学出版社 1999 年版。

② 谢富胜:《分工、技术与生产组织变迁——资本主义生产组织演变的马克思主义经济学阐释》,经济科学出版社 2005 年版。

③ 朱燕:《马克思主义分工理论视角下两种经济全球化模式比较研究》,《马克思主义研究》2017 年第 10 期。

④ 李新瑜:《马克思主义理论视域下的中国制造业价值链升级研究》,《经济研究导刊》2019 年第 13 期。

辑,在此基础上归纳总结了社会分工历史和演变的基本规律,深化了马克思主义社会分工思想。①分工深化论就是关于生产力、需求和交换不断发展基础上的社会分工细化和深化的理论。

一、界定社会分工的划分标准

(一) 生产力的发展水平

"分工,分工的阶段依赖于当时生产力的发展水平"②。而生产力是"人们运用生产资料,创造社会物质和精神财富的能力"③。既然生产力是人们创造物质财富和精神财富的能力,那么,诸如科学技术、自然条件、分工协作、生产组织和管理等,都可以被看成是生产力的构成要素④。无疑,社会分工产生的根源是生产力的发展,生产力形态决定社会分工结构,社会分工反过来又会影响生产力的发展。生产力的发展引起社会分工,社会分工的演进规律显然也要从生产力方面寻找原因,"劳动分工演化的动力是科学技术发明引起的新物质资源的开发、新旧市场规模的生灭和外来冲击下结构转型的震荡"⑤。

第一,新的生产工具和生产技术的发明。新的生产工具和生产技术的发明,一方面可以提高劳动生产率,增加相对剩余劳动,另一方面可以引起对新的物质资源的开发与利用,扩大劳动对象,从而产生新的劳动内容和劳动形式。例如,人类从动物界脱离后,之所以可以获得多余牲畜,一个重要原因是学会制造弓箭并将其用于捕猎;手工业之所以从农业中脱离与铁器的广泛运用密不可分;工业时代中钢铁的冶炼、煤和石油的使用,使得铁路的铺设和轮船的远航成为现实,极大地提高了运输能力,开拓了市场空间,活跃了商品生产和交换。

第二,市场规模。"分工的范围,亦往往受限制于交换的范围,换言之,常为市场范围所局限"⑥。原有市场规模的扩张、旧市场的消失和新市场的产生,不仅会引起商品交换和人员交流范围的变化,便于商品价值的实现,而且会带来新的盈利增长点,对盈利的持续追逐不断刺激商品生产和交换的进行,进而推动着社会分工的发展。例如,工业化进程吸引大量农村人口进入城市,生活资料需求量的增加和劳动者数量的增多,促使原有社会部门进一步分化;海外贸易的持续进行将各个国家纳入全球化进程中,对产品种类、数量和质量等方面的需求的增多,促使产品生产国扩大生产,细化生产部门。

第三,外来冲击。各种外来冲击易促使新的生产部门出现,或引起原有分工形式发生变。例如,气候变化导致一些游牧民族迁徙甚至改变生活习惯,推动人口的重新布局;工业社会中以机器化大生产为特征的商品经济,冲垮了农业社会中的自然经济,使得依靠传统自给自足方式生存的国家和地区的原有生产方式发生变化;当今应用广泛的计算机诞生于为

---

① 谢长安、程恩富:《分工深化论:五次社会大分工与部门内分工探析》,《马克思主义研究》2016年第12期。
② 《马克思恩格斯文集》第1卷,人民出版社2009年版,第587页。
③ 程恩富、冯金华、马艳:《现代政治经济学新编》,上海财经大学出版社2012年版,第6页。
④ 关于生产力究竟是二要素、三要素还是多要素,学术界是存在争论的。笔者持生产力三要素实体论和多因素系统论,认为构成生产力的诸要素既包括劳动者、劳动对象和劳动资料三个实体性要素,也包括科技、管理、教育等渗透性和组织性要素。
⑤ 陈平:《文明分岔、经济混沌和演化经济动力学》,北京大学出版社2004年版,第2页。注:这里所说的是劳动分工,而社会分工包含劳动分工和劳动者分工两个不同方面,但社会分工与劳动分工演化动力基本是一致的。
⑥ 亚当·斯密:《国富论》(上),译林出版社2011年版,第13页。需要指出的是,斯密在《国富论》中探讨的分工是工场手工业中的生产分工。

争夺市场而发展的军事活动,计算机的发明为信息部门的产生奠定了根本基础。

（二）社会生产关系

人们的生产"表现为双重关系:一方面是自然关系,另一方面是社会关系"①。"自然关系"反映出人们用什么样的工具和其他条件进行生产,是生产力;"社会关系"反映生产的社会方式,是社会生产关系。"广义的生产关系包括所有制、生产资料与劳动者的结合方式,直接生产过程中的关系,以及交换、分配、消费等关系。而狭义的生产关系,是指直接生产过程中的关系"②。不管是广义上的生产关系,还是狭义上的生产关系,它们归根到底都是由生产力所决定,生产力正是通过社会内部的分工组织来决定生产关系和制度结构。每一次新的社会分工形式的出现,必然会对原有的社会生产关系产生影响。例如,三次社会大分工改变了原有的所有制形式:氏族公社中的公有制瓦解,私有制产生,而所有制正是生产关系的基础。与此同时,被改变的是劳动者与生产资料的结合方式,即劳动者逐渐失去生产资料所有权,被迫为剥削阶级进行劳动。商人阶级的出现更是直接影响了生产、交换、分配、消费等关系。

（三）生产力与生产关系之间的矛盾运动

生产力和生产关系之间长期矛盾运动的最终结果,是新的适应生产力发展的生产关系取代旧的生产关系。新的生产关系的出现适应了生产力发展,同时新的生产关系也会对原有的社会分工形式产生一定程度的影响。如资本主义生产关系建立后,生产力获得快速发展,以机器大工业为代表的工业生产方式迅速成为占社会主导地位的生产方式。

因而,判断有无新的社会分工出现的主要标准是看社会生产的技术方式与社会方式即生产方式有无出现巨大变革,如新的生产工具和生产技术的发明及其引起的对新物质资源的开发与利用、新的劳动者阶层的出现、所有制的变化、劳动者之间的关系以及生产资料和劳动者的结合方式改变等。

二、五次社会大分工理论

按照社会分工的划定标准,我们在"三次社会大分工"的基础上进一步提出了"五次社会大分工",认为可以将由科学、教育、文艺、卫生、体育、旅游等生产的特殊形态所构成的广义文化部门(亦称大文化部门)的出现,看作一次社会大分工——第四次社会大分工;以计算机为核心的信息部门的出现称为第五次社会大分工,信息资源成为人类社会开发和利用的重要对象。

在第三次社会大分工发生后,国家这一组织单位也随之出现,管理国家、监督生产成为社会发展中的一项重要事务,而社会的相对稳定和生产剩余的不断增多,使得社会中的一部分人可以完全脱离物质生产活动,进入精神财富的生产领域中。于是,出现了一些专门从事科学、教育、文艺等文化活动的人,大文化部门逐渐形成,这标志着第四次社会大分工的发

---

① 《马克思恩格斯文集》第 1 卷,人民出版社 2009 年版,第 532 页。
② 卫兴华:《马克思主义政治经济学对象问题再探讨》,《马克思主义研究》2006 年第 1 期。

生。"分工只是从物质劳动和精神劳动分离的时候起才真正成为分工"[①]。第四次社会大分工标志着一个全新的产业和经济活动出现,即大文化的产业和劳动,它成为促进经济发展和社会进步的重要力量。大文化部门的出现,既是人类社会原有生产部门进一步分化的结果,也是人们的科教文卫体旅等大文化需求层次日益提高的表现。大文化部门的出现,一方面,使得各类文化资源成为重要的劳动对象,加大了脑力劳动和体力劳动相分离的力度,一批以脑力劳动为主的劳动者新阶层开始涌现;另一方面,文化因素广泛渗透到经济活动中,使得"物质生产的产品和服务逐渐艺术化"[②]。在精神财富十分丰富的当代,包括卫生保健、体育培训、旅游、娱乐等在内的由文化产业和文化事业单位构成的现代大文化部门蓬勃发展,不仅成为新的经济增长点,而且其生产和消费与国民的幸福指数、价值观和社会风尚紧密相连。

20世纪90年代以来通信技术和计算机技术结合日益紧密,关于信息获取、信息处理等活动日益重要,从而诞生了一个全新的部门——信息部门。信息的获取、传递和处理等活动,成为促进生产力发展的重要驱动力,以计算机为核心的信息技术开始向国民经济各部门渗透,加上数据、文字、图像等的数字化,塑造出"互联网+"和大数据的新格局,这些均使得经济对信息资源的依赖程度加深,信息化社会、信息化时代、信息经济等词被人们频繁提起。"所谓信息化社会是指以信息为社会发展的基本动力,以信息技术为基本手段,以信息经济为主导经济,以信息产业为支撑产业的新型社会形态"[③]。无疑,信息化是当今世界发展的一大趋势,对整个经济和人们的社会生活产生了一系列深远和广泛的影响。以计算机为核心的信息部门的出现,堪称是人类社会自农业、工业、商业和文化几大部门出现后的第五次社会大分工,它促使信息生产活动与一般物质生产活动相分离。第五次社会大分工发生后,生产具有朝着信息化、自动化和智能化(德国"工业4.0"是典型的智能化工业)方向发展之趋势,生产资料与劳动者结合方式出现复杂化现象,机器代替人脑的部分功能,部分脑力劳动被解放,"白领"阶层和IT大军这一新的劳动者阶层出现。第五次社会大分工的发生和信息技术的广泛应用,验证了科学技术是第一生产力的科学判断,这场由信息技术引发的革命迄今依然在深刻进行之中,但在第五次社会大分工中诞生的信息部门没有也不可能取代过去的物质生产部门,信息技术的广泛应用也没有消除国家和地区间的发展差距,甚至形成信息鸿沟。

三、部门内部分工理论

社会大分工可以称为一般的分工,"单就劳动本身来说,可以把社会生产分为农业、工业等大类,叫做一般的分工;把这些生产大类分为种和亚种,叫做特殊的分工"[④]。就是说,农业、工业、商业等部门出现后,各自部门内部仍有分工,这个分工被称为特殊的分工。在农业、工业、商业、文化、信息五次社会大分工的部门内,不断深化发生特殊的分工。伴随着一般的分工和特殊的分工所构成的社会分工不断演进的,便是不同国家和民族的经济文明兴衰与更替。

---

① 《马克思恩格斯文集》第1卷,人民出版社2009年版,第534页。
② 程恩富:《文化经济学》,中国经济出版社1993年版,第5页。
③ 赵丹亚、程剑平等:《信息化与生活》,京华出版社1997年版,第4页。
④ 《马克思恩格斯文集》第5卷,人民出版社2009年版,第406页。

　　根据一般的分工与特殊的分工之间的关系,可以进行如下划分。一是可以将以种植业为核心的农业生产方式的建立,看作农业部门中一次特殊的分工,种植业、畜牧业、渔业、林业、副业等是农业部门的重要组成部分。当今的现代农业是农业部门的最新发展形态,现代农业的突出特点是科学技术成为影响农业发展的主要因素。二是可以将以机器大工业为核心的工业生产方式的建立,看作工业部门中一次特殊的分工,制造业、建筑业、交通运输业等是工业部门的重要组成部分。伴随这一特殊分工的是工人阶级这一新的阶级的出现,机器代替部分体力劳动,当今的现代工业则是工业部门的最新发展形态,现代工业的突出特点是生产活动的机械化和标准化程度在不断提高。三是可以将以银行业为核心、银行业与证券业和保险业等并存的金融体系的建立,看成广义商业部门(确切地说是流通部门)中一次特殊的分工,这一特殊的分工所带来的最大变化是资本市场经济的建立和运行①,一般性的商品经济转化为信用经济和资本经济,批发和零售业、租赁和商务服务业、金融业等是大商业部门的重要组成部分。四是可以将以科学、教育和文艺为核心的文化产业的出现,看作大文化部门中一次特殊的分工,科学、教育、文艺、卫生、体育、旅游等是大文化部门的重要组成部分。五是可以将以信息服务业为核心的信息产业的出现,看作信息部门中一次特殊的分工,信息服务业、软件业等是信息部门的重要组成部分(图 11-1)。

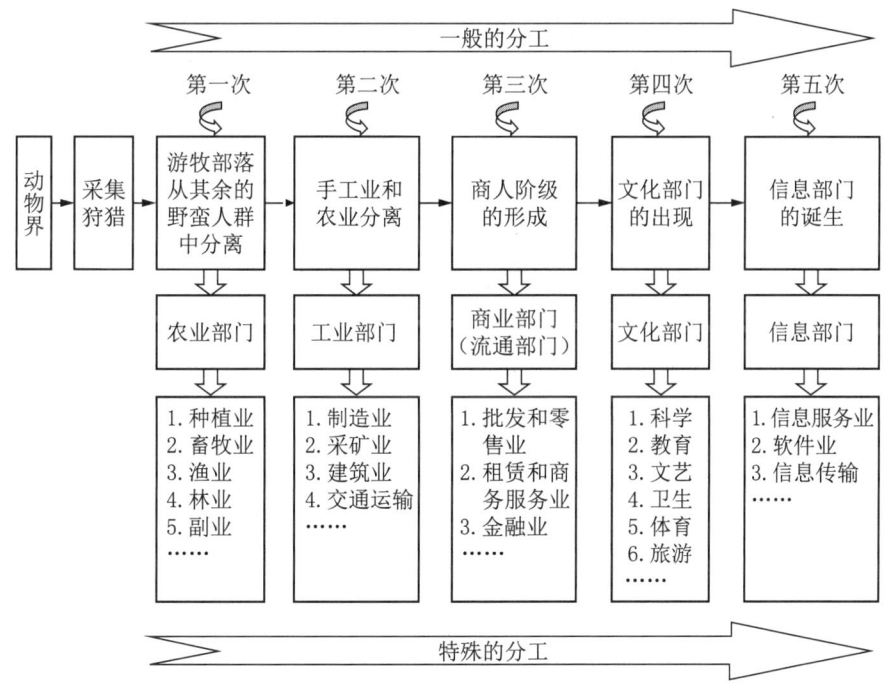

图 11-1　一般的分工与特殊的分工

四、国际分工理论的深化

　　随着分工的发展,国家与国家之间的分工呈现一种结构化特征,发达国家(中心)的产业发展与发展中国家(外围)的产业发展之间的关系最终表现为价值的转移运动,这种世界规

---

　　① 这里使用资本市场经济一词不含意识形态,凡是利用资本发展生产力的市场经济都可以称为资本市场经济。

模的积累表现为一种非对称模式,生产力的分布极不平等,"中心"对"外围"的经济统治通过国际分工的形式(在世界贸易结构中,"中心"根据自身的需要对"外围"加以改造)和"外围"增长的投资结构的依附方式(外国资本积累的原动力)表现出来。[①]

"中心"与"外围"国家的结构化,使解释全球经济的主流贸易理论并不符合现实,原因就在于李嘉图的比较利益说包含了全世界工资水平普遍一致的隐蔽假设,在该理论中,交换条件似乎成了次要问题,从而得出"在任何情况下交换都对所有伙伴有益"的结论,这一点显然与现实不符。事实上,中心国家与外围国家之间的工资差距随着分工的深化日益扩大。

尤其到了垄断阶段,垄断资本从生产到流通的各个环节在全球重新布局,国际分工由产业间分工、产业内分工,发展到产品内分工,生产工序日益分散化,并催生了跨国公司组织和管理的全球价值链分工体系和运营网络。跨国公司通过复杂的供应商关系网络和各种治理模式协调全球价值链,在此种链式分工体系下,中间产品和服务的生产及交易被分割且分散在世界各地,投入和产出的交易在跨国公司的子公司、合作伙伴及供应商的全球生产和服务网络中进行。[②]

在这种通过不同工序或环节的空间分散化而形成的跨国性生产体系中,价值链分工体系得到深化。美国等发达国家将一体化的生产过程分解成若干阶段,根据不同生产阶段的要素密集程度在全球具有不同比较优势的国家进行资源配置,并对国际生产网络进行系统整合,从而彻底改造了传统的以最终品为贸易对象的贸易关系,使越来越多的发展中国家或地区企业参与特定产品生产过程的不同环节或区段的生产或供应活动。由此,国际分工产生新的特征,由以贸易全球化转向以生产全球化联系世界经济;由以最终产品的分工和交换为研究对象的产业间和产业内分工过渡到以中间产品为分析对象的产品内分工。[③]

在经济日益全球化背景下,产品内的全球配置使得国际劳动分工呈现不平衡发展趋势和特征。一方面,它使处在分工的较低层次上的劳动横向差别减少,资产专用性弱化为通用性。这个层次的国际分工"进入壁垒"很低,是广大发展中国家参与国际分工的主要形式。另一方面,它又使得处在较高层次的劳动差别扩大,并使专业化知识在分工中的重要性日益显著。这个层次的国际分工"进入壁垒"和"退出壁垒"都较高,其参与者不仅以劳动,而且以专业化知识和专用性资产参与国际分配。

因此,按照各区域资源禀赋参与全球经济活动增值能力的高低排列,各地的比较优势也存在着严格的等级体系,全球价值链的价值等级体系与全球各地比较优势等级体系相匹配的过程,也就是全球价值链各个价值环节和工序在全球垂直分离和空间重构的过程。一方面,跨国公司凭借资本优势,积极推动后发国家市场换技术,通过套牢、锁定代工企业,建立稳定的价值体系,寻求包括"低成本、高质量、弹性供应"等多维的关系绩效。全球价值链是发达国家跨国公司在新一轮全球价值体系重构中,所构建的价值攫取工具,是发达国家跨国公司全球战略意图与核心竞争力的组织载体,因此对后发国家产生主观的"锁定效应"。另一方面,发展中国家长期代工所积累的生产制造能力,使得代工企业自身也形成了路径依赖,由于多数企业通过贴牌代工的方式融入全球价值链,代工企业只需按照跨国公司的外包

①　萨米尔·阿明:《世界规模的积累:欠发达理论批判》,社会科学文献出版社 2016 年版,第 7 页。
②　程恩富、鲁保林、俞使超:《论新帝国主义的五大特征和特性——以列宁的帝国主义理论为基础》,《马克思主义研究》2019 年第 5 期。
③　卢锋:《产品内分工》,《经济学(季刊)》2004 年第 4 卷第 1 期。

订单要求,从事简单的生产加工,完全不用考虑价值链两端的研发设计和营销服务等环节,陷入被动等待订单的依附型状态,后发国家自己也产生客观的"锁定效应"。

这样,在这种分工格局中,以资本、劳动和技术等生产要素在全球范围内跨空间重组为特征的新一轮经济全球化,意在建立或维护的全球"生产流水线式"的新国际分工,实质上仍然是一个有中心和外围、有主导和依附关系的国际劳动分工体系,发达国家处于新国际分工的核心地位,发展中国家仍然处于新国际分工的外围。"中兴事件"暴露了我国半导体行业长期以来"缺芯少魂"的事实,生产规模的扩张和生产能力的提高固然提升了作为外围厂商的议价能力,但一旦遭遇技术遏制等突发事件,产业的脆弱性就成为突出问题。中国名义上的贸易顺差并不能真实体现在中美贸易中的获利水平,而身处新国际分工中心和价值链高端的美国反倒利用优越的分工地位和技术优势获得了大量的贸易利益。

一旦发展中国家有意摆脱这种"锁定效应",跨国公司必然会采取种种措施强化自身的"核心"地位。当美国"再工业化"乏力,"金融化"资本积累机制主宰,自身提升很难短期奏效时,它只能通过税收、反倾销、技术壁垒、专利与知识产权等各种简单粗暴的贸易战手段,来遏制代工者的模仿性技术学习追赶,抑制代工者自主创新能力形成。所以,我们看到美国对中国实施贸易战的领域不是中国更具比较优势的中低端制造,而是《中国制造 2025》中计划主要发展的高科技产业,包括航空航天、新能源汽车、新材料等,这充分说明了美国挑起贸易争端的缘由。因此,2018 年以来的这种单边主义贸易政策,纯粹是对新国际分工格局的维护,通过打压追赶经济体,全面制衡中国的发展,企图拉长中国的追赶时间。

资本逻辑本身就蕴含着资本内部各要素之间的张力,当内部矛盾不可调和时,这种致力于缓和中心国家利润率趋向下降而进行的以发达国家为主的价值链分工,会由于生产与实现之间的矛盾而陷于阻塞。2008 年的金融危机以及后来的欧债危机,2020 年以来新型冠状病毒感染的全球蔓延,引发了西方经济、社会和治理危机,暴露了资本主义治理体系的系统性缺陷,以新自由主义霸权为基础的国际秩序正摇摇欲坠,美国的全球领导地位正遭到越来越多的质疑和挑战。相反,中国经受住了 2020 年以来不利因素的考验。2020 年中国是全球经济中唯一正增长的国家,彰显了我国的制度优势。目前中国虽然与主要中心国家尚存差距,但无论是在国民经济总量、对外投资和援助、外贸产品竞争力、中国金融在世界体系中的影响、中国综合竞争力在世界体系中的影响,以及中国"一带一路"倡议在世界体系中的影响等方面,明显区别于外围或外围国家,中国的成功抗疫经验以及经济上取得的长足进步为国际分工贡献了中国智慧,须用"准中心"这一新概念来客观描述和界定 2012 年以来的新时代中国在世界经济体系中的地位和作用。[1]

五、社会分工深化的基本规律

综上所述,每一个时代的生产力发展水平不同,社会化劳动赖以展开的条件自然不同,作为社会化劳动的一种形式——社会分工——其深化的层次和状况也不同。因此,对社会分工的深化只能作具体的、历史的理解。但是,纵观迄今为止社会分工不断深化的全过程,已呈现出"长、宽、高"三维立体形态:社会分工存在和持续的时间已有数千年之久(长度);每

---

[1]　翟婵、程恩富:《中国正处于世界经济体系的"准中心"地位——确立"中心—准中心—半外围—外围"新理论》,《上海经济研究》2019 年第 10 期。

一次社会大分工（一般的分工）的发生都会有新的部门产生（宽度）；每一部门内部都会不断产生新的分工（特殊的分工），进而出现新的行业（高度）。总结五次社会大分工和部门内分工的发展脉络，可以概括出社会分工深化三主因的基本规律。

第一，生产力是社会分工深化的前提条件，生产力水平高低决定社会分工深化的长度、宽度和高度。由一般的分工和特殊的分工所构成的社会分工体系是社会生产力不断发展的产物。在这个过程中，国家和各经济主体对社会分工的演进过程产生了重要影响。社会分工是一把双刃剑，每一次新的社会分工的出现既促进了社会生产力的发展，也会带来一些问题。作为第一生产力的科技变革，推动人类不断发展新的生产方式和社会分工形式，这种循环往复的相互作用统一于整个人类社会的发展进程中。在未来，社会分工依然将会随着社会生产力的持续提高而不断发展，物质生产领域中的劳动将会不断细化，新的未知的非物质生产领域和活动将会被不断探索和发掘出来，社会分工体系必然会随着生产力的发展而不断高级化和合理化。正如马克思主义创始人所说的："一个民族的生产力发展的水平，最明显地表现于该民族分工的发展程度。任何新的生产力，只要它不是迄今已知的生产力单纯的量的扩大（例如，开垦土地），都会引起分工的进一步发展"[①]。

第二，需求是社会分工深化的重要推动力，需求结构的层次高低主要影响社会分工深化的宽度和高度。通常生产是紧随需求的，人们必然"要发现、创造和满足由社会本身产生的新的需要"[②]。在生产力水平较为落后的状况下，人们的需求主要表现在基本的生存方面，此时的生产主要是物质财富的生产，社会分工也主要发生在物质生产领域；随着生活水平的提高，人们的文化和精神需求开始增多，生产精神财富的一些部门和行业逐渐出现并增多；随着生活水平的进一步提高，人们对消费品的需求水平更进一步，以至于在当代出现大量智能消费品（如智能手机、掌上电脑、家庭机器人等），人们甚至可以根据自己的需求事先设计好相关产品图样，然后将信息传送到生产方，而3D打印机等高科技使得生产更加人性化，促使制造业向智能化转型，这必然会推动原有生产部门和行业的进一步分化与细化。

第三，交换是社会分工深化的重要牵引力，交换范围和规模的大小主要影响社会分工深化的宽度。"产品发展成为商品，商品交换又会反作用于分工，因此交换和分工互相发生影响"[③]。在社会生产和再生产过程中，物质流、信息流、货币流等会不断发生交换，并拓宽社会分工体系。从物质流方面看，人们通过物质产品的交换，认识到分工带来的专业劳动的益处，提高了对专业产品的需求，进而引起原有部门内部分工的深化。从信息流方面看，人们的生产和生活不仅伴随着物质的交换，也伴随着信息的交换，大量信息资源的交换和分享，有利于劳动力技能的提高和生产者生产成本的降低，进而促使劳动力和生产者所在部门内部分工的深化。从货币流方面看，在货币成为衡量商品价值尺度的市场经济中，货币的流向在一定程度上反映相关行业的利润水平，货币的流向也决定着劳动力、物质资源的流动方向，进而影响相关部门内部分工的深化。

作为发展中国家，要积极理性看待国际分工。尽管社会分工是所有社会形态所共有的现象，但各个国家、民族和地区因科技水平、历史文化、自然条件等因素不同，经历的社会分

---

① 《马克思恩格斯文集》第 1 卷，人民出版社 2009 年版，第 520 页。
② 《马克思恩格斯文集》第 8 卷，人民出版社 2009 年版，第 90 页。
③ 《马克思恩格斯全集》第 32 卷，人民出版社 1998 年版，第 312 页。

工形式不尽相同,从而呈现出发展模式的多样性和差异性。各国只有在了解本国国情、遵循社会分工的基本规律、借鉴和吸取其他国家的经验和教训基础上,才有可能缩小与消除社会分工方面的发展差距。因此,一定要在经济自主发展、竞争力不断提高的基础上参与国际竞争,积极转变对外经济发展方式。增强经济自主性,需要发挥内需拉动经济增长的作用,适当降低外贸规模;提高国际市场竞争力,需要加快提升贸易层次和调整贸易结构,需要将外贸依存度控制在略低于发展中国家的平均水平,从而提升国内产业的国际分工水平。只有提升产业分工层次,消除"微笑曲线"不良分工现象,才能降低对外国产业的依赖度,打破世界经济的不平衡发展。①

复习思考题

延伸阅读

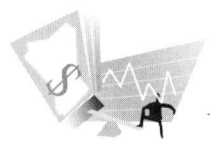

1. 简述马克思主义分工理论关于社会分工的形成、分类和作用的思想。
2. 联系实际说明五次社会大分工划分的客观依据和内容。
3. 你认为在当前国际分工格局下,我国如何参与国际分工与竞争?

案 例 分 析

全球产业链的分工格局

当前发展中国家企业融入全球化,由以最终产品的分工和交换为研究对象的产业间和产业内分工过渡到以中间产品为分析对象的产品内分工,这种产品内的工序分工打破了原来一体化的企业组织结构,实现了垂直分离。发达国家主要从事技术含量高、附加值高的科技研发和市场营销,而发展中国家在分工中处于不利境地,主要从事中间品组装和制造生产。例如,根据市场调查机构 Counterpoint Research 公布的研报显示,苹果在2023年第二季度刷新了营收和营业利润的纪录,其以 17% 的市场,拿下 45% 的全球手机营收,最终拿下全球手机 85% 的利润。苹果手机几乎全部由富士康(Foxconn)和和硕(Pegatron)组装,这两家公司是最大的电子产品代工制造商。然而,与苹果的高利润相比,这两家全球合同制造商获得的增值收益非常小。根据 Counterpoint Research 提供的苹果 iPhone 14 Pro Max 的拆解报告,配置为 128 GB 机身内存版本的 iPhone 14 Pro Max

---

① 程恩富、侯为民:《转变对外经济发展方式的"新开放策论"(下)》,《当代经济研究》2011 年第 5 期。

手机的混合物料清单(BoM)成本约为 464 美元,折算成人民币大约是 3 172 元,那么按照目前的 8 999 元售价,苹果卖出一台 iPhone 14 Pro Max 利润大约 5 800 元,利润占比高达 65％。作为全球价值链分工的典型企业,苹果的成本与利润之间的差距是相当显著的。

思考题:

发展中国家如何高端嵌入全球价值链分工格局?

思路点拨

第十二章 大文化经济论

 学习目标

1. 了解中西方文化经济学研究概况

2. 理解大文化系统的构成、文化经济学的研究对象和内容

3. 掌握文化与经济的互动关系、文化生产力的内涵,结合文化资源开发利用的基本原则和方法,思考如何开发利用好中华优秀传统文化,坚定文化自信

古往今来,人们从不同角度阐释文化的内涵。据统计,关于文化的定义有上百种。有的认为文化是社会中人的活动所创造的有赖于人和社会而存在的东西的总和;有的人认为所谓文化即文明,包括知识、信仰、艺术、道德、法律、习俗以及包括作为社会成员的个人而获得的其他任何能力、习惯在内的一种综合体;梁漱溟认为文化归根到底也就是"人的生活样式",要联系人的活动方式和过程,注重人的"生活样式"来理解文化。而有关文化的学科也非常之多,诸如文化哲学、文化人类学、文化社会学、文化地理学……足见文化以及文化学科的重要性。文化蕴含着人类的思想和智慧、价值追求和审美情趣,是一个国家、一个民族的灵魂。2014年习近平总书记提出"文化自信"并把它纳入"四个自信",党的十九届六中全会提出"文化强国"战略,党的二十大对"中国特色社会主义文化发展道路"进行了全面部署,强调要"推进文化自信自强,铸就社会主义文化新辉煌"。[①]我们遵循历史唯物主义观点,立足于中国特色社会主义文化,在对文化概念进行界定的基础上,阐述了文化经济学的研究范围、对象和任务,研究了文化与经济之间辩证关系,从文化经济学的视角阐述了"大文化经济论"。

---

① 习近平:《高举中国特色社会主义伟大旗帜 为全面建设社会主义现代化国家而团结奋斗——在中国共产党第二十次代表大会上的报告》,人民出版社 2022 年版,第 42 页。

第一节　马克思主义经典作家和领袖的基本思想

一、马克思、恩格斯的文化观

（一）文化与经济的辩证关系

马克思说："宗教、家庭、国家、法、道德、科学、艺术等等，都不过是生产的一些特殊的方式，并且受生产的普遍规律的支配。"[①]由于"支配着物质生产资料的阶级，同时也支配着精神生产资料"[②]，因而一国物质经济基础及其发展的要求不同，文化生产的性质和目的也就不同。恩格斯曾说："人们首先必须吃、喝、住、穿，然后才能从事政治、科学、艺术、宗教等等；所以，直接的物质的生活资料的生产，从而一个民族或一个时代的一定的经济发展阶段，便构成基础，人们的国家设施、法的观点、艺术以至宗教观念，就是从这个基础上发展起来的，因而，也必须由这个基础来解释，而不是像过去那样做得相反。"[③]运用马克思、恩格斯创立的历史唯物主义观点来观察经济与文化的内在关系，我们可以看到，在资本主义社会，一切文化生产和流通活动都从属于资本家追求剩余价值或利润的目的，文化的教育功能和审美价值相对于资本价值增殖这一首要目的来说是第二位的，整个文化事业是为私有制经济基础及其经济发展服务的。作为社会生活或社会形态的组成部分的文化，总体上说，属于上层建筑的范畴，属于意识形态。马克思、恩格斯对上层建筑特别是对意识形态问题的论述，实际上说明了文化在社会生活中的地位和作用。马克思和恩格斯指出："人们在自己生活的社会生产中发生一定的、必然的、不以他们的意志为转移的关系，即同他们的物质生产力的一定发展阶段相适合的生产关系。这些生产关系的总和构成社会的经济结构，即有法律的和政治的上层建筑竖立其上并有一定的社会意识形式与之相适应的现实基础。"[④]他们指出："人们的观念、观点和概念，一句话，人们的意识，随着人们的生活条件、人们的社会关系、人们的社会存在的改变而改变……任何一个时代的统治思想始终都不过是统治阶级的思想。"[⑤]马克思和恩格斯的这些论述，阐明了文化和政治、经济的关系，即文化是在一定的经济、政治的基础上产生的，又对经济、政治产生一定的影响。

（二）文化与经济的双重效应

马克思指出，"要研究精神生产与物质生产之间的联系，首先必须把这种物质生产本身不是当作一般范畴来考察，而是从一定的历史的形式来考察。例如，与资本主义生产方式相适应的精神生产，就和与中世纪生产方式相适应的精神生产不同。如果物质生产本身不从它的特殊的历史的形式来看，那就不可能理解与它相适应的精神生产的特征以及这两种生

[①]　《马克思恩格斯文集》第 1 卷，人民出版社 2009 年版，第 186 页。
[②]　《马克思恩格斯文集》第 1 卷，人民出版社 2009 年版，第 550 页。
[③]　《马克思恩格斯文集》第 3 卷，人民出版社 2009 年版，第 601 页。
[④]　《马克思恩格斯文集》第 2 卷，人民出版社 2009 年版，第 591 页。
[⑤]　《马克思恩格斯文集》第 2 卷，人民出版社 2009 年版，第 50—51 页。

产的相互作用。……从物质生产的一定形式产生：第一，一定的社会结构；第二，人对自然的一定关系。人们的国家制度和人们的精神方式由这两者决定，因而人们的精神生产的性质也由这两者决定。"①这里马克思揭示了两点：其一，精神生产的性质和方式是由特定社会的生产力和由此而产生的物质生产的性质和方式所决定的，不同的社会生产方式有与它相适应的精神生产；其二，精神生产与物质生产存在相互作用的关系。可见，文化生产（精神生产）与物质生产的共生互动效应在一切社会都是存在的。正如恩格斯所概括的："政治、法、哲学、宗教、文学、艺术等等的发展是以经济发展为基础的。但是，它们又都互相作用并对经济基础发生作用。这并不是说，只有经济状况才是原因，才是积极的，其余一切都不过是消极的结果，而是说，这是在归根到底不断为自己开辟道路的经济必然性的基础上的互相作用。"②所以，文化生产与物质生产的相互效应，不仅包括对彼此的积极效应，也包含着彼此之间的消极效应。

（三）文化与经济的"不平衡性"

马克思在《〈政治经济学批判〉导言》中曾经批判了当时资产阶级经济学家关于物质生产与艺术生产"绝对平衡论"的时髦观点。他写道："关于艺术，大家知道，它的一定的繁盛时期决不是同社会的一般发展成比例的，因而也决不是同仿佛是社会组织的骨骼的物质基础的一般发展成比例的。例如，拿希腊人或莎士比亚同现代人相比。……在艺术本身的领域内，某些有重大意义的艺术形式只有在艺术发展的不发达阶段上才是可能的。如果说在艺术本身的领域内部的不同艺术种类的关系中有这种情形，那么，在整个艺术领域同社会一般发展的关系上有这种情形，就不足为奇了。"③马克思在这里揭示的关于"物质生产的发展例如同艺术发展的不平衡关系"④的规律，在社会主义经济条件下同样存在。这种不平衡规律说明，文化与经济（物质生产）是两个社会系统，它们各自发展有其内在动因和独立性，正是这种相对独立性导致文化生产与经济发展存在一定的不平衡现象。比如说，社会主义经济发展初期在某一文化领域出现了若干伟大文化作品和文化伟人，而近几年却没有出现或数量没有超过以前。引起文化生产与经济发展不平衡现象的原因是众多的。此外，我们还应当重视恩格斯的这一段话："我们所研究的领域越是远离经济，越是接近于纯粹抽象的意识形态，我们就越是发现它在自己的发展中表现为偶然现象，它的曲线就越是曲折。如果您画出曲线的中轴线，您就会发现，所考察的时期越长，所考察的范围越广，这个轴线就越是接近经济发展的轴线，就越是同后者平行而进。"⑤这清楚地表明文化生产与经济发展不平衡演化的现象，并不否定它们在相互作用中大步前进。

二、列宁和斯大林的社会主义文化观

列宁继马克思、恩格斯之后，进一步揭示了文化的社会实质。他在领导社会主义革命和建设的过程中，把文化同无产阶级夺取政权，同组织社会主义国家的工作、工农业生产的社会主义改造等革命的关键性任务结合起来，论述了开展社会主义文化建设的重要性，丰富了

①　《马克思恩格斯全集》第 26 卷第 1 分册，人民出版社 1972 年版，第 296 页。
②　《马克思恩格斯文集》第 10 卷，人民出版社 2009 年版，第 668 页。
③④　《马克思恩格斯文集》第 8 卷，人民出版社 2009 年版，第 34 页。
⑤　《马克思恩格斯文集》第 10 卷，人民出版社 2009 年版，第 669 页。

马克思主义文化理论。他指出："从前我们是把重心放在而且也应该放在政治斗争、革命、夺取政权等等方面,而现在重心改变了,转到和平的'文化'组织工作上去了。""如果把国际关系撇开不谈,只就国内经济关系来说,那么我们现在的工作重心的确在于文化主义。"①他指出:"在一个文盲的国家里是不能建成共产主义社会的。"②同样,"只学共产主义的结论,只背共产主义的口号。这样是建立不了共产主义的。只有了解人类创造的一切财富以丰富自己的头脑,才能成为共产主义者。"③列宁还把"提高居民群众的文化教育水平",看作是"提高劳动生产率的另一种条件。"④他论述了社会主义新文化的创造,指出"只有马克思主义的世界观才正确地反映了革命无产阶级的利益、观点和文化"⑤,要用马克思主义的观点来改造人类创造的全部文化,"马克思主义这一革命无产阶级的意识形态赢得了世界历史性的意义,是因为它并没有抛弃资产阶级时代最宝贵的成就,相反却吸收和改造了两千多年来人类思想和文化发展中一切有价值的东西。只有在这个基础上,按照这个方向,在无产阶级专政(这是无产阶级反对一切剥削的最后的斗争)的实际经验的鼓舞下继续进行工作,才能认为是发展真正的无产阶级文化。"⑥列宁还指出:"应当明确地认识到,只有确切地了解人类全部发展过程所创造的文化,只有对这种文化加以改造,才能建设无产阶级的文化","无产阶级文化应当是人类在资本主义社会、地主社会和官僚社会压迫下创造出来的全部知识合乎规律的发展。"⑦

斯大林在领导苏联社会主义建设过程中,把文化问题同社会主义政治、经济建设,同"一国建成社会主义"、实现共产主义的总目标联系在一起,坚持用共产主义精神教育广大群众,在社会主义文化建设实践中进一步丰富和发展了马克思主义文化理论。斯大林指出:"苏维埃政权所发展的苏联各民族的文化,按其内容来说,应当是一切劳动者共同的文化,即社会主义的文化;而按其形式来说,它现在和将来对于苏联一切民族都是不同的文化,即民族的文化,即因苏联各民族的语言和民族特征不同而各有差别的文化。"⑧他把苏联文化看作是社会主义的文化和民族的文化的内容和形式的统一,进而把民族文化的建设和社会主义建设、无产阶级文化建设有机结合。他提出了怎样把民族文化的建设和社会主义建设、无产阶级文化建设结合起来的命题,并且认为在社会主义建设实践中,无产阶级的文化受到不同的民族语言、生活方式等影响,应该有不同的表现形式和方法。"我们在建设无产阶级文化。这是完全对的。但是社会主义内容的无产阶级文化,在卷入社会主义建设的各个不同的民族当中,依照不同的语言、生活方式等等,而采取各种不同的表现形式和方法,这同样也是对的。内容是无产阶级的,形式是民族的,——这就是社会主义所要达到的全人类的文化。无产阶级文化并不取消民族文化,而是赋予它内容。相反,民族文化也不取消无产阶级文化,而是赋予它形式。"⑨可见,斯大林在强调文化的阶级性基础上,还阐释了文化的民族性及其具体含义,为社会主义文化建设的实践展开提供了理论指导。

---

①　《列宁全集》第43卷,人民出版社2017年版,第371页。

②　《列宁全集》第39卷,人民出版社2017年版,第344页。

③⑦　《列宁全集》第39卷,人民出版社2017年版,第334页。

④　《列宁全集》第34卷,人民出版社2017年版,第169页。

⑤⑥　《列宁全集》第39卷,人民出版社2017年版,第374页。

⑧　《斯大林全集》第10卷,人民出版社1954年版,第64页。

⑨　《斯大林全集》第7卷,人民出版社1954年版,第117页。

三、马克思主义中国化的文化思想

（一）毛泽东阐述文化

毛泽东将文化定义为"当作观念形态的文化"，并且与政治、经济相对并紧密联系。在文化与经济的关系上，他坚持马克思主义唯物辩证法，认为经济基础起主要的决定作用，同时上层建筑（文化）也会对经济基础起反作用。1940 年毛泽东在《新民主主义论》中指出："一定的文化（当作观念形态的文化）是一定社会的政治和经济的反映，又给予伟大影响和作用于一定社会的政治和经济；而经济是基础，政治则是经济的集中的表现……一定形态的政治和经济是首先决定那一定形态的文化的；然后，那一定形态的文化又才给予影响和作用于一定形态的政治和经济。"①关于经济、政治对文化的决定作用，毛泽东说："以社会主义为内容的国民文化必须是反映社会主义的政治和经济的。我们在政治上经济上有社会主义的因素，反映到我们的国民文化也有社会主义的因素"②。关于政治文化对经济的反作用，毛泽东指出："当着政治文化等等上层建筑阻碍着经济基础的发展的时候，对于政治上和文化上的革新就成为主要的决定的东西了"③，因此，"用文化教育工作提高群众的政治和文化的水平，这对于发展国民经济同样有极大的重要性。"④在此基础上，毛泽东阐释了文化的相对独立性，他继承了列宁、斯大林关于文化斗争作用的思想，认为在革命战争年代，"文化是反映政治斗争和经济斗争的，但它同时又能指导政治斗争和经济斗争"⑤，"如果不发展文化，我们的经济、政治、军事都要受到阻碍。"⑥

毛泽东在新民主主义革命时期提出并阐释了革命文化，并指出了革命文化对于革命实践的重要作用，"革命文化，对于人民大众，是革命的有力武器。革命文化，在革命前，是革命的思想准备；在革命中，是革命总战线中的一条必要和重要的战线。而革命的文化工作者，就是这个文化战线上的各级指挥员。'没有革命的理论，就不会有革命的运动'，可见革命的文化运动对于革命的实践运动具有何等的重要性。"⑦这也表明毛泽东强调文化的阶级性。强调民主主义文化是民族的、科学的、大众的、反帝反封建的文化。"新民主主义的文化是民族的。……它是我们这个民族的，带有我们民族的特性。它同一切别的民族的社会主义文化和新民主主义文化相联合，建立互相吸收和互相发展的关系，共同形成世界的新文化；但是决不能和任何别的民族的帝国主义反动文化相联合，因为我们的文化是革命的民族文化。"⑧新中国成立后，毛泽东提出了"百花齐放、百家争鸣"的文化方针，但他同时说，"百花齐放、百家争鸣这两个口号，就字面看，是没有阶级性的，无产阶级可以利用它们，资产阶级也可以利用它们，其他的人们也可以利用它们。"⑨因此，他同时又提出了"百花齐放、百家争鸣"

①　《毛泽东选集》第 2 卷，人民出版社 1991 年版，第 663—664 页。
②　《毛泽东选集》第 2 卷，人民出版社 1991 年版，第 705 页。
③　《毛泽东选集》第 1 卷，人民出版社 1991 年版，第 326 页。
④　《毛泽东选集》第 1 卷，人民出版社 1991 年版，第 125—126 页。
⑤　《毛泽东文集》第 3 卷，人民出版社 1996 年版，第 109—110 页。
⑥　《毛泽东文集》第 3 卷，人民出版社 1996 年版，第 110 页。
⑦　《毛泽东选集》第 2 卷，人民出版社 1991 年版，第 708 页。
⑧　《毛泽东选集》第 2 卷，人民出版社 1991 年版，第 706 页。
⑨　《毛泽东文集》第 7 卷，人民出版社 1999 年版，第 233 页。

的六条标准,并强调"这六条标准中,最重要的是社会主义道路和党的领导两条。"①

(二) 邓小平阐述文化

邓小平提出"精神文明"建设。他提出物质文明和精神文明"两手抓两手都要硬"的思想,指出社会主义精神文明建设和社会主义现代化建设是一致的,阐明了物质文明的发展是精神文明发展的基础,精神文明的发展也会促进物质文明的进步的马克思主义基本原理,强调"我们要在建设高度物质文明的同时",还要"建设高度的社会主义精神文明"。②"社会主义精神文明"作为国家建设的一个重要指标被明确提出来,为我国的文化发展提供了一个战略性的方针。他强调"建设社会主义的精神文明,最根本的是要使广大人民有共产主义的理想,有道德,有文化,守纪律。"③他鼓励吸收古今中外优秀文化,但也警示在对外开放过程中,"不分析、不鉴别、不批判,而是一窝蜂地盲目推崇。……以至连一些在西方国家也认为低级庸俗或有害的书籍、电影、音乐、舞蹈以及录像、录音,这几年也输入不少。……危害很大,足以祸国误民。它在人民中混淆是非界限,造成消极涣散、离心离德的情绪,腐蚀人们的灵魂和意志,助长形形色色的个人主义思想泛滥,助长一部分人当中怀疑以至否定社会主义和党的领导的思潮"④。所以,他要求必须旗帜鲜明地坚持四项基本原则,反对资产阶级自由化。

(三) 江泽民阐述文化

江泽民把文化作为党的先进性的一个重要标志。他指出:"一个民族,一个国家,如果没有自己的精神支柱,就等于没有灵魂,就会失去凝聚力和生命力。有没有高昂的民族精神,是衡量一个国家综合国力强弱的一个重要尺度。"⑤在庆祝中国共产党成立八十周年大会上,江泽民指出:"坚持什么样的文化方向,推动建设什么样的文化,是一个政党在思想上精神上的一面旗帜。"⑥他把"始终代表先进文化的前进方向"作为党的"三个代表"的重要内容。在《中国文联第七次全国代表大会、中国作协第六次全国代表大会上的讲话》中,江泽民指出,只有建设社会主义先进文化,才能满足人民日益增长的精神文化生活的需要,不断促进人民思想道德素质和科学文化素质的提高,也才能为发展经济、发展先进生产力指引正确的方向,提供强大的智力支持。

(四) 胡锦涛阐述文化

胡锦涛提出"文化软实力"的概念。他把文化软实力作为综合国力竞争的重要因素。在2006 年 11 月中国文联第八次全国代表大会和中国作协第七次全国代表大会的讲话中,胡锦涛指出:如何找准我国文化发展的方位,创造民族文化的新辉煌,增强我国文化的国际竞争力,提升国家软实力,是摆在我们面前的一个重大现实课题。这是党的文献中第一次使用

---

① 《毛泽东文集》第 7 卷,人民出版社 1999 年版,第 234 页。
② 《邓小平文选》第 2 卷,人民出版社 1994 年版,第 208 页。
③ 《邓小平文选》第 3 卷,人民出版社 1993 年版,第 28 页。
④ 《邓小平文选》第 3 卷,人民出版社 1993 年版,第 44 页。
⑤ 《江泽民文选》第 2 卷,人民出版社 2006 年版,第 230—231 页。
⑥ 《江泽民文选》第 3 卷,人民出版社 2006 年版,第 277 页。

"软实力"概念。在党的十七大报告中,胡锦涛再次深刻地指出:"当今时代,文化越来越成为民族凝聚力和创造力的重要源泉、越来越成为综合国力竞争的重要因素"[①]。他把提高文化软实力与提高人民生活联系起来,指出"提高国家文化软实力,使人民基本文化权益得到更好保障,使社会文化生活更加丰富多彩,使人民精神风貌更加昂扬向上。"[②]

(五)习近平阐述文化

在 2014 年 2 月中央政治局第十三次集体学习时,习近平首次提出要"增强文化自信",将之纳入"四个自信",并认为文化自信是基础,反复强调文化自信的重要性。习近平指出:"文化自信,是更基础、更广泛、更深厚的自信,是更基本、更深沉、更持久的力量"[③]"在五千多年文明发展中孕育的中华优秀传统文化,在党和人民伟大斗争中孕育的革命文化和社会主义先进文化,积淀着中华民族最深层的精神追求,代表着中华民族独特的精神标识。"[④]这一重要论述,深刻地阐明了中华优秀传统文化、革命文化与社会主义先进文化,三者共同构成了我们民族独特的精神标识。强调要建设"中国特色社会主义文化",指出:"中国特色社会主义文化,源自中华民族五千多年文明历史所孕育的中华优秀传统文化,熔铸于党领导人民在革命、建设、改革中创造的革命文化和社会主义先进文化,植根于中国特色社会主义伟大实践"[⑤]。党的二十大报告就"推进文化自信自强,铸就社会主义文化新辉煌"作出专门论述,指出"全面建设社会主义现代化国家,必须坚持中国特色社会主义文化发展道路,增强文化自信,围绕举旗帜、聚民心、育新人、兴文化、展形象建设社会主义文化强国,发展面向现代化、面向世界、面向未来的,民族的科学的大众的社会主义文化,激发全民族文化创新创造活力,增强实现中华民族伟大复兴的精神力量。"[⑥]2023 年 10 月在全国宣传思想文化工作会议上,首次提出习近平文化思想。这一重要思想,充分反映了习近平总书记关于文化建设理论成果在体系化、学理化方面日益完善的实际,标志着我们党对中国特色社会主义文化建设规律的认识达到了新高度,表明我们党的历史自信、文化自信达到了新高度,在党的宣传思想文化事业发展史上具有里程碑意义。

第二节　中外学者关于文化的主要观点

一、国外学者分析文化[⑦]

(一)从亚当·斯密到罗宾斯:经济学的文化转向

1776 年亚当·斯密的《国民财富的性质和原因的研究》出版,被视为经济学的起点,此后

---

①② 《胡锦涛文选》第 2 卷,人民出版社 2016 年版,第 639 页。

③ 《习近平谈治国理政》第 2 卷,外文出版社 2017 年版,第 349 页。

④ 《习近平谈治国理政》第 2 卷,外文出版社 2017 年版,第 36 页。

⑤ 《习近平谈治国理政》第 3 卷,外文出版社 2020 年版,第 32 页。

⑥ 习近平:《高举中国特色社会主义伟大旗帜　为全面建设社会主义现代化国家而团结奋斗——在中国共产党第二十次代表大会上的报告》,人民出版社 2022 年版,第 42—43 页。

⑦ 参考周正兵主编《文化经济学经典导读》,首都经济贸易大学出版社 2021 年版。

100 多年里,古典经济学家休谟、亚当·斯密等人虽然都讨论过文化问题,但是他们更主张经济学的物质主义倾向,具有非物质特征的文化和艺术并不在经济学的既有版图之内,因而没有成为经济学的正式研究对象。他们在价值层面对文化问题并无正面评价,普遍将艺术视为非劳动生产,往往给予负面评价。亚当·斯密认为,"有一种劳动,加在物上,能增加物的价值;另一种劳动,却不能。前者因可生产价值,可成为生产性劳动,后者可成为非生产性劳动……在这一类(非生产性劳动——笔者注)中,当然包含着各种职业,有些事很尊贵、很重要的,有些却可以说是最不重要的。前者如牧师、律师、医生、文人;后者如演员、歌手、舞蹈家"①。亚当·斯密对于艺术的这种"偏见",在经济学发展过程中得到了全面的继承,直到一个多世纪后的莱昂内尔·罗宾斯,才突破了经济学的"物质主义"堡垒。莱昂内尔·罗宾斯以工资为突破口,指出传统的工资理论并不能为"非物质"支出做出解释。他举例说,淘粪工的工资是一种劳动所得,它有助于增加物质福利,但是"比如管弦乐队成员的工资,则是付给与物质福利毫不沾边的工作的,这种服务与另一种服务一样,可索取价格,进入交换领域。工资理论既适用于解释后者,也适用于解释前者。它并不是只能解释增进人类'物质'福利的工作的工资","工资挣取者可以用其收入购买面包,但也可以购买戏票"。②他把"非物质性"因素引进经济学,并重新界定经济学,即"经济科学研究的是人类行为在配置稀缺手段时所表现的形式"③,在此,物质与非物质得到统一。

(二)威廉·鲍莫尔的"成本病"与文化经济学的开创

威廉·鲍莫尔被称为文化经济学的开山鼻祖,他于 1966 年出版的《表演艺术:经济学的困境》被视为文化经济学学科的《国富论》。他的研究路径有着明显的双向互动特征:一方面,经济学"入侵"文化领域,催生文化经济学独特的概念与话语体系;另一方面,文化经济学的核心概念和原创概念"成本病"也在一定程度上"入侵"经济学,为经济学提供了新的分析理念与认知方式。威廉·鲍莫尔在分析表演艺术的财务状况时,发现了表演艺术机构收入与支出之间的"收入差"(income gap)现象。他认为,过去把支出与收入之间的落差称为"经营赤字",这个提法不适合应用到艺术、教育等非营利机构,而"收入差"就比较恰当地表达了文化经济学的想法。这种"收入差"就是后来学者对"成本病"的称谓。

(三)索斯比、理查德·凯夫斯和露丝·陶斯文化经济学的学科建构

21 世纪以来,文化产业研究进入重要的总结和体系性建构阶段。索斯比的《经济学与文化》和理查德·凯夫斯的《创意产业经济学:艺术的商业之道》,具有明显的学科建构倾向,对文化经济学研究范式贡献较大。露丝·陶斯出版了文化经济学学术史第一本手册《文化经济学手册》和爱思唯尔出版的《艺术和文化经济学》标志着文化经济学作为一个独立学科的确立。

索斯比认为,具有有形与无形双重特征的文化资本作为存量,它也具有经济与文化的双重价值,这是文化经济学的理论基点。在他看来,"文化资本作为一种资产,它不仅可能具有

---

① 亚当·斯密:《国民财富的性质和原因的研究》,商务印书馆 1997 年版,第 303—304 页。
② 莱昂内尔·罗宾斯:《经济科学的性质和意义》,商务印书馆 2000 年版,第 12 页。
③ 莱昂内尔·罗宾斯:《经济科学的性质和意义》,商务印书馆 2000 年版,第 20 页。

经济价值,而且体现、存储和提供了文化价值。同其他资本一样,我们有必要将其存量与流量区别开来。"文化资本作为存量体现为文化价值,而作为流量则体现为经济价值,于是文化与经济便实现了互联互通。

露丝·陶斯担任《文化经济学刊》主编10年,建构了文化经济学学术史,体现在《文化经济学教程》《文化经济学书册》著作中。她认为,"文化经济学是将经济学分析方法应用于创意、表演艺术、遗产和文化产业,不管它是公共还是私人所有。它关注文化领域的经济组织以及生产者、消费者与政府的行为。它涵盖多种方法,主流的、激进的、新古典主义的、福利经济学、公共政策与制度经济学"。2017年,陶斯教授发表演讲时指出,"文化经济学研究的意义在于打破了现有的模式,并激发了适用于数字时代的一系列新经济学模式的研究,如网络经济学和平台经济学。"

(四)提勃尔·西托夫斯基和布鲁诺·弗雷将文化作为幸福经济学的核心范畴

提勃尔·西托夫斯基和布鲁诺·弗雷将幸福作为一种重要的心理元素加入经济学研究,创设幸福经济学。提勃尔·西托夫斯基从个体层面给予凯恩斯的"天问"——"怎么过上更好的生活"的答案是"文化",将文化作为人类的纾困之道。他说:"经济对人类幸福的贡献是众所周知的,但缺乏的是理解经济在人类满足的整体框架中的位置、理解幸福的其他来源……解决之道就是文化。"[1]布鲁诺·弗雷的《艺术与经济学:分析与文化政策》一书极力将心理学引入文化经济学,为"文化热衷的问题提供了各种新的经济学方法应用"。提勃尔·西托夫斯基和布鲁诺·弗雷一针见血地指出经济学研究建立在片面而抽象的假设——理性人的基础之上,背离了经济学的人文传统,无法对人类行为加以合理的解释。文化经济学任何时候都不能偏离人性的维度,不能以货币化的经济指标来衡量一切。

二、中国学者研究文化

(一)文化经济学的提出与初创

20世纪80年代,文化经济学在我国才被提出。1985年,在上海文化发展战略研讨会上,我国著名经济学家于光远同志倡议建立"文化经济学"这样一种文化与经济相交叉的新学科。1986年,沈建新、程恩富在《赣州经济》第4—6期连载3篇文章《经济和文化的基本含义及其相互关系》《文化变迁和经济改革》《从文化变革的高度来指导经济改革》对文化经济学理论进行探讨,指出文化经济学是以经济科学和文化理论为基础建立的新型经济学科,其目的是研究文化领域经济关系和文化经济活动及其发展的规律。提出了用文化三层次理论来分析经济与文化互动共生关系,是我国文化经济学理论的最早探索者。1989年,王福祥主编《文化经济学》为我国最早出版的文化经济学著作,认为文化领域从本质上说属于人的精神领域,尤其是属于人们的精神财富创造领域,在精神财富创造领域,也存在着经济关系,经济规律也在起作用。因而,文化经济学的研究对象,是文化领域的经济关系和经济规律,是研究如何理顺文化经济关系,运用经济规律发展文化生产力。

---

[1] 提勃尔·西托夫斯基:《无快乐的经济:人类获得满足的心理学》,中国人民大学出版社2008年版。

（二）文化经济学建立与完善

1991 年,文化部《关于文化事业若干经济政策意见的报告》中首次提出"文化经济"的概念。程恩富主编的《文化经济学》对文化与经济的共生互动关系作了独到、精辟的辩证分析,归纳了文化经济学的主要内容,结合传统经济学内容,基本建立起了文化经济学理论的研究框架。完成了 20 世纪 80 年代至 90 年代文化经济学研究的内容过渡。

方家良等对发展社会主义文化的作用进行了归纳:能够有力地促进社会主义经济建设的发展;为现代化建设创造良好的社会环境;有利于社会稳定,振奋精神;净化人们的思想,促进人们观念的转变,加速改革的步伐;提高经营管理水平和企业经济效益。[1]严行方认为,"评价一个社会先进程度的标准,应该而且必不可少地应该有文化指标。文化和经济,共同构成了评价社会的指标。"[2]安应民等认为,"从本原上看经济基础是文化的基础,从发展角度看文化则是决定和影响经济发展的根本因素"[3]。胡惠林认为,"从文化人类学意义上来说,人类的一切经济活动同时也都是文化活动,都具有文化意义……文化和经济成为人的生命行为的一种共同体,一种共生态……文化与经济的关系本质上是一种共生互动关系。""文化结构和经济结构本质上是一种同构关系。这种同构关系,决定了文化发展和经济发展之间的互动性"[4]。金元浦基于社会现实,指出当时的全球大潮是文化经济的一体化。经济与文化的一体化首先意味着文化的经济化,即文化作为商品生产要素,进入市场经领域;文化具有经济利益,是生产力的组成部分。[5]

（三）文化经济学丰富与规范

2000 年以来,随着粗放型经济发展模式带来的弊端日益显现和科学发展观、绿色发展理念的提出,文化经济学更加注重文化与经济二者关系的研究。陈敬贵、曾兴认为,文化与经济虽有着各自发展的规律和特点,但它们相互依存、互相促进,文化发展和经济发展的负相关性要求我们在制定社会发展政策时应充分考虑到两者之间关系的复杂性。[6]魏杰认为,文化的经济化与经济的文化化这两种趋势同时相向发生,使传统的文化与经济的二分法越来越不准确;文化经济就是同时具有文化属性和经济属性的事物及发展形态,它同时具有文化和经济两种属性,这两种属性并不需要充分和绝对;文化经济是一个开放式的、与时俱进的体系。[7]

第三节　评析与创新

我们在《文化经济学》等论著中详细阐述了大文化经济论,它是全面系统地建构广义文

---

① 方家良、郭清康、董莹:《文化经济学》,上海交通大学出版社 1991 年版,第 4—6 页。
② 严行方:《文化经济学》,北京经济学院出版社 1992 年版,第 82 页。
③ 安应民:《文化经济学》,中国经济出版社 1994 年版,第 1 页。
④ 胡惠林:《文化经济学》,上海交通大学出版社 1996 年版,第 1—2 页。
⑤ 金元浦:《文化生产力与文化经济》,《上海社会科学院学术季刊》2000 年第 1 期。
⑥ 陈敬贵、曾兴:《文化经济学》,四川大学出版社 2014 年版,第 6 页。
⑦ 魏杰:《文化经济学》,企业管理出版社 2020 年版,第 13—15 页。

化领域经济问题的经济学理论,把以往政治经济学只研究物质生产拓展为包含物质生产和文化生产在内的社会生产,即同时揭示物质生产和文化生产领域的经济关系及其发展规律。

一、文化和经济的基本含义

(一)文化的含义

文化是从人脱离自然界,人摆脱其动物性而独立为人类的角度所观察到的社会。从这个意义上讲,一切社会的财物、知识、人类组织都是人类文化的产物,都是文化的因素。从人与自然的关系看,人类对自然物的改造,留下人类行为痕迹的自然物,都是人独立于自然的标志,都是文化的要素。所谓物质文化也就是在这个意义上说的。从人与人的关系来看,人独立于自然界,脱离其动物本性的过程又是与人类具有共同行为规范和方式密不可分的,所以有人定义文化为人类的各种行为和习性的总和。从人对自然和社会的认识关系来看,人脱离自然又是从这种认识开始,并与此呈正比,所以又有人把文化定义为人们对共同理想的追求。如果从人脱离自然界过程的形式方面看,那么人的这种活动总要采取一定的方式,这样文化也可定义为方式。总之,我们把文化看作人脱离自然界和摆脱人的动物本性而独立为人类的历史过程,把文化定为人类通过摆脱人的动物本性的历史过程,而达到的一种脱离自然界的独立状态,这样既不与大多数的文化定义相左,又可以容纳它们。这样凡是在这个历史过程中产生的并起到过一定历史进步作用的因素都是文化的要素,反之就不是。各种文化要素以特定的结构联系起来,形成一个时代或一个社会的文化整体。每个时代和各个社会的人们都依据特定的文化整体而独立于自然,确立起自身的社会存在。任何文化要素,只有处在文化整体中,才是文化要素,才发挥着特定的文化要素的功能;独立出来,割裂开来就不再是文化了。①

我国《辞海》(1980年版)的定义是:文化,从广义来说,指人类社会历史实践过程中所创造的物质财富和精神财富的总和;从狭义来说,指社会的意识形态,以及与之相适应的制度和组织机构。从广义和狭义界定的这两种文化含义是符合马克思主义的。遵循历史唯物主义观点,我们应当把"大文化"概念即广义的文化区分为"物质文化""精神文化"和"政治文化"等,而作为社会主义文化经济学研究对象的文化,主要是指与物质文化和政治文化有联系的精神文化,它表现为精神生产和精神财富。②

(二)经济的含义

经济是从人类劳动的耗费和再生产、自然资源的有效配置使用的角度所观察到的社会。经济活动是人类财富的生产、分配、交换和消费行为的总和。社会一切行为都离不开人类劳动和资源的耗费,所以一切社会行为都是经济因素。与人类相联系的自然环境是经济因素,人类的生产力是经济因素,人们的生产关系是经济的核心因素,为人类生产服务的一切科技、教育、管理、艺术表演都是经济因素,消耗人类财富的政治斗争、战争也是经济因素。③

---

① ③ 沈建新、程恩富:《经济和文化的基本含义及其相互关系——文化经济学理论探索之一》,《赣州经济》1986年第4期。

② 程恩富:《文化经济学》,中国经济出版社1993年版,第12—13页。

二、文化经济学的研究范围、对象和任务

（一）文化经济学的研究范围和研究对象

文化经济学的研究范围是"大文化"，而非"小文化"和"中文化"。"小文化"经济学只研究文学、艺术中的经济问题，实质上是文艺经济学。"中文化"经济学把研究扩展到图书、音像制品、出版社、书店、文物、博物馆等中的经济问题。"大文化"经济学涵盖文学艺术、新闻出版、广播电视、图书馆、博物馆、文化展览馆、宗教、教育、科技、建筑园林、体育等中的经济问题，但不包括医疗卫生。[①]

社会主义文化经济学的研究对象就是文化活动中的经济行为——文化生产力和文化生产关系，以文化活动中的微观和宏观经济行为（整个社会的文化生产力和文化经济关系）为对象，科学地揭示文化的生产、交换、分配和消费诸领域的运行机制及其发展规律。

（二）文化经济学的研究内容和任务

我们要研究的大文化经济学着重阐明文化与经济两大系统的共生互动关系；从文化资源配置角度，阐明文化资源配置和开发、文化供给与需求、文化投资与消费的现象及其规律；从流通角度阐明文化市场、文化商品及其价格的特点和运行规律；从微观角度阐明文化劳动生产率、文化劳动报酬、文化经济效益和文化经济核算的基本原理和方法；从宏观角度阐明文化产业、文化经济政策和经济调控问题，并提出建立符合社会主义市场经济要求的新型文化经济管理体制。通过研究，较早地提出了"文化与市场经济的共生互动效应观""文化生产力与文化生产关系矛盾运动观""文化商品二因素特性观""文化劳动特性观""文化商品价值与使用价值特性观"等新见解。

三、文化与经济的系统与结构

（一）矩形状态中的文化与经济

依据马克思主义原理和现代系统方法，整个社会主义文化经济大系统可分为生产、分配、交换和消费四个子系统，这几个子系统之间释放着作用与反作用的能量，互相紧密地沟通着，他们的内在关联可用矩阵形图 12-1 表示：

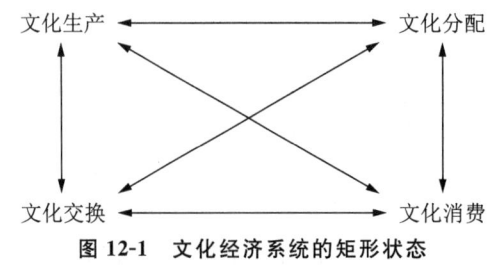

图 12-1　文化经济系统的矩形状态

上述矩形图表示，在承认文化生产子系统对整个文化经济大系统起决定作用的基础上，

---

① 程恩富、顾钰民：《文化经济学》，外语教学与研究出版社 2013 年版，第 3 页。

应当看到文化生产、文化分配、文化交换和文化消费各个子系统是纵横交叉地互相制约和影响的。社会主义文化经济学必须从各个子系统的互相联系和作用中揭示整个文化经济大系统的运行特点和规律。[①]

（二）"社会空间"中的经济与文化[②]

任何社会实体都可以从政治、经济和文化三个方面进行观察和分析，如果把他们联结起来构成一个三维坐标，就可以提出"社会空间"的概念。目前，任何社会实体都存在于由政治、经济和文化所构成的三维社会空间中。不同社会，由于政治、经济和文化发达的程度不同，所占据的社会空间也不同。社会实体所占据的社会空间的大小，为比较不同社会的发达程度提供了综合性的量的指标。

为了单独分析经济和文化的关系，我们在社会空间中撇开政治坐标，由文化坐标和经济坐标构成社会空间中的一个经济——文化面，从中我们可以较直观地说明经济和文化的特征和性质（参考图12-2）。经济和文化是同一社会互相渗透融为一体的两个社会系统，我们无法在现实社会中画出一条界线，把经济和文化截然分开。现实社会既不存在纯粹的经济活动，也不存在纯粹的文化活动，任何社会事物总是既具有经济性质，又有文化性质，纯粹的经济和文化只存在于抽象的理论假设和分析中。一切经济领域同时就是文化的表现，一切文化层次都制约着经济运动的各个领域。

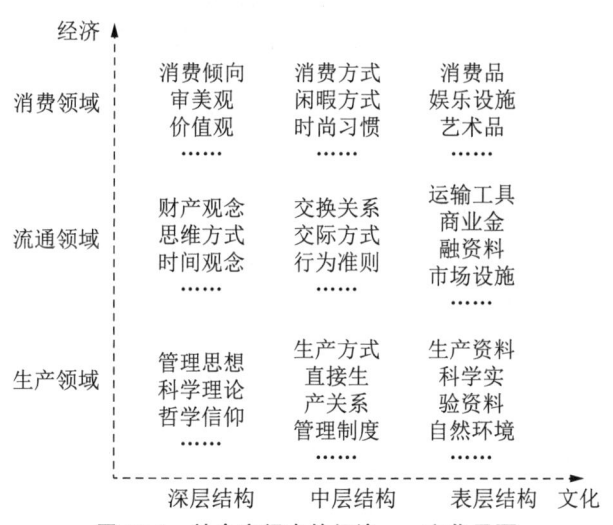

图 12-2　社会空间中的经济——文化平面

我们把社会经济分为三个相对独立的运动领域：生产、流通和消费。任何社会财物总要通过这三个领域而完成其经济使命。分配并不单独成为一个经济运动领域，因为在生产领域中就包含着生产资料的分配，并且潜在地决定了消费资料的分配。流通是分配实现的途径，消费领域是分配最后实现的场所。所以从一定的意义上说，分配贯穿于三个经济活动领

① 程恩富：《文化经济学》，中国经济出版社1993年版，第14页。
② 沈建新、程恩富：《经济和文化的基本含义及其相互关系——文化经济学理论探索之一》，《赣州经济》1986年第4期。

域而不单独构成一个经济运动领域。

文化作为一个系统，我们粗略地把它划分为三个层次：表层、中层和深层。人类创造和改造过的一切物品的总和形成文化的表层结构；人们行为方式、社会规范和社会制度等这些社会关系的总和形成文化的中层结构；人们社会心理，价值观念、思维方式、社会观和哲学信仰等这些社会意识的总和形成文化的深层结构。在文化结构的三层次中，文化的表层结构最不稳定，也最容易受到异文化的影响，一般总是由文化表层结构的变迁引起文化中层结构的变迁，然后再导致文化深层结构的变迁。两种文化在接触初期所表现的容忍现象，往往是发生在文化的表层结构中。一旦这种接触深入文化的中层和深层结构，便会产生激烈的排斥现象。只有当文化的深层结构中吸收了异文化中的合理因素，两种文化才进入融合阶段，最终使整个文化发生历史性的巨大变迁。文化的表层、中层结构的矛盾运动，与历史唯物主义关于生产力决定生产关系，经济基础决定上层建筑的原理是基本一致的。因为生产力决定生产关系原理在具体的历史发展中表现为一种丰富的文化变迁过程。生产力绝不是像人们通常理解的那样简单地直接地决定生产关系，其中有着丰富的中间环节和复杂的相互作用。生产力作为文化表层结构中的一个要素，它的变动和发展，必须要引起文化表层结构中其他因素的变动，如消费品的增加，消费结构的改变，娱乐设施的变化，运输工具和通信设备的改进，传播媒介的扩大等，由于文化表层结构的整个变动，才引起了文化中层结构的相应变动如生活方式、管理方式、政治制度等。在文化中层结构的变动中，也不是像人们通常认为的那样，总是由于生产关系的变更才引起政治关系的变动，有时也可能由政治的变动引起生产关系的变更，这是由文化中层结构内部复杂的相互作用决定的。人类文化的发展依赖于人类对文化结构及其变迁规律的正确认识。

文化的发展也可以用文化的三层次来说明。一种文化的贫乏相应地就表现它的三层次内容的单一。同样，经济的发展，也表现在经济的三个领域的丰富程度上。生产资料的简单，流通方式的单一，消费物品的匮乏，都是经济落后的表现。经济和文化越是发达，一个社会实体在社会空间中的经济坐标和文化坐标上所占据的跨度也越大，从而它的社会空间也越大，人的自由活动余地也就越大，人的潜力也就越能发挥无遗，一个社会也就越发达兴旺。

需要指出的是，在以上关于经济和文化的示意图中，主要是从总体上表示经济与文化的关系。文化三层次结构中的具体内容与经济的三大运动领域并不都是严格对应的。在文化的表层结构中，我们能够比较准确地区分出经济的三领域；在文化的中层结构中，经济三领域的界限就变得模糊了，像行为准则、经济制度、生产关系等都是在三领域同时存在的东西。至于在文化的深层结构中，经济三领域的界限基本消失。因为思维方式、价值观念和审美观等都同时存在于经济的三领域。可见，从文化的表层结构、中层结构到文化的深层结构，经济三大领域的界限越来越模糊并趋于消失。但是这并不妨碍这个示意图的意义，我们通过它主要说明，经济的三大领域从文化角度看，存在表层、中层和深层三个文化层次。一旦我们理解了经济领域的这三个文化层次的运动规律，就不难揭示出当前改革的性质及其在社会文化变革中的地位，我们当前的文化建设如何与当前的改革保持一致，为经济改革的顺利进行提供切实的社会文化保证和强大的精神动力。

四、文化与经济的互动关系[①]

长期以来，人们的传统观念总是把文化与经济割裂开来，认为文化与经济是"两条道上跑的车"。事实上，文化与经济之间有着不可分割的联系。文化与经济的休戚关系，可追溯到远古时代的原始文化和原始经济。在原始社会，生产劳动不仅是人们谋生的手段，也是人们自身发展的需要。人们为了再现自己的生产劳动和社会活动，满足对于美的爱好和追求，创造了原始文化艺术。文化的创造最初是同生产劳动直接联系在一起的，不仅各种不同的文化艺术形式难以区分，而且文化生产活动与物质活动也混在一起。如最初的歌唱和舞蹈就渊源于劳动号子，岩画和壁雕则是劳动生活的模拟。这不仅说明文化艺术源于生活，源于物质生产活动，也揭示了文化活动与物质生产活动的直接联系。随着社会生产力的发展，社会分工进一步扩大，物质生产与精神生产出现了分工，文化艺术生产活动逐渐从物质生产领域分离出来。正如恩格斯所说："当人的劳动的生产率还非常低，除了必要生活资料只能提供很少的剩余的时候，生产力的提高、交往的扩大、国家和法的发展、艺术和科学的创立，都只有通过更大的分工才有可能，这种分工的基础是从事单纯体力劳动的群众同管理劳动、经营商业和掌管国事以及后来从事艺术和科学的少数特权分子之间的大分工。这种分工的最简单的完全自发的形式，正是奴隶制。"[②]从奴隶制开始，经过封建社会和资本主义社会，文化与经济逐渐成为相对独立的部门，但并没有也不可能绝对地使两者成为彼此无关的部门，它们总是紧密地融合在一起，互相支撑，互相促进。

（一）文化对经济发展的作用[③]

在当今社会主义条件下，文化建设对经济发展有着积极的作用，主要表现在以下三个方面。

第一，推动经济增长。传统经济理论较为重视资本和就业人数投入对经济增长的影响，把它看成是社会经济增长的决定性因素。而现代经济理论一致主张，教育训练和科学技术是国民经济增长的主要源泉。首先，教育训练和科学技术是提高劳动生产率的基本手段。教育训练能够直接提高劳动者的技术水平和管理水平。科学技术的进步意味着人们在社会生产中不断采用新技术、新工艺、新材料，意味着生产的机械化、自动化和现代化，使每个劳动者能够掌握数量更多、效能更高的生产资料，大幅度增大生产经营效益。其次，科学技术是影响经济增长阶段和周期的重要因素。科学技术发展是渐增与突增交替进行的，呈现出一种波浪式和周期性的态势，客观上会制约经济增长阶段的演化和周期的形成。科学技术进步不仅通过科学技术的日常推广和应用影响经济增长的较短周期，而且通过科学技术革命影响经济增长的较长周期，推进国民经济从增长的低级阶段向高级阶段飞跃。最后，教育训练和科学技术成果的商品化，与教育训练和科学技术应用有关的各种服务业的发展直接增加了国内生产总值。可见，文化建设对于社会主义经济增长的作用是举足轻重的，为了实现高质量发展，必须下大气力尽快提高教育训练和科学技术要素的生产率，切实抓好教育、

---

① 程恩富、顾钰民：《文化经济学》，外语教学与研究出版社 2013 年版，第 1 页。
② 《马克思恩格斯文集》第 9 卷，人民出版社 2009 年版，第 189 页。
③ 程恩富、顾钰民：《文化经济学》，外语教学与研究出版社 2013 年版，第 2—4 页。

科学技术等文化事业的发展。

第二,促进社会主义产业结构合理化和高度化。按照我国现行产业分类方法,广播电视、教育、文艺、科学研究等部门属于第三产业中的第三层次,即为提高科学文化水平和居民素质服务的部门。略去个别部门不谈,这大体相当于我们所说的文化部门或文化产业。文化建设对于社会主义产业结构合理化和高度化的正效应表现如下:其一,文化建设的发展有助于物质产业与文化产业保持良好的比例,促进整个产业结构的合理化。从整体上观察,尽管改革开放政策有力地推动了文化产业的崛起,但我国目前文化产业明显落后于物质产业的发展,呈滞后状态。这种比例失调在相当程度上妨碍了物质产业的迅速发展。大力发展民族传统文化、现代文化娱乐与艺术等设施和活动对于改善投资环境,促进物质产业的发展是大有裨益的。其二,文化建设的发展有助于产业结构的逐步高度化。文化生产的不断进步必然引起物质产业结构的巨大变化。广播、电视、电影、书刊等文化生产和消费的迅速普及,促使通信卫星、广播器材、电视机、录像机、录音机、摄影机、纸张、印刷等物质生产的急剧发展,能够提高这些与文化生产有关的物质生产部门在整个产业结构中所占比重的明显增加,从而推动物质产业部门内部生产技术结构的日益优化和高度化。

第三,改变社会消费结构和提高劳动者素质。文化生活消费是消费结构的重要组成部分,随着文化事业的发展它在整个社会消费结构中的比重会有所增大。与物质生活消费一样,文化生活消费不单纯是个人的私事,而是关系到劳动力再生产的重要经济问题。物质生活消费固然是重要的,但文化生活消费是人自身的内涵式扩大再生产的主要原因。读书看报、家庭视听娱乐、公共场所消遣性娱乐等文化生活消费,就是从精神角度再生产劳动力。其中,接受教育培训的文化生活消费,是为了再生产出具有一定文化和科学技术水平的劳动力;从事文学艺术娱乐活动的文化生活消费,是为了紧张工作之后,通过这种鉴赏娱乐性的积极休息,解除人的疲劳,以再生产出精力充沛的劳动力。综观世界,当代经济竞争的实质是以教育和科学发展为核心的文化竞争,社会主义文化建设就是要"不断提升国家文化软实力"[①],从根本上奠定国际竞争的扎实基础。

此外,文化因素势必日益渗透到经济活动中,致使物质生产的产品和服务逐渐艺术化。如服装、家具、建筑、日用品、食品、旅游等商品和服务,越来越受到古典文化和现代文化的感染和支配,在包装、设计、装潢、广告宣传等诸个经济环节表现得非常明晰。

(二) 经济对文化发展的作用[②]

在充分肯定文化建设对经济发展具有积极意义的同时,也必须看到经济发展对社会主义文化建设的促进效应。这种效应集中表现在两个方面。

第一,经济发展的要求从根本上规定着文化生产的性质和方向。一国物质经济基础及其发展的要求不同,文化生产的性质和目的也就不同。在社会主义条件下,经济发展和经济基础的内在要求,对于社会主义文化生产和建设的规定如下。首先,它规定新型的社会主义文化必须建立在生产资料公有制和经济的基础上,并为之服务。物质生产资料的公有制决

---

　　① 习近平:《高举中国特色社会主义伟大旗帜　为全面建设社会主义现代化国家而团结奋斗——在中国共产党第二十次代表大会上的报告》,人民出版社 2022 年版,第 43 页。

　　② 程恩富:《论文化与市场经济的共生互动效应》,《复旦学报(社会科学版)》1994 年第 3 期。

定了文化生产资料也要实行公有制;物质生产的市场调节与计划调节相结合,决定了文化生产也要纳入国家宏观调控的经济轨道;竖立在物质经济基础之上的文化上层建筑归根结底要为自己的现实基础服务,保护和促进无产阶级领导的经济建设事业的发展。其次,它规定新型的社会主义文化产品必须把社会效益放在首位,为人的全面自由的发展创造社会精神环境。公有制主体型经济与私有制主体型经济不同,前者客观上要求正确处理文化生产的社会效益与经济效益的相互关系,在坚持提高社会效益的前提下,积极运用商品货币形式来推动社会主义文化的发展,发展社会主义文化的宗旨在于不断创造和改善社会精神环境,培养全面的、自由发展的社会主义新人,而这一点恰恰又是公有制经济发展内在的规定。最后,它规定新型的社会主义文化必须体现生产者与享受者一致的原则。在实行物质和文化的生产资料公有制和按劳分配的范围内,文化生产者同时又是文化成果的享受者,社会主义文化生产者既要批判地继承人类社会一切优秀精神成果,又要不断地创造合乎现阶段经济发展要求的新文化并在文化创造中充分享用这些成果。

第二,经济发展的水平从总体上制约着文化建设的状况。毛泽东曾经预言,随着经济建设高潮的到来,不可避免地将出现一个文化建设的高潮。确实,经济建设对文化建设是有着巨大的推动作用的和不可否认的约束作用。首先,经济发展水平决定了文化建设的发展规模。众所周知,倘若文化建设的规模太小就不能适应经济发展的需要,不能满足社会成员日益增长的文化生活消费的欲望。反之,倘若文化建设的规模太大,超过了国民经济所能负担的人、财、物方面的承受能力,或者超过了社会成员有货币支付能力的消费力,又势必造成文化建设战线过长和文化产品的积压性浪费,影响文化生产的质量和整个国民经济的稳定协调发展。应当看到,经济发展在促进文化建设规模不断扩大的同时,客观上也制约其扩大的速度、内容和总规模。其次,经济发展水平决定了文化生产的效率和结构。经济和技术水平越高,文化生产和交换的效率及文化服务的质量就越高,文化生产和服务的内在结构就越丰富和高级;相反,经济和技术水平越低,文化生产和交换的效率及文化服务的质量就越低,文化生产和服务的内在结构就越单调和低级。最后,经济发展水平决定了文化普及的方式和程度。近数十年的变化清楚地表明,伴随着科学技术和经济的飞跃发展,社会文化的传播媒介增多,传递的速度和质量提高,尤其是广播、电视、电影、电报、电话、火车、航空、卫星等现代通信系统和运输系统的不断改进,已从时间和空间上大大突破了文化传播的限制,引致社会文化普及的方式多样化,普及的程度广泛化,普及的速度敏捷化。

五、文化生产力与文化资源的开发

(一)文化生产力和文化资源

完整的社会生产力概念应包含文化生产力。马克思曾经指出:"科学、艺术等等,都不过是生产的一些特殊的方式,并且受生产的普遍规律的支配。"[1]"发展一切生产力即物质生产力和精神生产力"[2]。马克思所说的"生产的一些特殊形态"实质上是指与物质生产相对应的

---

[1] 《马克思恩格斯全集》第3卷,人民出版社2002年版,第298页。

[2] 《马克思恩格斯全集》第30卷,人民出版社1995年版,第176页。

精神生产或文化生产。文化生产领域同物质生产领域一样也有一个生产能力与资源的开发利用问题。随着社会主义市场经济和综合国力的发展,如何进一步充分利用我国丰富的文化资源,迅速提高创造文化产品的生产力,就是一个不容忽视的重大问题。

文化资源是人们从事文化生产或文化活动所利用的各种资源总和。其中文化自然资源是指自然界存在的,可作为文化生产原材料的物质及文化生产所必需的环境条件。例如,篆刻用的玉石,绘画用的颜料,旅游点的自然景观等。文化生产的社会资源,涉及社会、经济、技术因素中可用于文化生产的各个方面,主要有教育、科学、文艺、道德、风俗、信仰以及其他从社会上后天获得的能力和习惯等。文化资源的自然方面与社会方面是互相依存的。文化自然资源如果离开了文化资源的社会方面,就不能发挥其文化的功用;同样,倘若人们的劳动没有自然的物质对象,最终也难以生产出各种精神产品。

文化资源还可以分成物质文化资源和精神文化资源。物质文化资源按其在文化生产中的作用不同又可分为两部分。一部分是经过开发利用可直接成为文化产品的物质资源,通常称为文化载体。如制作工艺品的陶瓷、贝类,印制书刊的纸张,制造音像产品的材料等。随着科学技术的发展其范围和种类会得到不断拓展。另一部分是指经过人们的生产和建设而作为文化生产的物质手段的各种资源,称为文化生产手段。如摄影摄像设备、舞台灯光设备、音响设备、书画用具、影院、剧场、文化宫、博物馆等。这部分文化生产手段也将随着科技水平和生产能力的提高而日益丰富起来。精神文化资源是在人类社会发展的历史过程中形成的。如文学艺术流派、科学理论、宗教观等。它通过文化劳动得到发掘和利用,借助于一定的物质文化手段,成为向人们提供的文化产品的主要内容。对这种文化资源的开发利用程度,基本取决于人的素质提高,以及从事文化生产的劳动者的数量和质量。

与一般经济资源相比,文化资源有其明显的特性。第一,它是以精神形态为主要存在形式的。文化资源有以物质形态存在的,但主要的是以精神形态存在。这一特点决定了该资源开发利用的目的,在于满足人们的精神需要。第二,它具有无形性。对大部分属于无形的文化资源的开发利用,是要通过一定的物的形式来表现的。但所要表现的并非物质形式本身,而是体现在其中的思想、观念、情感和美感。第三,它具有很大的地域差异性。由于时代、国家、地域的不同,人们的文化观念有着巨大差别。从而使文化资源在不同的地域表现出极大的差异性。有一些在发达地区被看作是十分宝贵的文化资源,在落后地区却不被认识。第四,它具有较快的更新和发展性。与一般经济资源相比较,文化资源的充实和补充较快,新的文化资源不断地产生。第五,它具有无限性。文化资源中人和社会的因素占有较为重要的位置。人的智慧力和社会生活本身会创造出新的文化资源,其开发利用的潜力更带有明显的无限性。

(二) 文化产品的供给和需求

由于相对于人们需求来说,文化资源总是稀缺的,而且每一项文化资源又有多种用途。这样为满足各类文化需求,对如何配置文化资源便有一个选择问题,即要解决生产什么样的文化产品和生产多少文化产品的问题。这里,牵涉到文化产品的需求和供给。

文化生活需求主要是指人们在生活过程中对各种提高自身素质有关的如教育、知识、娱乐、立德、信仰等精神文化要素的需求。在生存需要阶段,人们集中于对基本物质消费资料的需求,而对文化消费资料的需求则是少量的和初级的;在享受需要阶段,人们会把很多时间和支出用于文化生活的消费,文化消费需求的比重显著提高;在发展和表现需要阶段,人们较全面地接受教育、积累知识、从事科学活动、进行广泛的文娱活动和社交活动,文化消费需求的比重将达到甚至超过物质消费需求。

文化资源的配置必须充分考虑到文化需求的多样化和多变性,尽量使资源投入在总量和结构上适应它。在市场经济条件下,资源配置的重要原则在于追求资源报酬最大化,即在资源的各种用途中选择其中收益最高的一种。按照机会成本的准则,用一定的文化资源生产某种文化产品时所得到的收益(效益)不能低于它的机会成本,否则就不符合文化资源配置的市场要求。如果在完全竞争条件下,文化资源可以不受限制地自由流动,那么,生产者追求收益最大化的结果必然导致收益平均化。但是,社会主义经济是市场调节与国家调节相结合的市场经济,文化供求机制及资源的配置不可能脱离国家主导型市场经济的框架。中外经验一致证明,文化资源采取纯粹的市场调节和计划调节,都势必造成"调节失灵"现象。一般说来,文化资源配置应比普通物质资源更多地运用国家诱导力量。这从文化资源的开发和利用上完全可以体现出来。

(三) 文化资源开发

文化资源的开发是指为发挥、提高和改善文化资源的利用率,并使文化生产顺利进行所采取的一系列技术经济措施与活动。这种开发的实质,是尽可能地发现和利用各种文化资源,通过劳动加工,使其具有较高文化价值的产品。开发有两种:对某项文化资源的利用现状进行比较分析,找出更有利于发挥作用的途径和方法,使之增添更大经济和社会效益的行为,叫作单项文化资源开发;若是考虑到各个文化生产部门之间的相互联系和互相作用,系统考察各种文化资源的利用现状采取多种行之有效的措施,以提高文化资源的综合利用效益,这种行为称作多项文化资源的综合开发。综合开发的内容还可以包括文化事业的管理和人员培训等。无论是单项开发,还是综合开发,以下原则是必须遵循的。一是可行性原则。经济上的可行性原则就是要贯彻文化资源开发投资上的量力而行及其经济效益显著的精神;开发方案的可行性原则就是要对文化资源开发的组织实施计划、开发的目标及开发的结果等进行严格的检查,看其是否切实可行。二是协调性原则。文化资源的开发,必须与当时当地的社会、政治、经济、科技以及人们的文化素质水平相协调。三是扶正抑邪原则。文化资源的开发应该把社会效益放在首位,使经济效益与社会效益很好地结合起来。倘若片面理解市场经济和对外开放,自然就会开发出一些落后腐朽的精神产品来,如诱人犯罪的坏作品、封建迷信东西、国外不健康的文化服务项目等。

文化资源开发具有外延和内涵两种方式。以增加文化资源投入来实现的文化产品的数量扩大,属于外延的开发。我国历史悠久,文化传统深远,各地区有着特色不同的新老文化资源,其中有的只需少量的生产要素投入,便可能开发出量多质优的文化产品来。目前从全国宏观角度看,更有必要强调内涵式的开发,避免乱铺摊子,超越国家承受能力而盲目扩大文化基建项目。内涵式开发往往经济效益较高,因为它是以不增加生产要素投入为前提,通过加强现有文化资源的经营管理和科技含量来实现的。

开发效益与投资目的有密切的关联。文化投资目的可划分为政治性、伦理性、知识性和娱乐性四种。有差异的开发投资目的决定了其效益评价内容的区别。娱乐文化的产业化趋势,使衡量这种开发投资效益主要用经济收入的多寡来体现。对于这一类开发投资的补偿和回报,也完全可以依赖市场运行和娱乐项目的收入。但是,以知识性,尤其是以政治性和伦理性为目的文化开发投资,并不可能完全转化为直接的经济效益,也不能纯粹以货币形式来计量该项开发的效益大小。这是因为,知识性、伦理性和政治性的文化资源开发在本质上不同于娱乐性,难以彻底实现市场化。诚然,绝大部分伦理性和知识性的文化开发投资,是可以逐步通过日趋完善的市场交易来实现自身的价值补偿甚至利润回报的。

劳动消耗补偿方式的差异,导致对文化资源开发投资效益评价方式的不同。文化资源开发投资的劳动消耗补偿方式大致存在下列三类:第一类,价格补偿型。电影院、通俗艺术表演团体、普通报刊社、出版社等实行企业化管理的文化事业单位,利用市场机制,按照商品交换原则获得产品销售收入或服务收入,实现自身劳动消耗的价值补偿。这类开发投资不仅要依靠其营业收入实现盈利的目的,而且要像其他产业投资一样,缴纳税金,承担为社会提供积累的任务。第二类,财政补偿型。如学校、基础科研单位、博物馆、图书馆等行政事业单位向社会提供的文化服务不以营利为目的,虽有或多或少的服务性收入,但目前主要是以财政分配或社会资助为其劳动消耗补偿的渠道。就教育来说,要逐步建立以国家财政拨款为主,辅之以征收用于教育的税费、收取非义务教育阶段学生学杂费、校办产业收入和社会资助等多渠道补偿教育劳动耗费。第三类,价格和财政双重补偿型。属于这种类型的,主要包括戏剧、话剧、交响乐、歌舞等高雅艺术表演团体及广播、学术报刊等单位,虽有一定的经济收入,但往往是收不抵支,其差额只能借助财政或社会资助来弥补。随着社会主义市场经济和文化事业的发展与改革,各类文化资源开发投资的劳动消耗补偿方式及其机制应当进一步地得到完善,以便更好地推动文化资源的优化组合和文化生产力的迅猛发展。

延伸阅读

复习思考题

1. 简述马克思主义文化观的基本观点。

2. 习近平总书记关于文化自信的相关论述有哪些?

3. 大文化经济论的主要观点是什么?

4. 党的二十大报告指出:"繁荣发展文化事业和文化产业,坚持以人民为中心的创作导向,推出更多增强人民精神力量的优秀作品,健全现代公共文化服务体系,实施重大文化产业项目带动战略。"根据本章的内容,谈谈如何繁荣文化事业和文化产业?

案 例 分 析

全国文化事业发展状况

改革开放以来,全国文化事业费由 1978 年的 4.44 亿元增至 2017 年的 855.80 亿元,增长了 192.7 倍,年均增长 14.4%,持续保持快速增长态势。中央财政通过转移支付方式,实施了"三馆一站"免费开放、非物质文化遗产保护、公共数字文化建设等多个文化项目,发挥了重要的示范和引领作用。1978 年,全国共有公共图书馆 1 256 个,文化馆(站)2 840 个,每万人拥有公共图书馆面积和群众文化设施面积分别为 9.0 平方米和 31.2 平方米。截至 2017 年年底,全国共有公共图书馆 3 166 个、文化馆(站)44 521 个,每万人拥有公共图书馆面积和群众文化设施面积分别为 109.0 平方米和 295.4 平方米,是 1978 年的 12.1 倍和 9.5 倍。与此同时,国家级重点文化设施建设规模不断扩大,服务功能逐步完善。

2017 年,我国文化产业固定资产投资额达 38 280 亿元,比 2005 年增加 35 484 亿元,增长 12.7 倍,2006—2017 年年均增长 24.4%;文化产业固定资产投资占全社会固定资产投资的比重为 6.1%,比 2005 年提高 2.8 个百分点。

改革开放以来,居民文化消费需求不断发展,多元化多层次文化消费格局逐渐形成。2017 年,全国居民用于文化娱乐的人均消费支出为 850 元,比 2013 年增长 47.3%,2014—2017 年年均增长 10.2%,增速比同期全部人均消费支出高 1.7 个百分点;文化娱乐支出占全部消费支出的比重为 4.6%,高于 2013 年 4.4% 的水平。

随着城乡居民文化消费水平持续提升,大众精神文化需求增长强劲,有力推动文艺演出和电影市场快速发展。2017 年,全国有艺术表演团体 15 742 个,比 1978 年增加 12 592 个,增长 3.0 倍,1979—2017 年年均增长 4.2%;全国艺术表演团体演出场次共计 294 万场,比 1978 年增加 229 万场,增长 3.5 倍,年均增长 4.0%。2017 年,全国艺术表演团体国内演出观众人次达到 12.5 亿人次,比 2006 年增加 7.9 亿人次,增长 170.6%,2007—2017 年年均增长 9.5%。2017 年,全国电影票房收入 559 亿元,比 2006 年增加 502 亿元,增长 8.8 倍,2007—2017 年年均增长达到 23.0%;电影院线拥有银幕 50 776 块,比 2006 年增加 47 742 块,增长 15.7 倍,年均增长达到 29.2%。

经初步测算,2017 年我国文化产业实现增加值 35 462 亿元,比 2004 年增长 9.3 倍;2005—2017 年年均增长 19.7%(未扣除价格因素影响,下同),比同期 GDP 现价年均增速高 6.3 个百分点,文化产业呈现出快速增长的态势。从对国民经济增长的贡献看,文化产业增加值占 GDP 的比重由 2004 年的 2.15% 提高到 2017 年的 4.29%,增加了 2.14 个百分点,占比逐年提高,对 GDP 增量的贡献年平均达到 4.7%,文化产业对推动国民经济保持持续健康发展发挥越来越重要的作用。同时,文化产业因资源消耗低、环境污染少、科技含量高,具有低碳经济、绿色经济的特点,为国民经济转型升级和提质增效提供了有力支撑。

思考题:

如何辨析"物质生活消费是重要的社会经济问题,而文化生活消费是个人的私事"?

思路点拨

第十三章 持续富强论

 学习目标

1. 掌握马克思主义经典作家和领袖关于富强的基本观点
2. 了解当前国内外对新中国成立以来三大历史阶段取得的成就及其关系的不同观点
3. 掌握持续富强论的主要观点

新中国经济持续发展,取得了人类社会发展史上惊人的成就。党的十九大报告强调新中国以来是"持续走向繁荣富强的"[①]。虽然从实践上来看新中国历史可分为三个大的历史阶段,但新中国历史首先是一个辉煌的整体,都是我们党领导人民进行社会主义建设持续走向繁荣富强的历史,后一阶段都是在此前阶段的基础和前提上的发展和提升。对于新中国经济成就的看法,我们一直坚持党的十九大报告提出的新中国是持续走向繁荣富强的观点,旗帜鲜明地主张持续富强论[②]。新中国历史的三大阶段是辩证发展的三个阶段,即在实践上构成了马克思主义中国化的三次飞跃,是持续走向繁荣富强、递次创造经济奇迹的三个阶段。

第一节 马克思主义经典作家和领袖的基本思想

一、马克思、恩格斯阐述富强

马克思、恩格斯关于富强的思想强调高度发达的生产力、充裕的物质财富和每个人的自由全面发展。马克思、恩格斯认为,共产主义建立在高度发达的生产力基础之上,无产阶级在夺取政权后要尽快发展生产力。他们在《共产党宣言》中指出:"无产阶级将利用自己的政治统治,一步一步地夺取资产阶级的全部资本,把一切生产工具集中在国家即组织成为统治阶级的无产阶级手里,并且尽可能快地增加生产力的总量。"[③]就是说社会主义国家在"站起来"的同时必须尽快"富强起来",对此他们提出了十大措施,比如土地公有并以之地租供国

---

① 《习近平谈治国理政》第3卷,外文出版社2020年版,第12页。
② 程恩富、曹雷:《新中国70年经济建设是持续走向繁荣富强的整体》,《当代经济研究》2019年第9期;曹雷、程恩富:《新中国60年经济发展是一个辉煌整体》,《军队政工理论研究》2009年第4期。
③ 《马克思恩格斯文集》第2卷,人民出版社2009年版,第52页。

家支出,对土地按国家总计划进行开垦和改良,增加国有资本、国有工厂及其生产工具数量;国家银行独享垄断权、把信贷集中在国家手里;把全部运输业集中在国家手里,工农业相结合,免费义务教育等。①在《哥达纲领批判》中,马克思进一步强调了共产主义建基于高度发达的生产力,将使财富充分涌流、个人全面发展。他指出:"在随着个人的全面发展,他们的生产力也增长起来,而集体财富的一切源泉都充分涌流之后,——只有在那个时候,才能完全超出资产阶级权利的狭隘界限,社会才能在自己的旗帜上写上:各尽所能,按需分配!"②在《反杜林论》中,恩格斯同样表达道:"通过社会化生产,不仅可能保证一切社会成员有富足的和一天比一天充裕的物质生活,而且还可能保证他们的体力和智力获得充分的自由的发展和运用"③。在《经济学手稿(1857—1858年)》中,马克思则明确指出了共产主义制度下的生产以所有的人富裕为目的:"社会生产力的发展将如此迅速,以致尽管生产将以所有的人富裕为目的,所有的人的可以自由支配的时间还是会增加。因为真正的财富就是所有个人的发达的生产力"。④

马克思、恩格斯关于富强的思想包含在其对财富创造、生产力发展以及保障社会成员的物质生活的价值追求之中。他们认为,财富增长不仅仅是满足个人的物质需求,也要符合社会历史发展的基本规律。他们肯定了资本主义生产在人类社会生产力发展中发挥的巨大作用,他指出生产力的解放和社会财富的积累是资本主义发展阶段不可否认的历史贡献,创造了实现共产主义的必要条件。共产主义摆脱了物对人的异化统治,实现了"人向自身、也就是向社会的即合乎人性的人的复归"⑤,这是马克思主义政党领导社会主义现代化建设的价值旨向和最终目标。

二、列宁、斯大林阐述富强

列宁、斯大林关于富强的思想植根于世界上第一个社会主义国家的富强建设实践中。十月革命一声炮响,诞生了世界上第一个社会主义国家。苏联社会主义国家不是在发达的资本主义国家中诞生,而是建立在落后的农业国,这凸显了富强建设实践的艰难和复杂。列宁和斯大林对现实社会主义道路的思考,是对马克思恩格斯关于社会主义革命思想的继承和发展。列宁根据资本主义国家经济政治发展不平衡规律,以及资本主义从自由竞争走向垄断阶段的事实,提出"一国胜利论"的思想,即"社会主义可能首先在少数甚至在单独一个资本主义国家内获得胜利"⑥。斯大林的社会主义富强建设实践是富有成效的,其最鲜明的体现就是与20世纪30年代资本主义大危机的对比。

列宁、斯大林关于富强的思想集中体现在注重本国实际、尽快实现从落后农业国向先进工业国的转变、尽快实现现代化。列宁指出:"我们并不苛求马克思或马克思主义者知道走向社会主义的道路上的一切具体情况。……我们只知道这条道路的方向,我们只知道引导走这条道路的是什么样的阶级力量;至于在实践中具体如何走,那只能在千百万人开始行动

---

① 《马克思恩格斯文集》第2卷,人民出版社2009年版,第52—53页。
② 《马克思恩格斯文集》第3卷,人民出版社2009年版,第435—436页。
③ 《马克思恩格斯文集》第3卷,人民出版社2009年版,第563—564页。
④ 《马克思恩格斯文集》第8卷,人民出版社2009年版,第200页。
⑤ 《马克思恩格斯文集》第1卷,人民出版社2009年版,第185页。
⑥ 《列宁全集》第26卷,人民出版社2017年版,第367页。

以后由千百万人的经验来表明"。①列宁晚年的新经济政策是社会主义国家富强建设的第一次实践探索。由于列宁的过早逝世,斯大林成为带领世界上第一个社会主义国家全面进行社会主义建设的领导人。斯大林的探索首先在于尽快建成社会主义经济基础。斯大林指出:"社会主义的政治基础在我国已经建立了,这就是无产阶级专政。我说过,社会主义的经济基础还远没有建立,还必须把它建立起来。"②其次,斯大林在探索苏联社会主义道路的过程中提出了"一国建成社会主义"的思想。从斯大林时期开始,苏联选择了优先发展重工业、实行单一公有制经济和集权领导的社会主义建设方案。在斯大林的带领下,消灭了国民经济中资本主义成分,优先发展重工业和军事工业,苏联实现了小农业向社会主义大农业的转变,实现了由落后的农业国向先进的工业国的转变。斯大林执政时期始终坚持走社会主义道路不动摇,进一步巩固了苏维埃政权,国家富强取得明显成效,增强了苏联当时在国际上的影响力,彰显了社会主义制度的优越性,在第二次世界大战中战胜德国法西斯、战后形成了一个以苏联为首的社会主义阵营,使得世界形成两极格局,为其他社会主义国家争取了发展的时间与空间。当然,农业和轻工业的发展相对不足,以及市场机制不够重视等,都影响了该时期富强建设的状况。

三、中国共产党领袖阐述富强

(一) 毛泽东阐述富强

毛泽东早在党的七大时,就提出了国家富强这一基本价值追求及其实现的基本途径。"在新民主主义的政治条件获得之后,中国人民及其政府必须采取切实的步骤,在若干年内逐步地建立重工业和轻工业,使中国由农业国变为工业国。""中国工人阶级的任务,不但是为着建立新民主主义的国家而斗争,而且是为着中国的工业化和农业近代化而斗争"。③社会主义改造期间,毛泽东指出:"我们还是一个农业国。在农业国的基础上,是谈不上什么强的,也谈不上什么富的。但是,现在我们实行这么一种制度,这么一种计划,是可以一年一年走向更富更强的,一年一年可以看到更富更强些。而这个富,是共同的富,这个强,是共同的强……这种共同富裕,是有把握的,不是什么今天不晓得明天的事。"④社会主义改造完成后,毛泽东多次提及现代化问题,把建设一个现代化的强国作为我国的发展目标。

毛泽东对实现国家富强的前提条件、内涵要求、基本途径、精髓关键等作出丰富的论述。毛泽东认为,"没有一个独立、自由、民主和统一的中国,不可能发展工业"⑤。因此,实现国家富强,首先必须带领中国人民推翻"三座大山",实现民族的独立与民主。中华人民共和国的建立,为中国国家富强的实现建立根本的历史前提和坚实的制度基础。毛泽东关于富强的思想的精髓就是,在独立自主、自力更生的基础上,不断解放和发展生产力,将我国尽快由落后的农业国变为现代化的工业国。"中国落后的原因,主要的是没有新式工业。日本帝国主义为什么敢于这样地欺负中国,就是因为中国没有强大的工业,它欺侮我们的落后。因此,

---

①　《列宁全集》第 32 卷,人民出版社 2017 年版,第 111 页。
②　《斯大林选集》上卷,人民出版社 1979 年版,第 591 页。
③　《毛泽东选集》第 3 卷,人民出版社 1991 年版,第 1081 页。
④　《毛泽东文集》第 6 卷,人民出版社 1999 年版,第 495—496 页。
⑤　《毛泽东选集》第 3 卷,人民出版社 1991 年版,第 1080 页。

消灭这种落后,是我们全民族的任务。""要打倒日本帝国主义,必需有工业;要中国的民族独立有巩固的保障,就必需工业化。我们共产党是要努力于中国的工业化的。"①毛泽东在意识到苏联模式的弊端以后提出,中国要实现富强的现代化梦想,只有独立自主才能真正地得到发展,中国的社会主义建设和工业化发展必须要从中国的实际出发,自力更生,走自己的社会主义道路。在《论十大关系》中他提出了更好地建成社会主义工业国要处理平衡好的十大关系。其中包括,发展工业要和发展农业同时并举,重工业和轻工业同时并举,以农、轻、重为序的社会主义工业化;为平衡工业发展布局,要大力发展内地工业,同时也要充分利用发展沿海工业;针对经济建设和国防建设的关系,提出要在加强经济建设的情况下发展国防;处理好中央和地方的关系,发挥两个积极性等内容。毛泽东高度重视科学技术在使国家富强方面的重大作用。1963 年他在修改《关于工业发展问题(初稿)》时指出,近代中国落后挨打的重要原因是科学技术的落后,并认为"如果不在今后几十年内,争取彻底改变我国经济和技术远远落后于帝国主义国家的状态,挨打是不可避免的"②。1963 年 12 月,毛泽东更加明确地号召全党:"科学技术这一仗,一定要打,而且必须打好。过去我们打的是上层建筑的仗,是建立人民政权、人民军队。建立这些上层建筑干什么呢? 就是要搞生产。搞上层建筑、搞生产关系的目的就是解放生产力。……不搞科学技术,生产力无法提高。"③正是在毛泽东的科学技术思想指导下,我国确立了一系列的科技发展战略,改变了我国科学技术落后的境况,特别是将所取得的科学技术成果成功应用于军事领域,中国迅速实现了军事科技上的飞跃式发展,实现了"两弹一星一艇"等重大成就,大大地提升了中国的军事实力和国际地位,为国家富强提供了重要的战略支撑和军事保证。不过,过快追求公有化和过度强调计划化,都影响了富强建设的状况。

(二) 邓小平阐述富强

邓小平从战略步骤、发展动力、发展目标等方面论述了中国特色社会主义富民强国之路。战略上,确立社会主义初级阶段基本路线,明确提出走自己的路、建设有中国特色的社会主义,把党和国家工作重心转移到经济建设上来,从实际国情出发提出了现代化建设的"三步走"战略。在发展动力上,基于他提出的社会主义本质论,强调要解放和发展生产力,要改革开放。对内实行经济体制改革,完成计划经济体制到社会主义市场经济的转变;对外实施开放政策,强调开放的重要性,"关起门来,固步自封,夜郎自大,是发达不起来的。"④通过吸收一切人类文明成果,包括资本主义国家的资金、技术等为我所用,建立经济特区,实现了由外向内,多层次梯度推进的区域开放战略。邓小平还提出"科学技术是第一生产力"⑤,强调科学技术对中国特色社会主义富强之路的强大推动力。

(三) 江泽民阐述富强

江泽民对中国特色社会主义富强的战略具体步骤、定义内涵、目标动力等作了丰富发

① 《毛泽东文集》第 3 卷,人民出版社 1996 年版,第 146—147 页。
② 《毛泽东文集》第 8 卷,人民出版社 1999 年版,第 340 页。
③ 《毛泽东文集》第 8 卷,人民出版社 1999 年版,第 351 页。
④ 《邓小平文选》第 2 卷,人民出版社 1994 年版,第 132 页。
⑤ 《邓小平文选》第 3 卷,人民出版社 1993 年版,第 274 页。

展。江泽民继承了邓小平"发展才是硬道理"的思想,强调要把发展作为主题,把发展作为党执政兴国的第一要务的思想,强调要在发展中解决中国富强道路上遇到的问题。在党的十五大报告中,江泽民提出继续向现代化目标迈进的新"三步走"战略,是对邓小平"三步走"战略中的第三步战略的细化,明确了分阶段实现第三步战略目标的具体步骤。在庆祝中国共产党成立八十周年大会上的讲话中,他指出:"坚持把发展作为主题,把结构调整作为主线,把改革开放和科技进步作为动力,把提高人民生活水平作为根本出发点,不断推动经济发展和社会进步。"①在党的十六大上,江泽民根据新情况提出了"全面建设小康社会"的新构想,拓展了中国特色社会主义富强的定义,并指出:"党要承担起推动中国社会进步的历史责任,必须始终紧紧抓住发展这个执政兴国的第一要务。"②

（四）胡锦涛阐述富强

胡锦涛围绕"科学发展"对中国特色社会主义富强的战略、方法、目的等进一步作出了丰富和发展。面对改革实践中出现的新问题,胡锦涛提出要加快转变经济发展方式,促进国民经济要又好又快发展。他对"三步走"战略进行了延伸和细化,开始注重经济的持续发展和人的全面发展,着手纠正以往偏重经济增长数量指标的倾向。在党的十六届三中全会上,胡锦涛明确提出了以人为本的全面协调可持续的科学发展观,提出"五个统筹"理念。胡锦涛认为以人为本既是科学发展观的核心内容,是发展的方法和手段,也是发展的目的。在十七大报告中还首次提出:"把提高效率同促进社会公平结合起来"③,以推动构建社会主义和谐社会。

（五）习近平阐述富强

党的十八大以来,习近平统筹把握中华民族伟大复兴战略全局和世界百年未有之大变局,对新时代中国特色社会主义富强的目标定位、战略布局、方式方法等关于富强的重大理论和实践问题提出一系列原创性的新理念、新思想、新战略,着力回答了我们要建设什么样的社会主义现代化强国、怎样建设社会主义现代化强国的重大时代课题。围绕实现社会主义现代化和中华民族伟大复兴的总任务,提出了以人民为中心的发展思想和新发展理念,明确"五位一体"总体布局和"四个全面"战略布局,着力推进高质量发展,推动构建新发展格局,实施供给侧结构性改革,制定一系列具有全局性意义的区域重大战略。在党的十八大提出的社会主义核心价值观中,"富强"居于社会主义现代化国家建设目标的首位。在党的十九大报告中,习近平明确提出"在本世纪中叶建成富强民主文明和谐美丽的社会主义现代化强国"④的远景目标,并将其划分为两个战略阶段。2021 年,在庆祝中国共产党成立 100 周年大会上,习近平庄严宣告:"我们实现了第一个百年奋斗目标,在中华大地上全面建成了小康社会"⑤。全面实现小康后,党的十九届六中全会提出"扎实推进共同富裕"。习近平在党的二十大报告中,把团结带领全国各族人民全面建成社会主义现代化强国、实现第二个百年奋

———————————

① 《江泽民文选》第 3 卷,人民出版社 2006 年版,第 294 页。
② 《江泽民文选》第 3 卷,人民出版社 2006 年版,第 538 页。
③ 《胡锦涛文选》第 2 卷,人民出版社 2016 年版,第 620 页。
④ 《习近平谈治国理政》第 3 卷,外文出版社 2020 年版,第 15 页。
⑤ 《习近平谈治国理政》第 4 卷,外文出版社 2022 年版,第 3 页。

斗目标,以中国式现代化全面推进中华民族伟大复兴作为党的中心任务。并对全面建成社会主义现代化强国作出了两步走的总的战略安排:从二〇二〇年到二〇三五年基本实现社会主义现代化;从二〇三五年到本世纪中叶把我国建成富强民主文明和谐美丽的社会主义现代化强国。强调全面建设社会主义现代化国家必须牢牢把握"六个重大原则":坚持和加强党的全面领导,坚持中国特色社会主义道路,坚持以人民为中心的发展思想,坚持深化改革开放,坚持发扬斗争精神。阐释了中国式现代化的本质要求:坚持中国共产党领导,坚持中国特色社会主义,实现高质量发展,发展全过程人民民主,丰富人民精神世界,实现全体人民共同富裕,促进人与自然和谐共生,推动构建人类命运共同体,创造人类文明新形态。[①]

第二节　中外学者关于新中国富强的主要观点

改革开放以来,一方面基于阐述改革开放必要性的需要,另一方面基于改革开放所取得的巨大成就,国内外对改革开放前三十年和后三十年成就的认识,尤其是对改革开放前三十年成就的评价,以及新中国三个大的历史阶段关系的认识出现了分歧。

一、国外学者分析新中国富强

美国学者保罗·克鲁格曼认为,中国的经济增长只是一次性的,不会长期持续,也谈不上什么奇迹。还有相当多的学者认为中国的改革开放就是一个非预期的结果。乔纳森·安德森认为,中国改革开放后的"奇迹"实际上与亚洲模式相似,不过主要是通过高国民储蓄产生的投资来拉动经济增长。英国剑桥大学彼得·诺兰在其《处在十字路口的中国》一文中指出,中国发展模式中存在诸多亟待解决的问题与矛盾——贫困与不平等、生态环境恶化、金融领域的潜在危机、国际关系面临的严峻挑战、全球商业革命对中国企业的冲击和挑战等。还有部分西方学者和西方媒体,认为中国改革开放后经济崛起将伴随着"中国霸权"崛起,提出"中国威胁论"、提出"一带一路"倡议是中国版"马歇尔计划"等。

国外左翼学者对新中国所取得的经济成就普遍持肯定性评价。国外左翼学者评价新中国发展成就,多从经济增长速度、基础设施建设水平、经济结构、文化教育事业、社会福利事业等方面入手。比如,塞瑞拉和麦克唐纳表示,中国经济在短短几十年间取得了巨大的成就,与其他发达国家相比,中国的发展速度尤其引人注目,堪称奇迹。提瓦纳教授认为,目前中国已经成为全球第二大经济体,制造业取得了巨大进步,并成为全球出口增长最快的国家之一;特别是近几年来,全球 GDP 的增长主要源自中国和美国,且中国占比增长非常快;中国实现了举世瞩目的发展成就,成为世界上最为主要的经济力量和政治力量。[②]俄罗斯科学院维诺格拉多夫认为,中国在社会经济方面取得了巨大成绩,其基础是中国特色社会主义发展

---

① 习近平:《高举中国特色社会主义伟大旗帜　为全面建设社会主义现代化国家而团结奋斗——在中国共产党第二十次代表大会上的报告》,人民出版社 2022 年版,第 26—27 页。
② 转引自宋朝龙:《中国社会主义道路的经济成就及其对世界经济的贡献——兼评第三届"小世马会"外国学者的中国观念》,《海派经济学》2020 年第 2 期。

模式。①

二、国内学者研究新中国富强

国内学者普遍赞誉新中国总体经济成就。比如,简新华认为,中国由一个一穷二白的极为落后的农业国转变为制造业总量世界第一、货物贸易进出口总额世界第一、对世界经济增长的贡献排名第一、经济总量世界第二的工业国,由被嘲笑为"万国汽车博物馆"转变成被誉为世界上国民经济体系和产业体系最完整的"世界工厂",由几亿人没有解决温饱问题的低收入国家转变为全面实现小康的中高收入国家,由人均预期寿命只有 35 岁转变为人均预期寿命超过 77 岁、超过世界平均水平。这些堪称天翻地覆、感天动地。②周文认为,中国经济发展的伟大成就推动中国的复兴,是影响 21 世纪人类历史的大事件;中国经济发展的伟大成就深刻诠释了中国共产党为什么能、马克思主义为什么行、中国特色社会主义为什么好;中国的复兴突破了现代化发展的西方道路唯一论,打破了西方中心论的话语体系,超越了西方资本主义的发展模式。中国的发展取得了伟大成就、伟大超越。③

第三节　评 析 与 创 新

面对国内外学者众说纷纭的观点,我们认为,从社会主义实践上来看,新中国历史可以分为明显的改革开放前、改革开放后和党的十八大后新时代三个阶段,形成了明显的从创造"第一个经济奇迹"或经济奇迹"1.0 版",到创造"第二个经济奇迹"或经济奇迹"2.0 版",到开启"第三个经济奇迹"或经济奇迹"3.0 版"三次跃升。但新中国历史无论分为几个发展阶段,都是我们党领导下的社会主义建设实践,是一个持续走向繁荣富强、梯次创造经济奇迹的有机历史整体,而不能把其割裂、对立起来。

一、新中国三个经济奇迹探究

把迄今新中国的经济发展历史分为改革开放前、改革开放后和党的十八大后新时代三个大的阶段,具有充分的实践依据。运用历史唯物主义方法,从新中国的社会主要矛盾、党和国家工作中心、国际地位三个方面考量,都可以分为明显的三个阶段的跃升。主要从经济建设方面来看,这三个阶段是创造了世界经济发展的"三个奇迹"或"经济奇迹"从"1.0 版"到"3.0 版",先后形成初等富强、次中等富强和世界经济体系"准中心"的中等富强的三个阶段。

(一)改革开放前创造"第一个经济奇迹",形成初等富强的阶段

新中国的成立,彻底结束了中国积贫积弱的半殖民地半封建状态和从鸦片战争以来 100

---

① 凌霞:《俄罗斯学者对新时代中国经济成就的评价》,《红旗文稿》2019 年第 7 期。

② 简新华:《必须正确解读新中国 70 年经济发展之谜——庆祝新中国成立 70 周年》,《上海经济研究》2019 年第12 期。

③ 周文:《中国共产党百年历程与中国经济发展伟大成就》,《东北财经大学学报》2021 年第 4 期。

多年的战乱频繁的历史,在中国共产党的领导下,在一穷二白的基础上,开启了伟大的社会主义实践和探索。经过三年的国民经济恢复和四年的社会主义改造后,我国社会主要矛盾已不是资本主义与社会主义的矛盾和阶级斗争,而"已经是人民对于建立先进的工业国的要求同落后的农业国的现实之间的矛盾,已经是人民对于经济文化迅速发展的需要同当前经济文化不能满足人民需要的状况之间的矛盾"①。社会主要矛盾的转变,决定了党和国家的工作中心由"生产关系上的社会主义改造"转变到"抓革命促生产"②上来。在国际地位上,抗美援朝战争和对印自卫反击战的胜利、"两弹一星一艇"(核潜艇)为标志的科技、独立的工业和国民经济体系的初步建立、教科文卫体的全面发展,人口激增和民生的较大改善、中国成功恢复在联合国及安理会的合法席位、我国在广大第三世界国家的号召力等,表明新中国在国际经济政治军事上已摆脱旧中国积贫积弱的依附型"贫弱国家"状况,真正站起来和初步富强起来了,标志着我国处于"初等富强"的地位。按党的第三个历史决议的评价,"经过实施几个五年计划,我国建立起独立的比较完整的工业体系和国民经济体系,农业生产条件显著改变,教育、科学、文化、卫生、体育事业有很大发展。'两弹一星'等国防尖端科技不断取得突破,国防工业从无到有逐步发展起来。人民解放军得到壮大和提高,由单一的陆军发展成为包括海军、空军和其他技术兵种在内的合成军队,为巩固新生人民政权、确立中国大国地位、维护中华民族尊严提供了坚强后盾。"③这是新中国经济发展的"第一个奇迹"。当然,该时期发生的"大跃进"和"文化大革命"存在一些极左做法,均在一定程度上影响了富强建设的状况。

(二)改革开放后创造"第二个经济奇迹",形成次中等富强的阶段

1978年党的十一届三中全会的召开,标志着我国社会主义实践进入改革开放新时期。人所共认,阶级斗争已经不是这个时期的社会主要矛盾,人口快速增长基础上的城乡居民生活水平亟待快速提高,这才是突出的经济社会问题。1981年党的十一届六中全会明确:"我国所要解决的主要矛盾,是人民日益增长的物质文化需要同落后的社会生产之间的矛盾。"④适应社会主要矛盾的重新表述,我们党和国家的工作中心适时转变为"以经济建设为中心"。在"一个中心、两个基本点"的党的基本路线的指引下,截至2012年,我国工业产值和外汇储备跃居世界第一、经济总量稳居世界第二、教科文卫体发展显著、民生从温饱提升为小康、香港和澳门的成功回归、政治和军事的国际地位也日益上升,标志着我国处于次中等富强的地位,是新中国经济发展的"第二个奇迹"。

(三)新时代开启"第三个经济奇迹",形成世界经济体系"准中心"的中等富强的阶段

党的十八大以来,以习近平同志为核心的党中央开启了中国特色社会主义的新时代。党的十九大报告明确指出:"新时代我国社会主要矛盾是人民日益增长的美好生活需要和不平衡不充分的发展之间的矛盾"⑤。随着我国社会主要矛盾的转变,我们党和国家的工作中

---

① 《中国共产党第八次全国代表大会关于政治报告的决议》,《人民日报》1956年9月27日。
② 《抓革命促生产》,《人民日报》1966年9月7日。
③ 《中共中央关于党的百年奋斗重大成就和历史经验的决议》,人民出版社2021年版,第11页。
④ 中共中央文献研究室:《关于建国以来党的若干历史问题的决议注释本》,人民出版社1983年版,第63页。
⑤ 《习近平谈治国理政》第3卷,外文出版社2020年版,第15页。

心在继续强调"以经济建设为中心"的基础上进一步丰富和提升。我国通过贯彻落实"以人民为中心的发展思想""五位一体"的总体布局、"四个全面"的战略布局,贯通"伟大斗争、伟大工程、伟大事业、伟大梦想"方针,不断促进人的全面发展、全体人民共同富裕,并通过"一带一路""金砖国家""上合组织""亚投行"等国际合作,为人类发展贡献中国智慧、提供中国方案,推动人类命运共同体建设,国际号召力和影响力日益增强,已成为世界体系中的"准中心"①国家,标志着中国已处于"中等富强"的地位,正在造就新中国经济发展的"第三个奇迹"。

由上可以预言,2035 年中国基本实现现代化,则是进入世界经济体系"中心"的"次高等富强";2050 年实现充分现代化,则是名列世界经济体系中数一数二"顶级中心"的"富强"国家。

二、持续富强的历史纵向和国际横向比较分析

新中国是梯次创造经济奇迹,持续走向繁荣富强的。但因为人们对新中国改革开放后经济发展创造"第二个经济奇迹",以及新时代开启"第三个经济奇迹",几乎是举世公认的;而中外社会上对新中国经济成就认识存在的主要问题是有相当一些人为了"对比""突出"改革开放的伟大成就,或为了论证改革的必要性等,而对新中国第一个大的历史阶段即改革开放前 30 年片面地只讲失误和不足,甚至采取历史虚无主义态度,用歪曲和污蔑的手段进行全面否定。所以要理解新中国三个历史阶段是依次递进的、持续走向繁荣富强的三个发展阶段,关键是要理解新中国第一个历史阶段也取得辉煌富强成就。新中国后续两个大的历史阶段是在第一阶段站起来同时富强起来的基础上继续创造经济奇迹、继续繁荣富强是无需多讲的。

(一)历史纵向比较彰显的辉煌富强成就

新中国成立,终结了 100 多年任人欺凌、苦难深重的屈辱历史,中国从此开始了大规模的快速现代化的历史进程。新中国成立后三十年间,中国人民在中国共产党和自己的领袖毛泽东的领导下,在探索道路上虽然经历了一些曲折,但总体而言实现了经济社会的全面进步,取得了堪称辉煌的发展绩效。新中国成功实现经济现代化起飞,实现了经济社会的全面进步,发展成为一个门类初步齐全、具有自己相对独立完整的工业体系的国家,实现卫星上天、核武器自我武装。农业上完成了对许多大江大河的治理改造,实现了农田的大规模基本建设,主要农产品的产量大幅度提高。经济和科技的发展支持国防上取得抗美援朝等多次战争的胜利,对帝国主义的侵略和包围给予了坚决的回击。这些成就的取得,使中国从根本上扭转了在世界政治经济体系中的边缘化趋势。这是西方专家也不得不承认的基本事实。②

新中国前 30 年的经济建设成就与旧中国的比较表明其绩效是辉煌的。旧中国呈现出一副一穷二白的社会状况,包括国民党统治的 20 多年在内,中国与世界主要国家的经济差距在不断拉大。而新中国前 30 年的发展彻底扭转了这种状况,与世界主要国家的主要经济差距

---

① 程恩富:《马克思主义及其中国化理论的巨大成就——习近平新时代中国特色社会主义经济思想述论》,《东南学术》2018 年第 5 期。

② 董金明:《毛泽东时代中国经济发展的绩效及现实启示》,《海派经济学》2005 年第 2 期。

在不断缩小。以下是可以彰显新中国前 30 年经济建设成就的一些具体数据。[①]

1. 新旧中国国民收入的发展比较

1920 年到 1949 年,中国国民收入从 200 亿元增长到 358 亿元,增长了 79%,年均增长 2%,而同期世界各国的国民收入增长了几倍、几十倍或几百倍。从人均国民收入来说,中国在世界的排名后退了,1949 年中国人均国民收入为 27 美元,在亚洲倒数第二,仅高于印尼的 25 美元。而新中国国民收入从 1949 年的 358 亿元增长到 1978 年的 3 350 亿元,增加 9 倍多,年均增长 15%。从人均国民收入来说,从 66 元增加到了 343 元,尽管同期中国人口增加迅猛(约增加 80%),但在国际上的排名反而提高了。同期我国国民消费额也增加较快,从 1952 年的 477 亿元增加到 1978 年的 2 195 亿元增加 4.6 倍;从人均消费额来看,扣除人口增长因素,增长了 1.6 倍。[②]

2. 新旧中国国民生产总值的发展比较

按已完成了国民经济恢复的 1952 年价格计算,此前约 70 年时间里,国民生产总值从 22.7 亿美元增加到 285.4 亿美元,增长了 11 倍多,年均增长率为 3.68%。而按 1980 年的不变价和汇率计算,新中国国民生产总值从 1950 年的 380.6 亿美元增加到 1980 年的 3 045.3 亿美元,增长了 8 倍,年均增长 7.4%。即使不考虑人口增长因素,旧中国年均增长率也不到新中国的一半。

3. 新旧中国工业的发展比较

1978 年,中国工业企业数量达 35 万家,其中全民所有制工业企业的固定资产值 3 200 亿元,相当于至 1949 年旧中国近百年积累的工业固定资产的 25 倍。1949—1978 年,新中国"前三十年"工业年复合增长率达 22.78%,远超同期美国、苏联、印度,同期美、苏、印工业年复合增长率分别为 3.78%、8.93%、11.05%,分别约是美国的 7 倍、苏联的 3 倍、印度的 2 倍。再以现代化最重要的两种工业产量为例:旧中国所谓经济最繁荣的 1936 年,人均发电量 7.9 度,美、苏、印分别是中国的 141 倍、27 倍、1.7 倍。而到了 1981 年,人均发电量美、苏分别只是中国的 33 倍、16 倍,印度则只有中国的一半。1936 年中国人均钢产量 0.9 公斤,美、苏、印分别为中国的 418 倍、106 倍、13 倍。而到了 1981 年,人均钢产量美、苏分别只是中国的 13.3 倍、15.7 倍,印度则仅有中国的 42%。

4. 新旧中国农业的发展比较

农业总产值占国民生产总值的比重,中国 19 世纪 80 年代、1952 年、1988 年分别为 90%、67.7%、40%。旧中国 70 年这一占比共下降 22.3%,年均下降 0.4 个百分点;新中国 36 年里这一占比共下降 27.7%,年均下降 1.47 个百分点,新中国比旧中国快 2 倍多。全国非农业就业人口占就业总人口的比重,中国 1915 年、1952 年、1986 年分别为 5%～10%、16.5%、38.9%,新中国 40 年这一比重上升 22 个百分点,旧中国 40 年这一比重上升不到 10 个百分点,新中国比旧中国快 1 倍多。

5. 新旧中国人均寿命的比较

旧中国人均寿命是 35 岁。而 1978 年我国公民平均寿命达 68 岁,其中男性平均寿命达

[①] 程恩富:《西方产权理论评析》,当代中国出版社 1997 年版。
[②] 郑继兵、杨仑:《艰难的历程——中国现代化的百年追求》,黑龙江人民出版社 1992 年版,第 216—218 页。

66.95 岁,女性达 69.55 岁比旧中国延长近 1 倍。①

通过以上比较,我们能够做出这样的判断:旧中国从鸦片战争开始的 100 多年间,经济社会发展速度极为缓慢,总体上呈现出一副落后挨打和一穷二白的衰败状态,与世界主要国家的经济社会发展差距不断拉大。而新中国前 30 年,尽管存在缺乏社会主义建设经验、资本主义国家实行经济封锁、对外援助较多的不利条件,但经济社会发展速度比过去大大加快,并且伴随着发展质量和结构布局的质变跃升,从根本上扭转了中国在世界体系中的边缘化趋势,与世界主要国家的经济差距加速缩小。②

对此,我们党的领导人和相关文件一直高度评价毛泽东时代的伟大成就。邓小平指出,改革开放前,"我们尽管犯过一些错误,但我们还是在三十年间取得了旧中国几百年、几千年所没有取得过的进步。"③江泽民在党的十五大报告中讲到 20 世纪有三次历史性的巨大变化,其中第二次是"中华人民共和国的成立和社会主义制度的建立","中国人民从此站起来了,并且从新民主主义走上社会主义道路,取得建设社会主义的巨大成就。这是中国从古未有的人民革命的大胜利,也是社会主义和民族解放的具有世界意义的大胜利。"④胡锦涛在纪念党的十一届三中全会召开 30 周年大会上的讲话中进一步指出,近一个世纪以来,我国先后发生三次伟大革命,"第二次革命是中国共产党领导的新民主主义革命和社会主义革命,推翻了帝国主义、封建主义、官僚资本主义在中国的统治,建立了新中国,确立了社会主义制度,为当代中国一切发展进步奠定了根本政治前提和制度基础。"⑤在党的十七大报告基础上,党的十八大报告增加了"提供了宝贵经验、理论准备、物质基础"的评价。⑥不仅邓小平主持写作和党中央通过的《关于建国以来党的若干历史问题的决议》对毛泽东时代的各项成就作出了高度评价,而且宪法也一向客观地加以肯定:"中华人民共和国成立以后,我国社会逐步实现了由新民主主义到社会主义的过渡。生产资料私有制的社会主义改造已经完成,人剥削人的制度已经消灭,社会主义制度已经确立。工人阶级领导的、以工农联盟为基础的人民民主专政,实质上即无产阶级专政,得到巩固和发展。中国人民和中国人民解放军战胜了帝国主义、霸权主义的侵略、破坏和武装挑衅,维护了国家的独立和安全,增强了国防。经济建设取得了重大的成就,独立的、比较完整的社会主义工业体系已经基本形成,农业生产显著提高。教育、科学、文化等事业有了很大的发展,社会主义思想教育取得了明显的成效。广大人民的生活有了较大的改善。"⑦

(二)国际横向比较彰显的辉煌富强成就

新中国前 30 年经济建设成就与国际横向的比较也表明其绩效是辉煌的,不但比历史和国情与中国相近的印度明显更高,而且与西方各发达资本主义国家含繁荣时期在内的不同发展阶段相比也毫不逊色,年均 GNP 6.44% 的增长率可以跻身同期世界最快之列,也超过同

---

① 郑继兵、杨仑:《艰难的历程——中国现代化的百年追求》,黑龙江人民出版社 1992 年版,第 216—218 页。
② 曹雷、程恩富:《新中国 60 年经济发展是一个辉煌整体》,《军队政工理论研究》2009 年第 4 期。
③ 《邓小平文选》第 2 卷,人民出版社 1993 年版,第 167 页。
④ 《江泽民文选》第 2 卷,人民出版社 2006 年版,第 3 页。
⑤ 《胡锦涛文选》第 3 卷,人民出版社 2016 年版,第 171 页。
⑥ 《胡锦涛文选》第 3 卷,人民出版社 2016 年版,第 620 页。
⑦ 《中华人民共和国宪法》,中国法制出版社 2018 年版,第 4 页。

期号称处于"黄金时期"的发达资本主义国家的平均水平,迅速缩小了与主要发达国家的重要经济差距。以下是可以客观彰显新中国前 30 年经济建设成就的国际横向比较的一些具体数据。

1. 新中国前 30 年经济建设绩效与同时期印度相比较

20 世纪 50 年代初我国的各种可比指标都要低于印度,而且此后的二十多年里印度同世界其他主要资本主义国家一样处于黄金发展时期,但中国的经济发展绩效明显优于印度。1949—1978 年,印度工业年平均增长速度为 6%,年复合增长率11.05%。而新中国同期工业年平均增长速度达到 11.2%,年复合增长率达到 22.78%,中国是印度的近 2 倍。具体工业产量上,包括发电量、钢、原油、原煤、水泥、硫酸、棉纱等在内的工业产量,中国都先后赶上并大大超过印度。1950—1976 年,印度农业年平均增长速度为2.5%,年复合增长率为 3.88%,而我国同期指标分别达到 3.4%、4.84%,同样大大超过印度。具体产品产量上,包括粮食、棉花、茶叶、油菜、花生、甘蔗、猪、羊和水产品在内的农产品以及农业劳动生产率中国都比印度增长快得多。[①]

比较经济学家格雷戈里、斯图尔特比较中印经济发展的结论是这样的:尽管中国和印度从 20 世纪 50 年代至 70 年代在大致相同的起点上开始发展其摆脱殖民统治后的经济,但印度经济增长的成绩、人均收入增长速度等比中国差得多。[②]

2. 新中国前 30 年经济建设绩效与发达资本主义国家不同发展时期相比较

第一,与发达资本主义国家起点相近时期对比。从单项实物量的变化对比来看,我们选取近现代化中最重要的钢产量。1949—1979 年我国钢产量从 15.8 万吨提高到 3 448 万吨,仅用了 30 年时间。而类似的发展过程,日本用了 54 年(1909 年的 15.4 万吨到 1963 年的 3 150 万吨),美国用了 43 年(1872 年的 14.5 万吨到 1915 年 3 267 万吨)。从整个工业价值量的变化对比来看,新中国完成国民经济恢复的 1952 年的工业产值的基数比美国 1860 年大得多,但此后中国的工业增长速度依然大大地快于美国。1952—1957 年我国工业总产值从270.2 亿元提高到 650.2 亿元,五年增长了 141%;而 1860—1880 年美国工业总产值从 18.9亿美元上升到 53.7 亿美元,20 年才增长了 180%。第二,与发达资本主义国家工业化初期对比。工业化初期的资本主义工业生产增长速度最快,其中美国 1860—1869 年工业生产平均每年增长 8.2%,而我国经济正常运转的第一个五年计划时期,工业生产平均每年增长 18%。最后,与发达资本主义国家繁荣发展时期对比。第二次世界大战后至 20 世纪 70 年代被称为资本主义国家发展的黄金时期,其中 1953—1978 年主要资本主义国家工业生产年平均增长速度为:美国 4.0%,联邦德国 5.7%,日本 10.9%,英国 2.5%,法国 5.2%;农业年平均增长速度为:美国 1.8%,联邦德国 1.3%,日本 2.1%,英国 2.1%,法国 2.5%。而同期新中国工业年平均增长速度达到 11.1%,农业年平均增长速度 3.4%,都比发达国家明显更高。[③]

在把新中国前 30 年甚至整个新中国的经济建设绩效与发达资本主义国家比较时,我们要特别注意以下几点。一是西方发达国家比现在的中国富裕,是历史上形成的。旧中国的贫困正是帝国主义侵略与官僚资本主义、封建主义统治剥削共同造成的结果。二是西方列

---

① 程恩富:《西方产权理论评析》,当代中国出版社 1997 年版,第 166—167 页。

② 保罗·R.格雷戈里、罗伯特·C.斯图尔特:《比较经济体制学》,上海三联书店 1988 年版,第 404 页。

③ 程恩富:《西方产权理论评析》,当代中国出版社 1997 年版,第 166—167 页。

强原始积累过程十分残酷。不少发达国家都是对外发起侵略战争，通过新老殖民主义和霸权主义，非法或合法地大肆掠夺别国财富和世界资源。比如美国现在来自国外的收入占其财富总量的一半左右。而新中国完全没有侵略殖民，是靠自力更生、平等交易。三是资本主义国家保证的是少数人发财巨富，社会财富和收入的贫富差距巨大，存在大量贫困和饥饿人口。就美国而言，它是 19 世纪末以来世界上最大的"暴发户"，其历史机遇、可利用因素及致富途径来说，是任何一个国家都无可比拟的：较少的人口拥有特别丰富的资源；在两次世界大战中大发横财；靠发行美元等经济霸权手段使用世界资源和掠取别国财富；利用科技、经济上的"马太效应"和移民政策等，千方百计地把别国的科技精英集中于美国。①

通过以上国际比较，我们能够做出这样的判断：新中国前 30 年经济建设总体上是成功的，它创造了比资本主义国家高得多的发展绩效。鸦片战争以来中国历史的主题，即通过民族独立和经济现代化，实现中华民族的伟大复兴，经历了一次又一次的失败，直到中国共产党建立新中国才开辟了一条社会主义光明大道。在这条道路上，新中国前 30 年进行了许多开创性的发展探索，因而难免存在各种问题和失误，但总体上是取得了辉煌成就。②耶鲁大学教授莫里斯·迈斯纳认为："在毛泽东身后的时代里，对毛泽东时代的历史纪录的污点吹毛求疵，而缄口不提当时的成就已然成为一种风尚。""其实毛泽东的那个时代远非是现在普遍传闻中所谓的经济停滞时代，而是世界历史上最伟大的现代化时代之一，与德国、日本和俄国等几个现代工业舞台上主要后起之秀的工业化过程中最剧烈时期相比毫不逊色。"③

（三）为后续阶段积累雄厚发展红利彰显的辉煌富强成就

新中国前 30 年建设积攒下的多方面发展红利是改革开放成功不可或缺的基础和前提。2013 年 1 月 5 日，习近平总书记在新进中央委员和候补委员学习贯彻党的十八大精神研讨班上发表讲话，对改革开放前后两个时期的关系有诸多高屋建瓴的精辟论述："中国特色社会主义是在改革开放历史新时期开创的，但也是在新中国已经建立起社会主义基本制度并进行了 20 多年建设的基础上开创的。""如果没有 1949 年建立新中国并进行社会主义革命和建设，积累了重要的思想、物质、制度条件，积累了正反两方面经验，改革开放也很难顺利推进。""改革开放前的社会主义实践探索为改革开放后的社会主义实践探索积累了条件，改革开放后的社会主义实践探索是对前一个时期的坚持、改革、发展。"④

这里只从经济角度谈谈新中国前 30 年为改革开放积累下的雄厚发展红利。

一是人口红利。改革开放前总人口和劳动人口激增，同时人民教育和健康水平的提高，为改革开放积累了一支由数亿人构成的较有文化素质、刻苦耐劳、年轻力壮的劳动力大军，这是其他所有国家均不具备的人力资源条件。

二是公地红利。新中国实行真正有利于经济社会发展的土地公有制。在城市是土地国有制，在农村是土地集体所有制。土地公有制释放出大量的"公地红利"或"公地喜剧"正效应，为改革开放后政府大规模出租公地的"土地财政"奠定了制度基础，大大降低了城镇化、工业化、交通基础设施建设和教科文卫体发展的成本。

① 杨承训、张新宁：《中国道路与发达资本主义国家比较研究》，《学习论坛》2004 年第 11 期。
② 曹雷、程恩富：《新中国 60 年经济发展是一个辉煌整体》，《军队政工理论研究》2009 年第 4 期。
③ 莫里斯·迈斯纳：《为了建设新中国——外国人眼中的毛泽东时代》，《英才》1998 年第 12 期。
④ 习近平：《关于坚持和发展中国特色社会主义的几个问题》，《求是》2019 年第 7 期。

三是国资红利。新中国前 30 年国有企事业的大力发展,形成了庞大的国有资产和国有资本。①它们既通过长时期高于非公企业的税收、上缴利润和承担大量的国家调控任务,又通过被大量廉价出售或流失给非公企业,支撑改革开放的成本和非公经济的迅猛发展,还通过自身的发展壮大,为改革开放的成就作出了极为重大的贡献。

四是科教红利。新中国前 30 年人口素质不断提高,科学研究和工程技术人员比重不断增加,形成了一支庞大的科研队伍,新理论、新技术、新工艺、新产品不断涌现,我国技术装备水平与世界先进水平的差距在整体上加速缩小,甚至在部分行业达到世界前列或领先的水平。②"两弹一星一艇"、人工合成胰岛素、青蒿素、杂交稻,甚至微电子、大飞机等成就的取得,为我国以后留下了大国重器和高科技的人才储备和基础。

五是产业红利。1953—1978 年我国基础设施资本存量从 202 亿元上升到 1 113 亿元,农业上治理大江大河,修建水库总库容达 4 200 亿立方,工业上建立了比较独立完整的工业体系,第三产业上 1978 年我国商贸流通业运力指数达到 27.57,大大超出当年苏联、美国、印度的 9.07、2.37、5.68,为改革开放之后中国成为"世界工厂"和国际贸易大国奠定了产业基础。③

六是社会制度红利。新中国前 30 年建立的土地公有制和公有经济制度,以及基于其上的教育、医疗和社会保障制度,和全国一盘棋、集中力量办大事的社会主义国家调节体制机制,在改革开放后依然为我国发展提供力量和保障。

七是国际环境红利。新中国前 30 年形成了独立完整的国防工业和国民经济体系,实现了导弹核武器等自我武装,取得了抗美援朝等多次战争的胜利,并利用美苏矛盾而使西方国家总体解除对中国的封锁,从而为我国消除了重大的安全威胁,获得了长期的和平国际环境,使我国在对外开放中能够保持独立自主,避免了像很多发展中国家那样沦为大国附庸。

按党的第三个历史决议的评价,"从新中国成立到改革开放前夕,党领导人民完成社会主义革命,消灭一切剥削制度,实现了中华民族有史以来最为广泛而深刻的社会变革,实现了一穷二白、人口众多的东方大国大步迈进社会主义社会的伟大飞跃。在探索过程中,虽然经历了严重曲折,但党在社会主义革命和建设中取得的独创性理论成果和巨大成就,为在新的历史时期开创中国特色社会主义提供了宝贵经验、理论准备、物质基础。"④

总之,对改革开放前的历史时期要正确评价,"不能用改革开放后的历史时期否定改革开放前的历史时期,也不能用改革开放前的历史时期否定改革开放后的历史时期。"⑤上述这些红利至今仍在发挥有利作用,因而总结改革开放的成就,要从改革开放前后两个方面找原因,而不能割断和虚无历史。那些否定新中国前 30 年的观点,都是严重违背历史事实的。

三、经济发展历程的有机统一整体分析

新中国历史无论分为几个发展阶段,都是"我们党领导人民进行社会主义建设的实践探

---

①②　曹雷:《新中国国有企业 60 年绩效的实证与解析》,《马克思主义研究》2009 年第 5 期。

③　江宇:《正确认识改革开放的历史——深刻学习习近平关于改革开放前后两个历史时期不能相互否定的重要论断》,《党的文献》2018 年第 6 期。

④　《中共中央关于党的百年奋斗重大成就和历史经验的决议》,人民出版社 2021 年版,第 14 页。

⑤　《习近平谈治国理政》第 1 卷,外文出版社 2018 年版,第 23 页。

索"①,是一个有机整体。尽管新中国前 30 年实行社会主义计划经济体制,改革开放后实行社会主义市场经济体制,但作为一个整体的社会主义新中国经济建设,其各发展阶段都是继承和发展的关系。

第一,新中国经济建设都是在探索社会主义这一主题。习近平总书记指出:"我们党领导人民进行社会主义建设,有改革开放前和改革开放后两个历史时期,这是两个相互联系又有重大区别的时期,但本质上都是我们党领导人民进行社会主义建设的实践探索。"②这一精辟论断,明确了新中国历史都具有同一主题或主线,即都是我们党领导人民进行社会主义建设的实践探索。不管改革开放前,还是改革开放后,新中国历史都是统一在建设社会主义这个主题或主线下的。社会主义性质的改革开放目标是社会主义的自我完善和发展,而不是"资本社会主义""国家资本主义""新官僚资本主义",更不是全盘西化的资本主义复辟。"中国特色社会主义,是科学社会主义理论逻辑和中国社会发展历史逻辑的辩证统一,是根植于中国大地、反映中国人民意愿、适应中国和时代发展进步要求的科学社会主义……中国特色社会主义是社会主义而不是其他什么主义,科学社会主义基本原则不能丢,丢了就不是社会主义。"③有探索就会有失误,而社会主义经济建设的探索失误比任何资本主义国家的失误均小得多。

第二,新中国经济建设都是在社会主义政治制度核心框架下展开的。作为政体的人民代表大会制度是我国的根本政治制度,而中国共产党领导的多党合作和政治协商制度、民族区域自治制度、港澳台的"一国两制"以及基层群众自治制度是我国的基本政治制度。尽管政治制度的具体形式和体制机制会不断变化和改进,但无论改革开放前,还是改革开放后,这些政治制度的核心框架都是毫不动摇、一脉相承的。

第三,新中国经济建设都是在坚持社会主义四项基本原则的基础上进行的。在改革开放初期,邓小平便强调必须坚持社会主义道路、坚持人民民主专政、坚持共产党的领导、坚持马克思列宁主义毛泽东思想。其中,只有坚持经济政治文化发展的社会主义道路,国体上才表明属于人民民主专政,政治上才需要共产党的领导,思想上才需要马列主义及其中国化理论指导。从具体层面出发,中国共产党为领导、公有制为主体、马克思主义为指导,"三位一体"共同构成了中国特色社会主义的本质内涵。从政治是经济的集中体现出发,坚持党的领导是几个本质特征中最本质的特征。从历史唯物主义的一般原理出发,坚持公有制和按劳分配为主体的经济基础决定着政治和文化的上层建筑,而党的领导和马克思主义思想指导的上层建筑又对经济基础有反作用,甚至在一定条件下具有决定性的反作用。纵观新中国的发展史,对于上述本质构成与内涵"三位一体"的全面坚持,是新中国成立以来取得一系列伟大成就的根本原因,也是改革开放前后经济社会发展成就不能互相否定的思想基础。

总之,当今社会上依然有不少舆论为了论证改革开放的必要性和伟大成就,或出于走邪路的目的,而对改革开放前 30 年经济建设成就或者片面地只讲失误和不足,或者采取历史虚无主义态度以歪曲和污蔑的手段进行全面否定,或者把新中国经济发展历程的三大阶段割裂、对立起来。"对此我们不能不进行思想理论上的'伟大斗争',及时科学揭露形形色色历

---

①② 《习近平谈治国理政》第 1 卷,外文出版社 2018 年版,第 22 页。

③ 《习近平谈治国理政》第 1 卷,外文出版社 2018 年版,第 21—22 页。

史虚无主义的实质和谬误,积极开展广大干部群众的思想政治教育和宣传工作,准确认识毛泽东领导全党全国人民积极开展社会主义经济建设的伟大成就和民生得到较大提高的客观事实和经验。"①简言之,那种不把新中国经济建设视为一个有机整体,割裂、扭曲改革开放前后两个时期甚至新中国三大历史阶段关系的观点,事实上是不客观的、理论上是站不住的,对于今后的实践和理论发展也是有害的。"习近平总书记关于改革前后两个时期不能互相否定的思想是极其客观的,也是一种认识上的拨乱反正。因为在马克思主义及其中国化理论指导下,我国取得了改革前后经济社会发展'两个重大成就''两个经济奇迹'。正如党的十九大报告所强调的,新中国成立以来是'持续走向繁荣富强'!"②

延伸阅读

复习思考题

1. 习近平总书记说:"对改革开放前的历史时期要正确评价,不能用改革开放后的历史时期否定改革开放前的历史时期,也不能用改革开放前的历史时期否定改革开放后的历史时期",谈谈你是如何认识改革开放前后两个三十年的关系的?

2. 持续富强论的主要观点是什么?

3. 通过对持续富强论的学习,谈谈你对历史虚无主义的认识,以及如何做到习近平总书记说的"坚定历史自信,增强历史主动"?

案例分析

新中国改革开放前后经济建设状况和比较

新中国成立以后,在中国共产党的领导下,我国迅速建立起了完整的现代化工业体系,在20世纪60、70年代就取得了"两弹一星一艇"的伟大成就。从国民生产总值来比较,按1980年的不变价和汇率计算,新中国国民生产总值从1950年的380.6亿美元增加到1980年的3 045.3亿元,增长了8倍,年均增长7.4%。即使不考虑人口增长因素,旧中国年均增长率也不到新中国的一半。从工业发展来比较,1978年,中国工业企业数量达

---

① 陈波:《应客观评价社会主义前30年的经济成就》,《海派经济学》2019年第3期。
② 本刊记者:《〈宪法〉是改革开放的根本大法和理论结晶——访全国人大教科文卫委员会委员程恩富教授》,《马克思主义研究》2018年第11期。

35 万家,其中全民所有制工业企业的固定资产值 3 200 亿元,相当于至 1949 年旧中国近百年积累的工业固定资产的 25 倍。1949—1978 年,新中国"前三十年"工业年复合增长率达 22.78%,远超同期美国、苏联、印度,同期美国、苏联、印度工业年复合增长率分别为 3.78%、8.93%、11.05%。从农业发展来比较,农业总产值占国民生产总值的比重,中国 1952 年为 67.7%,1988 年为 40%。新中国 36 年里这一占比共下降 27.7%,年均下降 1.47 个百分点,新中国比旧中国快 2 倍多。

但直到 1978 年改革开放以前,中国还是世界上极贫穷的国家之一。1978 年我国人均 GDP 仅有 156 美元,84% 的人生活在 1.25 美元的国际贫困线以下,甚至不到撒哈拉沙漠以南的非洲国家平均数的三分之一。同时,在改革开放以前,我国经济主要以内循环为主,进出口的比例非常低,1978 年我国出口占国内 GDP 的 4.1%,进口占 5.6%,进出口加起来不到 10%,且 75% 的出口产品都是农产品以及农副产品。在改革开放以后,1978 年到 2018 年三十年的时间,中国国内生产总值年平均实际增长率高达 9.4%,是同期世界上增长速度最快的国家。中国在 1993 年从低收入国家跨入中等偏下国家的行列,在 2009 年跨入中等偏上收入国家的行列,在 2010 年,我国的经济规模超越日本,成为世界第二大经济体,同年我国出口规模超过德国,成为世界上最大的出口国。2013 年我国的进出口贸易总额超过美国,成为世界上最大的贸易国。按照世界银行 2020 年标准测算,当人均国民总收入(GNI)达 12 696 美元时,就进入了高收入国家行列。2021 年,我国人均 GNI 约为 1.24 万美元,已接近高收入国家门槛。

(数据来源:郑继兵、杨仑:《艰难的历程——中国现代化的百年追求》,哈尔滨:黑龙江人民出版社 1992 年版。)

思考题:

有人认为在新中国成立的前三十年里经济发展缓慢是因为中国主动放弃了利用后发优势,违反了我国的比较优势。那么"中国经济发展的奇迹是在改革开放以后才取得的"吗?

思路点拨

265

第四篇

马克思主义国际经济理论研究

第十四章　中国经济"准中心"论

 学习目标

1. 掌握马克思主义经典作家关于世界经济中心转移的思想以及中国化马克思主义在不同时期关于世界格局的判断和主张

2. 了解中外学者的相关观点

3. 掌握中国经济"准中心"论的主要观点

"中心—外围"理论是在 1949 年由阿根廷经济学家劳尔·普雷维什在《拉丁美洲的经济发展及其主要问题》的报告中系统提出的。该理论将资本主义世界划分为两级：一级是主要由西方发达国家构成的"中心"；一级是由广大的发展中国家构成的"外围"。然而，70 多年过去了，在经济全球化不断深化的今天，世界格局发生了很大的变化。作为发展中国家的中国，综合国力不断增强，在世界经济舞台上的影响力越来越强，这使得传统的"中心—外围"理论并不能够很好地说明当前的世界经济格局和层次。与此同时，美国等资本主义国家却要利用知识产权、金融、语言等霸权，来制造和扩大世界财富分配失衡和南北发展失衡。在百年未有之大变局下，迫切需要建立一种各国共同负责的全球治理体系和国际秩序。我们提出的"中国经济'准中心'论"，不仅对中国在全球经济体系中的地位进行了更准确的定位，而且为发展中国家反对霸权主义谋求自身发展提供了新的思路。

第一节　马克思主义经典作家和领袖的基本思想

一、马克思、恩格斯的世界经济中心转移思想

资本推动着世界市场逐渐形成和不断扩大，马克思在剖析资本主义制度的过程中，分析了资本主义推动的世界体系发展的不平衡，表明世界中心会随着经济发展状况不断转移。

（一）马克思、恩格斯对世界中心转移的相关论述

马克思、恩格斯以"世界历史"的分析方法，对世界中心转移的规律做了相关论述。在《威尼斯》《奥地利的海外贸易》《经济学手稿（1861—1863 年）》等文章和书稿中，马克思、恩格

斯反对狭隘的西方中心主义,指出随着世界经济交往的增加,国际分工发展带来国际生产中心的转移,随之世界贸易中心、航运中心、金融中心也发生转移。地中海沿岸作为资本主义萌芽的始发地,成为最早的世界经济中心;之后,随着新航路的开辟和"三角贸易"的兴起,世界经济中心发生了第一次重大转移,即转向了西欧的大西洋沿岸;接着,伴随着国际航运和"太平洋市场"的发展以及美国的兴起,英国主导以欧洲为中心的大西洋时代,逐步被美国主导以美洲西部为中心的太平洋时代所取代,世界经济中心发生了向太平洋沿岸的第二次转移。马克思和恩格斯在1850年就指出:"世界贸易中心在古代是推罗、迦太基和亚历山大里亚,在中世纪是热那亚和威尼斯,在现在以前曾经是伦敦和利物浦,而现在则是纽约和圣弗朗西斯科、圣胡安-德尼加拉瓜和莱昂、查格雷斯和巴拿马。世界交通枢纽在中世纪是意大利,在近代是英国,而目前则是北美半岛南半部。"①马克思恩格斯在19世纪中叶就预见到太平洋经济中心时代的到来,他们主张把中国放在这种世界格局转变中来看待,中国的变革必将对世界文明进程产生新的重大影响。1857年恩格斯在《波斯与中国》中就说过,随着中国革命的深入,"过不了多少年,我们就会亲眼看到世界上最古老的帝国的垂死挣扎,看到整个亚洲新纪元的曙光"②。

(二)世界市场理论是世界经济中心转移思想的基石

马克思在《政治经济学批判》序言中提出了其政治经济学研究的"六册计划",即"资本、土地所有制、雇佣劳动;国家、对外贸易、世界市场"③。可以看出,马克思将世界市场作为资本主义经济制度的较高阶段加以研究。"六册计划"虽未完成,但世界市场理论贯穿其政治经济学的全过程之中。"世界市场"一词,最早是由法国古典政治经济学家西斯蒙第提出,他针对分配上的不平等导致生产与消费间比例的矛盾,认为只有世界繁荣起来,才能扩大整个世界的市场。马克思恩格斯在总结批判前人观点的基础上,形成了对世界市场的相关论述。(1)新航路的开辟是世界市场形成的历史条件。"随着美洲和通往东印度的航线的发现,交往扩大了,工场手工业和整个生产运动有了巨大的发展……冒险者的远征,殖民地的开拓,首先是当时市场已经可能扩大为而且日益扩大为世界市场……"④。(2)工业革命的兴起是世界市场形成的内在动力。"大工业建立了由美洲的发现所准备好的世界市场。世界市场使商业、航海业和陆路交通得到了巨大的发展。这种发展又反过来促进了工业的扩展"⑤。世界经济中心的产生是随着生产力的发展而产生的,随着交往的扩大而深化的,随着全球化的扩张而深入的。(3)交通工具和通信手段的革新是世界市场形成的外推动力。"由于交通工具的惊人发展——远洋轮船、铁路、电报、苏伊士运河——,第一次真正地形成了世界市场。"⑥工业革命中新型交通和通信工具的发明为世界各地联系的加强提供了物质条件,推动了整体世界的形成和发展,同时也加强了中心国家对外围国家的控制与掠夺。(4)世界市场既是资本主义的前提也是资本主义发展的结果。资本主义的发展必然会寻求海外扩张,获

---

① 《马克思恩格斯全集》第10卷,人民出版社1998年版,第276页。
② 《马克思恩格斯文集》第2卷,人民出版社2009年版,第628页。
③ 《马克思恩格斯文集》第2卷,人民出版社2009年版,第588页。
④ 《马克思恩格斯文集》第1卷,人民出版社2009年版,第562页。
⑤ 《马克思恩格斯文集》第2卷,人民出版社2009年版,第32页。
⑥ 《马克思恩格斯文集》第7卷,人民出版社2009年版,第554页。

取世界范围的广阔商品、原料市场,已成为资本主义发展的生命线;世界市场的扩大反过来又会进一步推动资产阶级的发展。

(三)国际分工格局是世界经济中心转移思想的实践前提

在《德意志意识形态》《共产党宣言》等著作中,马克思、恩格斯以"历史向世界历史转变"的动态过程为基点,指出"各民族之间的相互关系取决于每一个民族的生产力、分工和内部交往的发展程度"[①]。在他们看来,不同民族的内部交往与生产力发展水平是其对外交往的基础,而对外交往的程度与水平又影响着其内部生产力与交往的发展。资本主义国家以其高度发达的社会生产力、充足的资金和先进的科学技术为优势,在国际分工中占据有利地位,建立不公平的国际经济秩序,随意对其他国家进行商品和资本输出,剥削和掠夺落后国家;而"外围国家"由于缺乏资金和技术支持,经济命脉被掌握,不得不成为中心国家的"附庸"。因此,国际分工使得全球大致分为了两大地区,"它使地球的一部分转变为主要从事农业的生产地区,以服务于另一部分主要从事工业的生产地区"[②]。针对当时英国"世界工厂"的"盛况",恩格斯讽刺地说道:"英国是农业世界的伟大的工业中心,是工业太阳,日益增多的生产谷物和棉花的卫星都围绕着它运转。多么灿烂的前景啊!"[③]这里的"太阳—卫星"一说,对后来的"中心—外围"理论的形成产生了重要影响。

二、列宁的帝国主义论对世界经济政治格局的判断

列宁虽没有直接提及"中心—外围"思想,但其帝国主义理论是对马克思、恩格斯之后世界政治经济形势的科学判断。19世纪末20世纪初,资本主义发展到垄断资本主义阶段,各主要垄断资本主义国家将世界领土瓜分完毕,对世界上大多数落后的国家和地区实行殖民压迫和剥削;在全球范围内形成了压迫民族与被压迫民族两大阵营的对立。"垄断,寡头统治,统治趋向代替了自由趋向,极少数最富强的国家剥削愈来愈多的弱小国家,——这一切产生了帝国主义的这样一些特点,这些特点使人必须说帝国主义是寄生的或腐朽的资本主义。"[④]"帝国主义的特点,正如我们所看到的那样,就是现在全世界已经划分为两部分,一部分是为数众多的被压迫民族,另一部分是少数几个拥有巨量财富和强大军事实力的压迫民族。"[⑤]列宁关于帝国主义国家与民族和殖民地之间地位的分析,表明少数垄断资本主义国家占据着"中心"地位,而"外围"则是大多数被压迫国家和民族。列宁正是在对帝国主义时代国际格局即三大矛盾(帝国主义国家内无产阶级和资产阶级之间的矛盾,殖民地半殖民地人民和帝国主义之间的矛盾,各帝国主义列强之间为争夺势力范围而产生的矛盾)分析的基础上,得出"经济和政治发展的不平衡是资本主义的绝对规律"[⑥],提出了"一国胜利论",从而在帝国主义链条上最薄弱的环节,领导俄国人民取得了十月革命的胜利。

① 《马克思恩格斯文集》第1卷,人民出版社2009年版,第520页。
② 《马克思恩格斯文集》第5卷,人民出版社2009年版,第520页。
③ 《马克思恩格斯文集》第1卷,人民出版社2009年版,第372—373页。
④ 《列宁全集》第27卷,人民出版社2017年版,第436页。
⑤ 《列宁全集》第39卷,人民出版社2017年版,第232页。
⑥ 《列宁选集》第2卷,人民出版社2012年版,第554页。

三、斯大林的资本主义总危机理论

斯大林继承和发展了马克思列宁主义,在列宁有关资本主义经济和政治发展不平衡规律,以及资本主义和社会主义的历史地位这些理论观点的基础之上,提出了资本主义总危机理论。斯大林从帝国主义的内部矛盾入手,指出资产阶级"在对内政策方面将从进一步法西斯化中寻找摆脱现状的出路","在对外政策方面将从新的帝国主义战争中寻找出路",而"无产阶级在反对资本主义剥削、制止战争危险时,将从革命中寻找出路"。[1]同时,斯大林进一步论证了列宁主义的基础,"帝国主义使资本主义的矛盾达到极端","第一个矛盾是劳动和资本之间的矛盾","第二个矛盾是各金融集团之间以及帝国主义列强之间为争夺原料产地、争夺别国领土的矛盾","第三个矛盾是为数极少的占统治地位的'文明'民族和世界上十多亿殖民地和附属国人民之间的矛盾"。[2]斯大林的分析深刻地说明了帝国主义不仅使无产阶级革命成为不可避免的实践问题,而且还形成了直接冲击资本主义堡垒的有利条件。在这一阶段,国际格局发生了明显的改变,美国取代英法德成为新的"中心",同时,"外围"国家的力量不断增强。20世纪50年代初,斯大林在《苏联社会主义经济问题》中提出了世界市场的瓦解所造成的世界资本主义体系总危机加深的新观点,并且认为这是既包括经济也包括政治和社会的全面危机。

四、中国共产党领袖对世界格局的思考

(一) 毛泽东的"三个世界"理论

毛泽东的国际战略思想是随着世界政治局势变化而与时俱进的。新中国成立前夕,以毛泽东为代表的中国共产党人就做出了大力发展与苏联等社会主义国家的外交战略。当时的国际局势"三足鼎立",即资本主义的"中心—外围"体系、以苏联为代表的社会主义阵营即"苏联板块"以及"中国板块"。西方资本主义的最终目的,就是将"两大板块"拖进其体系之中,准确来说,是"外围"化。毛泽东始终认为,中国必须独立自主地发展对外关系,绝不能成为西方的外围和附庸,中国只能走社会主义道路。中国共产党充分发挥统一战线的显著优势,团结广大的"外围"国家,争取自身的民族独立和经济发展。毛泽东1964年提出了"中间地带理论":"一部分是指亚洲、非洲和拉丁美洲的广大经济落后的国家,一部分是指以欧洲为代表的帝国主义国家和发达的资本主义国家。这两部分都反对美国的控制。"[3]以"中间地带理论"为基础,毛泽东根据国际形势的变化,于1974年提出了"三个世界"理论:"我看美国、苏联是第一世界。中间派,日本、欧洲、澳大利亚、加拿大,是第二世界。咱们是第三世界。"[4]毛泽东的"三个世界"理论,对于团结世界人民反对霸权主义,改变世界政治力量对比,改善我们的国际环境,提高我国的国际威望,起到了不可估量的作用。

---

① 《斯大林全集》第12卷,人民出版社1955年版,第222—223页。
② 《斯大林选集》(上卷),人民出版社1979年版,第187页。
③ 《毛泽东文集》第8卷,人民出版社1999年版,第344页。
④ 《毛泽东文集》第8卷,人民出版社1999年版,第441页。

（二）邓小平的对外开放理论

邓小平根据国际形势的变化提出了"和平与发展"成为时代主题的判断。他在深刻总结中国和苏联社会主义建设经验教训的基础上，提出了改革开放的战略决策，主动融入全球化。1979年，中美两国正式建交，为中国进一步加强与西方国家的往来打开了良好的局面。中国开始与资本主义国家开展了广泛而深入的合作交流，取得了一定的成效。但是，以美国为首的西方国家不仅企图让整个"外围"国家永久处于边缘地位，而且要把苏联板块、中国板块都降到依附和附庸的地位。东欧剧变、苏联解体，西方成功地实现了一次巨大的、某种意义上是人类历史上一次超大规模的财富转移，俄罗斯由原来的两极中的重要一极，沦落为彻底的"外围"。乌克兰等原工业强国，在西方"休克疗法"的"药方"下，逐渐成为美国的"现代殖民地"。邓小平深刻把握了资本主义的"中心—外围"体系，他立场坚定地指出："整个帝国主义西方世界企图使社会主义各国都放弃社会主义道路，最终纳入国际垄断资本的统治，纳入资本主义的轨道。现在我们要顶住这股逆流，旗帜要鲜明。因为如果我们不坚持社会主义，最终发展起来也不过成为一个附庸国，而且就连想要发展起来也不容易。""只有社会主义才能救中国，只有社会主义才能发展中国。"[①]

（三）江泽民的全方位外交战略理论

冷战结束后，国际格局由"两极对立"向"多极化"趋势转变，美国急于维持其"一超"独霸的地位，有些西方大国则鼓吹由几个富国"合霸"，企图重回并维持其"中心"地位。面对国际社会出现的新情况，江泽民察觉到多极化战略态势形成的意义，他率先指明了世界格局多极化的发展方向和基本进程，多次强调全面调整大国关系和促进世界格局多极化的重要性。首先，同俄罗斯建立了"战略协作伙伴关系"，成为冷战后国际关系的一种"积极模式"，对维护世界战略平衡与稳定，对带动中俄美三角战略关系和大国关系的良性互动，具有重要意义。其次，同美国建立"面向21世纪的建设性战略伙伴关系"，双方就中美关系和反对恐怖主义、维护世界和平与稳定等重大问题达成共识。再次，把向亚太地区全面开放的战略作为21世纪外交的战略重点。最后，将与发展中国家的外交作为全方位外交的基础和立足点，争取把第三世界国家作为中国最可靠的战略伙伴。同时，中国积极参与国际事务，倡导建立21世纪更加公正合理的国际政治经济新秩序，这是综合国力不断提升的中国，力图改变不合理的"中心—外围"体系的"中国声音"。

（四）胡锦涛的"和谐世界"观

"和谐世界"是胡锦涛针对新世纪国际形势，以及和平与发展主题下的局部动荡而提出的，体现了中国共产党人的全球治理观，从某种程度上为国际社会解决全球性难题提出了"中国答案"。"和谐世界"立足于如何打破国际政治经济旧秩序、推动建立国际政治经济新秩序，强调通过合作共赢而不是零和博弈的思维，来实现"和谐世界"的目标，对"中心—外围"体系造成了中国式的影响，在一定程度上打破了"中心"国家的垄断地位。这既是中国综合国力显著提高的必然要求，也是广大发展中国家的共同心声。这一时期的中国，重点加强

---

① 《邓小平文选》第3卷，人民出版社1993年版，第311页。

与其他国家的经贸合作、人文合作,运用软力量发展和增强本国实力和影响力,中非合作论坛、中俄文化年、北京奥运会等都是突出表现。"和谐世界"的提出,进一步提高了中国的国际话语权,提升了中国的国际形象。

(五) 习近平的"世界处于百年未有之大变局"和"人类命运共同体"思想

党的十八大以来,中国特色社会主义进入新时代,中国日益走近世界舞台的中央,在全球治理和地区治理中积极扮演大国角色,承担大国责任。与此同时,国际格局和国际体系正在发生深刻调整,世界经济重心正在加快"自西向东"转移,新一轮科技革命和产业变革正在重塑世界,新兴市场国家和发展中国家国际影响力不断增强,全球治理体系越来越向着多样化方向发展,世界文明多样性更加彰显,世界各国开放包容、多元互鉴成为主基调。在这种情况下,以习近平同志为核心的党中央洞察时代和世界发展大势作出了"世界处于百年未有之大变局"的重大战略判断。

在百年未有之大变局中,世界多极化、经济全球化、社会信息化、文化多样化趋势深入发展。同时,单边主义、保护主义、霸权主义对世界和平与发展构成威胁,国际社会要求变革全球治理体系、建立更加公正合理国际秩序的呼声高涨。以习近平同志为代表的中国共产党人,积极思考人类向何处去的时代之问,准确把握世界政治经济发展大势,郑重提出构建人类命运共同体这一重大倡议,为全球治理提出了"中国方案",指明了不同国家、不同民族的共同奋斗方向,展现了胸怀天下、面向未来,大道之行、天下为公的宽阔胸襟,对中国和平发展、世界繁荣进步具有重大而深远的意义。这一理念表明,作为世界和平的建设者、全球发展的贡献者、国际秩序的维护者,日益走近世界舞台中央的中国,并没有重复基于"中心国家对外围国家的残酷剥削"的老路,而是以合作共赢的发展方式,以双循环的发展格局,同广大的发展中国家一起,突破"中心—外围"体系的框架,最终走向人类命运共同体。作为人类命运共同体的实践者,中国提出的"一带一路"倡议得到了中亚、南亚、西亚、欧洲以及非洲国家的积极支持和响应;"亚洲基础设施投资银行"推动了国际货币基金组织(IMF)和世界银行(WB)的进一步改革;区域全面经济伙伴关系协定(RCEP)的签订,中国国际进口博览会的举办、人民币国际化中我国制度优越性的充分发挥等,不仅增强了中国经济的影响力和向心力,也起到引导其他国家开展更深层次、更高水平的多方位合作,进而推动全球经济体系改革。作为中国理念的"人类命运共同体"从先后载入联合国和安理会决议,已然获得了广泛的国际认同,并凝聚起越来越多的和平希望与发展力量。

第二节　中外学者关于世界经济体系的主要观点

一、国外学者有关世界经济体系的论述

由经济学家劳尔·普雷维什在 20 世纪 40 年代末提出的"中心—外围"理论所论证的是资本主义作为一个全球经济体系是如何分工和运作的。他认为,资本主义体系中的全球分工是按照经济结构来划分的,也就是说一部分国家由于拥有明显的资金和技术优势,在经济结构上具有同质性和多样性,从而成为经济和工业的中心,而其他一些国家依赖于外部投

资,技术落后,在经济结构上具有异质性和单一性,客观上成为世界经济的外围。外围国家由于主要出口初级产品和自然资源,而制成品严重依赖出口,因此处处受到中心国家的剥削和占有。[①]"中心—外围"理论对不同国家的二元划分,其分析工具在于"比较优势",目的是指出中心国家和外围国家之间存在的极大不平等和不平衡,中心国家对外围国家存在剥削和占有的普遍情况。

20世纪六七十年代,拉美学者巴兰、阿明、弗兰克和多斯·桑托斯(Dos Santos)根据"中心—外围"理论来批判资本的全球扩张,指出资本的全球扩张导致现存国际经济秩序的不合理和不平衡。阿明认为,外围国家的经济特征是其资本主义部门一开始就是被从外部引入,而且以依附于国外市场的形式发展,在经济方面从属于中心部门的再生产,外围资本积累具有对中心的依赖性。[②]弗兰克则指出,资本积累过程几千年来一直在世界体系中发挥着主要作用,认为外围的发展是正处于目前的经济、政治和社会结构以内的,也注定是不发达状况的有限发展。[③]

20世纪七八十年代,沃勒斯坦根据世界体系理论提出"中心—半边缘—边缘"的发展格局,认为世界经济分为中心国家和边缘地区,两者之间是半边缘地区,这些地区过去曾经是中心或者边缘地区,是世界经济结构不可缺少的区域。他指出,资本在世界范围内的转移使得中心国家获得剩余价值,实现对边缘地区工人劳动的剥削和占有。外围国家改变这一局势所面临的出路是要么是推翻这个体系,要么就是在这个体系内谋求地位的上升,即从边缘上升为中心。这是对"中心—外围"理论固化的二元结构所进行的细化分析和补充发展,表明不是所有的国家从始至终都处于中心或外围地位。但是,沃勒斯坦还是没能跳脱出资本主义体系,强调世界上只有一个体系,忽视了社会主义国家的诞生和崛起的趋势。阿明也指出,"中心—外围"结构的运作机制强调的是资本主义是第一个统一了全球的体系,严重扭曲了现实,忽视了发展道路多样性的选择,其宣传的是一种欧洲中心的意识形态。正是由于这些变量的存在,多极化应该被提倡。他还认为沃勒斯坦关于三个等级的划分其实还不如"中心—外围"的两极分析结构,因为三级结构无非是掩盖了和转移了中心国家对于边缘国家的直接剥削和掠夺。[④]不过,布兹加林认为"半外围"概念还是可以使用的。

冈萨雷斯和维森特(Gonzalez-Vicente)提出用"制造业中心"的概念来定义中国当前的发展。他指出,由于中国仍缺乏明显的技术优势,并非常依赖劳动密集型产品的出口,因而可以把中国定义为"制造业中心国家",但他也指出外围国家的分类已不足以定位中国在世界经济中所扮演的角色。因为中国近年来在科研技术方面的投入也促进了中国经济的飞速增长,而中国的对外投资与合作更是提升了中国的经济地位。加拉赫(Gallagher)对中国这方面的影响力进行了详细的数据分析,他指出,从2003到2013年中国在拉美地区的投资崛起促进了拉美经济GDP增长了3.6%,人均GDP增长了2.4%,而在之前华盛顿共识主导下的20年里,这两项数据的增长分别为2.4%和0.5%。

国际货币基金组织(IMF)在《世界经济展望》中将不同国家划分为发达经济体、新兴市场

① 劳尔·普雷维什:《外围资本主义——危机与改造》,商务印书馆1990年版,第203页。

② 萨米尔·阿明:《不平等的发展——论外围资本主义的社会形态》,商务印书馆1990年版,第11页。

③ 贡德·弗兰克:《不发达的发展》,见查尔斯·K.威尔伯主编:《发达与不发达问题的政治经济学》,中国社会科学出版社1984年版,第146页。

④ 萨米尔·阿明:《世界一体化的挑战》,社会科学文献出版社2003年版,第74页。

和发展中经济体。虽然 IMF 根据这一分类,指出中国是新兴市场,但是在分析新兴市场和发展中经济体的增长时,它又将分析数据分为三个类别:大宗商品出口国、不包括中国在内的非大宗商品出口型新兴市场和发展中经济体、中国。将中国的数据进行单独统计,原因无非是中国的数据与其他国家相比过于突出。将中国简单定义为新兴市场,从某种意义上讲,轻视了中国这一庞大经济体的影响力。事实上,正如普里(Puri)在世界银行的报告中强调的那样,中国现在是全球经济发展的引擎。不管是从客观现实还是从以上理论观点来看,都印证了卡多索(Cardoso)早先的评论,即"中心—外围"理论的缺陷在于二元制结构无法解释当代的结构偏离和变量。而德赛(Desai)则进一步指出,"新兴的多极力量是建立新的世界秩序的决定性力量。"

二、中国学者有关世界经济体系的探讨

国内学者对中国在世界经济体系中所扮演的角色也做了研究。张宇燕、田丰指出作为 11 个新兴经济体之一,中国在世界经济格局中扮演重要角色。[①]王跃生、马相东曾经就世界经济体系提出了双循环结构,即发达国家和新兴经济体之间的第一层循环,以全球产业价值链为基础,通过垂直型国际直接投资、产业内贸易和产品内贸易,形成一个紧密的经济循环圈。第二层循环是像中国这样的崛起国家引领其他发展中国家,进行国际投资和产业转移。[②]这一观点的问题在于,第二层循环不免给人以中国复制第一层循环,即原来的"中心—外围"模式之嫌。事实显然不是这样,中国的发展和对外贸易遵循的是平等互利的原则。诚然,中国需要其他发展中国家的自然资源来为本国经济发展创造条件,但不像原来占据世界经济中心位置的西方国家那样,以廉价或超低价攫取其他国家的资源和初级产品;相反,是中国对于原材料等的迫切大量需求,导致了价格的上涨,使得这些国家获益大大增加;况且,中国的对外投资从不附加政治条件,也不存在通过借贷转移金融危机的情况,所以这一层发展合作关系不能归结为"第二层循环"。

潘凤和闫振坤从分析中心—外围理论的源头出发,探讨了新中国成立以来中国全球经济地位的演进路径和理论逻辑。中国从边缘走向中心的过程经历了世界格局双体系下的自力更生阶段、欧美主导世界格局下的融合发展阶段和边缘向中心转换与中心强化的过渡阶段三个阶段。在这三个阶段中,中国在宏观层面形成了适应全球分工体系调整的战略联动与超越机制、在中观层面形成了持续工业化目标下的产业政策引导机制、在微观层面形成了市场培育与技术升级交互牵引下的循环反馈机制,构成了中国从边缘走向中心的系统逻辑体系。[③]孙来斌则考察了"中心—外围"模式的思想演进以及当代运用,然而不管是"多极化世界""一超多极"还是"中国'中心'""中国'准中心'"的世界体系划分方法都延续着"中心—外围"分析模式的批判指向且存在着共同的解释难题,对当前中国在世界经济体系中所处地位仍是不能做出深刻定位。中国提出构建人类命运共同体的国际主张,积极回应了"中心—外围"分析模式的资本逻辑批判、霸权主义批判和国际关系民主化诉求,实现了多层意义上的超越,为推进新型国际关系建设和全球治理体系改革贡献了中国方案。[④]

---

① 张宇燕、田丰:《新兴经济体的界定及其在世界经济格局中的地位》,《国际经济评论》2010 年第 4 期。

② 王跃生、马相东:《全球经济"双循环"与"新南南合作"》,《国际经济评论》2014 年第 2 期。

③ 潘凤、闫振坤:《中国如何从世界边缘走向全球中心——建国以来中国全球经济地位变迁的演化逻辑与理论反思》,《上海经济研究》2019 年第 9 期。

④ 孙来斌:《超越"中心—外围"的世界体系分析模式——兼论"构建人类命运共同体"的全球治理意义》,《人民论坛·学术前沿》2020 年第 21 期。

综上所述,尽管"中心—外围""中心—半外围—外围"这两种理论在相当程度上揭示出近代资本主义以来世界体系的发展特征,也有利于不发达国家摆脱外围或依附或边缘地位。不过,固化的二层或三层等级描述难以全面动态地定义和解读中国等正在崛起的国家所扮演的重要角色。在经济全球化不断发展的今天,传统的历史的资本主义世界体系虽然没有终结,但是中心国家的全面优势不断相对缩小,中国等新兴国家不断崛起也使得以往"中心—外围""中心—半外围—外围"的世界经济格局和层次发生了百年未有之变化。既然已有的中外理论研究还不足以准确界定新时代的中国在世界体系中的地位和作用,"准中心"概念更能精准定位中国在世界经济政治格局中地位。

第三节 评析与创新

一、中国处于世界经济"准中心"的基本界定

美国等七国集团仍是当代世界经济的中心,我国不依附它们,也不是外围国家,中国已然成为"准中心"国家。什么是"准中心"? 目前虽然没有权威的概念,但是我们可以归纳出以下特点。第一,我国经济发展取得了举世瞩目的成就,综合国力和国际话语权的上升使我国在全球经济体系中的地位和作用发生了翻天覆地的变化。在党的十九大报告中,习近平总书记强调新时代"是我国日益走近世界舞台中央、不断为人类作出更大贡献的时代",我国比任何时候都更加接近世界舞台的中心。第二,我国对全球经济治理的参与度和贡献度也越来越高。"我国日益走近世界舞台中央,成为国际社会公认的世界和平的建设者、全球发展的贡献者、国际秩序的维护者!"[①]我国正在从世界经济体系的追随者、融入者向重要的参与者和改革的积极倡导者转变,作为全球经济体系中一个明显区别于其他发展中国家和新兴经济体的超级增长极,经济上的成功的确赋予了中国引领全球治理的最大机遇。中国在积极参与全球治理的过程中,已逐渐地从世界经济治理的局外人转变为治理体系中仅次于美国等西方发达国家的"准中心"。这一"准中心"角色主要体现在中国在传统治理体系中的有效参与,以及中国在新兴多边框架中的探索创新两个大的方面。我国经济实力、科技实力,以及倡导的"一带一路"倡议、金砖国家、亚投行、上合组织等,可以作为其中的重要标志之一。

二、经济全球化的新特点推动中国走向世界经济"准中心"

(一) 经济全球化下的制度不平等和利益分配不公平

由于在全球化进程中的地位和影响力不同,因而不可能有全球范围内真正的平等竞争。事实上,全球化是一种权利的优劣序列,甚至这种序列特征比以往任何时候都更加突出——即排序靠前的发达国家是以其在资源配置和游戏规则制定方面的优势来推行全球化,并使其向有利于自己的方向发展。例如,美国就通过美元的国际储蓄机制,合法地掠夺各国的,

---

① 习近平:《在庆祝改革开放 40 周年大会上的讲话》,人民出版社 2018 年版,第 18 页。

特别是发展中国家的财富。美国的那么多财富不仅是美国人民创造的,更是全世界,特别是发展中国家的人民创造出来的。

(二) 经济全球化同经济区域化、经济集团化并存

综观世界历史的发展,经济全球化不是某一时段上的状态,而是一种不断变化的过程,并与经济区域化和集团化共同发展与演进。当前,区域经济、经济集团、经济一体化、经济圈,均以经济合作为共同内容,以成员国之间的相互开放市场为共同基础。从发展趋势来看,亚太圈、美洲圈、欧洲圈之间的冲突和矛盾终究会被合作和协调所取代,区域间的互相开放市场,形成全球整体开放。欧盟、东盟的成立,实际上都是在现有的世界资本主义大框架范围内的局部改良,一个部分的质变,实际上是在朝社会主义经济全球化大方向"蠕动"。

(三) 经济全球化更加凸显民族经济

随着经济全球化进程的加快,民族经济非但没有萎缩,反而更加凸显,民族利益也越发突出。世界经济的民族化倾向有三个层面:一是区域性经济集团在发展;二是发达国家贸易保护主义抬头,特别是美国;三是各区域集团以及各国之间的经济竞争和经济矛盾越来越明显。全球化制度是西方发达国家主导的这一事实本身就内含了这种制度的利益偏颇性。越来越多的贸易战,日益严重的民族冲突等,便充分说明了这一点。为此,汉斯·摩根索有经典之语,只要世界还是由国家组成的,国家利益仍然是各国交往的最后语言。全球化也是一个二律背反:它既包含一体化的趋势,同时又包含分裂化的倾向;既有单一化,又有多样化;既是集中化,又是分散化;既是国际化,又是本土化。目前,世界的一个重要特点就是,全球化与本土化之争构成当今世界事务的核心。

(四) 经济全球化时代知识资源的重要性日趋突出

导致全球财富分配失衡的原因,当前最重要的就是知识产权的垄断。以信息技术为代表的现代科技的大发展,拉大了各国之间在信息资源及其占有方面的差距,扩大了知识经济分布的不平衡。现代的南北鸿沟主要来源于发达国家对知识产权的垄断。作为20世纪90年代至今以来的经济全球化阶段的输出,其突出特征是知识产权输出,垄断也不是一般的资本垄断,而是知识产权垄断。知识产权垄断导致南北差距比过去更大。发达国家是"脑国",发展中国家是"躯国",知识产权这个经济发展的脑袋被以美国为代表的发达国家控制了。

三、经济格局新变化加速中国走向世界经济"准中心"

(一) 中国民富国强的发展速度表明正在走向世界经济"准中心"

在民富国强方面,中国自我纵向比较,应对1949年前后的新旧中国进行全面比较;中国与他国的横向比较,应与独立前国情相似的印度进行全面比较,并与美国和瑞典等进行某些重要指标发展速度进行比较,比较的结论显而易见。

一是按照购买力平价衡量的GDP。据统计,2022年我国的经济总量是28.9万亿美元,美国只有22.9万亿美元,已经超过美国,印度只有10.2万亿美元。按照购买力平价这个指标进行衡量和比较最科学。按照汇率比较,现在我国经济总量仅次于美国,是世界第二,但

汇率变动较大,比较不是很客观。据国际货币基金组织 2021 年统计购买力平价人均 GDP 的结果,中国为 19 338 美元,印度为 7 333 美元。我国人均 GDP 与发达或某些发展中国家相比还比较少,因为中国人口基数太大。

二是现代化指数。据《中国现代化报告 2020》显示的数据,2017 年中国是一个发展中国家,处于初等发达国家行列,在人口超过百万和统计数据比较齐全的 131 个国家中排名第 60 位左右,相较于 2013 年提高了 13 名,而且在中国的北京、香港、澳门、上海、台湾已进入第二次现代化。

三是财富指数。2018 年,我国家庭人均财富为 20.88 万元,其中房产净值约占 93.03%(其中:城镇家庭,71.35%;农村家庭,52.28%);动产中家用汽车占比较高。另据瑞士信贷研究所发布《全球财富报告 2022》的数据,2021 年中国成年人平均财富为 7.06 万美元(54.2 万元人民币),属于中等偏低水平。

从前述各种数据可以看出,新中国成立以来我们的发展速度在全世界是较快的,改革以来更快。而国情和我国差不多的印度富强情况则相对大大落后。现在国外有些舆论认为印度是最大的民主国家,印度经济比中国弱小,可能若干年以后就赶上中国了。事实上,两国不同的发展路径依赖和制度决定这是不可能的。20 世纪 40 年代后期,中国和印度的人均 GDP 差不多,而且它的自然地理条件比中国好,我国人均耕地不到印度的一半,但无论比较毛泽东时代还是改革开放时代,印度都比中国差得多,总体上比中国要差 15 年到 20 年。

(二)中西方经济发展状况表明中国正在成为世界"准中心"

一是增长速度比较。据统计,2014—2021 年美国 GDP 的平均增长率为 2.05%,日本 GDP 平均增长率为 0.78%,欧盟 GDP 平均增长率为 1.2%,而我国在持续 30 多年的高速增长后,2014—2021 年 GDP 的平均增长率为 6.38%,平稳地实现了从高速增长转向中高速增长。2021 年,中国 GDP 增速达 8.1%,远远高于美国 5.7% 的增速。据世界银行报告数据,2012—2021 年中国对世界经济增长贡献率为 38.6% 超过 G7 国家之和。

二是失业状况比较。我国"就业"表现被瑞士洛桑国际管理学院发布的《2017 年度世界竞争力报告》列为全球 63 个主要经济体中首位,就业综合状况相对最佳。2014—2021 年美国平均失业率为 5.2%,2020 年 4 月份的失业人数达到了 2 050 万人,失业率飙升至创纪录的 14.7%,几乎是 2007 年至 2009 年整个金融危机期间失业潮的两倍。2008—2019 年欧元区失业率十年来一直在 8% 以上。而十年来(2012—2021 年)我国城镇失业率大约为 3.98%。

三是政府债务比较。美国财政部公布的数据显示,美国联邦政府债务规模于 2022 年 2 月初突破 30 万亿美元,占 GDP 的比重上升至 125.6%,预计到 2030 年将超过 50 万亿美元,远超《马斯特里赫特条约》设定的两条关于债务的金融警戒线;2022 年年末,日本政府债务占 GDP 比重已经上升到 228%;欧元区债务占 GDP 比重为 91.6%,债务规模几乎与经济规模一样大。而截至 2022 年年末,中国地方政府债务余额约 35.07 万亿元,政府负债率为 50.1% 左右,低于国际通行的 60% 的警戒线。

四是实体经济比较。据统计,2008—2014 年美国农林牧渔业、工业(含能源工业)、建筑业、实体服务活动(分配贸易、维修,运输,住宿和食品)以及信息和通信业等实体产业增加值之和占总增加值百分比的平均值为 44.5%;日本该指标为 53%;欧洲联盟该指标为 51.3%。

而 2008—2013 年中国该指标(信息和通信业增加值占总增加值百分比尚未被统计在内)的数值为 73.17%。2022 年美国第一与第二产业增加值合计占其 GDP 的比重为 17.22%,而中国第一与第二产业增加值合计占其 GDP 的比重高达 47.2%。以虚拟经济为核心的服务业,才是推动美国经济在全球领跑的主要因素。仍以 2021 年为例,美国 23 万亿美元的 GDP 中,服务业贡献了 18.563 万亿,占到了美国经济总规模的 80.7%,实体经济占比不到 20%。过度金融化的"脱实向虚",致使美国实体经济萎靡不振。

五是收入消费比较。据统计,2008—2014 年美国家庭债务占可支配收入的平均比率为 130.18%;2008—2013 年日本家庭债务占可支配收入的平均比率为 122.5%。西方国家 1% 超级富豪的财富和收入急剧增加,普通家庭的债务普遍增加,阶级阶层固化。美国 1% 的最富家庭占有全国家庭净资产的 1/3,较富的 9% 的家庭又要占有 1/3;美国最富有的 1% 阶层的收入占全国总收入的比重,从 1978 年的 9% 上升到近年来的 20%。前几年波及约 80 个资本主义国家的"占领华尔街"国际运动,就强烈要求改变"1% 与 99% 贫富对立"等不平等现象。这与近年我国精准扶贫、中等收入家庭增长较快、城乡居民大都有产权住房、户均资产大大超过美国等情况,形成鲜明对比。我国 2019、2020 和 2021 年城镇居民人均消费支出占人均可支配收入的百分比分别为 66%、62% 和 64%;2019、2020 和 2021 年农村居民人均消费支出占人均可支配收入的百分比分别为 83%、80% 和 84%,经济增长和发展同城乡居民的收入增长大体呈现同步态势。

六是福利保障比较。西方国家不同程度地削减劳动者的教育、医疗、养老等福利和保障。美国缩减公立大学教育经费,共和党医保议案是大幅减税、大幅削减联邦政府的医疗保健支出,势必使没有医保的国民增加。德国、葡萄牙、荷兰等国也相继减少医保投入。就在 2022 年"五一"国际劳动节当天,法国全国共有超过 11 万人走上街头,呼吁加薪并抗议马克龙的"延迟退休计划",首都巴黎发生暴力冲突,目的就是反对降低社会保障和社会福利以及不利于劳动者的改革措施。这与近年我国大规模增加教育经费、不断提高最低工资和城乡医保水平,以及优惠老年人等现象,形成鲜明的对照。

四、中国处于世界经济体系"准中心"地位的标志和影响力

在确立若干重要衡量指标基础上,对中国的发展状况与发达国家的七国集团(G7)进行重点比较,更好地用"准中心"这一新概念来定义现阶段中国在世界经济体系中的地位和影响力。

(一)中国国民经济总量在世界体系中的影响

一个国家的国民经济总量是生产力水平的重要表现,它对世界经济的影响力主要体现在三个方面:一是经济增长速度;二是 GDP 总量占世界 GDP 总量的比重;三是对全球经济增长的贡献。新中国用短短 70 多年的时间成为世界第二大经济体,显然比有两三百年以上历史的发达资本主义国家增长速度更快。

中国经济在世界体系中的地位和作用不应通过人均 GDP 来确定,正如国际货币基金组织亚太部史蒂夫·巴内特(Steve Barnett)指出的那样,中国的经济规模很重要,其对全球需求和需求的贡献将会大于从前。对于出口国来说,这意味着中国不断扩大的市场将继续是未来的重要客户来源。

除了经济规模,人口总量也是衡量一个国家经济水平的重要指标。人口总量和经济规模之间的正向关联。德国学者贡德·弗兰克 1998 年的《白银资本》就认为"亚洲之所以有如此高的人口增长,只有一种可能性,即它的生产也增长得比较快,因此才能支持这种人口增长"。当代中国和世界的人口与增长的情况也印证了弗兰克的观点。依据世界银行 1960—2021 年 GDP 和人口总量的数据,中国人口增长了约 2.11 倍,但是 GDP 则增长了约 305.1 倍;美国人口增加了 1.84 倍,GDP 增长了约 42.4 倍;欧盟地区这一时期的人口增长了 1.3 倍,GDP 增加了 61.5 倍;拉美洲及加勒比地区人口增长了约 3 倍,GDP 增加了 71.4 倍。增长的人口所创造出来的生产力,也远远高于其他国家增长的人口所创造出来的生产力。按 1960 年的中国人口约为世界人口的 20.19%,创造的 GDP 仅为世界 GDP 总值的 4.4%,而 2021 年中国以世界人口的 18%,创造了世界 GDP 总量的 18.45%,这无疑说明中国的人均生产力也得到了巨大的提升。况且,中国经济的快速增长,带动了其他国家经济的发展。特别是在 2008 年西方金融危机后,美国自身经济疲软,还拖累了许多国家相应的经济发展,而中国则顶住了压力,不仅取得了自身的经济进步,更是以自身的发展带动了许多国家的发展(如"一带一路"合作伙伴等)。

(二)中国对外投资和援助在世界体系中的影响

一方面,中国的对外直接投资数额不断增大,为世界经济的发展注入了积极的能量。据商务部、外汇局统计,2022 年我国对外全行业直接投资 9 853.7 亿元人民币,逼近万亿,同比增长 5.2%。此外,2021 年年末,我国对外直接投资存量 2.79 万亿美元,在全球分国家地区的对外直接投资存量排名由 2002 年的第 25 位升至第 3 位,仅次于美国和荷兰。中国在全球外国直接投资中的影响力不断扩大,占全球比重连续 5 年超过一成,持续为投资的地区和国家以及全球经济的增长提供强劲稳定的动力源。中国的对外投资涵盖欠发达的外围国家和发达的中心国家。根据贝克·麦坚时国际律师事务所发布的投资报告显示,2016 年中国对北美和欧洲发达经济体直接投资总额增长两倍多,创下 940 亿美元的历史新高。其中,对北美的投资金额达 480 亿美元,比上年增长 189%,对欧洲投资 460 亿美元,增长 90%。中国对非洲的投资也格外引人瞩目。非洲大陆上共有 60 个国家,截至 2017 年年末,中国一共投资了 52 个国家,投资覆盖率达到 86.7%,对非投资领域的不断拓宽促进了非洲国家经济的全面均衡发展。毫无疑问,中国的对外投资促进了各国共同发展,为全球经济带来了更多机遇,其影响是深远的。

另一方面,中国的对外援助为受援国的发展提供了蓬勃发展的机遇。第一,从对外援助的原则来看,与美国官方发展援助(Official Development Assistance,简称 ODA)的最大区别的是,中国的对外援助坚持不附带任何政治条件,不干涉受援国内政,充分尊重受援国自主选择发展道路和模式的权利。以拉丁美洲为例,在债务危机爆发后,美国和各国际金融机构向拉美提供援助时,所附加的条件是各国必须进行新自由主义性质的调整和改革;在非人道主义援助方面,美国政府也对受援国提出了广泛的西方人权和民主式的改革要求。而中国则坚持采取无偿援助、无息贷款和优惠贷款三种方式开展对外援助。2011 年,面对非洲之角 60 年未遇的饥荒,中国政府提供紧急粮食援助和现汇援助,总额共计 4.432 亿元人民币,这是新中国成立以来中国政府对外提供的最大一笔粮食援助。2017 年 6 月,中国政府向联合国世界粮食计划署在肯尼亚卡库马的难民营援助了 9 000 吨玉米和高粱。新型冠状病毒感染暴发以来,截至 2022 年 5 月,中国累计向 153 个国家和 15 个国际组织提供了 46 亿件防护服、180 亿人份检测试剂、4 300 余亿只口罩、22 亿剂新冠肺炎疫苗,并将继续向非洲国家无偿援助 6 亿剂疫苗、无偿向东盟国家提供 1.5 亿剂疫苗。两国不同做法的影响是直接且显著的,就是受援国能否获得真正的独立自主发展。第二,从对外援助的方式来看,在 2013—2018 年对外援助中,中国不断创新对外援助方式,共建设成套项目 423 个,重点集中于基础设施、农业等领域,其中,占比最大的是经济基础设施,在 2010—2012 年约占 44.8%,然后是社会公共基础设施,约占 27.6%。而根据 OECD 国际发展数据显示,2010 年,美国 48.2% 的 ODA 用于社会和公共管理设施,经济基础设施仅占 10.3%。显然,中美两国对外援助的不同侧重对受援国经济发展的影响是不言而喻的。中国对于这些国家和地区的经济发展所作出的贡献,不仅包括推动当地民生改善和经济社会发展,还为这些国家谋求自主发展创造了可能。因此,从对外直接投资和援助来看,中国在全球范围的影响力比肩甚至可以说是超过美国这个所谓"中心国家"。

(三) 中国金融在世界体系中的影响

近年来,中国倡导的金砖国家新开发银行和亚洲基础设施投资银行为代表的国际性金融合作组织,以及通过"一带一路"等经济发展合作框架,吸引和影响了越来越多的国家和地区,引领世界金融、贸易、投资和援助的新制度构建,成为世界体系中"准中心"国家的重要经济标志。

中国发起和倡议的国际金融组织,不仅在区域经济发展中发挥重要作用,也为世界金融体系的改革提供了范本。中国发起成立的金砖国家新开发银行(简称金砖银行),共同体现了金砖国家试图加强合作,发挥凝聚力和自身金融资源,来弥补 IMF、世界银行等世界金融机构等功能缺失的努力,为今后建立新的国际金融体系和世界主要的多边发展银行打下基础。中国倡议成立的亚洲基础设施投资银行(简称亚投行),有利于缓解亚洲长期投资,特别是基础设施建设方面投资面临难题。这是缘于由西方中心国家主导的世界银行和日本主导的亚洲开发银行等金融机构,无法和无意于满足亚洲国家发展基础设施等实体经济的紧迫需求。截至 2022 年 6 月 28 日,亚投行的区域性成员国有 46 个、非区域性成员国 42 个、潜在的区域性及非区域性成员国 14 个。亚投行的成员国遍布亚洲、欧洲、大洋洲、南美洲和非洲。中国在亚投行成立和发展中的号召力和影响力之大,是任何一个处于世界经济边缘的外围国家和大多数中心国家所无法企及的,其发挥着与美国主导的世界银行和日本主导的亚洲开发银行有所不同的重要作用。到 2019 年,已通过的 15 个国家的 39 个贷款或投资项目,总额达到 75 亿多美元,也是中国金融在世界经济体系中影响力的重要体现。

此外,人民币于 2016 年 10 月 1 日正式加入特别提款权,成为继美元、欧元、英镑、日元之后的第五大篮子货币。这不仅标志着人民币国际化取得重大进展,对推动国际结算使用人民币具有重要作用,坚挺的人民币进行货币互换,也有助于打破美元的垄断和金融制裁,促进国际货币金融体系改革。2022 年 5 月 11 日,国际货币基金组织(IMF)执董会完成了五年一次的 SDR 定值审查,决定维持现有的 SDR 篮子货币构成不变,即仍由美元、欧元、人民币、日元和英镑构成,但是将人民币的权重由 10.92% 上调至 12.28%,升幅 1.36 个百分点。

（四）中国综合竞争力在世界体系中的影响

目前，中国以科技和制造业为核心的综合竞争力在全球的影响力提升较快。"神舟"系列载人宇宙飞船发射成功，"嫦娥"探月工程、高铁、天河计算机、北斗导航等尖端科技，成为"中国奇迹"的有力见证，标志着我国综合国力和国际地位居于世界前列。

第一，中国科技优势日趋明显。中国的量子通信超级计算机、北斗导航系统、5G通信、人工智能、可燃冰开采、电子商务、移动支付等技术均领先世界。有的技术已处于"领跑"世界科技界。比如，世界首个体细胞克隆猴在我国诞生，这一技术不仅使得我国在非人灵长类研究领域实现了世界"领跑"，更是为解决人类面临的重大脑疾病研究带来了光明前景。

第二，中国制造业优势日趋明显。根据世界银行数据，2010年我国制造业增加值超过美国，成为制造业第一大国。2021年，我国制造业增加值占全世界的份额达到近30%，成为驱动全球工业增长的重要引擎。在世界500多种主要工业产品当中，中国有220多种工业产品的产量居全球第一。目前，我国已拥有41个工业大类、207个工业中类、666个工业小类，形成了独立完整的现代工业体系，是全世界唯一拥有联合国产业分类中全部工业门类的国家。高铁就是中国高端制造业的代表之一，出口覆盖全球六大洲，成为刺激全球经济增长的一大动力。中国高铁运行5年，客流量超过34"岁"的法国高铁，350公里/小时的速度快于日本和德国的高铁，而中国高铁的建设成本仅是德国和日本高铁等的三分之一到一半。

第三，中国知识产权优势日趋明显。正如澳大利亚"对话"网站刊登的题为《为何说中国是知识产权领域的领先者》一样，中国一直致力于在科学、高科技等领域加大知识产权保护。世界知识产权组织总干事弗朗西斯·高锐在接受新华社记者专访时曾指出，中国是知识产权的生产国，并在知识产权保护方面已经取得巨大成绩。根据联合国世界知识产权组织发布的年度报告显示，2016年中国受理的专利申请超过了美国、日本、韩国以及欧洲专利局的总和，连续11年居于全球第一。2019年中国专利申请数量为140万件，位居世界第一，是专利申请第二大国美国申请量（62.15万件）的两倍以上。截至2021年年底，我国国内（不含港澳台）战略性新兴产业有效发明专利79.2万件，较"十三五"期末增加了11.4万件，产业自主创新能力持续增强。一些技术已经从过去的"跟跑"到"并跑"甚至向"领跑"迈进，发电设备、输变电设备、轨道交通设备、通信设备等产业已经处于国际领先地位。

第四，中国综合竞争优势日趋明显。《2022年全球竞争力报告》显示4项衡量竞争力的指标中，中国（大陆）的经济表现分项指标最佳，排名第4，仅次于卢森堡、新加坡和美国；其他分项指标排名处于中上游位置，超过了很多发达经济体。

（五）中国"一带一路"倡议在世界体系中的影响

2013年9月和10月，由习近平分别提出建设"新丝绸之路经济带"和"21世纪海上丝绸之路"的国际合作倡议。2015年3月28日，国家发展改革委、外交部、商务部联合发布了《推动共建丝绸之路经济带和21世纪海上丝绸之路的愿景与行动》，明确提出"一带一路"建设要坚持共商、共建、共享原则，以政策沟通、设施联通、贸易畅通、资金融通、民心相通为主要内容，并指出21世纪海上丝绸之路的重点方向是从中国沿海港口过南海到印度洋，延伸至欧洲,以及过南海到太平洋。"一带一路"倡议得到了中亚、南亚、西亚、欧洲以及非洲国家的积极支持和响应。这一新合作制度框架,既起到增强中国经济影响力和向心力的作用,也起到引导合作伙伴开展更深层次、更高水平的多方位合作,进而推动全球经济体系改革的支点,其国际合作框架已经成为众多国家和地区开展平等互利的经济合作典范,具有重塑世界经济体系的作用。

新型冠状病毒感染使全球经济陷入第二次世界大战以来最严重的衰退,在如此背景下,中国始终坚持和平发展、互利共赢,愿同合作伙伴一道,把"一带一路"打造成团结应对挑战的合作之路、维护人民健康安全的健康之路、促进经济社会恢复的复苏之路、释放发展潜力的增长之路。从2013年到2021年,中国与"一带一路"合作伙伴贸易值累计超过9.2万亿美元,年均增长达到7.5%,已经成为合作的25个国家最大的贸易伙伴。2021年,中国对"一带一路"合作伙伴进出口总额达11.6万亿元,同比增长23.6%。截至2021年12月,中国政府已举办了两届"一带一路"国际合作高峰论坛,与147个国家和30多个国际组织签署了200多份共建"一带一路"合作文件。从贸易往来到文化交流,从基础设施到民生改善,"一带一路"建设赢得了广泛称赞。"一带一路"制度框架所创造的是一种世界经济共赢效应,并以中国自身的经济实力、影响力和向心力带动了合作伙伴参与世界经贸合作,分享中国和世界经济发展的红利,这是一个世界体系中的"准中心"或中心国家才能引领实施的国际合作制度新模式。

五、中国从"准中心"迈进"中心"的战略应对

我们还要进一步从世界经济的"准中心"向"中心"迈进,但是针对西方一些国家怀疑中国也是在发展一种新的"中心—外围"之间依附关系,我们有必要声明,中国所迈向世界经济舞台的"中心",不是重蹈西方中心国家的覆辙,不走它们利用领先的经济技术优势来剥削其他国家的老路;中国所追求的"中心"地位,实际上是在谋求自身发展基础上促进人类命运和利益共同体的完善。我国既要在经济和科技上追赶上传统的"中心"国家,以获得与发达国家平等合作的机会,又要和传统的"外围"国家进行平等和帮助性的合作,并为"外围"国家发展进步提供示范,更好地引领全球共同建立国际经济新秩序、引领共同塑造国际共同经济安全、引领共同推动公正的经济全球化。

(一) 确立知识产权优势理论和战略,加快提升创新型国家建设的科技体系

本书"第八章　自力主导型对等开放论"和"第十章　自主知识产权优势论"对知识产权优势战略已经论述,在此不再赘述。

(二) 确立金融"脱虚向实"的理论和战略,加快提升人民币国际化的金融地位

我国要迈进世界经济的"中心",就需要建立区域性的货币体系,逐步实现人民币国际化和金融"脱虚向实",以保障金融和国计民生的安全。首先要从根本上提高我国企业适应国内外两个市场竞争的能力,因为人民币区域化和国际化的进程也是我国实现全方位开放的过程,切实做好人民币区域化和国际化的基础性工作,前提是作为市场微观主体的企业能够适应新的国际化金融环境。其次要加强和完善以商业银行为中心的信用制度,在国外推行人民币兑换业务,主动建立和完善合理的利率市场化机制。最后要高度重视

和改进开放进程中的金融监管问题。我国既要全面深化国内金融体制的改革,提升本国金融机构的竞争力,也要循序渐进地扩大金融领域的双向对等开放,并加强对国际游资的防范与管理。

(三)确立提质增效的发展理论和战略,加快提升国内与国际经济高度协调的产业体系

习近平总书记在党的二十大报告中指出:"高质量发展是全面建设社会主义现代化国家的首要任务。发展是党执政兴国的第一要务。"[①]要走近世界舞台的中央,前提是发展。新时代要以推动高质量发展为主题,经济发展方式要从规模速度型粗放增长转向质量效率型集约增长;经济结构从增量扩能为主转向调整存量、做优增量并存的深度调整;经济发展动力由要素驱动、投资驱动等传统增长点转向以创新驱动为代表的新增长点。

实现高质量发展,还需促进国内产业体系与国际经济的高度协调。其中,降低本国产业对外国产业的依赖度,提升国内产业参与国际分工的层次,是加快国内产业体系与国际经济协调发展的着力点。要以提高产业竞争力和产业附加值为导向,促进产业结构的合理化。一是适当淘汰高污染、高能耗的外向型加工企业,用先进技术改造传统产业,推动传统产业技术设备更新换代和升级改造;二是大力发展信息产业和新能源产业,以及设计、咨询、物流等现代服务业,抢占未来全球经济竞争的制高点;三是改革和完善投融资体制,引导和鼓励国内资本调整投资方向,使新增投资逐渐向现代服务业和高新技术产业转移。

(四)确立争取对半式双赢策略,加快建立国际经济新秩序和共同经济安全的制度体系

我们在参与发达国家主导的全球化进程中,不能仅仅强调与国际"接轨",不能只是跟着发达国家制定的模式和规则走,而是要参与制定全球化运作的规则,积极谋求本国的利益。我们的主张是对半式双赢,即要努力争取获取同等比例的利益。只有这样,才能防止自己滑落到很可能来临的新一轮的"中心—边缘"世界格局的边缘。在全球化的制度形成中,我们要关注制度的定位,要关注本国获得的利益份额。

中国作为负责任的大国,坚持合作共赢理念,坚持扩大对外开放,愿同各国分享中国市场的机遇和潜力,同各国一起平等发展,欢迎更多国家搭乘中国经济快车共同发展。

总之,构建人类命运共同体,是以习近平同志为核心的党中央为全球治理、为人类社会发展贡献的中国愿景,充分体现和衷共济的责任担当和兼济天下的世界情怀,为增进人类福祉、维护世界和平指明了前进方向。我国在 70 多年持续走向繁荣富强的基础上,应继续谦虚谨慎、稳中有进地巩固和扩大在世界经济体系中的影响力,坚持合作共赢的中国理念坚持国家不分大小、强弱、贫富一律平等,带头走"对话而不对抗,结伴而不结盟"的国与国交往新路,在世界范围内构建以合作共赢为核心的新型国际关系,为"构建人类命运共同体"贡献中国智慧。

---

① 习近平:《高举中国特色社会主义伟大旗帜 为全面建设社会主义现代化国家而团结奋斗——在中国共产党第二十次代表大会上的报告》,人民出版社 2022 年版,第 28 页。

延伸阅读

复习思考题

1. 简述马克思、恩格斯的世界经济中心转移思想的内容。

2. 简述习近平提出的"百年未有之大变局"和"人类命运共同体"的基本内涵。

3. 你认为中国从当前的世界"准中心"迈向"中心",还需要做哪些努力?

案 例 分 析

"一带一路"发展概况

"一带一路"倡议是中国共产党致力于增进全人类发展共同利益的伟大事业而提出的。通过共建"一带一路",中国方案蕴含的互利共赢、开放合作等理念日益深入人心,产生了深远国际影响。千年以来,"一带一路"的前身——古丝绸之路就作为中国对外交往和经济交流的重要渠道,也显示出古代中国的世界经济中心地位。近代以来,在东西方势力此消彼长的过程中,中国实现了由世界经济的"中心"到"边缘"再到"准中心"的几次转变,并且走出一条符合本国实际且兼顾世界发展的中国式现代化新道路。"一带一路"作为中国式现代化的重大理论与实践成果,既是中国经济实力和综合国力与日俱增的直接体现,也是破除西方中心论、走向世界经济中心的必由之路。

自 2013 年习近平总书记正式提出共建"一带一路"倡议以来,"一带一路"建设积极落实和有效推进,取得重大发展成就,为各国发展和世界经济增长提供了新动能。一是"一带一路"合作伙伴越来越多。截至 2023 年 6 月,中国已经同 152 个国家和 32 个国际组织签署 200 余份共建"一带一路"合作文件,其合作范围涵盖互联互通、贸易、投资、金融、社会、海洋、电子商务、科技平台、民生、人文等领域,已成为深受欢迎的国际公共产品和国际合作。二是基础设施互通互联水平不断提升。"一带一路"倡议迄已形成 3 000 多个合作项目,拉动近万亿美元投资规模,"六廊六路多国多港"的互联互通架构基本形成,一大批互利共赢项目成功落地。三是经贸投资合作不断拓展。2022 年,中国同"一带一路"合作伙伴的进出口规模创历史新高,占中国外贸总值的比重达 32.9%,较上年提升 3.2 个百分点,较 2013 年提升 7.9 个百分点。一方面,合作伙伴贸易自由化便利化水平持续提升。截至 2023 年 9 月,中国已与 28 个国家和地区签署了 21 个自贸协定,自贸伙伴覆盖亚洲、大洋洲、拉丁美洲、欧洲和非洲。另一方面,截至 2023 年 7 月,中国已与新加坡等 52 个国家

（地区）签署 AEO 互认安排，其中共建"一带一路"国家（地区）35 个，互认协议签署数量和互认国家（地区）数量保持全球"双第一"。四是拉动合作伙伴和全球经济增长。2013 年至 2018 年，中国对外援助金额为 2 702 亿元人民币，其中提供无偿援助 1 278 亿元人民币，占对外援助总额的 47.30%。截至 2022 年年底，中国企业在"一带一路"合作伙伴建设的合作区已累计投资 3 979 亿元人民币，为当地创造了 42.1 万个就业岗位。世界银行测算，"一带一路"框架下有关交通项目的全部实施，到 2030 年有望使全球收入增加 0.7% 至2.9%，使 760 万人摆脱极端贫困、3 200 万人摆脱中度贫困。

思考题：

　　随着"一带一路"国际影响力的不断扩大，有人借助意识形态偏见，认为中国正在借助"一带一路"大搞"新殖民主义"，通过经济、科技等手段控制和剥削亚非拉等相对落后的国家和地区。这种观点显然是错误的，为什么？

思路点拨

第十五章 新帝国主义论

 学习目标

1. 掌握马克思主义经典作家关于帝国主义的形成、特征、特性及发展趋势的基本观点
2. 了解中外学者对当代帝国主义研究的主要观点
3. 掌握新帝国主义论关于当代帝国主义的五大特征的概括，明确如何应对新帝国主义

资本主义的历史演进形成了若干个不同的具体阶段。20世纪初，资本主义完成了从自由竞争向垄断的过渡。列宁把垄断资本主义叫作帝国主义。帝国主义时代经济政治发展不平衡规律发生作用，为了重新瓜分世界领土和对外扩张，催生了两次世界大战。第二次世界大战后，一大批经济相对落后的国家先后走上社会主义道路，世界形成资本主义和社会主义两大阵营的对峙。尽管马克思和恩格斯在《共产党宣言》中宣告资本主义必然被社会主义替代，并在极少数国家得以实现；尽管列宁说过帝国主义是腐朽的、垂死的资本主义，但帝国主义目前还表现为腐而不朽、垂而不死。尤其是20世纪70年代以来跨国公司的全球扩张，把生产社会化推进到经济全球化新阶段；资本自由化进程突飞猛进，经济金融化虚拟化日益加深；美国精英及其控制的国际组织，把新自由主义包装成"华盛顿共识"，在全球到处推销。从经济基础、生产方式以及主导意识形态的转变来判断，资本主义从20世纪70年代起跨入了一个质上全新的阶段——新帝国主义阶段。

第一节 马克思主义经典作家和领袖的基本思想

一、帝国主义的含义

"帝国主义"一词，在历史上曾用来表述对外侵略扩张政策或专制统治，蓄意将其统治范围（帝国）向更多的国家和民族扩展的一种政治制度，比如中世纪法兰克福的查理曼大帝和拿破仑一世的帝国主义。马克思在他对资本主义的研究中，研究过资本主义国家的殖民地，尤其是当时英国的殖民地爱尔兰和印度，但他并未提出过帝国主义。我们常称为帝国主义战争的鸦片战争，马克思称其为商业战争，因为那时还没有现代意义的帝国主义。

现代意义的帝国主义,是通过 19 世纪后 30 年的过渡在 20 世纪初形成的,垄断组织、资本输出、殖民地争夺等已经成为事实。列宁在他对垄断资本主义的研究中,沿用了"帝国主义"这一术语,但他认为不应一般地谈论帝国主义而忘记或忽视社会经济形态的根本区别。他认为帝国主义不是"政策"而是经济关系,现代帝国主义就其实质来说就是垄断资本主义。因此,在马克思主义政治经济学研究现代资本主义时,"帝国主义"一词的使用是和垄断资本主义同义的。

列宁在《帝国主义是资本主义的最高阶段》一书中指出:如果必须给帝国主义下一个尽量简短的定义,那就应当说,帝国主义是资本主义的垄断阶段。这样的定义能包括最主要之点,因为一方面,金融资本就是和工业垄断同盟融合起来的少数最大的银行资本;另一方面,瓜分世界,就是由无阻碍地向未被资本主义大国占据的地区推行的殖民政策,过渡到垄断地占有已经瓜分完了的世界领土的殖民政策。过于简短的定义虽然方便(因为它概括了主要之点),但是要从中分别推导出那些最重要的特点,这样的定义毕竟是不够的。因此,如果不忘记所有定义都只是有条件的、相对的,永远不能包括充分发展的一切方面的联系,就应当给帝国主义下这样一个定义,……帝国主义是发展到垄断组织和金融资本的统治已经确立、资本输出具有突出意义、国际托拉斯开始瓜分世界、一些最大的资本主义国家已把世界全部领土瓜分完毕这一阶段的资本主义。①

二、帝国主义的基本特征

列宁依据 20 世纪初期大量资本主义的统计材料和资产阶级学者的自白,对其进行马克思主义的分析,概括出了帝国主义的五个基本特征:"(1)生产和资本的集中发展到这样高的程度,以致造成了在经济生活中起决定作用的垄断组织;(2)银行资本和工业资本已经融合起来,在这个'金融资本的'基础上形成了金融寡头;(3)和商品输出不同的资本输出具有特别重要的意义;(4)瓜分世界的资本家国际垄断同盟已经形成;(5)最大资本主义大国已把世界上的领土瓜分完毕。"②

(一)生产集中和垄断

垄断是资本主义生产方式本身造成的。恩格斯指出,"历来受人称赞的竞争自由已经日暮途穷,必然要自行宣告明显的可耻破产。这种破产表现在:在每个国家里,一定部门的大工业家会联合成一个卡特尔,以便调节生产。"③生产集中发展到一定程度必然导致垄断。列宁指出,"资本主义在农业中和工业中都造成了空前未有的生产集中以代替过去的生产分散。"④"集中发展到一定阶段,可以说就自然而然地走到垄断。因为几十个大型企业彼此之间容易达成协议;另一方面,正是企业的规模巨大造成了竞争的困难,产生了垄断的趋势。"⑤

垄断形成后并没有消灭竞争。"现代的垄断就是由竞争本身产生的。"⑥"竞争的对立面是垄断。……竞争建立在利益基础上,而利益又引起垄断;简言之,竞争转为垄断。另一方

---

①② 《列宁全集》第 27 卷,人民出版社 2017 年版,第 401 页。

③ 《马克思恩格斯文集》第 7 卷,人民出版社 2009 年版,第 496 页。

④ 《列宁全集》第 3 卷,人民出版社 2013 年版,第 551 页。

⑤ 《列宁全集》第 27 卷,人民出版社 2017 年版,第 333 页。

⑥ 《马克思恩格斯文集》第 1 卷,人民出版社 2009 年版,第 635 页。

面,垄断挡不住竞争的洪流;而且,它本身还会引起竞争"①,"垄断产生着竞争,竞争产生着垄断。垄断者彼此竞争着,竞争者变成了垄断者。如果垄断者用局部的联合来限制彼此间的竞争,工人之间的竞争就要加剧;对某个国家的垄断者来说,无产者群众越增加,各国垄断者之间的竞争就越疯狂。合题就是:垄断只有不断投入竞争的斗争才能维持自己"②。垄断的产生并没有消除竞争。列宁指出:"从自由竞争中生长起来的垄断并不消除自由竞争,而是凌驾于这种竞争之上,与之并存,因而产生许多特别尖锐特别剧烈的矛盾、摩擦和冲突。"③

垄断的形成,加深了资本主义的矛盾与危机。"资本的垄断成了与这种垄断一起并在这种垄断之下繁盛起来的生产方式的桎梏。"④列宁认为,"用卡特尔消除危机是拼命为资本主义涂脂抹粉的资产阶级经济学家的无稽之谈。"⑤危机刺激垄断的发展。"危机(各种各样的危机,最常见的是经济危机,但不是只有经济危机)又大大加强了集中和垄断的趋势。"⑥

(二) 金融资本和金融寡头的统治

关于金融资本的形成,马克思指出,"随着资本主义生产的进展,每一单个生产过程的规模会扩大,预付资本的最低限量也会随之增加,所以除了其他情况外,又加上这个情况,使产业资本家的职能越来越转化为各自独立或互相结合的大货币资本家的垄断。"⑦马克思还指出,"随着大工业的发展,出现在市场上的货币资本,会越来越不由个别的资本家来代表,即越来越不由市场上现有资本的这个部分或那个部分的所有者来代表,而是越来越表现为一个集中的有组织的量,这个量和实际的生产完全不同,是受那些代表社会资本的银行家控制的。"⑧列宁认为:"随着银行业的发展及其集中于少数机构,银行就由中介人的普通角色发展成为势力极大的垄断者,它们支配着所有资本家和小业主的几乎全部的货币资本,以及本国和许多国家的大部分生产资料和原料产地。"⑨

马克思定义了生息资本,揭示了它的"神秘"特性。"在生息资本的形式上,这种性质是直接地表现出来的,没有生产过程和流通过程做中介。资本表现为利息的即资本自身增殖的神秘的和富有自我创造力的源泉。……在生息资本上,这个自动的物神,自行增殖的价值,会生出货币的货币,纯粹地表现出来了,并且在这个形式上再也看不到它的起源的任何痕迹了。社会关系最终成为一种物即货币同它自身的关系。这里显示的,不是货币到资本的实际转化,而只是这种转化的没有内容的形式。像在劳动力的场合一样,在这里,货币的使用价值是创造价值,创造一个比它本身所包含的价值更大的价值。"⑩金融资本是伴随垄断而形成的。列宁指出,"生产的集中;从集中生长起来的垄断;银行和工业日益融合或者说长

① 《马克思恩格斯文集》第1卷,人民出版社2009年版,第73页。

② 《马克思恩格斯文集》第1卷,人民出版社2009年版,第637页。

③ 《列宁全集》第27卷,人民出版社2017年版,第400—401页。

④ 《马克思恩格斯文集》第5卷,人民出版社2009年版,第874页。

⑤ 《列宁全集》第27卷,人民出版社2017年版,第344页。

⑥ 《列宁全集》第27卷,人民出版社2017年版,第344—345页。

⑦ 《马克思恩格斯文集》第6卷,人民出版社2009年版,第124页。

⑧ 《马克思恩格斯文集》第7卷,人民出版社2009年版,第413页。

⑨ 《列宁全集》第27卷,人民出版社2017年版,第346页。

⑩ 《马克思恩格斯文集》第7卷,人民出版社2009年版,第441页。

合在一起，——这就是金融资本产生的历史和这一概念的内容。"①帝国主义的特点,恰好是金融资本。而"金融资本对其他一切形式的资本的优势,意味着食利者和金融寡头占统治地位,意味着少数拥有金融'实力'的国家处于和其余一切国家不同的特殊地位。"②

（三）资本输出

马克思指出,"各个相互影响的活动范围在这个发展进程中越是扩大,各民族的原始封闭状态由于日益完善的生产方式、交往以及因交往而自然形成的不同民族之间的分工消灭得越是彻底,历史也就越是成为世界历史。"③《共产党宣言》指出:"不断扩大产品销路的需要,驱使资产阶级奔走于全球各地,它必须到处落户,到处开发,到处建立联系。"④列宁指出,"对自由竞争占完全统治地位的旧资本主义来说,典型的是商品输出。对垄断占统治地位的最新资本主义来说,典型的则是资本输出。"⑤

（四）资本家国际垄断同盟瓜分世界

列宁指出:"资本家的垄断同盟卡特尔、辛迪加、托拉斯,首先瓜分国内市场,把本国的生产差不多完全掌握在自己手里。但是在资本主义制度下,国内市场必然是同国外市场相联系的。资本主义早已造成了世界市场。所以随着资本输出的增加,随着最大垄断同盟的国外联系、殖民地联系和'势力范围'的极力扩大,这些垄断同盟就'自然地'走向达成世界性的协议,形成国际卡特尔。"⑥"资本家瓜分世界,并不是因为他们的心肠特别狠毒,而是因为集中已经达到这样的阶段,使他们不得不走上这条获取利润的道路;而且他们是'按资本'、'按实力'来瓜分世界的,在商品生产和资本主义制度下也不可能有其他的瓜分方法。"⑦列宁认为国际垄断同盟的形成"是全世界资本和生产集中的一个新的、比过去高得多的阶段。"⑧并称之为"超级垄断"。

（五）资本主义大国瓜分世界

列宁指出,"最新资本主义时代向我们表明,资本家同盟之间在从经济上瓜分世界的基础上形成了一定的关系,而与此同时,与此相联系,各个政治同盟、各个国家之间在从领土上瓜分世界、争夺殖民地、'争夺经济领土'的基础上也形成了一定的关系。"⑨资本输出的利益也会刺激殖民地争夺,"因为在殖民地市场上,更容易(有时甚至只有在那里才可能)用垄断的手段排除竞争者,保证由自己来供应,巩固相应的'联系'等等。"所以"在金融资本的基础上生长起来的非经济的上层建筑,即金融资本的政策和意识形态,加强了夺取殖民地的趋向。"⑩在金融帝国主义时代,"帝国主义战争,即争夺世界霸权、争夺银行资本的市场和扼杀

---

① 《列宁全集》第 27 卷,人民出版社 2017 年版,第 362 页。
② 《列宁全集》第 27 卷,人民出版社 2017 年版,第 374 页。
③ 《马克思恩格斯文集》第 1 卷,人民出版社 2009 年版,第 540—541 页。
④ 《马克思恩格斯文集》第 2 卷,人民出版社 2009 年版,第 35 页。
⑤ 《列宁全集》第 27 卷,人民出版社 2017 年版,第 376 页。
⑥⑧ 《列宁全集》第 27 卷,人民出版社 2017 年版,第 381 页。
⑦ 《列宁全集》第 27 卷,人民出版社 2017 年版,第 388 页。
⑨ 《列宁全集》第 27 卷,人民出版社 2017 年版,第 389 页。
⑩ 《列宁全集》第 27 卷,人民出版社 2017 年版,第 397 页。

弱小民族的战争是不可避免的。"①

三、帝国主义的特性和发展趋势

（一）帝国主义的腐朽与寄生性

垄断产生金融贵族，食利者人数增加。马克思指出，垄断"再生产出了一种新的金融贵族，一种新的寄生虫，——发起人、创业人和徒有其名的董事；并在创立公司、发行股票和进行股票交易方面再生产出了一整套投机和欺诈活动。"②恩格斯认为，"自1866年危机以来，积累以不断加快的速度进行，……但是随着这种积累的增长，食利者的人数也增加了。这种人对营业上经常出现的紧张已感到厌烦，只想悠闲自在，或者只揽一点像公司董事或监事之类的闲差事。"③

帝国主义是寄生的或腐朽的资本主义。食利者阶层在帝国主义阶段有了巨大增长。列宁指出，"帝国主义就是货币资本大量聚集于少数国家……于是，以'剪息票'为生，根本不参与任何企业经营、终日游手好闲的食利者阶级，确切些说，食利者阶层，就大大地增长起来。帝国主义最重要的经济基础之一——资本输出，更加使食利者阶层完完全全脱离了生产，给那种靠剥削几个海外国家和殖民地的劳动为生的整个国家打上了寄生性的烙印。"④

（二）帝国主义的过渡性或垂死性

"帝国主义是衰朽的但还没有完全衰朽的资本主义，是垂死的但还没有死亡的资本主义。"⑤列宁充分地预见到了这个垂死的资本主义很可能还会"拖"一个相当长的时期，甚至也不排斥，在这个垂死的阶段中，资本主义还会得到一定程度的发展。比如，列宁在讲到帝国主义的腐朽性时说："如果以为这一腐朽趋势排除了资本主义的迅速发展，那就错了。不，在帝国主义时代，某些工业部门，某些资产阶级阶层，某些国家，不同程度地时而表现出这种趋势，时而又表现出那种趋势。整个说来，资本主义的发展比从前要快得多。"⑥"它可能在腐烂状态中保持一个比较长的时期（在机会主义的脓疮迟迟不能治好的最坏情况下），但终究不可避免地要被消灭。"⑦

（三）帝国主义是无产阶级社会革命的前夜

资本主义发展在空间上是不平衡的。恩格斯的《英国工人阶级状况》指出，"英国现在已经度过了我所描写的这个资本主义剥削的青年时期，而其他国家则刚刚进入这个时期。法国、德国、尤其是美国，这些可怕的敌手，它们如同我在1844年所预见的那样，正在日益摧毁英国的工业垄断地位。它们的工业比英国的工业年轻，但是其成长却迅速得多，现在已经达到与1844年英国工业大致相同的发展阶段。"⑧在1893年致尼古拉·弗兰策维奇·丹尼尔

---

① 《列宁全集》第29卷，人民出版社2017年版，第474页。
② 《马克思恩格斯文集》第7卷，人民出版社2009年版，第497页。
③ 《马克思恩格斯文集》第7卷，人民出版社2009年版，第1028—1029页。
④ 《列宁全集》第27卷，人民出版社2017年版，第412页。
⑤ 《列宁全集》第29卷，人民出版社2017年版，第479页。
⑥ 《列宁全集》第27卷，人民出版社2017年版，第436页。
⑦ 《列宁全集》第27卷，人民出版社2017年版，第438页。
⑧ 《马克思恩格斯文集》第1卷，人民出版社2009年版，第369页。

逊的信中,恩格斯写道:"当英国迅速丧失它在工业上的垄断地位的时候,法国和德国正在接近英国的工业水平,而美国正要不仅在工业品方面,而且在农产品方面把它们统统赶出世界市场。美国实行一种至少是相对的自由贸易政策,无疑会彻底摧毁英国的工业垄断地位,同时会破坏德国和法国的工业品出口贸易。"①

列宁根据经济政治发展不平衡规律,得出社会主义可能在少数甚至一国首先胜利的结论。他指出:"帝国主义是无产阶级社会革命的前夜。"②斯大林比较清晰地表述了这一规律,"帝国主义时期发展不平衡的规律就是:一些国家通过跳跃式的发展超过另一些国家,一些国家很快地被另一些国家从世界市场上排挤出去,以军事冲突和战争灾祸的方式周期性地重新瓜分已被瓜分的世界,帝国主义阵营内部的冲突加深和加剧起来,世界资本主义战线削弱,个别国家的无产阶级可能突破这条战线,社会主义可能在个别国家内获得胜利。"③

毛泽东在新民主主义革命时期和社会主义建设时期,多次提出"帝国主义和一切反动派都是纸老虎"的论断。在1949年8月发表的《丢掉幻想　准备斗争》一文中,毛泽东揭露了美国对华政策的帝国主义本质,批评了国内一部分资产阶级知识分子对于美国帝国主义的幻想,用马克思主义观点,对中国革命的发生和胜利的必然性作了理论上的阐述。他指出:"帝国主义者的逻辑和人民的逻辑是这样的不同。捣乱,失败,再捣乱,再失败,直至灭亡——这就是帝国主义和世界上一切反动派对待人民事业的逻辑,他们决不会违背这个逻辑的。这是一条马克思主义的定律。……斗争,失败,再斗争,再失败,再斗争,直至胜利——这就是人民的逻辑,他们也是决不会违背这个逻辑的。这是马克思主义的又一条定律。"④中国革命的胜利,从理论和实践上充分证明了"帝国主义是无产阶级社会革命胜利的前夜"的马克思主义论断!

第二节　中外学者关于新帝国主义的主要观点

一、新帝国主义内涵的界定

(一)作为霸权主义和新殖民主义典型的新帝国主义

哈里·马格多夫认为,20世纪晚期帝国主义的本质是美国霸权条件下垄断资本的全球化。⑤当然,美国的新帝国主义(政策)与历史上的旧殖民主义有很大区别,有学者将其概括为新经济殖民主义、新干涉主义与新炮舰政策的综合体。也有学者认为,以美国为首的资本主义强国正在捡起当年殖民主义的老手段进行国际剥削和压迫,强迫不发达国家就范。

(二)价值或文化视角的新帝国主义

冷战结束以来,以美国为首的发达资本主义国家不仅把自己标榜为民主、自由、人权国

---

① 《马克思恩格斯文集》第10卷,人民出版社2009年版,第650页。
② 《列宁全集》第27卷,人民出版社2017年版,第330页。
③ 《斯大林选集》(上卷),人民出版社1979年版,第576页。
④ 《毛泽东选集》第4卷,人民出版社1991年版,第1486—1487页。
⑤ 转引自约翰·B.福斯特:《重新发现帝国主义》,王淑梅译,《国外理论动态》2004年第1期。

家的典范,而且几乎完全垄断了民主、自由、人权、文明、进步等话语的最终解释权。凭借着制度以及文化的光环效应,它们把具有典型西方资本主义特色的民主价值观解释为"普世价值",极力推向广大发展中国家,试图按照西方的标准改造他国政治经济体制。从这个方面来看,新帝国主义就是一种建立在西方自由民主价值观至上基础上的文化帝国主义。[①]文化帝国主义也可以称为文化霸权或文化殖民主义,其真正目的是通过思想文化、价值观念以及生活方式的渗透、同化,以达到对他国的政治统治和经济掠夺之目的。有学者指出,新帝国主义的典型特点就是主张按美英式的自由民主体制重组世界秩序,彻底否定民族自决和主权平等原则。[②]

(三) 作为资本主义发展新阶段的新帝国主义

宋太庆、王路平在国内较早提出"新帝国主义"这一范畴,他们把"新帝国主义"界定为"技术革命和世界一体化历史条件下的国际垄断资本主义""20 世纪末的帝国主义"。[③]吴茜认为,新帝国主义是美国国际垄断资本主义在经济全球化条件下的特殊发展形态。[④]戴卫华认为,新帝国主义是帝国主义发展的新阶段,其形成的基础是国际垄断资本主义。[⑤]美国著名马克思主义经济学家福斯特称,新帝国主义时代是"全球化高级阶段的垄断资本主义"。

二、新帝国主义的特征

(一) 在列宁的帝国主义论基础上进行新的概括

列宁在《帝国主义论》中概括了帝国主义的五大特征,进入新帝国主义时代,列宁概括的五个特点是否还存在? 如果还存在,它们是否产生了新的变化?

第一,垄断方面。随着经济全球化的发展,跨国公司在全球范围内进行社会化的大生产。新帝国主义是生产和资本集中度更高的国际垄断资本主义,垄断组织的发展更加壮大。在全球经济生活中占主导地位的不再是一般的垄断资本,而是规模和实力均极为庞大的国际垄断资本或者说它们的载体——跨国公司。国际垄断组织不仅控制了全球产业链控制,在经济生活中占主导地位,而且在政治文化上也起着决定性作用。我们知道,像卡特尔、辛迪加、托拉斯这样的垄断组织同盟在战后已经解体,那么其替代的形式是什么? 在李琼看来,新型的国际垄断组织是第四代跨国公司,吴茜称之为全球扩张的巨型跨国公司,顾玉兰则认为是巨型垄断公司及其子孙公司。谢富胜、李英东认为这些跨国公司是更高级的资本主义垄断形式。[⑥]由于巨型跨国公司的发展,全球形成了寡头垄断市场。顾玉兰指出,从全球看,从高科技产品到一般的日常生活必需品,处于垄断地位的多半是少数几家国际知名品

---

① 周穗明:《"新帝国主义论"及其批判述评》,《国外社会科学》2004 年第 3 期。

② 李玉峰:《"新帝国主义论"研究综述》,《毛泽东邓小平理论研究》2005 年第 5 期。

③ 宋太庆、王路平:《新帝国主义论——关于当代资本主义的总体特征》,《华中师范大学学报(哲学社会科学版)》1994 年第 1 期。

④ 吴茜:《"新帝国主义论"与美国的世界霸权战略》,《理论月刊》2006 年第 4 期。

⑤ 戴卫华:《西方左翼新帝国主义理论研究》,经济科学出版社 2017 年版。

⑥ 谢富胜、李英东:《当代帝国主义发生质变了吗——国外马克思主义学者的最新争论及局限》,《中国社会科学评价》2019 年第 3 期。

牌。①克里斯蒂安·福克斯认为,资本集中仍然是工业、服务业和金融业的重要特征。②关于垄断的全球性存在,萨米尔·阿明称当代资本主义已经演变成为普遍化垄断、全球化垄断的垄断资本主义。③

第二,关于金融资本。金融资本仍然是资本的主导形式,但金融资本的势力范围已经扩展到全球,发展为国际金融垄断资本。后者的规模和实力远远超过了实体经济。新帝国主义时期,操纵全球经济的是国际金融垄断资本集团,相比传统帝国主义时代的金融寡头,当代的金融寡头实力更为强劲。在巨型垄断金融寡头的控制下,形成了世界性的寡头垄断经济。有学者指出,金融资本的世界性统治是在新自由主义和全球主义思潮的泛滥下形成的。余斌认为,金融寡头不仅控制了产业资本和银行资本,而且控制了货币的发行。

第三,关于资本输出。关于资本输出及其形态的论述,学者的视角差别较大。李琮认为单纯用"资本输出"这一概念,已经很难描述经济全球化时代纷繁复杂、众多领域齐头并进的国际经济活动,因为资本输出已经演变为国际垄断资本的全面扩张。④余斌、克里斯蒂安·福克斯认为,跨国公司的生产和投资是当代国际经济活动的主要因素。跨国公司在全球范围内进行资本输出变得更加重要。余斌还强调,新帝国主义的资本输出并不是真金白银形式的资本输出,而是以不兑现的纸币和国债这样的白条形式的资本输出。⑤吴茜认为,美国新帝国主义输出的不仅是资本,而且还包括与资本有联系或为资本输出服务的资本主义的生产方式和上层建筑。⑥

第四,关于资本家国际垄断同盟从经济上瓜分世界。同第三个特征一样,关于新帝国主义时期垄断资本家国际同盟及其瓜分世界经济领土的形式,学者的观点差别也比较大。余斌认为是大企业、银行和政府联合起来的"公司王国",并且这种"公司王国"正在向全球帝国推进。⑦顾玉兰强调的是国际垄断统治的增强,指出国际垄断组织广泛联合,主导着世界的生产与分工。王金存、李琮和吴茜等都认为,全球性的经济组织就是当代资本主义社会的垄断资本家国际同盟,而发达国家正是通过这样的资本家同盟操控了全球经济治理。吴茜还称这样的资本家同盟是超级资本家国际垄断同盟。克里斯蒂安·福克斯对这一特征的强调是与第四个特征资本输出联系一起的,他指出世界经济严格分层的结构在今天仍然存在。西方国家总体上在资本输出和世界贸易中具有巨大优势,而拉美和非洲却被排斥在外。⑧

第五,关于对世界领土的瓜分。第二次世界大战以后,全世界的民族独立和国家解放运动如火如荼,旧的殖民地体系土崩瓦解,原来的殖民地、半殖民地国家和地区都纷纷走向独立。显而易见,新帝国主义国家已经很难再依托军事力量直接占领土地和拥有殖民地。那么,列宁关于帝国主义第五个特征的论述是否有效?王金存认为,瓜分和重新瓜分殖民地,

---

①　顾玉兰:《列宁主义及其当代价值研究》,中国社会科学出版社 2014 年版。

②⑧　克里斯蒂安·福克斯:《批判的全球化研究:对新帝国主义的经验和理论分析》,赵君夫译,《高校马克思主义理论研究》2016 年第 1 期。

③　魏南枝:《资本主义世界体系的内爆——萨米尔·阿明谈当代全球化垄断资本主义的不可持续性》,《红旗文稿》2013 年第 11 期。

④　李琮:《当代资本主义阶段性发展与世界巨变》,社会科学文献出版社 2013 年版,第 136 页。

⑤⑦　余斌:《新帝国主义的白条输出》,程恩富编《马克思主义经济学研究:第 4 辑》,中国社会科学出版社 2015 年版,第 378 页。

⑥　吴茜:《"新帝国主义论"与美国的世界霸权战略》,《理论月刊》2006 年第 4 期。

以及列强之间的争夺和战争,已经消失。①克里斯蒂安·福克斯认为,美国为保卫地缘政治经济上的影响力和霸权地位而发动的军事战争,比如伊拉克和阿富汗战争,表明这一特征仍然存在。余斌认为,资本主义大国及其集团开发了新的领土争夺和瓜分形式。顾玉兰强调了发达国家对世界市场的瓜分,资本主义大国借助资本投资或垄断同盟来瓜分世界市场,进而控制一个国家或地区的经济命脉。张超指出,以美国为首的西方国家凭借技术优势实行国际垄断。②显然,他们均强调的是对落后国家的经济控制。吴茜和李琮均指出了美国在新帝国主义时代中的霸主地位,认为冷战结束后的美国"一超独霸",企图建立以它为主宰的单极世界。

(二)政治、经济、文化、军事、战略等多维视角的概括

新帝国主义展现的形式往往是多侧面的。田文峰认为,新帝国主义的主要表现形式是金融帝国主义、文化帝国主义和军事帝国主义。③而温丽娟认为新帝国主义除了包括这三种形态之外,还包括政治帝国主义。④李雪阳从经济政治理念、殖民形式、主导者等方面对新帝国主义进行了更加全面的概括,具体包括奉行新自由主义经济理论;"自由、民主、人权"的政治理念与"保守主义"路线;施行"经济—文化殖民主义";主导者为美国;美国"一国独大"的"单极化"。⑤邢文增从五个方面概括了新帝国主义的本质特征,具体包括:垄断资本的全球扩张、虚拟经济与金融资本、经济全球化和区域一体化、文化帝国主义、地区军事霸权。⑥

(三)对新帝国主义统治形式和掠夺手段的探讨

新帝国主义时期,中心国家控制和压榨外围国家的外部环境发生了较大的改变,这种变化必然会反映到新帝国主义统治和剥削的具体行为机制上来。哈维指出,过去的资本积累主要源于工业利润,当代的资本积累却具有虚假性和虚拟性。戴卫华认为,新帝国主义主要通过金融联合形成政治军事联盟,企图控制世界、攫取高额利润。⑦王金存把传统帝国主义概括为殖民占领型帝国主义,把当代帝国主义概括为全球控制型帝国主义。前者的统治主要依靠直接的强制或压制,后者没有拥有或占领殖民地,主要依靠的是一种秩序或规则,后者总体上是以经济、文化等软手段为主导,辅之以军事和行政这些硬手段。⑧

与传统依靠战争侵占领土、进行超经济掠夺的帝国主义相比,新帝国主义更具有隐蔽性、欺骗性、全球性。新帝国主义的体系范围更大、风险更小、运行更灵活、成本更低廉。其中的原因在于:新帝国主义主要是借助软实力、巧实力而非军事力量这样的硬实力来维护其

---

① 王金存:《帝国主义历史的终结:当代帝国主义的形成和发展趋势》,社会科学文献出版社 2008 年版,第 100 页。

② 张超:《当今资本—帝国主义的新特征及其本质——列宁帝国主义论的当代解读及其启示》,《思想理论教育导刊》2015 年第 4 期。

③ 田文峰:《列宁帝国主义理论及其当代价值研究》,华中师范大学博士学位论文,2012 年,第 73 页。

④ 温丽娟:《国外帝国主义论研究》,吉林大学博士学位论文,2011 年,第 8 页。

⑤ 李雪阳:《"新帝国主义论"批判性考察——以大卫·哈维为例》,《贵州师范大学学报》(社会科学版)2017 年第 4 期。

⑥ 邢文增:《新帝国主义理论、现实与发展趋势》,中国社会科学出版社 2014 年版,第 86—139 页。

⑦ 戴卫华:《西方左翼新帝国主义理论研究》,经济科学出版社 2017 年版,第 21 页。

⑧ 王金存:《帝国主义历史的终结:当代帝国主义的形成和发展趋势》,社会科学文献出版社 2008 年版,第 106、376 页。

全球霸权和统治地位。新帝国主义统治世界的手段,如媒体操纵、经济垄断、资源掠夺、培植代理人、金融霸权、秩序和规制霸权、思想文化渗透等,大都是和平的、隐蔽的、综合性的。李娟指出,生态环境已然成为帝国主义侵略剥削的对象。阿伦达蒂·罗伊认为,新帝国主义的统治方式也包括发动战争。[①]福斯特指出,美国在中东等重要产油区的扩张,是帝国主义新时代的最典型表现。[②]

有学者指出,尽管新帝国主义与传统帝国主义的统治手段和表现形式不同,但其目的和本质却是一致的:都是霸权国家为被其支配国家制定和输出的秩序和制度;都是为了维护资本的主宰地位和资本主义的世界霸权;都是服务于建立以霸权国家为中心的世界经济政治秩序。[③]

第三节　评析与创新

我们遵循列宁在 20 世纪初关于帝国主义的理论分析,结合 20 世纪末冷战结束后帝国主义的各种现实,阐发新帝国主义在经济政治等方面的若干特征和特性,有助于深刻认识现阶段百年未有之大变局。

一、新帝国主义的五大特征和特性

新帝国主义是垄断资本主义在当代经济全球化和金融化条件下的特殊发展阶段。

(一)生产和流通的国际化和资本集中的强化,形成富可敌国的巨型跨国公司

1. 生产和流通的国际化程度更高

20 世纪 80 年代以来,跨国公司作为对外直接投资的载体,逐步成为国际经济交往的主要驱动力量。跨国公司通过对外直接投资,在世界各地建立分公司及附属机构,规模和数量都急剧扩张。1980—2008 年,全球跨国公司的数目从 15 000 家增至 82 000 家,海外子公司数目增长更快,从 35 000 家增至 810 000 家。2020 年,世界 100 家最大非金融跨国公司的资产和销售额有一半以上在国外。资本主义生产方式自诞生以来,生产活动集聚、协作以及社会分工的演进导致生产社会化程度越来越高,分散的劳动过程日益走向结合的劳动过程。事实证明,对外直接投资的持续增长,加深了各国之间的经济联系,显著提高了生产和流通的国际化程度,而跨国公司作为微观层面的主导力量在其中发挥了十分关键的作用。世界绝大多数国家和地区都被整合到跨国公司编织的"密如蛛网"的国际生产和贸易体系之中,成千上万个分布于世界各地的企业则组成全球产业链上的一个价值创造节点。跨国公司的迅猛发展表明,在资本全球化的新帝国主义阶段,生产和资本的集中程度越来越高,几万个跨国公司"主导一切"。

---

① 阿伦达蒂·罗伊:《新帝国主义的主要特征》,苏宇译,《国外理论动态》2004 年第 7 期。
② 约翰·贝·福斯特:《帝国主义的新时代》,王宏伟译,《国外理论动态》2003 年第 12 期。
③ 周穗明:《"新帝国主义论"及其批判述评》,《国外社会科学》2004 年第 3 期。

2. 形成跨国公司帝国

当代资本主义的跨国公司实力非常雄厚，它们是新技术开发和使用的主力军，控制着营销网络，以及越来越多的自然和金融资源，因而它们垄断了生产和流通的收益权，具有无可比拟的竞争优势。跨国公司不仅与国家权力结盟，而且与全球金融体系联动发展，形成了背后有国家支持的金融垄断组织。单从销售额这一项指标来看，一些跨国公司的经济规模已经超过了某些发达国家的经济体量。2021 年，居世界 500 强榜首的沃尔玛公司总营收高达 5 591.51 亿美元，比排名全球第 25 位的泰国的 GDP 还要高很多。实际上，如果把当今的跨国公司和近 200 个国家和地区混合一起，按照产值进行排名，那么，全球 100 个最大的"经济实体"中，国家占比不到三成，其余的 70％ 都是跨国公司。虽然产业全球化导致经济活动较为分散，但是投资、贸易、出口和技术转让等还是主要通过巨型跨国公司及其境外分支机构进行的，并且这些跨国垄断企业的母国仍然集中在几个发达资本主义国家。因为绝大多数跨国公司的母公司位于发达资本主义国家，所以利润也流向了这些国家。

（二）金融垄断资本在全球经济中起决定性作用，形成畸形发展的经济金融化

1. 少数金融寡头及其组织控制着本国乃至整个世界经济的命脉

谋求垄断性权力是帝国主义的本性，"大企业，尤其是大银行，不仅直接吞并小企业，而且通过'参与'它们的资本、购买或交换股票，通过债务关系体系等等来'联合'它们，征服它们，吸收它们加入'自己的'集团。"[①]"银行渠道的密网扩展得多么迅速……把成千上万分散的经济变成一个统一的全国性的资本主义经济，并进而变成世界性的资本主义经济。"[②]新帝国主义阶段，一小撮跨国公司，其中绝大部分是银行，通过兼并、参与、控股等形式，在全球建立了非常广泛而细密的经营网络，从而不仅控制了无数的中小企业，而且牢牢掌控了全球经济大动脉。斯特凡·维塔利（Stefania Vitali），詹姆斯·B.格拉特菲尔德（James B. Glattfelder）和斯蒂芬娜·巴蒂斯顿（Stefano Battiston）的研究证实：为数不多的跨国银行几乎支配了全球经济。他们在分析了全球 43 060 家跨国公司和它们之间相互交织的股份关系之后发现：顶端的 737 家跨国公司控制了全球 80％ 的产值。当进一步拆解这张复杂关系网，他们得出了一个更加惊人的发现：最核心的 147 家跨国公司控制了近 40％ 的经济价值，而这 147 家公司的四分之三都是金融中介机构。

2. 金融垄断资本在全球金融市场纵横驰骋

当代世界已进入金融主导型国际垄断资本主义的新阶段，世界各国的股票、证券、期货、外汇、商品等各种市场，都已经通过经济全球化、金融自由化、网络信息化相互密切连接起来，这意味着一旦拥有操纵市场的垄断力量，便能获取巨额利润，便能在高盛的纽约总部转瞬间发动全球范围的金融快速打击，将原本属于世界各国各个社会阶层的部分财富掠夺到自己囊中。金融寡头及其代理人罔顾贸易和投资领域的游戏规则，持续发动货币战、贸易战、资源战、信息战等，恣意掠夺全球资源和财富，无所不用其极。在资本市场，国际金融投资巨头往往能够攻击发展中国家脆弱的金融防火墙，趁机对它们数十年积累起来的资产进行洗劫。因此，金融的全球化和自由化固然搭建了一个统一开放的全球金融体系，但同时也

---

① 《列宁全集》第 27 卷，人民出版社 2017 年版，第 347 页。

② 《列宁全集》第 27 卷，人民出版社 2017 年版，第 349 页。

铺就了"中心"地区汲取"边缘"地区资源和剩余价值的"绿色"通道。集中在少数国际金融寡头手里并且享有实际垄断权的金融资本,通过对外投资、创办企业、跨国并购等手段,获得愈来愈多的高额垄断利润,不断地向全球征收贡赋,巩固了金融寡头的统治。

3. 经济金融化畸形发展

经济金融化是金融垄断资本出现后的必然现象。随着资本主义经济金融化程度的不断提高,经济活动必然更多地从实体经济部门转向金融部门,而金融资本作为私人资本的最高形态,逐利的本性决定了其不可避免地对经济、政治、社会、文化等各个方面进行渗透和施加影响。我们可以将当代垄断资本主义的经济金融化,概括为由金融资本主导经济运行、金融资产增长速度和规模远大于实体财富、金融资本对其他各个领域产生影响的一种资本制度和特殊积累方式。第一,金融部门成为调节和控制整个市场经济的核心,利用金融信用的资本放大作用进行资本积累和集聚被演绎到极致,进而过量债务被创造出来。第二,金融部门主导了非金融部门的剩余价值分配。非金融企业部门利润中用于支付股息和红利的比重越来越高。20 世纪 60 年代至 90 年代,美国公司部门的股息支付率(红利与经调整的税后利润之比)经历了大幅上升:20 世纪 60 年代平均为 42.4%,20 世纪 70 年代为 42.3%,而在 1980—1989 年,股息支付率从未低于 44%。1989 年,虽然公司利润总额下降了 17%,但红利总额却上升了 13%,股息支付率达到了 57%。到了 2008 年美国金融危机前夕,净红利支出占净税后利润的比重已占公司最终资金分配的 80% 左右。第三,虚拟经济过度繁荣,完全背离了实体经济的支撑能力。由于贫富差距持续拉大,不平等程度加深,金融机构在政府支持下不得不依靠花样繁多的金融创新,去支撑居民透支消费和分散金融风险;衍生金融品创新和资产泡沫膨胀所产生的巨额收益和财富效应,又会吸引更多的投资者涌向虚拟经济。

(三)美元霸权和知识产权垄断形成不平等的国际分工和两极分化的财富分配

20 世纪 90 年代以来的经济全球化阶段的突出特征是知识产权输出,垄断也不是一般的垄断,而是知识产权垄断。知识产权垄断导致南北差距比过去更大。它是靠商标、专利,靠核心技术、技术标准、技术许可证转让手段,来拉大发达国家和发展中国家之间的差距。对外转移中低端产业,形成了发达国家主导高端产业和金融业、发展中国家成为资源和市场供给地,发达国家向发展中国家输出金融产品、发展中国家向发达国家输出物质财富的这样一种特殊的"二元经济结构"。

1. 跨国垄断资本支配了全球合作伙伴

跨国公司通常位于垂直专业化分工链条的最上游,拥有核心部件知识产权,负责制定技术和产品标准,控制着产品的研发设计环节,而它的合作伙伴往往依附于跨国公司,是产品标准和价格的接受者,更多从事劳动密集型的生产加工装配环节的劳动,承担着简单零部件大批量生产的责任。作为跨国公司的代工工厂,这些企业只能赚取微薄的加工利润,而且这些企业里的工人工资水平普遍比较低、劳动强度很大、工作时间很长、工作环境较差。尽管产品的价值主要由代工工厂的生产工人创造,但跨国公司利用不平等的生产网络占有了大部分价值增值。跨国公司还常常利用对知识产权的垄断获取巨额回报。知识产权包括产品设计、品牌名称、营销中使用的符号和图像,它们受专利、版权和商标的规则和法律保护。联合国贸发会的数字表明,跨国公司的特许权使用费和许可收费已经从 1990 年的 310 亿美元增长到 2017 年的 3 330 亿美元。

20世纪90年代中期以来,国际垄断企业控制了全世界80％的专利和技术转让及绝大部分国际知名商标,并据此获得了大量收益。据美国国家科学理事会于2018年1月发布的《2018年科学工程技术指标》数据显示,2016年全球知识产权跨境许可收入总规模达到2720亿美元,其中,美国是最大出口国,知识产权出口额占全球总量高达45％,欧盟占24％,日本占14％,而中国占比不足千分之五。与此形成鲜明反差的是,中国对外支付知识产权使用费由2001年的19亿美元攀升至2017年的286亿美元,知识产权跨境交易的逆差超过200亿美元,同期美国对外许可知识产权每年净收入都接近或超过800亿美元。

2.美国依靠美元霸权和知识产权,攫取全球财富

1944年7月,根据美英政府倡议,44个国家在美国新罕布什尔州的布雷顿森林商讨战后体系,会议通过了《联合国家货币金融会议最后议定书》《国际货币基金组织协定条款》《国际复兴开发银行协定条款》,统称《布雷顿森林协定》。布雷顿森林体系的核心内容之一是构建以美元为中心的国际货币体系。美元与黄金挂钩,其他货币与美元挂钩。美元取代英镑在全球扮演世界货币的角色。美元相对其他货币的特殊优势,决定了美国处于和其他国家不同的特殊地位。据统计,美元占全球货币储备的70％,国际贸易结算的68％,外汇交易的80％以及国际上银行业交易的90％。美元是美国的货币,并且由于美元是国际公认的储备货币和贸易结算货币,美国拿着几乎是零成本印刷出来的美元,不仅可以兑换他国实实在在的商品、资源和劳务,维持长期贸易逆差和财政赤字,而且可以进行跨国投资、并购他国企业,新帝国主义的掠夺性本质在美元霸权上体现得淋漓尽致。美国还可以通过输出美元获得国际铸币税收益,并能利用美元和美元资产贬值减轻外债。美国共产党经济委员会委员瓦迪·哈拉比认为,美国国际收支账户中,其中海外净收入2001年为6583亿美元,2003年为8426亿美元。冷战结束以来,西方金融资本进一步利用美元的国际支付和结算功能,获取大量国际信用,创造了新的货币霸权模式,攫取了大量霸权红利,进一步加剧了南北之间的发展失衡。

3.全球财富分配极端不合理

金融资本推动的全球化使得不受约束的金融资本不断突破一些国家的主权,在世界各地寻租,发动一场场掠夺财富的战争。金融资本利用美元霸权获取大量霸权红利。《2022年全球不平等报告》显示:过去20年里,在全球收入最高的10％的人群和收入占底层的50％的人群之间,收入差距几乎翻了一番。世界上最富有的10％的人拥有全球75％的财富,而底层50％的人口所占财富仅有2％。垄断资本主义经济金融化不仅导致全球发展失衡问题更加严重,更导致了全球局势的持续动荡。从欧洲、美洲,到亚洲、非洲,从南海、朝鲜半岛到中东、北非,地区和国家间的矛盾和冲突有增无减,这些均与国际金融资本主导的金融全球化运动密切相关。因为只要发生动乱或战争,金融寡头就能浑水摸鱼、趁乱获利,食利和寄生性的体制就可以继续维系。

(四)"一霸数强"结成的国际垄断同盟,形成金钱政治、庸俗文化和军事威胁的经济基础

1.以七国集团为主体的国际垄断资本主义经济和政治同盟

现今新帝国主义的国际性垄断经济同盟和全球经济治理框架是以美国为主导,G7(1975年美、英、德、法、日、意六大工业国成立的六国集团,次年加拿大加入的七国集团首脑会议)及其垄断组织为协调平台,并以其控制的国际货币基金组织、世界银行和世界贸易组织为配

合机构的。布雷顿森林体系架构下的全球经济治理体系,实质上是一个更加高级的、由美国操纵的,服务于其全球经济政治战略利益需要的资本主义国际垄断同盟。20 世纪 70 年代初,美元与黄金脱钩,布雷顿森林货币体系崩溃,七国集团首脑会议诞生,担当了加强西方共识,抗衡东方社会主义国家和抵制南方欠发达国家要求改革国际经济政治秩序呼吁的重任[①]。

2. 以北约国家为主体的国际垄断资本主义军事和政治同盟

北约集团是一个在冷战初期成立的,由美国主导、其他帝国主义国家参与的国际资本主义垄断军事同盟。冷战期间,北约是美国用来主动遏制和抗衡苏联东欧国家,影响和控制西欧国家的主要工具。冷战结束后,华约解散,北约成为美国实现全球战略目标的军事组织,"一霸数强"型资本主义寡头垄断同盟形成。除了北约之外,美国的军事盟友主要包括日本、韩国、澳大利亚、菲律宾等国,在其军事盟友国家里都建有美国的军事基地,成为新帝国主义军事同盟的重要构成部分,在全球各地区形成军事威胁和挑衅,导致不少"热战""温战""凉战""新冷战",加剧新的军备竞赛。而新帝国主义的"国家恐怖主义"行径和反恐双重标准,又造成其他形式的恐怖主义盛行。

3. 以西方普世价值观为主导的文化霸权

除了经济同盟及其霸权和军事同盟及其霸权之外,新帝国主义在很大程度上还表现为以西方普世价值观为主导的文化霸权主义。约瑟夫·奈强调"软实力"就是通过吸引而非强迫或收买的手段来达己所愿的能力,而国家的软实力则主要来自三种资源:文化(在能对他国产生吸引力的地方起作用)、政治价值观(当它在海内外都能真正实践这些价值观时)及外交政策(当政策被视为具有合法性及道德威信时)[②]。西方发达国家特别是美国强势文化,利用其资本、科技和市场优势对其他弱势文化进行渗透,提出"以美国价值观为价值观"的一系列文化"新干涉主义"理论。通过向其他国家尤其是发展中国家输出美国的价值观念和生活方式,占领对方的文化市场和信息空间,使美国文化成为世界的"主流文化"[③]。

文化霸权主义或文化帝国主义通过控制国际舆论场,输出西方的普世价值观,实施和平演变和"颜色革命",以达到尼克松所说的"不战而胜"之战略目的。苏联和东欧社会主义国家的演变是典型案例。

(五)资本主义矛盾和危机时常激化,形成当代资本主义垄断的新态势

当代资本主义的矛盾错综交织,使全球经济充满了不平衡、不协调、不稳定和各种危机。在发达国家之间,以及发达国家与欠发达国家之间的贸易战、货币战接连不断,并波及整个世界。发达资本主义国家,尤其是美国,凭借他们的经济实力和在世界中的优势地位,对别国的干预、制裁、威胁越演越烈,甚至发动军事侵略。这理所当然地引起其他国家的反击,从而加剧了世界范围内的矛盾、摩擦和斗争。

1. 新帝国主义是垄断和掠夺的新型资本主义

新帝国主义就其经济实质来说,是建立在巨型跨国公司基础上的金融垄断资本主义。

① 吕有志、查君红:《冷战后七国集团的演变及其影响》,《欧洲》2002 年第 6 期。
② 王岩:《文化软实力指标体系研究综述》,《马克思主义文化研究》2019 年第 1 期。
③ 郝书翠:《让中国特色社会主义文化在当代世界文化百花园里吐蕊争芳——访全国政协常务委员、民族和宗教委员会主任王伟光》,《马克思主义文化研究》2018 年第 1 期。

跨国公司产业垄断和金融垄断是从发展到更高阶段的生产和资本集中生长起来的,其垄断程度更深更广。国际金融垄断资本不仅控制了全球的主要产业,而且垄断几乎所有的原材料来源、各方面的科技人才和熟练体力劳动力,霸占交通要冲和各种生产工具,并通过银行和各种金融衍生品以及种种股份制,支配和占有更多的资本进而掌控着全球的各种秩序①。如果以市价总值、公司收入及资产等衡量,世界各地的经济集中度都在上升,百强公司尤甚。2015 年全球百强公司的市值是排名最后 2 000 家公司的 7 000 多倍,而 1995 年只有 31 倍。新帝国主义的本质就是控制和掠夺,其"掠夺式积累"特性不仅体现在剥削国内劳工,更体现在对其他国家的疯狂掠夺上。

2. 新帝国主义是寄生和腐朽的新型资本主义

新帝国主义时代,极少数资本主义国家寄生和腐朽的态势进一步加深。第一,美国依靠美元、军事、知识产权、政治和文化霸权等掠夺全球特别是发展中国家的财富,是全球最大的寄生性和腐朽性国家。中国科学院国家健康研究课题组发布的《国家健康报告》显示:美国是全球获取霸权红利最多的国家,中国是全球损失红利最多的国家。2011 年,美国霸权红利总量 73 960.9 亿美元,占 GDP 的比例达到 52.38%,平均每天获取的霸权红利为 202.63 亿美元。而中国总计损失 36 634 亿美元,若按劳动时间计算,中国劳动者有 60% 左右的工作时间是在无偿为国际垄断资本服务②。第二,军事开支增长,人民负担加重。冷战后,美国先后发动或参与了海湾战争(1991 年)、科索沃战争(1999 年)、阿富汗战争(2001 年)、伊拉克战争(2003 年)、利比亚战争(2011 年)、叙利亚(2011 年至今)共六场战争③,这是垄断导致经济政治腐朽和寄生于战争的一种表现,表明新帝国主义还是战争频发的首要根源,是反文明、反人道、反人类命运共同体的野蛮行径。第三,财富和收入更加集中于少数拥有金融资产的阶层,形成 99% 和 1% 的贫富对立。数据显示,财富越来越往"金字塔"顶端集中。美国 70% 的财富集中在收入前 20% 的家庭中。美国人中最富有的 10% 拥有的平均收入是其余 90% 人口的 9 倍多;最富有的 1% 人口的平均收入则是这 90% 人口的 39 倍以上;最富有的 0.1% 人口的平均收入可达这 90% 人口的 196 倍以上。美国贫富差距主要体现在不同阶层、种族及企业高管与员工之间的收入不平等上,新型冠状病毒感染加剧了这一现象。美国《商业内幕》网站指出,美国亿万富翁的总净资产在新型冠状病毒感染期间增加了 1.8 万亿美元。2020 年,最富有的 1% 美国人拥有的财富增加了约 4 万亿美元。据统计,大公司首席执行官的收入在 2020 年上涨了 16%,但普通工人的薪酬仅上涨了 1.8%。第四,垄断阻碍了技术创新和较快推广。贪婪和寄生决定了金融垄断资本对待技术创新具有二重性:一方面,垄断资本需要并依赖技术创新维持垄断地位;另一方面,垄断地位带来的高额利润意味着其在创新的速度上具有一定惰性。第五,垄断资产阶级及其代理人制造民众运动的腐化更加严重。新帝国主义利用苏联解体东欧剧变,分化工人阶级队伍,打击和削弱各国工会,用垄断利润收买个别人的人心,培植工人运动和各种民众运动中的机会主义和新自由主义势力,从而造成工人运动和各种民众中出现腐化趋势,导致世界社会主义运动的低潮,以及崇拜和害怕新帝国主义的倾向更为明显和严重。

①　李慎明:《金融、科技、文化和军事霸权是当今资本帝国新特征》,《红旗文稿》2012 年第 20 期。
②　杨多贵、周志田等:《国家健康报告第 1 号》,科学出版社 2013 年版,第 217 页。
③　朱同根:《冷战后美国发动的主要战争的合法性分析:以海湾战争、阿富汗战争、伊拉克战争为例》,《国际展望》2018 年第 5 期。

3. 新帝国主义是过渡和垂危的新型资本主义

新帝国主义的过渡性包括如下含义。第一,同世界上任何事物一样,新帝国主义制度也是变化着的。它在人类历史上具有暂时性,不具有永恒性。第二,它的变化发展同样遵循从低级向高级的路线,新帝国主义最终必然通过多种形式的革命而转向社会主义。

新帝国主义时代,发达资本主义经历了许多重要的技术和制度变革。这些变化在一定程度上为资本主义的进一步发展提供了基础,并延缓了资本主义的灭亡。此外,资本主义国家对生产关系和上层建筑作了不少的调整。经济全球化对于发达资本主义国家来讲,毫无疑问利要大于弊。因为,在经济全球化进程中,实力雄厚的发达资本主义国家占据着绝对的主导地位。凭借着这种主导地位,发达资本主义国家就可以获得尽可能多的利益。这就使得南北国家的发展不平衡差距在全球范围内进一步扩大。特别是发达国家和发展中国家人均国内生产总值和知识产权等方面的指标相差悬殊。不过,新帝国主义和资本主义在一定时期内的发展与其最终必然灭亡这两者之间并不存在矛盾。列宁所说的帝国主义是垂死的资本主义,讲的是资本主义必然灭亡并由社会主义所取代的趋势,我们不能简单地理解为新帝国主义或所有资本主义国家将顷刻消失。实际上,马克思主义经典作家并没有给出资本主义和帝国主义灭亡的具体时间表。那么,新帝国主义和当代资本主义新变化为什么不会改变它必然灭亡的历史发展趋势呢?这是因为,资本主义基本矛盾仍然存在并继续发展,资本主义积累规律仍然存在并继续发展,资本主义经济危机仍然存在并继续发展。

依据上述新帝国主义特征和特性的分析,我们认为,新帝国主义既是资本主义从自由竞争、一般私人垄断、国家垄断发展到国际垄断的新阶段,是国际垄断资产阶级的新扩张,也是极少数发达国家主导世界的新体系,是经济政治文化军事霸权主义的新政策;从现阶段国际正义力量和国际阶级斗争的曲折发展来判断,21世纪是世界劳动阶级和广大人民进行伟大革命和维护世界和平的新时代,是社会主义国家进行伟大建设和快速发展的新时代,是文明国家共同构建人类命运共同体的新时代,是新帝国主义和全球资本主义逐渐向全球社会主义过渡的大时代。

二、如何应对新帝国主义

随着冷战的结束,美国成为了唯一的超级大国,没有其他国家或国家集团能够扮演平衡者的角色。为了巩固"全球领导地位",美国不断交替使用"单边主义""多边主义"战略手段阻遏多极化趋势,从立足于联合国转移到国际货币基金组织、世界银行、世界贸易组织、国际能源机构和北约军事组织等,主导国际规则的制定,推行新自由主义、新帝国主义政策,越来越露骨地把接受西方国家的价值观作为它提供对外援助和贷款的先决条件,越来越露骨把国际政策变成促进或维护其本国实力、遏制或削弱他国实力,实现自己利益的工具,破坏了全球经济、政治和文化的民主治理。这导致维持国际体系稳定的行动能力明显降低,导致全球公共物品供给相对不足,各种全球性问题不断凸显。仅在经济领域,世界范围内的贸易战、金融战、资源战、科技战等层出不穷。恰恰是在全球推行新自由主义的国际垄断资本和军工利益集团结合在一起,实行反民主的金融控制、强权政治、单边主义和新帝国主义等,影响了公正的经济全球化、政治民主化、文化多样化和军事自卫化。

（一）倡导马克思主义的新国际主义

马克思主义的新国际主义,包含三层含义:一是以人类共同价值观为基础,促进人类命运共同体发展;二是以马克思主义和社会主义核心价值观为基础,促进世界社会主义发展;三是联合国际一切进步力量,反制围剿中国等爱好和平国家和社会主义力量的霸权主义和垄断寡头势力。马克思主义的新国际主义包括的基本内容有:世界各国工人阶级为了人类解放与自身解放,在与各种反动势力的斗争中相互支持、团结合作的思想与原则;世界各国工人阶级政党之间的加强合作与交往的思想与原则;世界各国热爱和平的人民站在全人类的立场上推动构建人类命运共同体与推动人类文明进步的思想与原则;第三世界的国家携手联合起来共同反对霸权主义与帝国主义的思想与原则;热爱与拥护社会主义事业的世界人民一同构建社会主义共同体的思想与原则,等等。

在我们这个时代,以习近平同志为核心的党中央提出来的人类命运共同体思想,就是一种马克思主义的新国际主义思想与理念。推动构建人类命运共同体就是新时代世界人民践行马克思主义的新国际主义的现实平台。全人类共同价值是推动构建人类命运共同体的价值基础与价值支撑,也是马克思主义的新国际主义的价值基础与价值支撑。马克思主义及其新国际主义的立场是全人类的整体利益与世界人民的共同利益。只有以全人类共同价值作为价值基础、价值支撑与价值内核,马克思主义的新国际主义才能永葆其马克思主义的理论本性与精神实质。

（二）构建联合国主导型治理框架

为了提升现时期全球经济政治的民主治理水平,必须首先改革联合国以及国际货币基金组织等国际机构,构建联合国主导型治理框架。例如,应改革联合国安理会的构成和机制,增加发展中国家的理事名额,激励世界各国和地区政治实体共同参与全球事务决策,提高其代表性和决策效率;应改革国际货币基金组织和世界银行的代表机制和表决权等,改变少数富国对重大决策拥有否决权的现状,制定更有效的金融规则和危机处理机制,加强对全球资本流动的监管;应改革世界贸易组织及其规则,保证发展中国家更多地参与决策并从中受益,确保贸易活动不损害民族利益和劳工权益;应尽快确立全球统一的货币即"世元"、全球统一的语言即"世界语";取消美国控制下的北约和某些国际法律机构,重新建立联合国领导下的维和部队和国际法律机构。只有这样,才能重新建立一种各国共同负责的全球经济政治文化新秩序,公正发展经济全球化、政治民主化、文化多样化、军事自卫化。

（三）发展中国家加强合作

面对现实,发展中国家若要更好地维护本国以及世界劳动者的利益,就必须加强合作。一是发展中国家之间的合作。发展中国家越是团结得好,合作得好,就越能最大限度地维护发展中国家人民的利益。二是加强政党之间的合作。正如习近平总书记谈到的,"不同国家的政党应该增进互信、加强沟通、密切协作,探索在新型国际关系的基础上建立求同存异、相互尊重、互学互鉴的新型政党关系,搭建多种形式、多种层次的国际政党交流合作网络,汇聚构建人类命运共同体的强大力量。"①三是加强全球工会的合作。因为除了共产党、左翼政党外,工会也是代表工人阶级、维护劳动者利益的一支重要力量。四是世界的马克思主义学者和左翼学者的合作。媒体如果单独拿出来,就是第五个要合作的力量。中国要打破西方的政治封锁,打破他们在涉及新疆、西藏、台湾等的问题上丑化、妖魔化中国的局面,就必须加强与世界各国媒体的团结合作。

复习思考题

延伸阅读

1. 经典作家概括的帝国主义有哪些基本特征?

2. 新帝国主义论从哪些方面发展了列宁的帝国主义论?

3. 党的二十大报告指出:"我们全面推进中国特色大国外交,推动构建人类命运共同体,坚定维护国际公平正义,倡导践行真正的多边主义,旗帜鲜明反对一切霸权主义和强权政治,毫不动摇反对任何单边主义、保护主义、霸凌行径。"这段话包含了哪些新帝国主义的特征? 我们应当如何应对新帝国主义?

案 例 分 析

新帝国主义美国的战争与军费

《美国侵略:我们是如何入侵或军事干预地球上几乎每一个国家的》一书指出,在联合国承认的 190 多个国家中,只有 3 个国家没与美国打过仗或受其军事干预。塔夫茨大学研究报告《军事干预项目:1776 年至 2019 年美国军事干预的新数据集》显示,1776 年至 2019 年,美国在全球进行了近 400 次军事干预。其中在第二次世界大战后进行了 200 多次军事干预,超过 25% 的美国军事干预发生在后冷战时代。据不完全统计,立国不到两个半世纪的美国,竟然打了 222 场战争。在 244 年的美国历史中,仅有 21 年没有战事。

近年美国年均军事预算 7 000 多亿美元,占世界军费总支出的 40%,超过第 2 名到第 16 名国家的总和。美国目前在海外有约 800 个军事基地,在 159 个国家驻扎了 17.3 万人

---

① 《习近平谈治国理政》第 3 卷,外文出版社 2020 年版,第 435 页。

的军队。2019年，为不受束缚地发展先进武器，美国宣布退出《中导条约》。2020年，宣布退出《开放天空条约》。美国还反对《禁止生物武器公约》核查议定书谈判，妨碍国际社会对各国生物武器活动进行核查，成为生物军控进程的"绊脚石"。作为世界上唯一拥有化学武器库存的国家，美国多次推迟化学武器销毁时间，消极履行义务，成为建立"无化武世界"的最大障碍。据斯德哥尔摩国际和平研究所的报告，2017年至2021年，全球武器交易量与之前5年相比下降了4.6%，但同期美国对外军售增长了14%，在全球的占比从32%上升至39%。

思考题：

　　有人提出"当今世界是和平与发展的时代"，并对列宁关于帝国主义是战争的策源地这一说法表示质疑。那么，新帝国主义仍然是现代战争的根源吗？

思路点拨

第五篇

现代政治经济学方法和体系研究

第十六章　综合创新方法论

　学习目标

1. 掌握中国化时代化的马克思主义政治经济学的世界观和方法论

2. 了解中外学者关于政治经济学方法的研究动态

3. 掌握综合创新方法论的基本观点,并应用于中国特色社会主义政治经济学的学习和研究之中

　　程恩富教授在《21世纪:重建中国经济学》(1994)一文中对中国经济学的发展阶段和前景作了总体判断,引起连锁反响。于是,"中国经济学向何处去",成为经济理论界的热门话题。有人认为"西方经济学是发展市场经济的科学基础""西方经济学是现代经济学和建设经济学、马克思经济学是批判经济学或破坏经济学""政治经济学是意识形态而非学术";有的主张"西方经济学本土化"、有的主张"中国经济学必须西方化或国际化""经济学要与国际接轨";还有人主张要把马克思主义经济学综合到西方经济学那里去,扬言"马克思主义经济学被西方经济学取代是改革方向"。面对形形色色的创新,在思考如何构建中国特色社会主义政治经济学的过程中,我们在方法论上提出了"马学为体、西学为用、国学为根、国情为据、党情为要、世情为鉴、综合创新"的28字方针,以此作为构建中国特色社会主义政治经济学的学术原则。本章将在系统梳理马克思主义经典作家以及中外学者关于政治经济学方法的基础上,阐释综合创新方法论。

第一节　马克思主义经典作家和领袖的基本思想

一、马克思、恩格斯论政治经济学方法

　　恩格斯说:"马克思的整个世界观不是教义,而是方法。它提供的不是现成的教条,而是进一步研究的出发点和供这种研究使用的方法。"①马克思的政治经济学不仅是理论体系,更是方法论体系。

---

① 《马克思恩格斯文集》第10卷,人民出版社2009年版,第691页。

（一）唯物史观是马克思主义政治经济学的总观点和总方法

马克思和恩格斯在《德意志意识形态》中第一次系统阐述他们的唯物史观,之后在《〈政治经济学批判〉序言》中,马克思明确表示唯物史观是"我所得到的,并且一经得到就用于指导我的研究工作"的总的观点和方法。马克思把唯物史观运用于政治经济学研究的具体方法体现在以下几个方面:

1."把经济的社会形态的发展理解为一种自然史的过程"①

马克思对资本主义生产方式的研究,既不是资产阶级经济学从抽象人性出发把资本主义看作永恒的生产方式,也不是小资产阶级和空想社会主义基于人类正义和道德的考量来批判资本主义,而是用严谨的逻辑和雄辩的事实,论证了资本主义作为经济的社会形态在"自然史的过程"中的历史必然性和历史暂时性。

2.生产决定经济生活过程的其他要素

资产阶级经济学家不仅把资本主义生产当作一般生产,而且往往颠倒再生产过程中的经济关系。比如,西斯蒙第认为人们增殖财富的目的是满足需要和愿望,因而消费决定生产;约翰·穆勒认为生产是永恒的,分配的历史性不受生产决定,而是受不变的自然规律支配,分配则是根据可变的社会法律习惯的特殊性质决定的。马克思在《〈政治经济学批判〉导言》中专门阐释了物质资料生产过程中的生产、分配、交换和消费四个要素之间相互作用的关系,强调生产是起决定作用的、处于支配地位的要素,克服了以往经济学家把分配或消费放在生产之上的缺陷。

3.经济范畴是生产关系的理论表现

古典经济学家比如亚当·斯密,从个人利己本性出发构建了他的经济学范畴体系。蒲鲁东把经济范畴看作是人类理性的创造。这些观点和方法完全颠倒了现实经济关系与经济范畴的关系。马克思在《哲学的贫困》中指出"人们按照自己的物质生产率建立相应的社会关系,正是这些人又按照自己的社会关系创造了相应的原理、观念和范畴。所以,这些观念、范畴也同它们所表现的关系一样,不是永恒的。它们是历史的、暂时的产物。"②马克思在《资本论》中通过对商品拜物教、货币拜物教和资本拜物教的分析,批判了资产阶级经济学的唯心史观,表明经济范畴不仅是经济关系的体现,而且不同的经济关系会产生出不同的经济范畴。

4.经济学中的人都是经济范畴的人格化

马克思唯物史观基本原理认为,"人的本质不是单个人所固有的抽象物,在其现实性上,它是一切社会关系的总和。"③因而,《资本论》中所涉及的人,"只是经济范畴的人格化,是一定的阶级关系和利益的承担者。"④资本家剥削剩余价值不是由资本家的利己本性决定的,而是由资本主义生产关系的私有制性质决定的。资本家是资本的人格化,即"作为人格化的、有意志和意识的资本执行职能"⑤。

5.在阶级社会里,生产资料所有制关系表现为人与人之间的阶级关系

政治经济学作为研究生产关系及其发展规律的科学,阶级分析法就成为马克思主义政

---

①④　《马克思恩格斯文集》第5卷,人民出版社2009年版,第10页。

②　《马克思恩格斯文集》第1卷,人民出版社2009年版,第603页。

③　《马克思恩格斯文集》第1卷,人民出版社2009年版,第505页。

⑤　《马克思恩格斯文集》第5卷,人民出版社2009年版,第178页。

治经济学的基本分析方法。在研究资本主义和以前社会的生产关系时,马克思和恩格斯始终将阶级分析方法贯穿和运用其中,深刻地揭示了阶级社会人们之间相互关系的阶级实质。《资本论》通过对资本主义生产方式的研究,揭示了资本主义社会两大阶级对立的根源,论证了无产阶级的胜利和资产阶级的灭亡同样是不可避免的客观规律。

(二)唯物辩证法是马克思政治经济学的基本方法

唯物辩证法是马克思政治经济学的基本方法。马克思在给恩格斯的一封信中曾明确表示:《资本论》是他"把辩证方法应用于政治经济学的第一次尝试"[①]。《资本论》中处处充满着辩证法。

1. 矛盾分析法

马克思把辩证法的基本观点和方法运用到《资本论》中,尤其是矛盾分析法贯穿于《资本论》始终。例如,商品使用价值与价值的矛盾、具体劳动与抽象劳动的矛盾、私人劳动与社会劳动的矛盾、人格的物化与物的人格化的矛盾、流通领域的等价交换与生产领域资本无偿占有剩余价值的矛盾、资本与雇佣劳动的矛盾、资本生产能力的不断扩大与劳动人民购买能力相对缩小之间的矛盾、剩余价值生产与剩余价值实现的矛盾、两大部类之间的矛盾、等量资本获得等量利润与劳动价值论之间的矛盾等。《资本论》从商品的内部矛盾运动出发,通过一系列矛盾的不断转化,论证了生产社会化与资本主义私人占有之间的矛盾是资本主义的基本矛盾,揭示了资本主义产生、发展和必然灭亡的规律。

2. 逻辑与历史相一致的方法

逻辑的方法是按照经济范畴的逻辑关系,从比较简单的经济关系和经济范畴出发,逐步上升到比较复杂的、具体的经济关系和经济范畴的方法,用以阐明经济现象和经济发展过程。历史的方法则是按照历史发展的进程来研究经济现象和经济发展过程。第一,逻辑的方法就是历史的方法。恩格斯曾指出:"历史从哪里开始,思想进程也应当从哪里开始,而思想进程的进一步发展不过是历史过程在抽象的、理论上前后一贯的形式上的反映"[②]。第二,逻辑的方法必须与历史的方法一致。脱离历史进程的方法是资产阶级经济学建立其体系时采用的方法,而单纯采用历史的方法也达不到理论再现历史辩证发展的目的,因为历史常常是跳跃式地和曲折地前进的,一些无关紧要的材料容易打乱思想逻辑的进程。

3. 科学抽象法

马克思说:"分析经济形式,既不能用显微镜,也不能用化学试剂。二者都必须用抽象力来代替。"[③]科学抽象法,是从具体到抽象和从抽象到具体的统一,是从具体到抽象和从抽象到具体的多次反复过程,这样才能保证抽象的科学性,即理论对经济运行的科学反映。[④]马克思把抽象与具体相统一的方法运用到政治经济学的研究和理论体系的构建中,表现为研究方法与叙述方法的不同。他指出:"在形式上,叙述方法必须与研究方法不同。研究必须充分地占有材料,分析它的各种发展形式,探寻这些形式的内在联系。只有这项工作完成以后,现实的运动才能适当地叙述出来。这点一旦做到,材料的生命一旦在观念上反映出来,

---

①　《马克思恩格斯全集》第31卷,人民出版社1972年版,第385页。
②　《马克思恩格斯文集》第2卷,人民出版社2009年版,第603页。
③　《马克思恩格斯文集》第5卷,人民出版社2009年版,第8页。
④　程恩富:《怎样认识〈资本论〉研究方法和叙述方法的关系》,《复旦学报(社会科学版)》1984年第1期。

呈现在我们面前的就好像是一个先验的结构了。"①

4. 典型分析法

典型分析法是一种由个别到一般、由点到面的认识方法,毛泽东曾把这种方法形象地比喻为"解剖麻雀",它是对共性与个性关系的辩证法的具体运用。马克思研究资本主义生产方式是以英国为例的,他说:"我要在本书研究的,是资本主义生产方式以及和它相适应的生产关系和交换关系。到现在为止,这种生产方式的典型地点是英国。因此,我在理论阐述上主要用英国作为例证。"②因为英国是第一个建立资本主义制度的国家,更是第一次工业革命的发祥地,是当时资本主义生产方式发展最充分的地方。因而,以英国为例能够揭示资本主义发展的一般规律,从而为当时资本主义经济还不发达的法国、德国等国家提供克服自身资本主义发展中所出现的矛盾的办法,也为各国无产阶级的解放提供了科学理论指导。

(三) 数学分析法

如果说哲学思维是对物质世界质的分析的最高抽象,那么数学思维是对物质世界量的分析的最高抽象。数学能使复杂的问题公式化,使深奥的理论简练化和严谨化,能够帮助人们理解事物的本质和规律。马克思非常提倡运用数学方法来分析问题,他说:"一种科学只有在成功地运用数学时,才算达到了真正完善的地步。"③为了更好地研究政治经济学,马克思从 19 世纪 50 年代就开始研究数学,留下了长达 1 000 多页的数学手稿。正如恩格斯所评价的那样,"马克思是精通数学的"④,并且在数学领域"有独到的发现"⑤。

西方经济学以应用数学方法见长,使得一些人认为马克思主义经济学排斥数学方法,这纯属偏见。在《资本论》中,不仅有大量的统计资料,还有数学计算。比如,流通中所需要的货币量的计算、剩余价值和剩余价值率的计算,资本有机构成、资本流通时间和速度、利润和利润率、平均利润和平均利润率、产业利润、商业利润、银行利润、利息、股息、地租等,对这些范畴的研究都离不开数学计算。此外,《资本论》还运用了大量英国社会的统计资料,比如联合王国统计资料汇编、爱尔兰统计出版物、英格兰与威尔士普查资料,还有英国议会各委员会的材料、英国视察员的报告、工厂调查委员会报告中的统计资料等。马克思在引用的过程中还对英国官方的一些统计资料存在的缺陷进行了批评,并亲自编制了"工人调查表",以全面反映工人的劳动条件、工作时间、工资、工会组织状况等。

马克思在《资本论》中运用的是相对简单的数学方法,主要是因为他的读者群体是资本主义社会受教育程度比较低的工人阶级。反观当今西方经济学过度使用数学,把实证分析法玩成了数学游戏,这是用复杂的数学掩盖其肤浅内容的一种表现。

二、列宁论政治经济学方法

列宁在坚持马克思主义唯物辩证法和唯物史观的基础上,把马克思主义基本原理同俄

---

① 《马克思恩格斯文集》第 5 卷,人民出版社 2009 年版,第 21—22 页。
② 《马克思恩格斯文集》第 5 卷,人民出版社 2009 年版,第 8 页。
③ 中共中央马克思恩格斯列宁斯大林著作编译局:《回忆马克思》,人民出版社 2005 年版,第 191 页。
④ 《马克思恩格斯全集》第 20 卷,人民出版社 1971 年版,第 13 页。
⑤ 《马克思恩格斯选集》第 3 卷,人民出版社 1995 年版,第 777 页。

国具体实际相结合,在领导俄国社会主义革命和建设的过程中,对马克思主义政治经济学作出了理论和方法的多方面贡献。

(一)发展了马克思的"社会有机体"思想

列宁认为,"社会是一个有机体",它的发展不是机械的、单一线性向前发展的,而是在复杂的、多样的社会历史实践中展开的。他说:"马克思和恩格斯称之为辩证方法(它与形而上学方法相反)的,不是别的,正是社会学中的科学方法,这个方法把社会看做处在不断发展中的活的机体"①。他还强调社会有机体的发展是经济、政治、文化等内部要素辩证而全面的发展,其中经济是社会有机体发展的基础要素。

(二)坚持马克思主义的阶级分析法

列宁指出,"所谓阶级,就是这样一些集团,由于它们在一定社会经济结构中所处的地位不同,其中一个集团能够占有另一个集团的劳动。"②列宁对阶级的定义,明确以对生产资料的占有情况为划分阶级的标准,为无产阶级革命提供了理论基础。

(三)对马克思社会发展阶段理论的创新和发展

列宁继承了马克思社会发展理论,分析了垄断资本主义的发展阶段和基本特征,提出了垄断资本主义是帝国主义的论断,提出了"国家垄断资本主义是社会主义的最充分的物质准备,是社会主义的前阶"③的论断。列宁还创新性地提出了俄国社会主义发展"阶段论":工人政权下的国家资本主义(过渡时期)—社会主义(共产主义的初级阶段)—共产主义的高级阶段。列宁对过渡时期曾先后有两个计划:直接过渡和间接过渡。当直接过渡行不通时,列宁毅然转向了间接过渡,即从战时共产主义转向了新经济政策,从而形成了在小农国家建设社会主义的发展阶段论。

(四)马克思主义的活的灵魂是具体问题具体分析

列宁对马克思主义的精髓和活的灵魂作了精辟概括:"马克思主义的精髓,马克思主义的活的灵魂:对具体情况作具体分析"④。他在俄国不同时期采取不同的政策,才有了战时共产主义政策向新经济政策的转变。在新经济政策时期,他列举了四种既有利于发展生产力,又有利于发展苏维埃社会主义生产关系的国家资本主义形式:租让制、合作制、代购代销和租借制。他说:"谁能在这方面取得最大的成绩,即使是用私人资本主义的办法……也比那些只是'关心'共产主义纯洁性,只是为国家资本主义和合作社起草规章、条文、细则,而实际上却不去推动流转的人,要多得多。"⑤

---

① 《列宁全集》第1卷,人民出版社2013年版,第135页。
② 《列宁全集》第37卷,人民出版社2017年版,第13页。
③ 《列宁全集》第41卷,人民出版社2017年版,第202页。
④ 《列宁全集》第39卷,人民出版社2017年版,第128页。
⑤ 《列宁全集》第41卷,人民出版社2017年版,第220—221页。

三、斯大林论政治经济学方法

（一）强调经济规律的客观性和社会主义经济规律的特殊性

斯大林深刻地批判了当时党内和理论界存在的主观唯心主义观点，指出经济规律不仅具有客观性而且具有历史性，是不以人们的主观意志为转移的。他提出社会主义基本经济规律是"用在高度技术基础上使社会主义生产不断增长和不断完善的办法，来保证最大限度地满足整个社会经常增长的物质和文化的需要"[①]；国民经济有计划按比例发展规律是社会主义特有的经济规律，它是在生产资料公有化基础上，作为资本主义竞争和无政府规律的对立物而产生的。

（二）运用矛盾普遍性和特殊性原理，对社会主义商品生产的论述

斯大林继承了列宁新经济政策利用商品经济发展社会主义生产的方法，认为苏联当时既有全民所有制，也有集体农庄所有制，社会主义建设初期仍然要保留商品生产和商品交换。同时强调苏联商品生产是一种特殊的商品生产，即没有资本家参加的商品生产，由联合起来的社会主义者（国家、集体农庄、合作社）所生产的商品的范围仅限于个人消费品，而生产资料不是商品，并进一步认为价值规律在社会主义阶段还发挥作用。但是，在社会主义条件下价值规律的作用，受国民经济有计划发展按比例这一规律作用的限制。

（三）创造性提出"一国建成社会主义"理论

斯大林在继承列宁帝国主义论的基础上，提出了资本主义体系总危机理论，指出了资本主义总危机既包括经济也包括政治的全面危机，进而提出"一国建成社会主义"理论，即"在一个被资本主义国家包围的无产阶级专政的国家里建成完全的社会主义社会"的结论，这是斯大林对社会主义政治经济学的首要贡献，为社会主义建设提供了理论基础。

（四）从广义政治经济学的视角定义政治经济学研究对象

针对苏联党内存在的关于政治经济学是以商品生产为基础的社会经济的科学，资本主义商品社会的末日也就是政治经济学的告终，从而否认广义政治经济学，尤其是否认社会主义政治经济学的观点，斯大林坚持恩格斯的广义政治经济学，强调"政治经济学是研究人们生产关系发展的规律"[②]，肯定政治经济学是研究人类社会发展各个不同阶段上物质资料的社会生产和分配的规律的科学，它是适用于一切社会形态的统一的科学。

四、毛泽东论政治经济学方法

毛泽东把马克思主义基本原理同中国具体实际相结合，在探索中国社会主义建设道路的过程中，把马克思主义的辩证唯物主义和历史唯物主义方法论运用到经济研究中，创造性地发展了政治经济学研究方法。

[①]　《斯大林文集（1934—1952年）》，人民出版社1985年版，第628页。
[②]　《斯大林文集（1934—1952年）》，人民出版社1985年版，第655页。

（一）历史分析法

毛泽东认为,一切社会现象都是发展变化着的、都是历史的,因而社会主义社会的经济范畴都是历史范畴。他说:"社会主义社会里面的按劳分配、商品生产、价值规律等等,现在是适合于生产力发展的要求的,但是,发展下去,总有一天要不适合生产力的发展,总有一天要被生产力的发展所突破,总有一天它们要完结自己的命运。能说社会主义社会里面的经济范畴都是永久存在的吗？能说按劳分配这些范畴是永久不变的,而不是像其他范畴一样都是历史范畴吗？"①他还以"需要"为例说明经济范畴的历史变化。他说:"人民的需要是逐步满足的。共产主义社会,实行按需分配了,也不能一下子完全满足需要,因为需要是不断被创造的。……人们生活的需要,是不断增长的。需要刺激生产的不断发展,生产也不断创造新的需要。"②

（二）矛盾分析法

毛泽东在 1937 年发表的《矛盾论》中高度赞扬马克思在《资本论》中模范地应用了矛盾分析法。他把矛盾分析法用于政治经济学研究对象的分析中,他说:"科学研究的区分,就是根据科学对象所具有的特殊的矛盾性。因此,对于某一现象的领域所特有的某一种矛盾的研究,就构成某一门科学的对象。"③毛泽东融合了马列辩证法和中国传统哲学精髓,提出了内因和外因、主要矛盾和次要矛盾、矛盾主要方面和次要方面、人民内部矛盾和敌我矛盾、对抗性矛盾和非对抗性矛盾等哲学原理,发展了马克思主义哲学思想,为分析和解决社会主义社会矛盾提供了新的思想方法。

毛泽东从人类社会基本矛盾视角界定政治经济学研究对象。在读苏联《政治经济学教科书》时认为,苏联经济学教科书"不从生产力和生产关系的矛盾、经济基础和上层建筑的矛盾出发,来研究问题,不从历史的叙述和分析开始自然得出结论,而是从规律出发,进行演绎。"④他提出"我们要以生产力和生产关系的平衡和不平衡,生产关系和上层建筑的平衡和不平衡,作为纲,来研究社会主义社会的经济问题。"⑤根据这个"纲",毛泽东针对斯大林把政治经济学研究对象界定为"人与人之间的经济关系的科学",指出"政治经济学研究的对象主要是生产关系,但是要研究清楚生产关系,就必须一方面联系研究生产力,另一方面联系研究上层建筑对生产关系的积极作用和消极作用。"⑥在关于政治经济学研究对象问题上,有了新的探索。

（三）重视经济平衡,又强调平衡与不平衡的辩证法

在 1956 年《论十大关系》中,毛泽东系统论述了重工业和轻工业、农业的关系;沿海工业和内地工业的关系;经济建设和国防建设的关系等十大关系。这是关于经济协调发展和经

---

① 《毛泽东文集》第 8 卷,人民出版社 1999 年版,第 137 页。
② 《毛泽东文集》第 8 卷,人民出版社 1999 年版,第 136—137 页。
③ 《毛泽东选集》第 1 卷,人民出版社 1991 年版,第 309 页。
④ 《毛泽东文集》第 8 卷,人民出版社 1999 年版,第 138 页。
⑤ 《毛泽东文集》第 8 卷,人民出版社 1999 年版,第 130—131 页。
⑥ 《毛泽东文集》第 8 卷,人民出版社 1999 年版,第 131 页。

济、政治协调发展的经典著作。在读苏联《政治经济学教科书》的谈话中，毛泽东指出苏联《政治经济学教科书》没有提出社会主义经济的平衡和不平衡的矛盾、按比例和不按比例的矛盾，不讲社会主义经济波浪式发展，认为生产力和生产关系之间、生产关系和上层建筑之间的矛盾和不平衡是绝对的，它们之间的平衡总是相对的，如果只有平衡，没有不平衡，生产力、生产关系、上层建筑就不能发展了，就固定了。①

（四）坚持马克思主义认识论，强调经济规律的可知性

毛泽东在肯定苏联《政治经济学教科书》提出的"社会主义计划化建立在严格的科学基础上"的基础上，进一步强调"问题在于能否掌握有计划发展的规律，掌握到什么程度；在于是否善于利用这个规律，能利用到什么程度。"②批评了思维不能到达存在彼岸的不可知论观点，指出认识客观规律的目的是运用和驾驭客观规律来改造客观世界，而认识规律要通过实践，社会主义有可能自觉地认识、运用和驾驭客观经济规律，因为消灭了私有制，可以有计划地组织经济。

（五）提出管理也是生产关系

毛泽东认为管理也是人与人的关系。他说："所有制问题基本解决以后，最重要的问题是管理问题，即全民所有的企业如何管理的问题，集体所有的企业如何管理的问题，这也就是人与人的关系问题。这方面是大有文章可作的。"并明确提出全民所有制企业发挥中央、地方和企业三者的积极性，实行分级管理，给予全民所有制企业一定的自治权。高度赞扬鞍山钢铁公司"两参一改三结合"的民主管理经验并将之概括"鞍钢宪法"。

五、中国特色社会主义经济理论体系方法论

改革开放以来，面对社会主义市场经济这一还没有成功实践先例的伟大创造，我党把马克思主义世界观和方法论运用于建设有中国特色的社会主义的实践中，形成了有中国特色的政治经济学方法。

（一）遵循马克思主义实事求是思想路线

党的十一届三中全会重新确立了"一切从实际出发，理论联系实际，实事求是，在实践中检验真理和发展真理"的思想路线。实事求是是马克思辩证唯物主义和历史唯物主义哲学的根本方法论。解放思想、实事求是，是邓小平理论的根本原则和根本方法。江泽民强调，"解放思想、实事求是，是马克思主义活的灵魂"③。党的十六大报告在此基础上把"与时俱进"作为党的思想路线时代性、创造性的体现。胡锦涛在党的十七大报告中进一步提出了"世情、国情、党情"的"三情论"，为我们准确判断我国所处的历史方位、把握发展机遇、开创发展新局面，提供了客观依据和思想方法。

---

① 《毛泽东文集》第8卷，人民出版社1999年版，第131页。
② 《毛泽东文集》第8卷，人民出版社1999年版，第119页。
③ 《江泽民文选》第3卷，人民出版社2006年版，第325页。

（二）坚持唯物主义辩证法①

邓小平既强调推进市场经济，又强调坚持社会主义；既强调发展各种非公有制的成分，又强调公有制为主体的原则；既强调市场的重要性，又强调计划的必要性；既强调部分地区和部分人可以先富起来，又强调按劳分配的原则，提出"发展经济要走共同富裕的道路，始终避免两极分化"②；既强调发展是硬道理，又强调效益和质量；既强调充分调动基层、地方和部门的积极性，又强调中央要有权威即中央说话能够算数；既强调对外开放，又强调独立自主和自力更生，主张"自力更生为主、争取外援为辅"③；既强调吸收和借鉴当今世界各国一切反映现代社会化生产规律的先进经营方式和管理方法，又强调不能照搬西方资本主义国家的做法，指出"要有中国的特色"。邓小平关于发展经济的辩证法思想，成为中国特色社会主义经济思想的重要组成部分。江泽民在十四届五中全会报告中阐述的社会主义市场经济建设中的"十二大关系"，和胡锦涛提出的"科学发展观"与"社会主义和谐社会"理论，其根本方法都是系统思维中的统筹兼顾和矛盾观点中的"两点论"和"重点论"的统一。

（三）坚持实践唯物主义

改革开放初期，面对当时理论上的是非问题，邓小平主持了"真理标准大讨论"，明确了"实践是检验真理的唯一标准"。在改革开放过程中，他提倡"摸着石头过河"，大胆试点，尊重群众首创精神，从农村家庭联产承包责任制改革、乡镇企业的发展等，都是以群众的实践为依据，然后从典型试验到全面推广。他提出了大胆实践的"三个有利于"标准，正是实践唯物主义品格的体现。在改革开放实践中，形成了把"人民拥护不拥护""赞成不赞成""高兴不高兴""答应不答应"作为制定方针政策的出发点和归宿。不管是江泽民的"三个代表"重要思想还是胡锦涛"以人为本"的科学发展观，都是这一思想的体现。

（四）遵循矛盾普遍性和特殊性原理，强调走"中国特色社会主义道路"

邓小平说："我们的现代化建设，必须从中国的实际出发。无论是革命还是建设，都要注意学习和借鉴外国经验。但是，照抄照搬别国经验、别国模式，从来不能得到成功。这方面我们有过不少教训。把马克思主义的普遍真理同我国的具体实际结合起来，走自己的道路，建设有中国特色的社会主义，这就是我们总结长期历史经验得出的基本结论。"改革开放以来，我党始终坚持走中国特色社会主义道路，开创了社会主义市场经济改革的成功典范。

六、习近平新时代中国特色社会主义思想的方法论

习近平新时代中国特色社会主义思想，是中国化时代化的马克思主义，其基本立场观点和方法是马克思主义辩证唯物主义和历史唯物主义的世界观和方法论。

（一）创造性地继承和发展了马克思主义唯物史观

党的十八大以来，习近平坚持马克思主义唯物史观，在对待改革开放前后两个三十年的

---

① 程恩富：《邓小平经济理论的八大辩证思维》，《经济学动态》1998 年第 1 期。
② 《邓小平文选》第 3 卷，人民出版社 1993 年版，第 149 页。
③ 《邓小平文选》第 2 卷，人民出版社 1994 年版，第 165 页。

历史评价上,坚持两个三十年互不否定的观点。他强调要"树立大历史观",从历史长河、时代大潮、全球风云中分析演变机理、探究历史规律,坚定历史自信,增强历史主动;提出"人民至上"的价值理念和"以人民为中心的发展思想",把最广大人民根本利益作为党的一切工作的最高标准。①把"人民拥护不拥护、赞成不赞成、高兴不高兴、答应不答应"作为根本标准。反复强调"江山就是人民,人民就是江山","发展为了人民,发展依靠人民,发展成果由人民共享"。面对风云变幻的国际形势,习近平作出"世界正处在百年未有之大变局"的重大判断,发出"构建人类命运共同体"倡议,强调要增强"四个意识"、坚定"四个自信"、做到"两个维护",为我国找准了历史方位,是历史性、时代性和战略性的高度统一,是马克思主义唯物史观的具体运用和创新发展。

(二)创造性地继承和发展了唯物辩证法

习近平强调,辩证唯物主义是中国共产党人的世界观和方法论。在改革开放进入攻坚期、深水区的关键时刻,习近平创造性地运用唯物辩证法,提出了一系列思想方法。他首先坚持实事求是的方法,指出:"实事求是,是马克思主义的根本观点,是中国共产党人认识世界、改造世界的根本要求,是我们党的基本思想方法、工作方法、领导方法。"②习近平把唯物辩证法运用于新时代中国特色社会主义实践之中,提出系统思维、战略思维、历史思维、辩证思维、创新思维、法治思维、底线思维"七大思维"。他坚持矛盾分析法,根据新时代中国特色社会主义的新情况新问题,对我国社会主要矛盾的新变化作出了新的概括:"人民日益增长的美好生活需要和不平衡不充分的发展之间的矛盾"③;强调"既要讲两点论,又要讲重点论"④;强调要把握好速度和质量的关系,坚持稳中求进的基调;强调把握好政府与市场的关系,既要发挥市场的决定作用又要更好地发挥政府作用,推动有效市场和有为政府更好结合;强调把握好内与外的关系,加快形成以国内大循环为主体、国内国际双循环相互促进的新发展格局;强调把握好危与机的关系,善于在挑战中抓机遇,在危机中育新机、于变局中开新局;强调把握好点与面的关系,突出重点,解决难点,以点促面,全面纵深,统筹推进"五位一体"总体布局,协调推进"四个全面"战略布局,构建新发展格局,全面建设社会主义现代化国家;强调把握好宏观与微观的关系,加强党中央对经济工作的集中统一领导,发挥地方的积极性;把握好效率与公平的关系,更加注重公平,实现效能效率变革,推进共同富裕;强调要把握好当前与长远的关系,既要仰望星空,又要脚踏实地,为实现伟大目标努力奋斗;强调把实施扩大内需战略同深化供给侧结构性改革有机结合起来,加快建设现代化经济体系。

(三)"六个必须坚持"是习近平新时代中国特色社会主义思想的立场观点方法的重要体现

在党的二十大报告中,习近平指出:"继续推进实践基础上的理论创新,首先要把握好

---

① 《习近平谈治国理政》第 1 卷,外文出版社 2018 年版,第 28 页。
② 《习近平谈治国理政》第 1 卷,外文出版社 2018 年版,第 25 页。
③ 《习近平谈治国理政》第 3 卷,外文出版社 2020 年版,第 9 页。
④ 《习近平谈治国理政》第 2 卷,外文出版社 2017 年版,第 23 页。

新时代中国特色社会主义思想的世界观和方法论,坚持好、运用好贯穿其中的立场观点方法。"①并将这一世界观和方法论概括为"六个必须坚持",即必须坚持人民至上、必须坚持自信自立、必须坚持守正创新、必须坚持问题导向、必须坚持系统观念、必须坚持胸怀天下。

第一,必须坚持人民至上。这是习近平新时代中国特色社会主义思想的根本立场,体现了马克思主义唯物史观和群众史观。唯物史观认为,社会存在决定社会意识,人民群众是历史的创造者。这就决定了人民性是马克思主义的本质属性,党的理论来自人民、为了人民、造福人民,人民的创造性实践是党的理论创新的不竭源泉。中国共产党作为马克思主义政党,始终站稳人民立场、把握人民愿望、尊重人民创造、集中人民智慧,在革命、建设和改革的进程中不断推进马克思主义中国化时代化,使之成为指导人民认识世界和改造世界的强大思想武器。

第二,必须坚持自信自立。这是习近平新时代中国特色社会主义思想的立足点,体现了矛盾的内外因关系。唯物辩证法认为,外因是发展的条件,内因起决定性作用,外因必须通过内因才能起作用。党的百年奋斗成功道路是党领导人民独立自主探索开辟出来的,马克思主义的中国篇章是中国共产党人依靠自身力量实践出来的,贯穿其中的一个基本点就是中国的问题必须从中国基本国情出发,由中国人自己来解答。在实践中,没有一个民族、国家和文明可以通过依赖外部力量、跟在他人后面亦步亦趋实现强大和振兴。坚持自信自立,就是要坚信马克思主义,特别是坚信中国化时代化的马克思主义,真正做到"四个自信",无论在什么情况下,都要对中国的未来、前途和命运抱有坚定的信念,坚持自信自立,坚持走自己的路。

第三,必须坚持守正创新。这是习近平新时代中国特色社会主义思想的科学态度。马克思主义中国化时代化,是把马克思主义基本原理同中国具体实际相结合、同中华优秀传统文化相结合的产物,因此既要守马克思主义之"正",也要守中华优秀传统文化之"正"。习近平指出:"背离或放弃马克思主义,我们党就会失去灵魂、迷失方向"②,同样,"抛弃传统、丢掉根本,就等于割断了自己的精神命脉。博大精深的中华优秀传统文化是我们在世界文化激荡中站稳脚跟的根基。"③坚持守正创新,包含着继承传统与创新创造的辩证统一、合规律性与合目的性的辩证统一、普遍性与特殊性的辩证统一、肯定和否定的辩证统一。习近平总书记指出:"我们从事的是前无古人的伟大事业,守正才能不迷失方向、不犯颠覆性错误,创新才能把握时代、引领时代。我们要以科学的态度对待科学、以真理的精神追求真理,……不断拓展认识的广度和深度,敢于说前人没有说过的新话,敢于干前人没有干过的事情,以新的理论指导新的实践。"④。

第四,必须坚持问题导向。这是习近平新时代中国特色社会主义思想的理论任务,深刻

---

①　习近平:《高举中国特色社会主义伟大旗帜　为全面建设社会主义现代化国家而团结奋斗——在中国共产党第二十次代表大会上的报告》,人民出版社 2022 年版,第 18—19 页。

②　《习近平谈治国理政》第 2 卷,外文出版社 2017 年版,第 66 页。

③　《习近平谈治国理政》第 1 卷,外文出版社 2018 年版,第 164 页。

④　习近平:《高举中国特色社会主义伟大旗帜　为全面建设社会主义现代化国家而团结奋斗——在中国共产党第二十次代表大会上的报告》,人民出版社 2022 年版,第 20 页。

体现了马克思主义的矛盾观。马克思主义唯物辩证法告诉我们,世界是一个矛盾的统一体,矛盾有主要矛盾和次要矛盾、矛盾的主要方面和次要方面之分。坚持问题导向,就是要用矛盾的观点来分析问题、解决问题,找准主要矛盾和矛盾的主要方面,坚持"两点论"基础上的"重点论"。习近平把坚持问题导向作为马克思主义的鲜明特点,认为只有坚持问题"才能真正把握住历史脉络、找到发展规律,推动理论创新"①,准确把握时代大势,站在社会发展前沿,不断进行理论创新,并指导并推动实践的发展。

第五,必须坚持系统观念。这是习近平新时代中国特色社会主义思想的方法,体现了唯物辩证法关于普遍联系的观点。联系的观点是唯物辩证法的总特征,系统观念是普遍联系观点的方法论。坚持系统观念,就是要善于透过历史看现实、透过现象看本质,把握好全局和局部、当前和长远、宏观和微观、主要矛盾和次要矛盾、特殊和一般的关系,加强前瞻性思考、全局性谋划、整体性推进。习近平指出:"系统观念是具有基础性的思想和工作方法。"②强调"注重改革的系统性、整体性、协同性"③,要求"树立'一盘棋'思想,把自身发展放到协同发展的大局之中"④,"要胸怀两个大局,一个是中华民族伟大复兴的战略全局,一个是世界百年未有之大变局"⑤。我们只有用普遍联系、全面系统、发展变化的观念和方法来把握中国式现代化的内在规律,才能在中国式现代化进程中全面推进中华民族伟大复兴,开创人类文明新形态。

第六,必须坚持胸怀天下。体现了习近平新时代中国特色社会主义思想深邃的历史眼光、丰富的辩证思维和博大的世界胸怀,体现了中国共产党为人民谋幸福、为人类谋进步的天下情怀和大国担当。为全人类的解放和实现人的自由全面发展,是无产阶级革命导师马克思和恩格斯毕生的追求,是马克思主义一以贯之的最高社会理想,也是马克思主义理论的价值旨归。中华传统文化蕴含的"世界大同,天下一家"的天下观、"立己达人,兼善天下"的价值追求、"以和为贵,和而不同"的和平观等,为中国共产党坚持胸怀天下提供了深厚的文化滋养。要做到"胸怀天下",就要以马克思主义的世界历史眼光,深刻洞察人类发展进步潮流,善于把握大势、掌握规律,赢得历史主动,积极回应各国人民普遍关切,以海纳百川的胸襟借鉴吸收人类一切优秀文明成果,推动建设更加美好的世界,为解决人类面临的共同问题作出贡献。

"六个必须坚持"深刻体现了习近平新时代中国特色社会主义思想的立场、观点、方法,是马克思主义世界观和方法论在新时代中国的集中表现,是我们认识问题、分析问题、解决问题的"金钥匙",也是我们继续推进党的理论创新必须始终坚持的基本原则。只有准确把握"六个必须坚持",才能更好领会习近平新时代中国特色社会主义思想的精髓要义。

---

①　习近平:《在哲学社会科学工作座谈会上的讲话》,人民出版社 2016 年版,第 14 页。

②　《习近平谈治国理政》第 4 卷,外文出版社 2022 年版,第 117 页。

③　《习近平谈治国理政》第 1 卷,外文出版社 2018 年版,第 68 页。

④　习近平:《在深入推动长江经济带发展座谈会上的讲话》,人民出版社 2018 年版,第 19 页。

⑤　《习近平谈治国理政》第 3 卷,外文出版社 2020 年版,第 77 页。

第二节　中外学者关于政治经济学方法的主要观点

一、西方经济学的方法论

（一）均衡分析法：均衡价格、均衡数量、局部均衡和一般均衡

均衡是指经济事物中的有关变量在一定条件下的相互作用下所达到的一种相对静止状态。局部均衡分析是指对单个市场或部分市场的供求与价格之间的关系和均衡状态进行分析。一般均衡是指对一个经济社会中的所有市场的供求和价格之间的关系和均衡状态进行分析。均衡价格是指某种商品的市场需求量和市场供给量相等时的价格。均衡数量是指某种商品在均衡价格水平下的相等的供求数量。

（二）静态分析、比较静态分析和动态分析

静态分析是考察在既定的条件下某一经济事物在经济变量的相互作用下所实现的均衡状态。比较静态分析是考察当原有的条件或外生变量发生变化时，原有的均衡状态会发生什么变化，并分析比较新旧均衡状态。动态分析是在引进时间变量序列的基础上，研究不同时点上的变量的相互作用在均衡状态的形成和变化过程中所起的作用，考察在时间变化过程中的均衡状态的实际变化过程。

（三）边际分析法

边际分析法是指追加上的最后一个单位或可能追加的下一个单位的变量对其他可变因素的变动产生多大的影响的方法，是运用导数和微分方法研究经济运行中微增量的变化，用以分析各经济变量之间的相互关系及变化过程的一种方法。这种分析方法广泛运用于经济行为和经济变量的分析过程，如对效用、成本、产量、收益、利润、消费、储蓄、投资、要素效率等的分析多有边际概念。

（四）实证分析法和规范分析法

实证分析法是在一定的假定及考虑有关经济变量之间因果关系的前提下，描述、解释或说明已观察到的事实，对有关现象将会出现的情况做出预测，简言之，就是分析经济问题"是什么"的研究方法。均衡分析法、边际分析法、静态和动态分析法，都属于实证分析法。规范分析法是研究经济运行"应该是什么"的研究方法，主要依据一定的价值判断和社会目标，来探讨达到这种价值判断和社会目标的步骤。从经济学研究的需要来看，没有纯实证分析或纯规范分析。经济学既是实证的科学，又是规范的科学。然而，现代西方经济学分析方法在很大程度上以实证分析为圭臬，使经济学越来越数学化。

西方经济学的庸俗性，从方法论上来说，总体表现为以下几个特征。第一，从始至终是以唯心史观为基础，把资本主义这种特殊的生产方式当作一般。第二，以"经济人"假设为前提并贯穿于始终。自斯密比较完整地描述了"经济人"的特征以来，不管是西方经济学的哪个时期哪个

流派,都未曾放弃过"经济人"假设;不管是抛出"制度人"还是"管理人",都是以"经济人"的自私自利和"理性"为底色的。第三,在人的欲望和需求的无限性与资源的稀缺性假设前提下,研究资源配置和利用(对这个观点的批判,详见本书第二章:资源和需要双约束论)。

二、中国学者有关政治经济学方法的讨论

面对马克思主义经济学与西方经济学两种不同的方法论体系,当前中国经济学方法之争主要有三种观点。

(一)主张以西方经济学方法代替马克思主义政治经济学方法

樊纲(1990)在《现代三大经济理论体系的比较与综合》中,分析了新古典主义、凯恩斯主义和马克思主义现代三个主要经济理论体系的基本内容、理论结构、分析方法和主要特征,认为马克思主义经济学与西方正统经济学的一个最基本的差别,就是对同一社会经济活动进行研究的角度上的差别,提出了"马克思主义新综合"的新的理论范式,其基础理论包括价值—价格理论、分配理论、生产理论、增长与循环理论。[①]其实质上是主张把马克思主义综合到西方经济学中去。陈宗胜等认为,改革开放以来的成就基本上都是通过现代经济学的规范来研究改革与发展的实践而取得的,中国经济学今后的方向可能主要是以现代经济学的研究思路和规范研究中国现实中的经济运动。[②]洪永淼发表系列文章:《中国经济学教育与研究必须国际化》《中国经济学将会如何演变?》《马克思主义政治经济学、西方经济学与中国经济学的内涵及其相互关系》《站在中国人的立场上,用现代方法研究中国问题,用国际语言讲述中国故事》,认为"中国经济学在国际经济学界若要取得像中国经济对世界经济那样举足轻重的地位,在研究范式和研究方法上就必须与国际充分接轨。"[③]

(二)主张坚持马克思主义政治经济学,借鉴吸收西方经济学

刘国光认为,要充分发挥数量经济学定量研究的特长,但是我国数量经济学无论在理论研究还是在实际应用方面都必须紧密结合我国改革与社会主义建设的实际,以马克思主义为指导,批判地吸收国外同类学科中科学合理的成分,做到洋为中用,创建和发展具有中国特色的数量经济学。[④]胡钧认为,中国经济学国际化存在着两种性质不同的方向:西方经济学中国化和马克思主义中国化。中国的改革开放的巨大成就不是也不能是西方经济学中国化的结果,而是在马克思主义经济学中国化的最新成果——中国特色的社会主义经济学的指导下取得的。中国经济学只能植根于改革开放和经济发展实践中,不断促进马克思主义政治经济学中国化,绝不应局限于从西方经济学中寻求灵感和启迪。[⑤]逄锦聚认为,建设和发展中国经济学要坚持以历史唯物主义和辩证唯物主义的根本方法,同时吸取现代科学的方法;要克服目前盛行的把数学的方法极端化和以数学的方法代替甚至否定历史唯物主义和辩证

① 樊纲:《现代三大经济理论体系的比较与综合》,上海人民出版社 1990 年版。
② 陈宗胜、徐刚、刘书祥:《中国经济学未来可能的发展方向》,《经济学动态》1997 年第 7 期。
③ 洪永淼:《站在中国人的立场上,用现代方法研究中国问题,用国际语言讲述中国故事》,《经济研究》2017 年第 5 期。
④ 刘国光:《发展具有中国特色的数量经济学》,《数量经济技术经济研究》1988 年第 2 期。
⑤ 胡钧、施九青:《正确认识和处理"中国经济学国际化"问题》,《理论学刊》2007 年第 11 期。

唯物主义根本方法的倾向。杨继国认为,马克思主义经济学方法是建立在辩证唯物主义和历史唯物主义基础上的、以辩证逻辑为思维方式的科学抽象法。马克思主义研究方法是由哲学基础、逻辑形式和分析工具组成的一个完整有机体系。而西方经济学所说的方法,其实是分析工具。[①]

(三)主张把马克思主义政治经济学方法与中国传统文化相结合

朱成全认为,西方经济学有着浓厚的西方文化特色,中国经济学也应当体现中国文化的特色。我国应在当今文化背景基础上构建起有中国文化特色的经济学。西方经济学也应当从中国优秀传统文化中汲取营养,以克服自身的缺陷。[②]杨志民认为,中国传统文化的经济学底蕴表现多种多样,既对马克思主义经济学在文化上认同和接受,也易把马克思主义经济学教条化,同时也不断对马克思主义经济学中国化的过程进行校正,对马克思主义经济学中国化的发展起创新的文化支持。[③]杨继国认为,从研究方法来说,马克思主义政治经济学研究方法跟中国已有文化的思维方式基本一致,都是辩证法,甚至是唯物辩证法。西方经济学的方法论基础由于缺乏这个"辩证法",与中国文化的本质亲和力差,就很难整体"中国化",其原理和方法只能"碎片化"地吸收,而马克思经济学体系则能整体与中国传统文化结合,最终"中国化"为中国本土的中国理论。[④]

第三节 评析与创新

在借鉴和反思古今中外经济学研究方法的基础上,结合中国特色社会主义所处的历史阶段和国情,我们提出了"马学为体、西学为用、国学为根、国情为据、党情为要、世情为鉴、综合创新"的经济学创新方法论原则。

一、"马学为体、西学为用[⑤]、国学为根"

"马学为体、西学为用、国学为根",是推进中国经济学现代化进程中对这三大知识体系的作用定位和价值取向。

(一)"马学为体"

"马学"是指中外马克思主义知识体系。它是在唯物史观和唯物辩证法指导下形成的内容极为丰富的中外马克思主义经济思想,包含 19 世纪中期以来马克思创作的《资本论》及其继承、丰富和拓展的经济学方法和理论。坚持"马学为体",就是要始终坚持马克思主义经济学是中国现代经济学的根本和主导。在研究方向上,必须始终毫不动摇地坚持唯物史观和

---

① ④ 杨继国:《中国特色社会主义政治经济学几个方法论问题》,《武汉科技大学学报(社会科学版)》2017 年第 6 期。
② 朱成全:《文化传统与经济学》,《上海财经大学学报》2007 年第 5 期。
③ 杨志民:《论马克思主义经济学的中国化与中国传统文化》,《求实》2000 年第 11 期。
⑤ "马学为体、西学为用"的用语,是对中国清朝末年洋务派张之洞所谓"中学为体,西学为用"这种表述在形式上的借用和内容上的创新。

323

唯物辩证法的指引；在内容上，必须毫不动摇地以马克思主义经济学知识体系中的基本范畴、科学原理为主体，面对新的历史条件进行拓展和创新；在处理中外多元经济思想的关系上，必须毫不动摇地坚持马克思主义经济学的指导地位。只有坚持"马学为体"，才能保证中国经济学的现代化创新始终沿着科学的轨道前进。一旦偏离这一原则，经济学的现代化将偏离科学化的轨道。正如习近平所指出的，"我们政治经济学的根本只能是马克思主义政治经济学，而不能是别的什么经济理论。"①

坚持"马学为体"，需要澄清几种错误观点。其一，把马克思主义经济学视为与西方经济学各种流派相提并论的一种理论流派的观点，这是幼稚的或抱有宗派主义的成见。马克思主义经济学以唯物史观和唯物辩证法作为基本方法，不仅属于工人阶级，而且属于整个人类，这是以庸俗和辩护为主要特征的西方资产阶级经济学所不能比拟的。科学经济学的现代化指的就是马克思主义经济学的现代化。非科学的经济学虽然也会采取某种现代的形式和内容，但形式上的现代式样和部分内容的客观性并不能说明其经济学体系达到了科学性。现代西方经济学的数理实证形式似乎很现代，但是并没有跳出亚当·斯密"利己经济人论"、萨伊"三要素价值论"和马歇尔"均衡方法论"的陈旧观念，其范畴的核心内容依然是很片面的、不科学的。其二，简单地把马克思主义经济学分割为"革命的经济学"与"建设的经济学"的观点也是错误的，曲解了马克思主义经济学立论的科学目的。马克思虽然重点阐明资本主义市场经济的规律和运行机制，但最终目的是揭示人类社会发展的客观经济规律。中国的科学经济学体系无论是新民主主义革命和建设时期，还是社会主义革命或改革和建设时期，其立论的目的都是揭示客观经济规律。因此，要克服把批判与建设对立起来的片面僵化思维，辩证地把"批判"和"建设"融合起来。其三，宣扬马克思主义及其经济学只是意识形态而不是学术，把马克思主义经济学的科学性与意识形态性对立起来。马克思主义经济学具有学术性、科学性与意识形态性、阶级性以及实践性相统一的鲜明特征，而西方经济学明明代表资产阶级利益，却竭力地掩盖自己的非意识形态性质以标榜自己的"学术性"或"科学性"，掩盖自己的非科学性。其四，认为生产力先进的美欧国家，其经济学也一定是先进的。这是一种错觉。用生产力发展与自然科学发展的状况来定性社会科学的先进与否问题，是明显有误的。西方主流经济学是为垄断资产阶级利益集团服务的，极端的利己主义和霸权主义使这种经济学不可能客观地分析问题，他们往往是用数学逻辑的科学来掩盖、替代经济逻辑的贫乏，具有很强的欺骗性。只有运用唯物史观的科学思想方法，才能推动社会主义生产关系和经济制度去适应经济全球化大趋势的经济学，才具有整体的科学性和先进性。

（二）"西学为用"

这里的西学，是指马克思主义经济学以外的西方经济学知识体系，主要指阐述西方主流经济思想的西方经济学。西方经济学不是地域性的概念，而是具有社会和阶级性质的概念，是资产阶级经济学的总称。

"西学为用"是指在"马学为体"前提下对"西学"有扬有弃的借鉴和利用。按照我国古代哲学的"体用"一般含义，"'体'是最根本的、内在的，'用'是'体'的表现和产物"②。从这种

---

① 习近平：《论把握新发展阶段、贯彻新发展理念、构建新发展格局》，中央文献出版社 2021 年版，第 59 页。
② 《辞海》语词分册（上），上海辞书出版社 2003 年版，第 200 页。

"体""用"一致的思维看"马学"与"西学",两者之"体"存在唯物史观和唯心史观基本方法的根本区别,存在劳动价值论与要素价值论基本观点的根本区别。相应地,两者的"用"或者说发生作用的方式也存在一些差异。譬如,在理论结构上,西方经济学分为微观经济学和宏观经济学两大理论板块;而马克思主义政治经济学则再现一定历史条件下的社会经济形态的有机理论体系。"西学为用"与毛泽东提出的"洋为中用"是一致的,是批判地借鉴和利用的意思,而非"体用一致"意义上的"用"。

现代西方经济学或西方主流经济学的表面性(即庸俗性)、主观性、片面性、虚伪性和辩护性,决定了它不是科学的经济思想体系。那种把现代西方经济学等同于"现代经济学",主张"现代经济学本土化"的观点,以及认为中国经济学应当与西方经济学"国际接轨"才有出路的观点,无异于把中国经济学整体上推向非科学的死胡同。因而,强调"马学为体",便意味着不宜"西学为体"。但这并不等于说它不包含任何科学成分,在西方经济学众多流派中,有的描述了社会分工制度、市场竞争机制对于生产力发展的促进作用,有的承认了资本主义社会失业、经济危机的不可避免,有的创建了宏观经济运行的总量分析、调控和预测方法,有的对企业管理一般制度作了不同角度的研究等。这些都或多或少地反映了市场经济、资本主义市场经济的客观状况和人类探索真理的历程,提出了不少可改用或直接有用的经济范畴,是我们坚持和发展马克思主义经济学的一个重要理论素材和思想来源。

马克思正是在彻底批判资产阶级经济学非科学性和辩护性的同时,把资产阶级经济学"在科学史上具有意义,能够多少恰当地从理论上表现当时的经济状况"[①]的经济思想,作为创立《资本论》的来源之一,并对它们用唯物史观的方法进行"术语的革命"[②]和体系的改造,使一批原本资产阶级经济学的范畴和原理,经过革命性的批判、借鉴和创新,以崭新的含义纳入了马克思经济学的科学系统。提倡"西学为用",就是要充分地运用现代西方经济学的思想资料,学会从中筛选、改进和吸收有价值的科学思想成分,融入有中国特色的现代马克思主义经济学体系之中。当然,这并不意味着在马克思主义经济学的"体"中可以毫无原则地注入西学的"用"。我们必须在坚持马克思主义基本立场、观点和方法的前提下,借鉴吸收"西学"的有益成分,创建中国特色社会主义经济学。正如习近平所指出的,"我们坚持马克思主义政治经济学基本原理和方法论,并不排斥国外经济理论的合理成分。西方经济学关于金融、价格、货币、市场、竞争、贸易、汇率、产业、企业、增长、管理等方面的知识,有反映社会化大生产和市场经济一般规律的一面,要注意借鉴。同时,对国外特别是西方经济学,我们要坚持去粗取精、去伪存真,坚持以我为主、为我所用"。[③]

(三)"国学为根"

广义的"国学"是指中国古近代社会科学和自然科学的知识体系;本书所说的国学,是指中国古近代知识体系中的经济思想。国学为根,就是要在中国经济学现代化过程中,重视中国古近代经济思想中的精华,并以此为根基。

从唯物史观来看,中国历史上形成的各种经济思想,都是一定历史时期经济事实的多重

---

① 《马克思恩格斯文集》第5卷,人民出版社2009年版,第30页。
② 《马克思恩格斯文集》第5卷,人民出版社2009年版,第32页。
③ 习近平:《论把握新发展阶段、贯彻新发展理念、构建新发展格局》,中央文献出版社2021年版,第65页。

反映。不仅有在相同历史条件下各国普遍存在的经济因素,而且有中国特殊的国情和文化因素,这些特殊性因素所生成的经济思想属于中国经济学之"根",借用生物学的说法,属于中国经济形态的"基因"。只要中国作为民族国家还存在,这些"基因"就会存在。正如毛泽东强调"古为今用","我们这个民族有数千年的历史,有它的特点,有它的许多珍贵品。"①

中国古近代经济思想中,有许多给当代人诸多启发的科学成分。例如,我们在史书中可以读到"劳则富""节用而爱人,使民以时""治国之道,必先富民""俭节则昌,淫佚(逸)则亡"等,这些经济思想反映了劳动创造财富,富民才能强国,主张爱护劳动力,珍惜劳动时间,崇尚节俭,反对浪费。我国古籍中关于预先规划国家经济活动(如《管子》的"国规"思想)、封山禁猎、封湖禁渔等记载,可以说是现代国家调控、可持续发展思想的先声。我国古近代产生过许多卓越的经济著作,如春秋战国时期的《管子》,内容涉及经济哲学思想、经济与政治的关系、财富与劳动的关系,阐释了分配、消费、贸易、财政以及市场、货币、价格等广泛的经济范畴,堪称世界范围内罕见的经济学辉煌巨著。我国古代还产生了一批具有深刻思想的大家,如墨翟的"交相利"思想与西方近代斯密的思想相近;范蠡提出了可能是全世界最早的经济循环论②;康有为的《大同书》用"国学"语言和智慧来表达社会主义的经济思想和终极经济模式,是具有中国风格的最具想象力的空想社会主义著作,足以名列世界伟大空想社会主义思想家之列。

研究中国古近代知识体系中的经济思想,有助于增强中国经济学现代化的民族自信、纠正学术自卑和崇洋心理,有助于形成具有中国特色、中国风格和中国气派的现代马克思主义经济学。如果忽视"国学为根",而是推崇经济学的"西化"和所谓"国际化",其后果只能是使越来越多的经济学者变成缺乏民族精神和学术创新能力的"理论搬运工"。

党的二十大报告指出:"我们必须坚定历史自信、文化自信,坚持古为今用、推陈出新,把马克思主义思想精髓同中华优秀传统文化精华贯通起来、同人民群众日用而不觉的共同价值观念融通起来,不断赋予科学理论鲜明的中国特色,不断夯实马克思主义中国化时代化的历史基础和群众基础,让马克思主义在中国牢牢扎根。"③不言而喻,古近代经济思想不可能达到唯物史观的高度。作为认识主体的经济思想家,除了少数人代表广大人民的利益之外,多数人站在统治阶级或剥削阶级立场上观察和分析经济问题。他们对当时经济形态的理解,有一定程度的表面性和片面性,有的甚至是扭曲地反映经济现实。因此,我们主张"国学为根",不能简单地、不分青红皂白地弘扬"国学",而是主张取其精华、去其糟粕。

二、"国情为据、党情为要、世情为鉴"

要全面深入地推进中国经济学的现代化,不仅要同现有的思想材料打交道,而且要遵循"通过实践而发现真理,又通过实践而证实真理和发展真理"④的认识规律,在"马学""西学"和"国学"这三大知识体系基础上,密切结合中外经济实践,做到"国情为据""党情为要"和"世情为鉴"。

---

① 《毛泽东选集》第 2 卷,人民出版社 1991 年版,第 533—534 页。
② 参阅胡寄窗:《中国经济思想史简编》,中国社会科学出版社 1981 年版,第 27—31 页。
③ 习近平:《高举中国特色社会主义伟大旗帜 为全面建设社会主义现代化国家而团结奋斗——在中国共产党第二十次代表大会上的报告》,人民出版社 2022 年版,第 18 页。
④ 《毛泽东选集》第 1 卷,人民出版社 1991 年版,第 296 页。

（一）"国情为据"

"国情为据"是讲我们要以社会主义初级阶段的具体国情为依据。中国经济学现代化的主要源泉是中国国情,其中包含各种"色层"的省情、市情、县情和城乡差别等实情。中国人民的经济实践是在这种现实的国情下展开的,也只有广大人民群众的经济实践,才具有鲜活性和深刻性,才有可能将国情的多样性和层次性显示出来。因此,只有依靠广大人民群众的经济实践,才能做到"国情为据"。

改革开放40多年来,广大人民群众的经济实践是极其丰富的,值得科学抽象和总结。就"中国模式"的经济制度和战略内涵而言,至少可以提炼为"五结构说",即共同主张要建立和完善"五个结构":一是公有制主体型的多种产权结构;二是劳动主体型的多种分配结构;三是国家主导型的多种市场结构;四是自力主导型的多种开放结构;五是科学发展型的多种战略结构。其中,实践和理论难点在于如何努力实现社会主义公有制与市场经济的高效结合。要充分看到,中国城市已经出现了一批富有实力、活力和竞争力的国有大型和特大型企业及企业集团。中国农村也出现了一批坚持社会主义公有制,在市场经济环境中实现共同致富的典型,如河南的南街村和刘庄、江苏的华西村和长江村、贵州塘约村、烟台衣家村等。只有从这些富有创造性的社会主义经济新生事物和实践经验中吸取营养,才能真正推进中国马克思主义经济学的现代化。正如习近平在2015年中央政治局第28次集体学习时所讲的"我们要立足我国国情和我们的发展实践,深入研究世界经济和我国经济面临的新情况新问题,揭示新特点新规律,提炼和总结我国经济发展实践的规律性成果,把实践经验上升为系统化的经济学说,不断开拓当代中国马克思主义政治经济学新境界,为马克思主义政治经济学创新发展贡献中国智慧。"[1]

（二）"党情为要"

"党情为要"是讲我们要以中国共产党的实际党情为要领。"党情"也是中国的实际情况和中国的特色,是创新马克思主义必须依据的实际情况。

从党的性质来说,中国共产党是在马克思主义理论指导下建立起来的无产阶级政党,是中国工人阶级的先锋队,同时是中国人民和中华民族的先锋队。社会主义国家的政党不同于西方资产阶级政党,西方资产阶级政党代表的是不同垄断资本的利益。党的性质决定了它是植根于人民群众的伟大实践的,因而"党情"同样属于实践层面,是创新马克思主义经济学的实践源泉。

从党的实践活动来看,中国共产党是领导中国人民进行无产阶级革命和社会主义建设的实践主体。党领导人民从"站起来""富起来"到"强起来"的伟大历程,充分证明了"没有中国共产党,就没有新中国,就没有中华民族伟大复兴。"[2]

从中国经济运行来看,党的代表大会确定基本路线、方针和政策是党领导人民进行经济建设的基本纲领,这正是中国的特色所在。党的基本路线是党在一定历史时期制定的行动纲领,是总揽全局的根本指导方针,是党制定各项具体方针、政策的依据,是全党统一思想统

① 习近平:《论把握新发展阶段、贯彻新发展理念、构建新发展格局》,中央文献出版社2021年版,第65—66页。
② 《习近平谈治国理政》第4卷,外文出版社2022年版,第8页。

一行动的基础,是党把马克思主义基本原理与中国实际相结合的具体行动纲领,也是创新马克思主义经济学必须依据的中国实际。

从世界各国共产党的地位和相互关系来看,共产党是各国工人阶级的政党,这是共性;但是各国共产党在各个国家的地位不同,发挥作用的方式自然不同。在有的国家,共产党居于领导地位;在有的国家,共产党居于非领导地位(主要指资本主义国家的共产党)。各国共产党领导各国进行革命和建设的历史条件和环境不同,往往都是从本国的国情和党情出发,在指导思想和最终目标大方向一致的前提下,提出不尽一致的某些理论和工作重点。因而,各国共产党之间应当在坚持马克思主义指导地位的前提下相互尊重,使各国共产党领导各国人民走有本国特色的社会主义道路。

从中国特色社会主义的特征来看,"中国共产党领导是中国特色社会主义最本质的特征,是中国特色社会主义制度的最大优势,是党和国家的根本所在、命脉所在,是全国各族人民的利益所系、命运所系。"①因而中国经济学作为马克思主义政治经济学的继承和发展,理应反映中国特色社会主义的本质特征,"党情"必然是其中一个重要因素。

把"党情"作为创新马克思主义的主要依据,是符合马克思主义政治经济学的研究范式的,那就要以生产关系为研究对象,并且联系生产力和上层建筑。党的领导是社会主义的上层建筑,研究中国社会主义初级阶段的生产关系,不能不联系党的领导。社会主义公有制的经济基础的建立和社会主义市场经济体制改革,中国共产党始终发挥着领导作用。

(三)"世情为鉴"

"世情为鉴"是讲我们要以其他国家和地区的发展经验教训为借鉴。"世情"有多种含义,从经济学角度来说,是指世界各国和世界总体经济的历史、现状和趋势。经济"世情"的来龙去脉和正反两方面的经验教训,对于中国经济学的现代化有着不可忽视的借鉴作用。以20世纪90年代以来美国经济的发展为例,如果全面地弄清情况,便可以看到其发展的两类原因。一类是出于高科技推动的生产力、信息化和经济全球化,以及经济关系、经济体制和政策的相应调整,这是一般原因。另一类是特殊原因,如苏联解体、东欧国家的相对削弱和经互会的瓦解等,使美国在资源、市场、技术、人员和军火等方面获利巨大;包括金融在内的经济霸权主义的特殊地位,使美国主导制定和推行有利于美国的国际经济秩序和规则及某些保护主义措施,占有了别国的大量财富。其中后一原因的"经验"不但不能照搬,而且是必须高度警惕的。事实上,美国在实行新自由主义的经济政策后,即使有高科技、高利润军火和经济霸权,美国经济发展速度也并不快,而且发生过经济衰退,影响全球的"次贷危机"和金融危机就是典型例证。可见,美国经验不可照搬。

又如,美英等发达国家推行的新自由主义思潮,主张非调控化的"市场原教旨主义"、宣扬"私有产权神话"、反对建立国际经济新秩序、反对建立福利国家而主张福利个人化和贫富两极分化。然而,纵观新自由主义主导下的经济全球化实践,可以清晰地看到,世界经济两极化趋势越来越明显。巴黎经济学院下属的"世界不平等实验室(World Inequality Lab)"发布的《2022年世界不平等报告》显示,过去20年里,在全球收入最高的10%的人群和收入占底层的50%的人群之间,收入差距几乎翻了一番。报告证实,尽管收入差距因国家而异,且

---

① 《中华人民共和国简史》,人民出版社2021年版,第468页。

通常取决于政府的政策选择,但包括美国、印度在内的一些国家内部的贫富差距日益严重。贫富差距被联合国认定的 49 个最不发达的国家(亦称第四世界),并没有通过私有化和发达资本主义国家主导的经济全球化途径富强起来,有的反而更加贫穷。近年来,拉美国家纷纷倾向"社会主义",说明新自由主义主导经济全球化正走向终结,经济全球化终将趋向社会主义主导的发展阶段。

上述表明,中国现代经济学对美西方国家经济发展的经验和新自由主义经济政策,不能采取欣赏、照搬的态度[①],只能借鉴。

三、方法论的综合创新

以上所阐发的"马学为体、西学为用、国学为根、国情为据、党情为要、世情为鉴",它们最终都要贯彻和落脚到中国经济学现代化进程中的"综合创新"上。

中国经济学现代化进程中的"综合创新",就是运用唯物辩证法,对古今中外的经济实践、对"马学""西学"和"国学"三大知识体系进行分析与综合的过程。也意味着积极吸收和正确处理三大知识体系之间的相互关系,以及理论上的分析综合与实践检验之间的关系。在这个过程中,"马学为体""西学为用""国学为根"应当成为正确发挥主观能动性的基本学术原则。这就是说,要以马克思主义科学的经济学理论为指导,以西方经济学知识和合理元素为借用,以古近代的经济思想史料为思想源头和根基,进行实质性的综合创新和理论超越。

由于作为理论经济学的"马学"与"西学",本质上各自代表一定阶级的利益,不可避免地会通过理论的人格化,在经济学者之间的学术交流和思想博弈中表现出来。正如马克思所指出的,"政治经济学所研究的材料的特殊性质,把人们心中最激烈、最卑鄙、最恶劣的感情,把代表私人利益的复仇女神召唤到战场上来反对自由的科学研究。"[②]这种情况在中外经济思想史上是得到证实的。中国经济学的现代化,不可避免地包含着复杂的意识形态的交锋。追求真理的经济学者应当力求成为人格化的真理,应当具有捍卫真理的主动性、为真理而奋斗不止的自觉性,努力纠正中外学界存在的思想方法上的错误。例如,照抄所谓"无国度性""无阶段性""无阶级性"和"无意识形态性"的西方经济学范式,只会使中国和世界的整个经济学现代化走入歧途。西方许多主流经济学家如凯恩斯、列昂节夫、科斯、斯蒂格利茨等许多左翼激进经济学家,都不同程度地批评过经济学追求形式化的害处。[③]

中国经济学现代化的"综合创新",为的是形成具有中国特色、中国风格和中国气派的中国现代马克思主义经济学。这需要确立自主创新的志气和方法。应当结合中外实践,从简单引进和模仿国外经济学的自在方式,实现向理论创新的自觉或自为方式的转变,不断提高"文化自觉"和"理论自觉"意识。这意味着要体现两种实践:既体现东西方市场经济实践,又体现有中国特色的社会主义实践;要显现两种创新:既要有经济学的某些常规发展,又要有其范式的革命。也就是在唯物史观指导下,以世界眼光,坚持"马学"为指导或主体,在当代国外经济学继续分化和局部综合的基础上,去实现全面系统的科学大综

---

① 程恩富:《世界政治经济学学会会长致开幕词》,《海派经济学》2006 年第 3 期,第 3 页。
② 《马克思恩格斯文集》第 5 卷,北京:人民出版社 2009 年版,第 10 页。
③ 程恩富:《范式革命与常规理论发展——经济学的分化与综合》,《光明日报》2004 年 1 月 20 日。

合。其中包括分析和借鉴国外马克思主义经济理论、西方左翼激进经济理论、新老凯恩斯主义经济理论、克鲁格曼国际经济理论、发展经济学、比较经济学以及发展中国家经济理论;积极汲取当代哲学、伦理学、美学、心理学、法学、政治学、系统学、生态学、生物学、数学等多学科的可用方法。[①]

在这个综合创新的过程中,中国的马克思主义经济学者应当同各国学界和政界(如国外执政或非执政的共产党)的马克思主义经济研究者建立密切的良性互动关系。同时,要遵循学术发展规律,坚定不移地贯彻落实"双百方针",允许和鼓励马克思主义思想体系内部发展不同经济学派,在活跃的学术争鸣中深化理论研究,探索良性互动机制。

当前,中国经济学在改革开放和"学术走出去战略"的推动下正在快速向前发展,目前已呈现出经济学的"五大发展态势",即注重对重大现实经济问题进行体现新发展理念的理论和政策探讨、注重对经济学原理的超越性发展、注重对政治经济学理论的数学表达和分析、注重用现代马克思主义政治经济学引领应用经济学创新、注重与国外马克思主义经济学的互动和借鉴,并已经产生了一批富有开拓性的理论成果。[②]这正是马克思主义经济学具有强大生命力和持续创新力的表现,也反映出中国式现代化建设的内在要求。我们坚信,坚持"马学为体、西学为用、国学为根、国情为据、党情为要、世情为鉴、综合创新"的基本思维方法和学术原则,必将使中国经济学的现代化道路越走越宽广,并为中国特色社会主义经济和世界经济的科学发展做出应有贡献。

延伸阅读

复习思考题

1. 马克思主义政治经济学的基本方法有哪些?

2. 党的二十大报告指出:"继续推进实践基础上的理论创新,首先要把握好新时代中国特色社会主义思想的世界观和方法论,坚持好、运用好贯穿其中的立场观点方法。"你认为习近平新时代中国特色社会主义思想所蕴含的世界观和方法论是什么?

3. 习近平在党的二十大报告中指出:"中国共产党人深刻认识到,只有把马克思主义基本原理同中国具体实际相结合、同中华优秀传统文化相结合,坚持运用辩证唯物主义和历史唯物主义,才能正确回答时代和实践提出的重大问题,才能始终保持马克思主义的蓬勃生机和旺盛活力。"请用综合创新方法论谈谈你对这句话的理解。

---

① 程恩富:《范式革命与常规理论发展——经济学的分化与综合》,《光明日报》2004年1月20日。
② 程恩富:《经济学现代化及其五大态势》,《高校理论战线》2008年第3期。

案 例 分 析

诺瑟姆曲线

美国城市地理学家诺瑟姆（Northam）在对英、美等西方国家工业化进程中城市化率变化趋势进行分析的基础上，于1979年提出了城市化发展的一般规律：一个国家或地区城市化的轨迹是一条稍被拉平的"S"形曲线（即诺瑟姆曲线）。他把城镇化过程大致分为三个阶段：工业化初期也是城镇化的起步阶段或初级阶段，主导产业是轻纺工业，城镇发展缓慢，城镇化率低于30％；工业化中期是城市化的扩张期或加速发展阶段，主导产业是钢铁、化工、机械等重化工业，城镇化率高于30％，并以较快的速度向70％攀升，此时出现"城市病"；工业化后期或成熟期是城市化的后期或稳定发展阶段，第二产业上升到40％以后将缓慢下降，而第三产业则蓬勃兴起并成为城镇化进一步发展的主要动力，此时城市化率大于70％，但增长速度趋缓甚至停滞，大城市的人口和工商业迁往离城市更远的农村和小城镇，出现"逆城市化"现象。

思考题：

诺瑟姆曲线是否适合用来研究我国的城镇化问题？怎样看待当前经济学数学化倾向？

思路点拨

第十七章 五过程与五观论

 学习目标

1. 掌握马克思主义经典作家和领袖关于广义政治经济学的基本观点

2. 了解中外学者对政治经济学体系构建所做出的探索及其观点

3. 理解现代政治经济学的五过程与五观论的基本构成,明确其研究对象和研究内容,进一步思考政治经济学体系的构建,尤其是中国特色社会主义政治经济学体系的构建问题

本章从现代政治经济学体系角度梳理迄今为止出现的主要构想,简要陈述"新马学派"构建现代政治经济学五过程体系和五观体系的观点①。这两大体系都是论述现代政治经济学的整体性知识。在展开论述前,要对现有政治经济学体系的含义作简要界定。那就是这个体系并不是截取社会经济某个局部或侧面来展开论述,而是在相互联系基础上,从不同层面综合地或系统地进行论述;并且,不是局限于论述现实社会经济,而是主要在一定的抽象意义上进行论述。因此,在某种程度上,这里所说的现代政治经济学体系,具有广义政治经济学的性质;或者说都是在广义政治经济学视野下展开体系性叙述。

第一节 马克思主义经典作家和领袖的基本思想

关于政治经济学,马克思的《资本论》提供了迄今为止最完美的版本。在《资本论》当中,针对资本主义社会经济运行,马克思主义政治经济学的立场、观点、方法得到了系统性呈现。但是,那还不是严格意义上的广义政治经济学。因为《资本论》所考察的,主要是资本主义社会的经济运行及其演变的规律;而人类社会发展到现在,除资本主义社会外,还存在多种社会形态。不过,马克思和恩格斯在研究资本主义社会政治经济学的过程中,也对广义政治经济学产生了一些极具创造性的构想。创建广义政治经济学是由恩格斯提出来的,马克思和

---

① 本章内容借鉴了阐述政治经济学五观体系的系列专著,即《渺观政治经济学》《微观政治经济学》《中观政治经济学》《宏观政治经济学》《宇观政治经济学》以及这套丛书的《总序》。这个《总序》由程恩富和伍山林撰写;在撰写过程中,又主要借鉴了程恩富:《马克思主义政治经济学理论体系多样化创新的原则和思路》,《中国社会科学》2016 年第 11 期;兰玲、程恩富:《构建马克思主义广义政治经济学的思考》,《马克思主义研究》2018 年第 7 期。

恩格斯当时已经开始了广义政治经济学某些研究工作。后来,列宁、斯大林、毛泽东、习近平等又主要根据苏联和中国的社会主义实践,对广义政治经济学体系特别是社会主义政治经济学构建作出了创新和发展。

一、马克思、恩格斯阐述政治经济学体系

迄今为止,政治经济学体系构建主要是从时间、空间、过程三大维度展开的。不过,这种区分只是就叙述政治经济学的角度而言的。就马克思和恩格斯关于广义政治经济学的观点来看,又主要是时间维度;当然,也涉及空间维度和过程维度。

恩格斯说:"政治经济学本质上是一门历史的科学"①。这里,"历史的"作为一个限定词,具有深刻的含义。恩格斯说:"政治经济学作为一门研究人类各种社会进行生产和交换并相应地进行产品分配的条件和形式的科学——这样广义的政治经济学尚待创造。"②这里的"人类各种社会"作为一个限定词,更进一步明确了前面所说的"历史的"的含义。也就是说,即使是马克思的《资本论》,由于它研究资本的形成、运动、演变、结局以及其中包含的生产关系、运行机制和经济规律,也只属于狭义政治经济学范畴。但是,马克思的《资本论》又论述了资本的历史形成,以及资本主义社会的历史发展,使得它在作为剖析资本主义社会形成和发展史的狭义政治经济学的同时,在这个社会内部具有了时间广义的属性;由此也就树立了叙述广义政治经济学的榜样。

从空间广义角度构建政治经济学体系,马克思做出了极具启迪意义的分析。第一,这种分析在《资本论》中得到了具体的体现。《资本论》不仅以商品作为资本主义社会政治经济学分析的叙述起点,而且由此出发以劳动作为元概念,分析商品价值的形成和决定以及剩余价值的来源、形成、转化、实现等,在生产、流通、分配、消费四大经济环节中统一贯穿其思想,并且在必要的时候引入关于国家和国际经济关系的分析。第二,在政治经济学体系构建的设想中,马克思对于空间维度的构建草拟了两大计划。一是"五篇结构计划"。他认为即将撰写的政治经济学,"应当这样来分篇:(1)一般的抽象的规定,因此它们或多或少属于一切社会形式,不过是在上面所阐述的意义上。(2)形成资产阶级社会内部结构并且成为基本阶级的依据的范畴。资本、雇佣劳动、土地所有制。它们的相互关系。城市和乡村。三大社会阶级。它们之间的交换。流通。信用事业(私人的)。(3)资产阶级社会在国家形式上的概括。就它本身来考察。'非生产'阶级。税。国债。公的信用。人口。殖民地。向国外移民。(4)生产的国际关系。国际分工。国际交换。输出和输入。汇率。(5)世界市场和危机。"③二是"六册结构计划"。马克思在 1859 年《政治经济学批判》的"序言"中又修改了原来的计划。他说:"我考察资产阶级经济制度是按照以下的顺序:资本、土地所有制、雇佣劳动;国家、对外贸易、世界市场。在前三项下,我研究现代资产阶级社会分成的三大阶级的经济生活条件;其他三项的相互联系是一目了然的。第一册论述资本,其第一篇由下列各章组成:(1)商品;(2)货币或简单流通;(3)资本一般。"④之所以说它是"六册结构计划",是由于马克思这个计划包括资本、土地所有制、雇佣劳动、国家、对外贸易、世界市场六个部分,并且他把

---

① 《马克思恩格斯文集》第 9 卷,人民出版社 2009 年版,第 153 页。
② 《马克思恩格斯文集》第 9 卷,人民出版社 2009 年版,第 156 页。
③ 《马克思恩格斯文集》第 8 卷,人民出版社 2009 年版,第 32—33 页。
④ 《马克思恩格斯文集》第 2 卷,人民出版社 2009 年版,第 588 页。

关于资本的论述,当作第一册。其实,在《资本论》当中,马克思对土地所有制和雇佣劳动已多处论述,并且在必要的时候,还与国家、对外贸易、世界市场发生了联系。从这个角度来说,马克思在《资本论》中已经开始尝试(尽管在很多方面尚未充分展开)空间层面的广义政治经济学构建。

二、列宁、斯大林阐述政治经济学体系

列宁在《帝国主义是资本主义的最高阶段》(简称《帝国主义论》)中对资本主义发展的特殊阶段即帝国主义阶段,就其特点、内涵、趋势等作了集中论述,从时间维度上丰富了马克思主义广义政治经济学。19 世纪末至 20 世纪初,资本主义的发展从自由竞争阶段进入垄断阶段即帝国主义阶段,资本主义固有矛盾进一步发展,世界革命形势具有新动向。为了深刻认识帝国主义本质特征、战争与革命的关系,以及制定无产阶级革命斗争策略,列宁撰写了《帝国主义论》。该著作把资本主义新变化概括为五个特征(详见本书第十五章)。列宁是把帝国主义与生产和资本的垄断这个最深厚的经济基础结合起来进行分析的,进而指出帝国主义阶段的资本主义具有寄生性、腐朽性,具有迅速发展的趋势和停滞腐朽的趋势,是垂死的(过渡的)资本主义。列宁指出,他写作这部著作宗旨是"能有助于理解帝国主义的经济实质这个基本经济问题,不研究这个问题,就根本不会懂得如何去认识现在的战争和现在的政治"[1]。他要宣告的是"帝国主义是无产阶级社会革命的前夜"[2]。

斯大林对广义政治经济学的贡献,主要体现在《苏联社会主义经济问题》中。斯大林认为存在与自然规律不同的经济规律,这种规律虽然并不是长久存在的,却是可以被认识和加以利用的。在任何一个社会形态下,都存在决定社会生产生活发展的主要方面和主要过程的基本经济规律。在社会主义制度下,(与资本主义制度不同)存在着国民经济有计划发展规律。社会主义商品生产是不同于资本主义商品生产的(没有资本家参与)特种商品生产,但是价值规律起作用的范围和方式发生了改变、受到了限制,它主要作用于个人消费品流通领域,对社会主义生产领域尽管有影响,但并不是主要调节者[3]。斯大林对苏联社会主义制度下经济关系的认识,在苏联《政治经济学教科书》中得到了贯彻,该书对包括苏联、中国等在内的社会主义国家的经济发展和经济学体系构建产生了深刻影响。该书包括资本主义之前的生产方式、资本主义生产方式和社会主义生产方式共三个部分。在社会主义部分,考虑了特殊和一般,既安排了研究苏联社会主义经济的内容,又探索了社会主义经济的一般规律。

三、中国化马克思主义阐述政治经济学体系

1956 年,在即将进入社会主义建设时期的重要关口,毛泽东在《论十大关系》讲话中书写了中国特色社会主义政治经济学的序篇。[4]其主要思想是提出农、轻、重并举的产业发展思想、沿海与内地并举的区域发展思想以及经济与国防并举的强国发展思想。[5]1959 年春至

---

①　《列宁全集》第 27 卷,人民出版社 2017 年版,第 324 页。
②　《列宁全集》第 27 卷,人民出版社 2017 年版,第 330 页。
③　《斯大林文集(1934—1952 年)》,人民出版社 1985 年版,第 602—609 页。
④　顾海良:《中国特色社会主义政治经济学的序篇——纪念毛泽东〈论十大关系〉发表 60 周年》,《毛泽东邓小平理论研究》2016 年第 3 期。
⑤　《毛泽东文集》第 7 卷,人民出版社 1999 年版,第 24—28 页。

1960年春,毛泽东在读苏联《政治经济学教科书》读书小组上的谈话,即《读苏联〈政治经济学教科书〉的谈话》中进一步发展了中国特色社会主义政治经济学。其主要内容是:苏联《政治经济学教科书》并不是全部适用于中国,中国社会经济发展有自己的特点;中国社会主义建设是在生产力极不发达的条件下进行的,在社会主义阶段中又包含不发达的社会主义与比较发达的社会主义两个阶段,经过后面这个阶段之后才可以进入共产主义社会;中国要建设工业现代化、农业现代化、科学文化现代化和国防现代化;中国要借鉴苏联社会主义建设经验,但是要与自己具体特点相结合,不能像苏联那样在强调重工业优先增长的同时忽略了农业,而是要工农业同时并举;要通过社会主义竞赛提高劳动人民生产积极性,要用共产主义理想教育人民;按劳分配、商品生产、价值规律等在一段时间里适应生产力发展的要求,但总有一天会出现不适应的情况,被生产力发展所突破;我们可以从所有制出发来书写社会主义政治经济学。

邓小平对广义政治经济学的重要贡献是针对中国实际提出社会主义初级阶段理论,这也是邓小平理论的基石。他认为中国社会主义还处于初级阶段,这是一个不发达的阶段,"一切都要从这个实际出发,根据这个实际来制订规划"[①]。在此基础上,要把改革当作一种革命(第二次革命),把改革当作发展生产力的必由之路,把计划和市场当作发展生产力的手段,通过不断探索社会主义基本经济制度,逐渐摆脱贫困并且最终走向共同富裕,建设有中国特色的社会主义。在邓小平社会主义初级阶段理论的基础上,江泽民提出"三个代表"重要思想。他在《在新的历史条件下更好做到"三个代表"》中指出,"我们党所以赢得人民的拥护,是因为我们党在革命、建设、改革的各个历史时期,总是代表着中国先进生产力的发展要求,代表着中国先进文化的前进方向,代表着中国最广大人民的根本利益,并通过制定正确的路线方针政策,为实现国家和人民的根本利益而不懈奋斗。"[②]胡锦涛提出科学发展观。他说:"树立和落实全面发展、协调发展、可持续发展的科学发展观,对于我们更好坚持发展才是硬道理的战略思想具有重大意义","树立和落实科学发展观,十分重要的一环就是要正确处理增长数量和质量、速度和效益的关系","各级党委和政府一定要坚持科学发展观,不断探索促进全面发展、协调发展、可持续发展的新思路新途径,进一步提高发展质量,实现更快更好发展"[③]。

习近平在探索中国特色社会主义政治经济学过程中发展了广义政治经济学,形成了习近平新时代中国特色社会主义思想。在较为具体的层面上,习近平提出了创新、协调、绿色、开放、共享的新发展理念,提出了供给侧结构性改革新方略,提出了构建开放型世界经济新构想,提出了构建以国内大循环为主体、国内国际双循环相互促进的新发展格局重大战略部署等。在更为一般的层面上,习近平新时代中国特色社会主义思想主要包括:在基本逻辑上,以中国共产党的坚强领导为核心,以人民群众的无穷力量为支撑,以有效运作的基本经济制度为保证;在基本方向上,则是以创新发展为基本动力,以新发展阶段、新发展理念、新发展格局,作为中国特色社会主义建设的实践指引;在基本目标上,通过形成"更高质量、更有效率、更加公平、更可持续、更为安全"的发展道路,实现共同富裕的理想追求和构建现代

---

① 《邓小平文选》第3卷,人民出版社1993年版,第252页。
② 《江泽民文选》第3卷,人民出版社2006年版,第2页。
③ 《胡锦涛文选》第2卷,人民出版社2016年版,第104—105页。

化经济体系;在关于市场和政府作用的认识上,提出让市场在资源配置中起决定性作用和同时更好地发挥政府的作用;在政治经济学发展方法上,提出"要立足我国国情和我国发展实践,揭示新特点新规律,提炼和总结我国经济发展实践的规律性成果,把实践经验上升为系统化的经济学说,不断开拓当代中国马克思主义政治经济学新境界","要深入研究世界经济和我国经济面临的新情况新问题,为马克思主义政治经济学创新发展贡献中国智慧"①。

第二节　中外学者关于政治经济学体系的主要观点

马克思主义政治经济学关于资本主义的核心理论,源于经典著作《资本论》。进入20世纪后,社会主义率先在俄国取得了胜利。这种胜利极大地鼓舞了世界上其他一些国家的先进分子,中国社会经济在中国共产党引领下开始朝着一个前途光明的方向发展。在这个过程中,苏联和中国经济学家在写作政治经济学教材的时候,在《资本论》基础上尝试构建政治经济学社会主义部分。如苏联的列昂节夫和中国的沈志远等,他们的政治经济学教材早就包括了社会主义部分。

一、从时间维度的探索

政治经济学体系沿着时间维度进行探索,指的是探索不同社会形态下的生产关系或经济制度的生成和演变以及经济过程中的机制和规律。

1954年,苏联出版了《政治经济学教科书》。这部书对中国社会主义经济建设产生了很大理论影响,尽管这种影响很多时候是间接的,或者说是通过中国化之后才产生的。在中国,许涤新早在20世纪50年代就出版了《广义政治经济学》。与此前的政治经济学著作不同,他向前迈了一大步。该书针对前资本主义经济、资本主义经济和社会主义经济分别设卷,按照人类社会发展的时间发展安排叙述内容,并且对马列主义政治经济学进行中国化和时代化。许涤新这套书是我国第一部以广义政治经济学命名的著作。

改革开放以来,中国一些经济学家对在政治经济学中将资本主义部分与社会主义部分简单拼接起来的做法开始不满,尝试在政治经济学中依据某些一般性的理论,把资本主义部分与社会主义部分有机连接起来。他们在马克思的《资本论》以及马克思的政治经济学"六册结构计划"的基础上,把政治经济学的一般原理提炼出来,再将它运用于研究不同社会经济形态。例如,张维达主编的《政治经济学》在商品经济、经济制度、经济运行、经济发展等四篇中,分析了市场经济的一般理论,并且在此基础上对资本主义和社会主义的市场经济进行了阐述。

这些教材和论著体现了这样一种学术努力,即实现政治经济学的一般理论与不同社会形态下的政治经济学的有机结合。如果说单纯研究某一社会经济制度的政治经济学理论体系可以称为狭义政治经济学,那么研究一切社会经济制度的政治经济学理论体系也就可以

---

① 习近平:《立足我国国情和我国发展实践发展当代中国马克思主义政治经济学》,《光明日报》2015年11月25日第1版。

称为广义政治经济学。照此,我们不妨把研究资本主义和社会主义经济制度的理论体系称为"中义"政治经济学。上述论著主要研究资本主义和社会主义经济制度,大抵属于"中义"政治经济学体系。

二、从过程维度的探索

早在 20 世纪 60 年代初,孙冶方就提出要建立包括生产过程、流通过程、全社会总生产过程的政治经济学体系,在 20 世纪 80 年代又在前述基础上增加了消费部分。

许涤新的《广义政治经济学》在 20 世纪 80 年代出版了修订版。在第三卷中,他把我国社会主义经济作为研究对象,全书由生产资料公有制与社会主义生产过程、社会主义流通过程、社会主义再生产过程与积累、物质生产部门与第三产业共四篇组成。

在过程维度下,就集体探索而言,对政治经济学体系构建具有较大影响的是《政治经济学》的"南方本"和"北方本"。到此为止,各家在政治经济学体系构建上虽然存在一定的差异,但都接受了苏联政治经济学教科书的分类,资本主义部分与社会主义部分是按照传统以板块拼接方式构建的。

三、从空间维度的探索

政治经济学体系在空间维度上探索的,是一定社会的生产关系或经济制度以及相应的经济规律在不同空间层面上的表现、内容及演变。这种探索是改革开放后西方经济学在中国已有一定传播的条件下开始形成的。在西方经济学教科书中,微观经济学和宏观经济学是两个最主要的板块。

其一,关于微观政治经济学。林岗主编的《社会主义微观经济分析》,探讨社会主义市场经济体制背景下的微观经济活动,作者把社会主义市场经济的微观经济主体定位为企业、农户和居民,部分地运用西方经济学理论,分析社会主义市场经济中的企业与农户的经营机制和经济行为以及居民的经济行为。潘振民、罗首初的《社会主义微观经济均衡论》主要以中国国有经济为蓝本,部分采用西方经济学理论,以企业行为为主干,以既定行政体制和双轨体制为前提,对社会主义微观经济运行过程进行分析。刘小怡的《微观政治经济学:综合与创新》把马克思主义政治经济学和西方经济学体系"拆散"开来,再设计一个新框架,对政治经济学微观部分进行理论研究。必须指出,现有论著的一个普遍特点是在对微观政治经济学进行探索的时候,主要运用西方经济学理论分析中国微观经济行为,在马克思主义政治经济学理论的深度运用和实质创新方面还有待加强。

其二,关于中观政治经济学。在经济学中,明确提出"中观"概念的是德国埃登堡大学的彼得斯博士,他分析了中观经济与微观经济、宏观经济之间的关系。在中国,中观政治经济学自 20 世纪 80 年代末以来也得到了一定的研究。王慎之的《中观经济学》、秦尊文和文彪的《中观经济的运行与调控》都存在一种趋向,也即联系微观经济学、中观经济学和宏观经济学,以马克思主义理论为指导,用生产力与生产关系的理论来研究我国中观经济运行情况。但是,目前所谓中观政治经济学,尚欠理论上的进一步提炼和体系上的进一步整合。

其三,关于宏观政治经济学。一部分学者侧重对中国社会主义宏观经济进行研究。如魏杰的《社会主义宏观经济控制》对社会主义宏观控制进行了静态考察和动态分析。蒋学模主编的《社会主义宏观经济学》探索了社会主义宏观经济的运行机制和运行规律。这些论著力求坚持马克思主义政治经济学的基本观点,同时借鉴西方经济学的合理成分,来分析社会主义宏观经济运行问题。有的论著专门阐述马克思主义宏观政治经济学理论,如杨文进在《论马克思的宏观经济学》中,把马克思的价值理论、分配理论直接应用于国民收入核算,阐述有效需求和经济波动等问题。

其四,多个空间层面的考察。除专注于上面提到的三个空间层面中的某个层面之外,还有一些政治经济学著作同时涉及三个空间层面。例如,刘伟和张健群合著的《微观、中观、宏观社会主义经济分析》介绍社会主义经济运行前提后,又做了微观分析、中观分析、宏观分析。又如,周学提出应该构建"微观、中观、宏观三位一体"的经济学理论体系,郭广迪、王志林提出在马克思经济学说中应该包含国际贸易理论、国际金融理论、生产要素国际转移理论和经济一体化理论等现代国际经济学内容。于良春的《政治经济学》,包括社会总生产过程、社会经济制度、微观经济运行、社会经济发展、宏观经济运行和国际经济关系等内容。他们在论述政治经济学一般理论基础上,既分析资本主义经济发展和社会主义经济发展中的理论问题,又分析不同层面的经济运行,体现了将时间维度与空间维度交叉起来论述政治经济学的意图。上面这些努力均说明,中国政治经济学体系正在不断地向空间广义上拓展。

综上所述,广义政治经济学体系建设的发展历程,遵循从抽象到具体、从一般到特殊的发展过程。通过政治经济学体系的时间广义化发展,把马克思主义政治经济学的基本原理应用到不同社会经济形态的经济分析中,成果已较丰硕。相对而言,政治经济学体系的空间广义化发展,还显得不足。现代西方经济学体系一般包括微观经济学、宏观经济学和国际经济学三个部分。现代西方经济学缺乏系统的科学方法论作支撑,导致这三个部分基本上是机械地分割的,并且在内容上存在一些弊端和错误。我们在构建广义政治经济学的时候,必须科学地扬弃现代西方经济学体系和方法,用马克思主义政治经济学的科学方法论进行理论研究和体系创新。

即使是西方现有的微观经济学体系和宏观经济学体系,其构建也不完备。以发行量极大的萨缪尔森《经济学》为例,其"微观经济学"篇先论述供给、需求和产品市场,后又设"应用微观经济学"篇,论述政府税收和支出、效率与公平、国际贸易,甚至还有"会计学"这一目。其实,政府收支当属宏观经济问题,国际贸易当属国际经济问题。因此,倘若马克思主义政治经济学体系的建构仅仅设立微观经济和宏观经济两个部分,或者形成各种混合型理论体系架构,势必同样缺乏统一的方法论逻辑。政治经济学新体系固然需要包括微观经济和宏观经济的有关内容,但绝不是在体系结构上进行简单的照搬或混合式模仿。另外,在研究中国社会主义微观、中观和宏观经济学的时候,一些论著站在西方经济学立场上;即使是基于马克思主义政治经济学的研究,逻辑并非高度统一,没有在国际视野下用马克思主义政治经济学分析各个层次的经济活动。

第三节 评析与创新

我们综合马克思《资本论》三卷关于直接生产过程、资本的流通过程和资本主义生产总过程,以及马克思关于政治经济学六分册(资本、土地所有制、雇佣劳动、国家、对外贸易、世界市场)的设想,构建了直接生产过程、流通过程、分配过程、国家经济过程和国际经济过程的现代政治经济学五过程体系;又批判地借鉴和超越现代西方经济学体系,构建了渺观经济、微观经济、中观经济、宏观经济和宇观经济的现代政治经济学五观经济体系。这两个新体系的构建,有力地推进了现代政治经济学多元化体系的发展。

一、现代政治经济学的五过程体系

"新马学派"的政治经济学体系之一是五过程体系。它在广义政治经济学视野下,从五个过程即直接生产过程、流通过程、生产的总过程、国家经济过程和国际经济过程进行政治经济学叙述。它不仅借鉴了此前基于过程视角而对政治经济学体系进行整合的有益成果,而且做出了一定的创新。它遵循从一般范畴再到特殊范畴的研究方法,既在以往政治经济学理论的基础上吸收了西方经济学的合理思想与方法,又把政治经济学有机地应用于资本主义和社会主义经济,主要在商品经济中展开叙述。因此,这个体系具有以五个经济过程为主线,一定程度上兼顾多个空间维度的交叉性特点。

它在政治经济学通常包括的直接生产过程、流通过程和生产的总过程之外,还另加论述国家经济过程和国际经济过程。这种考虑在理论上的来源是马克思关于政治经济学的"五篇结构计划"和"六册结构计划"。

(一) 直接生产过程

这里,直接生产过程指的是商品经济前提下的直接生产过程,其论述的内容主要是将劳动作为元概念,从剖析商品开始,逐渐进入对直接生产过程的分析,它研究的主要问题是商品、价值、货币、资本、剩余价值、资本积累等范畴。其中,从劳动衍生出来的价值是一个具有贯通性的关键概念。

在商品经济中,举目所见,皆是商品。因此,从商品开始叙述和分析,既具有直观的现实意义,又具有丰富的分析意义。但是,从人类社会发展角度来看,商品不恒有,商品只是人类社会发展过程中的历史产物。因此,要找到一种超越商品的历史局限性的元素,由此出发说明商品的历史性。这样,劳动这个概念也就自然地登场了,出现在政治经济学的话语体系中,并且劳动也可作为广义政治经济学的元概念来看待。借助劳动这个元概念,商品价值研究也就有了唯一的起源性基础,即价值之创造仅在于劳动,并且在商品经济的情形下,价值之决定和度量,仅在于一般的、抽象的人类劳动。

在资本主义商品经济情形下,除劳动外,直接生产过程还需要资本参与。资本在原初意义上只是劳动成果,但是因为生产关系的缘故,它归属于特定的个人或群体。比如说,在资本主义社会,它原本是通过剥削劳动得来的,尽管它归属于资本家。但是,在直接生产过程中,资本又变成了先是在形式上平等地雇佣工人,再是在生产过程中演变为对工人劳动的剥削。因此,在资本主义情形下,直接生产过程无非是用剥削得来的资本,再一次剥夺工人的劳动,由此循环往复。资本的这种剥削过程,本质上是通过吸吮剩余价值使自己不断增殖的过程。在商品经济中,货币成为一种不可或缺的社会性产物。与社会经济生活相关的生产过程、交换过程、分配过程、消费过程,都直接或间接以货币为媒介来展开。

在直接生产过程中,受生产目的制约,如何进行生产成为至关重要的问题。例如,在资本主义社会,由于资本追求剩余价值,那么它就可以采取诸如绝对剩余价值生产和相对剩余价值生产的方式来实现它的使命。前者单指通过延长工作日或劳动时间来生产更多的剩余价值,它是有限度的;后者单指通过缩短必要劳动时间,借助一系列手段(包括生产组织方式创新特别是生产技术进步等)来生产更多的剩余价值,它是可以无限推进的。由此,资本主义社会的技术进步和组织演化就可以得到机制性说明。至于工人的工资,尽管受道德和法律的约束,但本质上却是在劳资双方表面上平等但谈判能力非对称的基础上,主要由资方根据市场决定的。

对于直接生产过程,在资本主义情形下最具抽象分析意义的是简单再生产,它指的是按照原来的生产规模不断重复进行的再生产;但是,最具现实分析意义的是扩大再生产,即按照扩大的生产规模不断更新的再生产。在直接生产过程中,不仅生产出价值和剩余价值,而且再生产出经济关系,这是一种循环往复的过程。在这种生产过程中,剩余价值被当作资本来使用——它通过剥削工人而得到,再被拿去剥削工人;至于工人,在整体上总是受资本家的剥削,而在一定的产业和空间上,彼此之间又为工作岗位和工资而竞争,以致工资以生存为底线,就业以资本需要为准则,过剩人口也就形成了。

(二)流通过程

单独讨论流通过程,只是为了把问题突显出来,集中研究其中的经济问题,它与其他经济过程其实是相互关联而不是完全脱离的。针对流通过程,五过程体系要研究资本循环和周转、社会总资本再生产和流通、社会总资本运行中的市场等问题。

资本循环和周转主要是针对投放在工业、农业、建筑业等物质资料生产部门的个别资本即产业资本来说的。其中,资本循环讨论的是产业资本依次经过购买、生产和出卖三个阶段,相继采取货币资本、生产资本、商品资本三种职能形式,最终实现资本增殖的整个运动过程。需要注意的是,(1)资本的三种职能形式各有自身循环。(2)产业资本循环在空间上并存和在时间上继起,是其能够正常运动的必备条件。

个别资本要实现价值增殖目的,必须反复循环下去,由此引出资本周转话题。资本周转指的是周而复始、连续不断的资本循环过程,它要经历生产过程和流通过程,并且相应地耗费一定的时间,这两种时间之和就是周转时间。由此就可知道,比如说一年之内资本周转了多少次。但是,资本中的固定资本和流动资本,其周转速度并不一样。其中固定资本在物质形式上是全部参与到生产过程中去的,在较长时间多次发挥作用,按照在生产过程的消耗程度,价值一部分一部分地转移到产品中去,直至报废才转移完毕,因此存在一个加快周转速度的问题。在流动资本中,购买原材料、燃料和辅助材料等部分的价值,在一次生产过程就被消耗和转移,并且进入产品价值;购买劳动力的部分,在劳动过程中被再生产出来,加入到产品价值中去。

与个别资本运动仅仅考察价值补偿不同,社会总资本或社会资本的运动不仅要考察价值补偿,而且要考虑实物补偿,社会资本在不同情形下的实现也就成为重要问题。为了分析方便,有必要把社会生产分成两大部类,即生产生产资料的第Ⅰ部类与生产消费资料的第Ⅱ部类;在价值上,要把社会总产品分成不变资本(c)、可变资本(v)和剩余价值(m)这三个部分。于是,对于简单再生产,其基本实现条件可表述为 $Ⅰ(v+m)=Ⅱc$。这也暗含了这样一个前提,那就是第Ⅰ部类再生产所需的不变资本,是在部类内部生产和消费的,它天然是相等的。但是,在扩大再生产中,其实现条件单有上述等式已不够了,而是要扩展为两个方面:

一是 $\mathrm{I}(c+v+m)=\mathrm{I}(c+\Delta c)+\mathrm{II}(c+\Delta c)$；$\mathrm{II}(c+v+m)=\mathrm{I}(v+\Delta v+m/x)+\mathrm{II}(v+\Delta v+m/x)$。在这两个式子中，$\Delta c$ 表示不变资本的增量或追加的不变资本，Δv 表示可变资本增量或追加的可变资本，m/x 表示在剩余价值中有多少被用于个人消费（剩下来的部分即 $m\times(1-1/x)$ 自然地表示用于积累的部分）。这样，第一个式子指的是在生产资料上要达到平衡，即第 I 部类生产出来的生产资料，刚好被两个部类当作不变资本使用；第二个式子的含义是在消费资料上要达到平衡，即第 II 部类生产出来的消费资料，要满足两个部类的消费。

研究流通过程，就必须研究市场。市场存在于多种社会形态，它在资源配置上既具有追求微观效率的优越性的一面，又具有盲目和失灵的一面。加之社会总资本运动中有种种矛盾需要克服，市场经济特别是资本主义市场经济在再生产过程中就必然出现经济危机。这种危机在本质上是由生产过剩引起的。尽管局部比例失调可以通过价值规律作出一定调节，但是资本主义内在矛盾的激化，将因生产过剩而导致经济危机的周期性爆发，其中一个周期要经历危机、萧条、复苏、高涨等四个阶段。

（三）生产的总过程

从生产的总过程来看，我们要考虑产业资本和商业资本以及对应的平均利润，要考察借贷资本、银行资本、股份资本以及对应的利息、利润、股息；要考虑垄断及垄断利润，要考虑土地及地租，要考虑收入分配和消费。其中，利润率即剩余价值或利与全部预付资本的比率是一个重要概念。它与资本有机构成即固定资本与可变资本之比具有密切关系。考虑社会的所有产业之后，将形成平均利润率，它是该社会的剩余价值总额与总资本之比。当利润转化为平均利润，商品价值也就转化为生产价格。重要的是，平均利润率在长期具有下降趋势，其原因是社会平均资本有机构成不断提高。这种提高主要是由于资本在追求剩余价值的过程中通过提高生产技术、提高自身竞争力实现的。在这种竞争过程中，自由资本主义走向垄断资本主义。此时资本将获得垄断利润，它是由平均利润和超额利润构成的。

在总生产过程中，交换、分配、消费及其与生产之间构成了相互影响的关系。如果把生产要素抽象为劳动和资本，那就有按劳分配和按资分配。按劳分配需要前提，那就是生产资料公有制；并且，在按劳分配之前，要作两类扣除，一是生产性扣除，二是公共性扣除，剩下的部分再按个体给社会提供的劳动（从数量和质量两个维度评定）进行分配，个体按照劳动所得进行个人消费。至于按资分配以及更进一步地按生产要素分配，那是在市场经济情形下，按照各个生产要素对产出的贡献而进行的。

（四）国家经济过程

国家是一个历史范畴。在商品经济情形下，国家在社会经济生活中具有独特作用。对于商品经济运行，把国家抽象掉是不可想象的。

国家及其管理机构的存在，需要一定的经济支撑。这种支撑需要以一定的方式比如说税收来获得。这样，国家与经济生活就不是不相关联的，即管理机构必然通过经济资源的（强制）获取，而对经济运行产生相应的影响。在商品经济情形下，市场机制本身所存在的盲目性和失灵性，也要求存在一个高于经济个体的力量，即国家通过一定的政策手段对市场机制在一定情形下作出功能性弥补。因此，研究国家经济过程的时候，最重要任务之一是在洞悉市场失灵基础上,给出国家调节微观经济的方式、手段、政策、限度。即怎样把政府这只"有形之手"与市场这只"无形之手"结合和协同起来,使国家经济以更高效率和更可持续的方式发展。

但是,在资本主义社会,由于资本私有,国家在调节微观经济行为的时候,除了可在政策上作出种种安排之外,自身并不掌握直接可以动用的经济资源,其对经济的调节大多只能采取间接的方式来进行。与之相反,社会主义社会不管处于怎样的阶段,国家总是具有与其所处阶段相适应的经济资源。这样,在调节微观经济行为和宏观经济运行的时候,就具有更多的直接手段。国家以其经济资源直接深入经济过程,以达到预期目的。鉴于商品经济中总是存在着周期性波动,而资本主义国家调节经济的手段又有限,社会主义国家调节手段更加多样更加丰富,通常见到的情形就是每逢经济危机,资本主义国家的经济波动更大,危机程度更深。就国家宏观经济调节的政策与手段而言,就包括诸如财政政策(又包括预算、税收、国债、补贴等)、货币政策(又包括利率手段、公开市场业务、再贴现手段、存款准备金等)、收入政策、产业政策等。

在国家经济过程中,那些最容易发生市场失灵的部门尤其值得关注。这就牵涉国家垄断经济问题。通常认为,在诸如电话、电力、自来水、铁路、通信等部门,由于存在明显的规模经济而具有自然垄断性质,国家深度干预在经济上被认为是必要的。另外,国家垄断经济还可以采取市场垄断、法律垄断和行政垄断的办法。

(五) 国际经济过程

在经济全球化情形下,国家经济活动必然卷入全球分工和交换之中,政治经济学需要面临一系列新问题。世界市场的形成密切了因全球分工而引起的国际经济关系,主要是以国际贸易为基础,国际金融和投资等愈来愈成为国际经济关系中的重要内容。在这个过程中,无论是单个主体的经济行为,还是国家经济运行和调控,都因处于国际经济环境下而变得越来越复杂,具有寡头性质的国家在国际经济过程中获得了日益增多的主动权;并且,这样的国家只要其愿意,还可以通过干扰与国际分工相联系的供应链和产业链等,主动追求自身特殊目标。

在国际经济过程中,国际价值、国际贸易、汇率、国际货币、国际收支、关税、非关税壁垒、国际资本流动、直接投资、国际贷款等,因为国家的卷入以及国际利益的再分配而成为政治经济学的研究对象。比如说,价值规律现在要在更加广阔的国际市场发挥作用,而国际价格在进出口中又扮演直接调节角色。在国际经济过程中,国际竞争中不单有经济利益的竞争,非经济竞争也必然卷入其中,从而导致作为寡头的国家,不但具有某些经济优势,而且在政治上、意识形态上等也具有优势。这样,霸权国家就具有了比以前更大的影响力;在新帝国主义下,霸权国家就像一个黑洞,不断地吸引外部经济利益作为其维护霸权地位的经济资源。其他大国如何限制霸权国家构造起来的使其能够获取超额利润的循环,将面临严峻挑战。至于斯密之绝对优势说与李嘉图之比较优势说等,也需要在政治经济学分析中,揭开其为霸权国家固化优势地位的隐秘面纱;对于资本国际化给一个国家经济发展所带来的损益和结局,也要依据具体情形作出具体分析。

综上所述,现代政治经济学五过程体系,尝试通过直接生产过程、流通过程、生产的总过程、国家经济过程、国际经济过程,清晰地叙述和展开政治经济学的基本内容。这与以往基于过程的政治经济学体系性叙述相比,有如下几个优点:一是主要针对商品经济,从经济过程的源头也即直接生产出发,再向前推展而至分配、流通和消费;二是在以往政治经济学基础上,融入了西方经济学的一些积极成果,如引入公共品概念,指出了西方经济学膜拜市场的局限性,如指出了市场失灵问题等;三是将政治经济学分析清楚地扩展至国家层面和国际层面,并且在相应空间范围内展开分析,体现出了体系上的综合与交叉的特点。

二、现代政治经济学的五观体系

要与现代西方经济学在体系建构上进行学术对话并且超越其理论体系,就应该借鉴它的体系构建方法和分析方法,把广义政治经济学的五观体系界定为渺观、微观、中观、宏观和宇观,形成一个新体系。五观政治经济学体系结构依序叙述是"渺观政治经济学→微观政治经济学→中观政治经济学→宏观政治经济学→宇观政治经济学",其目的是构建出一个以马克思主义经济理论为基石、科学吸收西方经济学有益成分、具有时代化和中国化理论创新特点的广义政治经济学新体系。

(一) 五观体系的基本内容

一般说来,微观经济学以个别单位经济活动为研究对象;宏观经济学以国家经济为研究对象;中观经济学以介于微观经济和宏观经济之间的区域经济和产业经济为研究对象;国际经济学以国家之间经济活动为研究对象。但是经济学体系划分为以上层次还称不上完备,因为它既缺少针对劳动者个体经济行为的系统性分析,同时也缺少以宇宙空间为一体的经济行为分析。我们重新界定空间广义政治经济学体系时,主要应在这些方面作出突破。在这个体系中,要用马克思主义政治经济学科学方法论,全面系统研究五大空间层次的相互联系,以及每个空间层次上不同社会形态的经济活动,形成一个以空间广义为基础并且涵盖时间广义的五观政治经济学新体系。

第一,渺观政治经济学[①]。渺观政治经济学重点阐述劳动与生产一般、个人经济行为和经济活动中的人性,阐述不同社会形态下个人劳动与生产、交换、消费与储蓄(而不是家庭消费和储蓄)分别具有怎样的特征,以及是由哪些因素影响的,同时阐述产权与分配、人的需要、个人劳动与交换、个人消费以及个人的选择等。在渺观政治经济学中,最重要的是建立一个可扩展的分析基础,以利政治经济学在其他层面上展开。因此,渺观政治经济学比通常所说的微观经济学更加微观,它专注于个人的心理、禀赋、行为、选择等;当然,自然地,这样的个人又是社会中的个人,无一不在制度之中。

第二,微观政治经济学[②]。在渺观政治经济学基础上,微观政治经济学主要以家庭和企业为研究对象,重点阐述家庭的分工、生产、收入、财富、消费、储蓄、投资、人口,以及企业的分工、生产、交换、分配、结构、形态、治理等,并且在一定程度上阐述市场形成与结构、地位与作用、要素市场均衡与产品市场均衡、市场与国家的关系等。这些方面在西方经济学体系中尽管也多有阐述,但我们以马克思主义政治经济学为主线叙述微观政治经济学,把利益关系与冲突分析放在首要位置。

---

① 参见兰玲:《渺观政治经济学》,长春出版社 2020 年版。
② 伍山林、陆夏:《微观政治经济学》,长春出版社 2020 年版。

第三,中观政治经济学①。在微观政治经济学基础上,中观政治经济学主要以产业经济和区域经济为研究对象,重点阐述产业的发展、运动、组织、分工、结构以及产业之间的关系,区域的分工、组织、一体化、要素流动、贸易关系、城乡关系、均衡与非均衡发展。在西方经济学体系中,早已存在产业经济学和区域经济学,我们阐述的中观政治经济学自然会借鉴它们的成果,但是又不囿于其体系和内容,其中最关键的是要以马克思主义政治经济学统辖产业经济学和区域经济学。

第四,宏观政治经济学②。在微观政治经济学和中观政治经济学基础上,我们阐述的宏观政治经学以国家经济作为研究对象,重点阐述国民收入决定与核算、产品市场和货币市场一般均衡、总需求与总供给关系、失业与通货膨胀、经济增长和周期、国家宏观调节、收入分配等。西方宏观经济学在既有视野下已经形成了比较完整的理论体系,而我们阐述的宏观政治经济学将体现一系列新特点:比如说以马克思主义政治经济学为指导,针对国民收入核算与西方经济学作出比较研究;在经济周期问题等研究中更多地贯彻马克思在《资本论》中针对经济危机问题的思想;对收入分配问题进行比较系统的研究,因为收入分配既联系生产过程,很大程度上也决定消费;将政策研究放在特别重要的地位。

第五,宇观政治经济学③。宇观政治经济学在微观、中观、宏观政治经济学基础上进行扩展,不仅把各个国家纳入进来进行政治经济学分析,而且要扩展国际竞争的既有空间,深入以前不太加以重视的领域。其重点是阐述国际分工、生产、贸易、金融、资源、财富分配、生产价格与价值规律、竞争与垄断、全球化、区域化、集团化、经济发展不平衡、经济体系、经济秩序与调节等。其中,还要涵盖包括地球之外的空间在内的整个宇宙的经济行为分析(如包括人类在其他星球上进行资源开发、科研、生产、生活、旅游等经济行为和经济关系)。因此,我们采用"宇观经济"这样的概念,而没有采用"国际经济"和"世界经济"这样的概念,宇观经济在内涵上具有更大的外延。

政治经济学的五观体系与五过程体系也存在一定的交叉,比如说国家经济过程与宏观政治经济学、国际经济过程与宇观政治经济学就存在较多交叉。但是,在本质上,这又是两个不同的体系,主要是各有侧重。在五过程体系中,主要是研究政治经济学在不同经济过程中的经济联系、经济机制和经济结果;在五观体系中,主要是针对既相互联系又相对独立的空间层面,阐述对应的重要政治经济学问题。

(二)五观体系构建原则

五观政治经济学体系按以下原则进行构建。

第一,以劳动为元概念和起始范畴。将劳动作为五观政治经济学元概念和起始范畴,既符合客观经济活动要求,又符合哲学方法论。这样既能做到逻辑上统一和自洽,又可用于分析各个层面的经济活动和不同社会形态的经济活动。

人类社会尽管并不是一直处于商品经济之中,但商品经济在过去和未来相当长时期是最重要经济形式。因此,在叙述五观政治经济学体系的时候,也多把商品经济作为分析前提

① 刘美平:《中观政治经济学》,长春出版社2020年版。
② 伍山林:《宏观政治经济学》,长春出版社2020年版。
③ 韩艳红等:《宇观政治经济学》,长春出版社2020年版。

（当然并不囿于商品经济）。在商品经济和市场经济中,商品是相对普遍、简单和具体的范畴和现象;《资本论》也是从商品开始叙述的。商品有使用价值和价值两因素,包含创造使用价值的具体劳动和创造价值的抽象劳动。这样,商品与劳动就建立了紧密联系。其一,劳动是人类的本质性特征和经济活动的起点。人类历史首先是生产劳动发展的历史。劳动是一切人类生活的第一个基本条件,甚至可以说劳动创造了人本身。广义政治经济学理论的逻辑进程,与客观现实的历史发展进程是一致的。正如恩格斯所说:"历史从哪里开始,思想进程也应当从哪里开始,而思想进程的进一步发展不过是历史过程在抽象的、理论上前后一贯的形式上的反映。"①其二,从劳动范畴可推衍广义政治经济学其他范畴。没有劳动便没有产品或商品;没有商品便没有货币;没有货币便没有资本;没有资本便没有雇佣劳动和剩余价值及其转化形式即利润;等等。在《资本论》中,马克思分析了具有派生关系的三大概念体系:一是劳动概念体系,二是资本概念体系,三是剩余价值概念体系。其中,劳动概念体系具有基础性,资本概念体系具有主导性,剩余价值概念体系具有主线性。从马克思未来社会设想来看,消除私人资本雇佣劳动,进而将劳动从资本雇佣中解放出来是其重要关注点,他的目标是以自由人的自主联合劳动来实现"人的全面而自由的发展"②。

第二,以剩余劳动理论为主线。将劳动作为元概念,有益于展开对作为理论主线的剩余劳动的分析。广义政治经济学从劳动概念推衍劳动产品概念,再推衍商品概念;从剩余劳动概念推衍剩余产品概念,再推衍剩余价值概念,进而推衍利润、利息和地租等概念。《资本论》第一册分析资本的直接生产过程,主线或中心是揭示剩余价值是如何生产出来的;第二册分析资本的流通过程,主线或中心是揭示剩余价值如何在流通中实现;第三册分析资本主义生产总过程,主线或中心是揭示剩余价值如何在剥削阶级内部进行瓜分,正如恩格斯所说的那样,"剩余价值的分配就像一根红线一样贯穿着整个第三册"③。广义政治经济学研究渺观、微观、中观、宏观和宇观经济的时候,应贯彻以劳动为元概念和主导概念、以剩余劳动为主线的思路。例如,在宇观政治经济学中,以国际劳动与国际剩余劳动、国际价值与国际剩余价值为主线,分析包括地球为主并且涵盖地球之外、宇宙在内的那部分人类经济活动。另外,空间广义五观政治经济学体系内在地包含时间广义政治经济学,因而以剩余劳动为主线构建理论体系时,还要研究不同社会形态劳动和剩余劳动的特点和形式。

原始社会末期以来,任何社会劳动总是可以区分为必要劳动和剩余劳动两个部分,只是表现形式有所不同而已。正如马克思所说的那样,"如果我们把工资和剩余价值,必要劳动和剩余劳动的独特的资本主义性质去掉,——那么,剩下的就不再是这几种形式,而只是它们的为一切社会生产方式所共有的基础。"④"在任何一种社会生产(例如,自然发生的印度公社的社会生产,或秘鲁人的多半是人为发展的共产主义的社会生产)中,总是能够区分出劳动的两个部分,一个部分的产品直接由生产者及其家属用于个人的消费,另一个部分即始终是剩余劳动的那个部分的产品,总是用来满足一般的社会需要,而不问这种剩余产品怎样分配,也不问谁执行这种社会需要的代表的职能。"⑤如果空间广义政治经济学体系不包含时间

① 《马克思恩格斯文集》第 2 卷,人民出版社 2009 年版,第 603 页。
② 《马克思恩格斯文集》第 5 卷,人民出版社 2009 年版,第 683 页。
③ 《马克思恩格斯全集》第 29 卷,人民出版社 2020 年版,第 532 页。
④ 《马克思恩格斯文集》第 7 卷,人民出版社 2009 年版,第 992 页。
⑤ 《马克思恩格斯文集》第 7 卷,人民出版社 2009 年版,第 993—994 页。

广义政治经济学,其本身就不能称为广义政治经济学。

第三,"马中西"多学派多学科综合创新。五观广义政治经济学要坚持"世情为鉴、国情为据,马学为体、西学为用、国学为根,综合创新"的学术创新原则和思路,即在科学评价和总结古今中外经济实践基础上,以中外马克思主义经济理论和方法为主体和主导,科学借鉴西方经济理论和国学的合理思想及其他学科理论,综合构建多学派多学科交叉的适应时代发展的理论体系、概念体系、话语体系、方法体系和规律体系。马克思主义政治经济学本身就是在批判地继承前人研究成果基础上形成的;我们发展马克思主义政治经济学,必须注重批判性、开放性和借鉴性相结合,继承性、发展性和创新性相结合。其中包括继承中外马克思主义经济理论的创新、扬弃西方经济理论的创新、借鉴非经济学科的创新、基于中国经济实践的创新、基于世界经济实践的创新等。这有益于形成以马克思主义经济理论为主干、综合经济学各个学派、多学科交叉的政治经济学体系。

构建政治经济学体系还必须重视研究方法综合创新。辩证唯物主义与历史唯物主义是马克思主义经济学和广义政治经济学的基本研究方法,不过仅此还不够。五观政治经济学体系不仅在理论上要合理综合,在研究方法上也要综合和创新。研究时,特别要注重以下几点。一是应注重运用经济系统论、经济控制论、经济演化论、经济场态论、经济心理学、经济行为学、经济美学、时间经济学、空间经济学等研究方法,丰富和发展马克思主义广义政治经济学研究。二是处理好时间与空间、个体与整体、国别与世界、历史与未来、抽象与具体等范畴关系。比如说采用从抽象到具体的方法,从范畴一般向范畴特殊逐步展开。具体分析某个层次时,应首先论述与本层次相关的一般范畴,再论述不同社会形态的特殊范畴,在空间广义基础上贯彻时间广义。三是合理使用数学工具。一种科学只有成功运用数学后才达到了完善地步。与其他政治经济学家相比,马克思是其以前和同时期运用数学方法最多最好的经济学家。他在针对剩余价值率等问题的研究中运用了"数学上的一条定律,……即运算常量同变量相加减的定律"①。五观政治经济学体系必须摒弃滥用和误用数学的弊端,合理适度运用数学工具,对政治经济学理论进行必要的数学描述,从数理逻辑上精致地论证其严密性与科学性。

(三)五观体系发展方向

由于构建五观体系的广义政治经济学难度极大,并且由于前期积累和经验比较有限,现在还有很多问题需要进一步探索和明确。在此过程中,前面提到的总体思路和原则是必须要遵循的;但是,那是十分理想的状态,需要长期讨论、摸索、精练之后,才有可能一一达到。

五观政治经济学体系构建的未来发展方向主要有:(1)如何更好地在五观体系中体现劳动和价值分析的连续性和一致性。无论在渺观、微观政治经济学中,还是在中观、宏观、宇观政治经济学中,都应该贯通劳动和价值分析主线。其实,这既是马克思早已提到但又没有最终完成的事业,也是现有基于空间维度构建广义政治经济学的学术努力没有很好实现的困难所在。(2)如何更好地在五观体系当中嵌入其他维度的经济分析内容。将商品经济作为主要考察基础,固然可以包含诸多社会形态,尽管在这些社会形态下商品化程度是有差别的,但是不了解商品经济之前的社会形态下的经济问题及其运动方式、形成机制和发展变

---

① 《马克思恩格斯文集》第5卷,人民出版社2009年版,第247页。

化,就不能正确理解商品经济为什么会出现,就不能把商品经济的本质通过其他经济形态很好地折射出来。这样来看,尽管叙述广义政治经济学的角度主要有基于时间维度、基于空间维度、基于过程维度这三种,但这三种绝不应该是割裂地存在的,而应该是可以统一地存在于广义政治经济学之中的。我们从五观角度构建广义政治经济学体系的时候,如何处理这种关系,是一个不能回避的问题。当然,如果以空间维度为主轴,同时辅之以时间维度和过程维度进行叙述,还需要通过不断的学术实践并且在实践过程中不断地总结经验教训和逐步提高才有可能日臻完善。特别是对于未来的共产主义社会,详细地书写其政治经济学还为时过早(尽管经典作家早就做出了一些概要性阐述)。但是,就五过程体系和五观体系来说,既存在独特部分,如渺观政治经济学的大多数内容是五过程体系所不包括的;又存在较多一致的地方,如五过程体系中的"国家经济过程"和"国际经济过程",与五观体系中的宏观政治经济学和宇观政治经济学有相当多的交叉。(3)如何进行空间分层。从空间维度构建政治经济学体系,必然面对一个如何进行空间分层这样的重大问题。历史地看,无论是西方经济学中的既有分层,还是为我国经济学家构建广义政治经济学时所作的分层,都还显得比较生硬。其中,很多经济问题具有跨层的属性,以至放到哪个层面进行阐述,具有较大的主观随意性。我们独创性地设立渺观层面和构建渺观政治经济学,在政治经济学体系构建上是一个重要进展。它是一个比微观更加微观的层面。对于这一层面的政治经济学的构建,由于可参考文献相当有限,需要再作长期艰苦努力才能取得较大进展,也就是说它是一个需要久久为功的事业。另外,从宏观政治经济学到宇观政治经济学,也并非从国家层面直接跳跃至国际层面。在一些情形下,虽然存在很多国家,但又没有什么国际经济联系;在更多情形下,虽有国际经济联系,但国际经济联系又是与其他国际联系纠缠在一起的,并不是传统的国际经济学所能涵盖的。政治、宗教、文化、军事的因素相互纠缠在一起,必然使国际经济关系更加复杂;并且,在论述宇观政治经济学的时候,绝不能回避那些非经济因素。如果真是回避了,那就相当于把自己置身于一个超现实的情景。

从上述分析来看,未来在完善五观政治经济学体系的努力方向来说,一是在渺观上作出进一步努力,构建一个更加具扩展意义的严密分析基础;二是在宇观上作出进一步努力,构建一个更加具有包容性的分析框架。当然,这绝不是说,微观、中观、宏观三个层面的政治经济学分析框架就不需要再完善和再精炼了,要达到那样的程度,还需要不懈地探索。

复习思考题

延伸阅读

1. 简述恩格斯关于"广义政治经济学"的基本观点。
2. 现代政治经济学的五过程体系包括哪些内容?
3. 现代政治经济学的五观体系包括哪些内容?
4. 简述现代政治经济学的五过程体系和五观体系的联系?

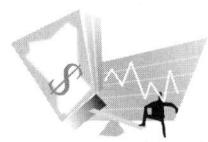

案例分析

西方经济学教材种类繁多

在中国,西方经济学教材种类很多。既有中国学者编写的教材,也有外国学者编写的译本或原版教材。不同教材可能侧重不同的理论体系和观点。有人认为:将这些教材综合起来,就构成了广义的西方经济学体系。

西方主流经济学,特别是新古典理论,占据了核心地位。新古典理论往往被视为一种"真理",缺乏对其假设、方法和结论的深入批判和反思。该理论体系有时难以解释和应对现实世界中的复杂经济问题,过度强调数学模型的运用,导致经济学研究变得抽象和脱离实际。

进入21世纪以来,对新古典理论的质疑逐渐演变成对抗性行动。这些行动旨在推动经济学教育的多元化和改革,打破新古典理论的垄断地位,引入更多元化的理论和方法。经济学教育改革运动不仅在中国受到关注,还在全球范围内产生了广泛影响。对新古典理论的质疑和对抗性行动表明,经济学界正在寻求更加开放、包容和多元化的理论体系和方法论。这些努力将有助于推动经济学教育的持续发展,更好地应对现实世界中的经济挑战。

思考题:

"西方经济学体系已经很完备了"吗?

思路点拨

后　　记

　　本书是在程恩富教授主持下编写的,程恩富教授和段学慧教授负责统稿,最后由主编、副主编和各章作者集体讨论修订,但各章文责由作者自负。各章编写分工如下:第一章,新的活劳动创造价值一元论(温州大学刘旭副教授);第二章,资源和需要双约束论(上海海事大学韦镇坤副教授);第三章,利己利他经济人论(西北工业大学孙绍勇教授;贵州财经大学刘明国教授);第四章,公平效率同向变动论(陕西师范大学姚宇教授);第五章,公有制高绩效论(厦门大学肖斌教授;淮北职业技术学院刘丹讲师);第六章,五种分配方式论(延安大学段学慧教授;安徽大学姚王信副教授;淮北职业技术学院刘丹讲师);第七章,市场国家功能性结合论(复旦大学高建昆副教授);第八章,自力主导型对等开放论(福州大学舒展教授);第九章,国民生产福利总值论与幸福指数论(厦门工学院李立男教授);第十章,自主知识产权优势论(中国政法大学张杨副教授);第十一章,分工深化论(北京理工大学宋宪萍教授);第十二章,大文化经济论(上海财经大学王岩副教授);第十三章,持续富强论(桂林电子科技大学曹雷教授);第十四章,中国经济"准中心"论(东北师范大学孙业霞副教授);第十五章,新帝国主义论(福建师范大学鲁保林教授);第十六章,综合创新方法论(延安大学段学慧教授);第十七章,五过程与五观论(上海财经大学伍山林教授)。另外,每一章末尾与本章内容相关的影视和文艺作品介绍,是由青岛大学谭泓教授撰写的。

　　本书既可用于高校和党校硕士生和博士生的专业方向课教材,也可用于本科生高年级的专业选修课或公选课教材,还可用于对现代马克思主义政治经济学感兴趣的各界人士研究参考。

　　此外,为了方便广大教师对这门课的教学,我们同步制作了每一章的PPT和其他教学参考资料。开设本课程的教师在教学中如有需要,请联系主编段学慧教授索取(dxh558@163.com),或根据书中"教师教学资源服务指南",向出版社索取。

　　本书在编写过程中得到西北工业大学创新马克思主义研究中心的支持,感谢高等教育出版社的专家和编辑提出的修改意见,使本书在形式和内容上更加趋于完善。万事开头难,由于编写时间紧,错漏之处在所难免,欢迎同行和读者在使用本书的过程中提出宝贵意见。我们将认真听取大家的建议,不断总结提高,争取把中外理论界和创新马克思主义经济学理论的研究成果更全面、更高质量地呈现给大家。

作　者

教师教学资源服务指南

关注微信公众号"**高教财经教学研究**"，可浏览云书展了解最新经管教材信息、申请样书、下载课件、下载试卷、观看师资培训课程和直播录像等。

🎯 课件及资源下载

电脑端进入公众号点击导航栏中的"教学服务"，点击子菜单中的"资源下载"，或浏览器输入网址链接http://101.35.126.6/，注册登录后可搜索相应资源并下载。

🎯 样书申请及培训课程

点击导航栏中的"教学服务"，点击子菜单中的"云书展"，了解最新教材信息及申请样书。

点击导航栏中的"教师培训"，点击子菜单中的"培训课程"即可观看教师培训课程和"名师谈教学与科研直播讲堂"的录像。

🎯 联系我们

联系电话：（021）56718921

高教社经济类教师交流QQ群：247459712

郑重声明

高等教育出版社依法对本书享有专有出版权。任何未经许可的复制、销售行为均违反《中华人民共和国著作权法》，其行为人将承担相应的民事责任和行政责任；构成犯罪的，将被依法追究刑事责任。为了维护市场秩序，保护读者的合法权益，避免读者误用盗版书造成不良后果，我社将配合行政执法部门和司法机关对违法犯罪的单位和个人进行严厉打击。社会各界人士如发现上述侵权行为，希望及时举报，我社将奖励举报有功人员。

反盗版举报电话　（010）58581999　58582371
反盗版举报邮箱　dd@hep.com.cn
通信地址　北京市西城区德外大街 4 号　高等教育出版社知识产权与法律事务部
邮政编码　100120